新 华 学 术 · 思 享 者

新华学术系列图书：

《思维的方式》［英］阿尔弗雷德·诺思·怀特海 著

《多元文化主义的终结》［美］劳伦斯·哈里森 著

《想透彻：当代哲学导论》［美］夸梅·安东尼·阿皮亚 著

《法国人是如何思维的》［英］苏迪·哈扎里辛格 著

《稻草狗：进步只是一个神话》［英］约翰·格雷 著

《木偶的灵魂：自由只是一种错觉》［英］约翰·格雷 著

《动物的沉默：人类优越论是一种偏见》［英］约翰·格雷 著

《反利维坦：政府权力与自由社会》［美］罗伯特·希格斯 著

《道德之弧：科学和理性如何将人类引向真理、公正与自由》［美］迈克尔·舍默 著

《民主的反讽：美国精英政治是如何运作的》（第15版）［美］托马斯·戴伊 著

《权力精英》［美］C·赖特·米尔斯 著

《政府为什么会失败》［美］兰迪·T．西蒙斯 著

《幸福乌托邦：科学如何测量和控制人们的快乐》［美］威廉·戴维斯 著

《文化的重要作用：价值观如何影响人类进步》［美］塞缪尔·亨廷顿 主编

《电影院里的哲学课》［英］克里斯托弗·法尔宗 著

《哲学能做什么》［美］加里·古廷 著

《非常识：最聪明哲学家们的最奇怪思想》［美］安德鲁·佩辛 著

《思想者心灵简史：从苏格拉底到尼采》［美］詹姆斯·米勒 著

《道德哲学十一讲》［英］艾里克斯·弗罗伊弗 著

《没有标准答案的哲学问题》［美］菲尔·沃什博恩 著

《我们如何思维》［美］约翰·杜威 著

《论人的本性》［美］爱德华·O·威尔逊 著

《对权威的服从：一次逼近人性真相的心理学实验》［美］斯坦利·米尔格拉姆 著

塑造世界

美国外交的艺术与科学

〔美〕戴维·米尔恩 著
魏金玲 译

新华出版社

图书在版编目（CIP）数据

塑造世界：美国外交的艺术与科学 /（美）戴维·米尔恩著；魏玲金译
北京：新华出版社，2017.9
书名原文：World making: The Art and Science of American Diplomacy
ISBN 978-7-5166-3452-3

Ⅰ.①塑…　Ⅱ.①戴…　②魏…　Ⅲ.①美国对外政策–研究
Ⅳ.①D871.20

中国版本图书馆CIP数据核字(2017)第212612号

著作权合同登记号：01-2016-6096

World Making：The Art and Science of American Diplomacy
By David Milne
Copyright © 2015 by David Milne
Simplified Chinese Translation Copyright © by Xinhua Publishing House
ALL RIGHTS RESERVED

塑造世界：美国外交的艺术与科学

作　　者：（美）戴维·米尔恩		**译　　者**：魏玲金	
责任编辑：唐波勇		**封面设计**：臻美书装	

出版发行：新华出版社
地　　址：北京石景山区京原路8号　　**邮　　编**：100040
网　　址：http://www.xinhuapub.com
经　　销：新华书店、新华出版社天猫旗舰店、京东旗舰店及各大网店
购书热线：010-63077122　　**中国新闻书店购书热线**：010-63072012
照　　排：臻美书装
印　　刷：北京文林印务有限公司

成品尺寸：170mm×240mm
印　　张：28　　　　　　　　　　　**字　　数**：510千字
版　　次：2018年12月第一版　　　　**印　　次**：2018年12月第一次印刷
书　　号：ISBN 978-7-5166-3452-3
定　　价：78.00元

版权专有，侵权必究。如有质量问题，请与出版社联系调换：010-63077101

目 录
CONTENTS

前 言

第一章　海权论者：阿尔弗雷德·塞耶·马汉 / 1

第二章　康德的最大希望：伍德罗·威尔逊 / 37

第三章　美国优先：查尔斯·比尔德 / 77

第四章　辛迪加预言：沃尔特·李普曼 / 110

第五章　艺术家：乔治·凯南 / 146

第六章　科学家：保罗·尼采 / 184

第七章　终极版梅特涅：亨利·基辛格 / 224

第八章　世界构造者：保罗·沃尔福威茨 / 271

第九章　实用主义的革新：贝拉克·奥巴马 / 327

结　论 / 372

致　谢 / 382

注　释 / 385

前　言

1949年9月，一架WB-29轰炸机从日本冲绳起飞，向北飞往堪察加半岛，之后盘旋在苏联的东北部上空，如同一条鬃尾。这架轰炸机经过改装，用来执行监视任务，并携带有过滤器，用来监察大气中的异常现象。在这架飞机肆意挑衅苏联领空的过程中，过滤器检测到了异常高含量的放射物。位于海上的海军科学家也确认，雨水中同样也出现了放射性沉淀物。对此，只有一种看似合理的解释：苏联引爆了第一颗原子弹。

时任美国原子能委员会主席的大卫·利连索尔将此事告知给当时的美国总统杜鲁门。杜鲁门获知此消息后非常震惊——苏联竟能如此早地测试一台原子装置——他几乎难以相信。他询问利连索尔是否确定放射物来自核武器而不是反应堆故障。杜鲁门最终相信了利连索尔的话，原子源的确被制成了武器。此时，他需要做出一项重大决定：是否下令开发氢弹，作为对此事的回应。氢弹是一种核聚变装置而非核裂变装置，拥有比后者更为强大的破坏力，这种破坏力从理论上讲是无限的。

英国首相丘吉尔注意到，氢弹之于原子弹，就如同"原子弹之于弓箭"。[1]他意识到了氢弹划时代的本质。是否下令开发氢弹已不仅仅是一个简单的军事对策，同时它还是一个哲学命题。为实现一个强有力的决策流程，杜鲁门成立了一个由利连索尔、国防部部长路易斯·约翰逊和国务卿迪安·艾奇逊三人组成的委员会，遵循少数服从多数的原则，为总统提供一个最终建议。约翰逊自然建议开发氢弹，而利连索尔反对开发，因此决定权似乎握在了艾奇逊的手中。关于"热核是否应当参与美国未来的军事"这一问题，艾奇逊征询了他两名最卓越的战略思想家的意见：政策规划署署长乔治·凯南及副署长保罗·尼采。

审慎而保守的凯南以其惯常的方式着手此项事务。他回到办公室阅读了大量历史、哲学和文学方面的书籍，并花费了大量精力去思考和写作。解决这样一个具有巨大道德和战略维度的问题，并有可能会面临最糟糕的情形，包括人类生命在地球上消失。凯南很快便感到自己身心俱疲。当时，他的妻子安纳莉丝刚生下他们的第三个孩子不久。在完成初稿之后，凯南曾对艾奇逊开玩笑说道，他"前天甚至忍不住想要进入宝宝的房间跟宝宝说'快起床，你今天还得去工作。我要钻进婴儿床了。'"[2] 凯南写出了一篇长达79页的文章，内含丰富的历史信息与哲学理论，并最终建议不要开发这个可怕的武器。从道德层面上讲，这种核聚变装置是令人唾弃的，制定出完美的"原子战略"这一整体观念是凶暴残忍的——因为它有可能导致一场没有胜利者的战争——因此，在这种独特的情况下，建立一个国际组织来协调是最佳的解决方式。凯南试图以优雅的散文和广博的文学典故表达其观点，其中还引用了莎士比亚作品《特洛伊罗斯与克瑞西达》中的文字：

> 欲望，就像一只无所不在的狼，
> 一旦拥有决心和权力，
> 便会更加肆意妄为，
> 追逐一切猎物，
> 最终吞噬自我。[3]

如果说一场采用常规武器的战争可能会产生常规的结果——"投降与屈服"——凯南认为"拥有巨大破坏力的武器则是不具备这种品质的。这些武器会越过西方文明的边界，倒退到与亚洲游牧民族类似的战争概念……它们意味着，人类可以是，实际上也的确是其自身最可怕的敌人。"总结来讲，凯南引用了保罗在《圣经》中的句子，在呼吁由美国价值观来引导决策流程之前，"我们所知道的有限，我们所预言的也有限"；"在现在这样一个时期，只有一件事能使一个国家体现其坚定而可靠的价值观；那就是，其政策的出发点务必要尽可能地接近由其传统与本质所决定的原则。"[4]

另一位保罗·尼采的行事方式则截然不同。他曾经是华尔街的银行家，擅长数学和演绎逻辑，他是一名官僚主义拳击手，知道何时掐住对手的喉咙，他还是哈佛大学的研究生，对国际经济事务有着深刻的理解。正是由于他的这些特质，特别是他出色的定量分析能力，使得凯南于1947年向艾奇逊申请将尼采纳入政策规划署中。但是艾奇逊拒绝了凯南的这一请求，认为凯南应当雇佣一名"有见地的思想家"，而不是一名"华尔街的操盘手"——这是一种典型的艾奇逊式尖刻的贬损。[5] 但是，在此后的几年里，艾奇逊却逐渐改变了对尼采的看法。1949年年中，凯南决定休假一段时间，因此他再次询问艾奇逊能否任命尼采担任副署长，待自己离开后接替其的职务。这一次，国务卿同意了，带着绝对的真诚。尼采是一名坚决的反苏联主义者。凯南认为"可以同莫斯科就德国统一事宜达成协议"，对此尼采并不赞同。同时，尼采坚定地认为，应当尽可能地保持最强大的军事力量，只有借助武力，才能从根本上实现和平。尼采的方法主要以数据和科学为依据，他对于氢弹问题的回应体现出了与凯南不同的世界观和优先考虑事项。

起初，尼采力图从科学的角度去理解核聚变。他曾连续多天与J·罗伯特·奥本海默（后成为凯南的朋友）、爱德华·泰勒会面。罗伯特·奥本海默对于热核武器的开发持怀疑态度，而爱德华·泰勒却强烈倡导开发热核武器。奥本海默曾在原子弹的开发中发挥了关键作用。他认为在战时状态下，开发这些武器是正当的行为，但是他并不想参与研发一个更加可怕的武器。他个人认为，从道德立场出发，美国应当拒绝开发核武器，并希望苏联能够效仿。但是奥本海默也知道，尼采不可能因为他一厢情愿、不切实际的想法而动摇，因此转而竭力说服尼采：制造氢弹的科学其实是一种科学幻想。奥本海默发现，尽管从技术层面而言，制造和引爆氢弹具有可行性，但如果想要移动这个必然非常庞大的装置，绝非一件可以轻易完成的事情。他告诉尼采，一架飞机无法携带这个笨重的武器，它需要的可能是一辆"牛车"。这意味着，从战术上讲，这个热核弹是毫无作用的。尼采回忆说，"总之，（奥本海默）认为，如果任何国家都不研发此类武器，这个世界会更加美好。"[6] 尼采发现自己的说辞无法令奥本海默信服后，写道，"我们完全没有考虑他的那些建议，因为他的建议似乎都是出于政治考量，而不是从科学的角度提出的。"[7] 奥本海默没有说出制造氢弹的科学的实情，因为他惧怕这会释放出一个巨大的魔鬼。

爱德华·泰勒更擅推销言辞，因为他相信产品既已出现，自有其必然性。尼采表示，"泰勒有着清晰、强大的头脑，即使对方并不是一名专业的物理学家，他也能够很好地表达自己的观点，让对方理解。他走到黑板处，向我展示了两种不同的解决方案。"[8] 尼采对这一话题和他的这个交谈对象越来越有兴趣，最后与泰勒探讨了两个多小时的物理学。谈话结束时，尼采已深信热核弹具有可行性，而奥本海默关于热核弹无法移动的警告根本是无稽之谈。尼采的猜测是正确的，奥本海默的建议已经完全被他的政治性所蒙蔽。泰勒则在论辩时专注于问题并令人信服。对于他们正在讨论的这项事业，他并不会产生道德上的疑虑。作为一名犹太匈牙利移民，泰勒蔑视苏联以及其错误的意识形态。他认为毫无疑问，美国应该控制自己不要与这种政权进行竞争。当然，同样是政治性塑造了泰勒所提出的建议。在他未来的职业生涯中，泰勒依旧坚持政治右倾。例如1954年，泰勒向国会证明，奥本海默的和平主义倾向已经将他自身置于"危险分子"的处境。[9]

凯南依然将自己隔离在办公室中，从莎士比亚的文字中寻找合适的语言为自己的言论提供支持。而尼采则加入了国务院内部的原子工作组。对于那些氢弹怀疑论者——这些人担心氢弹的开发资金会从服务预算中抽取，尼采提出了一些为药片添加糖衣的方式，例如为热核武器的开发设置战略性复核，用于补充和资助常规军力不足的状况。当尼采收到凯南的论文草稿时，他在边缘空白处潦草地写了一些表达异议的批注："不行！"，"错误地理解了我们的意图"，"禁止"等。在对凯南的正式回复中，尼采提到，拒绝开发热核武器、致使苏联获得战术优势这种行为是愚蠢和不计后果的鲁莽的。[10] 尼采建议美国以尽可能快的速度开发氢弹。任何道德考虑都是毫无意义的，如果你的敌人没有相同的道德信仰，而斯大林统治下的苏联绝无信仰可言。

艾奇逊非常欣赏尼采执行任务的专业方式，并认为他的建议是可取的。尼采描绘出了其中的科学，调查了形势，准备了官样文章，安抚了批评者，并果断地反驳了凯南。与此相反，艾奇逊对凯南的方法和建议只有轻蔑：凯南的方法没有超过他的主要武器——他的文采——的发挥，而他的文采未能达到预期效果。国务卿依然记得凯南告诉他，美国人应当"即使死亡也不能成为像制造这种武器这样的邪恶行为中的一员"。艾奇逊厉声回答说，"如果这就是你的观点，那你应该离开驻外事务处，到其他地方去传播你的贵格会福音。但请不要在国务院内说教。"[11] 现在，杜鲁门总统的决定只是走一个过场了。

决策甚至不能说是多数票决。在1950年1月31日的一场会议上，杜鲁门仅问了艾奇逊、利连索尔和约翰逊一个问题："俄国人有能力做这件事吗？"三人组一致地给出了肯定的回答，于是总统说道，"如果是这样的话，那我们别无选择。我们开始干吧。"据一名沮丧的热核弹反对者回忆，那种感觉就像是"你在阻止一台压路机通过。"[12] 但是后来发生的事情似乎证实了尼采和杜鲁门的观点，他们别无选择，这是唯一能够做出的决定。总统在众议院的台阶上宣布决议后的第二天，杜鲁门得知曾参与曼哈顿计划的德国移民科学家克劳斯·福克斯实际上是一名苏联间谍。联邦调查局的局长J.埃德加·胡佛认为这一真相"将更加坚定总统关于（氢弹）的决议，（同时），也会使得福克斯的很多同行更加注意自己在公众面前的言论。" 在得知福克斯的间谍身份后，利连索尔在日记中写道："今天，房顶塌陷了……这是一个世界性的大灾难，对于人类而言，今天令人如此悲伤。"[13]

*

从多个层面而言，尼采与凯南之间就所谓"超级炸弹"的分歧是非常有趣的。首先，凯南抵制氢弹的行为并非出于对苏联能力和意图的客观评价，而是出于道德、本能和感化考虑。很明显的一点是，凯南通常被认为是外交战略中的"现实主义者"，他认为在一个无政府世界体系中，所有国家都在尽可能地增强自己的影响力和优势；而这一次，他却提出了一个不切实际的建议。[14] 近代史上，没有任何一个国家曾拒绝开发一个能带来更强杀伤力的武器系统。在科技与资源允许时，英国人在12世纪研发出长弓；瑞典人在17世纪研发出榴弹炮；德国研发出V1和V2火箭推进式导弹——所幸是在第二次世界大战后期研发出的。对于一个如此深谙历史的人来说，凯南反对研发氢弹的行为很显然是不符合历史趋势的，令人惊诧。它基于威尔逊式假设——美国拒绝研发热核弹，并对于一个国际组织抱有信心，将说服苏联也这样做，其主要作用的是美国克制自己不开发热核弹这一行为的道德水平。毫无以为，这个建议很有创意，如果成功，历史的法则就会被改写，因为这样的"妖怪"不会被轻易地装回到"神灯"里面。

然而，我们都了解，凯南的建议极具风险。在一月份杜鲁门发布决议前三个月，斯大林已经发布命令，要求苏联开发氢弹。1952年，美国试验了第一枚氢弹，短短一年之后，苏联也进行了氢弹试验，这再次远超美国的预期。如果执行了凯南的建议，苏联可能会成为唯一一个拥有热核武器的国家，这将是非常真实的"导弹差距"，有可能带来灾难性后果。领导苏联氢弹开发的物理学家安德烈·萨哈罗夫（后来成为一名持不同政见者）后来曾提到，他的政治领导人不会为美国的克制行为所动："无论美国采取什么行动去延缓或永久取消热核武器的研发，都会被判定为狡猾、欺诈性行为，或者是其愚蠢和懦弱的体现。无论是哪种情况，苏联的反应都是明确的——绝不能中了美国的圈套，要迅速行动，充分利用敌人的愚蠢。"[15]

凯南的建议本是出于善意，但却非常危险；尼采的建议没有受到太多情感影响，提议将违反直觉的推断作为"更加安全"的行动路线。凯南认为热核世界无法容忍，美国不应参与到这种世界的创建之中。他之所以提出此建议，是因为他拥有坚定、绝对的道德原则。在了解到这种武器的性质后，人们很容易得出这种观点。但是尼采看到的是一个严酷的现实，在这种罕见的情形中他能够比凯南更加注重从历史中吸取教训。

当然，这次争论的含义不止于此。关于氢弹的争论还表明，美国的外交政策常常被最适当地认为是一部思想史。[16] 迥异的哲学观、学科上的偏好、宗教情感以及人生经历等都会不可避免地塑造出外交政策制定者所提出建议的结构和特性。凯南的文明悲观情绪、宗教信仰以及广泛的道德哲学阅读，1949年访问他热爱的汉堡时所引发的恐惧——"那无边的废墟淹没了我"，以及他确信氢弹会带来关乎存亡的威胁，所有这一切结合起来，形成了与凯南的一贯态度截然不同的政策建议——他一直对威尔逊式超国家机构的能力持怀疑态度，认为此类机构无法取得有意义的结果。[17] 因而，这是一种机灵而情绪化的反应。

尼采不如凯南那般博学和好沉思。但是他了解，1949年9月——此时毛泽东取得了中国内战的胜利，仅仅几个月前苏联解除了对柏林的封锁——不是一个可以仅凭道德理念做出重大决策的时候。尼采从他的思维过程中剔除了情感因素，因为他认为情势需要如此。凯南和尼采都对这一困境做了思想性探究——凯南从道德标准方面进行思索，而尼采从科学和战略平衡方面进行思索——最终得出了完全相反的结论。他们都相信自己的建议能够更好地拯救世界。

纵观美国历史，外交决策的风险并不总是如此之高，也并不总是如此富有刺激、错综复杂，但有一条基本原则却始终适用：没有一个概念框架，就很难理解其外交政策。在形成决策的过程中，存在很多分界线：现实主义与理想主义；道德标准与技术水平；情绪性与工具理性；理论与直觉；实用主义与一元论。[18] 凯南与尼采之间的争论不同程度地涵盖了上述所有类别。这样的二元结构可能有所助益，因为它们把握住了在政策制定中不可抗拒的基本势力。但我注意到，有时它们也产生误导作用，正如沃尔特·惠特曼在诗集《草叶集》中所述，人"数量庞大"，"群体众多"。

本书是一部美国外交政策思想史，集中介绍美国外交观点、观点的提出者以及观点提出时所处的情境，并分析了这些观点所产生的影响和结果。笔者意在确定和阐释 19 世纪末以来构成美国外交政策的争议性观点，并对其加以评论。19 世纪末，凭借在美西战争中的胜利，美国宣称自己真正为一个强国。笔者试图通过叙述 9 名智力超群者的历史经历，来达到上述目的。这 9 名人物包括：阿尔弗雷德·塞耶·马汉、伍德罗·威尔逊、查尔斯·比尔德、沃尔特·李普曼、乔治·凯南、保罗·尼采、亨利·基辛格、保罗·沃尔福威茨以及贝拉克·奥巴马。上述人物关于美国在世界上所扮演角色的观点和分歧构成了美国自内战（马汉曾参与美国内战）至今的外交关系史。尽管每一章都着重阐述一名人物，但文中采用了大量的对话体，而非传记体。每一名人物都有意识地参与到了塑造世界的过程之中，他们制定战略，力图利用国家强大的军事和经济实力——或通过一次国内重整来实现国家的再次发展——来"塑造"一个能够使美国在其中繁荣发展的世界。[19]

笔者意识到，在使用传记式框架撰写一本书时，一些选择看上去会比较随意和武断。伍德罗·威尔逊、乔治·凯南、亨利·基辛格、保罗·沃尔福威茨以及贝拉克·奥巴马等人作为个体都是众所周知的美国外交政策塑造者。毕竟，总统与高层政策顾问不太可能引起对本书选取人物的标准的怀疑。诺贝尔奖获得者、心理学家丹尼尔·卡内曼及其搭档阿摩司·特沃斯基将这种现象描述为"可得性启发法"，应用于本书中，意即，如果一个名字易于辨别，那么这个人一定非常重要。[20]但是，阿尔弗雷德·马汉、查尔斯·比尔德和沃尔特·李普曼并不是那么著名的人物，没有扮演直接的政策制定角色，因而需要进行更多的说明。

马汉的观点在今天依然适用。他的观点具有永恒的特质，如同修昔底德、孙子、马基雅维利、克劳塞维茨的观点。作为《海权论》（*The Infulence of Sea Power upon History*）这部开创新著作的作者，马汉在战争、贸易以及海权的极端重要性等重大问题上拥有卓越的见识，以至于他的观点可直接作为决策来使用。在第一章，我本可以讨论西奥多·罗斯福、亨利·卡伯特·洛奇或国务卿海约翰等人，他们均在 19 世纪末展现出了强有力、有影响力的外交卓识。但是，就覆盖范围和原创性而言，他们在外交政策上的任何一个贡献都无法与马汉相匹敌。受到"英国强权下的世界和平"启发，马汉提出了史无前例的"美国强权下的世界和平"：一个无须正式吞并大量领土的经济文化帝国。他的著作和文章激发了人们对于 19 世纪 90 年代期间及以后美国扩张的讨论。

直到伍德罗·威尔逊开始抵制马汉世界观中的物质主义和非道德性——总统先生认为这种对英国实践的狭隘仿效背叛了美国的承诺——美国的外交政策才展现出不同的发展思路。1913 年，威尔逊出任总统，此时他的外交政策理念尚处于早期阶段。1917 年，他不得不对德宣战，这简直是国际事务领域的一场革命。关于如何在德国战败后将其纳入国际体系之中，威尔逊试图达成一种"没有胜利者的和平"，通过广泛的合法性来拒绝惩罚，确保战后稳定。更宽泛地说，威尔逊认为建立一个国际联盟是避免灾难性战争再次发生的唯一可靠的方式。在巴黎和会上，总统表示，希望促成"科学的和平"。[21]

威尔逊建立国际联盟的愿望在自己祖国的土壤上枯萎了，因为美国又回到了其长期存在的传统上，即在一个舒适的距离虎视眈眈地望着欧洲强国。想要研究美国外交政策，那么你必须了解发生上述转变的原因，并深入探索孤立主义的真正历史内涵而非众所周知的含义。[22]因此，本书接下来探讨了历史学家、政治学者查尔斯·比尔德。比尔德认为，马汉和威尔逊是鲁莽的干涉主义者——尽管超道德范畴的马汉的罪责更大，但他们都被自由贸易为美国带来的虚幻利益所驱使。在两次世界大战期间，比尔德成为"大陆美国主义（Continental Americanism）"（这是孤立主义的自给自足版本）最明确和忠实的提倡者。

在美国外交关系史上，20世纪20年代和30年代是至关重要的一个时期。同时，也有许多人认为美国应当公开放弃参与会造成欧洲危机的活动，例如北达科他州参议员杰拉尔德·奈、爱达荷州参议员威廉·博拉、飞行员兼美国第一委员会会长查尔斯·林德伯格以及电台牧师、煽动家查尔斯·考哥林等。但是没有人曾持续、连贯地探索过美国会如何从全球冲突和贸易模式中摆脱出来。（另外，林德伯格和考哥林受到原始沙文主义和反犹太主义的影响，看待问题粗陋浅显。）比尔德在三四十年代出版了一系列图书，发表了一系列文章，提供了充分的理由，证明整顿能够使美国（所有社会阶层）更加健康和成功，并且成为其他国家的指路明灯。

当然，比尔德的"大陆美国主义"以及其他孤立主义者不那么具有启发性的观点没有等来属于自己的一天。反而，富兰克林·德拉诺·罗斯福带领美国迈向了激进式全球领导的时代——这也直接使得美国成为如今全球关键的角色。然而，虽然罗斯福的任期对美国外交关系产生了重大影响，但我们很难以某个重大战略或战略家来定义罗斯福或他的任期。总统本人并不是一个深思熟虑的人。凯南后来称罗斯福为"一个才疏学浅但极具勇气和魅力的人"，在某种意义上讲，这种评价有一定的道理，但并没有对总统的政治判断力进行客观评价。而在政治判断力方面，罗斯福要远胜于凯南。[23]罗斯福擅长即兴演讲，而且非常看重个人外交；他坚持着一些固定的原则，但界限比较模糊，据他解释，在必要的时候，要以大局为重。[24]罗斯福在1942年说道，"你知道，我是个骗子。我从不会让我的右手知道我的左手要做什么……我可能对欧洲有一个政策，对北美和南美又有一个完全相反的政策。我可能会反复无常，并且我也非常乐意去误导人们，去说一些谎言，只要能赢得战争。"[25]

在需要时，罗斯福会说谎，会利用一切有助于实现目标的想法。从1939年到1945年，最具原创性的外交政策理念都来自罗斯福政府外部。因此，笔者另起一章，讲述记者沃尔特·李普曼。李普曼是从卡尔文·柯立芝至林登·约翰逊期间美国最博学、最受爱戴、最受信赖的新闻记者,曾在第二次世界大战期间扮演多个角色。他为罗斯福拟定了一份关于为英国提供航材支援的极具说服力的论断,以至于一名来自《圣路易斯邮报－遣使报》的记者威胁要调查李普曼在"这个将美国卷入战争的阴谋"中所发挥的作用。[26] 自1939年开始,李普曼就借助"今日与明日"辛迪加专栏提供了令人叹服的降服德国与日本的战略理念。之后1943年,李普曼又出版了《美国外交政策:合众国之盾》(*U.S. Foreign Policy: Shield of the Republic*)一书,该书畅销近50万册,并在《读者文摘》上连载。李普曼从马汉的观点中汲取灵感,批判了威尔逊的理想主义,同时极力反驳了比尔德的孤立主义。相比于一名卓越的战略家,罗斯福更需要一名公众舆论塑造者。虽然李普曼与罗斯福并未蓄意合作,但两人的目标却愉快地重叠了。

凯南与李普曼有许多共同的观点,但两人首次有交集却是因为一次激烈的争执。李普曼认为延续美苏的强强联盟对于维持战后稳定至关重要。1946年,凯南指出这种观点太过天真。在美国驻莫斯科大使馆任职时,凯南向华盛顿发电报表示,他认为斯大林一定会牺牲美国的利益来扩张自己国家的实力,因此,必须抵制苏联的冒险主义——这种冒险主义的内在驱动力来自民族主义、对容易被攻击的深层恐惧以及救世主似的马列主义意识形态。这封近6000单词的长电报是美国国务院历史上最著名的信函,它在华盛顿也产生了深远的影响。一年后,凯南以字母"X"在《外交事务杂志》上匿名发表了一篇名为"苏联外交行为的根源"的文章。该文章详细阐述了"遏制"战略,并将苏联比喻为一个发条玩具,它会沿着一个特定的方向不停地走下去,除非有一个障碍挡住它的去路。很快,人们便发现这篇文章的作者是凯南。大部分人都称赞他的观点,只有少部分表示了轻蔑。

李普曼撰写了一系列文章——这些文章后来被整理成书出版,书名为《冷战》(*The Cold War*),"冷战"一词由此流行起来——来抨击凯南的"遏制"观点,认为这是一种"战略性暴政"。由于无法在一些次重要性领域持续承担责任,长此以往,会将美国置于危险境地。凯南被李普曼的攻击深深刺痛,但他后来也开始赞同李普曼书中的大部分观点。凯南认为有远见的外交政策需要具备一定的灵活性和直觉力,但不知为何他竟然留下了一份模棱两可的文件,它很像一幅蓝图,似乎在等待着被人误解。凯南是美国在"冷战"期间所采取的关键战略——遏制——的主要作者,同时也是以"冷战"名义所作出的决策的最强有力的反对者之一。

凯南卸任后,尼采继任政策规划署署长一职。尼采发现,在他担任最高机密NSC-68(官方名称为:"美国国家安全目标与方案")出版工作委员会主席期间,他只是在充实前任的观点。NSC-68是一份重要政策文件,由杜鲁门总统在1950年签署生效,但凯南却非常不喜欢这份文件。在整个职业生涯中,尼采都认为,通过结合心理学分析与系统分析,可准确地对苏联的能力(进而是其意图)进行评估,并与美国的军事能力相比较，从而对苏联的攻击形成威慑。他将这种计算方式描述为"力量的消长"，并且他通常认为，苏联的力量要比公众所认知的更加强大。NSC-68 认为苏联的主要目标是"彻底颠覆或暴力摧毁非苏维埃世界国家的政府机器和社会结构"，并建议说美国对此的适当回应应该是建立强大的军事力量，并结合反对"第三世界"共产主义的强烈意愿。[27]NSC-68 完成后两个月，朝鲜侵入韩国，看来尼采被证明是正确的。

尼采在杜鲁门政府的最后几年发挥了中心作用。同时，他在整个 20 世纪 50 年代也锋芒毕露，他谴责了艾森豪威尔政府允许苏联政府率先发展核军事与非核军事力量的行为。约翰·菲茨杰拉德·肯尼迪利用尼采的"导弹式差距"概念给予尼克松毁灭性一击，NSC-68 的逻辑也助推了肯尼迪与约翰逊的激进主义外交政策。肯尼迪在其就职演说中承诺"将付出一切代价……确保国家的生存与自由"，这正是 NSC-68 的要点。这些经过大肆扩展的外交政策特征为一些人提供了发展的空间，例如沃尔特·罗斯托。罗斯托在尼采时期发挥了影响力，是肯尼迪和约翰逊的一名得力顾问，同时也是笔者第一本书的议题。尼采对约翰逊意图将越南战争美国化的决定（这是李普曼和凯南的共同观点）有着极度矛盾的看法，但是，他的外交情绪无法从东南亚悲惨的战争中脱离出来。

亨利·基辛格认为美国不得不大踏步撤回尼采 NSC-68 文件所提倡的无法维持的承诺。在基辛格担任国家安全顾问以及之后担任国务卿期间，他始终鼓励对苏联采取缓和政策，减少美国的海外承诺，向地区性大国委派代表，并正式承认中华人民共和国。基辛格是一个两极化的人物：凯南称赞他所做出的努力，并建议他不要理会那些诽谤者；尼采痛恨他的世界观，并对他的爱国主义表示质疑。

与他人不同，基辛格提倡的外交政策价值观是"公信力"。他认为美军应当从越南撤离，但撤离方式应当能够向敌军和同盟军传达出美国依然是一股难以对抗的势力的讯息。通过轰炸和入侵柬埔寨以及轰炸北越（在平民伤亡的愧疚感方面比约翰逊政府要少一些。）达到了上述目的，同时美国军队也得以撤离，并将主要的防御责任留给了越南（南越）共和国陆军。除此以外，基辛格还针对智利的萨尔瓦德·阿连德民主选举政府发起了一场扰动战役，支持巴基斯坦政府在 1971 年的印巴战争中对孟加拉人犯下滔天罪行，并将美国的公信力牵强地应用在矿产资源丰富的安哥拉，对共产主义代言人展开血腥残忍的暴行。基辛格是一个充满争议的人物，他拥有真正卓越的洞察力，同时又存在鲁莽的好战性；他取得了一些具有重大影响的外交成就，还对超道德世界观如何带来不道德结果做出了生动的阐释。

如同基辛格，保罗·沃尔福威茨也是一名犹太知识分子，拥有常春藤大学政治学博士学位。但两人的相似性仅限于此。沃尔福威茨认为，从战略和道德上讲，基辛格为尼克松和福特政府所提供的服务都是有缺陷的。沃尔福威茨赞同威尔逊总统的例外论，认为美国在国际事务中是一股独特的道德、民主化力量，如果不这么认为，就是对国家理想的背叛。在他服务卡特、里根和两位布什总统期间，沃尔福威茨始终坚持自己的观点，即认为自己的国家有责任带领世界迈向民主和自由资本主义，仅作为灯塔为他国照亮前路是远远不够的。

在乔治·赫伯特·沃克·布什（老布什）任职总统期间，沃尔福威茨强烈地反对在苏联解体后缩减国防开支，并指出（虽未被理睬）伊拉克的政权更迭本应随着萨达姆·侯赛因势力从科威特的撤离而退场。面对"9·11"事件突然而至的灾难，沃尔福威茨再次强硬地指出，消灭萨达姆政权势在必行。但这仅仅是第一步。沃尔福威茨效仿了威尔逊总统在1918年的勃勃雄心——同时也重蹈了威尔逊对马汉理论中历史先例的忽略行为——呼吁对中东进行全面变革。他认为"二战"后美国已经成功占领日本和德国，应当将这些中东社会转变为高性能的民主国家。沃尔福威茨没有提及那些国家建设运动的历史背景，而是颇有争议地扩展他的分析，质问：是什么在阻止美国对伊拉克的变革？虽然需要付出高昂的人力与资金代价，这一行为最终可能平定的不仅仅是伊拉克，更是一个倔强、危险的地区。萨达姆消失了，伊拉克繁荣起来了，其邻国会不可避免地发展其代表制、责任制和经济竞争力。民主浪潮将会使各方获益。

沃尔福威茨的活动并没有取得一个好结果。2007年12月18日，当时的民主党总统候选人贝拉克·奥巴马说道，"我在伊拉克要做的，不仅仅是结束战争。我要竭力改变将我们卷入战争的思维。"[28] 在赢得总统选举之前，也就是在2002年芝加哥反战集会上发表的关于外交政策的最重要的演讲中，奥巴马便已确定了这种思维。奥巴马将针对伊拉克（萨达姆领导下）的战争行为斥为一场"愚蠢的战争。一场轻率的战争。一场基于激情而非理性、基于政治而非原则的战争……"奥巴马说道，"我反对珀尔和沃尔福威茨愤世嫉俗的尝试，以及政府内一些业余的、周末战士（weekend warrior，指周末参加劳动或体育锻炼的人——译注）强塞给我们的、纯属个人意识形态的空想，而不考虑我们所承担的艰辛以及所付出的生命代价。"[29]

奥巴马总统的外交政策中随处可见其对意识形态的憎恶。他反对拘泥于一个固定的外交政策原则，如此看来，他很难给世人留下一个总统式外交政策"信条"——除非没有信条也算作一种信条。2011年，针对干预利比亚事宜，奥巴马曾拒绝向国会寻求建议，但却在2013年针对叙利亚事宜向国会进行咨询。2009年，奥巴马下令向阿富汗增兵——在今天看来，他似乎认为该决策是他最重大的一次外交政策失误——而后又迅速撤出，避免了进一步的代价。关于化学武器的使用，奥巴马对叙利亚划了一条红线。在阿萨德越过这条线时，他邀请国会商议如何应对。之后，又在应付弗拉基米尔·普京时放弃了主导的角色。奥巴马在接受ABC新闻采访时说，"华盛顿的人们喜欢对你的行事风格进行打分，采取正确的政策，是我更为在意的事情。"[30] 不同于本书所讲述的所有其他人，奥巴马认为外交政策并非一门完美无缺的艺术，一致性本身也不是一种美德。总统似乎很赞同富兰克林·罗斯福的观点，"愚蠢的一致性是没有脑子的鬼怪，政治家、哲学家和神学家是绝不会喜欢它的。"

*

我们很难使用国际关系学界常用的常规术语对这9名人物进行分类。本书挑战了人们通常认为的现实主义与理想主义这一划分方法，认为它是对美国外交政策中的主要区分的一种不完美表述。显然，运用这一划分法来探究美国外交，我们也能获得洞见。但是，这种分析视角已经变得有点司空见惯了。因此，我认为，另一种二元视角——艺术与科学，能够揭示出美国与世界互动中的一些不同内容。

本书所叙述的人物在处理外交政策事务时所采用的思维方式与表达方式有着鲜明的对比，他们接受的教育以及后来的学科偏好都相差甚大。例如，马汉、凯南与基辛格主要从历史、哲学与文学中借鉴思路，但这些学科往往给人一种悲剧感和谨慎感，并且容易沉浸在已知的历史先例中难以自拔。而其他人，包括威尔逊、尼采和沃尔福威茨，都是接受了社会科学的训练，比如政治科学、经济学、心理学以及后来蓬勃发展的国际关系学科，因而他们更倾向于视世界为"可塑造的"，并能够发现和运用一些恰当的模式和理论。拥有这种观点的人通常能够超越历史，做从未尝试过的事情，而不是在已知的历史界限内行动。

威尔逊在巴黎和会上便是如此。同样的，沃尔福威茨在面对"9·11"事件之后的局势时也是如此。他们两人都认为应当重构这个世界（或者世界的大部分）来满足美国的利益，从长远而言这对每个人都是最好的方式，而不是让美国擦亮双眼去面对世界的复杂性，并且根据所见到的事态去采取行动。或者如同乔治·沃克·布什（小布什）在其第二次就职演说所断言的，"自由能否在我们的国家继续存在下去，越来越多地取决于自由能否在其他国家取得成功。而在全世界传播自由是我们的世界实现和平的最大希望所在。"[31] 拥有这种情感的世界塑造者们通常会有一种强烈的感觉，即认为历史正朝着一个特定的方向前进，以至于他们在制定政策时会极为坚定和坚持。而那些声称已经看到世界终点的人，会过分相信自己所提出建议的质量，并且不愿承认其设想存在错误；只有在执行后，他们才会看清事实。

相反，那些视外交政策为一门艺术的人认为，世界不能被当作实验室来看待，历史进程不得而知，政策制定者只能依赖直觉和创造力来制定政策。政策制定者的建议所针对的是一个真实存在的世界，而非可能存在的世界。历史先例非常重要，依据抽象理论来制定政策太过鲁莽。外交政策艺术家们认为他们的工作是尽其所能应对这个不以个别国家意志为转移的世界，无论那些国家多么强大。他们并不试图创造全新、系统的知识；而是利用他们的艺术性增进美国的利益，保护其疆界，防止这个世界的千百万种破坏方式。如果企图更多，会招来报应。

凯南和奥巴马都在不同程度上践行了外交政策的艺术。"国际关系不是一门科学，"凯南曾如此警告。[32] 奥巴马非常不喜欢总结宽泛、概括式的战略理论，他曾表示，他更愿意在实践中克服一个又一个外交政策挑战，他"乐意面对世界的复杂性"。[33] 批评家们总是将这类人定义为"对美国的承诺很消极、被动、怠慢"。根据"例外主义"言论，美国已然突破历史，找寻到一条独特的道路，有责任为其他国家提供帮助；或者如同伍德罗·威尔逊于 1912 年所说，"我们蒙拣选，为世界其他国家展示未来的自由之路。"[34] 然而，那些认为外交政策是一门艺术的人并不赞同这种夸大的"普救论"逻辑。

本书中的人物在不同程度上体现了上述学科倾向；他们的思维方式繁复多样，但并不存在清晰明确的二元分类。任何一个人的外交政策观点都不仅仅是由学科接触所造就的，有一些观点是艺术与科学兼而有之。并非所有经受过社会科学训练的人都注定会设计宏大战略来实现雄伟目标；那些经过艺术与人文学科洗礼的人在面临无时不在的、严重的不确定性时，也不都是凭直觉临时做出决策。奥巴马曾就读于哥伦比亚大学政治学专业，他是一名单一主义者，不执着于意识形态，同时也非常注重历史的警示教训。因此，那些严词批评奥巴马没能提出一种信条的人通常是智囊团中的政治学者，比如沃尔福威茨、纳斯尔和安妮·玛丽·斯劳特，他们都以新威尔逊式意识形态棱镜来观察世界。[35] 如果奥巴马获得哈佛大学的国际关系博士学位而不是法学学位，那么他现在会不会更喜欢系统地运用一个核心外交原则，就像那些摇晃着自己的博士学位批评他的人一样？奥巴马所表现出来的灵活性让我们很难去想象这样的情景。我们了解的是，奥巴马在哥伦比亚大学所学到的国际关系课程不足以释放他内在的大战略家身份。

无论他们的学科传统是什么——我是将艺术 – 科学这一对二元词汇用作阐释问题的背景主题，而非一种还原性的主叙事——本书所叙述的外交思想总能进入外交决策的溪流，并带来多重结果：有远见的外交、必要的战争、灵活的结盟、付出极大代价而获得的经济和政治胜利、CIA 的笨拙行动、鲁莽的外交政策事故，等等。本书将记叙导致这些结果以及其他结果的思想路径，并对其进行评价。

这并不意味着我认为其他塑造了美国外交关系的有因果联系的因素和情境因素不重要或对这些因素有所贬低。在历史学界，有太多关于各类分支学科相对优点的孤立讨论。但是很显然，历史写作并非零和博弈。社会、文化、智力、政治、军事、经济和外交等各领域的历史学家以不同但同样合理的方式促成了集体知识的积累。互相之间无须相轻。关于此，笔者非常喜欢小说家简·里斯的一个言论："在写作中，我并不那么信赖作家个人。所有的写作是一片巨大的湖……重要的是汇入这片湖。我不重要，重要的是那片湖。"[36]

借用里斯的隐喻，本书最多是一条汇入湖中的不起眼的溪流，但其中一些方面，我希望能有所出彩。尽管笔者也讨论了珍妮·柯克帕特里克、马德琳·奥尔布赖特、康多莉扎·赖斯、安妮·玛丽·斯劳特、萨曼莎·鲍尔以及苏珊·赖斯等人的重要外交政策干预，但本书中没有专门的章节侧重写女性。这主要是由于整个20世纪在外交政策制定、学术界以及新闻业都存在着性别歧视，这种情况甚至以更加微妙的方式延续至今。"大战略"是一个男权话语（众多问题中的一个），它阻碍了女性的参与，或者说对进入政界的女性产生了一些障碍。与此相关的案例众多，在此仅列举一例。1971年印巴战争期间，基辛格赞美了尼克松的好战情绪，因为其向莫斯科表明"我们会像男人一样取得胜利。"[37] 里根执政期间的美国驻联合国大使柯克帕特里克曾说，"坦白讲，作为一名女性，我想不到在美国政治中有什么优势。"[38]

但这不是唯一让我做此决定的因素。大部分章节（未述及凯南和基辛格的章节）涵盖了几个重大的时间段，但是，就影响力和长期性而言，我认为柯克帕特里克、奥尔布赖特及赖斯所做出的贡献无法企及马汉、基辛格和沃尔福威茨。例如，赖斯在2001至2009年间担任国家安全顾问和国务卿，在第二届任期期间主导取得了一些重大成就——主要是为一次克制行动提供建议，以避免爆发更多悲惨的战争。但是在布什的第一届任期中，赖斯就像一个风向标，顺着最强劲的阵风方向倾斜。她是如同麦克乔治·邦迪一样的经理型官僚，而不是沃尔特·罗斯托那样的哲学家国王。[39] 事实上，邦迪与赖斯有诸多相似之处：两人均曾在顶尖大学担任领导职务，在美国两次推出其最具灾难性的干预性外交政策时，两人均担任国家安全顾问，且表现不力。

同样的遗憾还体现在种族和宗教信仰方面。《塑造世界》研究了6名基督徒、3名犹太人；8名白种人、1名非裔美国人；没有非信徒或其他宗教的信徒，也没有少数民族。在一本着重于知识与权力的连接地带——这是一种自生自存、排他的特殊环境——的书中，笔者发现很难在不曲解现实的情况下别开生面。但是至少还存在一些让人乐观的理由。特别是小布什与奥巴马两任政府，给予了我们希望，国家的外交政策制定和政策辩论精英们可以更加接近于整个国家。

在接下来的章节，笔者会将这9名人物放在相互对话的位置，形成笔者所希望的关于美国外交关系的新视角。在这种视角下，将有意识地降低各种独立纪元例如"冷战时期"或"里根政府"等的显著性，转而关注比这些具体事件和总统任期出现得更早、也更长久的思想。常规的历史时期划分倾向于模糊化那些从长远看来更为合理的外交政策趋势。威尔逊的概念性遗产——威尔逊主义，比他的总统任期意义更为重大。毕竟，他的任期结束得不太光彩。1950年，凯南相信政策规划署"已经完全失败"，他已经无法为"外交政策的制定带来规则和先见"，于是他离开政府，前往普林斯顿大学。[40] 然而，诸多学者依然认为凯南的"遏制政策"是最卓越的冷战战略。在西史视野中，没有什么事情比一个观点的生命力更加重要。

第一章
海权论者
阿尔弗雷德·塞耶·马汉

多年以来，阿尔弗雷德·塞耶·马汉的《海权论》一书中所含观点总是能引发人们的共鸣。该书出版于1890年，其主要内容是，美国绝不能满足于地区霸权地位，也不能寄希望于经济自给自足。相反，美国应当有意识地效仿英国，建立强大的海军力量，以提高其安全性，在全球部署力量，通过自由贸易实现经济扩张，最大限度地发挥美国的自然资源和创新优势。马汉的传记作家罗伯特·西格尔如此描述该书："可能是19世纪美国人在美国写就的最强有力、最具影响力的一本书。"[1]

这种富有激情的言论让我们不禁想到，如果将文学与历史作比较，权力与影响力意味着什么？如果我们用非虚构类文学作品来比较，西格尔的论断似乎很有道理。阿瑟·小施莱辛格在2005年写道，"自建国以来，没有任何一名美国人对合众国在世界上的地缘政治地位分析得如此条理化。面对习惯了从合法权利或道德目的角度思考外交政策的民众，马汉现在就国家利益、海军基地、军事火力和通信线路提出了现实的观点。"[2]西奥多·罗斯福、亨利·卡伯特·洛奇、英国皇家海军上将约翰·费舍尔以及德皇威廉二世都曾阅读过《海权论》一书并给予高度评价。该书出版后几十年，还曾被翻译用作德国和日本海军船员的教科书。查尔斯·比尔德察觉到了本书多个层面的潜在影响："马汉燃起了政治家内心的熊熊烈火，令美国在亚欧大陆的敌手热血沸腾，为1914年全面爆发的世界大战清除了障碍。"[3]至于马汉的海权理论是否助推了第一次世界大战的爆发，这是一个无法确定的开放性问题。我们确切知道的是，《海权论》极大塑造了美国海军以及全世界海军的训练大纲——最显著的是，中国海军的训练大纲，这在美国看来，也许是最令他们担忧的。[4]2013年7月，中华人民共和国主席习近平曾指出，"海洋在国际政治、经济发展、军事、科技等领域的全球竞争中的战略地位明显上升"，而这正是马汉的言论。[5]

马汉共撰写了20本著作和137篇文章。对于本书所讨论的多位人物而言，这些不可避免地都会成为他们的参考。然而，伍德罗·威尔逊并不赞同马汉的英国崇拜、顽固现实主义和对建立强大海军力量的大肆鼓吹。1914年，威尔逊政府下令禁止所有前任海军官员撰写任何关于欧洲战争的内容，压制了马汉的煽动言论，并且更加明确地展现出协约姿态。威尔逊与马汉在美国对世界的领导力这一问题上有着极大的分歧。马汉认为完全没有必要通过国际仲裁对行动进行约束，像美国这样的大国应当避免提请国际仲裁。在这一点上，阿基里斯是没有致命弱点的。与此相反，威尔逊认为，随着科技的进步，战争的杀伤力必然会越来越大，只有每个国家放弃自己的主权，致力于建立一个真正拥有权力的超国家机构，历史的战争循环才有可能被打破。

威尔逊非常不赞同马汉的世界观，但是相比于查尔斯·比尔德对马汉的蔑视（他认为马汉是美国历史上最大的恶棍）而言，威尔逊对马汉的敌对情绪简直太过微不足道。比尔德认为马汉是"美国有史以来最成功的一个鼓动者"。他指出，西奥多·罗斯福"将马汉的作品当作自己的美国政治圣经"。同时，比尔德还对作品中所提倡的扩张性帝国主义政策（在美西战争中达到极致）表示了谴责。他指责马汉将美国从一个耕耘自己国土——杰斐逊的理想田园——的国家变成了效仿英国、为了一小撮人的利益掠夺别国的国家。比尔德还批评了马汉的学术精神不够纯洁，存在政治动机（讽刺的是，这种指责也经常针对比尔德）：

马汉在宣传中对自己的教义进行了"历史化"，以便获得读者关注，也就是说，他利用历史来"证明"自己的观点是正确的、不可避免的、可取的。无论是在历史研究方面，还是在文献的审查鉴定方面，抑或在史学写作的理论和方法方面，他都没有接受过任何训练。总之，他是一个名副其实的无知的人。他利用那些旧的作品来满足自己预先设想好的目的，从上下文中截取段落和只言片语，将笔记拼凑在一起，作为自己对生命、经济、海权、贪欲和战争的思考。

比尔德认为，马汉在将美国转变为一个更加暴力和物质的国家中发挥了关键的作用，在这一转变过程中，美国的道德感与独特性逐渐被瓦解。正是由于马汉和他在政策制定方面的追随者们，美国脱离了自己的世外桃源，变得与其他国家一样有缺陷、自私自利。

在富兰克林·罗斯福执政期间，也就是冷战早期，马汉并不那么像塞任（古希腊神话中用美妙的歌声引诱水手的女妖），而更像是一名预言家。20世纪30年代晚期，当阿道夫·希特勒带领德国有预谋地撕毁了《凡尔赛和约》，记者沃尔特·李普曼带头呼吁人们重视马汉所提出的原则：不得允许任何敌对势力例如纳粹德国的首领控制住大西洋。马汉抵制孤立主义，认为这是一个令人舒适但不符合历史事实的梦，但海军扩张和自由贸易是极为重要的：他"在进行国际现实分析时绘制了一些新路径，这些路径对美国的安全来源进行了更加深刻的评估"。对此，乔治·凯南也认为马汉有其积极的一面。凯南在马汉和历史学家布鲁斯·亚当斯（亨利·亚当斯的兄弟）身上看到了"在美国人思考外交事务时普遍表现出麻木不仁和自以为是的局面下，一股孤零零的思想喷射"。[7]在凯南看来，是伍德罗·威尔逊的理想主义观念导致美国的外交政策由符合现实变为脱缰的野马。

多年来，马汉的反对者针对他的著作提出了一些异议。这些异议有一个共同的主题，那就是马汉的世界观与美国的价值观不相契合。后来，这种指责又瞄准了亨利·基辛格。一个人可以追随查尔斯·比尔德去批判马汉"基于生理贪婪性的纯粹物质主义"的世界观[8]，也可以追随伍德罗·威尔逊去抵制马汉关于"战争已织入国际体系的结构，美国应当避免提请仲裁并做好最坏的打算"这种悲观主义观点，但绝不可能去否认马汉对于未来会如何发展的预知。我们当今所生活的世界正如他在19世纪末20世纪初所预言的那样。华盛顿所领导的世界经济体系由开放航线所带来的自由贸易所主导；美国海军在全球范围内不存在旗鼓相当的对手；重大的世界危机很少能经过联合国的斡旋得以解决；一旦利益受到侵害，美国有权单方面行动。在所有这些方面，无论是好的还是坏的，马汉对现代世界形态的预见都是正确的。下面就是我要讲的故事。

*

1987年刚刚入秋的一天，一名神色焦虑的老先生在哈德逊河一条汽船的甲板上走来走去，思索政府公职给他带来的侮辱。穿着高品质面料的服装，有着一双敏锐的眼睛和精心修剪过的胡须，丹尼斯·哈特·马汉不凡的仪表显露无遗。他漫长的职业生涯都在西点军校度过，在那里担任教授级高级工程师。丹尼斯·马汉在巴黎与拉法耶特侯爵一同进餐，向几乎每一名参与内战的高级军官教授军事学，并写出了为战场战术带来革命性变化的伟大著作。[9]西点军校造就了马汉，反过来，不可否认，马汉也造就了这里的毕业生：威廉·特库姆塞·舍曼、尤利西斯·辛普森·格兰特、罗伯特·李以及石墙杰克森。所有这些人都得益于马汉的指导。然而，虽然取得了如此多的成就，马汉也不甘心就此退休。此前，格兰特总统曾向马汉保证，只要他愿意，他可以一直担任这个职位。但是西点军校的监事会却坚持将这名69岁老教授的名字写在了退休名单上。在汽船靠近斯托尼波恩特时，马汉最终决定，他无法承受离开他热爱的西点军校这一打击——离开目的的工作，生命毫无意义可言。他跨过汽船的栏杆，纵身跳向了下面旋转着的桨轮。

讣告将丹尼斯·马汉的自杀原因归结为瞬间的"精神病发作"，这是那个时代在一名杰出的绅士自杀时为他做出的开脱之辞。马汉死亡的真正原因是他不得不面对退休后怠惰的生活，这反映出他职业伦理的失衡。他的大儿子阿尔弗雷德·马汉很好地避开了这种特质所存在的危险。阿尔弗雷德取得了比他父亲更加丰硕的成就，但他在处理工作与生活的平衡关系上更加谨慎。阿尔弗雷德发现父亲在某些方面非常令人钦佩：正直、勤勉，并拥有一个严格的道德价值体系。但是，他几乎从不提及父亲以如此方式抛弃家庭的可耻行为。在仅有的记录中，他私下提及他曾"一阵阵地担心"自己会遗传父亲的忧郁以及潜在的自我毁灭倾向。[11]

除此之外，无论是在回忆录中抑或与朋友和家人的大量通信中，他都很少提及父亲的自杀。他的沉默寡言是他所生活的维多利亚时代的典型特征，同时这也与他渴望隐私以及厌恶公开亮相的性格相吻合。虽然阿尔弗雷德追随了父亲的步伐，为光明的军事前景培养人才，但他始终惧怕站在讲台上发言超过一小时。马汉坦白称，"我……非常痛恨公开演讲，我想要趁人不注意溜到后排座位，这种想法简直不可抑制。"[12] 为他带来声誉的是他的观点所具有的及时性和逻辑性，不是寻求关注的个性。

马汉于1840年9月27日出生在西点，是家里6个孩子中最大的一个。他的家庭富裕稳定，且非常重视教育的价值。他的父亲在弗吉尼亚长大，父母都是爱尔兰人，但是从古老的国家带来的英国崇拜情绪（他轻易地就摆脱了自己的爱尔兰情怀）在包括他在内的第二代移民身上已经几乎不见。马汉的母亲玛丽·欧基尔是一名虔诚的基督徒，她每天都在祈祷她的大儿子能够做一名牧师。玛丽来自美国北部，这是她丈夫唯一从她身上找到的缺点。父亲曾对马汉说，"你的母亲是一个北方人，没有人能比得上她，但通常情况下，又没有人能与南方女性相提并论。"[13] 马汉是南方人的孩子，这一点从他父亲发现他在阅读哈里耶特·比彻·斯托的小说《汤姆叔叔的小屋》时所做出的反应可以得知。马汉回忆道，"我父亲将书从我手上拿走，从此我开始将它视作一瓶贴着标签的毒药。"[14] 居住在遥远的西点，确保了马汉年少时在这个封闭的地方付出了极大的学术努力。在铁路不通的那些年，这儿仅能通过汽船与外界接触，而一到冬季，就会被结冰的哈德逊河隔离。周围都是父亲关于军事史的书籍，每天被慈爱但严格的母亲要求展示对《圣经》的掌握程度，马汉的智力发展突飞猛进。但是父母严格的教学指导遗忘了社交技能，以至于他的交友圈非常狭窄，远远落后于他在阅读方面的敏捷性和在写作方面的流畅度。

马汉的父亲想要让他的孩子们完全融入有教养、允许蓄奴的南方，因此他决定送马汉到位于马里兰州的圣詹姆斯中学去接受教育。这是一所主教派寄宿学校，生源主要是那些保守派南方富有家庭的儿女，目的是获得一种能够无视《汤姆叔叔的小屋》并且视奴隶制为自然规律的教育。但是，马汉的父亲又非常讲究实效，当学校无法为马汉提供他认为足够的数学指导时，便毫不迟疑地将马汉向北送到了位于纽约市的哥伦比亚学院这所充满活力的国际性学校。1854年，马汉作为新生入学，并在纽约度过了之后的两年。在这两年的时间里，他听到了自己内心的召唤。马汉迫切渴望到东北部沿海地带以外的地方拓展自己的眼界，于是他决定参加海军，他认为这份事业能为他提供训练、旅行机会以及道德和精神上的富足，同时还能通过为国家服务追求一种无私的生活。

马汉的父亲对于儿子的职业规划表现得异常冷静。多年后回想起来，马汉还是禁不住称赞父亲的先见之明："我参加海军完全违背了父亲的愿望。我已经记不清他的原话，只记得他严肃地注视着我，告诉我说，他认为相对于军事职业，我更适合一份平民的职业。现在想起来，我想他是正确的；虽然不能说我在这方面做得不好，但我认为在其他行业我能做得更好。"[15]

那么为什么他的父亲判断马汉不适合海军生活？很大程度上是由于年轻的马汉太过认真和书生气，缺乏一种友谊精神，而这种精神正是许多年轻人参加海军的重要原因。马汉是做不到与战友尽情狂欢的。大学期间，由于他对伪虔诚的深恶痛绝、他内省的特性以及对规则的严格遵守，令他在学校里经常孤身一人。"一个流氓留下的坏印象，至少需要20名绅士才能弥补回来。"当他在一艘纽约的渡船上看到粗俗的行为后，如此向父亲抱怨。[16]他的是非之心已经达到了难以置信的高度，同时这种特性也导致他非常挑剔和刻板。

马汉的父亲将自己的保留意见放在一边，不遗余力地帮助儿子进入海军学院。他正式拜会了战争部长杰弗逊·戴维斯。戴维斯仅在西点军校听过丹尼斯的三堂课。戴维斯建议这位满怀抱负的海员（马汉）与来自纽约的国会议员安布罗斯·默里会面，后来这名议员同意马汉进入安纳波利斯海军学校。马汉曾承认，"这让我很欣喜地相信，我能够进入美国海军，完全得益于南部邦联第一位也是唯一一位总统的出面。他对皮尔斯先生（总统）的影响很大。"[17]马汉的父亲让杰弗逊·戴维斯代他表示感谢，但是如果他不姓马汉，那么他能否去到安纳波利斯就很难说了。他的父亲以个人威望为他提供了明确的支持，同时也是对理智、固执的他所下的最大的赌注。

*

1856年9月，刚到达安纳波利斯，马汉就非常郁闷——这里只是一个漂亮的拥有约8000居民的偏狭小镇。这种措手不及的苦恼并未很好地预言到他未来的事业。他很快就摆脱了自己的忧郁。在给伊丽莎白·刘易斯（他叔叔米洛·马汉牧师的继女）一封热情的信件中，马汉表示对自己的同学和开始时的航海经历都非常满意："你绝对想不到我们的班级多么友好……我们都喜欢彼此，甚至超过对女性的忠诚……从我目前经历的来看，海上的生活最令人开心、无忧无虑和神魂颠倒。强风吹来，船只向一侧倾斜，我以前从未感受过这种尽情释放的喜悦。"[18]

这些语言充满了喜悦之情，也都是他真真切切的内心所想。然而，这是马汉第一次也是最后一次热情洋溢地谈论他的同学和海上经历。后来马汉得出结论，安纳波利斯就是"一个令人痛苦的小镇"，他注定要做更伟大的事情，而不是与一群粗俗的海军学院学生畅饮。很快，马汉便发现自己并不喜欢做一名海员。事实上，他极其讨厌大海，沉闷的海上生活，只有在突降暴风雨时才会被打破，对此他简直难以忍受。

于是，马汉开始漫游于学院毫无挑战性的教学内容中，并在业余时间阅读法国中世纪历史学家让·傅华萨、日记作者兼外交家亨利·利顿·布尔沃以及苏格兰浪漫主义小说家沃尔特·斯科特爵士等人的作品。他的好朋友塞缪尔·阿什惊诧于马汉广泛的学习范围，曾描述说，他是"我所认识的最有智慧的人。他不光拥有惊人的记忆力，还拥有极强的理解能力和清晰的认知能力。"[19]在安纳波利斯，无须临时抱佛脚，马汉便以班级第二名的成绩顺利毕业。

马汉在1859年内战前夕毕业。毕业同学间的忠诚也由于接踵而来的冲突而分崩离析。对于日益临近的危机，马汉有着复杂的观点，这一点是可以理解的。他有着南方人的出身，对奴隶制度并不存在真正的敌意，因而他抵制联邦主义。他对美国黑人群体的看法完全是那个时代与背景下的典型观点，也习惯性地使用类似"黑鬼""黑人"的词汇来指代自由的和被奴役的非洲裔美国人。虽然马汉对于美国黑人群体天生逊于欧洲血统群体的观点从未改变，但在南卡罗来纳第一次遇到农场奴隶的时候，他就改变了自己关于"黑奴制度"的看法。正如他在回忆录中所说，"除了在马里兰见到的家庭佣人外，那是我第一次接触奴隶制度……我注视着这些被威胁、被粗暴对待的农场工人的脸庞，我早期的教养像斗篷一样滑落了。这种情况是不合理的；我试图从一些实例中找到其合理性，但是我失败了。"就连他的父亲，一个支持奴隶制且对废奴事业表示轻蔑的骄傲的弗吉尼亚人，也极力支持亚伯拉罕·林肯恢复联邦："儿子，如果我们的国家沦为目前的状况，我想我再也开心不起来了；但是现在我如此希望能见到那些家伙们被打败，以至于我忽略了其他人。"[20]

马汉在内战中的经历平淡无奇。南部邦联的海军力量相对薄弱，因而联邦政府获得了绝对的主动权，林肯一举突破南方主要港口的封锁。马汉在联邦封锁部队服役，只听到过一声愤怒的枪响——那是1861年11月7日在南卡罗来纳州皇家港口——他在提到本次冲突时总是会说起服役的枯燥乏味。美国内战并没有成就马汉，不像之后的外交思想家因他们在一战和二战中的经历得以成就。马汉曾认真地请求加入向莫农加希拉转移的行动，当时该行动正忙于对亚拉巴马州的莫比尔进行"密集（同时也更加危险）"封锁。他的请求被否决，同时命令他的同学罗德里克·普伦蒂斯参与行动。对马汉而言，这是一次幸运的否决，因为1864年8月普伦蒂斯在驶向莫农加希拉的途中在莫比尔湾战役中被杀害。马汉在战争中的主要亮点是他遇见了凯旋的上将威廉·舍曼。在萨凡纳，马汉因为父亲的关系见到了舍曼。当马汉做自我介绍时，舍曼"露出了微笑——他们在说话时他全程都在微笑——用力地与我握手，并惊叫'什么，老丹尼斯的儿子？'本能地提及了在学校时的绰号。"舍曼坦诚地说道，每次当马汉教授"让他从黑板前回到座位上，并表扬他'非常好，舍曼先生'"，他都会感到异常的骄傲。[21]舍曼是联邦最有名的上将，并在佐治亚取得了胜利，由此看来，他的父亲依然拥有相当广泛的影响力。

*

由于母亲的教诲,同时马汉也非常敬重自己的叔叔米洛(一名主教派牧师,发表著作,评论各种神学问题),因而马汉是一名虔诚的基督徒。诚然,了解马汉信仰的深度和诚意对于理解他后来的外交政策观点至关重要。终其一生,马汉都拿出收入的一部分向教会缴纳什一税——他从 1890 年开始获得版税——并且在出席教堂的礼拜活动上几近完美。当他访问英格兰时,他非常困惑于这个在其他方面堪称模范的国家似乎在朝着世俗化的方向发展。从他们国家贵族与上层中产阶级以随意的方式对待忠于造物主这件事上,便可以看出:当狩猎这种乐事妨碍了他们的礼拜活动,他们会直接跳过礼拜活动。与他的虔诚紧密关联的是他过分守礼的倾向。虽然他在海军服役,也没有改变这一倾向。例如,当他担任指挥官时,他认为谈论性是不合适的,因而他拒绝与同僚讨论"梅毒的卫生防御措施",并宣布,"工厂女孩的品性"以及"查尔斯顿海军造船厂女孩"的品性也是"不纯洁的主题,应当避免讨论"。[22]

但是,虽然马汉的基督教信仰在对待《圣经》上比较传统,但相对于那个时代的标准却还是进步的。马汉是一名坚定的共和党成员,他一生都在直言不讳地反对激进进步主义、社会主义以及政府对私人领域过度干预的事情。但是他认为,自己对上帝有应尽的义务,应当花费一些时间去改善那些缺少上帝眷顾的人的状况。在后来的日子里,他还对美国主要城市愈演愈烈的无家可归现象进行了抨击:"没有任何一种生活应该给予幸运者比无家可归者更多的眷顾。"[23] 他对许多进步事业也充满了悲悯之心。与西奥多·罗斯福一样,他讨厌镀金时代的无节制,反对信托、垄断和"罪恶的大富豪"(罗斯福总统的著名言辞)。这并不是说,马汉走在进步运动的前沿。他反对强加的八小时工作制,对于使用童工比较放松,而对于女性将被赋予选举权则十分震惊。"给予女性选举权的主张打破了历史的惯例,即男性负责户外艰苦的活动,而女性负责室内领域,也就是我们所称的家庭。"[24] 马汉虽然在许多方面都是一个传统的保守派,但他经常有让人惊讶的言行。

内战结束时,马汉踏上甲板,开始了游览全世界的征程,这让他得以直接考察到美国在全世界的竞争对手。1867—1868 年冬季,马汉乘坐"漂亮的易洛魁人号远洋轮"(年轻的马汉在向母亲描述这艘船时如此说道)到达了日本,尽管恐怖的暴风雨让他发现"无论浪漫作家如何描述,狂风让负责……的人感到不安和担忧。谁都说不清什么时候会出事,或者上帝可能给我们什么惩罚。"[25] 在太平洋上经历了上帝的愤怒之后,马汉在一个合适的时机到达了日本。当时正处于明治维新时期,有西化倾向的现代化推进者正在竭力推翻封建德川幕府在日本的统治。日本新寡头政治执政者宣称要"富国利民,增强军事实力",马汉认为所有思维正常的国家都应当执行该计划。他对日本的第一印象就是排外,但是"我发现这里的人们非常无趣,没什么特殊兴趣爱好,也没什么风俗习惯。"

他很快便决定"我想我应该喜欢日本；所有人都在尽力表现得和蔼而友善。只有那两个佩刀的家伙有可能惹事，但这种情况肯定极少发生或在喝醉的时候有可能发生。"²⁶ 马汉非常敬佩日本在模仿西方发展模式上所做出的努力，他对日本的坚韧性和独创性也很有好感。甚至是多年以后，马汉都还在坚持对日本移民在美国永久定居的能力加以限制。即使在那时，他的理由也都是合理、值得称赞的。

> 个人而言，我完全不赞同关于我的种族优于中国或日本的任何设想或理念。我的种族更加适合我，可能只是因为我已经习惯于此；但是我绝不承认我自己以及他们的地位低下，也就是优越论思想……现在我承认我清楚地看到了日本人的巨大优越性，正如白人之于黑人……美国无法确信自己的实力是否足以吸收和同化日本所突显的强烈的民族和种族特色，而这正是日本大量成功的秘诀。²⁷

尽管日本在学习西方现代化模式上的思维具有前瞻性，但马汉认为那里的人们——"是一个非常小的种族，几乎没有人蓄胡须，看上去就像一群男孩子们在扮演士兵"——缺乏真正成为第一大国的军事素质。总之，他最欣赏的国家是大不列颠，这个国家融合了政治稳定、文化成就、法治、经济创造力、多毛以及重视海军势力等多项优点。十九世纪七八十年代，马汉在驶往东亚、欧洲和拉丁美洲的船上时，最令他感到舒适的不是与美国同伴同行，而是在英国的船上与拥有较好品位和鉴赏力的英国人结伴。在英国的船上，他的英国崇拜非常受欢迎。对于1839年英国占领也门亚丁港事件的历史必要性，马汉会说，"一群野蛮人有能力妨碍到世界的贸易吗？"²⁸ 这种情绪明显地突出了他的世界观。19世纪，英国以殖民扩张的方式帮了世界一个大忙。他们打开了落后国家的贸易大门，净化了世界贸易的大动脉，因而其实是在为所有出口国效劳。在大不列颠不可避免地失势后，马汉认为美国应当遵循英国之路，建立同样强大的海军力量。

这种对于英国模式和价值观的本能推崇，是在早期由父亲传授告知的。而这些观点，便是马汉创立海权哲学的基础。马汉曾把自己锁在房间，潜心钻研法国和德国历史学两大巨头（弗朗索瓦·皮埃尔·纪尧姆·基佐与利奥波德·冯·兰克）的著作，才能得以深刻理解世界历史。但是，通过游历和考察全世界，马汉能够直接看到皇家海军无可匹敌的覆盖范围和影响力，反过来促进了英国经济的高度增长，大幅度提升了其生活质量（尽管无神论趋势愈演愈烈）。同时，美国也开始在世界上崛起。美国拥有丰富的自然资源、较高的生育率，并且宣布忠于英国的经济军事发展模式，以至于其进程势不可挡。但是1880年的美国距离希望的乐土还很遥远。

*

1880年，由于担忧国家危险的金融状况，土耳其苏丹对国家的外交部门进行了一些削减。土耳其关闭了驻瑞典、比利时、荷兰和美国的代表团与大使馆。他的原理简单直接：所有这些都是中型的部门，在世界外交中发挥着微不足道的作用。[29] 现在看来，我们很容易会认为这位苏丹目光短浅，但是在1880年，没有哪个国家的领导人会对这个消息感到惊讶。内战结束后20年间，继任的美国总统都无法绘制出一条独特的行动主义路线，无论是对内，还是对外。并且，这些总统在今天的声誉也较为平庸。从1865年到1885年，安德鲁·约翰逊、尤利西斯·辛普森·格兰特、拉瑟福德·伯查德·海斯以及切斯特·阿瑟，几乎无人能与亚伯拉罕·林肯的领导力和使命感相媲美。领导高层的听任自流意味着随着美国在世界舞台上的声望和地位的衰退，它的实力已经相应地减弱了。马汉尤其讨厌那个时代弥漫的腐败之风。

这个时期的国会有一种优越感，以至于丧失了增加支出以提升美国军事外交实力的欲望。1869年，国会指派了31名微不足道的职员为整个国务院提供服务，且服务范围甚广。1881年，他们又很不情愿地扩大了这支队伍，人数增加至50名。[30] 整个十九世纪七十年代，美国的海军实力在世界上排第12名，甚至落后于那位苏丹所领导的土耳其和沉闷、惰怠的中国。[31] 1881年，华盛顿的策划者注意到智利海军在数量上要优于美国海军，便取消了讨伐智利的海军行动。[32] 在经济方面，美国正在努力代替大不列颠联合王国成为世界上顶尖的经济大国。但是，这个庞大的经济身躯却投掷了一个模糊的军事阴影。[33]

整个十九世纪八十年代，美国都在采取措施确保军事实力与其金融高度更加匹配。1882年，共和党人切斯特·阿瑟执政期间，说服国会拨出款项支持17艘钢制巡洋舰的生产，取代马汉学习基本航海技术时所使用的木船。这些木船中没有任何一艘具备能与大不列颠或法国海军相抗衡的装甲或机动性。但是，对于那些希望美国在国际事务中发挥更大作用的人来讲（大部分是共和党人），在舰艇上增加金属这一步显然是在朝着正确的方向前进。关于美国在世界上应当采取什么样的立场，党派之间产生了明显的分歧。民主党人赞成各州拥有自己的权力并实行本地控制，他们对于扩大联邦政府规模持本能的怀疑态度。鉴于南方军在内战中彻底战败，不难理解，大多数民主党人认为（正如某南方政客所描述的），"没有人有权力或义务将自己的意志强加在他人身上。"[34] 这种中庸态度令大多数共和党人厌恶，因为后者支持在危险的世界里建立一个积极的联邦政府。并且许多人，例如马汉，认为大不列颠是积极外交政策与盎格鲁·撒克逊种族的道德与性情优势相结合所能取得成就的最佳代表。"将一人的意志强加在他人身上"只是对自我信念的恰当陈述，是对未来的正确解读。如果南方的民主党人不喜欢这种强有力的逻辑，说明他们的自信心极其脆弱，同时对国际事务无法进行客观理解。

虽然马汉赞同其共和党朋友和同僚关于政府应当扩大美国海军规模的观点，但他并不认为传统的帝国主义占领策略不应作为壮大美国的路径。在十九世纪七十年代与八十年代初的私人通信中，马汉曾明确表示，他希望美国在墨西哥湾和加勒比盆地取得主导性地位，特别是在巴拿马地峡处。许多人包括马汉都认为，美国有必要建立一条跨地峡运河，将大西洋与太平洋连接起来。1884年，马汉在与塞缪尔·阿什的通信中写道，"我不知道你是什么感觉，但我觉得怀疑我们的政策是帝国主义政策这件事非常令人厌恶，特别是将我们的政策与拉丁美洲共和政体的那些政策相提并论。虽然我从事的是军事职业，但我并不愿意为了实现庞大的军事编制，在偏远的地区维持一些殖民地或利益。"[35] 他是一名扩张主义者但不是一名帝国主义者，这在当时是非常重要的。马汉很快便意识到，美国不需要殖民地；它只需要获得足够多港湾的进入权，有机会为其船只补给燃料。这是一种强大的洞察力。

1883年，马汉出版了他的第一本书籍《海湾与内陆水道》（*The Gulf and Inland Waters*）。在此之前3年的时间里，他都在布鲁克林造船厂担任领航员，这是个闲职，因而他有充足的时间进行写作。[36] 斯克里布纳出版社为马汉提供了600美元的写作费用。后来马汉羞怯地与塞缪尔·阿什谈起这件事，"当时我想要这笔钱，纵然我非常不确定自己能否做到真实公正，但我相信也许不会比别人差，所以我就同意了。"[37] 这本书对内战期间的海军战术进行了详尽的调查研究，马汉的中心思想是联邦军对海湾、莫比尔湾、密西西比河与红河的控制是其战胜邦联军的关键所在。调查研究与写作的过程，以及这本书所获得的正面认可，都偏离了马汉期望通过现役实现晋升的职业方向，并开始朝着追求自我实现的方向发展。马汉借助笔杆子，为其建立海权大国的论点吸引了一批有影响力的追随者。

不久以后，马汉的学术抱负得到了极大的鼓舞和推动。海军上将斯蒂芬·布利克·卢斯是一名获得诸多荣誉的海员，他非常欣赏马汉的《海湾与内陆水道》一书。他长期以来的梦想就是在罗德岛建立一所由联邦政府资助的海军战争学院。卢斯认为这所学校应当提供先进的、历史信息丰富的教学内容，而不是安纳波利斯海军学院所提供的细节性训练。1884年7月，卢斯写信给马汉，邀请他加入新学校的教员团队。马汉猜测，在切斯特·阿瑟总统执政下，该学校已经获得势不可挡的劲头。对此机会，马汉欣然接受，他迫切希望得到一个既能与家人团聚又能释放自己对海军历史的激情的工作。他回到家乡的迫切心情在他1884年9月4日写给卢斯的接受信中尽显无遗。

> 我喜欢这个职位，可能非常喜欢。对于这个特定的领域，我相信我有足够的能力，可能还有一些天分；但是我觉得自己目前在一些必要知识的准确性方面还有所匮乏……我现在应当立刻回家，至少到明年夏天才能开始工作；我唯一能承诺的是，我会努力工作……如果你说来吧——我希望立即回去，承担这份特别的职务。[38]

显然，马汉丝毫不担心自己表现得太过急切。一个月后，10月6日，当海军部长威廉·伊顿·钱德勒批准在罗德岛的新港创建大学并由航海局进行监督时，政府来此考察了解他的思路。这一行动证实了卢斯的猜测。但是，卢斯是不可能遵从马汉的意愿鼓励他立刻回家的。

11月，一艘由马汉指挥的名为"沃楚西特山"的单桅战船停泊在秘鲁首都利马市。由于等待佳音的过程极度无聊和沮丧，马汉决定独自乘船离开，找一些东西来阅读。他漫步穿过了整个城市，直到他发现利马英语俱乐部，这是一家小型的图书馆，储藏了一些文学和历史经典。正是在这里，马汉读到了特奥多尔·蒙森的《罗马史》，这本书讲述了罗马共和国的起伏兴衰。在书中，马汉了解到蒙森对于汉尼拔经过阿尔卑斯山时壮烈事迹（在这里，他丧失了军队四分之一的士兵，大约45000名）的解读，可谓见解深刻。汉尼拔带领军队包括37头大象穿越艰难险峻、积雪盖顶的阿尔卑斯高山，被贴切地称为军事史上一次伟大的后勤行动。但是想一下如果汉尼拔控制了地中海并且绕开了那一段险恶的通道，他又会对罗马造成什么损害，蒙森如此设问。

马汉仔细思考了这一见解，然后豁然开朗。1885年5月，在写给卢斯上将的信中，马汉概述了他就职后的课程，将主要侧重于讲解控制海域所带来的关键战略利益。他向卢斯讲述道，"举例来说，汉尼拔之所以要穿过那条令他丧失四分之一军队的恐怖的阿尔卑斯通道，是因为他没有控制海洋……我阅读了论述这一观点的二卷半的蒙森著作。"[39] 马汉想要更新蒙森关于过去200年英法之间战略竞争的论点。英国的胜利主要得益于皇家海军的强劲实力，马汉将以此作为正面案例来引导学生思索和效仿。

直到1885年11月16日，马汉才就教学任务向卢斯做最终汇报。在此之前一个月，马汉曾警告卢斯"今年别想从我这儿得到任何关于讲座或课堂讲授的内容"。卢斯是个很有耐心的人，他自己也教授9名军官学生。学院起步虽然缓慢，但是从一开始，其办学方向就是在美国军事系统中担当一个至关重要的教育齿轮，培养杰出的海军人物，例如欧内斯特·约瑟夫·金、切斯特·威廉·尼米兹、托马斯·亨曼·穆尔以及威廉·约瑟夫·法隆等。但是，由于19世纪80年代末期党派政治变幻无常，该学院的前途一片迷茫。总体而言，共和党比民主党更加赞成该机构。

在1886年2月2日写给塞缪尔·阿什的信中，马汉介绍了一下他的新工作：

> 我们的目标是，在各个分支机构，先于海军学院教授或至少是提供教学课程，特别是在一些专业性更强的科目上，当然我说的是军事科目。在这些科目中，我给自己指派了一门海军战略与战术的课程，涉及相当多的海军史知识……如何看待历史的经验教训，并应用到未来截然不同的情形中，这就是我需要揭开的秘密。[41]

能够有时间和空间追求自己的学术兴趣，这对马汉来说是一次巨大的转变。但是1886年夏天，卢斯上将被召去担任北大西洋海洋站的指挥，就此影响了马汉的学术追求道路。由于没有显而易见可靠的继任者，马汉填补空缺，担任了学院院长一职。这份工作非常耗费时间，他待在图书馆的时间大大减少。但是马汉依然取得了快速的进展，最终完成那本由系列讲座组成的书籍。

马汉在学院时工作时间非常长，他通读了关于过去两个世纪海军史的二次文献。由于现役时管理严格，在过去30年的时间里，马汉很多时候都只能间歇地阅读，而且阅读量非常小。如今，马汉被支付报酬来阅读、评论和写作——他的学术生活已经满足了自己的全部期望。并且，他在担任学院院长期间，还有机会邀请一些演讲嘉宾到新港。这些人与马汉有着一致的研究兴趣和战略偏好。其中一个人物便是西奥多·罗斯福，一个精力充沛、富有政治抱负的哈佛大学毕业生，在23岁时便出版了一本具有影响力的关于海军历史的著作《1812年的海战》（*The Naval War of 1812*）。[42] 之后，罗斯福曾一边在北达科他州经营牧场，一边在纽约参加政治活动。《纽约时报》曾如此描述罗斯福："在各方面都很出色的人，我们从一名如此年轻的作家身上看到了一名未来杰出的历史学家——勇于表达、谨慎、努力做到不偏不倚、讲述事件的方式轻快而有趣。"[43]《1812年的海战》这本书为罗斯福树立了声誉，他认为应当实现灵活外交与强大军事实力的恰当结合，良好地凸显出了他的战略性思维。罗斯福借用了一句西非的谚语来总结这种方法："温言在口，大棒在手。"

西奥多·罗斯福与马汉是完全不同的两个人，无论是背景，还是外貌，抑或性格。罗斯福滔滔不绝，胸部厚实发达，在争论时令人畏惧，天生带有一种领导风范。马汉说话时会紧张，身材纤瘦，离群索居，更愿意退守书斋，而不是在一个挤满人的房间里主导一场政治辩论。但是在海军构成以及美国外交政策的决定因素方面，两人有着极其相似的观点。[44] 他们都认为美国从1812年战争中学到了错误的教训。在这场持续三年的战争中，英国和美国都陷入了痛苦的僵局，美国吞并加拿大的计划也以失败告终。并且，这一切也妨碍了美国的海军发展。传统观点认为，相比于强大得多的对手，美国取得了一些显著的胜利。通过部署一些小型、易操作的单个巡洋舰，以英国商船为目标，凭借小规模激烈交战击溃他们的意志。罗斯福认为这一战略属于过度防守，马汉也曾说，"我们需要建立一支专门用于海防的海军，他们无须发起攻击行动。"[45] 马汉和罗斯福认为，美国需要建立一支有助于其取得国际领先地位的海军：大型船只专门用于在世界的各个地区处理重大事务，而不是仅仅满足于一支普普通通的海军，凭借小船只实现小野心，目的仅限于保护美国的海岸水域。

1887年秋，罗斯福为马汉的学生作了一堂讲座。讲座结束后，两人对于如何实现上述目的展开了详谈。当时他们之间的责任分工还不太明显，因为罗斯福的巨大潜力尚未转变为实际的政治影响力,但在以后的年月里,他们之间的责任分工愈发明显。马汉提供想法——由这位受人尊敬的知识分子发出许可——罗斯福则运用自己出色的政治说服能力。但若要猜测马汉在这种潜在责任分工中所占据的份额,我们需要首先讲述一下他的代表作的出版。

在1888年和1889年两年的时间里,马汉花费了大量的时间去寻找出版商,要出版的著作是他在新港所做的系列讲座,名为"海权对历史的影响,1660—1783"。他最先找到了出版《海湾与内陆水道》的斯克里布纳之子出版社:

过去两年我在学院教课的过程中积累了大量素材,依托"西欧与美国历史"这门公共课,研究了1660年至1783年(美国工业革命结束)的海军力量,这些已经足够出一本著作。但是这些内容是对当时历史的一般性介绍,旨在引出海军与商业实力的影响……从而有机会获得一些启示。[46]

未能意识到马汉最后一句话中所隐含的潜质,斯克里布纳回绝了马汉,理由是他的研究过于狭窄。马汉又给其他无数出版商发送提案,都是徒劳。1889年9月21日,马汉绝望地对卢斯说道,"我是一名教师,也想要有更多的受众……但是我不想……再继续恳请那些出版商了。这会让我分心,让我困惑,也会妨碍我在其他方面的工作。"[47]虽然马汉没有达到恳求的程度,但他在为自己的伟大思想寻找一个合适的出路过程中,的确体现了坚持不懈的强大意志力。9月末,利特尔&布朗出版社的主管约翰·默里·布朗同意出版马汉的书,但需要做一些修正,并添加一些内容。出版社告诉马汉这本书的定价是每本4美元(以今天的物价水平,相当于95美元),暗示了出版社将这本书视为专业学术著作,适用对象仅限于大学图书馆和富有的个人。马汉如释重负,更不会去质疑书的售价了。

马汉的手稿(在送到布朗那里时)共185000个单词,是对风靡于17世纪末与18世纪的英法海军竞赛的叙述性研究。虽然内容令人印象深刻,但它缺少现实针对性,这就是如此多的出版商不予理会的原因。从英国先发制人夺取法国主导地位,扩张帝国并进而获得商业利益的成功中,美国可以学到什么? 一项关于欧洲海军冲突的研究如何能够引起当代美国人的关注? 为增强内容的吸引力,利特尔&布朗出版社要求马汉为这本书写一个具有煽动性的前言,目的是解释他的研究对于美国的意义所在。马汉很快开始执行他的任务,并写就一篇令人难忘、有力道的赞辞,宣扬了在联系愈益紧密的世界中海军霸权的重要性。

马汉在很快的时间内便完成了前言的写作,并将其命名为"海权要素",共100多页,在简洁性、独创性以及影响力等各方面,都令不受出版商欢迎的原始手稿黯然失色。前言强调了建立海军统治权的极度重要性,并将海权与商业扩张联系起来以确保国家的基本生存。马汉首先赞扬了荷兰。荷兰是一个开创性的濒海国家，克服了自身在规模和自然资源方面的限制，凭借其强大的海军确保贸易的开展，最终发展成为一个富有的国家。接下来，马汉赞扬了大不列颠。大不列颠是一个小小的岛国，它明智地模仿荷兰采取海军霸权的政策，通过获取海外领地来拓宽贸易范围，从而成功地获得了大量财富。尽管英国取得了重大的成就，但马汉警告说，建立强大海军的首要目的是打通安全的贸易通道，确保美国能够凭借其天然优势获得经济主导地位，并非为政府提供机会，去吞并土地和挑起与竞争对手的争端：

从严格的字面意义上来讲，海军的必要性是，在遇到一艘和平的船舶时出现，并随着它的离开而消失（除非遇到一个有攻击倾向的国家），然后继续作为军事编制的一个分支而存在。由于美国目前并无攻击倾向，并且其海上贸易也不复存在，因此，武装舰队的萎缩，以及普遍对此缺乏兴趣，是完全合乎逻辑的结果。[48]

但是马汉也意识到，那些具有攻击性的国家会对那些没有充分意识到自由贸易好处的国家发动战争，他们的政府也会压制民众，并寻求海外扩张来剥削和掠夺，而不是建设持久的商业关系。针对这种敌人，为确保美国不处于劣势，马汉建议美国以海外基地和装煤港的形式在全球施加影响力，以保证战时贸易的连续性，同时允许海军的军事臂膀能够给敌人致命打击。尽管大不列颠建立了正式的帝国来促进该目标的实现，马汉认为，取得战略港口的进入权，才是获取财富和权力最体面的方式，而不是吞并那些与此相关的国家。现有的证据即可验证他的观点。1870—1900年间，欧洲正在侵吞撒哈拉以南非洲地区的不义之财，大不列颠帝国的领土扩张了470万平方英里，法国扩张了350万平方英里。同时期，美国扩张相对较少，为12.5万平方英里，但在所有重要的经济指标方面领先于上述两个国家。[49]

马汉的前言中最具洞察力的一部分是他对"影响各国海权的主要条件"的讨论。他将主要的影响条件分为6类，即地理位置、物理构造、领土范围、人口数量、国民特性以及政府特性。这些条件可用来预测一个国家能否建立强大的海权。第一个条件，如果地理位置不佳，可能大大降低一国的海军潜力。特别是当该国与危险的敌人接壤时，会大大增加该国领土被侵蚀的可能性，并大幅减弱其海军的势能。由于地理位置因素，法国（与德国、意大利和西班牙接壤）在与大不列颠（受到大西洋、北海和英吉利海峡的保护）抗衡中处于严重的劣势地位。鉴于加拿大和墨西哥不太可能是侵略者，大西洋和太平洋也建立了巨大的屏障，可以抵抗来自欧洲和日本的真正威胁，从这个意义上说，美国拥有英国的一些优势。但是，如果在中美洲险峻的地形中开掘出一条运河，将两大洋联系起来，这既能够为美国创造机会，又会带来威胁。跨地峡运河的贸易优势巨大："美国在这条路线上的位置将类似于英国之于英吉利海峡,地中海国家之于苏伊士运河。"[50]但是美国在中美洲和加勒比海的主导地位不应被视作是与生俱来的,特别是相比于旧世界的竞争者,美国在海军方面还处于劣势。为确保美国在这方面的战略主导性,"美国需要在加勒比海站获得行动基地;从而凭借其天然的优势、对防御的敏感性以及相似的核心战略问题,保持舰队与敌手同样接近现场。"[51]

物理构造是马汉提出的建立强大海权的第二个先决条件。深港连接着长长的、适于航行的河流,对于大量贸易财富的积累至关重要。尽管美国很幸运,拥有大量的深水港和贸易大动脉,例如密西西比河,马汉依然提出警告,表示不要自鸣得意:

除阿拉斯加州外,美国没有其他难以接近的偏远领地。整体来看没有什么薄弱的地方,所有重要的边界也都可以及时到达——低廉的方式是水运,快速的方式是铁路。最薄弱的边界是太平洋,但也距离潜在最危险的敌人非常遥远。相比于目前的需求,内部资源多不胜数;我们完全可以在"我们小小的角落"(借用一名法国军官的表达方式)自给自足。但是,如果这个小角落被一条新商业路线通过地峡侵入,那么美国有一部分人可能会如梦初醒,意识到自己抛弃了所有民族与生俱来的权利——海洋。[52]

此外,马汉强调了一个中心思想。为维持美国在西半球的支配地位,必须花费更多的财政资源和政治资本用于建设巴拿马运河。这不仅会为美国创造机遇,也会带来大量的挑战。

马汉提出的第三个因素是领土范围。领土范围并非指"一个国家的总面积,而是指海岸线的长度以及海港的特性"。其中一个关键的问题是,一国的人口是否足以保护其海岸的长度。大不列颠是一个小国,但拥有众多的人口,显然足以巡查其水域,也能给敌人以重击。而与此情况相反的是,美国内战期间,邦联需要保卫很长的海岸线,但却没有足够的人口,以至于海岸防卫力量不足。北方对南方港口的封锁非常有效,同时也是战争取胜的关键因素。但是如果南方有足够的人员保卫其众多的港口,内战的结果可能会截然不同:"如果南方拥有与其好战情绪一样多的人口,并且拥有一支与其他资源相匹配的海军,其宽广的海岸和众多的水湾将成为构成强大力量的重要元素……(封锁行动)是一个壮举,非常出色的壮举;但是如果南方人数量更多且是一个海员之国的话,那么封锁行动是不可能完成的。"[53]

马汉认为人口数量并不是一个非常重要的因素。马汉写道,法国工业革命以后,"法国人口远远多于英国人口,但是在总体海军力量、和平商务以及军事效益等方面,法国要远远弱于英国。"马汉知道,庞大的人口数量意味着巨大的国内市场,有时也意味着,不会优先发展对外贸易以及通过海军扩张来促进对外贸易。而且,尽管拥有足够的人员来配置一支有效的海军队伍，但海员本身的质量更加重要。1793 年，英国海军齐心协力招募康沃尔矿工进入军队，"根据他们职业的特殊情况和危险性来推测……他们会迅速适应海上生活。"[54] 换句话说，通常情况下，这些康沃尔锡矿工会经常处在潮湿、危险的环境中，相比而言，海军生活要轻松得多，以至于他们的工作效率和耐劳性远远超过软弱的法国对手。当然，理想的海上强国需要拥有相当的人口数量以及加尔文主义职业道德，就像规模加大版的英国或荷兰。

马汉认为，国民特性是影响国家海权的重要因素。那些期望得到势力、财富以及国际认可的国家应当拥有"商业天赋"。在这方面，马汉将几个成功的贸易帝国例如英国和荷兰与掠夺性国家例如西班牙和葡萄牙进行了对比，后者仅以"贪婪"来谋求利益。尽管伊比利亚人"大胆、有事业心、温和、忍耐能力强、热情且天生拥有强烈的民族情感"，他们还是被黄金迷失了双眼，以至于未能建立一个健康、多样化的国民经济雏形：有效的基础设施、重工业、以出口为导向的制造业、成熟的银行业以及与他们的冒险精神相匹配的企业家精神。针对该问题，马汉引用了一位同时代人的言论，并表示了赞许：

> 巴西的矿产毁灭了葡萄牙，墨西哥和秘鲁的矿产毁灭了西班牙；所有的制造业都遭到疯狂的蔑视；很短的时间内，英国为葡萄牙人供应的商品已经不再仅限于衣服，而是所有商品、所有货物，甚至是咸鱼和粮食。在黄金之后，葡萄牙人又放弃了他们的土地；最终英国人用巴西的黄金买走了波尔图的葡萄园，仅仅通过葡萄牙就传播到了英国的各地。

然而，拿破仑·波拿马曾愚弄地称英国为"店小二民族"。马汉清楚，这个标签是值得拥有的："如今看来，他嘲笑的是英国人的智慧和诚实。（英国人）也很大胆、很有事业心、很有耐心。"从特性和性情上来看，马汉声称，英国人"天生就是商人、贸易商、生产商、谈判家……贸易倾向，包括通过生产一些东西来进行必需品的贸易，是影响海权发展最重要的一种国民特性。"[55] 在性情和勤勉方面，法国要优于西班牙和葡萄牙。"法国是一个优良的国家，拥有勤劳的人民和令人尊崇的地位。"但是，法国人普遍有一种自我牺牲的倾向，他们勤俭节约，在他们美丽的土地上过着一种隐居般的生活。马汉如此问道："谁说过世界上存在两种本性，是不是人类本性和法国本性？"[56] 在法国人的遗传基因中有一种天生的胆怯，与英国人的冒险意识形成了强烈的对比。英国人的冒险意识体现在他们偏爱旅行以及敢于把辛苦得来的资源用在更具风险的海外投资上。英国人精明地认为囤积金钱只能让人实现二流的富足。这对于一个善于自我满足的国家例如法国来说，是很不错的。但是大英帝国追求更加宏伟的理想，也就是，在不断累积的财富之上建立全球霸主地位：

都说留住财富比创造财富要难。或许吧；但是敢于用已经拥有的财富来赢取更多财富的冒险性情与征服世界获得商业机会的冒险精神有许多共同之处。节约、储存财富以及小规模、谨慎投资的倾向会导致财富在一个较小的范围内扩散，但不会带来对外贸易和海运业的风险与发展。[57]

英国获得了广大的殖民地，马汉称之为"培养富裕的殖民地"。殖民地行为以及由此为母国带来的金钱利益，是国民特性发挥决定性作用的另外一个领域。马汉认为，英国的成功很大程度上是因为"殖民地自然地成长，获得了最好的发展"，并且英国也并未强制将他们的新家园转变成母国的复制品。但法国始终在复制，或者直接将值钱的东西拿走送到母国，西班牙和葡萄牙也是如此。[58]

英国殖民者很自然、很容易地就在新国家定居了，并找到自己的兴趣，虽然也会深切怀念自己原来的家乡，但并没有迫切想要回去的焦躁情绪。其次，英国人会立刻、本能地去开发新国家最广泛意义上的资源。在第一点上，英国人与法国人有着非常大的区别，法国人会以非常渴望的情绪回顾自己在美丽家乡时的开心与快乐；在第二点上，以西班牙人为例，他们的兴趣和志向范围非常狭窄，难以完全适应新国家出现的各种可能性。[59]

英国人之所以更加适合建立帝国的任务，很大程度上是因为他们开拓为殖民地的国家比他们原来的国家更加诱人。英国是一个阴郁、潮湿、多风的国家。而法国有阳光，有让世界为之嫉妒的本土美食，还有让北欧人艳羡的休闲文化。作为一支殖民力量，法国怎么与英国相比？离开布莱克本前往缅甸，对英国人来说并不是什么巨大的痛苦，但放弃马赛去往马提尼克可能会让法国人踌躇良久。

美国人的特性如何才能与其旧世界的竞争对手相匹配？马汉认为他的同胞是很有优势的。因为美国人民有"经商的天赋，在追求利益方面大胆、进取，并且对于获取利益的路径非常敏锐……毋庸置疑，美国人会带去他们在自治与独立发展方面天生的自然倾向。"[60] 关键词是"天生的"。马汉认为，盎格鲁—撒克逊的优点已经从英国传递给白人定居者的后代：加拿大、澳大利亚、新西兰以及最重要的美国。但是释放国家的扩张潜能需要大胆的领导力。仅仅拥有具备进取精神的人民是不够的。将这些潜力发展成一个连贯的策略还需要一位美国总统的强力指引。这位总统需要认识到海上商业成功如何决定一个国家在全球强弱排序中所处的位置。

马汉提出的影响一国海权的最后一个条件是政府特性。关于此，与该书处于同一时

代的言论做出了详细的解释。尽管马汉本能地选择民主政治,但他深知,不那么具有代表性的政府往往能代表其人民做出更好的选择:

> 关于海权,最卓越的成功一贯跟随明智的方向,而该方向往往由充满了民众精神并且了解自己的真正爱好的政府所指引……但是这类自由政府有时会不够达标,另一方面,具有判断力和一致性的专制权力有时会实现伟大的海上贸易,并以更加直接的方式建立一支出色的海军,其直接程度要比自由民族的缓慢进程大得多。[61]

奥利弗·克伦威尔时期的英国很好地展示了有远见的专制主义所能取得的成就。克伦威尔的"航海条例"认为,进入英国或其殖民地的所有进口商品必须通过英国船只或在商品来源国登记过的船只进行运输。荷兰极其憎恶该法令,因为荷兰海军开辟了一个有利可图的市场,即提供承运人服务(那个时代的联邦快递),并深受那个时代的欢迎,但是克伦威尔的举措大大有利于英国的商业。

因而,良好的领导能力是建立强大海军的基本要素。在和平时期,"凭借政策,政府可以支持民众产业的自然增长以及其自身通过海洋寻求冒险、获取利益的倾向。"在战时,"通过维持一支武装海军——其规模与海运的增长和随之而来的利益的重要性相匹配,政府的影响力将以最合法的方式体现出来。"[62] 美国外交政策的各项参数需要从根本上得到发展,国家才能获得繁荣、得以生存。美国在部署力量方面的能力不足,而这一点在随着科技快速进步而不断缩小的世界上是一个重大的局限。更严重的是,美国海军缺乏保护其主要城市免受封锁的能力,这是一个盲点,有可能被任何一个决心改变现状的国家无情地利用。英国在对法战争中曾成功封锁布雷斯特、比斯开湾、土伦和加的斯等地。如果有一个怀有敌意的国家意图封锁波士顿、纽约、特拉华、切萨皮克和密西西比河,该怎么办?马汉断定,整个20世纪,美国都会仿效强劲、有先见之明的大不列颠,而不是挥霍无度的、防守型的法国。

*

马汉对于美国的展望与20世纪的真实情况相当吻合。历史学家在判定美国是一个"帝国"、"拒绝承认的帝国"还是一个明确的反帝国主义力量方面存在分歧。[63] 不考虑哪个术语最能贴切地概述美国的能力和意图,美国通过取得地理位置分散的军事基地获得了不可匹敌的全球干涉能力,例如日本的冲绳、苏格兰的神圣湖、迪戈加西亚岛、古巴的关塔那摩湾以及分布在全世界的其他700多个基地——马汉一贯使用精确的方式进行描述。[64] 马汉意识到,美国虽然拥有丰富的自然资源,但不需要通过英国、西班牙和法国的方式来获得殖民地。甚至,军事专家约翰·E·派克在2009年曾指出,"即使整个东半球将美国踢出"它们领土上的基地,美国军事也依然能够"在2015年以前在关岛和迪戈加西亚岛占有一席之地。"[65]

这就是美利坚帝国与其前人不同的地方。查理五世、菲利普二世、拿破仑·波拿马、帕莫斯顿爵士以及本杰明·迪斯雷利等人主要通过武力来实现国家实力的扩张。而美国需要的只是一个和平的世界,能够在其中自由地贸易。在这个良性的环境中,美国那些天生的优势,例如受到两大洋的保护、拥有充足的赖以生存的自然资源以及能够通过大规模移民维持人口增长等,无形中注定了它的优势支配地位。而马汉的成就,是让这一切更加明晰。

马汉的外交政策观点受到他天生的"现实主义"的驱动,即认为,一国在国际事务上的行动必须以自身利益为驱动。马汉也赞同英国哲学家托马斯·霍布斯的观点:权力斗争促进了国际政治的发展。在国际体系中,冲突是不可避免的。实际上,在特定情况下——比如在妨碍大多数国家在国际事务中采取类似于利他主义的情况下——冲突也可以是崇高、高尚的。鲁德亚德·吉卜林呼吁人们承担起"白种人的责任",通过无私但坚定的殖民地行为去改善大量不那么幸运的国家。马汉并未受到这种言论的影响,但他的朋友西奥多·罗斯福却深受其影响。马汉比较赞同大不列颠统治大量领土的愿望,并且他认为如果这些被征服的人们能够接受英国的价值观、法律和治理模式,那么他们将从中获益。但是,美国拥有足够的实力和自然资源,能够避免一些没有必要的行动。马汉从历史中吸取了他认为对于十九世纪末的美国比较中肯的经验和教训;他认为,美国不应当严格效仿任何其他国家的历史经历。马汉是一个细致入微、贯通过去、现在与未来的思想家。

除地缘政治的排他主义,马汉也赞同苏格兰政治经济学家亚当·斯密的观点:自力更生以及对个体优势的追求能够创造出一个可能有益于所有社会经济阶层的财富创造圈。如果所有国家的人们都努力工作且关心自己的国家,可能会实现一定程度的全球平衡,从这个意义上说,富裕的国家应当感到满足,而冲突虽然不可避免,但通过分散财富,可能会及时缓解一些冲突。马汉不太赞同另一位启蒙思想家伊曼努尔·康德的观点。康德认为,如果各个国家有勇气和远见将他们的国家利益纳入由一个超国家实体——一个各国家的联盟——带领的更广泛的利益之下,便有可能实现"永久和平"。在马汉看来,这种概念是空想,可能存在潜在的危险。各个民族国家实施马汉倡导的自由贸易、出口导向的商业、建立先进金融机构的设想,从而让各国在全世界进行冒险但有利可图的投资,将能够创造一个更加和平的世界。这可以确保所有国家在维护全球稳定中都拥有至关重要的经济利益。"和平"会自下而上地实现,而不是从抽象的康德高度往下实现。

马汉的巨作出版于1890年,一经出版,便引起了巨大的轰动。西奥多·罗斯福在5月10日和11日的那个周末躲在自己的图书馆,从头至尾地阅读完了这本书。由于阅读到这些内容非常欣喜,罗斯福为马汉写了一封热情的短信,以表达赞美之情:"虽然我很忙,但在过去的两天我花费了一半的时间阅读你那书。我发现这本书非常有趣,我一口气就读完了它……它是一本好书,非常值得称赞。我认为它将成为一本海军经典。"[66]

罗斯福那位最具文采的传记作家埃德蒙·莫里斯说,这位美国未来的总统"合上这本书时,就变了一个人。"[67]在《大西洋月刊》的一篇评论文章中,罗斯福称赞了马汉"让细节服从整体作用"的技巧,并赞扬他对法文原始材料的精通。但是罗斯福这番评论的主要目的是展现他作为马汉最重要的拥护者的立场,清晰地说明这本书为美国提供了什么经验教训。罗斯福断言,美国尤其需要的是"一支强大的海军,不仅包括巡洋舰,还包括充足、强大的战舰,能够对战任何其他国家的海军。限制我们的海军开支,却在其他地方胡乱浪费,比如退休金和公共建筑,这不是节约,而是吝啬,眼光短浅,这是非常愚蠢的行为。"《芝加哥时报》认为,它很"震惊地"发现"纵观历史,控制海洋始终是决定国家领导权、繁荣昌盛甚至通常是其生存的主要因素……丢弃商业舰队和相关活动,美国已经自断其创建海军的唯一途径。"[68]

但是这本书在美国产生的反响与其在英国和德国所引发的高涨情绪相差甚远。伦敦的《泰晤士报》声称马汉的成就是英国历史学家难以企及的,美国目前"在出产真正具有哲理性的海军历史著作方面占据首位。"[69]《布莱克伍德杂志》一名有鉴赏力的评论家在谈及这本书对英国产生吸引力的主要原因时说,"它几乎可以说是对于令英国变强大的原因的科学探究。"[70]1893 年,马汉访问英国,英国皇家海军"埃德加"级战舰上尉威廉·H·亨德森邀请他共进晚餐。在热情洋溢地向尊贵的客人敬酒时,亨德森开玩笑地说道,皇家海军欠马汉这本极具教育意义的作品"300 万英镑,因为是它带来了海军的扩增"。那年夏天晚些时候,马汉又与维多利亚女王和德国威廉皇帝一同进餐。德国皇帝给马汉发了一封电报,声称他正在"贪婪地阅读"马汉的这本书,之后命令在德国舰队的每一条船上都放一本。西奥多·罗斯福在写给德国大使赫尔曼·斯佩克·冯·斯特恩伯格的信中说道,"我很高兴马汉能在贵国人民当中拥有如此的影响力,但是我希望他能在自己国家人民当中也拥有更大的影响力。唤醒我们的国家,这是一个非常艰巨的任务。"[71]马汉分别被牛津大学和剑桥大学授予荣誉学位。在唐宁街 10 号一家餐厅享用私人晚餐时,首相罗斯伯里勋爵告诉马汉:"在这个时代,没有任何一本书像《海权论》一样引起如此巨大的反响。"[72]1894 年,《泰晤士报》宣称马汉为"新哥白尼"——如同波兰思想家哥白尼重塑了天文学一般,马汉以同样的方式彻底变革了海军的历史。[73]

这种恭维使得马汉成为 19 世纪晚期最杰出的作家之一,但他抱怨英国的狂喜情绪并未复制到国内。"认可是令人愉悦的,特别是在国内几乎无人认可的情况下。"马汉向妻子抱怨。"除了罗斯福,我想我的作品没有为我赢来任何一个美国社交圈的入场券。"[74]马汉写信给他这位美国的唯一的大人物粉丝,表示我"从给予我个人也就是我的作品的大量赞美之词中，获得了极大的满足。"[75] 除却那些赞美之词，马汉很失望他的名字在英国拥有比在美国更强的光泽。虽然他与维多利亚女王和罗斯伯里首相曾一同进餐，但引人瞩目的是他没有收到本杰明·哈里森的白宫的邀请。如果马汉在 1890 年有机会进入唯一一个美国的社交圈的话，那么西奥多·罗斯福将位于大多数人所认为的名单的开头。马汉之所以能够作为美国海军扩张的缔造者恒久留名，罗斯福的赞扬比英国能够提供的所有宴会要有用得多。

*

从 1888 年到 1895 年，西奥多·罗斯福任职于纽约公共服务局，之后两年担任纽约市警察总局长。这些相对比较低调的角色掩盖了罗斯福作为国家领导人的巨大潜力，在当时那些经验丰富的政治观察家看来，这是非常明显的。罗斯福对知识充满了好奇，同时精通历史，凡是有所接触，罗斯福便会给他人留下这种强烈的印象。这种特质在他的著作《1812 年的海战》中也可见一斑。据后来的国务卿海约翰回忆："我听过鲁德亚德·吉卜林讲述他过去在宇宙俱乐部的经历，大约是在晚上十点半左右，年轻的罗斯福会提出项目，例如讨论男性与政治，评论书籍……吉卜林说，'我坐在对面的椅子上，倾听，思索，最后感觉整个宇宙开始旋转，而罗斯福就是那个旋转它的人。'"[76]

但是，对于那些基于冷静、抽象的推理而提出大概念的人，罗斯福通常持怀疑态度，认为他们缺乏同类领域的实际经验以及界限清楚的道德指南。他说，"对于个人以及种族，个性比学识更为重要。"随着罗斯福逐渐担任要职，他抱怨说，"唉，我多希望我能提醒所有的同胞……警惕敏锐性的重大退化以及完全不伴随道德责任的单纯的思想敏锐性的神化。"[77]

这些劝诫性的言论一定程度上解释了罗斯福为何会如此支持马汉，因为罗斯福尊重马汉的海军经历以及他在内战中的服役，即使他的技能不够熟练，也不情愿作为一名海员，同时还缺少一些男性的美德——例如狩猎、搏斗、爬山、打倒强盗以及在北达科他州的荒地生存等能力——而正是这些能力使得罗斯福成为一个如此多彩的人物。马汉有着虔诚的基督教信仰，因而他坚守着一套严格的价值体系，同时他还拥有强烈的是非之心。他清楚在整个职业生涯中自己对于所有外交与道德重大事件的立场。马汉的自信、生活经历以及历史洞见的深度实现了强有力的结合，从而对罗斯福形成了引力，导致他热烈地拥护马汉。沃伦·齐默尔曼说，"罗斯福自封为《海权论》一书的媒体经纪人。"[78] 马汉这本书的成功对于海约翰来说是一种独特的解救，"因为罗斯福现在不用再觉得有必要让（我们）所有人……都去听他的讲座了。"[79]

十九世纪九十年代，尽管罗斯福还没有获得"权利讲坛"——一个可以让他大胆发表观点的公职，他的朋友亨利·卡伯特·洛奇（1893 至 1924 年在美国参议院中代表马萨诸塞州）自然能为他的观点找到一个平台。[80] 罗斯福的职业生涯跨越了美国两场重大的战争，并且他对两场战争都产生了意义深远的影响。洛奇严峻而高傲，拥有精明的头脑，他曾就读于哈佛大学历史学系，博士论文获得亨利·亚当斯的指导。洛奇赞同马汉与罗斯福的观点，即认为美国需要提高自己在国际舞台上的地位。整个十九世纪九十年代，美国都只是一个地区性的大国。唯一一场针对另外一个国家、未获得他国帮助而取得的胜利是 1848 年打败了体质衰弱、有可能发生革命的墨西哥。洛奇认为，美国领土和美国实力实际上的影响力仅仅局限在北美大陆，这一情形必须得到改变。与现在的日本一样，美国当时拥有世界上第二大规模的经济地位。同时，也与日本一样，美国是一个地缘政治的小配角，自满于在世界上一个安静的角落追求一条单一的路径。但是十九世纪九十年代，即使美国的经济实力快速崛起，它也看上去不够稳固。在始于 1893 年的经济衰退期间，美国工业的领导人和有野心的政客例如洛奇和罗斯福逐渐开始对获得海外市场产生兴趣。1890 年，美国人口统计局宣布取消陆地边界，也就是说美国人将能够越过自己的国土，获得其他的领土，为海外扩张进一步提供了动力。大洋的另一边，强大的欧洲国家正在争夺殖民领地，瓜分非洲。许多人认为美国应当在西半球和太平洋地区走一条类似的道路。

洛奇缺乏获得全国声誉的热情和魅力，他是一名典型的波士顿婆罗门，拥有财富，严肃认真，对"普通人"缺少同情心。但是由于拥有敏锐的头脑和强有力的演讲术，他成了参议院的一名关键人物。1895 年，洛奇在参议院发表了演讲，这个演讲的内容明显来自马汉。

> 历史上，正是海上权力使得罗马打败了汉尼拔，而汉尼拔可能是历史上最伟大的军事天才；海上权力使得英国摧毁了拿破仑的帝国……海上权力对于任何一个伟大、杰出的民族而言都是至关重要的。我们是一个伟大的民族；我们控制着这片大陆；我们是这个半球的主导者；我们拥有伟大的、不可亵渎和舍弃的传统。我们有责任去守护它、发展它。[81]

洛奇对于马汉海权理论的赞颂使得马汉与共和党的联系愈加紧密。马汉在写给妻子的信中提到了他对于民主党克利夫兰政府的日益不满："现任总统一年的执政结果让我确信，最终未来是需要与共和党一同实现的，只有共和党才能实现美国必要的海外抱负。民主党人对海权一无所知，无论从知识方面，还是从本能方面，几乎没有例外。"[82] 在 1896 年的总统大选中，马汉便毫不犹豫地转向了另一方。在平民主义者民主党候选人威廉·詹宁斯·布莱恩与亲商业的共和党候选人威廉·麦金利的角逐当中，马汉对前者进行了批判。马汉在给塞缪尔·阿什的信中写道，"从布莱恩先生的演讲中，我并未发现他的智慧与诚实。也许他只有其中一个特质，总之我认为他并不是两者兼具。"[83] 他认为，布莱恩政府将使得工人运动更加大胆和激进,并且布莱恩偏好银甚于黄金,这是目光短浅的行为,会导致通货迅速膨胀以及美国价值暴跌。简而言之,民主党竞选成功对于美国而言会成为一个"可怕的灾难"。[84] 布莱恩会对美国挚爱的海军带来令人担心的影响。因而,令马汉及其志趣相投的朋友例如罗斯福和洛奇感到极大安慰的是,1896年,麦金利轻而易举地击败了布莱恩。美国选举了一名在扩张性经济与军事战略方面与马汉拥有极为相似观点的总统。很快,当选总统麦金利便证明了这一观点,他任命西奥多·罗斯福担任海军助理部长。尽管罗斯福质疑麦金利在出台更加强硬的外交政策方面的诚意,但他相信自己有能力为政府铺砖添瓦。[85] 罗斯福曾表示自己拥有制作一块"巧克力松饼"所需要的所有材料。

自《海权论》一书出版后,马汉与罗斯福一直保持着定期的通信,并且罗斯福在政府内职位的升迁加速了他们的通信频率。当然,马汉写的更频繁一些。在1897年5月写给罗斯福的一封诚恳的信中,马汉解释了他写信给罗斯福的主要目的:"你要相信,我给你写信的目的仅仅是为了提供建议或信息,并没有任何影响行动或获取信息的想法。我非常了解自己,我是一个有想法的人,而不是一个能够采取行动的人……这种对比可能看上去毫无意义,但是我们可以问一个问题,亚当·斯密能否像皮特那样将自己的想法付诸实践。"[86]

马汉这样说显得有些扭捏作态,因为在希望"提供建议"与希望"影响行动"之间并没有什么区别,他们后来的通信清楚表明了这一点。在美国是否有必要迅速行动、合并夏威夷这件事情上,马汉以最大的努力对其施加了推动作用。从马汉的著作中直接获得指示,日本曾推出一项雄心勃勃的海军建设项目,旨在建设一支能够将太平洋上的实力天平偏向日本这边的海军力量。为维护美国在太平洋上的利益并抢先阻止日本的潜在进展,麦金利总统应将夏威夷群岛置于"我们的羽翼之下",这是至关重要的,马汉如此建议罗斯福。[87] 马汉还进一步向罗斯福施加压力,希望其游说麦金利总统大力增加海军预算,说"不得不重复说这个常识性的观点,真是一件可悲的事情……但有时我会对我们的国家丧失信心,担心它觉醒得过于缓慢,以至于无法避免持久的、灾难性的冲突。"[88] 罗斯福回复道,"我会尽一切努力将你的观点付诸实施,"对马汉的努力表示了肯定,并邀请马汉继续更多的通信。马汉进一步指出,在一个理想的世界中,美国应当"立刻"建造一条通过尼加拉瓜的运河,建造十几艘战舰,合并夏威夷,"明天"将西班牙驱逐出古巴。罗斯福了解这些情绪具有煽动性,因而建议马汉对通信中所提到的事情保持谨慎:"我在与你交谈时能够保持最大程度的自由,是因为我支持你的观点。我拥有与你几乎完全一样的爱国情怀和信念以及对于我们国家的爱,但是我不会与任何其他人像如此这般交谈,除了洛奇以外。"[89]

1897年8月,罗斯福写信给马汉,"我希望能见你一面。有许多事情,我需要征求你的建议，还有许多事情，我想要与你讨论。"[90] 罗斯福想要与马汉讨论的外交政策事件是西班牙针对古巴民族主义叛乱的战争以及叛乱为美国带来的种种机遇。

*

一个卡斯蒂利亚（西班牙中部一地区）故事揭露了西班牙作为一个知名强国所存在的缺点。故事说：在一次施舍中，上帝赐予了西班牙宜人的气候、美味的葡萄和漂亮的女人。但是当天使请求上帝赐予西班牙杰出的政治领导力时，上帝拒绝了，并表示，满足这个愿望会让西班牙成为人间天堂，在追求来世生命时会抑制其生命的道德性。[91] 西班牙统治古巴的历史记录便是最好的证明。西班牙采取了冷漠、压迫、两极化的殖民统治；目光短浅，强制性地限制古巴与其他国家的贸易往来，导致岛上的经济受到了极大的摧毁；在1492年克里斯多弗·哥伦布到达后很短的时间内便凸显出巨大的贫富差距，由此引发了社会极度紧张。1895年，古巴伟大的爱国诗人何塞·马蒂从多米尼加共和国起航，带领人民反抗西班牙的统治。到达仅一个月后，马蒂便在一场战斗中被西班牙人杀害。古巴民族主义者很快克服这一挫折，几个月后，起义军的势力逐渐强大。随着西班牙的残酷反击，其帝国威望也面临愈来愈强烈的挑战。西班牙的军队谋杀、强奸、掠夺古巴人民，试图恐吓敌人使其投降。这场战争对于古巴而言是一场人道主义大灾难，美国媒体中的好战派抨击了西班牙所犯下的大屠杀罪行。对于美国扩张主义者，古巴革命为他们提供了以利他主义目标为名义打击强大欧洲势力的绝佳机遇。针对过度扩张、领土不断膨胀的西班牙帝国，任何胜利所获得的利益可能都是非常显著的。随着西班牙限制性贸易惯例的解除，美国的商业界得以渗透到古巴的经济中，并获得了可观的收益。由于察觉到了这一经济机遇，亨利·卡伯特·洛奇在参议院的一次演说中宣称，"自由的古巴对美国来说意味着一个巨大的市场；它是美国资本的一个机会。"[92] 在克利夫兰政府的最后几年，对西班牙发动战争的政治势头不断加速升级。随着共和党总统的上任，这种呼声愈演愈烈。

威廉·麦金利依然是美国最神秘的总统之一，这是他有意留给世人的印象。这位美国第二十五任总统拒绝将自己见诸文字，因而历史学家和传记作家在对其进行描绘时没有私人信件可以参考。令人失望的是，他的朋友们在涉及关于麦金利的个性的文字时，也十分谨慎。因此，我们手中只有一些零星的信息来帮助我们得出结论：美国内战期间，麦金利因其勇敢行为被多次赞扬。他是一名虔诚的基督徒，拒绝在安息日工作。他对自己患有严重癫痫病的妻子艾达·萨克斯顿悉心照料。麦金利是一个品格高尚、有道德的人，与马汉一样有一些过分守礼——会因为朋友和同僚说脏话或不得体的行为而责骂他们。[93] 在就职典礼上，麦金利的外交政策还难以预测。在国会中，他曾经避免就职于处理外交事务或军事事务的委员会。整个总统竞选期间，他都没有提及古巴，并且他曾向那些询问他的人保证，在他执政期间"绝不会有侵略性的举动"。[94] 由于内战期间麦金利曾在弗吉尼亚血腥的战场上战斗，他表示对西奥多·罗斯福认为自然而崇高的军事冒险毫无兴趣。而罗斯福当时因为太年轻未能参与内战。换句话说，威廉·麦金利显然不是那个能够对某个欧洲大国发动第一场帝国战争的人。

对于马汉以及许多其他"侵略主义者"，从地缘政治角度而言，古巴是极其重要的。古巴距离基韦斯特仅 90 英里，海岸线长 760 英里，马汉认为古巴的"地理价值"是无法估量的，并且圣地亚哥湾的一支敌对海军便"可以非常严重地妨碍到美国进入加勒比大陆特别是地峡的所有行动。"如马汉所说，佛罗里达、古巴、海地和波多黎各形成了一条长长的半岛状线路，由通向海洋的狭窄地峡所阻隔。如果这条线路被一支公开表示敌对的势力所中断，那么墨西哥湾可能会被封锁，为美国商业带来不可估量的破坏。这种令人沮丧的潜在后果使得古巴对于美国而言特别重要，同时也可能非常危险，正如爱尔兰与大不列颠之间的关系。[95]

1898 年 2 月 15 日，停泊在哈瓦那港的缅因号战舰在一次爆炸中被摧毁，347 名船员中有 260 名遇难。美国驻哈瓦那总领事菲茨休·李目击了这场灾难。他看到火焰在港口岸壁上空升起，急忙下去调查原因，然后又迅速返回办公室通知华盛顿缅因号已经沉没，并有很多人丧生。虽然弹药在西班牙人员周围不断爆炸，但是他们不惧危险，勇敢协助拯救受伤的美国人脱离港口。李无法推测爆炸的原因，但他说，"我倾向于认为这是一次偶然事故。"[96] 海军部的大多数官员对李的评估表示了赞同，但也有少数官员怀疑存在更加恶意的原因。

虽然似乎不太可能是西班牙的阴谋导致了这场灾难，但直到今天，爆炸的原因我们依然无从得知。在过去的一个世纪，官方调查人员和业余侦探认为缅因号的毁灭要么是因为一次意外的煤仓火灾，要么是因为与一个西班牙水雷的碰撞。1898 年，事情的发展并未像这样模棱两可，因为一些重要的美国报纸和政客例如罗斯福和洛奇本能地将这次针对缅因号的"攻击"归咎于西班牙的阴谋，并且要求麦金利总统做出适当强烈的回应。爆炸发生后一周的时间里，威廉·鲁道夫·赫斯特的《纽约新闻报》每天都用长达 8 页的篇幅来描写缅因号的沉没。报刊使用了一些耸人听闻的指控，例如"通敌行为导致了缅因号的毁灭""敌人的秘密诈雷将缅因号劈成了两半"，一举将其发行量从 1 月 9 日的 416,885 份增加到 2 月 18 日的 1,036,140 份。[97] 报刊甚至刊载了难以置信的图解，展示西班牙破坏者如何将水下的水雷系到船体上并从海滩上将其引爆。一个经常被引用的故事是这样的：当插画家弗雷德里克·雷明顿到达古巴后，他发现一切都只是无事生非，于是他发电报给赫斯特："这里没有战争。请求被召回。"据说赫斯特是这样回复的，"请待在那里。你来提供图片，我来提供战争。"[98] 约瑟夫·普利策的《世界报》较为低调，但是它的编辑也同样认为这不是一个意外。根据纽约"黄色报刊"中的一些线索，来自全国各地的好战的编辑都加入了对抗西班牙的行动，尽管有一些人认为在古巴对抗西班牙人有失美国的身份。堪萨斯州的一名编辑威廉·A·怀特写道，"在古巴与西班牙之间我们没有选择。两个国家的人们都拥有黄色的腿，喜欢吃蒜，佩戴短剑，奸诈危险，是几内亚人、印第安人和拉丁佬的混合。两国的邪恶程度不相上下。为了这些坏蛋流出优良的撒克逊血液是非常愚蠢的行为……古巴就像是一个女人，她让丈夫打了自己两次，她不值得同情。"[99]

法国驻美国大使指出，"一种好战的狂怒情绪控制了美国这个国家。"[100] 3月14日，同样支持开战的罗斯福向马汉抱怨道，"我担心如果有可能避免的话，总统不打算发动战争。"[101] 敲响的战鼓令头脑冷静的马汉深感不安，马汉对于赫斯特报业及其在全国的好战野心家感到极为震惊。在对辛辛那提协会新泽西分会的一次演说中，马汉请求各位控制自己的情绪："对于这类事情，我们应当非常谨慎，切勿过早下结论。面对重大的国家危机，人们容易在下结论时过于仓促，这可能给他们带来严重的危害。"[102] 马汉依然专心侧重于大西洋和跨越地峡的运河，他并不认为美国发动对西班牙的战争应当作为战略重点。

麦金利总统与马汉一样谨慎，但是弥漫全国的武力叫嚣情绪让他难以采取温和对策。[103] 缅因惨案发生后七个星期，由于麦金利依旧没有对西班牙宣战，科罗拉多挂起了他的肖像。赫斯特报业得意地报道，总统的画像在纽约的剧院受到了普遍唾弃。欧内斯特·梅写道，

> 对古巴坚持讲求实际的"不干涉"政策极易激怒那些老兵、黑人、教会以及党内的其他团体……在任何情况下，麦金利无论作为一名共和党人还是保守派都无法忽略他在维持一个团结的政党方面的责任……
>
> 麦金利发现自己面临着一个艰难的选择。他要么发动一场他并不情愿看到的战争，要么公然反抗公众舆论，让自己不再受到欢迎，并面临共和党在政府的席位被剥夺的风险，甚至他认为健全的立宪政府也会被推翻。[104]

3月28日，某海军调查法庭发布了一份报告，擅自声称缅因号被"水雷的爆炸所摧毁，并随即在至少两家激进的杂志爆炸开来。"[105] 对于"铭记缅因惨案！让西班牙见鬼去吧！"这个战争呼吁中的逻辑，麦金利已经不可能再忽略。

1898年4月11日，麦金利总统请求授权终止在古巴的战争的文件在众议院被公开宣读。总统先生在陈述美国干预的主要理由时侧重强调了人道主义，令人极为吃惊。他请求国会批准并授权总统采取措施终止西班牙政府与古巴政府之间的战争，并在古巴建立一个稳定的政府，帮助维持古巴的秩序并履行国际义务，确保实现古巴公民以及美国公民的和平、安宁和安全。为实现上述目的，有必要出动美国的陆军和海军部队。[106]

如此，麦金利总统借助战争来保护古巴人和美国人免遭令人极其不愉悦的冲突。从感情方面，他唤起了古巴人的痛苦，"一群努力追寻自由的互相依赖的民众"，他们正在被"残忍、野蛮和蒙昧的战争"所杀害和残害。麦金利为其发动的战争辩护的理由并非站在美国的国家利益立场上，而是"为了人类，为了结束那里正在上演的、战斗双方都无法或不愿停止或缓解的暴行、杀戮、饥饿和可怕的痛苦。"[107] 他的人道主义战争借口让他为战争增添了一定程度的真诚。但是欧内斯特·梅敏锐地发现，麦金利"不情愿地带领他的国家以一个他本人都不相信的理由开展了一场他并不想看到的战争。"[108] 麦金利似乎是战争的囚犯——他被膨胀起来的普遍好战情绪拖进了战争。[109]

总统的参战咨文一经宣布，美国城镇与乡村的街头立刻涌现出大量聚会，成千上万的星条旗随风飘扬，年轻男人耐心地排着队自愿参战，感激地等待着来自男士们的免费酒水和女士们的香吻。[110] 美国，而不是麦金利政府，站起来了，挺起胸膛，挑起了与西班牙的战斗，而这场战争的主要目的是为了发泄。同时，也为了能让南北方消除35年前在内战中留下的嫌隙，以爱国主义为契机重新拥抱起来。4月19日，国会批准了麦金利的咨文并宣布对西班牙发动战争，但它否认这一行为属于帝国主义扩张。之后，在一次喜悦溢于言表的演说中，阿尔伯特·J·贝弗里奇这一颗快速崛起的政治新星（后于1899—1911年担任印第安纳州参议员）抓住了这场扩张性战争的要义。他的演讲恰好表达了马汉的观点，即诉诸军队的目的是保护和计划美国的商业利益：

美国工厂的产能以及土地的产出已经超出美国国民的需求。命运已经为我们谱写好政策；世界贸易必然也应当属于我们……美国的法律、美国的秩序、美国的文明以及美国的旗帜都将出现在迄今为止依旧血腥和愚昧的海岸，但这一任务是由上帝所指派完成的，今后这片土地必将充满美丽与光明。[111]

当马汉被召唤为战时政府提供建议时，他正与家人在欧洲度假。3月中旬，马汉给罗斯福发了一份对西战争中哈瓦那与古巴西部的"严密封锁"应急计划。政府优先解决古巴独立问题而非马汉认为更具实际性的战略目标，对此马汉虽然有所疑虑，但他依然渴望向罗斯福和麦金利证明他在危机时刻的智力价值。在读到马汉的封锁计划后，罗斯福对计划中体现出的战略价值深感欣喜，他告诉他的导师，"毫无疑问，你的智慧远在我们之上！你所提出的建议正是我们所需要的，我会把你的信件交给海军部长。"[112] 之后海军部长约翰·戴维斯·朗命令北大西洋站的指挥官、海军少将威廉·T·桑普森遵从马汉的计划，于是马汉的古巴封锁计划被纳入了美国的海军战略之中。麦金利总统也对该封锁建议印象深刻，于是任命马汉担任海战三人委员会的一员，另外两名成员分别是海军少将蒙哥马利·西卡德和海军少将阿伦特·斯凯勒·克劳宁希尔德，三人共同协调美国的战略。

由于美军在火力上占了绝对优势，新成立的这个委员会在制定战略时如虎添翼。破旧的西班牙舰队面对的是一支现代化的、拥有钢制船身的美国海军，包括四艘万吨一等战舰、一艘六千吨二等战舰、两艘装甲巡洋舰、十一艘防护巡洋舰和大量辅助巡洋舰、炮艇以及扫雷艇。这就是一场20世纪对战19世纪的战争，胜负显而易见。1898年战争之初，西班牙海军少将帕斯夸尔·塞维拉在日记中写道，"我们可能也必然会面临一场灾难。但是既然这种结局已成必然，今天公开说这些也会是罪恶，所以我会保持沉默，并甘愿接受上帝的任何审判。"[113] 实际的审判可能比塞维拉想象中的还要严重。

4月30日到5月7日期间，马汉正横跨大西洋返回美国，美国海军特级上将乔治·杜威在远离古巴的太平洋战场上与西班牙舰队的战斗中取得了重大胜利。前几年，马汉的海军战争学院曾制定出针对与西班牙战争的应急计划，称赞了攻击菲律宾的价值，即在太平洋上扩张殖民地。5月1日，杜威的亚洲分舰队按照这个逻辑摧毁了海军上将帕特里西奥所带领的西班牙舰队。战争如此一边倒，以至于杜威能够延迟美军的攻击，直到他的军队用完早餐。在区区几个小时的时间里，西班牙在太平洋上的地位便被摧毁殆尽，而美军仅牺牲了一个人（由于心脏病突发）。

马汉对于杜威的全面胜利感到很满意，但不太倾向于留在他所任职的规划机构。他非常希望能解除这一职位。5月10日，马汉建议海军部长朗解散该委员会，并将所有的规划权指定给一名现役海军官员。他认为，笨拙的海战委员会会妨碍战术的有效制定："一个人负责……即可在战争中取得成效。"马汉对于发现自己处于真正的权力和影响力中心的反应是令人敬佩的。如果"权力是强力春药"这句据称出自亨利·基辛格的名言是正确的，当时它却未能让阿尔弗雷德·马汉兴奋起来。然而，朗丝毫没有被马汉的无私所打动，委员会依然以当前的形势保留，马汉依然担任——按沃伦·齐默尔曼的话来讲——"主导人物"。[114]

1898年5月19日，西班牙海军少将塞维拉做了一项重大的决定，他将自己的舰队停泊在古巴的圣地亚哥湾。舰队被马汉的封锁部队包围起来，塞维拉无法躲开在远处隐隐出现的全副武装的美国战船（包括印第安纳号、纽约号、俄勒冈号、爱荷华号、得克萨斯号和布鲁克林号）。在僵持了六个星期之后，塞维拉得出结论，他别无选择，只有勇敢地面对自己的命运。7月3日，在天完全亮了之后，塞维拉乘旗舰玛丽·特雷莎公主号直接驶入美国战舰的航线中，想要分散其注意力，为其他舰船创造出突破公海的机会。圣地亚哥湾战役仅仅持续了4个小时。据估计，有160名西班牙人丧生，240名受伤，1800名被俘，被俘人员包括塞维拉本人。战役期间，只有1名美国人丧生，美国战舰没有任何损伤。战役结束后，马汉写道，"我们再也不会遇到像西班牙一样如此脆弱的敌人了。"[115] 对英国与法国之间大海战的历史了如指掌的他丝毫提不起兴趣来记述这场美西战争。他出版于 1899 年的著作《对西班牙战争之教训》（*Lessons of the War with Spain*）也没有引起太多关注。他所传达的主要教训是，美国绝不能像 1898 年的西班牙一样毫无准备，技术缺陷重重。

西班牙在海上遭受重创——它舰队丧失了战斗能力——并且遭到美国在古巴的陆军的严重惩罚。西奥多·罗斯福一直为没能赶上美国内战而感到遗憾，而他的父亲也未能参加内战，因此他认为美西战争是一次磨炼其军事才能的机会。战争开始时，他辞去海军部长助理的职务，着手招募了一支志愿部队，即"美国第一志愿骑兵队"（俗称"勇猛骑士"），来对抗古巴的西班牙军队。这支部队有来自达科他州的农场工人、常春藤联盟的学者、东海岸的水球运动员、牛仔以及警察，反射出了西奥多·罗斯福的种种利益、背景和个性特质。盘踞在圣胡安山的西班牙军队在与"勇猛骑士"的交战中节节败退。通过本次战争，陆军上校西奥多·罗斯福成为一名广为人知的英雄。但是，真正为美国的最终胜利铺平道路的是两次压倒性的海战。西班牙的加勒比船队被摧毁，结合马汉步步紧逼的封锁行动，使得西班牙不堪一击的军队远离西班牙大陆大约 4000 英里远。敌对状态于 1898 年 8 月 12 日终止。12 月 10 日，美国与西班牙在巴黎签署了一份正式的和平条约。古巴的民族主义者在和平协商中并未发挥任何实质性的作用，他们只能远远地了解到他们的命运。从此，这成了适用于整个 20 世纪的重要先例：新解放殖民地人民的命运将由动机不那么纯洁的大国在"国际会议"上决定。

*

美国在战争中的胜利是一边倒的，或许这也是可以预测的，但是该事件为法国、英国、俄国和德国等旧世界国家发送了冲击波。长期以来，这些国家已经习惯于视美国为一个经济上强大、领土上满足的国家以及公然宣称的孤立主义者：国际事务中的二线国家。美国不再是一个适合缩减在那里的大使馆的开支的国家。当美国庆祝胜利、西班牙仰天长叹时，伦敦的《泰晤士报》发表了一篇有先见的社论："无论如何，这场战争为美国的整体态度和政策带来了深刻的变化。未来，美国将在国际总体事务中占据一席之地，而在此之前，这种情况是不存在的。美国人一旦意识到这一点，他们会以惊人的敏捷度识别到新情况，他们绝不会半途而废。"[116]

麦金利总统便以"惊人的敏捷度"意识到了这场著名的胜利所带来的战略和经济可能性。尽管最初他对于是否开展帝国主义土地掠夺有所疑虑，在杜威取胜后很短的时间内告诉国务卿海约翰：如果能够"获得一个港口和必要的附属设施"，他会非常高兴。但是，他再一次受到了民众要求获得更多的战利品的呼声的推动，采取了一些大胆的行动。[117]战争结束之时，美国军队占领了古巴、菲律宾、关岛和波多黎各。超过一千万人——西班牙人、印第安人、波利尼西亚人、中国人和日本人——处于美国的管理之下。以"命定扩张论"的名义主宰北美大陆是一方面；但是，此时美国拥有足够的实力将自己转变为一个真正的帝国。对于这种可能性，部分美国人觉得非常诱人。

为与最初开战时的宣言相一致，美国授予了古巴表面上的独立。但是1899年，美国国会急切地通过了"普拉特修正案"，随后修正案也被无助的古巴议会不情愿地通过了。该修正案以永久租赁的名义将关塔那摩湾转让给美国军用，并实质性地全权委托美国政府在古巴的商业和战略利益被侵害时干预古巴的事务。这就是最大程度的"独立"。同时，美国将吞并波多黎各、关岛和菲律宾。后来，麦金利总统告诉他的一群循道宗教友：他曾向上帝祈祷，祈求上帝指示他如何处理菲律宾事务。万能的上帝（明显是现实政治的信徒）回答道，让其独立可能会给法国或德国的帝国主义提供机会，从而威胁到美国领导下的太平洋的稳定性；而且，不管怎样，菲律宾人是"不适合自治的"。上帝建议麦金利，"我们别无选择，只有接受他们，并且依靠上帝的恩典尽可能地做到最好，因为耶稣基督也曾为了我们的同胞而牺牲。"[118] 菲律宾人自然不愿意刚摆脱一个殖民者马上又迎来另一个殖民者取而代之。1899年，爆发了一场著名的反对美国统治的群众起义。实用主义哲学家威廉·詹姆斯平静地接受了帝国主义，但他不清楚美国如何"在没有任何恐惧的情况下，在五分钟之内暴露其古老的灵魂。"[119]

马汉认为，吞并菲律宾群岛可能会给美国带来一些重大问题。他对更具雄心的亨利·卡伯特·洛奇说道，"站在我们自己的角度，我个人虽然更倾向于进行扩张，但我并没有完全接受吞并它们的想法。"[120] 他的首选是保留吕宋岛，包括马尼拉和苏比克湾（面向美国的一个位置绝佳的太平洋基地），将其余岛屿留给西班牙。从后来的发展看，马汉对于吞并菲律宾的质疑是非常有远见的。接下来的50年中，美国采用一些残酷的手段，在菲律宾平复了一场又一场的重大起义，这些手段玷污了美国在世界舆论法庭的名誉，并且暴露了其明显的言行不一。直接采用帝国统治对于美国绝不是一次令人愉悦的体验。马汉更加赞成建立一个非正式的商业帝国，这样做可为美国带来比其欧洲竞争对手更好的声誉。建立帝国这一事实与美国纯洁的自我形象是不相符的。

尽管马汉对于吞并整个菲律宾有所疑虑，但看到美国在太平洋和加勒比海地区的地位得以增强，他又感到很欣喜。在写给亨利·卡伯特·洛奇的信中，马汉恭喜了洛奇在通过参议院顺利签署《巴黎和约》上所展现的卓越技巧，并表示，"现在，我们的国家正式开始了一份事业，这份事业不仅将有益于世界，同时也会在国际社会上为我们带来荣誉。我试图去尊敬那些要求实行自治的人们，但是我不能。他们尚处于民族发展的早期阶段，智力也未能完全开发。"[121] 马汉的种族主义家长式统治完全忽略了那个时代处于特殊环境中的人们，但这也解释了马汉为何会认为将菲律宾的大部分还给西班牙是个好主意：因为土著居民缺乏实现稳定和繁荣的教养，甚至是笨拙的西班牙统治都要比自治更加可取。在马汉看来，民族自决的概念是滑稽可笑的；这是一种妄想，虽然意图良好，但却十分危险。

马汉极力反对的另一个流行言论是:国际合作可限制武器、调节冲突,是实现世界和平的潜在路径。历史上没有任何先例可以证明这种路径是可行的。当国务卿海约翰任命马汉担任1899年第一次海牙和平会议的美国代表时,马汉终于有机会释放他关于这一言论的观点。这次会议在沙皇尼古拉二世的呼吁下召开,旨在达成建设性的协议,限制武器的生产,废除当前正在开发的特定武器系统(其中,潜水艇和毒气是最突出的打击目标),创建外交机构以对未来的冲突进行仲裁,并扩大1863年《日内瓦公约》对海战的保护范围。26个国家参加了这次具有高度野心的会议。可以预见,美国媒体嘲弄地称其为"沙皇的和平野餐"。[122]

从许多方面来讲,这种怀疑的态度是不难理解的。在先进武器开发方面,俄国已经落后于其强大的竞争对手,因此认为这次会议是俄国获得国际地位的一场阴谋这种观点并非空穴来风。马汉"自己的信念"是:"俄国呼吁召开会议的直接原因是我们不久之前的战争对其造成了冲击。战争胜利后,美国和大不列颠恢复邦交,我们在亚洲的影响力也骤增。"[123]因此,马汉并未认真对待这次会议,而是花费了十周的时间在海牙完成了一些文章,与出版商联系,并为俄国人就建立他们自己的海军战争学院的计划提供建议。在批判这次会议的同时,马汉还有力地批评了1919年亨利·卡伯特·洛奇针对伍德罗·威尔逊所开展的伪科学多边机构的建设。

马汉无法容忍在海军建设上施加约束性限制的观点——这一观点建立在基于信任的全球限制上。他曾对著名的英国海军上将费舍尔男爵解释道,"在短短一年的时间内,构成海军的一些必要条件已经因为美国而发生了显著的变化,以至于很难预见需要多大程度的海军实力才能满足这些条件。"[124]马汉还反对扩大1863年《日内瓦公约》对海战参与国的保护范围。美国内战期间,马汉曾震惊于英国营救被联邦船只击沉的邦联舰船上的船员,这些被营救的人总是会想办法回家并再次加入支持脱离联邦的战斗中。在海战中,人性是没有容身之地的,而扩大《日内瓦公约》的保护范围所承诺的正是人性。第三方应当控制、引导好那些交战国。被打败的船员应当要么死在水中,要么被俘——一旦取得海战的胜利,就应当对战败国施加最严厉的惩罚,这样才是公平的。最后,马汉强烈指出,"不要通过事先订立仲裁保证的方式,来放弃通过战争维护公平的权力,除了在那些受到严格限制和定义的问题上面。"[125]鉴于美国所具有的大国特点,它应当抵制小国对其行动自由进行约束的企图。认为世界上的国家会同意以这种前所未有的方式进行协作的想法是一种哲学思维实验,而不是一个严肃的提议。

马汉之所以会对海牙会议的乌托邦主义进行批判,是因为他认为战争在国家发展过程中是一个必要、有益的阶段。他曾向改革家、慈善家格雷斯·霍德利·道奇解释道,"战争的可怕罪恶如此令人触目惊心,以至于(国际仲裁的提倡者们)无法意识到战争的道德性质。然而,对一个人而言,还有比遭受炮弹炸毁严重得多的事情,或者说,对一个国家而言，还有比遭受战争鞭笞严重得多的事情。"他总结道，在国际仲裁的掩护下，如果美国避免对可恶的敌人发动必要的战争，"那么它还不如不存在"。[126] 这些言辞看上去冷酷无情，并且也没能说服道奇。但是马汉并非盲目地认为所有战争都是有价值的，也并未残酷地低估它们的人力成本。他仅仅是认为，某些战争终究是要被打响的，无论包含多少流血的牺牲。在一篇名为"和平会议与战争的道德面貌"的文章中，马汉有力地指出，在美国独立战争期间或美国内战期间，若有国际仲裁，美国的发展和自尊就会受到损害。好心人会妨碍到自然公正。在战争中，对具有存亡威胁的敌人进行和平妥协是极其有害的。在这种情况下，马汉赞同无条件投降，正如40年后的富兰克林·德拉诺·罗斯福。

在1900年大选中，威廉·麦金利再一次打败威廉·詹宁斯·布莱恩，以292票的优势领先布莱恩的176票，取得了决定性的胜利。麦金利的成功得益于他选择西奥多·罗斯福作为他的竞选伙伴，此举受到了普遍的好评。但是，正如通常发生的那样，罗斯福担心承担大量仪式性的职责会让他丧失活力，无比厌烦。他的挚友马汉很快便发现了这一不幸中的一丝慰藉，建议罗斯福将副总统的职位看作舒舒服服蹲监狱一样：

然而，我的确因为一件事而感到欣喜；那就是，你终会离任，从这些责任和这一职位中脱离，获得长时间的休息，并且不是按照你自己的意愿……一名非常睿智的牧师曾对我谈到上帝对圣保罗的命运安排——我想，你一定会同意说，圣保罗的一生肯定是命运多舛的，他被逮捕，在朱迪亚被菲利克斯囚禁了两年，之后又在罗马被囚禁两年。总共是四年的时间，你知道，这就是副总统的一届任期。我相信这段时间对你而言，是专注于事业的四年，也是获得巨大智力进步和成长成熟的四年，正如那四年对于圣保罗。[127]

1901年9月6日，一名年轻的无政府主义者里昂·乔戈什在布法罗击中麦金利总统，罗斯福设想的特殊阶段突然中断了。当时罗斯福正在阿迪朗达克山脉徒步旅行，他收到了一封电报，被告知总统的状况："总统生命垂危。他的情况很不好。现在正在输氧。但是没什么希望了。"很快又发来了第二封电报，"总统要不行了，布法罗的内阁成员认为你应当立刻赶回来。"[128] 罗斯福在9月14日收到这些电报时，麦金利因为伤口坏疽而死亡。罗斯福匆忙赶到布法罗去迎接他期待已久的崇高命运。罗斯福继任总统，时年42岁，是美国历史上最年轻的总统。据称，他的一个女儿曾说，"爸爸总是希望成为每一场婚礼上的新娘，每一场葬礼上的尸体。"现在，他得偿所愿，成了众人瞩目的中心，但并不是每个人都期待看到如今的情形。[129] 麦金利的首席政治战略家马克·汉纳曾绝望地表示，"看啊，该死的牛仔现在成为美国的总统了！"明确表现出许多共和党人对于罗斯福国内进步主义和强硬外交政策等天性的恐惧。[130]

罗斯福在两届总统任期内，开展了多项自信的外交活动，意在实现马汉过去十年始终敦促的多个目标。1903年，罗斯福总统鼓励一些强有力、富有的巴拿马土地所有者从哥伦比亚脱离，实现独立。他还调遣美国的船只到这一区域，向哥伦比亚的政治领导施加压力，充分展示了自己的诚信。由于担心战争会带来破坏，哥伦比亚的政治领导很快便屈服了。1903年11月3日，巴拿马宣布独立，并发布了华盛顿提前拟好的宪法。如今，在疟疾流行的热带气候下，穿过重重险恶的地形，开凿出一条"巴拿马运河"，这一路径对于美国而言逐渐明晰，同时这也是历史上最具挑战性的工程壮举。凭借趋于完美的效率和近乎奇异的决心，这一任务最终完成。任务执行过程中，约4500名工人死亡。运河于十年后正式开放，也就是1914年夏天。[131] 在巴拿马宣布独立后迅速召开的一次内阁会议上，罗斯福询问战争部长伊莱休·鲁特自己是否对那些批评者进行了反击，以此测试他为将巴拿马从哥伦比亚分离所采用不道德手段的防御性。鲁特回答道，"总统先生，您当然已经对他们进行了反击。您已经表明您被控对他人进行引诱，同时您也最终证明您的确犯有'强奸罪'。"[132] 正如可以预见的，马汉对这个结果非常满意，至于这个结果是通过正当手段还是通过违规手段达成的，他并不在意。

从纽约驶往旧金山的美国船只无须再通过好望角，航行距离大大缩短，从14000英里减少为6000英里。如今，无论哪一侧遇到威胁，美国船队都可以在太平洋与大西洋之间快速穿行了。[133] 巴拿马运河的建成是成就20世纪的美国的一个关键先决条件。

一旦经济和政治不稳定性威胁到美国的利益，美国将保留对加勒比地区或中美洲进行军事干预的单方面权力，因而罗斯福进一步加强了美国在西半球的霸权地位。所谓的门罗主义的罗斯福推论指出："长期的不当行为……无论是在美国还是在其他地区，可能最终需要某个文明国家的介入，而在西半球，由于美国对门罗主义的坚持，可能促使美国在遇到公然的不当行为或无能行为时执行国际警察的权力，无论其多么不情愿。"

长期以来，马汉一直担心主要的欧洲大国不能足够重视1823年的门罗主义（警告欧洲国家避免进一步干预拉丁美洲）。看到罗斯福如此强有力地执行美国在该区域的警察角色，马汉感到非常欣喜。现在，欧洲应当已经坚信，一旦侵入美国后院，会立刻遭到反击。同样，加勒比地区和中美洲的领导人也认识到，他们需要在符合美国利益的前提下行事，否则会受到惩罚。之后的总统包括伍德罗·威尔逊也将遵从罗斯福推论的逻辑，在古巴、尼加拉瓜、海地和多米尼加共和国开展军事行动。

由于完全符合马汉在海军势力杰出性方面的要求，罗斯福将美国的海军势力发展成为全世界的前三名。到1907年，大西洋舰队已经包含16艘最先进的战舰。在海军部长维克托·H·梅特卡夫看来，这只海军力量"在任何海军中，无论从重量上还是从数量上，都是最强大的舰队，且接受统一的指挥。"[134] 1908年，基于主力舰这一指标，美国的海军势力排名全球第二。在一次重大的武力展示中，罗斯福总统命令四个战舰中队在护航舰的陪同下环航地球，这支庞大的舰队共配备有 12,793 名船员。[135] 不同于传统的观点，即战舰的行动应当保密，这支"大白舰队"提前便公布了其行动，以最大限度地吸引媒体曝光。

事实上，美国还在其中一条舰船（即康涅狄格号战列舰）上建立了新闻中心，为受邀参与航行的大批新闻记者提供信息，目的是希望这些记者与编辑在回家后能够留存一些爱国性的文档。从规模与科技实力方面，只有英国的海军优于美国。大白舰队有力地证实了马汉作为一名战略家的巨大影响力；罗斯福政府在满足马汉的不羁梦想方面也表现卓越。在任期的最后几个月时间里，罗斯福汇编了自己在就任总统期间所取得的最卓越成就。他将大力拓展美国的海军势力使之位居全球前列这一成就置于建造巴拿马运河和成功调停日俄战争之前。[136]

随着欧洲逐渐加入到第一次世界大战的原始杀戮之中，美国站到了伟大的制高点。1860 至 1910 年间，美国的人口增至三倍，从 3100 万增加到 9200 多万，这可能是由于欧洲南部和东部向美国的大规模人口迁移所带来的人口变革。[137] 这次大规模的人力资本流动，加上美国肥沃的土地所拥有的广袤边界，使得美国超越大不列颠，成为 20 世纪之交一支超群的经济力量。然而，与英国形成鲜明对比，美国的工业主要面向国内需求，仅仅 5% 的美国产出被送往国外。而在英国，这一数字为 25%。正如历史学家约翰·达尔文所观察到的 20 世纪末的美国，"美国商业的经济殖民地位于美国的西部和南部，而非海外。至于对其他国家采用激进的方式还是军事防备，并未达成共识。但之所以造就了美国现如今的观点，关键的一点在于美国工业经济的增长速度惊人，以至于抵消了美国对于被其他世界市场所排斥的恐惧。"[138] 马汉的英美主导全球贸易体系（通过 1898 年对地处战略要地的军事基地进行收购来促成）尚未实现。但是国内市场似乎正在达到一个饱和点。

由于美国的经济健康正越来越紧密地与一个稳定的国际环境相关，而一个稳定的国际环境将有益于自由贸易的开展，因此美国从欧洲事务中脱离已经时日无多。西奥多·罗斯福于 1909 年 3 月离开白宫，继任者是其战争部长威廉·霍华德·塔夫脱。[139] 塔夫脱并不是一个拥有超凡魅力的人，或者说，实质上他的许多技巧通常仅适用于赢得选举。但塔夫脱足够机智，能够在民意调查中打败威廉·詹宁斯·布莱恩（这已经是布莱恩第三次竞选失败）。塔夫脱竞选的成功得益于罗斯福对于塔夫脱作为一名有原则的进步分子所拥有的优点表示了强烈支持，强调了领导力的延续性。

但是，塔夫脱的执政风格与罗斯福截然不同。塔夫脱在领导方面更为低调，这是他有意而为之，他不喜欢罗斯福那种滥用行政权力甚至达到极限的方式。塔夫脱在面对大企业时并不那么具有对抗性。任职总统期间，塔夫脱虽然提出了八项反托拉斯诉讼，但他拒绝直接批判具体的公司或企业。包括西奥多·罗斯福在内的许多进步人士都对塔夫脱畏怯的领导风格表示失望,以至于传达出一种塔夫脱屈服于富人利益的错误印象。在1912年4月份的一次演讲中,罗斯福宣称:"共和党目前正面临一场严峻的危机,是时候抉择做林肯总统时期的政党,也就是平民的政党……还是做特权和特殊利益的政党了,后者是林肯总统最激烈反对者的继承者。"[140]

1912年6月22日,罗斯福在共和党全国代表大会上与塔夫脱竞逐失败后脱离"大老党"(共和党的别称),成立了进步党,并代表进步党在接下来的选举中参选总统。由于呼吁妇女选举权、新遗产税和所得税、为妇婴社会福利立法以及大规模改善美国的交通基础设施,拥有进步主义议程,并且候选人是一名取得了很多显著成就的、强有力的前任总统,公麋党(因其领导人西奥多·罗斯福在就其健康状况答记者问时自比为公麋而得此雅号)吸引了大量支持者。

马汉是共和党中的保守派,因此他惊愕于罗斯福陡然间推出的进步主义政策议程。由于1912年的共和党分裂,马汉的思绪备受扰乱,他曾向朋友亨利·怀特吐露:

> 个人而言,我的想法更接近塔夫脱,而不是罗斯福,但是我对塔夫脱的掌舵能力没什么信心,因为他没能激起他的人民的信心,这一点,我认为罗斯福做到了……如果我能找到足够的理由相信罗斯福能够在一个第三党中大展拳脚,那么我会为他投赞成票,并且利用我所拥有的一切影响力为他提供支持。但是如果我发现这个第三党的唯一目的是打败共和党,提升民主党,那么我会支持塔夫脱。[141]

马汉唯一确定的是,民主党不适合执政,他们的领袖伍德罗·威尔逊——那一年早些时候他曾在纽约见过,并共进午餐——在处理国内和外交事务时也非常教条,这一点比较令人担忧:

> 我们受到了威胁,我担心一个教条主义政党(民主党)会取得政权,他们的很多理论绝不适合当前的状况,就像是在用一把错误的钥匙开锁。除此之外,他们还会削弱海军的实力,忽略目前存在的所有危险的突发事件。他们如何做到这一切?仅仅是闭上双眼,并盲目吞下一粒已死亡百年的某个人的教义安眠药。这个人的名字你可能也知道,就是杰斐逊。他在那个时代就制造了可怕的混乱,并且拥有一批伐木工人和种植园主的后代,这些人认为他的学说取得了巨大的成功。[142]

马汉在威尔逊的杰斐逊式性格中发现了一种抽象、理论性特质,这种特质可能会最终导致采取的政策"绝不适合当前的状况"。选举当天,马汉将他的那一票投给了罗斯福,他猜测罗斯福会比塔夫脱更适合阻止威尔逊的发展,并能针对美国在欧洲快速升级的军事实力采取一种经过精心、有目的地调整的政策。关于此,马汉认为1912年的选举非常关键。

第二章
康德的最大希望
伍德罗·威尔逊

现在,这个世界最大的希望不是获得普遍的和谐,也不是实现完整的和平这一愿望……而是开展利益的竞争……在这些刺耳的声音中——这些声音预示了领导者不会立刻将其手中的剑换成犁头——我们可以聆听到一种信念:腐败远未触及这个经过数百年勇敢战斗而屹立不倒的雄伟建筑。

——阿尔弗雷德·塞耶·马汉

1912 年的总统选举是美国历史上最暴躁以及最充满智慧的选举之一。[1] 由于罗斯福的突然脱党,共和党的忠诚度被分裂开来;民主党提名了一位出生于南方的常春藤教授作为他们的候选人;尤金·V·德布斯的社会党的支持度也接近历史新高。那一年,选民不能抱怨他们可选择的候选人太少,这种情况并不多见。为使选举活动更加引人瞩目,三名主要的候选人以一种病态的敌意互相攻击。共和党的两名对手塔夫脱和罗斯福在平面媒体上以及在竞选活动中互相碰撞。关于外交事务,罗斯福宣称塔夫脱盲目地专注于以美国国家主权为代价谋求国际合作。例如,在为《前景》(Outlook)杂志撰写的一篇文章中,罗斯福抨击了塔夫脱与大不列颠签署的仲裁条约,认为该条约是"一种欺骗行为",会对美国的安全造成威胁。罗斯福严厉地评价说,塔夫脱总统未能将"正义置于首位"。由于罗斯福的干预,加上亨利·卡伯特·洛奇在参议院的封锁操作,该条约在到达总统办公室之前便被扼杀。愤怒的塔夫脱认为(在很大程度上是真实的),"事情的真相是,他崇尚战争,希望成为下一个拿破仑,并战死在战场上。他拥有古老的狂暴武士的精神。"[2]

不出所料,二人的关系进一步恶化。5月份,罗斯福形容塔夫脱为"蠢蛋"和"傻瓜",塔夫脱反击罗斯福,称其是一名"危险的利己主义者"和"煽动家"[3]。在正常情况下,现任总统与经历丰富的前任总统之间的混战会主导媒体对选举的报道,并定义它对于后代的历史意义。但是，大部分经验丰富的观察员认为，塔夫脱竞选成功的可能性微乎其微；竞选是罗斯福与伍德罗·威尔逊之间的二人竞赛，而由于共和党的分裂，威尔逊会占据明显的优势。罗斯福完全了解威尔逊的优势以及自己的劣势地位，但依然赤裸裸地对"威尔逊教授"不切实际的"学术理论"表示了蔑视。⁴ 能够受到前任总统语言上的攻击，即使不是尊重，也是认可的标志。罗斯福曾私下里承认，威尔逊可能获得总统选举团的多数票。胜利可能是威尔逊的囊中之物，尽管威尔逊拒绝得意忘形。在与朋友兼知心女友玛丽·佩克的一封信中，威尔逊提醒她不要"过于自信。我感觉罗斯福的全部实力是无法估计的……他能激发……（人们）的幻想；但是我不能。他是他们见过的一个真实、鲜活的人，他们曾声嘶力竭地为他欢呼，为他投票，人数达数百万之众；我是一个模糊、猜测的存在，关于我，更多的是舆论和学术方面的印象，而不是人类特征和红血球。我们会看到接下来发生什么。"⁵ 威尔逊在此处用到了"红血球（red corpuscles）"而非"红细胞（red blood cells）"，这一点很好地体现了他的理智主义。但他并不是完全"猜测的存在"，他曾在残酷的新泽西政治世界中磨炼过。当然，威尔逊无疑能够在论战中站稳阵地，针锋相对，将罗斯福描述为"天际上一颗运行轨道非常非常不确定的彗星"。⁶

在这次选举中，初选也是首次发挥了决定性的作用，使竞争更加活跃，同时在政客和他们想要争取的市民之间建立了更加密切的联系。通常情况下，初选会为那些最善于沟通的人带来回报，因而，威尔逊得以巩固自己在民主党的提名。他的雄辩技巧曾在担任普林斯顿大学校长和新泽西州州长时得到极大的磨炼。他对于民主党和这个国家的吸引力很大程度上基于他的多项优势。曾经带领美国最著名的一所大学，让威尔逊在全国获得了良好的声望，因为在那个年代，教授职位会开启而不是阻碍一个人的政治生涯。但是，也曾因为威尔逊的学术背景发生过一次小障碍。靴鞋工人工会（Boot and Shoe Workers' Union），按照他们该死的评判标准，曾因为他是一名"知识分子"而拒绝支持他。⁷ 但是威尔逊的职业并非一个关键性的劣势。与之前的托马斯·杰斐逊一样，威尔逊高度赞扬普通人的高超智慧，正如他在一次竞选演说中所表达的：

我害怕的是一个由专家组成的政府。在一个民主国家，上帝不允许我们推脱责任，将治理悉数交给专家。如果我们由一小撮只有他们能了解国家治理这项工作的绅士们来科学地照管，那么我们有什么用处呢？因为如果我们不了解这一工作，那么我们便不是一个自由的民族……我想说的，我曾几次有幸在劳工们的俱乐部中听到他们辩论公共问题，我从来没有听到过如此深刻的辩论。因为一个直面生活中的日常问题的人不会用华丽的辞藻来讨论这个问题，而是会讲事实。而我唯一感兴趣的就是事实。⁸

威尔逊的优势远远不止他的学识和轻松驾驭学识的能力。和阿尔弗雷德·马汉一样，威尔逊在南方长大,但南得不足以让共和党人攻击他可能会带来不团结。威尔逊在23岁就读于弗吉尼亚大学时,就已表明了他的联邦主义立场。他曾声明,"我热爱南方,所以我为邦联军的失败而高兴。"[9] 威尔逊同时也是一名政治上的进步主义者——实际上,是罗斯福将他推得更"左"了一些——这让他得以吸引大量摇摆的选民——他们一方面称赞罗斯福的国内政策,另一方面又讨厌他好战的外交政策,而且这群人的数量相当巨大。实际上,威尔逊的"新自由"进步主义与罗斯福的"新民族主义"并没有实质上的区别。西奥多·罗斯福曾戏谑地对一众朋友说道:"威尔逊只是比我少了点男子气概而已。"[10] 1912年大选中,塔夫脱和德布斯是更加传统的右偏左候选人。民主党战略家希望能够结束威廉·詹宁斯·布莱恩的三次败选进程,他们认为雄辩、有权威的威尔逊有望赢得选举,即使对手是罗斯福这样的政治巨头。这是美国历史上两大杰出人物之间的一次举世瞩目的竞争,他们不同的天赋让人们回想起主宰了共和国前半个世纪的那些风云人物。正如近期的一名威尔逊传记作者所说,1912年大选"是自安德鲁·杰克逊以来经历最丰富的总统政治家与自托马斯·杰斐逊以来最具表达能力的总统政治家之间的一场大决战"。[11]

*

托马斯·伍德罗·威尔逊于1856年12月28日出生于弗吉尼亚州斯汤顿。他的父亲约瑟夫是镇上的长老会牧师。意思是,他就是牧师的孩子。在威尔逊还是个婴儿时,他胖乎乎的,并且异常地安静。他的父亲曾开玩笑说,"这个孩子举止威严,适合做大会的协调员。"[12] 美国内战期间,威尔逊在南方长大,他直接、本能地受到了这一冲突的影响。威尔逊的父亲所在的教堂一度充当邦联的医院,伤残的士兵会到这里接受治疗,这对于任何儿童都会造成困扰;而墓地则同时充作联邦军队囚犯的拘留地。1865年5月,年仅9岁的威尔逊目睹了被俘的邦联总统杰弗逊·戴维斯戴着镣铐在乔治亚州的奥古斯塔(之后威尔逊一家搬到这里)游街。对于邦联支持者而言,对戴维斯的羞辱是不忍直视的悲惨景象。

由于北方经济的巨大优势,南方被联邦军队碾压破坏。在整个重建过程中,更加剧了南方的耻辱感。但是,在内战期间和内战后,尽管许多富裕的南方人遭受了巨大的财产和地位损失,威尔逊一家却未受什么影响,因为他们身处长老会之中从而免受战争的伤害。据朋友们和家人所知,伍德罗(或称汤米)度过了一个安逸的童年。在家庭状况方面,威尔逊与阿尔弗雷德·马汉拥有诸多相同之处。但是,海权哲学家在内战中站在联邦一侧,认为有必要开展正义的战争,而威尔逊却拥有截然不同的看法。一些学者认为,威尔逊之所以厌恶武装冲突,并且在担任总统时努力尽可能地避免武装冲突,是因为他在童年时期受到了内战的创伤。[13]

汤米在学校的表现非常引人关注,但却并不是因为正面的原因。在11岁之前,他都无法正常阅读，20世纪的儿科医生将这种认知迟缓诊断为失读症。当时的人们缺乏对这种特殊情况的认识。但是由于父母的极力维护，威尔逊的老师、祖父和叔叔仅仅认为年幼的汤米不太灵敏。威尔逊用来克服这种痛苦的方法是不同寻常的——保持泰然自若和内驱力。在父亲严密的指导下，威尔逊投入到了重复性的机械学习中。他重复阅读书籍，凭记忆出声背诵冗长的段落，直到掌握，而不是蜻蜓点水地涉猎广泛的文学作品。这一枯燥、严苛的行为使得威尔逊的知识库较为有限，但对于他英语书面和口语表达能力的发展却至关重要。

因为在普通书写上存在困难，汤米在16岁时学会了速记。他还在打字机刚刚出现时购买了一台打字机。然而，真正让威尔逊发挥自己潜力的关键因素是父母对他的宠爱和无止境的鼓励。如果威尔逊生活在一个不那么重视言辞特别是上帝的言辞的家庭中，那么他的学术之花可能就早早枯萎了。但是，他父亲的才智和语言极具鼓舞性，并且对儿子也有着坚定不移的信心。他把所有的业余时间都用在了辅导汤米上，为汤米灌输了强烈的职业道德感以及对于流利、强有力语言的鉴赏力。威尔逊的青少年时光比大部分同龄人都更具塑造性，他的内驱力也比同龄人强大得多。16岁时，威尔逊进入位于北卡罗来纳州的戴维森学院学习。在这里，他发现了自己对于历史的热情，提升了写作能力，找到了他愿意模仿的英勇历史人物。这些历史人物全部都是演说家，例如西塞罗、埃德蒙·伯克、英国自由贸易提倡者理查德·科布登与约翰·布莱特，以及威廉·格莱斯顿（他的图像悬挂在威尔逊宿舍的墙壁上）。尽管如此，威尔逊依然认为戴维森的课程范围太狭窄，且没什么难度；他把大部分精力都用在了辩论协会上，并且在大一结束后离开了戴维森。1875年，威尔逊进入新泽西学院（也就是如今的普林斯顿大学）就读。

威尔逊发现普林斯顿在许多方面与戴维森一样令人沮丧。老师们无法激起他的热情，尽管他在私下如饥似渴地阅读，也参加了大量的课外活动。他加入了美国辉格党协会，成立了一个辩论学会，担任校刊《普林斯顿人》的编辑，还加入了一家不那么排外的吃喝俱乐部——"鳄鱼（the Alligators）"。作为《普林斯顿人》的编辑，威尔逊很清楚自己作为一名学生的首要任务是什么：为成绩不佳的橄榄球队提供改善建议，积极协调将辩论引进到学校的正式课程之中。但是除了这些兴趣上的热情外，威尔逊在青少年时期狭窄的阅读量限制了他的知识范围，以至于他在被迫走出自己的舒适区后屡屡犯错。在1876年6月15日的一篇速记的日记中，威尔逊写道，他被迫"整个下午和晚上都在学习色诺芬的大事记，只是为了应付考试。这真是一项愚蠢的工作。"几天后，他以同样的口吻表达了对另一门学术课程的反感："从8点到10点学习几何学——真是愚蠢。"[14]从外表上看，威尔逊高高的，行为略显笨拙（和亚伯拉罕·林肯有些类似），表情严肃，在随后的岁月中都与他父亲对他婴儿时的描述基本一致。雷蒙德·B·福斯迪克在出任巴黎和会顾问时对威尔逊有了深入的了解。他曾对16岁和60岁的威尔逊都进行了神奇的外形描述。从威尔逊在两个年龄时期的照片来看，他的外形是极其稳定的：

  第一眼看，威尔逊称不上是一个英俊的男人。实际上，他的长相很普通。他有着一张"马脸"（他自己也曾如是描述）——瘦长，不苟言笑，下颚强壮。他还有着非常敏锐的目光，有时候会令人不安。但是他的眼睛却是他的最佳特征；它们闪烁着幽默与和善的光芒，同时他的整张脸也会因为眼中反射出的思想而柔和下来。[15]

  威尔逊曾表示惋惜：他更多地遗传了瘦削的母亲，而不是传统意义上英俊的父亲。他的高颧骨、轻微的鹰钩鼻、结实的下颚以及冷漠的蓝眼睛都给人一种距离感，令人望而生畏。但是，私下里的威尔逊却与他的外表背道而驰。据福斯迪克回忆，威尔逊"非常健谈，脑子中存储了大量奇闻轶事。事实上，他能用各地的方言讲述这些故事，例如苏格兰口音、爱尔兰口音甚至是黑人口音，总能令人捧腹大笑……"[16]与朋友和家人在一起时，威尔逊是很合群的，他很喜欢与爱的人进行情感与身体的亲密交流。在工作中，威尔逊的内驱力和专注性使得他成果显著。曾经见到过他工作的一面的人，会怀疑他是一个偏狭的人和苦行者。许多人都不了解威尔逊是如何在私人生活和工作之间自由转换的，竟能在两个领域都如此成功。这种自律使他在获得成功的同时，也不会被亲近的人抱怨他会忽视他们。

  在普林斯顿大学，威尔逊的才智因阅读哲学家约翰·洛克和埃德蒙·柏克等人的作品而得以塑造。他认为，私有财产是神圣不可侵犯的，且明智、持久的政治改革有必要以渐进的方式开展。他还受到了英国记者沃尔特·白芝浩（后作为一名宪法方面的学者而受人尊敬）的极大影响，并在英国单一制政府中找寻到了一个理想的政体，他认为这种政体比美国庞大的体系更加有力。威尔逊认为，柏克的《论法国大革命》对基于善意空想的革命进行了强有力的抨击。但是，他很欣赏柏克所倡导的议会，并且致力于提升法律辩论和颁布的速度与效率——英国代表了一种处于法国的机智与美国的惯性之间的有序、良好的中间立场。与马汉一样，威尔逊所崇敬的开国元勋是亚历山大·汉密尔顿。汉密尔顿也是一个"亲英派"，他认为必须由联邦政府掌握压倒性的政治权力，而非由各个州。只有各州统一起来，联邦政府才能发挥出最佳的效用。

  1879年毕业后很短的时间内，威尔逊的文章"美国的内阁政府"便出现在了波士顿的期刊《国际评论》上。该文章呼吁模仿英国，在内阁与国会之间建立更紧密的联系，通过使内阁成员接受更大的监督管理，以改善内阁的效率。威尔逊认为国会成员应当从内阁中选取，而不是从外部任命。他认为分权"不符合"英美体系的"真正精神"，而他的提议能够简化政府的决策流程，从而持续发挥美国的优势。时任该期刊编辑兼哈佛大学教员的亨利·卡伯特·洛奇（同时也与亚历山大·汉密尔顿共同参加礼拜）对这一观点表示了认同。直到后来，洛奇才发现他与威尔逊的观点不那么相投。但是威尔逊很少就外交政策发表言论或撰写文章，除了他认为在战争和外交等快速变化的事务中总统的权力应当不受约束。

当然，想要了解威尔逊的学识和世界观，他的宗教信仰是一个必须考虑的因素。威尔逊的父亲、叔叔和祖父都是长老会的牧师，因此他不可避免地继承到了家庭的宗教信仰。他的信仰体系主要有三个来源：小教理问答、长老会学者以及父亲富有学识的布道。威尔逊最著名的传记作者亚瑟·S·林克曾指出：

> 威尔逊所有政治思想的基础是他从基督教传统以及他自己的长老会神学中继承来的宗教和道德信仰与价值观。在基本的基督教信仰方面，威尔逊就像是一个小孩，从来不会质疑，只是相信，并且通过阅读《圣经》、去教堂做礼拜以及祈祷来获取精神寄托……他相信全能的上帝是公正、严厉和慈爱的。在一个道德世界中，上帝的规则统治着各个国家以及人类。[17]

威尔逊是一个宿命论者，他认为上帝控制着历史，通过人类和国家来满足其宏大的目标。实际上，在整个职业生涯中，威尔逊都展现出了一种明显的倾向，即以上帝的意愿来解释一切对他有利的因素，以至于西格蒙德·弗洛伊德在与外交家威廉·布利特合作开展一项辩论性研究时，将他诊断为一种弥赛亚情结，尽管从未见过他。[18] 然而，威尔逊的观点是新教的主流，对于那个时代的人们而言是很正常的。威尔逊所处的长老制是进步而世俗的，以终身的自我完善作为其中心组成部分。他极为敬重的叔叔詹姆斯·伍德罗曾在哥伦比亚神学院教授达尔文的进化论。尽管中途丢了工作，詹姆斯叔叔"智力引领一切"——信仰脱离科学——的愿望依然是威尔逊所崇拜的特质。关于向信徒传达查尔斯·达尔文的理论所遇到的挑战，威尔逊曾在日记中透露，"我看到了智力方面所存在的困难，但是我不会受到它们的困扰：这些困难看上去与我对所学宗教本质的信仰没有联系……我能够获得精神上的满足，但却无法获得智力上的满足，似乎是这样的。"[19] 威尔逊关于放开手中的牵引线的观点自然是那些神学专制主义信徒所普遍认为可取的。威尔逊的思想具有一定的开放性和复杂性，而他的批评者（最著名的是弗洛伊德）无法认同。

威尔逊的宗教和政治价值体系直接形成了他的早期外交政策观点。关于民主的优点，马汉并未写什么，他认为英语国家具有政治和经济独特性。而威尔逊在普林斯顿大学阅读到的启蒙运动中启蒙思想家的著作，使得他认为民选政府是理想的政体，还进一步认为所有国家都可以从民主带来的经济、政治、社会和文化优势中获益。此外，他具有包容性的持普救论的长老会主义使他相信，所有人都有潜力获得威尔逊认为那个时候的益格鲁·撒克逊人所拥有的品性——拥有这些品性的盎格鲁·撒克逊人比其他种族的人更多。如果需要持续进行政治改革，那么时间与耐心是必不可少的。

威尔逊与马汉类似，他们都反对奴隶制，但是都沉浸在那个时代盛行的偶然种族主义之中。威尔逊认为，非洲血统的人们达到认知和政治成熟所要经历的旅程最为漫长，尽管他也批判那些采用有缺陷的科学方法例如头骨来判定种族等级的人。他反对妇女拥有选举权，因为他认为如果女性被赋予选举权，家庭的活力会被破坏。按照今天的标准，威尔逊似乎过于保守。但是在19世纪末的美国，他的普遍主义——该信念后来被表示为"如果引导合理，那么没有人不适合自治"——令他成为自由、进步思想的先锋。[20] 威尔逊沉默寡言，因而很难被人看透，但是贯穿他毕生事业的价值体系中充满了积极性。很大程度上，马汉对于国际关系的未来走向持悲观的态度，而威尔逊则更为乐观——相对于霍布斯式的马汉，威尔逊是一个康德——并且他认为，只要给予时间和鼓励，所有人都能走向相同的繁荣和平的目的地。

威尔逊的地缘政治普遍主义是导致他与民主党议员决裂以及他为1898年的对西战争提供全力支持的因素之一。威尔逊认为，打败西班牙并控制菲律宾、关岛和夏威夷是阻止德国和俄国将权力魔爪伸向太平洋最可靠的方法。我们可以发现，这是一种马汉式原理。他还跟随马汉和参议员阿尔伯特·J·贝弗里奇的思路，为扩张美国的海外实力找寻到一条清晰、合理的经济方面的理由：在殖民占领之后开展贸易，占领地理位置上分散的煤港和深水港将大大促进贸易的发展。

威尔逊与马汉的不同之处在于，威尔逊为在中期内控制菲律宾提供了一个更加宏大的理由，认为美国拥有特殊的责任去带领至今依然衰落的国家走向民主和繁荣，促成这一事业本身就是一个目标。尽管英国是政治稳定的一个范例和标杆，但是美国的人民，威尔逊描述说，则更为伟大，是"正义精神的监护人、平等公正精神的监护人以及相信完美的人类生活将带来完美的规则这种希望精神的监护人"。[21] 实现美国的潜力需要的不仅仅是完善本国并用以示范来说服别国。美国自己便可以带头传播自由、繁荣和民主的理念，适时地还需要诉诸武装冲突这一时代错误。威尔逊曾开玩笑地说，"苏格兰-爱尔兰后裔的优点是，他不仅认为自己是正确的，还确信自己是正确的。而我没有抛弃我的祖先的信念。"[22] 关于美国领导世界的必要性，他的信念是绝对的。

*

威尔逊毕业于普林斯顿大学，但他对于如何实现自己在大学时期培养的政治抱负没有清晰的概念。受到父亲的督促，威尔逊进入弗吉尼亚大学学习法律，但很快便发现法律并非自己的兴趣所在。尽管威尔逊曾为了克服自己早期的学习障碍而进行机械学习，在普林斯顿的经历切实开阔了他的知识视野，使他能够纵情于创造性冲动中，特别是在文学和历史领域。威尔逊在1879年给朋友的一封信中写道，"现在，我想要记录下我的自白：有时候我极度厌倦对法律进行的崇高研究。我想我厌恶的是种类的缺乏……当一个人每一周，每个月，每个季度都只有单调乏味的法律摆在面前，那他肯定会厌倦这种单一的'饮食'。"[23] 在学习了一年半之后，威尔逊从法律学校退学了。但是，在那个专业性较差的时代，他依然能够在亚特兰大的一家律师事务所担任职位，这家律师事务所共两名成员，雷尼克和威尔逊。做一名律师和学习法律科目一样令他感到厌烦。父亲约瑟夫·威尔逊极为担忧，曾警告他日益清醒的儿子说："无论法律的前景多么令人沮丧和厌恶，都要坚持这一事业。"他担心伍德罗（现在他喜欢别人这么称呼自己）会放弃一份有利可图的职业，转而去追求一种"纯粹的文学事业"。[24] 但是，他的恳求完全没用，威尔逊不想仅仅为了金钱利益而坚持一份他不喜欢的工作。于是他放弃了法律事业，并决定追求学术生涯。他说，"教授职位是唯一适合我的位置。"[25]

1883年，威尔逊在约翰·霍普金斯大学开始了他的政治科学博士学习。该学校是美国第一所将研究作为办学目的的大学，同时也被广泛认为是一所拥有全国最出色博士研究项目的机构。推动威尔逊走向这条路的是思维和写作的过程，而不是教学。在这方面，他秉承的是德国人的研究理想，即将生产新的知识置于本科教育之上——任何怀抱热情并拥有相关的学士学位的人都可以投入这项任务。但是在其他方面，他又不同于条顿民族对狭隘的专业化的崇拜。与马汉一样，威尔逊决定要收获一群广泛的读者，而不仅仅是写一些学术专著，小批量印制，获得微不足道的版税。1884年，威尔逊对妻子艾伦说道，"我想要写一些能被广泛人群阅读的书籍，这些人相对比较年轻，同时教育水平不高。"[26] 他相信他的学识足够发挥教育的功能，并且能为他带来全国性的声望，作为一名有影响力、有意义的思想家为人所知，而通过演讲，他能够进一步磨炼自己的修辞技巧。威尔逊认为学术生涯是最适合自己的一条道路，但在追求学术的道路上他也一直考虑着成为一名政治家——正如俗语所说——去创造历史，而不是撰写历史。

于是，威尔逊以惊人的速度，带着明确的目的，开始了博士研究和书籍写作进程，企图以一种不同的方式来树立学术声誉。1884年1月，他开始写作，9月份完成手稿。这本书很快便被接受，并由米夫林出版集团于1885年1月份出版。从威尔逊提笔到书籍面世仅仅用了一年的时间，这可能意味这次写作是草率、错误迭的。但是，《国会政府：美国政治研究》（*Congressional Government: A Study in American Politics*）这本书对于任何年龄的作家而言都是一部厚重的学术著作，更不必说对一个曾患有失读症的二年级研究生了。据评论文章说，该书堪称美国当今政治分析的开创性作品，尽管它缺乏一些基本的资料来源，这在德国理念主导的科研文化中是一个重大缺陷。一位评论家赞叹说，这本书是"自'联邦党人'所著的文章以来对美国宪法最杰出的批判性著作。"[27] 这部著作推动威尔逊走向了成功的学术生涯。

《国会政府》一书满怀分析热情，提出了许多核心假设，为威尔逊早期关于内阁政府优点的文章提供了资料。历史学家约翰·A·汤普森曾描述，威尔逊所提出论点的关键在于"美国政府在许多方面因为缺乏一个像英国内阁一样明确、负责的权威中心而遭遇诸多不利。"[28] 威尔逊认为，为纠正宪法中的缺陷，需要引进英国体系中的一些方面，但他的论证不像早期文章中所表现的那样规范。威尔逊告诉一位朋友说，"可以说，我已经放弃了对注释的狂热。"[29] 通过研究美国政治体系，威尔逊发现，那些开国元勋们的部分妥协——正是这些妥协创造了关键的"制衡"体系——是有效政府的最大障碍。他将美国政府的三大部门与英国的议会制进行了对比，发现前者并无后者有效。在美国政府中，行动和责任可根据请求而得到豁免，执行力会因为对抗性的权力基础而受到削弱。世界已经变得过于复杂，美国笨拙的政治体系已经无法对其进行操控，因而需要进行变革，使之更加合理、高效。为实现这一目标，历史学家约翰·G·古纳尔写道，威尔逊认为"社会科学家，例如政治家，将发挥决定性的作用。"[30]

相比较而言，威尔逊在书中并没花费太多精力去讨论外交政策。但是他在接下来的一本著作《美国的立宪政府》（*Constitutional Government in The United States*）中以一段启迪性的文字对外交政策这一关键性的行政职能进行了详细阐述，这段文字预示了美国以后所遭遇的政治挫折：

> 实质上，总统在外交事务上拥有的绝对主动权能够绝对地控制这些事务。没有参议院的同意，总统就无法控制与其他国家的协议，但是可以为外交的每一步提供指导，即确定什么协议必须签署，以维护政府的信念和威望。在谈判结束之前，以及政府实际从事的任何关键事项完成之时，总统不得透露任何谈判阶段。无论对此多么厌恶，参议院都应当全心投入。[31]

简化和加快政府流程是威尔逊希望看到的政治改革，《国会政府》一书实现了他的主要目的——将读者对象延伸至普通读者并为自己树立全国性声誉。但是，虽然这一目标实现了，威尔逊再也没能写出可视为开创性思想的书籍或文章。他想要以一种独特的方式照顾自己的妻子和三个女儿，并且他意识到自己拥有文学天赋去做到这一点。在他的学术首秀之后，威尔逊撰写了五卷本的《美国人民史》（*A History of American People*），威尔逊坦率地说它是一部"高级的粗制滥造之作"。[32] 之后又有一些小作品面世，虽然没留下什么学术痕迹，但也吸引了一批大学之外的忠实追随者。和马汉一样，威尔逊从频繁的作品出版中获得了可观的版税收入，很高兴地无视了那些德国式研究学者的轻蔑。

《国会政府》一书使得威尔逊在美国大学中声名鹊起。1885年，他在布林茅尔学院谋得职位，1888年转移到卫斯里杨学院，两年后又回到他的母校担任法学和政治经济学教授。威尔逊在普林斯顿校园中是一个很受欢迎的人物，并且拥有一些志趣相投的同事和学生。同时，学者的声誉（虽然很高但不断衰退）和敏捷、强有力的管理者的名声为他带来了伊利诺伊大学和弗吉尼亚大学聘请他担任学校校长的邀请。但是，威尔逊没有离开普林斯顿，并且获得了薪水的大幅上涨，最终他成为学校享受最高工资的教授。1902年，威尔逊的领导才能为他得到了他最看重的一份学术工作：普林斯顿大学校长。

威尔逊在普林斯顿担任校长期间是他一生中最快乐的时光。[33]担任美国最庄严学府之一的校长，为威尔逊提供了一个向广泛受众传达更多关于教育、政治和社会信息的平台。但是在任职期间，威尔逊也招致了许多反对者。他曾决心提高学术水平，挑战吃喝俱乐部的中心地位和学生满足于得C的传统，引进新鲜的人才为学校狭隘的教师队伍注入学术活力，以及在学术声望和捐赠基金方面将普林斯顿发展成为与哈佛大学和耶鲁大学比肩的学校。[34]在为一所长时间依赖过去的辉煌的大学灌输追求卓越的原则这一点上——即在员工招聘和提高学生学业上——威尔逊仅取得了部分成功。他的改革运动激怒了那些已拥有稳固地位的精英们，他们希望事情按照原有的样子发展，并不关心这个弗吉尼亚新贵行使他的职责时所采取的伪善方式。

威尔逊还将自己打造成了某种公共知识分子（这个术语那时尚未收入词典），也就是一名作品和讲话能够进入到民族意识之中的重要的教育人士。在发表普林斯顿就职演说前夜，威尔逊向妻子表明了自己的终极抱负，"我现在的感觉，就像是一名新任首相对他的阁员发表讲话似的。"[35]威尔逊公开讨论的主题范围非常广泛，主要集中在国内改革上，既包括精英政治改革，也包括基层社会改革。但是如今，他对外交事务比以前更加感兴趣。例如，1906年，威尔逊发表了一次备受瞩目的演讲。他表示，美国的巨大潜能将驱使其势力和理想向外发展："很快……欧洲各海岸，然后是专制的欧洲，将听到我们敲响他们的后门，要求他们接纳美国的理念、风俗与艺术。"[36]值得注意的是，威尔逊也意识到，"总统绝不再仅仅是一名国内人物，虽然这种情况在我们的历史上占据了如此大的份额。美国已经崛起，无论从实力上，还是从资源上，它都堪称一流……从今以后，我们的总统必须时常是世界上的强大力量之一，无论他的行为是否伟大和明智。"[37]

重要的是，威尔逊认为他的政治科学学科能够在改善美国的国内和外交政策中发挥核心作用。1909—1910年间，威尔逊担任美国政治科学协会主席。在发表主席报告时，他表示，希望政治科学家能够"通过耐心的探索、冷静的阐述、无畏的分析和直率的推理来发现真理，运用掌握的真理来丰富政治活动家们的思想，廓清他们的思路。"[38]威尔逊所展现出的政治科学家的才干和"政治活动家"的巨大潜力没有被浪费。他体现了社会科学与政治之间的联系，意味着他特别适合实践一种新型的领导力。

1910年2月，威尔逊在匹兹堡发表了一次极具进步性的演讲，表明了自己更广泛的政治野心。他指出了困扰自己所在大学的一些问题，同时这些问题对于许多其他大学而言也很常见。他说，"现在，高校像教会一样，正处于危险的境地……他们为阶级服务，而不是大众。"但是，结论是激动人心的。他说他已经"尽了自己一切力量，为与自己相关的高校带来精神上绝对民主的重生。"[39]

正是因为这些华丽的辞藻，使得新泽西的民主党战略家认为他们可以首先将威尔逊扶上新泽西的州长之位，然后再将他送入白宫。1910年，民主党中的两名杰出人物——《哈珀斯周刊》的编辑乔治·哈维上校与新泽西前任参议员詹姆斯·史密斯——力劝威尔逊竞选新泽西州长之位，为两年后的总统竞选做准备。威尔逊的兴趣立即被撩了起来。他写信给玛丽·派克，"在政治舞台上摸爬滚打，这正是我想要的。我的天性便是如此。"[40]当威尔逊在新泽西获胜，而后又在1912年打败罗斯福和塔夫脱取得全国性胜利时，民主党精心布置的计划实现了。他崛起的速度前所未有：两年的州长任期，然后直指白宫。这证明了他的野心与他的能力一样强大。

*

选举当天，630万美国人将赞成票投给了威尔逊，410万人投给了罗斯福，350万人投给了塔夫脱，90万人投给了德布斯。总统选举团总是对第三党候选人不太友好，这些结果被解释为，威尔逊获得435票，罗斯福获得88票，不幸的塔夫脱获得8票，德布斯获得0票。威尔逊以43%的选票取得了全面胜利。共和党本来可以团结起来确保塔夫脱的再次当选，如果罗斯福没有拒绝接受塔夫脱，塔夫脱没有继而拒绝接受罗斯福。塔夫脱和罗斯福已经提前预见到他们的命运，因此两人对于败选都很洒脱。罗斯福如此评价威尔逊，"我觉得他是一个非常机敏的人，但是我认为他的信念不够坚定。"[41]罗斯福的评论一方面出于礼貌，另一方面也是由于他意识到自己与威尔逊在国内政治上有共同之处，即坚持进步主义。正如威尔逊早期的传记作者威廉·艾伦·怀特所指出的，"处于新民族主义和新自由之间的是那一片神奇的想象中的海湾，海湾两侧并没有什么不同。"[42]但是，在外交政策上他们的观点截然不同，罗斯福很快便收回了他的慷慨赞誉，表示威尔逊在意图良好的变革力量中正被一个被误导的"固定信念"所驱使。

在当时，威尔逊几乎还未设想过他的外交政策议程会是什么样子——他只是做出必要的反应。直到1912年，史料记载的威尔逊关于外交事务最重要的声明也是与他的信念有关，即，总统拥有绝对的权力处理外交事务。他对此事项缺乏兴趣是可以理解的，因为外部世界几乎不会影响大选期间的选民和候选人。媒体全部都注意到的唯一国际事务就是关于邻国墨西哥的革命。实际上，威尔逊并未过多提及该主题或欧洲愈演愈烈的紧张局势。尽管威尔逊在学术生涯中形成的一些性格会愈加明显，但他会在工作中制定出自己的外交政策。可能是有一种不祥的预感，威尔逊在选举结束几天之后，对他在普林斯顿的一名同事、生物学家埃德温·格兰特·康克林说，"如果在我的任期内，需要着重处理外交问题,那么这简直就是命运的讽刺,因为我的一切准备工作都是关于国内事务的。"[43]

1913年3月4日,选举日和就职典礼之间的过渡还未完成,伍德罗·威尔逊即被宣誓担任美国的第28任总统。那天的天气有些阴暗但却罕见地温暖,春天的植物特征也刚刚出现。心情愉悦的塔夫脱总统有礼貌而又幽默地对威尔逊一家入驻白宫表示了欢迎,陪伴威尔逊乘坐大马车前往就职典礼的国会山。当现任总统和当选总统站在演讲台上俯视人群时,威尔逊向观众示意,指着站在远处的观众,让他们走近一些,说,"让人民到前面来。"然后,他宣读了就职誓言,发表了就职演说:

今天不是一个胜利的日子,这是一个献身的日子。集合在这里的不是党派力量,而是人类的力量。人们的心等待我们;人们的生命安危未定;人们的希望要求我们说明我们将做些什么。谁将实践这一伟大的信托?谁敢不努力?我号召所有正直的人,所有爱国的人,所有高瞻远瞩的人站到我这一边来。上帝助我,我不会使他们失望,只要他们给我提供建议与支持![44]

对于一个未获得多数选票的新上任总统来说,这一演说是完美的。威尔逊的关注点完全在国内事务上,涵盖了关税减让、银行业改革和反托拉斯立法等问题。新总统计划通过建立一个由民主党控制的国会来大踏步前进。演说中,外交政策是一个空白,在整个竞选过程中情况也是如此。

在许多方面,威尔逊与自己的学术背景保持了一致。在国内政治和国际事务上,他认为总统办公室只是拥有重要的"教导职能"。[45]西奥多·罗斯福的职业中最令威尔逊感到敬佩的方面是他的劝导天赋,利用总统办公室(罗斯福将这一有利位置明确地描述为"天字第一号讲坛")被赋予的威严可以进一步加强这种劝导的效力。威尔逊表现出了与罗斯福类似的倾向,但前者的演说方式更为优雅,不那么急促。他上任后的首要行动之一就是重新建立起总统亲自发表国情咨文演讲的惯例,驳斥了1800年托马斯·杰斐逊停止该演讲的理由——与英国的政治等级制度类似。他是倒数第二个亲自撰写所有演讲词的美国总统(赫伯特·胡佛是倒数第一个)。无论在他之前还是之后,没有任何一名美国总统能超过威尔逊对国会讲话的次数,没有任何一名总统比威尔逊召开更多的新闻发布会,也没有任何一名总统能以如此质朴的方式与媒体交谈。在走访全国和直接呼吁人民的频率和急迫性上,任何总统都与威尔逊相去甚远。他的任期是历史上最讲究辞藻的,强调这一点可以帮助我们更好地理解他的成功与失败。威尔逊总统认为,直接呼吁人民,任何事情都是有可能实现的。

*

新总统面临的第一个外交政策危机就发生在离美国最近的地方。威尔逊就职典礼前的三个星期，墨西哥发生了政变——这次政变被认为是该国的十日悲剧——一名残酷的陆军司令维克多里亚诺·韦尔塔下令推翻并暗杀温和的、倾向于改革的在职总统弗兰西斯科·马德罗。美国的官方反应便是故作冷漠。塔夫脱总统驻墨西哥的大使亨利·莱恩·威尔逊对此政变表现得非常轻松，因为马德罗的进步主义议程威胁到了美国的商业利益，特别是那些拥有大量土地的机构。实际上，他与整个事件是间接串通一气的。由于很快就要离开总统办公室，塔夫脱将决策权留给了他的继任者，由威尔逊来决定是否支持亨利·威尔逊的亲商建议。无视大企业代表要求立刻接受该建议的呼吁，威尔逊强硬地站在了原则的一边，颠覆了另一个由杰斐逊所树立的传统观点——任何有能力支撑现有谈判条约的政府都值得被承认，无论其建立是否基于暴力。

3月12日，威尔逊发布了一项政策声明，确认他对"中南美姐妹共和国"真挚的友谊建立在"基于法律的公正政府的有序流程"之上，而非"任意的、不合法的力量"之上。虽然没有提及韦尔塔的名字，但威尔逊指出，他的政府"不会同情那些为满足个人利益或野心而篡夺政府权力的人。"[46] 在被一名英国外交官问道这种宽泛的措辞的含义时，威尔逊说道，"我的目的是教给南美的共和国要选择一个好人。"[47]

威尔逊对软弱的拉丁美洲人所表现出来的谦逊语气令一些评论者想起了西奥多·罗斯福门罗主义推论中的家长式管理方法。但是威尔逊声明中最有趣的部分是他强调代议民主制并且不愿承认能为大企业带来利益的残酷政体。这两种行动方式直接与马汉的著作相悖，威尔逊对主要通过实现自身经济利益的方式来传播民主——追求商业利益应当是任何国家外交政策的主要侧重点——的效用深表怀疑。威尔逊的外交政策方式中正在显现出一种明显的理想主义理念，企图通过消除麦金利、罗斯福和塔夫脱执政期间的外交根基，与过去的做法一刀两断。这位新总统正在试验一些关于国家利益的新观点。

这种重点的转移是因为威尔逊认为一名总统应该在外交政策上拥有"非常绝对"的权力，并且他对于被动、裙带关系盛行的国务院并无好感，国务院那些根深蒂固的做法无法令他信服，他们混乱的外交公文也触犯了他的文学品位。[48] 尽管威尔逊对国务院保持警惕，决心要从白宫直接发布外交政策，但是他确实尊重他自己任命的国务卿——威廉·詹宁斯·布莱恩。他们二人拥有诸多相同的个性。

和威尔逊一样，布莱恩的世界观也是由其基督信仰所形成的，实际上比威尔逊所受到的影响更甚。同时，布莱恩也是一名理想主义者，认为除了取悦大企业外，外交还能发挥更加强大的功能；美国行为应当成为一种典范，用以说服其他国家对其进行效仿。但是，布莱恩的性情比较温和，他将和平视为外交的终极目标——为实现和平，将不惜一切代价。他在一定程度上是一个道貌岸然、固执己见、清心寡欲的人，两相比较，威尔逊就显得就比较放纵了，他至少会稍稍品尝一下纯麦威士忌。（布莱恩曾禁止在国务院的宴会上喝酒，这一举措被共和党人嘲笑为"葡萄汁外交"[49]。）布莱恩的观点与马汉和罗斯福认为不可违犯的外交真理背道而驰。马汉和罗斯福相信：战争有时候是必要的，而且它总能提升精神；以领土取得的方式实现力量投射对于促进商业扩张是至关重要的。罗斯福毫不掩饰他对布莱恩的轻蔑，曾对亨利·卡伯特·洛奇如此描述布莱恩，"他是我们见过的国务卿中最卑劣的一个人，当然，对此威尔逊要承担全部责任。"[50]

尽管私下里威尔逊对布莱恩的道德热情有一些疑虑，但他们对此前企业利益在外交政策制定中获得的方式有着同样的敌意。布莱恩对前任共和党政府所采用的"美元外交"表示蔑视，并试图削弱华尔街银行在促进对拉美和远东投资中所发挥的作用。在得到总统的支持后，布莱恩结束了美国对一个银行家国际财团的支持，而该财团成立的目的是为在中国修建铁路提供资金，当然也是为了谋取巨额利润。在宣布撤出美国投资支持时，威尔逊指责这些贷款似乎"几近触及中国本身的行政独立性，本届美国政府认为，即使是以含蓄的方式，也不应该参与。"[51] 这一决议直接相悖于马汉的戒律。后来，有评论家断言，正是威尔逊的高尚情操为日本开启了进一步扩大在中国的影响力的大门，这对东亚的权力平衡产生了不良影响。

与威尔逊一样，国务卿也决心将拉丁美洲人——布莱恩称他们"我们的政治孩子"——引导向自由与民主，而且清楚地意识到华盛顿要取得此种转变，取决于名声的恢复。[52] 为助力泛美关系的发展，威尔逊和布莱恩与哥伦比亚签订了一项条约，美国将为罗斯福总统以野蛮的方式从哥伦比亚的手中夺取巴拿马做出正式道歉，并为其提供2500万美元的经济赔偿。这项用意良好的策略激怒了罗斯福，罗斯福将其描述为"一项针对美国的犯罪"。同时，该行为还在参议院引发了一场激烈的争斗，结果，亨利·卡伯特·洛奇成功地对该决议表示了否决。[53] 在1913年10月份于亚拉巴马州莫比尔的一次演说中，未灰心的威尔逊对经济帝国主义进行了批判，并将反对"可耻"海外商业行为的战斗与他在国内的进步主义政治议程联系起来。[54] 他补充说，"美国再也不会以征服的方式取得任何一寸额外的领土。"[55] 威尔逊对一切类似帝国主义行径的厌恶形成了他的地缘政治议程。根据他的理想主义理念和志向，总统应当为美国的外交关系历史开辟一个新篇章。

尽管一项强有力的利他主义举措体现了威尔逊对墨西哥韦尔塔政权的敌对态度，但是在最佳的前进方式上，威尔逊与他的国务卿在观点上产生了明显的分歧。总统已经对韦尔塔施加了一系列外交压力，包括威胁实施制裁，要求韦尔塔实行自由和公开的选举，选定一位获得明确授权的领导人。但是，这些努力都失败了，韦尔塔固执地抓住他的权力不放，威尔逊也无能为力，只能听之任之。韦尔塔逮捕已经失去作用的国会中的反对者，进一步加强了他的控制。很显然，美国需要采取外交谴责和经济制裁以外的行动。

1914年4月，位于坦皮科的墨西哥官员错误地逮捕了一群冒险从船上下来寻找补给的美国船员，为威尔逊提供了暴力解决这一事件的机会。这个破坏性的错误很快得到了补救，船员被释放，墨西哥方面也向被抓的船员表达了歉意。但是这艘船的船长对墨西哥方面这种还算是合理的反应并不满意，在威尔逊的支持下，要求墨西哥正式道歉并鸣放21响礼炮，他认为只有这样才能完全恢复美国的尊严。韦尔塔拒绝了美国的这一要求，建议双方同时敬礼以维持双方的颜面。威尔逊拒绝了这种折中方式，并取得国会批准，向墨西哥派遣美国军队，以纠正本次事件，更重要的是除掉韦尔塔。威尔逊的根本目的是改换墨西哥的政权。他认为，部署美国军队将鼓励韦尔塔的对手拿起武器与他们的压迫者抗争。这个好战策略令反对冲突的非常不舒服，是这种仅仅侵入墨西哥领土的行为无法令亨利·卡伯特·洛奇满意。洛奇明确表示，他倾向于展开全面战争和军事占领，但他的野心最终受到了威尔逊的阻挠。结果证明，在所需军队数量上，洛奇比威尔逊更加现实。

在军队侵入韦拉克鲁斯时，作为威尔逊最信赖的密友兼顾问，"陆军上校"爱德华·霍斯（该称呼是一种敬语，而非实际的官衔）认为，如果"墨西哥了解我们的动机是无私的，那么它不应该反对我们协助整顿它失控的内务。"[56] 但是，这种"无私的"入侵受到了民族主义者激烈的反抗。战争初期，200名墨西哥人和19名美国人被杀。墨西哥数个城市中的美国领事馆都受到了暴徒的攻击。韦尔塔最主要的反对派领导人贝努斯蒂亚诺·卡兰萨不仅没有欢迎美国人作为解放者的到来，反而要求美国军队迅速撤离，恢复墨西哥的主权完整。派遣军队的理论基础已经彻底瓦解，就像它最初形成时一样迅速。

当阿根廷、巴西和智利提出调节冲突时，威尔逊感激地接受了这一盼望中的退出策略。在接下来的几个月里，各个事项都得到了改善。随着谈判的无果暂停，内战也日益加剧，卡兰萨重整旗鼓，最终于1914年夏天，迫使韦尔塔认输。此时，威尔逊的政策似乎被证明是正确的。一个残酷的领导者被赶下台，一个更好的取而代之。在11月14日的新闻发布会上，威尔逊以令人耳目一新的坦诚语言，概述了他最初入侵墨西哥的依据："情况出现后，为了美国的尊严，我们有必要采取一些重要行动。我们需要完成的主要任务事关重大。我们解决了韦尔塔，终结了韦尔塔的统治。这就是我那时心中所想。如果不占领韦拉克鲁斯，这件事就无法完成。"[57]

但是，韦尔塔退位、卡兰萨上任远非故事的结局。两名民粹主义领导人埃米利亚诺·萨帕塔和弗朗西斯科·"潘乔"·维拉重拾韦尔塔的民族主义，开始与卡兰萨不稳定的政府做斗争，理由是卡兰萨政府的建立与外国的入侵有染。维拉获得了巨大的成功，指责卡兰萨的爱国主义是允许"将我们的国家出卖"给美国人。威尔逊总统轻易地便成为另一个目标。维拉将威尔逊描述为一名"布道教授"，企图将墨西哥置于臣服的地位。很快，这些刺耳的语言中又加入了子弹，形势变得愈加血腥。维拉的步兵开始瞄准美国在墨西哥的商业利益，以一种极为大胆的举动没收了威廉·鲁道夫·赫斯特经营完善的牧场。1916 年 1 月，17 名美国工程师在乘火车经过墨西哥北部时被杀害。维拉曾告诉他的同盟者萨帕塔，他的主要意图是告知威尔逊，他的祖国是"君王和叛徒的坟墓"。[58] 之后维拉越来越大胆，500 名维拉的支持者越过边境攻击新墨西哥州的哥伦布，导致至少 17 名美国人死亡。[59] 这就是威尔逊以良好的意图推翻一个暴君后所发生的混乱。

对美国领土的攻击需要加以强硬的回应，威尔逊适时地采取了行动。他组织了一支 5800 人的部队，随后增加到 1 万人，交由约翰·潘兴将军指挥。这支部队的目的被描述为一次"讨伐远征"，似乎预示了一种不祥的结局。这支部队向墨西哥推进了约 350 英里，遇到了维拉军队打完就跑的游击战似的抵抗。维拉的部队在得克萨斯州的幽谷泉（Glen Springs）攻击了对美国军队，并再次取得成功。对墨西哥发动全面战争的前景正在快速成为现实。但是威尔逊从战争的边缘掉转回来，向进步主义改革家与和平活动家简·亚当斯保证说，"我心向和平"。[60]1917 年 1 月，远征军撤退，留下墨西哥独自解决种种因与美国之间的冲突而加剧的政治与社会经济问题。

威尔逊对墨西哥的干预开创了美国外交政策的新传统——以促进民主的名义对"糟糕"或"邪恶"的政体进行军事干预——这种传统一直延续至今。我们不得不说，威尔逊针对墨西哥革命以及之后的内战的政策是笨拙的，在美国与墨西哥关系中留下了不信任与仇恨的传统，至今这种情绪依然存在。尽管威尔逊抵制住了洛奇、罗特、罗斯福和特斯特发动全面战争的呼吁和压力，但他对墨西哥的干预是一个经典案例，说明不管意图听起来多么良好，总有可能会出错。讽刺的是，威尔逊从对墨西哥的军事行动中得出一种观点，怀疑美国对别的国家策动政变并确保局势稳定的能力。这一经历为他后来避免对俄国内战进行大规模干预的愿望提供了借鉴。威尔逊在这种情况下的谨慎总是令他两个政治派别的现代追随者感到失望。

马汉已经预见到 1913 年底会出现问题，他认为威尔逊推翻韦尔塔来促进民主的理论是一种"业余的外交"，没有"认识到，不能仅仅因为英语国家的人让自治成功，就认为自治在所有国家都行得通。"[61]马汉的地缘政治哲学认为，这正是美国应当避免的风险类型，因为这样会耗尽资源，削弱商业，并对美国的全球声誉造成一定程度的打击——因为这一冲突最后没有取得胜利，而是陷入了僵局。马汉担心其留下的消极、无法预测的影响会带来未知的结局。他觉得，威尔逊所怀有的将别国民主化并加以改善的这些雄心勃勃的计划已经背离了历史先例。这位总统是在用理论来领导，而不是基于观察到的事实和对美国核心利益相对清醒的认识来制定政策。

*

在 1916 年 10 月 26 日与辛辛那提的一次演讲中，威尔逊总统简要地描述了第一次世界大战的起源："它的开始并没什么具体的原因，而是一切使然。"之后在一次竞选演说中，他总结了导致冲突发生的灾难性联盟体系的本质，没有任何一个大国会真正地想要发生冲突,但是没有哪一个国家认为自己能全身而退而不丧失重要的外交颜面:"在欧洲,各国逐渐开始互相怀疑,交流各自关于其他政府未来打算的猜想,合作与理解互相交织,形成一张复杂的阴谋与间谍之网,现在无疑要将大洋那边的整个人类大家庭卷入陷阱之中。"[62] 欧洲之所以发生战争,是因为欧洲各国固定在了一个联盟体系之中,这个体系将灵活性排除在外,因此预示着灾难的发生。[63] 但是,也有更加具体的怨恨导致权力平衡体系——由夏尔·莫里斯·德塔列朗-佩里戈尔、卡斯尔雷子爵和梅特涅亲王于1814年在维也纳会议上提出——在经过一个世纪的相对稳定后轰然倒塌。

首先,法国和德国仍然就阿尔萨斯—洛林地区的现状而发生争端,该地区是1870—1871年普法战争后德国从巴黎攫取的边界地区。(德国总理奥托·冯·俾斯麦反对这一行动,认为这会激起法国人的憎恨)第二,各民族群体努力挣脱哈布斯堡王朝(奥匈帝国)或奥斯曼帝国(土耳其人)的统治而获得民族独立,导致巴尔干半岛危机不断。第三,欧洲主要大国在第三世界,尤其是在唯一一块有大量土地可被争夺的非洲大陆,争夺殖民地,导致它们之间存在长期争端。最后,德国和大不列颠展开激烈的海军竞赛,以期在无畏级战舰的供应上胜出对方。在此,我们能够发现马汉关于海军优势的重要性的理论所产生的影响,尽管他个人没有及时认识到这些技术进步所催化的军事事务的革命性变化。对于马汉的观念在保持警惕的军事准备性上的影响,英国外交家兼历史学家韦伯斯特爵士表示,"马汉是第一次世界大战的原因之一",这种观点似乎过于苛刻了。[64]

1914年初,欧洲分成了两大阵营:协约国和同盟国,协约国成员主要包括大不列颠、法国和俄国,同盟国成员包括德国、奥匈帝国和意大利。各方通过契约义务来约束他们的联盟关系。战争在整个欧洲一触即发,最终的导火索是刺客的一颗子弹。1914年6月28日,哈布斯堡王朝的王位继承人斐迪南大公在萨拉热窝被一名19岁的塞尔维亚民族主义者加夫里洛·普林西普射杀。奥匈帝国将此解读为战争行为,于7月6日从柏林获得了一张"空头支票"(德国表示会无条件为其提供支持),之后有目的地向塞尔维亚提出了十项不可能被接受的要求。7月28日,塞尔维亚拒绝签署其中两项要求,于是奥匈帝国向其宣战。俄国愤怒地表示要支持它的斯拉夫兄弟,第二天沙皇尼古拉斯二世便发动了局部动员,旨在阻止德国参与。然而,警告并没有起作用;作为回应,德国动员起军队,导致俄国的同盟法国也于8月1日动员起来。同一天,德国也向俄国宣战,此时只剩一个大国未作表态。历史上,大不列颠在欧洲冲突中始终作为一支平衡力发挥平衡作用。面对本次冲突,它依然如此。8月4日,大不列颠加入战斗,以德国不尊重比利时的中立性为由向德国宣战。于是,第一次世界大战这场大灾难就如此快速和愚蠢地开始了。在接下来的5年里,超过1500万人民死亡。这场战争也标志着欧洲在全球事务中的主导地位开始逐渐结束。

阿尔弗雷德·马汉非常震惊于战争席卷欧洲之速度，但他丝毫不怀疑哪一方是主要责任人。1914年8月3日，马汉接受《纽约晚邮报》的访问，认为，维也纳利用暗杀作为奥地利和德国攻击俄国的借口，必然结果是为了避免两线作战而入侵法国。在这种局面下，马汉认为英国别无选择，只有"立刻宣战"。它是在一天后宣战的。从8月1—3日的事件来看，马汉预料到战争已经不可避免。当时，他一直在忙于为《莱斯利周刊》写一篇文章。在文章中他认为，英国可以通过实施海军封锁打败德国，将德国堵死，正如美国内战期间联邦海军对邦联军所采用的战略。

马汉发现这是一次将美国人团结到亲英立场的机会，于是开始着手写另一篇文章，临时命名为"关于什么是战争？"这篇文章批驳了"有效的国际仲裁可以避免本次战争以及未来的战争"的观点，这是对现任总统的倾向的明确攻击。马汉头脑冷静的分析文章供不应求。伍德报业集团、普利策出版公司、保罗·R·雷诺兹文稿代理公司、斯克里布纳之子出版公司、《独立报》以及《莱斯利周刊》均以优厚的金钱待遇诱惑马汉为其撰写文章。其中，《独立报》与《莱斯利周刊》向他提供每周100美元的待遇，邀请马汉在冲突持续期间就军事进展写作短篇急稿。[65] 但是这种快速获得全国性关注以及丰厚的收入的前景突然硬生生地被伍德罗·威尔逊终止了。考虑到马汉如日中天的名声、亲英情绪以及说服力强的文采可能会煽动对协约国的支持，从而限制自己的行动自由，总统不得不让马汉保持沉默。威尔逊给他的战争部长林德利·米勒·加里森写了这样一封信：

> 我写这封信的目的是，建议你要求和劝告所有官员，无论在职还是已经退休，要抑制住任何关于大洋另一边军事或政治形势的公众言论……在我看来，美国陆军和海军官员发表任何公开言论都是非常不明智的，同时也是不适当的，这些言论可能会被参与国赋予政治或军事批评色彩。[66]

毋庸置疑，马汉首当其冲，成为威尔逊的主要目标，对此马汉非常愤怒。他被强迫退还《独立报》付给他的100美元费用。更严重的是，威尔逊还压制了一个对美国国家安全来说至关重要的一个信息。马汉深信德国对欧洲大陆的控制会导致威廉大帝将实力投射到加勒比地区，从而威胁到美国的利益，让门罗主义成为笑柄。于是，8月15日，他连续向海军部长约瑟夫斯·丹尼尔斯递送了两封信件，敦促他一定要请求威尔逊重新考虑禁言令：

> 归根结底，民意是我们国家政体的决定性力量。总统的禁令的作用是要让一群人不

能发声。这群人，因为他们过去的职业和当前的职位，最有资格将一些需要考虑的问题摆在公众面前，这样做，将会在涉及当前公共利益的事务上，把民意建立在明智、可靠的专业意见基础之上……我已 74 岁，在这个我将近 35 年的特殊爱好……可能为公众所用之时，我发现自己被禁言了。我承认自己产生了强烈的失望感……18 个月前，我在法国，当时有一名重要的法国政客，现任内阁的一名成员，告诉我，德国人曾对他说，如果他们这次扳倒了法国，他们会榨干它的血。如果一个拥有如此脾性的国家完全控制了欧洲大陆，那么它会做什么？难道你认为它还会一直遵守门罗主义？此时此刻，德国深受缺乏加煤港之苦。如果它打败了法国，为什么不会占领马提尼克岛（位于拉丁美洲，1635 年沦为法国殖民地，1946 年改为法国的海外省。——译注）？或者如果它打败了大不列颠，为什么不会占领加拿大的某个港口？[67]

麦金利总统曾鼓励马汉撰写关于美西战争的文章，罗斯福总统曾鼓励马汉撰写日俄战争和第二次海牙会议，然而，一名民主党总统却要求马汉保持沉默，这位总统决心要让美国远离他认为愚蠢的欧洲争端（在这一争端中，所有方都存在过失），并且他也不认同马汉帮助英国、法国和俄国的依据。丹尼尔斯的回复非常简洁，他指出马汉明确的亲英关系会"越过美国的中立界限"。[68]总统将继续他的缄默命令，未来也不会有任何改变。

马汉别无选择，不得不停止关于这场战争的写作，但是他继续攻击那些认为以高国防开支为代价的更强军事准备会增加未来冲突可能性的人，民主党极易受到这种错误观点的影响。在 8 月 31 日给《纽约时报》的一封信中，马汉写道："'切身利益或民族荣誉'这种陈腐之词才是真正令各国发动战争的动机。军备只是当这种动机发挥作用时的工具。即使没有军备，战争也依然会发生。"[69]

不幸的是，这成为马汉关于外交政策最后的公开声明。1914 年 12 月 1 日，马汉因心脏病去世。西奥多·罗斯福称颂马汉为"美国历史上最伟大、最具影响力的人之一"，[70]并提到，在这个宁静的年代，马汉与志同道合的共和党人曾大展雄风。在一个极度反对他的观点的总统执政期间，他逝去了。

*

威尔逊对于欧洲这场战争的反应是复杂的。在英国对德宣战两天后，总统挚爱的妻子艾伦·埃克森·威尔逊突然辞世，这令威尔逊非常痛苦，以至于尽可能地减少了会谈和演讲活动。因而，在此关键时刻，他关于国际事务的声明非常少，很冷静，同时也非常有说服力。威尔逊断言，美国将处于绝对谨慎的中立位置，并呼吁美国同胞展现出"坚定判断的良好姿态，以及自控的高尚作风"。总统认为，"在这些天，美国必须从事实上和名义上都保持中立，考验人们灵魂的时候到了。"[71]在一个多民族、联合的美国，这是一项很难完成的任务。即便如此，威尔逊依然保持坚定。1914 年，美国三分之一的公民都出生于海外。大部分公民，包括东北部精英，都支持英国和法国（原谅他们临时决定与沙皇俄国联盟），因为他们拥有相同的民族与文化遗产，同时他们也认为普鲁士的军国主义是欧洲问题的根源。德裔美国人自然支持同盟国，爱尔兰裔美国人对英国怀有敌意，一些犹太人和斯堪的纳维亚裔美国人（沙皇俄国对前者执行制度化的反犹主义，并觊觎后者西部边界的领土）厌恶沙皇的行径。在这种不稳定的国家环境下，威尔逊真诚地相信"我们需要保持中立，因为如果不这样做，我们国家的多个种族之间将互相交战。"[72]

除强势宣布的中立政策外，威尔逊还非常憎恶马汉生前（之后由罗斯福和洛奇）一直致力于大幅提高国防开支的进程。1914年12月8日，在国情咨文演说中，威尔逊断然回绝了那些提倡军事准备的人，认为他们昂贵的应急计划"仅仅说明我们丧失了自己的理智，因为一场和我们毫无关系的战争抛弃了我们的平衡，这场战争的缘由完全与我们无关，它的存在甚至为我们提供了建立友谊和提供无私服务的机会。因此，美国应当为自己的敌对思想或因惧怕麻烦而所做的准备感到羞耻。"[73] 威尔逊此处提及的机会是指战争陷入僵局的可能性，从而美国有机会作为仲裁人进行协调，威尔逊在主持和平谈判中的影响力得到提升，最终以一种更具协作性的方式重塑国际关系。威尔逊极具先见之明，他向记者赫伯特·B·布鲁厄姆指出，"没有国家凭借武力做出决策，才有可能获得最佳机遇最恰当地实现公平、正义、持久和平。非正义和平的危险是，如果某些国家或民族团体将其自身的意愿强加在他国身上，则必将带来进一步的灾难。"[74] 威尔逊之所以有此估计，一方面出自他无懈可击的推理，另一方面是因为他不愿思考为何各国的心会在战争时期变得僵硬。

一开始，针对这次战争，威尔逊政府内部取得了惊人的一致。海军部长助理富兰克林·德拉诺·罗斯福曾表示，"到了部里，令我惊讶的是，似乎没有人为欧洲的危机感到一丁点儿兴奋——丹尼尔斯先生主要是感觉非常悲伤，因为他对人性和文明的信念以及类似的理想主义废话受到了如此无情的打击。所以我开始独自做准备，为海军最终应当做的事制定计划。"[75] 至少还有一名民主党人展现出了对阿尔弗雷德·赛耶·马汉学说的欣赏。

甚至是富兰克林·德拉诺·罗斯福的堂兄更不喜欢威尔逊这种在他看来自以为正义的不偏不倚。西奥多·罗斯福对他的朋友鲁德亚德·吉卜林说道，威尔逊的懦弱虽然可悲但又是可以理解的，因为他的家人中没有人"在内战中为任何一方打仗"。罗斯福认为德国是侵略者，协约国理应得到美国的全力支持，战争的进程已清楚地证明"当前政府及其和平主义支持者们是如此愚蠢至极"，他们竟以军备为代价试图促成盲目的仲裁计划。最后他总结说，威尔逊是"一位精明、机智的大学校长，他的伪善能够愚弄大众。"[76]

但是，威尔逊的中立政策其实更偏向于协约国，而不是德国、奥匈帝国和意大利。

为实现真正的中立政策,需要美国停止其对欧洲每年高达9亿美元的出口。因此,纯粹地采取中立政策对于美国而言是完全无法接受的,因为这会导致美国经济急剧衰退。在威尔逊因悲伤而减少公务的那段时间,国务卿布莱恩(曾尝试定义中立政策的"真正内涵")全面禁止了美国对所有交战国的贷款。这一行动使得协约国(在海外资金方面比同盟国更加独立)迅速斥资购买美国商品,这种情况对美国的商业以及英法的军事前景同时产生了不利的影响。1914年10月,在意识到这一政策带来的损害程度后,威尔逊下令对其进行了修改,即信贷范围扩展至巴黎、伦敦和莫斯科,但不允许用美国纳税人的钱来提供公共贷款。在接下来6个月的时间里,大约8000万美元的贷款被批准,一年后放开了所有贷款限制。1915年春,陆军上校豪斯(他的亲英情绪要比总统坚固)承认,美国的国家利益与协约国的胜利"多少有些相关"。[77]

威尔逊还通过默许英国海军对德国进行封锁(马汉所提倡的该政策),为协约国阵线提供了协助。该封锁行动阻止了所有中立国船只进入北欧港口,并且大幅减少了美国的出口市场。但是,在意识到可以牺牲美德贸易来维护英美关系后,威尔逊丢弃了托马斯·杰斐逊和詹姆斯·麦迪逊所留下的对抗性先例,并且拒绝挑战皇家海军在北大西洋的主导地位。美国对英国政策的默许被许多人认为是不人道的——毕竟,用饥饿法逼迫德国投降才是目的——威尔逊因而招致了大量反对者,这些人来自国内、国外甚至是威尔逊的内阁。威廉·詹宁斯·布莱恩就是其中一个。他认为威尔逊对英国的偏袒表现得过于明显了。

德国政府意识到,如果不对封锁行动发出挑战,将会导致它的最终战败,于是在1915年2月15日围绕不列颠群岛发动了一场U型潜艇战,以商船队为目标,目的是破坏伦敦的士气和资金基础。德国将本次政策视为对封锁行动的报复。在1915年以前,潜水艇只在武装冲突中发挥次要的作用;德国的本次行动为海战开启了一个更加不光彩的新纪元。传统的海军行动会力图避免平民伤亡,但潜射发射的鱼雷会在毫无预先警告的情况下杀害无辜人员。在意识到这些进展带来的威胁后,总统宣布,德国将为任何伤害到美国利益的攻击"严格负责"。[78] 威尔逊的回应不够严厉,无法令罗斯福(或者说,实际上是豪斯)满意,同时他的回应具有足够的对抗性,令布莱恩感到担忧。在这两人的好战情绪与和平主义之间走一条中间道路,将变得愈加困难。

实际上,布莱恩与威尔逊这些早期的分歧正在固化,导致在美国应当如何在国际事务中自处这一问题上产生了两种截然不同的观点。随着欧洲争端的日益血腥,并且没有可以明显看清的结局,威尔逊开始逐渐对军事准备产生越来越大的兴趣,对认为庞大的常备军力会威胁到共和国的美德的布莱恩的民主党外交政策传统加以驳斥。威尔逊不仅没有像布莱恩那样因为对欧洲的战争极度厌恶而退缩,反而察觉到了一个介入的机会来更好地服务于美国的利益以及全世界的利益。他倾向于采用外交干涉的方式,即由他来主持谈判，在会议桌上结束战争，不偏不倚。但是威尔逊意识到，如果美国的介入变得不可避免，未来可能需要急剧增加国防开支。每走一步都很艰难，同时受到亲英派豪斯上校的敦促，威尔逊开始展现出希望协约国取胜的明显倾向，尽管此时表现得还比较谨慎。西奥多·罗斯福曾指责"威尔逊和布莱恩对空想的和平条约的信任态度……是没有武力做后盾的一场软弱无力的正义"，他并没有察觉到总统与国务卿之间在未来前景上的观点正在渐行渐远。[79]

1915 年 5 月 7 日，一艘德国 U 型战舰攻击了英国游轮卢西塔尼亚号，布莱恩与威尔逊之间的分歧被公开。用了仅仅 18 分钟，这艘巨大的豪华游轮便沉入海底，1200 名平民丧生。惨死者中包括 94 名儿童，从威尔逊的角度更重要的是，死亡者中有 128 名美国人。U 型战舰的舰长怀疑卢西塔尼亚号上携有协约国的军火，但即便如此，也难以减轻这次攻击的残忍程度。沉船几周后，当被海水冲刷过的儿童尸体漂浮到爱尔兰的海岸上时，这些细节已经失去意义。

西奥多·罗斯福责骂德国人的"海盗行为"，并要求立即对德宣战。他发表言论，"作为一个国家，我们一直对外交事务考虑甚少；但我们没有认识到，卢西塔尼亚号上千名男人、女人和儿童的遇害是由于，完全是由于，威尔逊那可怜的怯懦和软弱，因为他没有在几天前美国油船'海湾之光'号被击沉时采取任何强硬的行动。"[80] 在总统大选开始的一年之前，罗斯福和其他共和党人就嗅到了狠狠地打击威尔逊的机会。

尽管被德国人的攻击所导致的死亡所震惊，威尔逊依然希望他作为一名真诚的调解人的服务能在欧洲的战事陷入僵局时被运用，而一旦美国宣战，那么这种希望也会随着卢西塔尼亚号沉没。因此，他向柏林发出了一份照会，指责潜艇战是一次对"正义与人道神圣原则"的攻击，同时他还表明，如果德国继续攻击民用船舶，将被他理解为"有意的不友好"。[81] 在这种形势下，不难看出，威尔逊很难避免不发出这份照会——而且是用严厉但克制的语言。然而，威廉·詹宁斯·布莱恩认为，总统这样做是过度挑衅，他的行为会不可避免地将自己的国家拽进这场地狱般的战争中。这位国务卿认为，美国公民应当干脆停止乘交战国的船只旅行，并且，英国的海军禁令虽然对美国人不具有生命威胁，也堪称是对美国中立权的公开蔑视。威尔逊拒绝接受这种推论，于是布莱恩递交了辞呈。政府中最主要的反战者自动离开了。走向战争的道路正变得越来越清晰可见。

*

正值德国鱼雷撞上卢西塔尼亚号之时，欧洲的地面战争陷入僵局。在早期的小规模战斗中，德国军队曾逼近巴黎 30 英里，之后被法国和英国军队控制并击退。在法国的东部边界，各方都开始依据丹尼斯·马汉的言论挖战壕——两条长为 475 英里的狭窄线路，相距仅几百码，从北海一直贯穿到中立国瑞士的山地边界。1915 年初，德国控制了法国和比利时 19500 平方英里的领土。12 个月后，经过激烈的战斗，协约国仅夺回 8 平方英里。[82] 正是在这些孵化疾病和害虫极为高效的固定、肮脏的战壕里，战斗在西部战线的人经历了生与死。

从 1914 年 11 月到 1917 年 3 月，战壕沿线几乎没有任何进展，只是以一种相似的模式进行一波又一波没有结果的攻击。进攻方先是被铁丝网、弹坑和尸体困住，然后被防御机枪扫射。然后双方角色以相同的方式反转——防守者能够清楚地看到自己的命运——战场上的人员伤亡先是以几千的数量增长，然后几万，然后几十万。在凡尔登战役中，德国和法国的人员伤亡甚至超过了美国内战中全部的死亡人数。在没有结果的索姆攻击行动中，大不列颠伤亡 40 万，其中大约 6 万人在一天内死亡或重伤。双方都采用了毒气战，为战争更添了一种恐怖感。威尔逊深知这场战争的性质，因而他将该战争描述为一场"大规模、惨绝人寰的系统化摧毁竞赛"。[83]

第一次世界大战如同兽性发作，令人痛心，而这场灾难性的人类悲剧竟发生在可能是地球上最为进步和"文明的"大陆上。在这样的背景下，我们必须评价一下威尔逊的伟大战略，因为这项战略同样史无前例。在整个 1915 年和 1916 年，威尔逊花费了大量的时间去思考如何以各方都能接受的单纯动机，利用美国的力量来结束这场战争，并避免未来再次爆发同等规模的冲突。所需无他，仅仅是重新书写有关国际事务的规则。他的最终愿望是建立一个全新的世界体系。在这一体系下，地缘政治竞争本质上仅仅涉及商业竞争，并且是和平的竞争；势力范围、便利联盟和贪婪的殖民占领将不复存在。整个权力平衡体系将被丢弃，建立有约束力的国际合作，并最终由世界上的杰出经济大国进行监督，不偏不倚。

他之所以有此愿景，也是因为他相信，民主化是创建一个更加和平的世界的关键，而民主的国家几乎不太可能去发动战争。后来，民主和平理论的拥护者对该信念进行了发展。[84] 正如威尔逊后来所说："只有各个民主国家合作，才能实现对和平的坚定追求……只有自由的人们才能稳稳地坚持目标和荣誉，直至实现一个共同的目标。并且，他们会以人类利益而不是狭隘的私人利益为重。"[85] 这种洞见的前提是他的政治科学背景，这种背景鼓励他探索新的行为规范。威尔逊并不想单纯地打败德国及其盟国，他想要揭露这个世界的新真理以及人类的合作本质。马汉说得很对，威尔逊已经完全脱离历史先例。他将外交政策作为一门科学来进行实验，而当时的世界就是他的实验室。

当然，威尔逊的长老会普遍主义也有助于形成他针对冲突的理想主义解决方案，他可以直接从《旧约全书》中寻找方案。总统是在传播一个全新的外交政策学说：美国的安全与全世界的和平互相交织，美国的职责是抵抗威胁全球均衡的任何侵略行径。威尔逊看到了人类在创造世界末日方面的最大能力，在 1915 年 12 月 7 日的国情咨文演说中提出了初步的充满远见的对策，他的对策似乎是清晰、合理的：

因为我们希望在不受干扰的情况下发展，依据我们自己的正义与自由原则，在不受干扰的情况下管理我们自己的生活，因此，我们憎恶来自任何角落的侵略行为，我们自己永远不会采取这种行为。我们在贯彻自己选择的国家发展路线的同时坚持维护安全。不仅如此，我们也希望为其他国家做到这一点。我们不会把我们对个人自由和国家自由发展的热情只用在那些仅仅影响我们自身的事件和行动上。在一个民族努力走上独立和正义的艰难之路的任何地方，我们都感受到我们这种热情的存在。[86]

1916 年一整年，威尔逊都在设计自己的外交政策宏图，并且按照最坏的打算为国家做准备。1 月末，总统花费了 9 天的时间，在东北部和中西部发表了 11 次演讲，强调了军事准备的重要性。威尔逊甚至一度引用马汉的说法，呼吁创建"世界上最强大的海军"。[87] 和平主义者、杰斐逊式理想主义者、社会改革家以及一些进步人士都震惊了。他们猜想，威尔逊的演讲可能意味着大企业将获得更大的利益，美国社会也将实现永久军事化。威尔逊的演讲之旅以及他所接纳的战备姿态或多或少地扼杀了布莱恩式民主党（马汉一直了解和抨击的政党）。他为通过国会实现战备立法铺平了道路，而这项提议遭到了两院中布莱恩追随者的反对。但是总体的选票情况说明，威尔逊的劝导才能产生了有力的影响。参议院中仅有两名民主党人、国会中仅有四分之一的民主党人对他们的总统投了反对票。

民主党已经发生了不可逆转的改变，它也永远不会再提倡远离欧洲事务的伪隔离主义。1916 年 6 月公布的《国防法》在五年的时间里将常备军的规模扩大到了 223000 人，并将国民自卫军的活跃成员数量增加到 450000 人。一部《海军扩张法》导致在弗吉尼亚州造船厂开展了一系列建造活动，在一年的时间里，建造出了 4 艘无畏战舰和 8 艘巡洋舰。为支撑这种军事扩张行为，威尔逊首次在美国征收所得税（1913 年威尔逊提出该规定）。该行动平息了部分民主党人的怒火，因为威尔逊保证，将由富人承担这一巨大的经济负担，以确保美国安全。西奥多·罗斯福将威尔逊的计划描述为"燧发枪法规"，在这种特殊的情况下，听起来非常空洞、不切实际。[88]

威尔逊向军事准备迈出的决定性一步固化了美国政治中国际主义者与孤立主义者之间的分歧。前者认为应当支持而不是恐惧美国更加积极地参与到世界的社会、经济与外交事务中，后者认为与欧洲（虽然不必与世界的其他地方）保持一定的距离是维护美国自由以及确保公民不因旧世界的诡计而流血牺牲的最佳方式。这些标签都比较近似，并且总能模糊人们对它们的历史的了解，特别是当发现许多人同时拥有两个群体的一些特征的时候。但是，这些标签可以广泛用于捕捉那些年代的要旨大意。[89] 孤立主义者的地缘政治学说以威廉·詹宁斯·布莱恩为代表，他在南方拥有很高的声望，因而他的辞职对威尔逊在国会中的影响力造成了严重的影响。老大党分部中越来越多的人开始支持总统的外交政策，其中，保守国际主义者威廉·霍华德·塔夫脱（曾在 1911 年因提倡仲裁而激怒罗斯福）以及其他（主要为常春藤盟校和贵族）大西洋主义者开始认为，美国无法忍受德国取胜。

1915 年 6 月，塔夫脱宣布成立强制和平同盟会，志在促进世界议会的成立，以协调纠纷同时实现伊曼努尔·康德获得永久和平的愿望。关于外交政策事务，共和党中产生了分歧，例如，罗斯福和马汉认为战争是高尚的，而仲裁是一种危险的错误观念；塔夫脱和伊莱休·鲁特面对欧洲的人类悲剧与威尔逊一样震惊，因此决心研发出能够解决延续数个世纪的大国冲突弊病的综合良药。于是，这三种外交政策意识形态，包括孤立主义、国际主义和马汉的现实主义，于 1916 年应运而出。

威尔逊一直与塔夫脱有着类似的思想路线。在 1916 年 6 月的一次演讲中，威尔逊表示，美国应当"参与到一切可行的国家联盟中"，致力于维护和平这一伟大的事业。[90] 随着选举日的临近，民主党的战略家利用一句原声摘要"他让我们远离战争"在全国范围内取得了说服效果，这一策略立刻引起了威尔逊的注意。在写给约瑟夫斯·丹尼尔斯的一封信件中，总统袒露了自己的内心，他抱怨道，"我无法让国家远离战争。他们谈到我时，就仿佛我是上帝。任何时候，任何一个小小的德军中尉都可能通过一些有计划的暴行将我们拖入战争。"[91]

毋庸置疑，外交政策这一事项在 1916 年的总统竞选活动中比四年前要重要得多。在一次没有罗斯福参与、与共和党候选人查尔斯·埃文斯·休斯（有点倾向于协约国，相对比较平凡）进行角逐的选举中，威尔逊坚持提倡建立一个国际联盟，并且指责他的对手（西奥多·罗斯福热情支持该候选人）存在危险的好战情绪。在国内依然对美国参与欧洲战争持敌对态度、同时总统的国内成就受到广泛好评的大背景下，威尔逊（277 票）以很小的差距打败了休斯（254 票）。从威尔逊的角度而言，选举中最令人满意的一点就是他战胜了共和党人对他的一致反对并且将得票率从 41% 提高到 49%，虽然不是绝对多数，但也相距不远。我们很难断言，选举是对威尔逊的认可，但选举的确令他成为自安德鲁·杰克逊以来首位连续获得两届任期的民主党总统。在许多方面，这都是一项显著的成就，暗示了他所在政党未来在选举上的支配地位。但是鉴于他是一名战时的国家领袖，他的当选可以说是险胜。

威尔逊没有时间回味他的胜利。他一直在期待一个无法再保持中立的时刻，于是他邀请旧世界的交战国陈述它们最终的战争目标并开始谈判（在新世界中，他会作为中间人，确保谈判不偏不倚）。所有各方都果断地回绝了威尔逊的邀请。英国首相戴维·劳合·乔治制定出了一份德国显然不会接受的要求清单，德国傲慢地回复道，如果交战国真的转移到了会议桌上，它会坚决要求将哗众取宠的威尔逊排除在外。德国认为其正在西部战线占据上风，而英国很有信心其封锁行动能够迫使德国人因饥饿而投降——在此阶段，德国人平均每天仅摄入 1000 卡路里的热量，对于一个小孩尚且不够，更别说是发育完全的成年人了。[92] 没有人真正对威尔逊的和平说辞感兴趣。英国希望美国参与其中，站在对其有利的位置，扭转战争局势，粉碎德国人。德国担心，如果威尔逊担当和事佬，可能会让他们打破封锁、全面部署 U 型潜艇而迅速取得胜利的可能泡汤。

1917 年 1 月 22 日，威尔逊在参议院发表演说，矛头直指这种虚假的希望，并提出了一种处理国际事务的全新方法。他宣布，战争必须以"没有胜利的和平"为结局，这是唯一可行的一条道路，以此避免未来因未竟的任务再起争端。这是威尔逊最令人难忘的言论之一，因为它包含了一条没有交战国愿意接受的基本外交真理。演说并非到此为止。威尔逊进一步主张，为了实现永久的和平，必须建立一个"权力共同体"，替代 19 世纪的"权力平衡"概念，因为后者已经不适用于当前的局势。威尔逊认为，所有国家都必须被给予平等的地位，受到国际法的同等保护。他再一次呼吁建立一个国际组织，这个国际组织的核心目标是确保"我们再也不会遭受此种灾难"。最后针对孤立主义，威尔逊提醒，没有美国的领导，"任何一个合作性的和平盟约都无法确保未来不受战争的侵害。"[93]

威尔逊还尝试将他演奏"国际和平音乐会"的伟大野心与美国外交政策的长期传统连接起来：

> 我提议，各国一致采用门罗总统的学说，作为世界的学说：任何一个国家都不应将其政治凌驾于任何其他国家或人民头上，而是每个民族都应拥有决定自己国家政治和发展方式的自由——不受阻碍、不被威胁、无所畏惧，小国与大国、强国同等对待。
>
> 我提议，从今往后，所有国家都避免纠缠的结盟，结盟会导致各国卷入权力的竞争之中，被阴谋和自私竞争之网所困，受他国影响而妨碍自己国家的事务。在一个权力的音乐会中，不存在纠缠的结盟。当所有国家都能团结起来，以同样的方式和目的行事，那么所有国家都能在共同的保护下为了共同的利益而努力，并自由地选择自己的生活。[94]

为了自己的雄心而引用门罗主义和乔治·华盛顿的告别演讲中反对"纠缠的结盟"的警告，不得不说，威尔逊的政治手段是很高明的。他推测，召唤这种图腾式的外交政策声明能够消除各国的疑虑，他可能是对的。

当然，威尔逊不是在提议对一个既定原则进行简单的合符逻辑的扩展，他是在启用美国外交政策的两个独特原则，并将其普遍化，直至其原始目的无法辨认。1823 年的门罗主义——警告欧洲国家不要干预西半球的任何部分——旨在为美国的国家利益服务，实现它所在半球的安定。这种学说之所以能够维持，首先要归功于皇家海军在大西洋的主导地位，而非美国自身的军事实力或道义正当性。门罗主义主张美国对拉丁美洲进行统治,激怒了那些门罗主义所宣称要保护的国家的民众。例如,许多墨西哥人认为他们"有决定自己国家政体的自由",这需要打个大大的问号。"在一场权力的音乐会中不存在纠缠的结盟"这一观点并没有给"小"国灌注多少信心。而且,威尔逊很乐观地认为,"大国和强国"可能会拿他们的国家主权来冒险。威尔逊心中的那个世界体系并无先例。

没过多久,西奥多·罗斯福便发表了他的反对观点:"没有胜利的和平是骄傲得不屑于去战斗的人天然理想。"[95] 而且,尽管极其雄辩,要实现一个更加受人欢迎的结果,威尔逊"没有胜利的和平"的演说并未在那些领导人中带来想要的温和。由于受到英国封锁行动的严重破坏,1917年2月1日,德国放开了对U型潜艇战的所有限制。这一政策的推出,意味着在北大西洋上发现的任何舰船都将成为其攻击的对象。德国充分了解,无限制的U型潜艇战可能导致美国加入战争。它的目的是,在美国有时间整理其大量资源并将这些资源投入到西部战线之前,摧毁英国的行动。这是一次经过计算过的赌博,但并未成功。

威尔逊立即与德国断绝了外交关系,并召集内阁商讨美国将作何回应。所有人都一致地建议美国应当于此时加入战争。然而,即使是在这个时候,威尔逊依然在尽力避免美国宣战。总统的模棱两可引发了西奥多·罗斯福的不满,他向加利福尼亚州州长海勒姆·约翰逊抱怨,美国正在被这样一个人领导着,他是"一个非常冷淡而自私的人,一旦涉及实质上的危险,又是一个非常胆小的人……至于羞耻感,他几乎没有。如果有人踢他一脚,那他只会轻轻地碰一下那人的衣服,然后说一些冠冕堂皇的话。"[96] 当2月19日总统收到消息称德国企图与墨西哥成立军事联盟共同对抗美国时,他终于变得不知所措了。

1917年1月16日,德国外交部部长阿瑟·齐默尔曼向德国驻墨西哥大使馆发去电报,指示德国大使向贝努斯蒂亚诺·卡兰萨了解建立德国—墨西哥军事联盟的可能性。齐默尔曼指出,如果墨西哥在德国与美国发生战争时帮助德国,墨西哥将重获德克萨斯、新墨西哥和亚利桑那,以此作为对卡兰萨的奖励。这一提议虽然极具空想性,但是,一旦细节被公之于众,又非常容易产生煽动性效果。当齐默尔曼的电报被英国密码学家破解后,这种最坏的情况成真了。2月19日,英国兴高采烈地把这份电报发送给了美国驻伦敦大使馆。片刻,美国的情报分析员和威尔逊政府的成员便承认截获的这份情报是真实的,而不仅仅是英国的宣传(伦敦非常擅长这种黑暗艺术)。但由于英国说它不会透露其高度发达的情报收集行动的全部范围(在这方面,英国彻底击败了美国以及德国的电报通信),以至于让威尔逊确信这封电报的出处变得更加复杂了。当电报的真实性被证明确凿无疑时,威尔逊不情愿地接受了这一连串事件扔给他的战袍。1917年4月2日,他在国会发表了一次36分钟的演讲,请求对德宣战:

> 把我们爱好和平的伟大人民领入战争是件可怕的事……然而正义比和平更宝贵。我们将为自己一向最珍惜的东西而战——为了民主，为了那些臣服在权威之下的人在自己的政府中拥有发言权，为了弱小国家的权利和自由，为了自由的各国人民和谐一致共同享有权利以给所有国家带来和平与安全，使世界本身最终获得自由。[97]

威尔逊宣战的方式是出色的，国会也只得批准。尽管威尔逊的矛头直指德国对中立国船只发动的"残酷而怯懦"的 U 型潜艇战，他依旧有意识地提出了更为宏大（有人可能会说这是难以企及的）的全面开战原因，用于证明美国参与这一人类历史上最致命冲突的正当性。美国不得不战胜德国，因为"除非民主国家联合起来，否则永远无法维持稳定的和平……为了民主，这个世界首先必须是安全的。"这种措辞持续了整个 20 世纪，现在也进入了 21 世纪。[98] 在威尔逊说出这些富有远见的话语时，密西西比州的参议员约翰·夏普站起来，独自鼓起掌来。其他人也跟着站起来鼓掌，巨大的声响在威尔逊听来刺耳地不和谐。后来他说道，"想一想他们在为什么鼓掌！我今天所传达的信息对我们的年轻人来说是一种死亡之音。他们为此而鼓掌，多么奇怪！"[99]

威尔逊对于战争的理想主义观点源于他的一种真诚的信念，即认为面临一场可怕的、极有可能毁灭掉整整一代正值劳动年龄的欧洲人的冲突时，在国际事务中进行一次革命是必需的。他的雄心受到他知识背景和学科倾向（他倾向于社会科学）以及对打破常规、尝试新事物的渴望的影响。然而，也应当考虑到，说服威尔逊的同胞美国人加入一场欧洲的战争是一项艰巨的挑战，不仅需要诗意的陈词，还需要详细的目标。记者沃尔特·李普曼很好地抓住了这一需求，他写道，"人们不会为了传统外交非常重视的事情而死亡、挨饿和挨冻。"[100] 这一言论大受赞赏，在媒体以及在国会山（战争在参议院以 82∶6 的比例被批准，在众议院，这一比例为 373∶50）都得到了认可。在这一小部分情绪激动的国会反对者队伍中，布莱恩的支持者再一次占据了先锋位置，也有部分共和党人加入，但被指责为缺少爱国主义精神。当内布拉斯加州共和党议员乔治·诺里斯站在众议院警告说，"我们正在奉金钱之命投入战争……我感觉我们几乎要把美元的标志放在美国国旗之上，"他的同僚们用政治中最具煽动性的话把他轰下台："叛徒！叛徒！"[101]

*

在第一次世界大战中，美国军队为协约国的胜利贡献了决定性的力量，其作用甚至比在 25 年之后打败希特勒的行动中的作用更为重要——这个观点乍看起来似乎有点怪异。尽管在世界上最大经济规模的支持下，美国的军事力量有着巨大的潜力，但在 1917 年，与旧世界的那些好战国相比，美国军队的规模无异于小巫见大巫。在 1918 年这一年的时间里，美国在西部战线所获利益甚微，而美国参与第二次世界大战后四年的时间里，付出了大得多的血的代价。但是，如何能将这两次冲突相提并论？问题的答案并不在于美国所动用军队的数量，也不在于他们在战争中所使用的设施，而是在于，1917年协约国与同盟国之间的军事力量达到了近乎完美的平衡，以至于一旦美国全面部署参战，德国和它的盟国几乎是毫无反击能力的。第二次世界大战中，欧洲的战况主要取决于东部战线，取决于斯大林领导的苏联和战死的2600万苏联人民在抵抗希特勒、为民族存亡而战时所付出的巨大努力。而在第一次世界大战中，欧洲的战况取决于美国及时、决定性的干预。近千万法国、德国、英国、俄国、土耳其、意大利、奥地利、匈牙利、比利时、希腊、塞尔维亚、罗马尼亚、黑山、印度、澳大利亚、加拿大、南非和新西兰士兵死在与敌方相抗争的战场上，导致了一种僵局，让他们希望将伤亡维持在现在的规模。士兵们被锁在了这种致命的平衡之中，而威尔逊的宣战挽救了不计其数的生命。美国是第一次世界大战中唯一的不可抗力。

从协约国的角度看，主要的问题是，美国军队花费了整整一年的时间才以绝对的兵力前往欧洲。同时，因为受到了美国的支持（但实际他们并未获得实实在在的支持），1917年夏，英国和法国大胆地发起了攻击，但结局惨烈。由于部队士气低落，导致大量士兵逃亡和发生叛乱，大大削弱了法国军队的实力，而在当时法军已有近百万士兵死于战场。之后1917年10月，弗拉基米尔·列宁领导下的布尔什维克夺取了俄国政权，并宣布，他们计划与德国和解，以更好地保护国内的革命。在1918年3月3日签署《布列斯特－立陶夫斯克条约》时，列宁与托洛茨基割让了三分之一的俄国领土给德国，使德国得以腾出手来专注于西部战线。

意识到这是他们目前拥有的最后也是绝佳的取胜机会，德国和其同盟国于1918年春发动了一系列猛烈的攻势，此时，美国正缓慢地向战场调遣部队。新人力的注入，补给的改善，对前几年恐怖的遗忘，让协约国击退德国，并在整个夏天发动了反击攻势。到1918年夏末以及秋季，100万美国军队投入到战争之中，另有300万也已经蓄势待发，很快便能加入战争。德国在春季的攻击失势，以及美国步兵的到达，狠狠地挫伤了德国的士气。那一年夏天，协约国和同盟国都已经接近筋疲力尽，协约国更是严重受挫。美国军队振奋了一方的士气，为另一方带来了致命的打击。

威尔逊作为"联合力量"加入到了协约国一方，意味着潘兴上将带领的军队将在协约国指挥架构之外进行操作，比以正式的盟国参战，总统可以拥有更多的行动自由。有些人可能会认为这是一种讽刺，因为威尔逊所推崇的国际合作似乎并不包括赢得战争。然而，威尔逊这样做是有理由的，并且非常务实：美国公众尚未准备好与英法实现全方位联盟，此外，总统依旧希望德国能够将美国的参战看作其以更为公平的条件宣布投降的最佳方式，而如果威尔逊与巴黎和伦敦过于亲近，这种可能性将不复存在。威尔逊了解，他对战争所抱的目的与英国和法国截然不同，并且他已经向美国公众澄清了这种不偏不倚的立场：美国对抗的是军国主义德国政府，而不是在其统治下受苦的人民。

然而，随着战争的继续，威尔逊已经越来越不可能一边控制国内的反德情绪一边对抗威廉二世。在这场反德浪潮的高端，音乐厅拒绝举办贝多芬和巴赫的演奏会；在更为日常生活的层面，腊肠犬被重新命名为"自由猎犬"，德国酸菜更名为"自由泡菜"，甚至"自由麻疹"这类短语也开始广泛使用。[102] 反德情绪愈加高涨，随时都会演变成暴力行动，正如威尔逊向《纽约世界报》的编辑所预测的那样。威尔逊悲伤地对弗兰克·科布说："要战斗，你必须残酷无情，并且这种残酷无情的情绪会进入到我们国家生活的每一丝纤维之中，感染国会，感染法庭，感染正在巡逻的警察，感染街上的人们。"[103]

威尔逊也可以说，感染"身处白宫的总统"，因为1917年的《反间谍法》和1918年的《反叛乱法》都是为了让内部异见分子闭嘴而推出的法案。1917年10月，历史学家查尔斯·比尔德为抗议解聘两名公开谴责该战争的同事而从哥伦比亚大学的历史系辞职。早些时候，比尔德曾指出，"如果我们不得不压制一切我们不愿听到的言辞，这个国家的根基将非常不稳。我们的国家建立在对权威的蔑视和否定之上，现在不是阻止自由讨论的时候。"[104] 社会主义领导人尤金·德布斯曾因发表事实准确的言论而被投入监狱："战争总是由统治阶级发起，而被统治阶级则总是在战场上打仗。" 1918年4月，圣路易斯的一名暴徒用私刑处死了一名生于德国的美国人罗伯特·普拉格（因怀疑其存在社会主义倾向）。在经过20分钟的"审议"后[105]，本次私刑的组织者被陪审团无罪释放。战时的美国正变得越来越丧失理智，这也正是威尔逊所恐惧的事情。但是他推出的《反间谍法》和《反叛乱法》刺激了充满仇恨的"爱国主义者"，令这种情况愈加严重。

在联邦政府调集军事力量的过程中，美国人也在学着讨厌德国人，总统为他赢得和平的战略进行了最后润色。1917年秋，威尔逊请求他最亲密的顾问豪斯上校召集一群学者来确定最突出的战后问题，并就实现持久和平的最佳方式提出建议。该"问询会"包含有150多名管理人员，诞生了3000多篇论文和报告，取代了国务院在总统心中的地位，成为有用外交政策专业知识的主要存储库。[106] 1917年10月，威尔逊的知识分子们首次在纽约公共图书馆集合。穿过图书馆的艺术门廊后，每名学者都会告诉馆长或者副馆长——唯一了解他们目的的工作人员——他们是"问询会"的成员，此时他们会被带到一个密室，然后开始商议。[107] 哥伦比亚大学的一名历史学家詹姆斯·T·肖特韦尔首先提出小组的名称，之后他表示，该名称有助于他们"避免公众言论的烦扰，但是在与会者中又易于识别。"[108] 由于越来越担心该问询的保密性，11月份，豪斯将问询地点从喧闹的42街和第五大道转移到了位于155西街和百老汇的美国地理协会的总部。地理协会的会长艾赛亚·鲍曼（后很快成为问询会的主席）拒绝告知董事会他这些新成员的目的是什么。对于问询会的那些知识分子，这些秘密而刺激的活动与以前围绕学生、研讨会和档案馆所进行的日常工作相比，确实变化很大。

沃尔特·李普曼是问询会的第一任秘书。在哈佛大学读本科时，曾与哲学家乔治·桑塔亚那共事，与实用主义哲学创始人威廉·詹姆斯一同"喝茶"。李普曼拥有极高的智力天赋，西奥多·罗斯福曾将28岁的李普曼描述为"全美国同龄人中最杰出的年轻人。"[109]三年后，威尔逊指示爱德华·豪斯聘请李普曼——李普曼当时担任战争部长牛顿·D·贝克的助理——并授予他极大的权力来组成"问询会"的成员并形成"问询会"的建议。李普曼以他惯常的魄力执行着这一任务。李普曼说："我们会跳过那些更加年轻、更具想象力的学者，我们寻找的是天才——拥有绝对、惊人天赋的人，其他人都不行。"[110]

1917年12月23日，"问询会"的三名主要参与者——西德尼·爱德华·梅泽斯、戴维·亨特·米勒、沃尔特·李普曼——向总统呈上了一份长篇备忘录，名为"当前的形势：战争的目的以及战争目的所建议的和平条款"。[111]圣诞节假期过后，1918年1月15日，威尔逊与豪斯进行了会面，并依据问询会所提交的备忘录草拟了一份明确的外交政策目标声明。豪斯在他的日记中写道，"实际上，我们在十点半的时候才真正开始拟定这份声明，在十二点半完成了对世界版图的重新划定。"[112]英国外交家、知识分子哈罗德·尼科尔森后来评论道，"如果这份和平条约完全由美国的专家拟定，那么它可以说是有史以来最明智、最科学的文献之一。"[113]

威尔逊与豪斯在该报告的边缘空白处勾勾画画，浓缩了"问询会"最重要的建议，并将其归纳为"十四点原则"。1月8日，威尔逊在国会联席会议上发表演说，提出了他所称的捍卫世界和平的"唯一可行计划"。

（1）一旦签订公开的和约，即杜绝任何形式的秘密协商，一切外交应当坦率地在公众视野中进行。

（2）确保平时和战时在领海外水域、海上航行的绝对自由，除非海域因执行国际公约规定的国际行动而全部或部分关闭。

（3）在所有同意和平以及积极维护和平的国家，尽可能地取消一切经济壁垒，建立贸易平等条件。

（4）确保尽可能地裁减国家军备，足够维护国内安全即可。

（5）自由、开放、绝对公正地处理所有殖民地诉求时，应严格遵守以下原则：在解决所有主权相关问题时，相关各方的人民的利益与名称尚待确定的政府的合理诉求同等重要。

（6）外国军队撤出俄国领土，在解决所有影响俄国的问题时，应得到世界上其他国家的最大和最自由的合作，为俄国提供独立决定其政治发展和国家政策不受阻碍和体面的机会，并保证真诚地欢迎俄国以其自主选择的制度进入自由国家行列；除了真诚的欢迎，还要给俄国提供任何其需要和希望的援助。

（7）全世界都同意外国军队必须撤出比利时，并恢复其主权；比利时与其他所有自由国家一样享有主权，不得有限制其主权的企图。

（8）所有法国领土均应被解放，被侵占的领土应复归法国，普鲁士在1871年因阿尔萨斯－洛林地区一事对法国的不公正破坏了世界和平近50年，应该被纠正，从而保证再次实现符合各方利益的和平。

（9）根据明显的民族分布情况，调整意大利疆界。

（10）我们希望看到奥匈帝国的人民在国家中的地位得到捍卫和保障，他们应该被给予自我发展的最自由的机会。

（11）军队撤出罗马尼亚、塞尔维亚和门的内哥罗；被占领的领土予以恢复；塞尔维亚可自由、安全地进入海域；巴尔干诸国之间的关系应按照历史上划定的效忠与国籍界线经过友好协商确定；确保巴尔干诸国的政治经济独立以及领土完整获得国际保证。

（12）承认奥斯曼帝国内的土耳其部分有稳固的主权，但土耳其统治的其他民族有在"自治"的基础上切实的生存安全以及不受干扰的发展机会，达达尼尔海峡在国际保证下永远开放为自由航道，允许所有国家的船只和贸易进入。

（13）重建独立的波兰，包括由无可争议的波兰人口居住的领土，并且应确保波兰可自由、安全地进入海域，以国际条约保证其政治经济独立和领土完整。

（14）根据旨在不分国家大小、相互保证政治独立和领土完整的特别条约，设立国际联合机构。[114]

威尔逊的十四点原则承诺将建立一个国际关系新体系，该体系将摒弃基于国家自身利益形成的联盟逻辑——所有民族国家自1648年《威斯特伐利亚和约》以来一直遵循的外交真理——并代之以十四点原则中的最后一点："设立国际联合机构"。正如亨利·基辛格在《大外交》(*Diplomacy*)一书中所说，"伍德罗·威尔逊告诉欧洲人，从今以后，国际体系应当以民族自决为基础，而非权力平衡；欧洲的安全也应当依赖于集体安全，而非军事联盟；他们的外交不应再由专家秘密执行，而应在'公开达成的公开协议'的基础上进行。"[115] 十四点原则提炼出了一种地缘政治哲学的实质——威尔逊主义，它至今依然起着重要作用。威尔逊能否让法国和英国认识到十四点原则的优点，尚且无从得知，但是预兆并不乐观。在阅读了威尔逊演说的文字记录版后，法国首相乔治·克里孟梭评论道，"上帝本人也只需要十点就够了。"[116] 之后，他又表示威尔逊的十四点原则是"非常空洞的理论"，这是在嘲讽威尔逊的科学主义式野心："他认为你可以用公式做到一切。"[117]

国内一直存在的怀疑者也同样为威尔逊的宏伟抱负担心。十四点原则承诺将减少美国的主权，对此，西奥多·罗斯福倍感震惊，他在芝加哥怒喝："我们不是国际主义者，我们是美国民族主义者。"[118] 罗斯福意识到德国战败已成必然，威尔逊也热切专注地实现其十四点原则，他力劝美国人民在即将带来的中期选举中"要坚决否定所谓的十四点原则以及总统各种类似的言论。"[119] 他认为（暗示，而非明确地声明）强调民族自决是愚昧而危险的，正如威尔逊推进民主的主张无法适应他所面对的现实——一个由有缺陷的、自利的国家构成的堕落的世界。罗斯福还认为十四点原则所提倡的"公开外交"是不现实的，并且其解决殖民地诉求的方式有可能伤害到美国最亲密的盟友大不列颠。他猜想，出于自身利益的考虑，德国可能比英国和法国更拥护威尔逊的观点，而各国的自我利益观点正是十四点原则旨在超越的。

事实果真如此。随着时间的推移，在得到美国协助的协约国的全力攻击下，并且意识到 300 多万美国军队的参战必然导致其战败，德国于 1918 年 10 月直接与威尔逊接触，请求基于其十四点原则起草一份停战协定。德国新上台的议会制政府已经决定收起自己的骄傲以及早期对威尔逊是否适合作为调停者进行的冷嘲热讽，拥护威尔逊没有胜利的和平或没有战败的和平，这正是德国所希望看到的。总统谨慎、兴致勃勃地回应了这一进展，但并未告知英国和法国。对此，爱德华·豪斯指责为一种失礼的行为。10 月 24 日，在一封写给亨利·卡伯特·洛奇——在共和党赢得众议院和参议院控制权之后成为外交委员会的主席——的公开信中，罗斯福再一次展开了争论，表示美国"必须通过武器来取得和平，而不是在打字机的敲击声中谈论和平。"[120]

很显然，洛奇非常赞同罗斯福的观点。早些时候他就跟罗斯福说过，他"从来未料到自己会像憎恨威尔逊那样讨厌政治上的任何人。"[121] 罗斯福人生中最后一次关于外交政策的声明是由他在 1919 年 1 月 3 日口述的。声明宣布，华盛顿可能会被一个多边组织强迫把"我们英勇的年轻人送到巴尔干半岛或欧洲中部不明不白的战争中去送死"，而这是极不公正的。美国人唯一应当考虑的是那些与国家利益直接相关的事务。罗斯福补充道，美国任何时候都不应当"在国际上扮演爱管闲事的马蒂这一角色"。[122] 三天后，罗斯福在睡觉时因心脏病复发而去世。威尔逊的副总统托马斯·R·马歇尔发表了恰如其分的悼词，"死亡不得不带走罗斯福，让他永久地睡去，因为如果他醒来，争斗便会无可避免。"[123] 马汉与罗斯福两人都在对伍德罗·威尔逊进行严厉批判时死去了。但是亨利·卡伯特·洛奇还活着。

为迫使巴黎和伦敦按照他提出的条款接受和平，威尔逊威胁要撤出美国军事力量（这是一个相当大的筹码）。威尔逊同意与其盟友合作并签署"总统在 1918 年 1 月 8 日国会演说中所主张的条款以及在后续演说中阐明的解决原则。"[124] 尽管第一眼看，德国投降的这些条款似乎对威尔逊来说是一种胜利，但克莱孟梭和劳合·乔治坚持在这一信息中加入两条说明。首先，英国和法国有权决定如何解释"公海自由航行权"。其次，更为重要的是，德国应当对战争过程中给协约国平民和财产造成的重大损失负责。这些追加条款将如何扭转和平条约的局面尚有待观察。确定的一件事是，当交战国在1918年11月11日上午11:00放下武器时，威尔逊丧失了他基于十四点原则达成和平的主要工具。美国军队这张王牌已经产生了毁灭性的效果——后来威尔逊说道，他的国家"拥有无限的权利去完成自己的使命，并拯救这个世界"——但是更高风险的外交游戏仍在继续。[125] 从此，威尔逊将需要依赖他的智慧和顾问在谈判桌上达成公平而持久的和平。其后，任何和平条约都将需要共和党控制的参议院予以批准。这些都是对威尔逊事业最大的考验，但是遗憾的是，他都没能通过这些考验。

*

作为全球霸主，欧洲在第一次世界大战中受到了致命伤害。三大帝国——德意志帝国、奥匈帝国和奥斯曼帝国——成为一片废墟，随后英国和法国依靠自身财力进行的扩张也充分暴露出它们没有实现其抱负的财力。在俄国取得显著成功后，布尔什维克革命的威胁又笼罩在了德国和多个欧洲中部国家的头顶。捷克领导人托马斯·马萨里克敏锐地捕捉到了这种情况，他曾在和平谈判前夕描述欧洲是"一个建立在巨大墓地上的实验室"。[126] 在这种背景下，我们可能会欣赏在伍德罗·威尔逊抵达法国时迎接他的那种宣泄般的热情。奥地利籍犹太作家斯蒂芬·茨威格就曾深切感受到这种气氛：

> 我们相信，整个世界也相信，这场战争将是所有战争的终结，躺在我们世界废墟上的怪兽被驯服了或者说被诛杀了。我们相信威尔逊总统的宏伟计划，这个计划同样也属于我们……我们很愚蠢，我知道。但是我们不孤单。任何经过那个时候的人都会想起，每个大城市的街道上都充满了欢呼声，向威尔逊总统致敬，称他为世界的救世主……欧洲从未像获得和平的前几天那样被绝对的信任笼罩着……地狱已经被甩在我们身后，我们现在还有什么可惧怕的呢！[127]

美国的干预缩短了战争的时间，威尔逊对国际事务的新视角将永久的和平视为主要目标。雷蒙德·福斯狄克回忆道，"威尔逊在巴黎受到了热烈的欢迎，巴黎人所表现出来的非凡热情和极大感染力，我闻所未闻，更不必说见过了。"福斯狄克在他的日记中写道，"一个美国人可以做一切想做的事，今天，这座城市属于他。"[128]《未来事物之形》这部科幻作品就预见了世界政府的出现。作者H·G·威尔斯写道，"在短暂的时间内，威尔逊为了人类而独自战斗……他不再是一名普通的政治家，他成了弥赛亚。"[129] 英国经济学家约翰·梅纳德·凯恩斯曾评论，"威尔逊离开华盛顿时，他已经享有历史上无与伦比的全球声望与道德影响力……任何一个哲学家都不曾拥有这种团结全世界权势的武器。"[130]

尽管威尔逊获得了大量公众的崇拜和支持，戴维·劳合·乔治和乔治·克里孟梭却并未受到他这种魅力的太多影响。在与爱德华·豪斯的一次谈话中，克里孟梭表示，"我可以与你友好相处下去，你比较切合实际。我能理解你，但是与威尔逊交谈就像是在与耶稣基督交谈。"威尔逊曾多次声明其对于国际联盟的信念，对此，克里孟梭再次向法国下议院保证，"被称为权力平衡的旧联盟体系将成为我在和平会议上的指导思想，我是不会放弃的，"他的这一席话获得了热烈的掌声。之后，他接着提到了威尔逊充满魅力的正直（candeur），翻译成英语，可以是直率，也可以是天真。如果我们考虑一下法国的伤亡情况，那么他对威尔逊的敌意就不难解释了。18 岁到 30 岁之间的法国男性，有四分之一死于战争，因此他非常怀疑威尔逊是否有能力通过激发人性中"美好的一面"（亚伯拉罕·林肯如此措辞）来阻止未来的杀戮。据称，克里孟梭（人称"法兰西之虎"）曾请求自己死后埋葬时要正对德国。[131] 他是一名令人敬畏的谈判家：骄傲、善用权谋、极度追求法国的国家利益。他决心要让德国为其战争罪行（他认为德国应对发动战争负全部责任）付出应有的代价。

英国首相戴维·劳合·乔治虽不像"老虎"那样满心复仇，但他也是一名强有力的谈判家。他对英国的公众舆论非常敏感，公众似乎同克里孟梭一样期望德国得到报应，劳合·乔治则对威尔逊新愿景中多个方面很感兴趣。但是他也意识到，支持威尔逊达成平衡和约的计划会对他的选举产生不利影响，正如 1916 年他致力于打败德国为他在大选中拉得了选票一样。[132] 贵族式的约翰·梅纳德·凯恩斯不赞成谦逊的威尔士人劳合·乔治的看法，明显充满敌意地将他描述为"从古老的凯尔特那被梦魇困扰的魔法森林中来到我们这个时代的山羊脚吟游诗人、半人类来访者。"[133] 然而，他也承认劳合·乔治拥有一些旧世界的技能，远胜于美国那些天真的暴发户们。凯恩斯曾带领英国代表团出席会议，并发现威尔逊"没有计划，没有方案，甚至没有符合白宫戒律的建设性构想"。威尔逊的思想非常具有刚性——凯恩斯将此归于其"神学气质"——并且威尔逊的顾问也因准备不足无法应付法国和英国对手的经验与机智。因此，几乎在每一个方面，威尔逊都被对手以计谋取胜了。

凯恩斯很难称得上是一名不偏不倚的事件记录者。1920 年，在他的《和平的经济后果》（*The Economic Consequences of the Peace*）一书中，对《凡尔赛和约》进行了严厉批判，他认为，威尔逊最初关于"没有胜利的和平"的愿景从本质上讲其实是适当的，但很不幸的是，他无法就其优点说服克里孟梭和劳合·乔治。但是，他以惯常的文学口吻描述了巴黎和会谈判中所透露出来的一些信息：

在欧洲各国之间，总统的迟钝无疑是最值得注意的。他无法立刻明白其他人在说什么，无法快速地审时度势，无法随机应变地回应和解决问题；因此，他很容易被劳合·乔治的快速反应能力、理解力和机敏性打败……

命运决定了总统就是一个孤独的人。他被旧世界的圈套困住，亟须同情、道义支持以及大家的积极性。但是，他在会议中被埋没，在巴黎炙热而有毒的氛围中窒息，外部世界没有任何共鸣，没有激情的悸动，没有同情，也没有其他国家支持者的鼓励。[134]

威尔逊不情愿地同意了法国和英国的坚决主张，即要求德国承担所有的战争罪责，并为协约国的损失提供巨额赔偿。《凡尔赛和约》根据种族重新划定了欧洲的版图（尽管在苏台德地区的大量德意志人成了捷克斯洛伐克的公民），将德国一分为二（建立了所谓的波兰走廊，允许华沙在新建的但泽自由市连接入海），在德国莱茵河以西地区实行永久性非军事化，通过"委托统治"的转移大大增强了英法帝国的影响力。同时，国家边界也以更加草率的方式进行了重新划定，原属同盟国的殖民地被瓜分。哈罗德·尼科尔森曾在与妻子维塔·萨克维尔·韦斯特的通信中写道，"但是亲爱的，就像切蛋糕一样，那三个无知、不负责任的人将小亚细亚切成了碎片，这真是令人震惊……这难道不可怕吗？数百万人的幸福就以这种方式被决定了。"[135] 最终，德国被迫支付了330亿美元的战争赔款，相当于今天的4000多亿美元。

关于《凡尔赛和约》，乔治·凯南后来写道，"的确，这是一种由恶魔亲自写入了未来悲剧的和平。"[136] 很快，在和约签署后，约翰·梅纳德·凯恩斯将这种和平描述为一种迦太基式和平，令人想起公元前146年布匿战争后罗马对腓尼基的迦太基城所施加的残忍和平。这种说法稍微偏激了一点——克里孟梭尚且对于和约未能更加严厉地惩罚德国感到失望——尽管毫无疑问《凡尔赛和约》已经与威尔逊1917年对德宣战时预想的和约相差甚远。总统对于各国的谈判代表做出了一系列重大让步，似乎默认了英国与法国因为遭受重大损失而有权在惩罚其敌人时发挥更大的作用。不出所料，威尔逊回国后，进步派人士撤走了对他的支持。《新共和》杂志的封面上刊登着"这不是和平"的大字。[137] 由于顺从了共和党的强烈意愿，如今威尔逊又引起了进步派人士的愤怒，而后者曾在1916年大选中为他提供了强有力的支持，之后又为他的战争理由提供了支持。总统在政治与外交上能做的选择已经被缩小到只有针眼那么大。

然而，总统依旧把所有希望都寄托在建立一个全能式国际联盟上。关于此，他获得了英国外交家罗伯特·塞西尔勋爵和简·克里斯蒂安·斯穆茨上将（之后不久便担任南非联邦的首相）强大的支持。1919年2月14日，《国际联盟盟约》的草案在和会上呈现，这是一个突出的成就，而威尔逊在这项成就中功劳最大。理论上讲，国际联盟拥有足够的力量将"权力平衡"式外交从国际事务中根除。盟约第10条保证了所有已成立国家的独立性和领土完整性。第11条指出，联盟有权介入世界上任何地区的战事或战争威胁。第12—15条对仲裁程序进行了设计，这些程序将通过一个常设国际法院来实行。第16条主张该联盟应当有权实施经济抵制、诉诸军事力量以及劝阻拥有战争意图的国家。

如果世界上的所有领导人都像威尔逊一样对国际联盟拥有坚定的信念，那么经过一段时期的持久和平后，《凡尔赛和约》可能就不会那么苛刻了；这个世界可能也会转变其天生的战争倾向。斯穆茨上将称赞威尔逊起草了"人类历史上伟大的、富有创意的文献之一"。[138]但是，盟约的大胆创意之所以能够成功，离不开一致的国际支持以及在联盟成员责任方面所达成的共识。每一个领导人都在以不同的方式理解国际联盟，甚至将其意义延伸为证明个人目标和倾向。1918年9月，劳合·乔治宣布，"我赞成建立国际联盟"。从威尔逊的角度看，这一宣言一定非常鼓舞人心。但是英国首相继续道："实际上，国际联盟已经开始。大英帝国就是一个国际联盟。"[139]

　　几乎是立刻，就有了对这些话的回应：国际联盟怎么可能会成功？亚洲的许多知识分子和民族主义领导人对威尔逊的"民族自决"和"国家平等"留下了深刻的印象。历史学家埃雷兹·曼尼拉就在旧世界的殖民地国家发展过程中发现了高度期望的"威尔逊时刻"，这个时刻发生在这些国家几乎就要挣脱欧洲统治实现自由的时候，而威尔逊似乎就是他们最大的希望。上海一家重要报刊就曾刊载出十四点原则的正文，将威尔逊的观点称为"世界人民的灯塔"。停战协定签署后不久，印度一家民族主义出版商加内什（Ganesh）出版了一本威尔逊的演说集，并用了一个阿谀但满怀期许的标题《威尔逊总统：自由的现代使徒》（*President Wilson: The Modern Apostle of Freedom*）。[140]最终，这些希望都破灭了，因为取得胜利的欧洲国家不仅保留住了它们的帝国，还按照所谓的托管制瓜分了它们敌手的殖民地。威尔逊时刻的短命给亚洲等地区带来了深深的幻灭感。一名年轻的越南民族主义者（后取名为胡志明）就因美国无法实现其普救言辞而受到了重大影响。

　　尽管国际联盟盟约受到了诸多殖民地国家的广泛欢迎，但它在美国却并未获得如此友好的回应。来自爱达荷州的孤立主义参议员威廉·博拉指出，"如果人类的救世主再次来到地球，并且赞同建立国际联盟，那么我会反对救世主。"[141]亨利·卡伯特·洛奇曾批判盟约破坏了门罗主义，约束了美国的行动自由，为单方面对美国的攻击打开了大门，是对"国际法"的认可。《新共和》杂志评论道，"联盟还没有强大到可以拯救和约带来的不良影响，但和约已经邪恶到可以连累联盟。"[142]幻灭感正逐渐侵蚀着国内，当时威尔逊正在巴黎，因而很大程度上忽略了这种状况。对于劳合·乔治和克里孟梭而言，他们很乐意在威尔逊最珍视的项目上签字，因为总统早期的让步使得英法的目标得到了不同程度的满足。但他们两人并非像威尔逊那样真诚地相信联盟具有划时代的潜力。在国际联盟没有完全发挥效力的情况下，英法的利益几乎不会因此而受到妨碍，因为它们会在其中施加重要影响。总体而言，威尔逊非常满足于在巴黎所取得的成就，尽管《凡尔赛和约》几乎已经完全脱离他的十四点原则。仅仅保留的一点是，批准原始格式的和约，这一点对总统而言似乎不难完成。在他起航回国的前一天，威尔逊告诉法国总统雷蒙·普恩加莱，尽管等待他的会是一场激烈的战斗，但这场战斗一天后就会结束。[143]

*

1919 年 7 月 8 日，威尔逊返回美国，纽约市举办了盛大的欢迎仪式，随后总统被送往卡内基音乐厅发表了一次简短的演说。之后，威尔逊又来到华盛顿，深夜，有 10 万名祝福者在车站等待着他。7 月 10 日，在华盛顿的一次新闻发布会上，当被问到参议院是否会在可接受的条件下批准该和约时，威尔逊尖锐地回答道，"我认为我们无须考虑这种假设性问题。参议院必然会批准该和约。"[155] 当天晚些时候，威尔逊将和约递交给了参议院的听证会。威尔逊拒绝详述《凡尔赛和约》的细枝末节，而只是强调了国际联盟的巨大潜力。总统将和约的谈判当作零和博弈来呈现，他问道，"我们敢拒绝吗？敢伤害世界的心吗？"随着演说的继续，总统在本该阐述实质性内容的地方开始使用宗教祷文："舞台已经准备好，命运已经被公开。它已经出现，不是跟随我们设想中的计划，而是跟随上帝的指引，带领我们走向这条路。我们无法回头。我们只能向前，昂首挺胸，振奋精神，追随着这一愿景。这就是我们生而存在的梦想。美国应当为世界领路。道路的前方，光明在涌动，请不要迷失路途。"[145]

尽管威尔逊的演说在参议院收获了热烈的掌声，但精明的观察员依然注意到，只有一名共和党人（来自北达科他州的反传统的国际联盟狂热者波特·麦坎伯）鼓掌了。其至民主党都对威尔逊空洞的语言感到担心。亚利桑那州的亨利·阿什赫斯特将威尔逊的努力比作是一名商人通过背诵"朗费罗的《人生颂》……他的观众想要吃红肉，而他喂他们吃冰凉的红萝卜"[146] 来向董事会解释他的主要职能。让如此多的人感到失望是极为不利的，但有一个重要的情况或许可以从一定程度上解释他的口吃。此次演讲前的几周，威尔逊深受头疼以及颈部肌肉紧张的折磨（今天我们了解到这些症状都是中风的早期症状），并在三个月后因此而倒下。在一个关键的时间点，威尔逊的好战情绪、不明智的高额拨款以及日渐衰退的健康都成了他强大交际能力的阻碍。

威尔逊曾拒绝邀请两个群体与他一同到巴黎参加谈判：参议院群体和共和党群体。两个群体对《凡尔赛和约》在美国的命运有着绝对的把控权，会在适合的时候"伤害世界的心"，这也说明威尔逊本次错误的巨大程度。总统已经指出，让共和党人加入到他的谈判团队中，会限制他的行动自由，妨碍他提出根本性的举措来实现自己的抱负。由于对正义和自己观点的逻辑有着绝对坚定的信念，威尔逊决心要在巴黎完成自己的论题：创建一个协作型的世界体系。但是他忽视了国内政治中对他的反对声音，特别是民主党在中期选举中失势之后，而这是非常危险的。周围都是朋友，威尔逊无法认清现实，即由国际联盟支配的世界是一个抽象化的世界，而非可以付诸实施的现实。威尔逊的理智主义也就是他的科学主义思想已经带他远离了政治可能性。这个机敏的美国政治学学生没能打破自己方法的限制，证明了两件事：一是制定宏大战略的巨大诱惑力；二是世界上刚刚发生的战争的残忍本质。

由于威尔逊固执地拒绝与参议院共和党人协商，加重了他最早在代表团成员组成方面所犯的错误。参议院共和党人愿意同意一个减弱版的和约来更好地保护美国的主权。处于可以理解的原因，威尔逊看不起亨利·卡伯特·洛奇以及他的参议院盟友和媒体崇拜者。总统的新闻秘书雷·斯坦纳德·贝克认为威尔逊是"一个容易记仇的人"，这一特性在政治局势倒下时是没什么帮助的。[147] 爱德华·豪斯比较了解总统在决策风格上的优势和局限性："一旦出现问题，他会保持一个完全开放的思维，欢迎一切有助于正确决策的建议和意见。但是，他只有在权衡问题、准备决策期间才具备这种接纳性。一旦做出决定，那么这个决定就是最终的，他将不再接受任何建议和意见。决定做出后，没有什么事情能够改变他。"[148] 要让对着干的参议院通过一个革命性的条约，不用说，威尔逊这种方法完全是背道而驰。

参议院对和约的反对声音主要分为："不可调和者"，这些是跨党孤立主义者，他们反对和约的所有方面；"强硬的保留态度者"，如果缩减和约中的内容，他们可能会赞成；"温和的保留态度者"，主要包括共和党国际主义者，他们支持和约的关键部分，但希望在他们表示赞成之前对和约做出一些修改。众所周知，无论保留程度如何，威尔逊对那些和约的反对者统一持绝不妥协的立场。在马萨诸塞州伍斯特（洛奇的家乡所在州）的一次煽动性演说中，威尔逊针对"强硬的保留者"洛奇展开了讽刺，他警告说："任何逆世界潮流而行的人都会被远远地抛到荒芜的沙滩上，看上去似乎与人类永远地隔离开了，"这句话或多或者地体现了威尔逊1919年左右关于政治妥协的观点。[149]

并不是说，威尔逊没有尝试说服他的反对者。总统与参议院中的反对者进行了一系列的面对面会议，但他都无法说服他们继续为他提供支持。由于坚持不愿进行协商，并且倾向于采用一个截然不同的策略，8月底，威尔逊决定开启一场全国巡回演讲，意在取得公众对该和约的支持，再反过来说服反对的参议员们，让他们认识到，批准和约是符合他们的政治利益的。威尔逊的新妻子和医生都非常担心这种性质的巡回演讲可能会给他的健康状况造成什么影响。从另一个角度看，他的政府成员也在猜测，此时的公开巡回演讲如何能够转化为参议院的票数。但是威尔逊发现，这次巡回演讲似乎与以往不同，以往的演讲为他的准备议程争取了关键的支持。这一次，威尔逊拒绝了那些保留意见，并且直接越过他最需要说服的参议员领袖向公众传达信息。

1919年9月初，威尔逊开始了自己的巡回演讲。21天的时间里，威尔逊发表了42场演说，并且在演说时他都没有使用麦克风。这是一次惊人的努力，他展现出了在他幼时父亲就鼓励的言辞能力。威尔逊将国际联盟描述为"避免战争唯一可能的保证"，并且竭力驱除人们对和约第10条会导致美国的男孩们被派遣到欧洲中部去解决无法解决的争端的恐惧。虽然总统也在努力与参议员们达成妥协，但他也在无止境地尊重和面对公众所提出的疑问。此时，故事的发展已经开始戏剧化了。

过度的工作让威尔逊精疲力竭，终于，9月25日，他晕倒在了科罗拉多州普韦布洛的演讲台上。之后威尔逊被带到了另一列火车上，他对一名助手说，"我感觉我的身体快要垮掉了"，然后他望向别处，防止眼中的泪水流下来。一周以后，威尔逊在华盛顿又遭受了一次严重的中风。一周的时间里，死亡擦肩而过，最终他的左眼失明，左半边身子也完全瘫痪。有人猜测，如果总统死去，参议院会通过该合约，并且只做一些细微的改动：作为对总统的悼念。但是，事实并非如此。患病的威尔逊比以往更加不愿妥协，指示民主党议员否决一切被民主党保留意见所玷污的合约。[150]1920年3月19日，21名民主党人（忽略了总统保持纯粹的请求）和28名共和党人投票赞成洛奇的合约版本。该合约版本大大减少了国际联盟的效能，但基本保持了原始内容的完整性。然而，这次跨党派的一致意见却以7票之差未能获得批准（三分之二的赞成票方能获得批准）。

在1920年民主党全国代表大会期间，威尔逊不情愿地拒绝了再次参与竞选，一名毫无胜算的局外人、俄亥俄州州长詹姆斯·M·考克斯被提名，因为他与总统之间没什么联系。威尔逊的一名信徒、国际联盟的热烈支持者富兰克林·德拉诺·罗斯福则获得了副总统的提名，因此，可以说，威尔逊和他的跟随者取得了部分成功。富兰克林·德拉诺·罗斯福在竞选期间表现良好，虽然竞选失利，但成了一个重要的标记，为他后来的党内提名角逐提供了助力。几个月后，共和党掌权，选举沃伦·哈定担任总统，哈定以压倒性的优势（60%以上票数）战胜了考克斯（34%）。美国公众对威尔逊的外交愿景表示了严厉指责，这令威尔逊在余生四年的时间里都感到极为受伤。而伊莱休·鲁特对威尔逊的执政给出了恰当的评价，他认为美国人"在过去八年的时间里学到的国际关系知识比之前80年还要多，"并且他们的"任务才刚刚开始"。[151]

第三章

美国优先

查尔斯·比尔德

历史学家、政治科学家查尔斯·比尔德并不赞同伍德罗·威尔逊在1914—1916年避免美国加入欧洲争端的做法。他认为美国应当早些加入第一次世界大战。而乍一看，该观点似乎不太现实。比尔德出生于一个贵格会信徒家庭，因而他反对麦金利-罗斯福执政时期的扩张主义倾向。他的名声主要来源于他所撰写的一本图书——《美国宪法的经济观》（*An Economic Interpretation of the Constitution of the United States*）。这本书对美国的建立进行了挑衅式的重新解读，因而遭到了数百万美国爱国主义者的谩骂和指责。但是，该书庞大的销量令比尔德迅速成名。

该书（出版于1913年）认为，大多数政治行动者在一定程度上都受到经济利益的驱使，但是"开国元勋们"将这种规则提升到了艺术的高度。比尔德认为，由于惧怕《联邦宪法》带来混乱，以及各州的权利超越联邦政府的权利，"开国元勋们"在费城商议确定了一个全局性的目标，以保护资本家免受各种政治活动的威胁。在比尔德看来，《美国宪法》"实际上是一部经济文献，其理论基础是：基本的私有财产权先于政府出现，并且从道德上讲，这种权利无法企及大多数群体"。[1] 这一激进的观点引起了极大的轰动。威尔逊总统对该书公开表示谴责，《纽约时报》在一篇社论中也对其进行了抨击。[2]《俄亥俄之星》更是使用了煽动性的通栏标题，"土狼一般的清道夫，亵渎了我们崇敬的已逝爱国者的坟墓"，并补充道，该书是"一种恶毒、可憎的诽谤行为"，真正的美国人"应当奋起谴责（比尔德）以及散布他那肮脏的谎言与令人厌恶的诋毁的人。"[3] 威廉·霍华德·塔夫脱以绝妙的冷幽默表示，比尔德为什么要说出事情的真相，让人们沮丧。[4]

1912年，比尔德拒绝投票给西奥多·罗斯福和伍德罗·威尔逊。他认为这两人的进步主义是胆小的做法，他们与开国元勋一样，也是受到经济利益的驱使，只不过在说辞上做出了一些改善。除了国内政策，比尔德还对威尔逊向墨西哥输出民主的企图进行了批判，认为总统"通过刺刀来恢复秩序只是信口开河……"并且表示，如果全世界范围内的民主化进程不可避免，"那最好顺其自然或者在它到达顶点时再提供助力。"[5]但是，关于第一次世界大战的一些因素，特别是德国的动机，也激起了比尔德的好战情绪。1900年，查尔斯与其妻子玛丽·里特尔（凭借自身努力成为一名杰出学者）到欧洲大陆度蜜月。据历史学家埃里克·F·高曼（后成为比尔斯的朋友与同僚）称，查尔斯因为"德国教授的自负而感到好笑，同时又对普鲁士士兵感到恼火，因为他们在人行道上把他逼进了排水沟"。[6]更重要的，比尔德曾于1914年秋在纽约城市学院发表演说，强烈地谴责了德国的军国主义，以至于学校的校长禁止比尔德以后再就此话题发表演说。[7]随着德国的U型潜艇战愈演愈烈，比尔德又批判了威尔逊总统的懦弱反应，表示"这个国家应当坚决地站到协约国战队里，将普鲁士主义从地球上消除。"[8]

比尔德在德国的本质中发现了一些腐朽的东西，并且他那强烈的平等主义观念也使他认为，如果进步事业想要在国内外生存，德国会是一个危险的敌手，需要将其打败。在1917年阿默斯特学院的一次演讲中，比尔德警告道，"当前世界的困境似乎表明人类正被不可阻挡的力量所控制，如果这些力量无法用于人道目的，那么它们可能会摧毁文明。"[9]同沃尔特·李普曼一样，比尔德认为美国参与战争是一次机会，能为美国和世界其他国家与地区带来持久的社会变革。即使是那些强盗贵族也会被迫为全人类的利益服务。尽管知道这些赞颂之词可能在受众之间引起焦虑，比尔德依然称赞洛克菲勒家族、摩根家族、哈里曼家族为"创意先驱"，并期待他们"宏伟的经济结构"能够用于"公共目的"。[10]

对于威尔逊1916年不负责任的竞选口号"他让我们远离战争"，比尔德非常恼怒，并嗤之以鼻，所以投票给了最高法院的一名大法官查尔斯·埃文斯·休斯。主要是因为大法官支持军事准备，并且这名共和党候选人还明确表示赞成赋予女性选举权。按照马汉式推理，比尔德认为，"战争是国家起源以及人类进步最强大的诱导因素之一"，况且躲避必要的争斗相当于逃避责任。[11]

在大选之年，比尔德戏谑地称，相比于威尔逊的竞选顾问，他自身对公众舆论的要义有着更为清晰的理解："数百万美国人会牺牲他们的生命，阻止（普鲁士国家）在这些海岸上生根发芽。我的意思是，不要打破中立原则。在保持应有的科学平静之下，不就该事项表达某种偏好，我想我准确地说出了大多数国人的想法。"[12]除讽刺外，比尔德的话也表现了他的紧迫感。在威尔逊缓慢地展开战争干预时，比尔德谴责了总统的伪善。他向《纽约时报》解释道，"没有胜利的和平"演说"并不能称作是谈判的基础"，除非威尔逊能够与其他交战国达成书面协议，否则"他只是在说教而已。"同时，威尔逊对民族自决的支持也提醒了潘多拉打开她的盒子。"意思是要实现爱尔兰的独立吗？"比尔德感到非常疑惑。"那阿尔萨斯－洛林呢？波西米亚呢？克罗地亚以及巴尔干半岛上的一众小国呢？印度呢？按照威尔逊的命令由美国进行统治的海地和圣多明各呢？"[13]直到威尔逊最终请求宣战，比尔德才感到一丝宽慰。但是，不同于总统更伟大的抱负，比尔德呼吁要保持"镇定、冷血,以马基雅弗利的方式看待发生的事情……无论我们是否喜欢它们。"[14]

第一次世界大战见证了美国大学与知识分子非凡的动员能力。当战争开始时,美国的研究型大学——受到早期思想的启发,例如罗伯特·拉·富莱特的"威斯康星理念",认为大学应当为更广泛的政治目的服务——自愿捐献出它们的资源来帮助实现威尔逊的计划。比尔德希望国家计划能够提升社会科学的意义。在1917年11月1日发表在《新共和》的一篇文章中,比尔德写道,"目前,政治科学、经济学、社会经济学以及社会学都还处于摇篮时期。"[15]

但是,自然科学和物理科学能够更加轻易地为环境带来提升,社会科学却无法做到。例如,1918年2月,哥伦比亚大学的机械与电子院系为海军部提供了海军部认为有用的全部协助,这对政府来说是意外的收获。科学与工程院系也在全国范围内争相效仿。

人文学科与社会科学学者也开始为战时的美国提供服务,唯恐自己被落下。除了杰出的历史学家卡尔·贝克尔、艾伯特·布什内尔·哈特以及约翰·富兰克林·詹姆逊外,比尔德也在公共信息委员会的支持下为威尔逊总统进行宣传。他的学术成果主要在于将德国放在了适当的历史背景中,即德国是一支残酷的扩张力量,对美国造成了直接的威胁。[16]为支持威尔逊总统的第四次自由债券发行,比尔德在《哈泼斯杂志》上写道,美国"及其盟国目前正与世界上最无情的专制统治互相对峙……如德国取胜,则意味着美国所依赖的这些和平与国际亲善理想将被彻底毁灭。"[17]比尔德意识到,用摩尼教术语来表达专制与民主会造成概念模糊晦涩。但为了更好地服务全人类,他愿意放弃复杂性。

但是,对干预意图的严格控制最终令比尔德感到厌倦。1916年春,美国参战似乎依旧遥遥无期,哥伦比亚大学的校董会警告比尔德不要再进行任何"可能对美国体系构成不尊重"的教学活动,否则会拒绝承认他的书籍《美国宪法的经济观》。比尔德直接无视了这种告诫。之后,哥伦比亚大学校长、激进固执的尼古拉斯·默里·巴特勒警告学校内开始敌对行动的教师队伍,任何不支持战争的教授,都会危害至其在学校的职务。[18]1917年3月,学校撤销了已经发给俄国和平主义知识分子伊利亚·托尔斯泰伯爵(列夫·托尔斯泰的儿子)的演讲邀请。这件事激怒了比尔德,他认为言论自由是不可侵犯的权利。在1917年6月6日的一次演讲中,巴特勒校长表示,"以前可以容忍之事如今变得不可容忍……曾经的愚蠢成了今天的叛国,"之后又指出,"这是最后一次,也是唯一一次对我们中间那些未能全身心、坚定地加入让这个世界更加安全、更加民主的抗争的人的警告……"[19]几个月后,哥伦比亚大学的校董会开除了两名教授,亨利·W·L·德纳(活跃于反军国主义联盟)和詹姆斯·麦基恩·卡特尔(一名和平主义者),因为二人表达了不爱国的情感。巴特勒还干涉暂停了对一名教授的晋升,因为该教授未能给予最高法院足够的尊重。

1917 年 10 月 9 日，课程结束后，比尔德向班级里的 70 名学生宣布，这将是他在哥伦比亚大学的最后一堂课，声称学校"对那些拥有进步主义、自由主义或有争议观点的学者的羞辱和恐吓行为"迫使他不得不割裂与这个学府的联系。[20] 学生们全体起立为他鼓掌，掌声持续长达 25 分钟，这种肯定令比尔德眼中满含泪水。[21] 对此，巴特勒校长毫无防备，他感到非常惊愕，指出，比尔德"辞职是完全没有必要的；我已经尽我所能让他留下；他没有理由离开。"[22]

在一封正式的辞职信中，比尔德提醒巴特勒，"从一开始我就认为，如果德意志帝国政府取得胜利，会令我们陷入军事野蛮主义的黑夜中。我是最早力劝美国宣战的那批人中的一员，并且我相信，我们现在应当奋力向前，做出一个公正的结论。"但是，尽管比尔德持有这种支持战争的立场，他依然发现校董会在压制异议的产生，这令人感到不安。比尔德还如此描述校董会的成员："政治反对主义、缺乏政治远见，狭隘的中世纪宗教思想"。比尔德的辞职信被印制到《纽约时报》上，作为他早期演讲的一部分，同时也在一定程度上成就了他的地位。"这个国家建立的基础就是挑战和拒绝权威，"比尔德指出，"现在还没到停止自由讨论的时候。"[23] 事实上，比尔德的辞职具有足够的报道价值，值得放在国家新闻纪实报纸的首页。《泰晤士报》发表了一篇标题为"哥伦比亚大拯救"的怀有恶意的社论，这进一步扩大了比尔德辞职的影响范围。该篇社论对比尔德的离开表示庆祝，对《美国宪法的经济观》一书提出了一些批评，同时对知识分子应该具有的责任做了缺乏见地的概述：

比尔德的辞职能令哥伦比亚大学变得更好……如果允许（比尔德的）教学方式在不经过公众意见和校董会有力审查的情况下继续存在，那么现在我们应当寻找一些有教养的、能将经济决定论学说应用于一切情形（从主祷文到二项式定理）的美国年轻人……校董会也许缺乏政治远见，拥有中世纪的宗教思想，但他们具备严格的常识，知道……并不是所有拥有哲学博士学位的教授都拥有绝对可靠的智慧，而且他们也了解，如果学院和大学不想成为激进主义和社会主义的温床，就必须认识到学术自由的两面性，教学的自由也包括了去除有毒的教学的自由。[24]

对比尔德而言，这种辱骂已经司空见惯。比尔德并不反感这种直言不讳的行为，但是发现自己处于这样一个充满威胁的公共领域，他感到非常沮丧。于是，他加入了教育家、哲学家约翰·杜威以及妇女工会联盟的利昂娜拉·奥雷丽，与他们一同抗议纽约市德维特克林顿高中对三名教师的解雇行为。据称，该高中认为这三名教师的观点"破坏了良好的纪律以及良好的公民形象"。一年后，比尔德与人合著的两本教科书被陆军训练营禁止发行。1919 年 1 月，比尔德对威尔逊总统未能释放尤金·V·德布斯等政治犯的行为进行了谴责,并指出,"他们的过错在于企图保留被威尔逊先生抛弃了的和平主义观点。"[25]

之后比尔德将关注重点转移到了地缘政治学上。他假装无知地疑惑威尔逊促进"全人类自由、自治和发展"的尝试是否适用于大英帝国,[26] 很快,这种对总统的侮弄让他陷入麻烦。接下来一周,比尔德的名字出现在了参议院委员会的一份名单上,他被指控研究德国的宣传资料。该名单共收入62个名字,据称他们的行为危害了美国对同盟国的战争。对于该指控,比尔德感到非常愤怒,于是给《纽约时报》写了一封言辞激烈的信件,重述了他对尽早向德国宣战的支持、对威尔逊总统犹豫不决的失望,以及他在宣传债券发行与揭露德国邪恶意图中为美国政府所提供的服务。他还尖锐地指出,不同于总统,他从未"骄傲得不屑于去战斗"。[27] 比尔德在第一次世界大战中的经历让他对美国参与未来的冲突感到深恶痛绝。如果战争令我们丧失了独立的思维,那么很明显,这场冲突不值得我们为之一战。

战时美国对公民自由的压制并不是唯一激怒比尔德的事情。布尔什维克革命之后,弗拉基米尔·列宁发表了一些秘密外交电报的细节,揭露了所有两面派、自私自利的协约国成员。这些内容对比尔德产生了重大的影响。这次通信揭露了大不列颠在战后控制德国殖民地的企图,对此比尔德非常愤怒,同时他也因威尔逊温和的和平正在巴黎被法国和英国无情地摧残而感到沮丧。比尔德对总统的外交能力丧失了希望。他将总统的许多失败都归于他软弱的学者气质,这也解释了为何总统会拒绝"以独立的思维将关键性的问题呈现在劳合·乔治和克列孟梭面前,他本来可以非常强有力地做到这些……(威尔逊)终归只是一名教授。"

同样应当受到谴责的是总统的顾问团,"他忠诚、老练的美国教授护卫队",他们集体都没能提醒总统其核心"任务"是独立、智慧地思考。比尔德指出,在美国、法国以及英国,情况都大致相同,众多的知识分子"对W·W·充满了好奇和崇拜——'我们中的某人使然'",并且无法对他在谈判桌上的胆怯行为进行有力的批判。[28]

唯一真正意义上站在"那所大学"(指比尔德所在的哥伦比亚大学)一边的知识分子是约翰·梅纳德·凯恩斯。凯恩斯了解赔款和战后条款是如何严重破坏《凡尔赛条约》的。他一直坚守自己的理智,没有被痴心妄想所动摇。在重新审视自己对战争的反应时,比尔德为自己缺乏这一特性而深感遗憾。对于第一次世界大战,比尔德始于好战的情绪,结束于深刻的醒悟。在以后的岁月里,激进主义记者马克斯·雷勒曾在作品中暗示,比尔德一定感觉"他还是被骗了。(支持战争的)羞辱感演变成了痛苦的决心,一定要向自己的愚蠢报复。"[29]

余生的很多时候,比尔德始终致力于确保美国人不会再被蒙蔽,去支持那些貌似合理的外交政策圣战。整个20世纪30年代,比尔德都在指责美国对世界其他国家和地区负有责任的概念，无论是道德责任，还是经济责任，抑或是战略责任。并且，比尔德还力劝富兰克林·罗斯福总统遵循"大陆美国主义"政策：即对美国丰富的资源和能源进行再分配，从解决其他国家争端转变为自我改善和自力更生。一个更加完善的联盟的建立就强有力地说明了这一点，这就是美国对世界的全部责任。比尔德相信过去的案例在塑造世界中具有强大的作用。

实质上，比尔德希望时间能够回到马汉的《海权论》一书出版以及国家迷失方向之前。马汉认为世界正变得越来越小，美国从欧洲事务中脱离是一种时代错误；而比尔德认为，在历史学家C·范恩·伍德沃德所称的"自由的安全"状态下，美国基本上不会受到严重威胁的伤害，相反还会从中获益。[30]正如日本袭击珍珠港，比尔德认为，幸运的地理位置和充足的自然资源允许美国在任何时候都可以忽略掉任何社会动乱对旧世界所产生的影响。比尔德认为，美国是一个"山巅之城"，没有什么事情能够从山脚直达山顶。他还嘲笑轻信的美国人"曾猜测德国飞机会从玻利维亚向吉奥卡克或坎卡基的和平人们投掷炸弹。"[31]

在出版于1934年的《国家利益理念》（*The Idea of National Interest*）一书中，比尔德批评了马汉的主张，即美国更多地参与全球贸易最终会为国家带来益处。经过严密的统计分析，比尔德证明（至少已令自己满意），美西战争的成本远远超过收购海外领地以及开辟出口市场所带来的经济效益。比尔德指责马汉的海权与美国扩张理论建立在危险的谬论之上。美国拥有足够的能力追求一条独特的道路，无须借鉴任何其他国家，特别是一个被帝国统治玷污了的国家，例如大不列颠。比尔德还利用温和的讽刺谴责了伍德罗·威尔逊天真的国际主义："总而言之，历史错误会得到纠正，各国会立足长远，和平会由所有国家共同保证。全球最终和平的梦想距离实现似乎从未如此之近。"[32]然而，他真正蔑视的人是马汉，因为马汉提出了一个暗中为害的、不必要的扩张进程，以至于贬低了美国的尊严。

从今天的视角来看，很容易把比尔德的观点视为落后一代的最后呼声，这代人没有认识到马汉所言的经济上相互依靠和军事上扩张的洪流已然发生，势不可挡。但是我们必须谨慎地避免事后诸葛亮式的后见之明。在经历了对威尔逊政府的失望之后，并且时值大萧条时期，比尔德的大陆主义主张——回归到一个更简单、更孤立的时代——也是情有可原的。正如历史学家布鲁克·布洛尔所指出的，美国报纸的反法西斯主义驻外记者，例如多洛西·汤普森和文森特·希恩，发现激起他们的美国同胞对正在摧残西班牙、波兰和捷克斯洛伐克的战争和危机的关注是非常具有挑战性的一项工作，更不用说关注发生在中国东北和阿比西尼亚的事情了。某记者提到，在世界逐渐走向混乱之时，美国人依然把自己想象成一个世外桃源。[33]不难理解这种心态所带来的舒适性，美国人将美国视为一个富裕、自给自足的岛国的倾向也情有可原。为了更好地了解20世纪20年代和

30 年代美国对世界事务的观点，必须尝试进入一个尚未被各种恐怖行为影响到的世界。跟随查尔斯·比尔德在这个时代的历程，能够以博学的视角看待一个国家在其国际角色、能力、目的以及如何解决潜在威胁等方面存在的严重分歧。

1874 年 11 月 27 日，查尔斯·奥斯丁·比尔德出生在他父亲位于印第安纳州临近骑士镇的 60 英亩的农场上。正如中西部美国人弗朗西斯·斯科特·菲茨杰拉德在《了不起的盖茨比》一书中所说，比尔德成长于"城市外一片广袤的无名地区，在这里，共和国的黑暗领域在夜色中依然继续向前。"他的家庭富有而稳定，有着英国与苏格兰-爱尔兰血统。事实上，比尔德家族荣耀的来源可以追溯至两名朝圣者。尽管比尔德家族已经在新英格兰州和弗吉尼亚州开始了作为美国人的生活，但他们中勇敢的人们依然被金钱机遇引诱着向西部进发。印第安纳州中东部地区拥有肥沃的土地，查尔斯的父亲威廉成功地获得了一片富含矿产的土地，能够确保满足家族的所有需求。1880 年，为了让两个儿子查尔斯和克拉伦斯到斯派斯兰学院（这是一所贵格会学校，拥有优良的学术传统）就读，比尔德家族又搬到了斯派斯兰一片 35 英亩的农场上。查尔斯不仅接受了良好的教育，还过着积极乐观的生活，拥有着关于土地的杰斐逊式美德。他曾回忆道，"我的肌肉和身体像钢铁一样坚硬。到 15 岁的时候，我已经进行了大量的锻炼，足够维持我的一生。我可以骑着无鞍野马奔腾，也可以用锤子和楔子劈开橡木。"[34]

他父母的农舍里排列了许多图书，当地许多要人都是他们家的常客，老大党是比尔德家族天然的政治归属。童年时期获得的巨大物质特权以及社会福利一直延续到比尔德的成年初期。1891 年查尔斯高中毕业后，他的父亲购买了骑士镇的一家当地报纸《太阳报》供儿子们管理。他们沉浸在自己的职责中，为共和党提供稳定的社论支持。直到 1894 年克拉伦斯辞去职务并成立了一家新机构"亨利县共和党"，联合经营方才终止。这段令人激动的经历为查尔斯留下了深刻的印象。查尔斯在大学期间曾担任《迪堡守护神》的编辑，之后又频繁地为该全国性媒体撰写文章。比尔德开始相信，真正重要的观点应当触及尽可能广泛的受众，新闻写作和学术写作两者互相补充，缺一不可。

1895 年，比尔德开始了他在迪堡大学（迪堡大学是印第安纳州最具名望的文理学院）的学习，当时他的政治观点还是拥护共和党的。在以后的日子里，当被问及为何他的历史学观点带有经济决定论的色彩时。比尔德回答说："人们总是问我为何如此强调经济问题。这些问题在我们家的客厅一直出现，那时我的父亲与他的朋友们总是聚在一起讨论公共事务。"[35] 1986 年，比尔德初次来到芝加哥，这是一座工业大城，满目的贫民区和尖锐的民族矛盾。正是在这里，他发现并接受了形成他后来的激进态度和学术观点的社会道德。在芝加哥，他加入了在赫尔馆（由简·亚当斯和艾伦·盖茨·斯塔尔共同组建的西部社区服务中心，后成为一个有影响力的社会改革中心）举办的讨论会，在那里学习讨论。在这个威严的多民族团体（与印第安纳州家中的政治客厅在组成上有巨大的差异）中，比尔德发现了自己的优势，这令他更加自信、成熟。

就读迪堡大学期间，比尔德的政治觉醒一直稳定地向左移动。直到1898年，比尔德听从一位导师的建议离开美国，到牛津大学求学，他的政治思维才真正觉醒。牛津大学并非以唤醒社会良知著称，它的图书馆和学术水平才是主要的吸引力所在。而且事实上，在这四年里，比尔德也充分利用了英国最古老大学的学术水平，他的敏锐度和优雅谦和都受到了老师们的赞赏。现代史的钦定讲座教授弗雷德里克·约克·鲍威尔称他是"我见过的最友好的美国人"。[36]但是，比尔德也将牛津大学作为他拜访英国这一工业中心的基地。他面见了英国工会运动的诸多大人物，例如詹姆斯·科尔·哈迪、本·蒂利特以及詹姆斯·塞克斯顿。特别是科尔·哈迪，他是一位非常励志的人物。他7岁开始工作，克服了一个决定性的教育缺陷，并于30年后成立了独立工党，转变了英国政治的发展进程。

受到赫尔馆值得称赞的教育功能的启发，以及科尔·哈迪非凡人生故事中自强不息精神的启迪，一到牛津，比尔德便为自己设置了一项任务，即改善"工人阶级"的受教育机会。第二学期开始，比尔德便获得了多个工会（代表约30万工人）以及科尔·哈迪的独立工党的许可，建立一个能够满足边缘人群需求的教育机构。英国的劳苦大众也给这个美国理想主义年轻人提供了支持，协助他在牛津大学内建立一所工人大学。在牛津大学史上，这也是一个非同凡响的事件。1899年，在比尔德与另外两名美国访问学生、堪萨斯州社会主义者沃尔特和阿姆尼·L·弗鲁曼的共同努力下，"罗斯金厅"（由比尔德命名，以此向维多利亚时代的评论家和道德家约翰·罗斯金致敬）得以建立。[37]罗斯金学院至今依然是一个重要的教育提供机构，不仅培养了一名英国副首相约翰·普雷斯科特，还培养了诸多政治家、学者以及工会主义者。

受到历史学家理查德·霍夫施塔特所称的"着魔似的激情"的驱使，在牛津大学期间，比尔德取得了很好的学术成果。他在英国小镇上的档案室里完成了所有档案工作，这些档案日后发展成为他在哥伦比亚大学的博士论文："英国的治安裁判所：起源与发展"（*The Office of the Justice of the Peace in England: Its Origins and Development*）。[38]博士论文的单调乏味与他后来的诸多工作的多彩多样形成了如此罕见的强烈对比。但是，比尔德在牛津的经历显然不只是博士研究。他不仅成立了一所新学院，完成了博士学位实地调查工作，还以公众广泛关注的主题进行了大量的写作。比尔德的第一本书《工业革命》（*The Industrial Revolution*）是在他就读牛津期间写就出版的，一个多世纪以后，这本书依然在销售。该书概述了18世纪和19世纪的工业化进程，重点描述了在英国经济快速崛起中输掉的人。《工业革命》旨在用作一种教育目的，即突出为了满足精英阶层的需求而对工人阶层施加的伤害。

在美国，这些年也是动荡的年代。比尔德密切关注着马汉关于海权至上的书籍和文章中所预期和塑造的外交政策发展。一开始，比尔德支持麦金利总统对西班牙宣战。实际上，他曾主动请愿参军，但因健康问题被拒绝。但是很快，他又对冲突过程中大众的热情以及美国战争目标的日益贪婪感到非常不安。[39] 据他妻子说，比尔德曾非常惊讶地说：
"一个精明理智的人怎么能渴望战争，它会产生那么多可怕的结果……这是一条通往光荣的残酷之路。"[40] 玛丽·比尔德还说，在美西战争期间，"威廉·詹宁斯·布莱恩的反帝国主义精神已经在比尔德的灵魂中根深蒂固。" 1948 年，比尔德告诉历史学家老阿瑟·M·施莱辛格，他"在 1900 年离开了帝国主义的大老党，然后……从此便找不到心灵归宿了。"[41]

如果说美西战争令比尔德转向了布莱恩的反帝国主义，这一点并没有在他 1901 年 11 月为牛津大学学生杂志《新牛津》所写的文章中特别体现出来。该文章认为，大体上说，帝国主义具有两面性。对于美国这种情况，比尔德认为，英国的帝国主义行动已经被证明是有道理的，因为"美国人虽然处于半开化的状态，存在劣根性，却比被他们占据领土的极端、野蛮的科曼切人要好得多"。英国在美国、加拿大、澳大利亚和新西兰的殖民统治是有益的，能够引起人们的自豪感，而不是羞耻感。然而，调查美国近些年的殖民努力，比尔德表明，美国在菲律宾的悲惨冒险行为只能用一些激烈的言论来描述。"向菲律宾输送了上千名高级教师去指导那里直率的本地人，而在美国的城市却有上万名白人儿童营养不良且未能接受良好的教育。"这一点暗示了，麦金利和罗斯福并非"残酷的帝国主义者，而是自我毁灭式疯子"。[42] 美国和欧洲国家只有在解决了它们自己的问题之后，才应该去尝试改善诸多贫穷国家的命运。

到了这时，比尔德才相信，只有在一个能够为灌溉、湿地排水、开垦荒地以及大规模基础设施项目提供指导的"国际机构"的支持下，发展才会得到促进。用比尔德的话讲（这些话可能会让简·亚当斯和科尔·哈迪感到不愉快），这项工作需要"总是在白人工头的带领下"由"蒙古人和黑人工人"完成，这表明在他养尊处优的童年所形成的等级观念依然存在。尽管我们不应当过于看重一个人在一份学生杂志上的轻率文字，但比尔德的言论依然相对于多数人而言有失水准。因为他已经出版了自己的第一本书籍，而且由于他在一家报纸担任编辑职位，他应当清楚印刷文字的持久性特质，不该表现得如此幼稚。但是，除去部分语言中包含的种族歧视色彩，文章的首要意义在于比尔德对善意的全球行动主义所持有的混合观点。这是比尔德首次将国家的自我完善凌驾于海外传教工作之上，这种顺序的改变也决定了他后期的外交政策观点。[43]

拉姆齐·麦克唐纳（1924 年成为工党的首届首相）曾试图说服比尔德留在英国协助新生工党的建设，比尔德礼貌地回绝了这一请求，并于 1902 年回到家乡，在哥伦比亚大学研修研究生课程。一年后，他获得了硕士学位，之后一年又提交了他的博士论文——这一切都证明他遍访英国当地档案馆对他产生了有益的学术影响。

需要注意的是，比尔德博士学位的专业方向是政治科学，而非历史学，这一点至关重要。正如历史学家马克·C·史密斯所说，在牛津大学，比尔德从弗雷德里克·约克·鲍威尔那儿学到了"历史的目的不是为了歌颂制度或理论，而是为了理解它们。历史是一门科学，而不是神学或伦理学。"[44] 早些年，比尔德非常强调政治科学，同时这种倾向也贯穿了他的整个职业生涯，特别是当他将注意力转移到外交政策时。实际上，政治科学家克莱德·巴罗曾将比尔德 49 部著作中的 28 部归为政治科学领域，且其主题涵盖政治学理论、比较政治学、市政改革以及公共行政。[45] 1904 年，哥伦比亚大学任命比尔德为历史学讲师，之后又调任至政治学与政府副教授。

在哥伦比亚大学——作为一家可挑战学科界限的机构，实力达到顶峰的时期——比尔德深受历史领域两大巨头詹姆斯·哈维·鲁滨逊教授和 E·R·A·塞利格曼教授的影响。鲁滨逊是所谓的新历史主义运动的先锋，该运动扩展了狭隘的政治历史范畴，开始强调社会形成的社会、文化、科学与智力根源。新历史主义是历史与政治学的一种混合，这就解释了为何它能够引起比尔德的赞赏。塞利格曼的主要作品《历史的经济解释》（*The Economic Interpretation of History*）出版于 1902 年，对比尔德的学术成就产生了重大的影响。塞利格曼曾教导比尔德在追踪政治动机的主根时要沿着金钱这一条路径去查探。因此，对于提倡社会改革的理想主义年轻人而言，哥伦比亚大学是一个很好的去处。比尔德一直愉快地待在哥伦比亚大学，直到 15 年后他从那里辞职。他也曾在纽约市停留，并为维护和发展这座城市贡献自己的力量。比尔德是政治科学的忠实支持者，他对城市规划也有着浓厚的兴趣，曾为纽约市政研究局效劳。他的兴趣五花八门，如同他的才能一般。他与某些"开国元勋"非常类似，天生具有通才知识分子的优点，且他们也极为欣赏自身的这些优点。比尔德是一名积极的公民、一名备受爱戴的教师，同时也是一名深受敬重的学者。

比尔德的政治主张是杰斐逊式理想主义、中西部自立意识以及城市世界主义的完美结合。他虽然是一名左倾主义者，但他的实际行动却并非典型。历史学家老阿瑟·M·施莱辛格（与比尔德同一时期就读研究生院）记得比尔德"绝不是一名马克思主义者，也不是一名单纯的经济决定论者"，但他"能为他的一切言论赋予一种理想主义姿态"，并且，其"反复出现的主题"就是"自我物质利益在美国政治和宪政发展中所发挥的作用"。[46] 但是，即便是这种重复出现的主题，其形成方式也较为复杂。当比尔德开始创作《美国宪法的经济观》时，他对"开国元勋"的崇拜极速高涨，尽管该书的主要宗旨是确定并揭露美国宪法的自利本质以及展现在公众面前时所使用的虚假方式。1935 年，比尔德宣称，杰斐逊是开国元勋中最伟大的一位，因为杰斐逊"身上融合了新旧两个世界的优点"。他还称赞了《联邦党人文集》的两个主要作者亚历山大·汉密尔顿和詹姆斯·麦迪逊，并表示该书优于启蒙运动期间欧洲的任何著作。[47]

在本书调查的所有人中，比尔德属于最左翼，同时他也是传统意义上最爱国的一位。他深爱着祖国所有独特的优点。查尔斯·比尔德事业的每一个篇章都可以不同程度地解释为他对美国的热爱。1921年，比尔德写道，"在众多导致革命发生的历史会议中，似乎可以肯定地说，1787年费城制宪会议聚集了最多的政治人才、最丰富的实践经验并制定了最合理的内容。"[48]这是对开国那代人爱国性的常规描述。事实上，比尔德对美国有一种特殊的兴趣，但是了解到他的家族在殖民地和美国度过的漫长历史，这一点也就不足为奇了。威廉·阿普尔曼·威廉斯是威斯康星大学的一名学者，他赞同新历史修正主义，并且不否认比尔德"对当前体系的缺陷持有激进的观点"。但是，在进行复杂的提炼后，威廉斯又表示比尔德是一名"保守激进主义者"，"具有两面性，既关心自己的同胞，又在私人和哲学方面投身于私有制。"[49]

从起源和演化上讲，比尔德的性格和存在的理由同样复杂。他的朋友兼作家马修·约瑟夫森写道，他"在任何地方都从未遇到过一个如此彻底地享受自由感或者说如此爱惜自己智力和道德独立性的人。"[50]这种独特性体现在他离开哥伦比亚大学这一决定以及他的学术发展上，这几乎是在刻意地反抗乏味的逢迎。在他的职业生涯中，另一个恒定不变的事物是他的信念：历史知识的"客观性"是一种无法达到的状态，尽管他并不认为应当阻止他人去尝试。比尔德曾质疑德国的学术理想。正如利奥波德·冯·兰克的著名言论，历史学家的任务是"真实地描述过去"，"而不是通过先入为主的意识形态镜头来审判过去"。[51]持怀疑论的比尔德认为，这种规则就是一个"伟大的梦想"。[52]"每一个历史学家的工作，即他对事实的选择、他的重点、他的遗漏、他的组织以及他的呈现方式，都与自身的性格、所处时代以及生活的环境息息相关。"[53]对于比尔德而言，历史是一种相对主义的政治活动。

比尔德批判了兰克学派追求"真理"的自我欺骗式伪善，因为他认为历史学家的工作一定要尽可能地面向普通大众和一般性群体，涉及当代世界最紧迫的问题。比尔德坚信，"专业性，特别是脱离广泛关系的专业性极容易导致墨守成规"，因而他作为一名历史学家的抱负越来越与他整体的专业性分离，实际上是与政治科学（在该领域，他已获得博士学位）这一学科分离。[54]由于他对两名观众的劝服能力，为他赢得了独特的荣誉，因而他被同事推举为美国历史学会兼美国政治学会的主席。

然而，比尔德认为，由于接受边际，政治科学与历史学一样都应当受到谴责。1918年，他抱怨道，太多的政治科学"过于关注不重要的细节，而忽略了重大的原因和观点……我们只能通过实力的具体表现来了解国家……而了解这种表现的唯一方式是了解它的历史环境。"[55]学者们应当通过与广泛的力量一同从事政府政治事务来为公众服务，而不是通过寻求愈益狭窄的"真理"。在1926年题为"政治科学中的时间、技术与创新精神"

的对美国政治学会的主席致辞中，比尔德指出，单纯地依赖数学建模来解决有限的现象是"目光短浅"和"沉闷无趣"的行为——否认了创造力和直觉力应有的作用。他号召政治科学家同僚要敢于"在一些重要的事情上犯错，而不是在一些平庸的细节中保持正确。"[56] 他责备历史学家和政治科学家相似的狭隘主义和蒙昧主义。历史学需要更多地借鉴政治科学，政治科学需要更多地参与历史学。比尔德相信，如果两个学科的学者能够将他们的目标设置得高一些，那么美国必会得到改进，当前，前提是他们能够与普通大众进行沟通，而非自我沟通。

当然，完成这一目标需要坚信普通美国人有能力对令人信服的证据做出建设性的反应，而在这一方面，比尔德却是无耻的乐观。沃尔特·李普曼认为美国人有名无实，缺乏区分诡辩和实质的能力，这是一个朴实的群体，对新闻声音插播和肤浅的陈词滥调比对基于标准的分析更感兴趣。比尔德认为，政治进步的驱动因素是"数百万男性与女性的活动，而他们中的大多数对于文字历史一无所知。"公众渴望着知识，也拥有着不可抗拒的潜在力量。也许只需要"一个字，一篇文章，一本小册子，一场演说，或一本书"，就能产生不可估量的力量。[57]

反之亦然：如果无知盛行，就会提高对极端主义的敏感性。比尔德认为，德国之所以无法奠定强大的多元化基础，部分原因来自该国的历史知识，从而导致固执的独裁者故作非为。尽管历史学家担负着重大的责任要尽可能广泛地对过去进行阐明，但德国的历史学家却未能为其人民书写一个可理解的、全景式的国家历史。有一部分研究型德国历史学家是非常杰出的，他们通过缩小视界和制定行业术语来追求真理：这是一种逃避责任的方式。比尔德非常谨慎地扮演着一名公共知识分子的角色，因为在战时的美国任何风险都是巨大的。

经历了第一次世界大战的美国成为世界上最大的经济体，并且其他经济体与其有着明显的差距。[58] 该冲突掏空了欧洲的各个交战国，使其人口数量骤减，债台（美国是其主要债权人）高筑。美国拥有巨大的黄金储备量，经济产出也相当于6大竞争对手的总和。战场上的人员伤亡和疾病大大减少了欧洲人口，而1900至1920年间美国人口增加了30%，总数达到1.06亿，在英国，这一数字为4400万，法国为3700万，德国为6400万。[59] 历史学家文安立指出，在美国海外贸易中，也发生了重大的经济转变。20世纪20—30年代期间，美国成为全球经济的枢纽，但是越来越多的贸易行为发生在与第三世界国家之间。例如，在拉丁美洲，美国替代英国成为其主要的资本投资供应国。1920—1940年间，美国向南亚的出口也增加至原来的三倍。这种影响力和可见性的提升远远超过了现金的能力范围。正如文安立所写，"这种影响力远比美国作为生产和管理的模范要深远得多。在欧洲以及在第三世界的城市流行文化中，美国已经发展成为现代性的缩影，传达出的观点会危及当前的地位、阶级和身份等概念。"[60] 20世纪20年代的全球经济类似于阿尔弗雷德·马汉笔下的互相连通的贸易实体，他表示这种贸易实体将比其竞争对手更多地为变化、创新的美国经济带来益处。为此，在思考两次战争期间美国的外交政策时，必须谨慎对待"孤立主义"这一术语。

在1920年美国的政治辩论中，国际联盟是一个有毒性的实体。沃伦·哈定总统在1921年就职演说中曾对全球多边主义进行抨击，"一个世界性的超级政府与我们珍视的一切东西背道而驰，并且无法受到我们共和国的制裁。"[61] 哈定一度还禁止国务院回应来自日内瓦联盟总部的官方通信，在优雅的国际外交世界中，这一行为不仅令人厌恶，并且对自己无益。但是，抨击新生联盟是一个两党合作的事件。在1924年大选中，威尔逊的民主党不仅没有为联盟提供帮助，反而对联盟不屑一顾。民主党候选人约翰·威廉·戴维斯曾受到"沉默的卡尔"卡尔文·柯立芝（一名佛蒙特州人，具有非同寻常的沉默和沉着性格，在1923年哈定去世后以压倒性优势再度当选为总统）的严责。1933年柯立芝刚刚去世，桃乐丝·帕克尔就发表了著名的嘲讽，"他们还能怎样？"失去了这样一位没有超凡魅力的政治家，民主党的劣势尽显无遗。

尽管20世纪20年代的美国由反对威尔逊的共和党把控，其国际主义人士依然活跃、有影响力。伊莱休·鲁特、威廉·霍华德·塔夫脱以及国务卿查尔斯·埃文斯·休斯等保守的国际主义者，以及GOP中所有关键人物都坚决地捍卫麦金利和罗斯福所遗留下来的激进主义传统，企图引导哈定和柯立芝的外交政策远离狭隘的孤立主义。20世纪20年代早期，美国的外交家开始与联盟代表进行非正式会面，并列席其会议。1925年，美国向联盟正式派遣观察员。当然，没有美国参与的国际联盟是一项低调的事务，由两个疲乏的国家英国和法国驱动，需要保护经济和殖民利益，但方法很有限。虽然解决了一些小型的领土争端，但重要成员的缺失阻碍了联盟实现"集体安全"（威尔逊的最初目的）的步伐。[62]

然而，美国及时地与这个有缺陷的实体进行了自由的沟通。在哈定和柯立芝执政期间，国务卿休斯利用真正的外交政策影响力，小心翼翼地使美国戒除了对欧洲参与（制止于1920和1921年）所具有的天生不信任感。并且，由于意识到了威尔逊急于求成所带来的问题，休斯采用了渐进性并且比较低调的方法，从而以足够温和的方式向参议院展示了71项条约并获得他们的批准。休斯生活的准则是"尽可能少的承诺，尽可能多的安全"，这句话就是对20世纪20年代前期美国外交政策要旨的一个简要总结。[63]

比尔德关于整个20世纪20年代国际事务的见解处于动摇之中，他一方面不情愿地认为需要参与国际事务，另一方面又越来越担心美国不得不避免各种经济纠葛以及将其拽入第一次世界大战的宏大外交野心。1922年，在一次巴黎之旅中，查尔斯和玛丽在塞纳河畔疯狂地购买了一箱子书籍，这些书记录了由弗拉基米尔·列宁公诸于众的沙皇秘密外交活动。[64] 比尔德充分利用这些材料，在达特茅斯学院发表了一系列演说。之后，这些演说又以《今日欧洲的逆流》之名出版。该书将第一次世界大战怪罪到法国和俄国头上，因为两国曾于 1908 年谋划摧毁奥匈帝国。

比尔德已经不再认为普鲁士的军国主义是某种贪得无厌的地缘政治罪恶。比尔德还进一步哀叹道，"整个世界就是一个经济单元，而美国正在被编织进这个统一体的结构之中"，他曾力劝美国要拒绝帮助或保护"美国公民的对外贸易或投资"，实现菲律宾独立以确保美国利益不会延伸到夏威夷以外，并更多地关注国内发展，从而抵制这种趋势。比尔德写道，这种状态会"使得所有的国家才能都专心于文明的创造，而从权力、荣耀和高尚生活角度来看，这种文明会超越过去的所有成就。"[65] 他接着又在《美国文明的崛起》一书中勾画了这一主题。该书共两卷，描绘了美国的历史，由比尔德与其妻子合著，被认为是比尔德及其二人最重要的典型特征之一。因而，政府有责任更加公正地传播这种自然的恩赐并避免一切可能挑战内部发展首要地位的海外冒险。[66] 比尔德将他的国内优先观点描述为"大陆主义"，并谴责了那些试图将他对选择性紧缩的倡导误称为"小美国主义"的人。在答复历史学家兼哲学家刘易斯·芒福德对《崛起》一书的欣赏性评论时，比尔德效仿了托马斯·潘恩的革命性意图："我们需要创造一个新世界，而非从过去的废墟中挖掘。"[67]

比尔德也很担忧整个 20 世纪 20 年代的国防开支增加。实质上，这一时期并不存在真正的军事威胁，以至于国防开支的增加阻碍了国内进步。（此处比尔德的忧虑是言过其实的。）随着战争的结束，美国的遣散行动也是非常迅速的，但是军队的数量却是逐步攀升的，以便 14000 的常备军被更大数量的公民军队储备所补充。在停战协定签订期间，美国海军已经取代大不列颠成为世界上最强大的海军力量，但是哈定和柯立芝却满足于承认与英国拥有实力相当的主力舰。事后看，放弃这种军事领导地位似乎是草率的。但是 20 世纪 20 年代的世界是与众不同的：在国际关系上，这个世界更多的是忧郁，而非一触即发。

历史学家乔治·赫林曾指出，"这些年间，对于美国而言，经济实力增强的同时军事实力也得到适度增强是非常合适的一件事。"[68] 但是，比尔德认为，美国应当进一步缩减国防开支，从而完全消除更加紧迫的国内问题，例如内城区空间剥夺、卫生保健不足以及全国性贫困等。1928 年 8 月，《非战公约》的签署国（国家众多，包括了所有主要的世界大国）宣布放弃战争的"国家政策工具"地位，除非在明确需要自卫的情况下，方可诉诸战争。比尔德还提及 1928 年的世界军事开支高于 1912 年这一事实，并注意到了其中的讽刺意味，"当作为国家政策工具（有所保留）的战争被郑重地宣布放弃时，相对而言，文明的世界已经有了史上最大、最好的武器来迎接死亡与毁灭。"[69]

然而，20 世纪 20 年代，比尔德依然没有放弃帮助世界上的其他国家，他经常用自己的方式表明他对谦逊外交的偏好并未受到家族贵格会所塑造的和平主义意识形态的影响。例如，1925 年 4 月 4 日，比尔德写信给参议员阿尔伯特·J·贝弗里奇，告诉他"我不是一名和平主义者。"尽管如此，比尔德写道，"我认为，将我们的鲜血浪费在异族帝国是一种罪恶。"美国政府在分配有限的资源时不得不更加的有选择性。"让我们不要再为了幻想，"比尔德继续说道，"或者为了一点不满或让更多懒惰的财阀更加富裕的几美元而斗争了。拥有两三百人口的、几平方英里的土地对我们而言一文不值，无论是否有少数资本家占有土地的 10%。"[70] 在此，比尔德暗指美国对中国（似乎越来越容易受到可怕邻国日本的攻击）日益强烈的忧虑。

对美国而言，任何国家都拥有不同程度的重要性，而中国差不多处于中间位置。比尔德以一种经典的现实主义方式对外交利益进行了划分，即按照各国对于美国的重要性进行排序。这并非建议美国闭关锁国，解散国务院。事实上，直到 1930 年，比尔德还在批判纯粹的孤立主义者，并指出他们盲目地坚持"教条"（由于不太了解用来打破大西洋和太平洋保护壁垒的技术发展，致使这种"教条"呈现出危险性）。在与儿子威廉合著的一本书中，比尔德警告道，"孤立主义信条过去似乎令人信服……可能被用来攻击自己的意图，即，维护国家安全。"[71] 在发生了一次近乎完美的经济风暴后，比尔德开始相信自己的孤立主义变体才是确保美国安全和繁荣的最佳方式。

20 世纪 20 年代的一次投机性繁荣令越来越多的美国人坚信应当将自己的存款投资于股票。持续三十年的经济增长（始于美西战争引起的繁荣）似乎暗示了周期性的经济衰退已经彻底完结。但实际上，这是一种错觉。1907—1908 年、1914—1915 年以及 1919–1922 年的经济萎缩本应对过度繁荣产生告诫。然而,增长的总体趋势似乎势不可挡。为了在这种良性的环境下获得现金收入，许多美国人借款投资股市，反过来由于过度自信和过度敞口导致了投资泡沫的形成。随着个人投资组合变得越来越单一，也加大了更广泛经济的风险：越来越多的国家财富与华尔街的变幻无常捆绑在一起。

1929 年 10 月 23 日，星期二，纽约证券交易所的行情显示系统（记录股价波动）在当天正式结束后又连续运行了 104 分钟。系统上残酷的"出售"指示导致股票大幅贬值。第二天，近 1300 万股票被交易，达到有史以来最大日交易量。10 月 25 日，赫伯特·胡佛总统宣布"国家的基本业务，即商品生产和分配，建立在健全、繁荣的基础之上"，试图稳定市场情绪。[72] 然而，投资者的心情并未因总统的安慰而有所缓和。10 月 28 和 29 日，市场进入自由落体状态。在美国，股市崩溃期间，850 亿美元的股票价值被抵消，影响了大约 300 万美国股民，破产人数激增，随即导致失业人数、重新占有量以及无家可归人数的增加。[73] 股权并不像一些人所声称的那样被广泛持有：1929 年，纽约证券交易所（其集中性已经扩展到全国范围）曾估计有 2500 万美国人持有股票。[74] 但是，这个数字绝不仅仅只是导致一个连锁反应。这是一种地震性事件，预示着更具构造性活动的产生。

华尔街大崩溃并未直接导致大萧条的产生。它还需要笨拙的政府回应。不久之后，政府便做出了回应。《1922年福德尼－麦肯伯关税法》规定将对进口征收大量税收。从政治上说，这是一种非常受欢迎的做法。征收关税的目的，不是为了征收关税这一结果，就是为了保护国内的就业机会。直到1928年，共和党和民主党都许诺支持更高的关税，两党才吸取其中的教训。《1930年斯姆特－霍利关税法》遵循了1922年在极端状况下的逻辑：关税被提高至40%，达到美国历史上最高水平。用历史学家戴维·肯尼迪的话讲，这就是"一个经济与政治大灾难"。1000名经济学家在请愿书上签字力劝胡佛总统否决这一狭隘的、适得其反的法案，并邀请世界上其他国家也参与到这种贸易保护主义做法中。总统的亲密顾问、极具影响力的摩根大通合伙人托马斯·莱门特回忆道，"我几乎要跪下恳求赫伯特·胡佛否决愚蠢的《斯姆特－霍利关税法》。该法案强化了全世界的民族主义。"[75]事实上，法国人认为该税法类似于宣战，并且他们发誓要采取同样的报复措施。但是，1930年6月，胡佛依然签署了这项法案，导致沃尔特·李普曼（之前还是胡佛的支持者）转而谴责总统接受了"一个因愚蠢和贪婪而导致的可怜而有害的结果。"[76]《斯姆特－霍利关税法》的支持者们希望美国这个富足的国家能够凭借自己的努力和资源成为比其他任何地方都更加适合的生存之所，因而他们将世界其他地区的经济托付给了悲惨的命运，并且全心全意地服务于自己的祖国。根据贸易保护主义者所了解的资源信息，美国并非一个能够自给自足的国家。1930年，美国国民生产总值下降了24个百分点，失业率从8.9%上升到11.9%。在接下来的两年里，该数字翻了一番以上。

1930年的最后两个月，600家银行被迫关闭，导致它们的存款人血本无归。据美联储联合创始人卡特·格拉斯所言，部分原因是安德鲁·杰克逊总统对亚历山大·汉密尔顿的集中式、联邦管辖银行系统的攻击，美国的许多银行都是"典当行"，由"自称银行家的杂货店伙计"所管理，"他们都知道如何杀价收购票据。"[77]偿债危机折磨着省级腹地的小银行，这是一方面，另一方面，这种情况迅速蔓延到更大、更受人尊敬的企业。1930年12月11日，纽约市的美国银行倒闭，这是美国历史上规模最大的一次商业银行倒闭。恐慌蔓延到整个国家的银行及其储户，阻塞了信贷的大动脉。有能力的银行在储户关闭账户之前以最快的速度收回贷款。随着贷款越来越难获得，中小型企业开始垮台，数百万工人被迫失业，出口市场也逐渐萎缩。1933年初，美国的失业率攀升至25%，达到大萧条的低谷。这种消沉的氛围可能是首次突然降临到一个以乐观主义著称的国家。从微观上讲，可以在休斯敦一名机械师的遗书中捕捉到这一主题："大萧条已经将我吞噬。我没有工作可以做。我无法接受施舍；我如此骄傲，无法向我的亲友求救；我如此诚实，也无法去偷窃。所以，我别无他法。在一个充满牛奶和蜂蜜的土地上，一名优秀的机械师竟无法凭借正当的收入来谋生。我宁愿到公正的上帝那儿碰碰运气，也不愿意向不公平的人类屈服。"[78]

正如历史学家安东尼·J·巴杰所写,"在孟菲斯,有那么多人从罕拉汉桥上纵身跳入密西西比河,自愿为潜在自杀者提供建议的当地牧师的电话号码被登在了报纸上。这种援助的效力在"孟菲斯牧师跳河"出现在报纸头条上后大幅度降低。"[79]在大萧条时期,美国的自尊降到了最低点,这种情况在多个影响社会现实主义的作品中得到了体现,例如约翰·斯坦贝克的《愤怒的葡萄》。

由于对大萧条早期状况的错误处理,赫伯特·胡佛总统再次受到了严厉的斥责,部分斥责是经过授权的,部分没有授权。他的批评者总是忽略胡佛的才华,忽略掉他是环境的牺牲品,是他传统信仰"小政府能够发挥最大的效力"的牺牲品这一事实,即便在出现如此程度的危机期间,也是如此。斯坦福大学的学者托马斯·索尔对此拥有正确的看法,他指出,"如果赫伯特·胡佛没有成为总统,那么他可能会作为本世纪最伟大的人道主义者而被流传后世。"[80]在第一次世界大战的余波下,胡佛成立了一家旨在缓解欧洲大陆饥饿状态的慈善机构,首次由他个人的财产出资。在领头做这件事上,虽不能说他极为积极主动和勇敢,但可以说他是成功的。约翰·梅纳德·凯恩斯指出,胡佛是"唯一一个历经严峻的巴黎考验后名誉尚能增强的人。"[81]这导致1920年一些民主党人与胡佛接洽商谈总统竞选事宜,当时,富兰克林·罗斯福是他的竞选伙伴。胡佛拒绝了。他感觉自己更适合共和党,于是在公认的经济活跃的十年里,胡佛作为哈定和柯立芝的商务部长做出了杰出的贡献。

胡佛认为,善意的唯意志论要优于政府提供的安全网,并且他很厌恶财政赤字。这些信念导致他在面对即将破坏他名誉的不可抗经济力量时表现出了被动性。直至今天,他的名字依然被用作侮辱性词语。整个20世纪80年代,无论何时众议院民主党发言人蒂普·奥尼尔想要罢免带有欺骗性友善的教条保守主义者里根总统时,他都会形容里根为"微笑的胡佛"。[82]在定期的总统排名榜上,胡佛的排名几乎一成不变,其表现仅优于安德鲁·约翰逊、詹姆斯·布坎南和富兰克林·皮尔斯。这对胡佛造成了伤害。当然,比尔德并不认为胡佛对本次严重的经济危机有如此回应,是因为受到了时代的特殊误导。事实上,1931年,比尔德曾称赞胡佛的关税政策及其拒绝屈服于海军联盟(海军联盟曾要求增加国防开支,而该要求可能令这个世界更加危险)的行事方式。由于比尔德的支持,总统曾亲自打电话到他的家中表示感谢。[83]

在很大程度上,第一次世界大战的突发事件影响了伍德罗·威尔逊重新建立国际关系的尝试,因此大萧条(以不同的方式令人震惊)使得查尔斯·比尔德开始努力对美国外交政策进行类似的大胆构想。威尔逊和比尔德都拥有政治科学博士学位,并以激进的理论对灾难做出回应,尽管二人的出发点截然不同:威尔逊认为美国应当承担起改变世界的领导者角色,比尔德却认为美国应当从世界事务中撤退回来,转而改变自身。

因此，比尔德支持《斯姆特－霍利关税法》，因为40%的进口关税几乎能够强制实现美国的自给自足。比尔德还进一步设想建立一个易货体系，在这个体系中，各国仅能交易国内企业无法供应的必要物品，从而消除会导致不必要冲突的有损无益的竞争。他力劝对新增贷款执行更加严格的管制，从而防止"那些不负责任的政府"从美国获得贷款，他还寻求外交活动的大幅缩减。比尔德认为，政府是时候拒绝"美国军事应当强大到足以'保护任何想要获得10% Weissnichtwo（想象出来的城市）债券或者随意地向世界……售卖玉米片、鞋拔和领扣的美国公民'"这种理论了。[84]

为了管理这座由痴心妄想建造起来的集权大厦，比尔德呼吁国会成立一个他所称的"国家经济委员会"，负责协调国家关于金融、生产和分配的所有经济要求。[85]他将这种外交政策整顿和国内国家主义战略称为"大陆美国主义"，并更加充分地阐述了20世纪20年代的各大主题。唯一的问题是，胡佛总统坚定地拒绝采纳比尔德的建议或者他提出的任何接近激进主义的事情。直到1932年富兰克林·德拉诺·罗斯福当选总统，才激起比尔德的希望：他的观点或许能找到一个更具接受能力的听众。实际上，比尔德希望他能担任新总统的类似于兼职导师的职责。

富兰克林·罗斯福的公共形象不可磨灭地印在了历史的记忆当中：他灿烂、乐观的笑容，对半眼镜，精心剪裁的西装，时常拿着的烟斗，以及对自己和国家命运绝对的信心。然而，对于一个几乎能够对所有遇到的人都叫上名字的人来说，他的内心拥有严密的防卫——FDR就像是一颗法贝热彩蛋，拥有耀眼夺目但却无法穿透的外壳。罗斯福于1882年出生于纽约上州一个富裕的贵族家庭，在开始政治生涯之前他曾在格罗顿和哈佛接受教育。他的职业总是被人认为低于他所在的阶级。与威尔逊不同，FDR不是一名知识分子，他吸收有用的知识，而非创造有用的知识。在1934年与罗斯福会面之后，约翰·梅纳德·凯恩斯表示非常惊讶，"从经济角度讲"，总统并不那么"有学识"。[86]

尽管罗斯福没有为国内和外交政策带来任何原创的观点，但他很善于向他人委派政策和战略创新任务，而且，他在识别哪些观点和政策能够带来正面、持久的改变且符合国会和整个国家的要求等方面拥有很棒的诀窍，当然也存在一些显著的例外情况，比如最高法院的包装方案。他拥有丰富的政治技巧。在威尔逊执政时期，罗斯福曾担任海军部长助理，任职期间他吸取了严重的警示教训，意识到在实施重大的创新政策时，白宫必须密切的与公众舆论保持一致。幸运而美好的是，罗斯福在政治事务上具有充足的天赋，因为在他的任期内，恰好遭遇了美国历史上最严重的经济衰退和最危险的战争。在那些危机四伏的境况下，他（在"炉边谈话"广播中展现出来）的镇定和非凡领导力是不可或缺的。

FDR很清楚自己对阿尔弗雷德·赛耶·马汉的钦佩，他曾表示，"作为一个年轻人，我很荣幸能够了解海军上将马汉，我几乎拥有他的全套书籍和文章。"[87]他的母亲也指出，他的儿子"喜欢任何形式的历史，过去常常钻研海军上将马汉的'海权史'，直到他完全记住整本书的内容。"[88] 罗斯福相信，建立一支强大的海军是非常有必要的。因而在他执政的第一年，在最具挑战的经济环境下，仍促进了海军的复兴。1933 年 6 月，他拨出 2380 亿美元的巨款用于改善舰队，并优先开发高压高温蒸汽动力。这是一项有远见的投资决策，使得美国海军能够发动比同等实力国家舰船高出 25% 能效的船只。[89] 但是 FDR 对伍德罗·威尔逊的钦佩看来更为可靠。1928 年，罗斯福在《外交事务》中指责共和党人积极援助"这项费用。然而，在解决全球面临的严峻问题中，在需要重大的建设性援助时，我们却贡献微薄。"[90] 整个 20 世纪 20 年代，罗斯福都强烈地反对美国始终不愿加入国际联盟的态度。

然而，在 1932 年的提名争斗中，罗斯福的政治私利战胜了他对威尔逊国际联盟的忠诚。FDR 否认他之前曾支持美国加入国际联盟，民主党后来也不再参考威尔逊所珍视的项目，几乎完全不再提及这名连任两届的先锋式总统。否认伍德罗·威尔逊这一行为是残酷的，但从竞选及其结果的本质看可能也是正确的：选举当天，罗斯福力胜胡佛。FDR 获得了 57.4% 的普选投票，现任总统仅获得来自东北部各州的 59 张选举人票。在即将到来的罗斯福时代，后者对 GOP 的长期亲和力将不复存在。当然，民主党的压倒性胜利可能也暗示了抛弃威尔逊的传统是没有必要的。

查尔斯欢迎罗斯福参与竞选，因为后者对大萧条表现出了高度重视。二人都对美国的未来及其发展和改善能力持乐观态度。在 FDR 13 年的总统生涯中，他领导联邦政府实现了在目标与影响力上的巨变，实施了比尔德主张和提倡的一些中央集权政策。在一个致力于创造就业机会、社会保障、大规模市政工程计划、促进工会权利以及联邦艺术补贴的总统任期内，还有什么令人不满意的？当然，总统驳回了比尔德关于拒绝以单一的来源实现经济规划的集中性这一建议。在比尔德看来，单一来源会导致国家与法西斯意大利的社团主义的密切关联超过了改良的家长式国家资本主义例如法国甚至是大不列颠等国家。但是比尔德对此表示理解，因为他意识到如此程度的变革超出了当前时代的范围，即使对于罗斯福这样有天赋的政治家而言，亦是如此。

令比尔德担忧的是总统对海军的喜爱。在这方面，这也是唯一的方面，他更倾向于胡佛，因为后者与他一样厌恶马汉的海军理论。FDR 支持海军扩张似乎预示着一种外向的外交政策。而比尔德担心这种愚蠢的侧重会导致总统受到"重大转移"的影响，"如果国内复兴计划远远落后于其目标，那么这种转移可能不会受到欢迎。"——这是比尔德于 1933 年正式提出的一次极具远见的言论。[91] 在此时，比尔德对罗斯福的一些强硬的顾问进行了指责，而非对罗斯福本人。他发现在当前政府中，已经存在一些分裂：总统和农业部长亨利·华莱士等人为杰斐逊主义者，他们更赞成政治和经济自给自足；国务卿科德尔·赫尔等人为危险的威尔逊式国际主义者，他们认为美国必须推动秩序的形成，传播民主观念，并继续助推更大程度的经济相依。比尔德希望政府能够向大陆主义方向倾斜，因而他开始着手令罗斯福相信他作为一名顾问的不可或缺性。

1933 年 10 月，比尔德与罗斯福在白宫一同进餐。如同数不尽的其他人一样，比尔德彻底地被他的总统主人迷住了，带着乐观的心情回到了家中，热切期盼 FDR 能够再一次接纳他关于"如何处理经济危机并确保美国成为世界事务中一个更加温和的地方"的观点。[92]1932 年，社会科学研究理事会为比尔德拨款 25000 美元，用于为那个令人苦恼的术语"国家利益"制定出一项准确的定义。这个研究计划的结果就是，在律师兼耶鲁学者乔治·H·E·史密斯的"协助下"，两本书于 1934 年出版。放在一起说，《国家利益理念》和《家中敞开的大门》代表了比尔德效仿阿尔弗雷德·马汉制定出具有现实可能性的外交政策愿景的尝试。比尔德了解时代并未站在他这一边，因而在确定目标受众上他比马汉更加激进。《家中敞开的大门》一书中的核心章节，标题为"政策的道德根源"，被直接作为信件内容发给了罗斯福总统："政客……拥有社会思想的公众人物专注于公共利益。"比尔德将自己描述为一名"知悉自己角色的学者……一名政客，当然，是没有职务的政客，但是拥有同样的公共责任感。"[93]1934 年，那些闪亮的主角再也无法像比尔德一样施加如此重要的政策影响力。

尽管两本书同时出版，但它们在风格和目的上却截然不同。《国家利益理念：对美国外交政策的分析研究》一书是比尔德写过的表面上看最具兰克性质的书籍。他的意图是使之"遍布冷酷的现实"，结果是，阅读体验非常枯燥乏味，且极为挑战读者的自制能力，令人断定这并非比尔德的风格。[94]该书的阴和阳分别指托马斯·杰斐逊和亚历山大·汉密尔顿，二人对国家利益具有截然不同的设想。对杰斐逊而言，国家利益主要关乎经济形式的土地。美国应当采取扩张政策，但仅限于大陆范围内，目的是创造出真正独立于旧世界的、自给自足的群体。对汉密尔顿而言，美国的国家利益主要关乎城市和商业。利用对丰富的自然资源的开发以及技术上的创新，美国经济获得了增长。而随着经济的增长，其政治领导人需要解除陆圈对国家的束缚，这个时刻总会到来。

在比尔德看来，汉密尔顿加强海外贸易（进步的主要驱动力）的逻辑结果是在加勒比和太平洋地区鲁莽的冒险主义，以美西战争和土地掠夺为终点。尽管杰斐逊主义并非完美无缺，比尔德依然认为忠于汉密尔顿主义会对美国带来更大的危险，因为后者内隐的基本原理是一种国际承诺的永恒扩张以及一支保护这些承诺的强大海军。推进一项永得不到满足的扩张性外交政策是大企业的本质所在，但这违背了美国真正的国家利益。商业所到之处，军事也将被迫跟随。这导致了危害美国的"外向推力"的产生，并将忽略国内范围，整个国家在很大程度上都将处于推力的接收端。[95]

《家中敞开的大门》一书更具哲学影响力，并且对读者也更加友好。比尔德认为，大萧条是汉密尔顿和马汉等人所吹捧的经济相依类型的逻辑结果。遵循《美国文明的崛起》一书中提出的分析思路,比尔德歌颂了美国丰富的自然资源,正是因此,美国才可以避免卡尔·马克思和弗雷德里希·恩格斯所预测的灾难性的阶级斗争。他建议联邦政府对进出口执行绝对的控制,将周边的领土权交回到合法所有人手中,尽可能地限制美国的外交接触以避免受到适得其反的粗鲁对待,并且建立基本的"生活水平"预算从而更加平等地重新分配国家的巨大财富以及消除危害美国政治体的失业肿瘤。比尔德承诺,这项计划将为美国甚至是世界上的其他国家和地区带来不可思议的结果:

通过对所有对外贸易实施国内管制,通过放松美国在标准化生产与商业投资国际市场上的资本压力,通过将国家精力集中于国家资源开发和国内财富有效配置上,以及通过慎重地从帝国主义国家竞赛中撤退,美国将从对美国人民毫不重要的 1000 项事务中正式退出,将后移其针对部分区域的防守线(一旦发生战争,该防守线可为美国提供最大的获胜概率),从而将最低程度地依赖战争中不可或缺的"战略产品"。并且,通过多倍增加在分析与合成化学方面的科研投资,美国可以稳固地减少其在和平时期发展物质文明不可缺少的必需品方面对国际市场的依赖……

简而言之,通过培育自己的花园,通过树立自我克制的国家榜样(这自然要比在国际会议中限制 50 个其他国家或者在战争中打败他们要简单得多),通过不再做出无法以武力轻易执行的承诺,通过面向其他国家采取公平、开放的商品交易政策,通过克制自身尽可能避免向其他国家就任何主题提供任何道德建议,以及通过提供足以维护该项政策的军事和海军力量,美国可能实现最大程度的安全,最低程度地依赖政府和不受控制的情况,以及最大限度地开发本国的资源。[96]

该观点所有方面都像伍德罗·威尔逊的观点那样激进。但该观点的前提与十四点原则中所体现的几乎所有内容都是对立的。它还坚决地反对马汉关于美国作为一个海上贸易帝国要时常参与一些必要的战争来提高地位、增加经验的观点。威尔逊和马汉希望美国能够与相互关联的国际事务之间保持和平状态,而比尔德认为美国应当撤退并"培育自己的花园"。威尔逊认为美国有责任领导世界,而比尔德认为美国对世界没有任何责任,当然美国欢迎其他国家对其发展路径进行检验,如果他们希望这样的话。用达尔文的观点来说,比尔德认为美国与澳大利亚、加拉巴哥群岛等地区是类似的,距离外来掠夺者足够遥远,有条件建立一个独特、非凡的生态系统。"在两大洋之间建国,"比尔德写道,"南北部均不存在历史上的敌人,因而共和国能够保护自身免受任何敌人的侵犯,而这种政策有可能改变该状况。"[97]

某些迹象暗示了比尔德,总统可能赞同这种对美国未来的激进性重塑。1933 年 7

月，罗斯福退出伦敦经济会议（该会议旨在针对经济萧条设计出一个共同的全球回应，至今依然影响着各国）。然而，为了保护伴随美元疲软的贸易利益，罗斯福拒绝加入一个共享的通货稳定政策。比尔德称赞了罗斯福的各项行动，因为他认为这些行动遵循了杰斐逊的传统，并且说明对外贸易对国内复苏而言并非必要。[98]1934 年 1 月，记者欧内斯特·K·林德利（据称与 FDR 关系密切）报道称，比尔德是"《新政》之父"，这是一个受人欢迎的对他的认可。在《美国历史评论》上对《家中敞开的大门》的一篇总体比较热情的评论中，历史学家塞缪尔·弗拉格·比米斯指出，该书有潜力成为"一部美国政治思想经典"，业内知情人士曾告诉他罗斯福总统已经阅读这本书籍并且在页边空白处写有评论。[99]

比米斯是正确的，罗斯福的确在书上潦草地写了些东西。并且实际上，总统"将书放在书桌里三周是为了让来访者阅读！"但是比尔德也及时地了解到，FDR 的其中一条手写评论将该书描述为"不怎么样。"当农业部长亨利·华莱士在《新共和》杂志上针对《家中敞开的大门》发表了一篇公平但具有批评性的评论时，比尔德的失望情绪是非常复杂的。华莱士指出，比尔德"做了一个伟大的梦，梦中我们伟大的国土拥有一个美好而和平的未来，""心灵都为之颤抖……（但是）即使是比尔德都没有发现整体的问题所在。他是一名优秀的历史学家，相对而言，他的经济学家才能就没那么优秀了。"华莱士认为，抛弃世界贸易并谋求国内独自发展是不可能实现的，同时有可能为美国带来巨大的危害，更不用说为美国创造一个美好的未来了。在另外一篇评论中，历史学家赫伯特·费斯（之后担任国务院的经济顾问）在比尔德的建议中发现了沙文主义，担心他的榜样可能招致他所谴责的某种互相交战状态。如果法国将《斯姆特－霍利关税法》视为宣战，那么巴黎会如何理解美国谋求自给自足的行动？费斯进一步担忧技术创新可能会很快使美国丧失两大洋对其的保护。[100]美国也许可以实现自给自足，但拥有强大军事力量和巨大发展潜力的国家，特别是德国和日本，缺乏遵循类似路径的自然资源。一旦军事技术成熟，我们将如何阻止他们向丰富的美国寻求补救？华莱士和费斯都在比尔德的论点中找到了重大的缺点。综合起来说，连同 FDR 的"不怎么样"评论，他们的批评可以看作是对比尔德大陆主义观点的正式官方回应。1934 年，他的政策相关性希望破灭了。比尔德对罗斯福的看法也延续其轨迹从希望发展为担心，最后又转变为强硬的反对。

与德国和意大利一样，日本也认为其在巴黎和会上受到了不公平待遇。由于站在协约国一方进行了勇敢的战斗，同时在太平洋上多次打败德国舰队取得了重要的胜利，日本认为获得国际联盟的南海授权（包括今天的帕劳群岛、北马里亚纳群岛、密克罗尼西亚联邦以及马绍尔群岛）这种补偿是不够的，特别是相比于法国和大不列颠所策划获得的战利品而言。在日本，缺乏赖以生存的自然资源例如橡胶和石油，比尔德式自给自足就是一个没有希望的梦想，因而它会是首个强硬反对两战期间领土限制性现状的国家。

也因此，在 20 世纪 20—30 年代期间，日本陷入了军国主义魔咒中，一些野心勃勃、残酷无情的人认为，日本为了走向更加辉煌的未来，唯一的方式就是凭借其强大的军事力量吞并富裕的中国东北部地区、东南亚大部以及荷属东印度群岛。1940 年，日本为这个以邻国利益为代价来扩张日本帝国的计划起了一个奥威尔式名称："大东亚共荣圈。"

创建这个繁荣之弧的第一阶段就是，日本吞并中国北部的满洲地区。1931 年，满洲地区被日本侵略，在中国领土内宣布独立，并改名为满洲国，至此，第一阶段任务完成。随后，50 万日本男女移民到这片资源丰富的土地上，在这里定居、种植，目的在于一定程度上缓解祖国正在经历的经济困境。作为回应，胡佛政府发表了"不承认主义"（史汀生主义，以国务卿亨利·史汀生命名），表示美国不会承认满洲国是一个独立的国家，或者日本为实现自给自足而决定侵占和吞并的任何其他中国领土。1937 年，日本全面侵入中国，发动了残酷的战争，并犯下了种种罪行，从而直接挑战了史汀生主义。例如，日本在占领南京后，其军队杀害了大约 20 万中国军民，强奸了上万名妇女。[101] "南京大屠杀"是仅日本争夺区域控制权征程中的一个黑暗片段，未来还有更多。罗斯福的回应虽然具有批判性但却对日本的行为保持了缄默，一定程度上是由于其顾问威廉·C·布利特提出了冷酷的现实主义建议："我们在中国拥有大量的情感利益、少量的经济利益，但没有切身的利益。"[102]

柏林和罗马也密谋了一条类似的破坏性扩张主义路径。在这些民族统一主义国家中，意大利参与较少，尽管它率先接受了法西斯主义。1935 年，意大利入侵阿比西尼亚（埃塞俄比亚），意图复燃罗马帝国的辉煌。更煞有介事的是，它希望对阿比西尼亚实施报复，起因是 1896 年阿杜瓦战役期间阿比西尼亚人曾战胜意大利军队，为意大利带来羞耻。这一次，意大利的军事实力远超处于下风的阿比西尼亚人，尴尬的是，尽管如此，后者依然成功地对本尼托·墨索里尼的入侵部队造成了一些打击。在一次可耻的外交事件中，英国和法国曾联合安抚墨索里尼，希望他能够带领意大利反对阿道夫·希特勒领导的德国。两国拒绝关闭苏伊士运河（一旦关闭，便可将意大利军队阻断在非洲之角），同时还提出一项由两国外交部长塞缪尔·霍尔爵士和皮埃尔·赖伐尔设计的计划，该计划割让了阿比西尼亚的大片领土给意大利。当这个因循守旧的计划的细节被公诸于众时，霍尔和赖伐尔受到了攻击，二人被迫辞去职务。国际联盟也发布了一项并不那么认真的禁运令，不幸的是，禁运范围并不包括石油。但是，该事件对英法两国声誉造成了重大的损害。了解到外交敌手实质上持有优柔寡断的态度，大胆的希特勒意识到，攻击遭受辱骂的《凡尔赛条约》，此时正是最佳时机。

希特勒小心谨慎地进行着挑战欧洲现状的行动。首先，1936 年 3 月，德国独裁者希特勒命令再度实现莱茵兰的军事化状态，而凡尔赛的胜利者已经去除了其军事能力。

对此，英国和法国未作回应。夏天，希特勒派遣德国军队以及最先进军事装备支持其法西斯主义同盟弗朗西斯科·佛朗哥推翻西班牙民主选举人民阵线政府的行动。对西班牙内战的直接参与使得希特勒得以测试其战场新战略，即闪电战和不加选择的空袭。在第二次世界大战期间，这些战略对所有战区都产生了毁灭性的后果。德国支持在佛朗哥的胜出中发挥了决定性作用，于是欧洲大陆上另一个法西斯国家诞生了。当年晚些时候，德国与墨索里尼领导的意大利宣布结成联盟，也就是后人所称的"轴心国"。这也显示了英法两国企图引诱墨索里尼加入他们阵营的行动是徒劳的。1938年2月，德国放弃了重新获得太平洋领土的希望，并同意与日本正式结盟。当月，德国军队进入奥地利，并宣布泛德主义德奥合并，之后进行公民投票，有高达99%的奥地利人都赞成德奥合并。

希特勒有信心英法两国将继续对他攻击凡尔赛持默许态度，这一点也证明了这些国家已经软弱至极，于是希特勒将关注点转移到了捷克斯洛伐克。捷克斯洛伐克的苏台德地区大部分为德意志人。虽然当时对德国侵略表示让步并未发挥应有的作用，1938年9月末，英国首相内维尔·张伯伦在慕尼黑会议上将这种绥靖政策发挥到了顶峰。张伯伦作为会议的主持人，与法国首相爱德华·达拉第以及希特勒达成了一项协议，并于9月30日签署。协议规定将捷克斯洛伐克的工业中心苏台德地区赠予德国。带着沾沾自喜的心情，并且被灌入一大剂盲目乐观主义汤药，张伯伦竟为慕尼黑协议致敬，理由是该协议保证了"我们这个时代的和平"。然而，这种和平仅仅持续到1939年3月，此时，斯洛伐克脱离捷克斯洛伐克，成为纳粹的追随者，这个懦弱国家的其余部分也在德国的刺刀下并入第三帝国。

3月31日，法国和英国最终承认他们对希特勒的绥靖政策失败，并许诺将全力支持波兰的独立，如今波兰西边被纳粹德国包围，东边被斯大林的苏联包围。8月，英国签署英-波军事同盟，进一步强化了自己的承诺，张伯伦也承诺将遵守该同盟。仅仅几年后，他们就撇清了关系，而不是产生了令希特勒信服的持久性，因此希特勒有理由怀疑英国是否会为了波兰冒战争的风险。9月1日，刚好是《苏德互不侵犯条约》签署后的一周，150万整装待发的德国军队涌入波兰边境。20世纪最坏的两个屠杀者之间的这项互惠条约承诺，两国军队在肆意践踏波兰领土时不会对对方造成任何侵犯。这一次，英国和法国信守了他们的承诺，两天后即对德宣战。在习惯了英法的软弱后，希特勒得知这一消息时的确大吃一惊。

阿道夫·希特勒厚颜无耻、无情地摧毁了威尔逊、劳合·乔治和克列孟梭在巴黎所签署的一系列合约。事实上，希特勒甚至可以要求遵循民族自决逻辑，因为他正在第三帝国的良性控制下将所有德意志人聚集在一起。日本、德国和意大利的极权政府正在拿走他们认为属于他们的东西，世界上的其余国家（英国和法国承担了大多数指责）似乎缺乏阻止他们的意志和能力。英法两国对这些凡尔赛违规者的强势联合回应也许可以停止这一势头,粉碎掉希特勒及其传播者一直致力于发展的个人崇拜,并且鼓励其对手发动一场类似于希特勒 1923 年在慕尼黑以及 1933 年在柏林尝试发动的政变。

罗斯福总统对这些悲惨地缘政治事件的回应的各项参数受到当时孤立主义思路的限制,而这些参数的一小部分,是比尔德通过在全国性报刊和杂志上发表大量作品来帮助创建的。然而,1934 年,H·C·应家柏和 F·C·哈尼根的《军火商:国际军事行业研究》真正捕捉到了公众的想象力,引起了一片轰动。《军火商》一书成为全国的畅销书,并被在美国盛极一时的"每月一书俱乐部"广泛流传。该书认为,军事行业在 1914 年世界大战的爆发中发挥了重大作用,并且驱使美国三年后参战。作为对一些明显合理主张及这些主张所带来喧嚣的回应,北达科他州的参议院杰拉尔德·奈伊领导了一场国会调查,该调查被指确立了第一次世界大战的真正起源。奈伊提供了戏剧性、煽动性的结论,指责了草率的国际主义美国银行——它们的利益与军需工业的利益危险地交织在一起——向英国和法国延展信贷,而这种信贷只有在德国及其同盟被打败的情况下才能够被偿还。1935 年初,奈伊委员会公布其调查结果,迅速对国会和公众舆论产生了重大的影响。1936 年的民意投票显示,95% 的美国人反对参与未来任何与希特勒领导下的德国之间的战争。罗斯福了解,他面对的是一种"长期的公众心理,这种心理几乎等同于'以任何代价维护和平'。"[103]

国会以绝对多数通过了三项关键的中立法案。第一项通过于 1935 年,此时墨索里尼正在准备攻击阿比西尼亚。该法案要求美国在战争状态下对所有交战国实施武器禁运,并且警告美国人避免乘坐交战国所有的船只航行。第二项中立法案通过于 1936 年 2 月。该法案从奈伊委员会获得直接提示,禁止为交战国提供战争信贷。第三项法案通过于 1937 年 5 月,重申了早期的约束条款,并规定美国乘坐交战国船只航行为非法行为,而非单纯地警告美国要避免该行为。所有这些法案背后的基本原理是很明确的:占据国会大多数席位的孤立主义者希望阻止罗斯福的所有军事演习,据称威尔逊曾于 1917 年部署军事演习,将美国卷入战争。在一次对美访问中,英国首相张伯伦的姐姐曾将其母国描述为"几乎没有民族愿意与之为伍"。[104]

由于 1937 年日本侵略中国,以及担忧复苏后的国会(如果不加以限制)会破坏罗斯福广泛的政治议程,总统决定就国际事务发表一次重大演说,以重塑权威,引领公众舆论。面对再一次的经济衰退,罗斯福新政摇摇欲坠,FDR 为最高法院配备法官的努力也陷入极端的政治/司法障碍之中。国务卿柯德尔·赫尔回忆道,在这种政治危机下,他"越来越担心孤立主义情绪在美国滋长。"他力劝总统发表一次关于"国际合作在其旅程中"的效力的重大演说,以此挑战国会和媒体中的反对者。罗斯福同意了赫尔的提议,并于 1937 年 10 月 5 日发表了一次演说,也就是著名的"隔离演说"。[105]

上百万人们聚集在人行道上,设想着总统在芝加哥的从容行程,他们都迫切地希望能够一睹这名潜在救世主的风采。在这次强有力的演说中，FDR 直接提到了中国和西班牙正在遭受的战争，指出世界文明受到了专制政权恐怖行动的威胁。他攻击了那些意图良好但具危险性的理想主义者，后者认为美国在西半球舒适的栖息地距离世界的痛苦非常遥远，能够避免受到其他地区的牵连和攻击。这是一次举世瞩目的演说，为未来的世界事务进程带来了重大的影响。

爱好和平的国家必须齐心协力，反对那些无法仅仅通过孤立或中立来避免的、正在造成国际无政府主义状态和不稳定局势的破坏条约的行为……当肉体传染病开始蔓延时，社会便赞成并联合起来对患者实行隔离，不使疾病蔓延，以保护社会的健康……我们采用这些措施来尽可能地缩小我们参与的风险，但是在一个信心与安全均已瓦解的混乱世界中，我们无法确保得到完全的保护。[106]

群众的反应是欣喜若狂的。在返回华盛顿的火车上，为了寻求进一步的肯定，总统询问他的秘书，"演讲进行得怎么样，格蕾丝？"格蕾丝赞赏地点了点头，罗斯福沉思地说，"无论如何，现在演讲结束了。有些话总归要说的。"[107]这些话也许应该说出来，但依然引起了激烈的反响。当罗斯福发表演说的新闻到达华盛顿，国会议员汉密尔顿·菲什和乔治·廷卡姆呼吁弹劾总统。柯德尔·赫尔回忆道，"他们对于隔离观点的反应如此快速而又猛烈。正如我了解到的，这导致我们形成和强化公众国际合作舆论的持续教育活动至少延期了 6 个月。"[108]如同他的政治生涯一样，罗斯福的立场也被迅速确定下来。

1938 年 1 月，国会议员路易斯·A·勒德洛发起了一次修宪行动，要求就宣战进行国民公投，除非对美国领土构成直接的军事攻击。该提议以 209∶199 的投票比例被议会否决。感知到目前态势尚在自己一边，罗斯福请求大幅增加军备支出，这一请求被正式授权。1939 年一整年，FDR 变得非常大胆，已经敢于挑战中立法。德国入侵波兰后，美国通过了第四部中立法案。该法案废除了之前第三部法案的钝器性质。第四部法案通过于 1939 年 11 月，允许交战国（指代所有反对希特勒的国家）以付现自运的形式购买美国的武器。只要英国和法国的财政储备允许，这就是它们的救命稻草。5 月 10 日，温斯顿·丘吉尔取代张伯伦成为英国的首相，仅从这个意义上说，这是吉祥的一天。但是同一天，德国入侵了比利时、荷兰和法国。法国寄予厚望的马其诺防线被攻破，并且在五个星期的时间内，各个国家便接连受到德国闪电战的攻击。6 月 14 日，巴黎落入到德军手中。大英帝国是唯一挫败希特勒野心的一支力量，同时它也迫切需要美国的物资供应。但是美国怎能为一个无力承担费用的国家供应物资呢？

对于日本在其太平洋后院的贪婪野心，比尔德并未感到担忧。1931 年，满洲国成立后一周，比尔德在南加利福尼亚大学发表了演讲，指出日本的扩张主义是一种体系的自然产物，在这种体系下，海陆军在民政当局的覆盖范围之外进行操纵，并且对制度赋予了过多的尊重。他进一步警告道，对于日本在中国的所作所为，美国无须真正担心，因为它正忙于在艰巨的经济环境下捍卫其"大陆遗产"。[109] 比尔德还对1933年沃尔特·李普曼提出的国际主义论据表示了失望，后者认为"这该死的危机是国际性的，无论我们喜欢与否……尽管存在一些偏见、偏好以及相反的愿望，它都是国际性的，即使是那些认为它不具有国际性的人也正在提着一桶水试图扑灭这场大火。"[110] 比尔德认为李普曼是错误的，而李普曼如此蔑视的公众舆论会为国际主义者领导的扩张主义提供最坚实的堡垒："虽然迂回曲折，美国人民依然继续了（乔治）华盛顿的传统并拒绝了西奥多·罗斯福的吉卜林式帝国主义和伍德罗·威尔逊的博爱。"[111] 但是公众依旧需要对他们保持谨慎。比尔德强烈地怀疑罗斯福总统正在寻求参与一次对外战争，以将注意力从国内经济持续低迷的状态中转移出来。"杰斐逊的政党已经将美国卷入1812年战争、墨西哥战争以及世界大战，"比尔德于1935年2月写道，"接下来等待我们的是太平洋战争。"[112]

在意大利入侵阿比西尼亚之后，比尔德将攻击目标转向了那些为意大利行动贴上"好"或"坏"标签的道貌岸然的观察员们，这些人无视好坏，毫无顾忌地"利用战争的风险来阻止战争"。[113] 在自恋、好战的本尼托·墨索里尼对战高尚、微小的海尔·塞拉西一世的不对称战争中，比尔德对好坏二分法的诋毁似乎很难让人捉摸，更别说让人苟同了。但是他的大致动机是非常清晰的，即避免美国被牵扯进意大利在偏远地区或大陆的利益所导致的更大规模的战争中去。顺着这条推理路线，1937年9月，比尔德指出，罗斯福欠考虑地模仿伍德罗·威尔逊，其实还是在遵循"美国必须在全世界范围内行善这一信条"。[114]

尽管如此，比尔德依然在明显地厌恶日本、意大利和德国以及想要破坏美国阻止前者进犯的行动之间设计了一条艰难的路径。同时，他也对其他地区的进步人士与社会主义者表现出了明显的同志情谊。例如，比尔德支持为西班牙的"忠于征服者"人民阵线供应美国的武器和弹药——很明显，佛朗哥的暴动被打败是道德所驱。1937年日本侵华之后，比尔德书写了一篇有洞察力的、道德明智的批判性文章，批评了日本、意大利和德国所犯下的罪行，并分析了这预示着什么：

由于他们对武力的信仰……希特勒和墨索里尼或多或少地超出了惯常的预测范围。日本军国主义者属于同样的情绪范畴。拥有着"一切皆可发生"的历史哲学观，这三大组织的指挥者可能把一切顾虑都置之脑后了，并做出了（侵略战争）这一试验，或者说，这些大国可能并非有意为之或在没有公开声明的情况下就发现自己已经身处消解文明的战争之中了。[115]

但是之后 1938 年 2 月，由于担心日本在中国的残酷行为会导致 FDR 说服美国人参与到东亚的战争之中，比尔德提供了一个鲜明的选项，即维护远在数千英里以外的异国民族的命运以及维护美国自身的发展：

很容易陷入对遥远的中国人的巨大道德热情之中。现在还不会付出太大的代价，但可能需要牺牲无数美国男儿的性命。这与我们自身的贪婪利益并没什么冲突。听起来不错，在星期日……（但是）任何充满道义感以及受到微妙情感影响的人都能在国内找到应做之事，想想我们 100 万失业人口、流浪者、乞讨者、佃农、租户以及战场上的痛苦。把双手放在我们的门上，为我们的国家服务吧。[116]

比尔德坚信美国最好注意自己的伊甸园，因而很难调和比尔德对柏林、罗马和东京的蔑视，但是这种信念对他思维的拉力已经主导了他对 FDR 隔离演说的观点。他认为 FDR 的演说预示着一场灾难。作为对美国共产党总书记厄尔·白劳德自私地为总统提供支持的回应，比尔德对这场演说表示了质疑，"我们如何能够厚颜无耻地认为我们能够解决经历了五千年战争历程的亚洲和欧洲的问题？真的，小男孩和小女孩们，我们如何能够做到？"[117] 1938 年 2 月 9 日，比尔德被要求在众议院对此进行证实，他谴责了 FDR "隔离政策"中需要"在远太平洋或远大西洋的侵略战争中使用大型战船"的观点。他还对那些感觉论者表示了蔑视，后者认为有可能"欧洲的法西斯妖精……会越过大西洋到达巴西……当普通业务不景气时，造船股票的持有人就会产生这种梦魇……这一支新球拍会将美国人拍进到罗斯福的隔离阵营中去。"[118]

对于日本、德国和意大利的海侵，免除自身残余不适感的一个简便的方式就是指责英国和法国的优柔寡断导致了这场混乱的产生——比尔德一直就是这样。由于在牛津大学期间对这个国家有了更加深入的了解，比尔德对英国有着复杂的情绪。他钦佩其有序的社会和种种政治与文化成就，但是他又蔑视其阶级制度以及军权统治。比尔德曾读过一本由昆西·霍维写就的反英辩论性书籍，名为《英国希望每名美国人都能尽其职责》。比尔德完全同意作者的中心论点，即美国应当让它的老殖民前辈为自己而战，如此美国自身的利益将得到维护。但是，在语言、经济和文化传统方面清晰的共性又确保了"即使是盲目的孤立主义者依据他们关于实践的思维也必然会意识到这一事实。"[119] 尽管如此，比尔德依然认为英国应当独自或者在法国的帮助下对战希特勒和墨索里尼。1939 年早期，比尔德建议巴黎和伦敦应当"揭开（希特勒）的底牌，在 48 小时时间内阻止危险的发生。它们可以团结起来，如果这是他们真实、内在的愿望的话。它们拥有人员、物资、资金和实力。"[120] 此处，比尔德高估了英法的能力，同时低估了德意志国防军的能力。但是他并不是唯一一个错误判断 20 世纪 30 年代末期欧洲军事平衡态势的人。

在理解希特勒的扭曲情感所带来的恐怖威胁方面，比尔德是有先见之明的。1936年在《外交事务》一书中，他写道，《我的奋斗》应当停留在其表面价值上，"没有任何一本书比这部神圣的著作更加权威。"关于希特勒的就任对德国犹太人口意味着什么，他也形成了一些一般性的认识——"犹太人将被以不宜刊印的语言进行责难。他们会被驱逐至犹太人居住区或者被驱逐出德国"——并且准确无误地揭露了希特勒的扩张主义构想："德国人开始认识到自己的内心，滋养了深深的仇恨并且凭借激进的教育体系被愤怒所绑架，他们已经为那一天做好准备——希特勒、他的工作人员以及军队准备好并且合理地确信对东方或西方的一次突然的毁灭性攻击能够取得成功。"[121]

对于比尔德低估希特勒的实力，其实是不该受到指责的。然而，早期比尔德主张英国应当坚定其决心，而到1939年，他又接受这种模棱两可的状态，两种态度之间形成了鲜明的对比。5月20日，激进主义记者H·L·门肯写信给比尔德，"即使战争带来了危险，这当然也不是罗斯福的过错。他已经竭尽全力鼓励英国的不屈不挠精神。"比尔德回复道，"我想你是对的，下次东征即将到来，就让我们期望欧洲那些未开化的人能够成功吓唬住他们吧……从而给我们留出一点喘息的机会。"值得赞扬的是，一年后，当英国作为一个独立国家的命运产生争议时，比尔德谴责了门肯在一篇文章中提出的建议，即"没有任何证据能够证明这些极权主义国家……谋划着对我们的国家发动攻击。"比尔德回复道，"'没有任何证据证明'这种陈述是正确的。我们不知道他们正在做什么，即使他们真的在谋划什么事。但是我们有理由怀疑……我赞成远离欧洲的这些混乱，但是经验和审慎以及经常被烧焦尾巴的痛苦建议我，我们应当保持火药干燥并且缩回我们的脖子。"门肯仅做出了一点点让步，他懦弱地写道，"在我看来，对于发生的一切，我们似乎对罗斯福的责备比对希特勒还要多。"[122]

比尔德在欧洲黑暗的情势下又给门肯打了一些质疑和反驳的电话。但是正如这种交流所暗示的，他的智力足够驳回那些没有确凿根据的主张，例如门肯的主张。然而，整个20世纪30年代末期，比尔德的大陆主义令他处于不太愉悦的伙伴关系中。孤立主义阵营是一个大教会，但遗憾的是，其中的许多成员都与恶魔为伍。神父兼电台煽动者查尔斯·考夫林就是一名恶毒的反犹太者，他对法西斯主义的同理心表露无遗。美国第一委员会中孤立主义的主要发言人、飞行员查尔斯·林德伯格对于犹太人的优生学及其所施加影响有着丑陋的观点。林德伯格对第三帝国的崇拜——他认为纳粹德国空军势不可挡——致使他建议FDR为了美国利益的最大化考虑去接受希特勒。孤立主义者从局部利益中汲取力量，他们主要是抵制服兵役者、反犹太者、爱尔兰裔美国人、亲法西斯德裔及意大利裔美国人、威廉·赫斯特及其轻信的读者们、中西部仇外者、和平主义者、贵格会信徒以及布莱恩式民主党人。

社会学家塔尔科特·帕森斯指出，孤立主义者有着类似于社会病态的情绪，爱米尔·涂尔干称之为社会反常状态的一种变体："规范性规定的难以忍受性丧失，标志着社会结构的瓦解和孤立个体的迷失。"[123] 比尔德就在这种充斥着刺耳、混乱、沙文主义声音的不和谐音调中操纵着。

相比于这些关于美国不介入的令人厌恶的原理，比尔德的大陆主义是一种人性的典范，其驱动力是良性的社会改良国家主义。他认为，在尝试向其他地区输出一种未实现的模式之前应当首先完善美国自身，这种劝告在某些方面还是值得赞赏的。他并非学术界的唯一一名孤立主义者。除他之外，还有约翰·巴西特·摩尔（哥伦比亚大学）、埃德温·M·博查德（耶鲁大学）、菲利普·布兰德利（达特茅斯学院）、哈利·埃尔默·巴恩斯（史密斯学院）、罗伯特·M·哈钦斯（芝加哥大学）以及亨利·诺布尔·麦克拉肯（瓦萨学院），他们都坚定地反对美国参与第二次世界大战。但是比尔德为全球不介入提供了最人性化、最令人信服的论据。尽管他曾在 1940 年为林德伯格辩护——拒绝为这样一名英雄冠上卑劣的种族主义动机——比尔德也曾拒绝为美国第一委员会提供公众支持，他写信给马修·约瑟夫森，说道，"我想要为和平而呼喊。但是我发现这个阵营里的人并不是我希望的，而那些正确的人似乎在另外一个阵营。"[124]

当法国屈服于德国的军队力量时，比尔德发表了他关于理智地缘政治的最终请求。在《美国外交政策》一书中，比尔德确定了两个坏人，他们联合起来为错误的海外介入造势，而这种行为可能最终摧毁共和国。这两个人就是阿尔弗雷德·赛耶·马汉和伍德罗·威尔逊，一个人的成功会无情地导致另一个人要求过高。比尔德将马汉描述为"美国有史以来最成功的传播者"，谴责罗斯福"将马汉的作品当作自己的美国政治圣经"。在不遗余力地谴责马汉时，比尔德几乎展示出他的艺术家能力：

> 可能在这个国家的整个历史上，都没有比这个更加冷血的决定了，"在人们不知情的情况下"为他们施加一个如此"伟大的"政策，不考虑他们的反抗、"无知"和"地方主义"……（马汉）是一个真正无知的人，他使用如此老旧的作品来达到他预想的企图，断章取义……总之，实质上讲，马汉提出的美国外交政策基于纯粹的生物物质主义贪婪，当然也或多或少地存在着一些修辞学困惑、宗教情感和拙劣的风格……马汉的体系中被认为具有争议的许多内容仅仅是一名失意的、对航行和战斗不感兴趣的、坐在转椅上的官员的合理化战争激情。[125]

在攻击了马汉和罗斯福之后，比尔德又转向威尔逊。对于比尔德来说，这种连续性是无缝的："从他们参与集体性世界政治来看，从'为后世人做功德'的帝国主义理论来看，这仅仅是威尔逊总统以实现世界和平和公共福利为名义阴谋永久、公开参与欧洲与亚洲事物的其中一个步骤。"[126] 显然，比尔德是蔑视马汉的，但他更加同情威尔逊及其十四点原则：

这超出了许多调解人的最美好梦想。它引起了一些可疑的问题。但这是一项谋求世界和平的计划，由国家的最高权威所提出……总而言之，历史错误会被纠正，各国会立足长远，所有人的和平由所有人来维护。世界的最终和平似乎从未距离实现如此之近……凭借威尔逊总统的计划，美国的传统外交政策——大陆主义和帝国主义——终将被坚决抛弃，国际主义新政策也将被取代。取代不干预的将是积极、持续地参与欧洲事务。[127]

然而，这个听起来似乎不错的计划受到了其隐匿的经济基础的严重破坏。威尔逊的国际主义"将其主要重心都放在了实现自由放任的国际商业上，企图将后者作为新秩序的主要经济支撑。以至于在所有方面都与美国的大陆主义、美国在这一半球的和平计划以及在其他地区的和平关系构成了绝对、不可调和的矛盾。"[128] 马汉由无理性唯物主义所驱动，威尔逊由自欺欺人的利他主义所驱动，二人都违背了杰斐逊的美国大陆主义精神：

在美国历史上，统治精英曾经两次将美国从其大陆重心转移至世界冒险中，表面上是为了与其他国家或地区建立关系，从而为美国工业带来繁荣，提高美国威望。第一次是在1898年，第二次是在1917年。但是每一次人民主体都能抵制住这种推动力，在错误的承诺中发现欺骗的成分，最终回归到大陆的轨道。[129]

在美国人民身上，比尔德发现了他乐观主义的最主要原因。他依然希望公众舆论的浪潮能够接受他的愿景，阻止FDR实现其依然制定好的战争计划。

在自己那本比尔德所著《美国外交政策》一书的内封面上，罗斯福总统写道，"长达40年持续不断的研究产生的是一只近交系小鼠。"[130] 对该书的批判性接受几乎没做过多克制。新教神学家、著名的外交政策现实主义者雷茵霍尔德·尼布尔写道，比尔德没有隐藏他的"道德冷淡主义"。[131] 纳粹德国一度侵占欧洲大陆，并准备好对大不列颠发动侵略。此时，尼布尔才发现比尔德对这些事件的忽略是不合情理的。艾伦·内文斯与尼布尔一样，都谴责了比尔德"无情漠视道德考虑的行为……民主的世界正在跌入解体和绝望的溪流。人们即将死于枪林弹雨之中，机关枪也只能拯救这个世界的一部分。他们说着我们的语言，持守着我们的信仰。但是比尔德先生对此却毫不在意。"[132]

比尔德曾经的忠实崇拜者刘易斯·芒福德认为，对西方文明的一系列威胁致使大陆主义的创始人"如同一个在雷雨日无法判断时间的日晷一般"。芒福德轻蔑地写道，"实际上，查尔斯·比尔德的孤立主义，""几乎就是野蛮的标志，就像（阿尔弗雷德）、罗斯福或戈特弗里德·菲德尔的学说。"[133] 由于受到来自各方的攻击，并且美国的公众舆论也与政府保持一致，比尔德陷入了困境，但也愈加引人注意。1940 年 7 月，《财富》杂志的一次投票发现，三分之二的调查对象支持总统为反对德国和日本的国家提供支持。[134]

正是在这种不利的情况下，2 月 4 日，比尔德向参议院外交委员会声明，他反对罗斯福总统在缺乏正式军事联盟的情况下拥护英国的主要策略，即《租借法案》。田纳西州流域管理局（《新政》的最高成就之一）局长大卫·利连索尔以赞扬的口吻描述了比尔德在国会所做出的突出表现。他"长得很大气，面部表情很丰富，有时很温和，甚至让人觉得'毫无恶意'，他的听力不佳和年龄又加深了这一印象。他的双眼会变得阴沉时而敏锐，眉头紧锁，出现阴沉的、鹰一般的表情，然后他会以一种有趣的方式发动攻击。"[135]

比尔德在证词中进行了淋漓尽致的批判。根据《租借法案》的规定，美国承诺向英国提供大量的军事物资，而无须支付首期款项。该法案规定，战后，物资应归还美国或者以一折的优惠"购买"这个物资。FDR 解释了其中的原理，他指出，在邻居房子遭遇火灾时，恰当的回应不是说，"邻居，我花园的水管花费了我 15 美元；你如果使用水管，需要支付我 15 美元"，而是说，"我不想要 15 美元，我只想要在火扑灭之后要回我的消防水管。"[136] 比尔德就总统的逻辑智慧进行了辩论，并认为该计划必然会致使美国被卷入争端；这时候，一根准备就绪的花园水管可就不足以阻止大火蔓延了。在批判《租借法案》之前，比尔德对之前高估英法的能力表示了歉意，他本以为英法能够在没有援助的情况下击退希特勒领导的德国，并且以自我辩解的方式进行了补充，表示他不是唯一犯下这个错误的人。

比尔德询问委员会道，"1939 年 9 月，我们谁能预见到法国这个曾像铜墙铁壁一样矗立 4 年的国家会在短短 4 个月内像纸牌堆成的房子一样轰然倒塌？"[137] 他的基本立场是，《租借法案》是不符合宪法规定的。根据他关于《宪法》经济基础的观点，在没有明显回报的情况下借出物资实际上违反了开国元勋的意图。比尔德力劝国会"以极大的魄力"否决该法案，"美国历史上任何一名总统都不敢有这种魄力要求中止《宪法》以及国家的其他法律，也不敢要求赋予其超越生死的无限的独裁权力。"对于比尔德而言，《租借法案》就是"一个发动不宣而战的战争的法案。在这方面，我们不应当抱有任何妄想。"[138] 比尔德期待德国、日本和意大利能够被打败，但他不确定美国接下来将要做什么："一旦欧洲投入到混乱的战火之中，革命也会遍地开花，我们的国会有能力为了那里秩序和安全的重建与维护而供应必要的人员、资金和人才吗？"[139] 关于比尔德的最后一点，将由以后的政治家和思想家去思考其现实意义。罗斯福最终得以通过该法案，比尔德在争论中败北，同时在这个过程中还进一步损伤了他的名誉。参议院证词是在日本攻击夏威夷港口珍珠港之前比尔德最后一次对美国外交政策的重要评论。

凭借相对主义来反抗世界历史上为数不多的一次摩尼教冲突,这是比尔德命运的不幸。1941年12月7日,日本攻击珍珠港上的美国太平洋舰队,击沉4艘战舰、2艘驱逐舰,摧毁188架直升机,杀害2400名服役人员。4天后,德国与意大利对美国宣战。珍珠港事件给了孤立主义论点致命一击。"花园理论"不再是一个选项。私下里,比尔德感到自己是正确的,他20世纪30年代中期关于FDR刺激日本加速战争的预言得到了证实。在1941年7月对日本实施石油出口禁运时,罗斯福就已经或多或少地推动了东京的步伐。由于缺乏石油储备,日本立即面临两个选择:要么悬崖勒马,要么通过领土争夺获得独立的石油供应。日本选择了后者,并且推断美国海军是唯一能够阻挠其野心的力量,于是袭击了美国的珍珠港。事实上,日本也可以声称自己遵循了比尔德式发展路径。美国为了创造自给自足的条件曾将一个大陆开拓为殖民地。为了实现几乎同样的目的,日本会尝试将东南亚和一些太平洋岛屿开拓为殖民地。在唤醒美国这个沉睡的巨人过程中,日本帝国已经自掘坟墓。正如海军上将原村忠一于1945年指出的,"我们在珍珠港取得了巨大的战术胜利,但也因此输了这场战争。"[140]

未来几年,军事技术的进步使得世界越变越小。在一场远离国家海岸线、具有毁灭性杀伤力的巨型移动舰队(包括航空母舰)参与的战争中——其规模是马汉难以想象的——比尔德的隔绝要求是其缺乏想象力的表现。比尔德不仅没有适应新情况,放弃那些明显未能经受住时间考验的观点,反而选择回顾罗斯福执政的历史,处处寻找其欺骗和欺诈行为。比尔德遵循了狄兰·托马斯的维拉内拉诗中所包含的逻辑,即"白昼将尽,暮年仍应燃烧咆哮",但是比尔德将愤怒瞄准了富兰克林·罗斯福,而不是他自己的死亡。从1941年直到1948年逝世,比尔德始终对FDR的表里不一以及孤立主义之光的消亡感到愤怒,他们的友谊残缺不堪,比尔德逐渐沦为被人唾弃的地位,但他依然自负、充满希望,如同威尔逊一样,他相信正义自会到来。对于一名拥有令人钦佩的个性特征并且为地缘政治自我完善性整顿提供了善意论据的开创性学者而言,职业生涯得到这样的结局无疑是令人悲伤的。然而,这些优先事项并未完全从人们的视野中消失。从贝拉克·奥巴马总统的献词"国内建设"到参议员兰德·保罗"适度"地缘政治的物价稳定措施,比尔德的"大陆美国主义"观点正在回到人们的视野。

第四章

辛迪加预言

沃尔特·李普曼

> 李普曼拥有灵敏的头脑和巨大的天赋……他讲话慷慨激昂，就像自己是上帝一样。他不会发动书面攻击，这是他唯一的缺陷。
>
> ——查尔斯·比尔德

对大不列颠来说，1940年夏初是令人痛苦的。德国在比利时、荷兰和法国的胜利使得英国不得不单独面对轴心国。在5月和6月六周的时间内，大约112000名企图抵挡德国进攻的法国士兵被杀害。对于一个尚未从第一次世界大战创伤中恢复过来的国家而言，死亡的比率太高了。[1] 前进中的纳粹军队与巴黎周旋着，衡量着进攻的最佳时机。在法国敦刻尔克港，英国的整个远征军（20万军队）加上14万法国士兵被前进中的德国国防军困住。通过迅速的临时撤退（私人船只与皇家海军的驱逐舰并肩航行），这支庞大的败军安全地驶回到了英国。尽管困难重重，英国士兵后来依然进行了重组和重新武装，并恢复了战斗能力（相反地，法国军队快速而勇敢地返回到了大陆并接受战败事实）。但是这次奇迹般的获救并不能掩盖其羞耻和屈辱感。6月4日，在下议院的一次演说中，丘吉尔将敦刻尔克大撤退描述为一个"奇迹"，但警告道，"我们必须要非常谨慎，不要再将胜利寄托在运气上了。战争不是通过撤退来取胜的。"[2]

丘吉尔意识到，美国为他的国家提供了最光明的拯救前景，获得美国的公开支持对于英国而言至关重要。于是英国想尽一切办法获取美国的帮助，其中一个外交策略就是，向美国最强有力的报刊记者求助。沃尔特·李普曼一周三次的专栏"今日与明日"在美国拥有上千万读者，在全世界范围内拥有更多。历任总统都渴望得到他的认可，国内和国外的政治家向他寻求建议，美国人民也依赖李普曼来解读世界的复杂局势。他曾因20世纪20年代的一幅《纽约客》漫画而名声大噪。漫画讲的是，两名老妇人在火车餐厅内用餐，其中一名对另外一名说，"当然，我早上只喝一杯咖啡。一杯咖啡和沃尔特·李

普曼是我的全部需要。"³《街谈巷议》栏目曾评论道"许多美国人会非常乐意沃尔特·李普曼"做他们的哲学家国王。⁴

随着法国确认与德国签署的不幸的投降条款，李普曼的一名狂热崇拜者、英国驻美国大使洛锡安勋爵请求李普曼到大使馆就一项最重要的事件进行商讨。刚一到达，洛锡安就提醒李普曼，表示不确定失败主义政治家是否会推翻丘吉尔的统治，请求与希特勒达成"和平"，没有皇家海军的大西洋是否会成为一片纳粹之湖。因此，作为一个独立的海上强国，英国的存亡取决于美国是否会提供物资援助，以巩固丘吉尔的地位，确保海洋处在好人手中。李普曼无须劝服的言论，直接问道，"如何能够解决问题？""通过武器和驱逐舰，"洛锡安回答道，"因为皇家海军在驱逐舰方面的实力非常薄弱，如果没有驱逐舰，我们无法守卫住英国的海上航线。"⁵李普曼赞同这一逻辑，但是警告道，美国的慷慨援助需要英国放弃一些实质性的利益。在考虑了这一困境之后，二人设计了一项计划。根据此计划，美国会为英国提供驱逐舰，作为交换，英国需要向美国出租其位于西半球的基地。

私下里，他们谈妥了这一"驱逐舰交换基地"的交易。然而，李普曼依然需要就这一交易的优点说服美国人民。⁶在《纽约先驱论坛报》上，李普曼开始了他的宣传活动，他在著名的专栏上提醒读者们，纳粹对欧洲的统治会威胁到美国自身的存亡。李普曼严峻地指出，如果德国控制了法国和英国的舰队，那么希特勒的军事魔爪必然会延伸到东北部的海岸线。所有美国人都需要联合起来帮助英国，超越党派政治的局限。⁷在洛锡安这一边，他带着他的计划来到罗斯福总统这里，配备了一个最优秀的法律团队来解释驱逐舰交换基地的交易将如何通过声称仅用作防御目的的方式躲避开《中立法案》。罗斯福发现这种论据和不是可以令人信服且比较恰当。李普曼之后写道，洛锡安"向罗斯福以及美国展示了我们逐步干预拯救英国的依据。"⁸

为了让美国公众果断地将英国的防御作为最高优先级事项，李普曼在约翰·潘兴将军（一战期间美国军队的英雄领袖）身上发现了理想的说服媒介。在纽约的卡尔顿酒店喝了不少酒之后，李普曼问潘兴他是否愿意发表一个电台演说，将英国的存亡与国会对驱逐舰交换基地交易的批准之间建立坚实的联系。被李普曼的请求力度所打动，潘兴同意并发表了一次赞同干预的演说（演讲稿完全由李普曼起草），结尾处提出了迫切的请求："今天可能是我们采取战争以外的方式来阻止战争的最后时机"。演讲结束后，各大媒体争相报道。潘兴是两党爱国主义的一个活化身，他的介入对选民帮助大不列颠的意愿产生了重大的影响。⁹演讲也使得共和党的假定总统候选人温德尔·威尔基很难去抵制驱逐舰交换基地交易的通过。在大选之年与潘兴的名誉相对抗可以说是勇敢，也可以说是有勇无谋。威尔基也决定这不值得他去冒险。

不久之后，李普曼秘密操纵的事情就暴露了。在完成"他这边的任务"之后，李普曼与妻子去了缅因州度假。当来自忠实的孤立主义者《圣路易斯邮报》的一名记者打电话询问近几周被公开的秘密时，李普曼的假期被扰乱了。该记者问道，"你是否曾插手潘兴的演讲？"李普曼回答道，"如果你打算用来引证，我是什么都不会说的。如果你想要了解其中的内容，我会说'是的，我插手了。'"记者回答道，"我们打算针对将美国卷入战争的这一阴谋展开国会调查，而你参与了这场阴谋。你参与了这场好战者的阴谋。"想到可能会接受如此备受瞩目的调查，李普曼感到了恐慌，他向自己广泛的关系网求助，企图打压该记者的行动。他打电话给《圣路易斯邮报》的出版商约瑟夫·普利策，后者惊叫道，"天啊，乔！你是不是疯了！我建议你就此停止你的疯狂行为！"普利策满足了李普曼的请求，大大缓解了李普曼的紧张情绪。"这件事没什么下文，"他高兴地说道，"他们的确写了一篇激烈的社论，但他们没有开展调查。"[10]

李普曼成功地领导了一次与他大西洋主义内心密切相关的伟大事业，虽然在此过程中充满危险，几乎受到牵连。普利策以一种简单的方式就中断了《圣路易斯邮报》的活动，这件事暗示了孤立主义作为一支有意义的政治力量正在接近尾声。例如，20世纪20年代，查尔斯·比尔德对李普曼还很友好，到20世纪30年代以及之后，他就已经变得不喜欢李普曼了。李普曼的温和政治、对商界精英利益的维护以及对军备的提倡都让比尔德认为李普曼是资产阶级叫嚣战争的傀儡。对李普曼而言，比尔德及其孤立主义者盟友的行动（如果他们有行动的话）建立在美国自给自足这一荒谬的假设之上，仅仅适用于早些年的共和国。在以后的岁月里，比尔德曾对李普曼指责孤立主义者"珍视祖先的偏见"的行为表示嘲笑。他尖刻地指出，关于李普曼有名无实的犹太教信仰，这种评论显示了"他作为一名'上帝的选民'不仅缺乏幽默感，想必也缺乏祖先的偏见。"[11]

但是第二次世界大战是李普曼的时代，不是比尔德的，从后者的苦难中就可以看出。这个舞台专为拥有李普曼知识水平的思想家而设。他的新闻散文清晰而有力，他受到两党的重大崇拜，似乎距离司空见惯的政治争论非常遥远。在他漫长的职业生涯中，李普曼支持的民主党和共和党总统候选人几乎数量相同。他的人际关系难以置信地好，朋友、熟人遍及世界各地，跨越政治、新闻、学术以及文学等各个圈子。在伦敦时，他曾与丘吉尔、凯恩斯和乔治·萧伯纳会面。他还与戴高乐将军建立了亲密的友谊。他与富兰克林·罗斯福的内阁保持定期的通信。对总统而言，他理解获得李普曼对其战争政策的支持是非常重要的。最重要的是，李普曼还以一种不露痕迹但又无法否认的方式影响着公众舆论。他对负责任的美国国际主义的赞成——他呼吁制定平衡、实际的外交政策——令许多美国人为自己天真的地缘政治观点感到欣慰。李普曼关于外交的著作提到了我们当今所了解的美国外交政策中的困境。1970年，普林斯顿大学授予他荣誉学位时，他曾与鲍勃·迪伦和科丽塔·斯科特·金一同站上颁奖台。[12] 出生在维多利亚时期的煤气灯下，但沃尔特·李普曼成了通往现代的桥梁。

  1889年9月23日，李普曼出生于纽约市莱辛顿大道的一所大房子里，父母拥有德裔犹太血统，家庭富裕。1848年自由起义失败后，沃尔特的祖父逃离德国，其祖父和孩子们再未回到过德国，经过两代人的努力，他们积累了大量的财富——第一代人通过服装生产获得财富，许多逃亡的犹太人都通过这种方式来获得稳定的收入；第二代人则通过继承来的大量不动产组合投资获得财富。[13]沃尔特的父母雅各布和黛西保证了他们的儿子。从6岁时，沃尔特就每年去欧洲旅行，他曾到过伦敦、巴黎、佛罗伦萨和柏林，在这些地方他得以了解到旧世界的文化瑰宝。沃尔特曾在Sachs男子学校求学，这是一所精英德裔犹太人学校，以其紧凑的课程安排而著名。在这所学校学习的年轻学生，每周需要学习16个小时的拉丁语和希腊语。[14]启发式的教学、Sachs藏书丰富的图书馆以及强烈的职业道德创造了智力上的奇迹。Sachs的一名学生卡尔·班热回忆道，"我想（沃尔特）……在他人生的任何一次考试中都没有得过A以下的成绩。"[15]当李普曼进入哈佛大学在1910届班级就读时，他的才华再一次得到了确认。与他同时期在哈佛就读的杰出人物还包括T·S·艾略特和约翰·里德。

  李普曼陶醉于哈佛大学改革派校长查尔斯·艾略特所提出的自由的选课制度，投入到了哲学的研究当中，并为大学中两名杰出人物乔治·桑塔亚那和威廉·詹姆斯的修辞天赋所折服。桑塔亚那是一名有感召力的教师，同时也是一位具有惊人天赋的作家和哲学家，曾写出诸多著名的格言。在（《理性生活》）一书中，桑塔亚那曾写出经典语录："那些不能铭记过去的人注定要重蹈覆辙。"也是在同一本著作中（冷战期间李普曼已经变得越来越具有批判性），桑塔亚那写道，"当你忘记自己的目的时，加倍努力会让你重新点燃激情。"尽管李普曼很欣赏桑塔亚那的柏拉图主义、对历史的精读以及对德国理想主义（特别是对康德和黑格尔）的蔑视，但他非常困扰于桑塔亚那在其他方面的价值体系和人格，特别是在与更加乐观和可爱的威廉·詹姆斯相比的时候："詹姆斯和桑塔亚那是我所崇拜的两个人。詹姆斯是我所热爱的人……事情的真相是，桑塔亚那是一个可怕的势利小人。他对我非常好，但他又真心不喜欢人类种族，我见过的人里面很少有人不喜欢人类的。我还记得第一次听他说一些贬低威廉·詹姆斯的话时所带给我的震惊，这似乎不是一件光彩的事……詹姆斯太过于美国化了，不符合他的要求。"[16]

  威廉·詹姆斯是哈佛大学的一个传奇人物，最著名的就是他的实用主义，这是他一贯的（以及美国典型的）哲学传统，他憎恶教条，赞扬实际而非抽象的推理。由于对李普曼的学识广度和严格的社会道德印象深刻，詹姆斯与李普曼走得很近，每周都要见面喝茶交流。詹姆斯越来越专注于社会改革事宜，而李普曼由于阅读查尔斯·比尔德的书籍受到一定的启发，也具有类似的倾向。

  据罗纳德·斯蒂尔说，詹姆斯对李普曼的影响主要体现在三个方面。首先，詹姆斯教给他，世界改良论——该信仰体系认为递进式进程可以实现，但完美不可求——是看待政治世界的唯一可行方式。第二，詹姆斯强调，人们必须快速、果断地做出决定，而不依赖大量的客观知识。关于此，李普曼以简洁的方式提出了这道难题，他表示，"无论我们是否愿意，我们都必须做出选择，即使是在充满疑惑的情况下。"[17] 最后，詹姆斯为李普曼灌输了一种职业道德，这种职业道德是在密切观察反复出现的日常生活规则后形成的。詹姆斯说道，每一名作家每天都应当写1000个字，无论这些内容是否重要。李普曼消化吸收了这些课程，并且融会在了他的工作习惯、思维能力以及更广泛抱负的每一个层面上。詹姆斯和李普曼想要改善美国贫困群体的糟糕命运，但是二人又认为，历史上社会改革进展缓慢的国家，其进步速度也不会太快。

1908年春，一场大火烧毁了切尔西附近城镇的几乎一半，但同时，李普曼也迎来了他的成长时刻。李普曼自愿加入到救灾过程中，看到这个工薪阶层占绝大多数的城镇所遭遇的贫困，他感到极为震惊。李普曼回忆道，"那是我第一次意识到贫困的含义。事实上，这也是我第一次见识到外部世界，在此之前，我一直沉浸在哲学和文学之中，歌德、但丁、卢克莱修，还有艺术，以至于我从未见到过外部世界的真实样子。"[18] 李普曼的社会觉醒让人想起了查尔斯·比尔德在芝加哥贫民窟中的社会觉醒。同样地，这一觉醒也将李普曼向左方移动了。他成立了哈佛大学社会主义学社，并对著名的社会心理学家、英国客座教授格雷厄姆·沃拉斯产生了强烈的认同感，后者曾于1895年与他人联合成立伦敦经济政治学院。

李普曼是哈佛大学一道独特的风景。在哈佛大学西方俱乐部的一次会议上，约翰·里德（后因记录俄国革命而获得不朽的声誉）在介绍李普曼时称其为"绅士，美国未来的总统！"随之爆发了心照不宣的笑声和欢呼声。里德甚至创作了一首关于李普曼的诗歌：

> 李普曼，一个平静而神秘的存在，
> 思维与文字清晰、健全而合理；
> 对虚伪的怒骂尖锐而敏捷，
> 他那敏锐的头脑像闪电般跳跃，直达真理的一边；
> 他的脸庞几乎始终平静——但是他的眼睛——
> 闪烁着预言家的光芒！
> 他沉默地坐着，正如有人所说：
> "我不会在死人身上浪费任何有生命的语言！"
> 我们不可挑战的领袖啊！[19]

与李普曼的同学一样，哈佛大学的教员也同样对他的才华和潜力印象深刻。乔治·桑塔亚那决心与他的"门徒"保持密切联系，于是邀请李普曼担任他哲学概论课程的讲师，对此，李普曼欣然同意。桑塔亚那是一个不可捉摸的人，同时也不招人喜欢，但是他的智慧和才华吸引了他的助教。还有什么能比他对知识的描述更加性感和令人释怀："总是存在这样一些人，他们的主要兴趣是以一种艺术或哲学的方式来解释事物的某些方面。他们是非常无用的个体，但是由于我恰好属于这一群体，我认为他们比其余的人类要出众得多。"[20] 然而，李普曼并没什么欲望去接受哲学上的矛盾，即使这些矛盾以开玩笑的方式被呈现出来。1910年5月，他穿过查尔斯河，开始作为一名记者为《波士顿消费杂志》服务。

李普曼与《波士顿消费杂志》相处不来。这是一份进步主义周刊，由爱德华·A·法林（百货商店的所有者）出资成立。其编辑坚持抽空记者散文中的氧气，创造出一种令人窒息的干燥感，对此，李普曼感到志趣不投。他向林肯·斯蒂芬斯（1908年认识的著名的扒粪记者）抱怨道，"任何找寻意义的尝试，或者发现故事的悲剧感或幽默感的尝试，都被残酷地编辑成了专属于社论专栏的意见表达……这项工作如此机械，我一无所获。还不如去一家剪报社工作。"[21] 李普曼迫切地想要为斯蒂芬斯工作，因为他非常欣赏后者的改良新闻主义和强有力的散文。

他的愿望实现了，斯蒂芬斯雇佣李普曼担任其助理，受《从》杂志的委托为其撰写一系列调查性文章。他花费了一年的时间调查华尔街金融家和坦慕尼协会政客之间腐败的共生关系。在斯蒂芬斯的指导下，李普曼磨炼了自己的技艺，了解到最好的新闻来自经验的移植，应当为时代而写："如果我写了一段关于街道火灾的文字，那么我必须很谨慎地去写，就像这段文字要被收录到文集中一样。"[22] "金钱权力"的系列文章获得了巨大成功，一位名为阿尔弗雷德·A·克诺夫的朋友鼓励李普曼写一本关于政治学的简短书籍。

李普曼的(《政治序论》)于1913年出版，时年23岁。这是一本充满无畏自信的著作，得益于查尔斯·比尔德在《美国宪法的经济观》一书中打破常规的思路。该书把矛头指向某些进步人士天真的过度行为，详述了人性在政治腐败方面根深蒂固的缺陷，并且对普通人获得自身或国家最大利益的行为能力提出了初步的质疑。例如，为了服务这一群体，强大的政治机器应运而生，并不一定是为了剥削这一群体——李普曼认为这是对民主政治的毁灭性谴责。李普曼挑衅地写道，"坦慕尼协会并不是一个邪恶的欺骗工具，它只是进行了巧妙的设计，用来阻挠'人民的意志'。它是对某些紧急需求的粗暴而近乎无意识的响应，没有这些需求，它的力量就会崩塌。"该书标志着李普曼对社会主义的背离——"社会主义本身就具有官僚专制的细菌，切斯特顿和贝洛克称之为奴性"——并且对西奥多·罗斯福的大角麋式进步主义表现出了强烈的认同，将强有力的领导、大（但是不会过度专横）政府以及垄断改革与观念影响结合在了一起。

但是李普曼也担心罗斯福在上个世纪形成的基于假设的行动趋势："时而将罗斯福从公众生活中隐退是有必要的……和教授一样，每一个政治家都应当有一个休假年。"从中期看，李普曼发现伍德罗·威尔逊拥有更加有趣的政治前景，他写道，"威尔逊不像罗斯福那样完美，但他值得我们付出最大的兴趣去研究，因为他的辨别力更加敏感，而罗斯福的则比较粗糙。他是对一种更加进步的政治家才能的预尝试。"[23] 然而，对总统表示明确的认可还需要一段时间。在1912年大选中，李普曼为西奥多·罗斯福投了一票，并且在《政治序论》中明确表示更倾向于罗斯福。但是他依然对重理智的现任总统保持开放态度。在哈佛大学时，他曾阅读过现任总统的《国会政府》一书，并对该书表示了赞赏。

罗斯福宣称自己是《政治序论》的崇拜者，就像当初他崇拜《海权论》一样。[24] 马汉就外交政策提供了强有力、原创的观点，罗斯福相信李普曼能够就国内政策提供同样的观点。罗斯福在巴西期间阅读了这本书。他曾在巴西的热带地区度过一个冬季和秋季，在那里，他射击鳄鱼、感染了丛林热，最后，他发现自己很多时间都用在了阅读这本书上，而不是拿着来复枪。李普曼回忆起罗斯福那明显有选择的阅读，"他很高兴看到我对威尔逊的批判，也很高兴看到我对他的颂扬……他告诉我说，他非常赞同书中的观点，希望在我们回去后尽快见我一面。"[25] 1914年，二人以及他们一个共同的朋友（哈佛大学法学教授以及未来最高法院的法官费利克斯·弗兰克福特）在纽约的哈佛俱乐部会面了。罗斯福告诉李普曼，他计划在1916年再一次竞逐总统职位，并请求李普曼协助他起草竞选宣言。李普曼，用他自己的话说，是罗斯福"不合格的崇拜者"，但他欣然同意了。二人握手，就罗斯福所称的"共同的事业"达成一致。[26] 然而，虽然李普曼在这个特殊的请求上帮助了罗斯福，但他逐渐将自己的喜爱从这名老战士身上转移到了总统办公室内的哲学家国王身上。

1913年10月，一位高调的知识分子、政治评论家赫伯特·克罗利邀请李普曼与他在纽约一家私人俱乐部"玩家"一同进餐。克罗利曾于1909年出版《美国生活的前途》一书，受到了热烈好评。在这本有影响力的进步主义小册子中，克罗利认为，如果将美国确定的社会进程以及巨大的潜力结合起来，可能不仅能够完善美国，还能完善其他国家，例如巴拿马。在巴拿马，如果给予正确的指导，便可以建立"秩序和健全的政府"。[27] 关于改善美国，克罗利认为，政府必须在管理经济和再分配财富上发挥更大的作用，从而确保国家的持续活力："美国生活的前途会实现的——不仅通过最大程度地实现经济自由，还要通过一定程度的纪律；不仅通过提高个人欲望的满意度，还要通过很大程度的个人服从与自我否定。"[28] 李普曼非常赞赏克罗利以一种科学的方式实现有效管理和政治的抱负。

当克罗利邀请他加入一家新成立的进步主义周刊《新共和》的编辑部时，李普曼当场就同意了。该周刊由威拉德和桃乐茜·斯特雷特出资建立，前者是摩根的一名银行家，后者是标准石油公司的继承人。李普曼现在的工作更能配得上他的野心。该杂志是斥巨资成立的，与进步党的进步主义有着密切的联系，因而为李普曼提供了极佳的机会与纽约市的风云人物交流。西奥多·罗斯福对于这份拥护他所看重的政治事业的周刊的前景感到非常欣喜。李普曼回忆道，"那段时间，我们经常与西奥多·罗斯福进行磋商，他为我们祝福，并且对此也非常感兴趣。"[29] 李普曼对于自己的新工作非常兴奋，写信给朋友范威克·布鲁克斯，解释杂志的意图：

明年秋季，我们会在这里以高达20万美元（我的天啊！）的已付资本启动一家周刊，这将是一家创意周刊。先生，奇迹的时代才刚刚开始……如果非要用语言描述一下我们的理想，我想它是人文主义（并非欧文·白璧德提出的人文主义）的，与人道主义在某些方面有着极大的不同。我认为，人文主义指的是抽象与具体、伟大梦想与现实生活局限性之间真正意义上的关系。[30]

克罗利以更加简洁的方式捕捉到了杂志的本质，他指出，"我们应当是激进的，而不是社会主义的，我们的总趋势将会是务实的，而非教条的。"[31] 考虑到杂志的豪华办公室（所配备资源之奢华，现代的新闻记者都会感到不可思议）位于西21街上，这种对于社会主义的否认可能是件好事。斯特雷特还慷慨地捐赠了一个拥有丰富藏书的图书馆、一间镶木板的餐厅，并聘请了一名法国高级大厨为他们提供服务，负责为《新共和》幸运的抄写员们准备品质非凡的午餐。

很难让人相信李普曼会在这里看到一些非同寻常的事情。他甚至很少质疑他地位被抬高的合理性。身穿剪裁完美的西装，头戴优雅的灰色软呢帽，保持着高度的学术严谨姿态，李普曼总是能给见到他的人留下深刻的印象，甚至可能会让他人感到紧张。他是个强壮的男人，身高5英尺10英寸，体重190磅。在早些年，由于身材的圆润，别人曾亲切地称他为"佛陀"。

尽管外表沉默寡言，李普曼在格林尼治村波西米亚却是一个快乐的热爱饮酒的人，并且与梅布尔·道奇（一名双性恋艺术赞助人，同时也是毕加索、格特鲁德·斯泰因和约翰·里德的朋友）建立了友谊，后者曾在其公寓内举办高雅文化狂欢沙龙。道奇将李普曼描述为"一个高大而且很胖的人，但是他赋予了他的脂肪以理智，以至于脂肪都散发着光芒。"[32] 在他的朋友和同事们眼里，他的智慧是一件奇妙的事情。他实现了很多成功，但他依然坚持着自己斯达汉诺夫式的工作习惯和不犯错误的自我信念。他清楚地知道自己是谁，喜欢所看到的东西，并且不会因为他人而改变自己的个性。他丰富的学术兴趣使得他脱颖而出,他能够识别出他人所忽略的联系,做出很少有人能够做到的全面分析。在他新闻记者生涯的早期阶段,他就已经光芒四射,尽管当时外交政策尚未被算在他的兴趣范围内。当1914年欧洲大陆爆发全面战争时,这种情况将发生改变。

当最后通牒和动员的连锁反应开始时,李普曼正在英国与H·G·威尔斯、西德尼、比阿特丽斯·韦伯和乔治·萧伯纳会面。进步党和英国费边社被这场冲突搞得措手不及,他们试图在冲突初期保持一个保守的姿态。比阿特丽斯·韦伯告诉李普曼,"我们不对外交事务发表意见。我们不了解其中的技巧。"[33]李普曼也是如此。他写信给费利克斯·弗兰克福特,说道,"现在什么都无法阻止这场可怕的瓦解了。也没有一种方式能够用来对其未来进行展望了:观点,书籍,似乎都太微不足道了,所有的公共舆论、民主希望等等,现在都在哪里?就像是犁地时遇到的一朵花。"[34]1914年11月7日,《新共和》发行的第一版就引发了激烈的抗议。一份用于介绍进步主义国内改革的杂志现在被强迫要求关注欧洲由联盟引起的流血事件。李普曼的首篇社论继续了他在与弗兰克福特写信时的悲痛语气:"现在谁还在意画幅画,或者写首诗,除非是一首战争诗,或者探索语言的意义,或者猜测物质的构造?"

在详述了人文学科的局限性之后,李普曼转而开始介绍他们的中心思想(以此作为实现更加和平世界的一种方式):"反对大炮的最终论据就是思想……如同制作一个犁头一样,铸造一把剑需要各种技巧,选出一个适用的犁头也需要对人类价值进行批判性理解。"[35]这些都是满怀希冀的话语,天真而又坦率,但是很快,李普曼就对美国需要做出的行动以及他对阿尔弗雷德·塞耶·马汉作品的欣赏形成了更加强烈的认识。1915年8月5日,他写信给格雷厄姆·沃拉斯,表示,"英国的海权对于未来全球如何安排是一个决定性的因素,但是我个人更喜欢它的半仁慈独裁统治,而不是'平等的'无政府状态。我已经准备好美国加入到英国控制海洋的行列中,而不是眼睁睁地看着各个'主权国家'在不牢固的'平衡'下争夺海洋控制权。"[36]卢西塔尼亚号的沉没给李普曼的主要启发是,在威尔逊和塔夫脱的错误指导下,美国忽略了其海军的发展,以至于国家需要依赖大不列颠的商船向大西洋彼岸运送旅客和开展贸易,而这种依赖性是非常危险的。为了实现海军的快速扩张,从而确保美国与英国处于平等的关系,我们需要抛弃门罗主义中不言而喻的依赖性逻辑。美国的主权已经危如累卵。毋庸置疑,德国的U型舰已经说明,在发展一国商业和积累财富上,皇家海军是一个不可靠的工具。

为了进一步丰富自己在外交政策方面的知识,李普曼决定写一本关于该主题的书籍。《外交赌注》一书于1915年出版,该书指出,因民族主义情感而引发的冲突深植于人性之中:"这就是最早组成我们的物质,我们的第一次忠诚,我们的第一次侵略,我们灵魂的样子……它们都是我们的民族特性,是我们存在的本质,这种本质将我们与世界这个大背景区别开来。"李普曼认为,在霍布斯式世界确实存在这件事上,马汉是正确的。

并且李普曼也同样相信，美国需要花费更多的精力才能控制这个世界。"我们所有人都受到过隔离教育，"李普曼写道，"我们喜欢其中的无责任感。但是，如果我们打算为了国际主义做一些实际的事，那么我们必须抛弃这种隔离……世界政治的首要任务不是阻止战争，而是对人类进行一次恰当的组织。"[37]美国需要承担起作为国际秩序领袖的责任，并且切实地做到这些。国际主义是唯一合理和可敬的外交政策路线，但是在加固外交框架时要具备一种限制感。该书很明显地借鉴了马汉式地缘政治理论。

然而，伍德罗·威尔逊外交政策观点的各个方面也对李普曼造成了冲击，这是符合逻辑也是必然的。1916年早期，总统曾邀请李普曼到白宫，当时这个年轻的新闻记者也为威尔逊在决断时所表现出来的自信而折服。例如，在墨西哥，李普曼回忆道，"我还记得威尔逊谈论他如何的相信杰斐逊关于神圣的革命权的原则。这些话，今天（1950年）的任何一位总统都不会说。他是在为他的政策和信念（他相信韦尔塔是一名反革命分子）辩护。他相信马德罗革命是合理的。"[38]1916年与威尔逊的第二次会面将李普曼坚定地转移到了他支持者的阵营中。意识到李普曼的目的是对其进行认可考察，威尔逊将李普曼迎到了总统办公室中，说道，"所以你这次来是为了考察我？"令李普曼一时哑然。威尔逊又说，"我让你看看我的内心想法吧。"

威尔逊已经清楚地了解了令李普曼亢奋的理智主义。总统侃侃而谈，罗纳德·斯蒂尔称其为"令人眼花缭乱的长篇大论，几乎涵盖了所有问题，从墨西哥的混乱状态，到德国对巴西的阴谋，从两奥多·罗斯福的野心到中立所面临的困境。"[39]对于威尔逊广泛的学识范围以及没有任何明显的固定观念，李普曼深感折服，于是他开始在《新共和》的同事中为威尔逊做宣传，试图说服他们支持威尔逊的再选是战争年代唯一明智的路径："我们越来越支持威尔逊。1916年大选中，我们为他投了赞成票。这是一次伟大的战争。克罗利不希望我们这样做。但是我依然这样做了。最后，到9月份，我劝说他们，（国务卿查尔斯·埃文斯）休斯正在采取亲德立场，他希望能够支持德国。而威尔逊才是与我们并肩的人。"[40]

李普曼在《新共和》的代言更多地称赞了威尔逊的潜力，而不是他迄今为止的功绩。"对于那个展现出过多高尚情操的威尔逊，我不应该支持，"李普曼写道，"但是对于那个在经验的指导下逐渐成长并且正在按照经验重塑哲学观的威尔逊，我应该支持。"[41]根据李普曼的判断，威尔逊拥有"我们在华盛顿时所拥有的最自由的推理思维。"[42]亲身的体验令李普曼深信总统具有灵活的认知能力，他注定会变得强大。但是这条路径只有在威尔逊抵制住道德的诱惑时才能实现。没有什么能比伪善之言更有可能破坏掉美国在其坚韧不屈的旧世界联盟中的名誉。李普曼相信，美国的外交政策应当结合马汉和威尔逊各自的优点，现实主义和理想主义在相互协作时才能发挥出最大的效力。

1916年12月，李普曼撰写了一篇专栏，标题为"没有胜利的和平"，文章不偏不倚地分析了总统对欧洲交战国所提出的和平倡议以及反驳的理由。两周后,威尔逊发表演说,声明强烈支持实现"没有胜利的和平",其中的论据以及对李普曼措辞的称赞,这名新闻记者很快便领会到了。[43] 然而,威尔逊和李普曼对国家利益(一旦战争来临,美国的目的将是什么)的概念还存在着明显的差异。

例如,在德国宣布发动无限制潜艇战之后,李普曼撰写了一篇有影响力的文章,标题为"大西洋世界的防御",文章为美国宣战呈现了直接而现实的论据。李普曼指出,现在产生了一个正直的"大西洋共同体",这个共同体主要包括美国、英国和法国,这些国家都因德国控制大西洋以及未来欧亚大陆上独裁国家的联合而受到威胁:"公海上的胜利意味着,那个希望德国成为反对西方的东方领袖并最终成为反对大西洋世界的德－俄－日联盟的领袖的阶级将取得胜利。面临这样的威胁,如果现在无法展现西方共同体是一个整体,不去斗争,不去打破他们的梦想,那简直是愚蠢至极。"[44] 李普曼希望威尔逊更加清楚他的战争目的,并用他作为一名新闻工作者特有的清晰度对这些目的进行了介绍。战争应当服务于美国的切身利益,即阻止德国海军统治大西洋。但是,订立能够明显增强国家优势的战争目标是对未来拥有更伟大愿景的威尔逊无法完成的任务。

李普曼为他的国家提供了重大的战时服务。他首先担任战争部长牛顿·D·贝克的特别助理,之后又担任总统"问询会"的执行秘书,最后又担任伦敦盟军内部宣传委员会的成员。在伦敦,他起草了用于空投至敌军防线后方的宣传单。李普曼在起草十四点原则以及为困惑的法国与英国外交官阐明其含义上发挥了重要的作用,但是他尚不习惯这种抽象抱负的外交策略。此时,李普曼对于威尔逊的理想主义持同情态度,而这种理想主义与《新共和》的观点是一致的。然而,一旦战争结束,和平谈判在巴黎开始展开,李普曼就体会到了一种明显的不祥感:"我记得很清楚威尔逊到达巴黎那一天。那是一个重大的事件,最重大的盛事之一。一整天我的心情都非常低落。每个人都很兴奋,但是我有预感,事情已经开始不对劲了。"[45]

李普曼绝望地指出,威尔逊占据着有利位置,但是他却扮演着美国代表团最没用的一个小角色。尽管承认国联在提供"躲避暴风雨的临时避难所"方面可能颇有助益,李普曼依然无法理解总统如何能够为了一个未经实验的国际组织而放弃"没有胜利的和平",这个国际组织甚至还未清除在获得参议院批准过程中的重大障碍。[46] 他还认为,同时参与反革命分子的军事行动和反对缺乏经验的苏联,会适得其反,并且很明显与大肆鼓吹的凡尔赛和约中关于民族自决的原则不相一致。1919年5月,李普曼指出,"从上看,从下看,从各方面看,在这项和约中,我看到的只有欧洲的后患无穷,我的内心非常怀疑我们是否有能力保证这种不可能实现的和平。"在给威尔逊的非官方媒体联系人诺曼·哈普古德的一封信中,李普曼尖锐、准确地指出,总统"用坏的和平从法国和英国手中买到了联盟,而不是将它卖给法国和英国以获得好的和平。"[47]

当《凡尔赛和约》出现在公众凌厉的目光下时，李普曼与比尔德一样也感受到了一种强烈的被背叛的感觉。他感觉自己轻信了威尔逊总统，竟能以如此的热情追随他，竟以如此幼稚的方式对他怀抱希望。一直以来，李普曼都能非常准确地判断出与他对话者的性格，但他却错误地以为威尔逊是一名实用主义者。对于在巴黎所发生的一切，李普曼感到非常气愤，于是他向威廉·博拉、海勒姆·约翰逊以及参议院中其他"与之对立的成员"提供了和会上得到的内幕消息与证据，这些消息后来在破坏和平条约上提供了助力。

李普曼暗示道，总统个人在到达巴黎之前就已经了解到同盟国的秘密协议，但他一直在掩盖。威尔逊的隐瞒都是因为他无法利用这些真相协助他的谈判。十四点原则在一定程度上被看作是对1917年十月革命后列宁所公布条约的道德指控式还击。这使得威尔逊的抗辩看上去非常荒谬。博拉和约翰逊利用这些真相发挥出了破坏性的效果，并且恳求李普曼在参议院委员会面前作证。李普曼不希望如此过火，于是他建议由同样气愤于巴黎事件的威廉·布利特代替他做这件事。在听证会上，李普曼指出，"比利·布利特直言不讳地说出了托利党的一切丑闻和共和党的一切趣事。当谎言已成普遍，真相几乎完全被淹没，我想必然会有人违反自己的行为准则。"[48]李普曼早期结合马汉与威尔逊二人优点的希望最终以蔑视后者为终点。在剩余的职业生涯里，李普曼则密切地遵循了前者的世界观。

李普曼与威尔逊主义的破裂与查尔斯·比尔德的路径相似。回想起他在支持和建议威尔逊总统时所发挥的作用，李普曼表示，"如果我有机会重新选择一次的话，我会选择与他对立的另一方……我们为这些死亡之营供应了太多的弹药。"[49]尽管对威尔逊感到失望，李普曼却并未递减其对继任总统的热情。他写信给格雷厄姆·沃拉斯，说道，"哈定当选并非因为有人喜欢他或者共和党实力雄厚，而是因为民主党已经难以想象地不受欢迎了。"[50]关于卡尔文·柯立芝，李普曼表示：遗憾的是，他那堪称简单的声誉与他的自身经历并不相符：

在1922至1931年间，我时常与卡尔文·柯立芝会面，尽管当时我们在极力地反对他。我经常单独地与他共进午餐，我们会就他的研究进行非常冗长的谈话。基本上都是他在说。他绝不是一个不爱说话的人……我有强烈的印象，柯立芝的确没有多少事情可以做——他一点都不忙。他总是在下午的时候小憩一下。他的观点是，"让政府自行漂流吧。"[51]

然而，在外交政策方面，相比于战争年代被误导，李普曼又对这种自由漂流感到很放松。

尽管从来不是一名严格的孤立主义者，但他支持美国脱离国际联盟。和比尔德一样，他贬斥哈定和柯立芝针对拉丁美洲的金元外交政策，并且反对美国军事干预尼加拉瓜和墨西哥，特别是在被指可能带来重大经济利益时。在《外交事务》的一篇文章中，李普曼调查了"美国人对加勒比国家自然资源的既定权利与这些国家不断高涨的民族主义之间的冲突"。他责备柯立芝总统和国务卿弗兰克·凯洛格混淆了民族主义与布尔什维克主义，以及他们无法理解拉丁美洲的民族主义主要来源于"维护民族独立和一个劣等种族的尊严"这一现实。最糟糕的政策就是盲目地追求经济利益、侵犯国家主权，从而导致"拉丁美洲意识到美国所采取的政策是本着梅特涅的精神设计而成的，按照拉丁人民的设想，这种政策会为了获得既定权利而阻碍社会进步。"[52] 李普曼并没有争论说，他们已经获得了经济利益——他只是希望这些问题能够以更加灵敏的方式以及在分清轻重缓急的情况下得到妥善处理。

1922年初，李普曼离开了《新共和》，来到普利策位于纽约的《世界报》（纽约最重要的自由主义日报）。在接下来9年的时间里，他都在《世界报》任职，共撰写了1200篇社论，其中有三分之一都是关于外交事务。考虑到20世纪20年代美国公众的狭隘主义，这一比例已经是相当之高。随着《公众舆论》和《幻影公众》两本书的出版，引起了极大的轰动，李普曼的声望也得以提高。

在《公众舆论》一书中，李普曼主张，在制定极端重要的政治决策时，不可以信赖美国人民，涉及国内和外交政策的制定，更多的权力应当放在一名管理精英的手中。按照李普曼的悲观主义观点，只有当政治家剔除了"无法忍受和不切实际的谎言，从而每个人都能获得关于所有公共事务的适当观点"，民主才可以有效地发挥效力。[53] 这是对参与民主制的一种绝妙和严苛的剖析。约翰·杜威是这样描述《公众舆论》的："可能是目前所认为的对民主最有效的文字控诉。"[54] 奥利弗·温德尔·霍姆斯法官指出，"我认为，从未有人对人类的细微差别有如此领悟，并且如此清晰地表达出来。"[55]

《幻影公众》出版于1925年，在一种令人更加沮丧的程度上继续了《公众舆论》中的精英主义逻辑。李普曼漠视了平民主义的美好，写道，认为普通选民"天生可以胜任"是一种"虚假的理想"，并且已经造成了极大的损害。[56] 美国的政体实际上分为精英"知情人"以及无知的"局外人"两种，前者对突出的政治问题有着详细的全面了解，而后者的利益主要集中在日常的工作、睡眠、家庭和休闲上面。李普曼于1915年首次在《新共和》上验证这一差别，他写道，"只有知情人士才可以做决策，不是因为他天生更加优秀，而是因为他的位置令他可以理解和行动。"[57] 李普曼理想中的"民主"会为知情人士提供自由的支配权，从而做出重要的决策；当"局外人"群体感到该决策可能会不正当地伤害到多数人时，他们有权利行使自己的否决权——很少有人有能力做出这种功利性计算。因此，李普曼期望冷漠无情也能有所裨益。

开国元勋们意识到了扩展选举权所存在的危险。但是安德鲁·杰克逊总统时期的民主就已经在幻想平民可以拥有像亚里士多德式"政治动物"一样的美德和明智的判断力。在《幻影公众》一书中，李普曼的目的是确保"我们每一个人都可以不受践踏地生活，无须像迷途的羔羊一样嘶吼。"[58] 这是对他早期理想主义和进步主义信念尸体所进行的尸检，他曾经认为人民有能力进行自我支配并追求一种明智的外交政策。他已经不再相信威尔逊主义和普救说乐观主义（即认为"让这个世界更加适合民主"的尝试是合理的）。美国的民主很显然还不够可靠。该书比《公众舆论》要令人振奋和悲观得多，但在评论者和读者中却遭到了冷淡对待。当李普曼指出他可能"因异端邪说被我在《新共和》的旧友告上法庭"时，他就预料到了这种情况的发生。[59] 约翰·杜威 1927 年的书籍《公众及其问题》（被认为是对李普曼的回应）劝导性地表示，"这个世界从读者和权威那里遭受的痛苦要比从民众那里多。"[60]

在对美国人民政治能力的这些控诉方面，李普曼很明显与比尔德背道而驰，尽管二人都矛盾地认为没有必要插手欧洲事务和反对干涉天生具有大国沙文主义的拉丁美洲。整个 20 世纪 20 年代，二人之间还存有友好的关系，但是他们尖锐的观点分歧正变得越来越明显。1925 年 9 月 8 日，李普曼写信给比尔德，指出，"就我而言，关于集体民主是否有能力规划一个国家这个问题，答案很明显，是'不能'。"几天以后，比尔德回复道，"我应当带着迫切的心情等待你那本关于'幻影公众'的书的到来……在所有事件上，你总是将你接触到的所有对象都攻击得体无完肤。"李普曼感谢比尔德的回信，表示比尔德的信"带给了我很多乐趣"，之后问道是否有时间见一面："我想要很多的时间，并且也需要一些独处。"比尔德建议他们可以在他的家中见一面，吃一顿便宴，从而"完成世界上未竟的事业。我建议在这里用晚餐，因为我们可以在我的瞭望塔中尽情地沉默和随便。"[61] 这种有趣的调情是 20 世纪 20 年代我们唯一能将二人连接起来的东西。遗憾的是，他们"对我们的小宇宙的探索"（比尔德如此诗意地表达）没有记录留存。

尽管比尔德迅速、果断地转移到了孤立主义阵营，李普曼依然对外交紧缩的必要性含糊其词。他的理智正处于不断变化之中。他越来越倾向于参议员威廉·博拉，后者在 1924 至 1933 年间担任参议院对外关系委员会的会长，并趋向于紧缩型外交。二人共同支持海军裁军以及随之而来的国际协议，并且反对军事干预拉丁美洲。然而，他们也加入了呼吁就同盟国战争债务问题进行重新商议以及支持对苏联进行外交承认的力量中去，从传统意义上说，这些政策都无法被划归为孤立主义。他们的努力有时会与国际主义目标产生共鸣，有时又倾向于偏狭。

博拉曾一度支持美国加入国际法庭。第二年，他又声称自己坚持《非战条约》，认为战争是非法的。对此，李普曼认为这种脱离现实的条约是非常荒唐的。1927 年，李普曼在《世界报》上写道，"欧洲应当在执行和平的基础上废止其整个安全体系，并且就地接受一种虔诚的、自我牺牲式的条例，即没有任何一个国家可以妨碍和平，"这种想法是荒谬而无意义的。鉴于博拉本人对国际联盟广为人知的蔑视，他对这种蠢事的支持代表了一种"特别的假象"。[62] 然而到了1930年，李普曼的整体外交政策观点似乎又与博拉的观点一样不合逻辑了。罗纳德·斯蒂尔很好地捕捉到了这一点："在整个20世纪20年代，以及20世纪30年代的大多数时间，李普曼在提出阻止战争的方法时既不能做到始终如一，又没什么说服力。在同时期，他既支持裁军，又支持增强美国海军实力；既支持国际合作，又支持由英美控制海洋；既支持美国行动自由，又支持采取'战争的政治等价物'。他是那个年代的困惑的体现。"[63]

在经历了大萧条、富兰克林·罗斯福执政、德国与日本崛起之后，李普曼的外交思想才变得现实和一致。

20世纪20年代末期，《世界报》的发行量开始下降。由于赫伯特·普利策不负责任的管理，报纸耗尽了它的（人力以及其他）资本，尽管拥有一批忠实的读者，但恢复至原有的辉煌似乎已不大可能。各种各样的机构开始向李普曼投来工作邀请。尽管他不具备博士学历，由于对他作为一名政治科学家的能力印象深刻，哈佛大学依然邀请李普曼担任政府机关的讲座教授。《外交事务》的编辑汉密尔顿·菲什·阿姆斯特朗也请求李普曼担任美国外交关系委员会的研究主任。这些都是极负声望的工作邀请和工作单位。但是，李普曼认为，大学和智囊团距离他潜心深耕的权力都太遥远了。诱惑某些知识分子进入象牙塔的孤独阻止了这名在血肉关系上成长起来的特别思想家。

在礼貌地回绝了这些邀请后，李普曼接受了一份在《国际先驱论坛报》的工作。这是一家全国性的支持共和党的报纸，而不是一份都市性的支持民主党的报纸。该报为李普曼提供25000美元/年的丰厚薪酬，作为回报，李普曼需要每周写出四篇专栏。该报还提供一名私人助理、慷慨的旅行预算以及冬季两周的带薪休假、夏季六周的带薪休假。从业务和娱乐角度讲，这些假期对李普曼而言是至关重要的。在每年的欧洲之旅中，李普曼总会遇到大陆上最杰出的知识分子和政治人物。

1932年8月1日，李普曼的首篇"今日与明日"专栏（或行家中所称的"T & T"专栏）首次面世。一年后，该专栏已经在一百家报刊上同时发表，总发行量超过1000万。[64] 接下来36年，李普曼一直在《论坛报》任职。该专栏成了一种新闻现象，其作者成为每况愈下、瞬息万变的世界中一个值得信赖的解释性声音。李普曼的一个竞争者、新闻作者亚瑟·克罗克苦涩地指出，"要说读点什么，如果不假思索的话，那么李普曼就是我们马上要做的事。"[65]

李普曼最让人铭记的"T & T"专栏之一是对富兰克林·德拉诺·罗斯福的批判性观点。1932年8月1日，李普曼将罗斯福描述为"一个高度敏感的人，对公共事务缺乏深刻的理解，也没有非常强大的信念……他是一个和善的人，有许多冲动的博爱行为，但是对于任何事物而言，他都不是一个危险的敌人。"迄今为止，他依然如此传统。更加令人可气的是李普曼对民主党总统候选人的描述，"一个讨喜的人，非常想当总统，但又不具备任何当总统的重要条件。"自威尔逊政府之后，李普曼非常关注富兰克林·罗斯福，并且得出了一个混合的结论。虽然钦佩罗斯福的修辞能力和敏锐的政治嗅觉，但李普曼发现他在政策利益方面的普遍性和模糊性令人不安，因此得出结论，他不适合担任要职。

除了赢得选举，政治学还有很多东西：要利用所附带的权力做一些有意义的事情。尽管对大萧条的发生感到惊愕，但李普曼至少可以从胡佛总统的响应中发现意识形态的恒常性，作为一名为公众服务的从业人员，需要依赖大量的记录才能做出结论。

"他身上有两件事情让我感到担忧，"在罗斯福获得所在党的提名之后，李普曼写信给费利克斯·弗兰克福特，说道，"一个是他的政治玩得很好，他喜欢为了玩而玩，并且有可能为了展示自己的精湛技巧成为极端政治主义者。我的另外一个担忧是，他是一个如此友善、敏感的人，如此渴望取悦他人，因此，我认为，他自身的信念如此不牢固，几乎所有事情都要依赖他顾问的性格。"罗斯福强有力的领导证明李普曼的第二点是不符合事实的。然而，由于缺乏更好的选择，李普曼将他的保留意见放置一边，声明选举日当天他打算"心甘情愿地为罗斯福州长投一票。"[66] 糟糕的国内状况令李普曼感到改变是必然的。

在纽约一场致敬哈佛大学卸任校长A·劳伦斯·洛厄尔的晚宴上，李普曼遇到了总统当选人罗斯福。意识到李普曼那些着迷的全国读者人数，罗斯福不再计较之前李普曼对他的批判，并邀请李普曼到佐治亚州的沃姆斯普林斯康复院（医生每年都会来到这里为罗斯福因儿时脊髓灰质炎所导致的瘫痪进行治疗）拜访他。人人都说这是一次不同寻常的邂逅。在医疗机构附近罗斯福的私人小屋中，李普曼提醒他的主人希特勒在两天前就已经夺取了政权，利用了一个似乎无法处理经济危机的薄弱政府的无效性。罗斯福最紧迫的任务就是解决美国的萎靡状态——低增长与高失业——并直面阻止极端主义的威胁。"现在的情况很紧急，富兰克林，"李普曼阴郁地指出，"你可能别无选择，只能承担起独裁式权力。"据罗纳德·斯蒂尔称，"当时严厉的措辞，特别是李普曼的言论，令罗斯福大吃一惊。"[67]

在短短几个月的时间里，李普曼就已经从严重质疑罗斯福是否适合要职转变为建议他承担起开明君主的必要角色。李普曼在20世纪20年代的机智和雄辩很好地延续到了20世纪30年代。

李普曼被罗斯福执政早期的执行力征服了，他写道，这个国家"重获了自信"并且"极大的幸运已经降临我们的国家，一个亲切、智慧的人能够认识到巨大的危机也是一次巨大的机遇。"[68]他对胡佛投反对票这一行为在短时间内就被证明是正确的。关于外交政策李普曼赞扬了罗斯福总统在其就职演说中所宣布的睦邻政策，即承诺不干预其拉丁美洲邻国的事务——作为一种"根本性创新"和"帝国的真正替代品"。[69]1933 年 4 月 18 日，李普曼呼吁抛弃增加货币供应、打击通货紧缩从而推动经济发展的金本位制。他的专栏引发了华尔街疯狂交易的一天，这就是"李普曼的立场预示着行政命令"的程度。当罗斯福总统抨击了协同货币稳定的逻辑并停止美国使用金本位制时，这一切都发生了。英国首相拉姆齐·麦克唐纳绝望地在伦敦经济会议上打电话给李普曼，恳求他利用自己的影响力重新审视一下这个如此无情地拒绝多方行动的决议，但是徒然。早些时候与约翰·梅纳德·凯恩斯的一次交谈就已经使李普曼确信他的立场是合理的，总统的决议是明智的，因此他礼貌地回绝了麦克唐纳的请求。凯恩斯个人也称赞罗斯福的决定是一项"明智之举"。[70]在执政前六个月的时间里，罗斯福一点错误都不能犯。

罗斯福第一届任期 6 个月以后，李普曼才从总统身上找到毛病，主要是关于《新政》中的过度集权野心。关于国内事务，李普曼偏向于右倾，而总统则带领全国有目的地向左倾。到 1936 年总统选举，李普曼才醒悟，并开始支持罗斯福的对手、堪萨斯州州长阿尔夫·兰登。许多自由主义者震惊于李普曼对罗斯福和《新政》的坚决背离。亚摩斯·平肖在《民族报》上写道，他以为李普曼是一个"含糊不清的人……几乎能站在任何问题的任何一面提出自己的有力观点。"平肖将李普曼比作是偶尔的自由主义者、令人讨厌的亚历山大·汉密尔顿，后者是"美国首个坚决拥护财阀法西斯主义的人"。平肖诋毁了李普曼与律师和银行家的密切联系，将其描述为"非利士人的亲善大使"。[71]对于这种攻击，李普曼依然从容不迫，并且欢迎《民族报》对他的藐视，这证明了他的右倾道路是正确的。他继续贬低《新政》是对政治自由的攻击，并且对罗斯福将具有同理心的法官塞满最高法院的欠妥计划感到特别愤怒。1937 年，李普曼出版了《好社会》一书，这是对他所认为的罗斯福社会主义集体主义（堪比意大利、德国和苏联）的正面攻击。受到保守主义奥地利经济学家弗里德里克·冯·哈耶克的影响，李普曼的争论性文章受到了此前支持者的批判。约翰·杜威认为该书给了"反动派以勇气和实际的支持"。[72]

《新政》中令李普曼极为恼恨的一个方面就是大学教授的参与。显然，罗斯福总统认为法律和社会科学可能协助政府在艰难的时期解决一些复杂的问题，因而他召集了一群德高望重的学者协助他执政。罗斯福最早的"智囊团"成员包括哥伦比亚大学的三名法学教授：雷蒙德·莫利、雷克斯福德·特格韦尔和阿道夫·伯利，三人联合起来，形成了第一波《新政》改革潮流（1933 年—1934 年），主要专注于对抗普遍失业的实质性措施。[73]

可能被哥伦比亚大学在政策流程中所表现出来的卓越刺伤了感情，哈佛法学院也不甘示弱，派遣了三名学者——本杰明·库恩、托马斯·科科伦和李普曼的朋友菲利克斯·弗兰克福特，三人帮助形成了《新政》制定的第二波潮流（1935年—1936年），本次目标更加宏伟，旨在影响美国社会中的根本性改革。有人攻击"智囊团"是一群莫名其妙的象牙塔理想主义者，也有人攻击他们缺少实质性的知识。例如，英国哲学家伯特兰·罗素整个20世纪30年代都在抱怨他们不是知识分子，而是"技术人员……在现代世界，他们都是真正的大人物。"[74] 李普曼拒绝抨击智囊团的无知，而是于1936年6月在罗彻斯特大学发表了一次有针对性的演讲，演讲中，他警告这些教授不要为了追求政治影响力而玷污他们的独立性。李普曼强有力地阐述了此种风险：

> 高校教师负有特殊的义务，不可依赖于或参与到政客的野心和追求中……一旦参与其中，他们将不再是一个无私的人，将会受到野心和同理心的绑架。他们将不再是学者，因为他们已经不再无私，并且会丧失自身的独立性，甚至危及他们所在大学的独立性……如果教授尝试执掌政府，政府应当控制他们并阻止这种情况的发生。[75]

在演讲期间，李普曼受到了自由主义者的不断谴责，因为他对反动事业表示了同情，并且缺乏能将其早期关于政治、社会和外交政策的观点关联起来的价值体系。因此，毫不夸张地讲，李普曼的语言中的确存在宣泄的成分。但是他对罗斯福《新政》及其不负责任的学术协助者的反对在罗斯福的剩余任期内始终持续着。李普曼渴望能有一名称职的共和党人出现在国家政治舞台上，推翻现任总统，劈断这个臃肿的政府官僚。阻止李普曼向大老党效忠的其中一个原因就是：该党派的外交政策观点倾向于愚昧的孤立主义。李普曼深切关注着《新政》的社会主义性质。但是他认为德国和日本的崛起是更值得关切的事情，需要加强军备，而这件事似乎只有罗斯福有能力做到。

回想希特勒权力的崛起以及民族统一主义的意大利所表现出来的好战情绪，李普曼于1934年写道，"只要欧洲为战争做准备，美国就必须为中立做准备。"[76] 表面上看，这一请求似乎是由比尔德发出的。但是李普曼句子中真正起作用的词汇是"做准备"，而不是"中立"——这是一个关键的差别，其中强调的重点是不同的。李普曼认为，建立强大的美国军事是击退掠夺者最可靠的方法。和比尔德一样，李普曼对纳粹政权的恶魔本质不抱什么幻想。然而，李普曼认为希特勒会无视没有强大军事力量支撑的中立性的事业。公然表示中立的国家也必须手持大棒，意指罗斯福的大棒政策。

尽管李普曼认为应当在军事采购上花费更多，但他也对欧洲寄予了希望。在1933年5月份一篇振奋人心的专栏文章中，他意识到两支力量——其实是一支力量和一支被迫害的少数群体——可能联合起来制止希特勒的领土野心。第一支就是法国军队，对于专注于拿破仑历史的学术性个体而言，他们依然令人肃然起敬，而遗忘了其空虚的当代军事能力。李普曼想到的第二个可能导致德国野心本地化的现象是其对犹太人的迫害。

1933 年春季和夏季，纳粹暴徒组织了一次焚书运动，烧毁了大量由犹太人（以及自由主义者）所著的书籍，并在全国范围内实施暴力和恐吓。李普曼写道，对德国犹太人进行镇压，"以满足纳粹征服他人的欲望，满足那些希望得到工作的纳粹人的贪婪，这就是保护欧洲的一根避雷针。"[77] 在此，李普曼表现出了相当大的麻木不仁，并且严重地低估了希特勒的野心范围。菲利克斯·弗兰克福特指出他对于"文章背后的暗示和态度"感到非常沮丧，而这种沮丧又是可以理解的。[78] 尽管并未像他对德国犹太人的逻辑观点那样无情，李普曼对西班牙内战的估计也采用了类似冷漠的思考方式。李普曼指出，"我从未对西班牙内战有什么热情和偏袒。我担心它会开启一场欧洲战争。"[79]

李普曼从不会运用对与错的概念来对冲突进行推理——西班牙的共和党员不值得美国提供支持，仅仅因为他们通过民主选举产生，拥有更强的合法性。民族主义者的初期法西斯主义意识形态尚不足以美国对其实行有目的的反对。当然，从这方面讲，绝不是他一个人有此观点。法国的人民阵线政府、英国政府以及罗斯福总统和国务卿科德尔·赫尔都认为应当首先对冲突进行隔离，再挽救西班牙的民主，并阻止另一个独裁者的崛起。因此，在德国和意大利的援助下，弗朗西斯科·佛朗哥将军于 1939 年（在一次约 50 万人战死的残酷冲突之后）在欧洲大陆上建立起另一个法西斯主义政权。李普曼的结论是，从本质上讲，伊比利亚对于欧洲的权力平衡而言无关痛痒。[80]

继续这种选择性脱离的逻辑，李普曼呼吁美国从这些明显与东京的区域野心相碰撞的太平洋利益中退出。1936 年 12 月，他写道，"日本和美国的切身利益不会发生冲突，"战争会成为一个"可怕而无用的错误"，"这可能是美国优雅地从其远东纠缠中脱身的最佳时机。"李普曼所表达出的情绪与某些孤立主义者（他们认为欧洲已经绝望，而中国是严重的受害方）发生了冲突。李普曼宣称，"我们可以很坦白地说，中国人必然会保护他们自己的国家，但是我们在亚洲却没有任何政治利益。"[81] 外交紧缩势在必行。李普曼担心菲律宾会成为与日本争端的来源。正如罗纳德·斯蒂尔所写，"他很久以前从阿尔弗雷德·塞耶·马汉那儿学到的'深海'战略使他一生都在坚持一个原则，即美国海军应当规划美国在太平洋的力量，但美国绝不应当卷入亚洲大陆的军事冲突中去，"[82] 从群岛撤军这一行动应当立即执行。但是直到日本袭击珍珠港，李普曼才相信与日本之间的战争是不可避免的。然而，即使到那时，他还依然认为太平洋战场次要于大西洋和地中海战场。令温斯顿·丘吉尔倍感轻松的是，富兰克林·罗斯福最终也遵循了这个优先顺序。

李普曼了解美国不应在何处投入资源和公信力。那么构成国家利益的到底是什么？1937 年 7 月，李普曼为《外交事务》撰写的一篇名为"我们将如何粗略地改造他们？"的文章在一定程度上回答了这一问题。这篇文章再次使用了他于威尔逊执政时期首次制定出的"大西洋世界的防御"论据。李普曼写道，如果大不列颠对大西洋的控制权被德国夺去，那么"我们熟悉的、认为理所当然的一切，比如我们呼吸的空气，都会突然发生巨大的变化。"李普曼重复了马汉关于盎格鲁－撒克逊友好关系的重要性，写道，"无论我们现在是否情愿或是否相信，尽管与英国及其联盟协作是一件困难的事，而且总是令人愤怒，但最终，我们都应当保护这种关系，因为使用任何其他方式，我们都无法实现我们的命运。"因而，确保英美两国对大西洋的控制显然依旧是值得为之奋斗的原因。在1937年6月17日的一封信中，可以预见到，查尔斯·比尔德不同意（在此情况下，通过诟病他对《中立法案》的错误表达）李普曼的观点，表示，"有些东西并非像它们表面上看上去的那么粗制滥造。"[83] 但是李普曼与比尔德的世界观已经相去甚远，开始担心伦敦会低估这种共同目的的重要性。

1937年夏季对欧洲的一次访问令李普曼对英法在德国威胁程度方面的自满感到非常失望。在理解纳粹主义的本质以及希特勒的灵魂特质上，李普曼遥遥领先于他那些当权的谈话者们。在一篇卓有远见的"T&T"专栏上，李普曼敏锐地指出，希特勒能否继续控制德国政坛"并非取决于他能否优雅地从他的对手中收获有形的利益，而是取决于他能否利用自身的权力夺取这些东西……他不会满足于赠品，他必须表现为征服他所追求的东西。"[84] 如果法国和英国继续他们的否认和无知，李普曼无望地指出，"那么旧世界的未来将会再次落入战争特权阶级的手中，以文艺复兴为开端的平民时代也将就此结束。"[85] 1938年2月，在与倾向于绥靖主义的美国驻英国大使约瑟夫·P·肯尼迪（未来某总统的父亲）会面过程中，李普曼坚持认为，"存在不流血的、廉价的替代品可以取代战争的意愿这种观点必然欺骗不了民主。"[86]

1938年和1939年，李普曼对希特勒野心程度的预知以及他对英法面对本次威胁时不负责态度的批判已经越来越尖锐。在给哈罗德·尼科尔森的一封信中，李普曼抱怨道，"在三个始终处于战时状态的国家的持续威胁下……如果大不列颠和法国继续生活在和平之中，我不知道他们打算如何保护自己的财产甚至维护自身的独立性……他们可以放弃捷克领土，那么当需要放弃法国领土的时候，他们会怎么做……当我听到人们谈论绥靖主义的时候，我感觉他们似乎在谈论一种完全虚构的、完全不可信的事态。"[87] 李普曼继续向美国人民证实，军备应当获得最高的政治优先权。1938年12月，战争部长助理路易斯·约翰逊感谢了李普曼对国家（大西洋主义者）利益的解释以及对美国人的清晰警告，即警告他们要拒绝像英国和法国那样沉迷于自满和痴心妄想之中：

我刚刚第三次读了你一两天前发表在《华盛顿邮报》上的标题为"第一道防线和战备"的评论……关于这个关键问题，你的观点如此理智、合理，你的表达如此直率、清晰，以至于我不由自主地相信，如果这个国家并未像你所表达的那样看清当前的形势……在你的专栏中，我由衷地担忧痛苦的日子可能在等着我们……你已经告诉给国家一些直接的真相,无论它们是否顺耳,国家都应当铭记于心。[88]

约翰逊越来越倾向于认为战争可能会爆发,并且可能需要为英国和法国提供一些必要的物资支持,因而他很高兴能有一名与李普曼一样强大的新闻业同盟。

1939年6月,对德战争不可避免的暗淡情绪笼罩着英国,搭配着炎热夏季将要来临这一不和谐的背景,李普曼首次见到了丘吉尔。艺术历史学家凯尼斯·克拉克安排了一顿晚宴,宾客名单包括进化生物学家朱利安·赫胥黎、哈罗德·尼科尔森及其妻子维塔·萨克维尔·韦斯特(作家、诗人兼弗吉尼亚·伍尔夫的恋人)。这是一个不缺乏个性和想法的群体。克拉克已经劝服丘吉尔——当时正经历他称之为"黑狗"的周期性抑郁症——参与这次晚宴,李普曼也已经同意参加。晚宴上,丘吉尔安静地坐着,李普曼叙述了那天早些时候与约瑟夫·肯尼迪会面时的残酷细节。大使的要义是,英国没有希望赢得对德国的战争。肯尼迪认为,伦敦不得不承认德国在东欧和中欧的行动自由,除此之外,别无选择。他挖苦式地告诉李普曼,"在内心里,所有英国人都知道这是事实,但是一小拨聪明人却营造了一种公众感觉,让政府无法采取理智的行动。"[89]

听了李普曼对那次会面的描述,丘吉尔从他的倦怠中惊醒了。他认为肯尼迪大使是一个怯懦、轻信的反英分子——后者的爱尔兰血统立刻令人生疑——是在罗斯福周期性(虽然很严肃)判断失误的情况下任命的。哈罗德·尼科尔森回忆,丘吉尔"挥舞着他的威士忌和苏打水,表明他正处于困难时期,用另一只手熄灭雪茄,"咆哮着说,尽管不可避免地,"钢铁与火焰会夜以继日地降落到我们的头上,四处都是尸体和被摧毁的物体,"英国依然会坚强地经受住德国的攻击,并且加倍奉还这种"毁灭"。并且,虽然不太可能发生,但是即使肯尼迪"不幸的言论"被证明是正确的,希特勒也依然需要平定或打败世界上最强大的国家。丘吉尔若有所思地注视着李普曼,恳求后者建议他的国人"要有尊严地思考",并且继续他们高高擎起"自由火炬"的传统。[90]李普曼对丘吉尔的举止和口才留下了深刻的印象。于是,他开始认为丘吉尔是西方文明中的一个非凡人物,后者的重要性和领导才能甚至会令西奥多·罗斯福黯然失色。

随着战争日益临近,李普曼在评论事件时也更加深思熟虑,并专注于能够阐明世界困境的历史类推法。作为对《苏德互不侵犯条约》这一新闻的回应,李普曼建议洛锡安勋爵不要过于看重俄德之间所声称的友谊:

就历史类推而言……如果你不了解的话,我建议你阅读马汉关于法国革命一书的最后一章。在我看来,当时和现在的俄国政策有着惊人的相似。和斯大林一样,亚历山大一开始也想要与拿破仑签订一份包罗万象的协议,然而,英国想要更加具体和限制性的协议。然后,与拿破仑完全反目之后,他转身又与拿破仑言和了。按照拿破仑的类推,现在我应当看到的是一系列战争，中间夹杂着停战协议以及新联盟中从属模式的转移。[91]

凭借特有的洞察力，李普曼揭露了联盟形成的空洞，特别是在拥有类似残酷野心的独裁者之间形成的联盟。随着战争的进展，李普曼坚持认为，英国和美国不应当放弃斯大林这个排在后面的潜在同盟，因为《苏德互不侵犯条约》转瞬即逝。1941年，希特勒出尔反尔，拒不承认签署的互不侵犯协定，丘吉尔终于理解了这名新闻记者关于斯大林领导下的苏联的功利性观点中所具有的逻辑：苏联是压垮纳粹主义的一支有用力量。在一次经常被引用的议会演说中，丘吉尔指出，"假使希特勒入侵地狱，我至少会在下议院替魔鬼说几句好话的。"[92]

当1939年9月，希特勒的行动迫使英法宣战，李普曼对此一点也不惊讶。然而，他明白，同盟国的军事心理远比1914年的要脆弱。当年，士兵曾成群结队地自愿要求抗击德国，大街上满是旗帜和游行的队伍。他写信给《伯明翰时代先驱报》的前任编辑罗纳德·C·胡德，说道，"即使是通过牺牲，比如，100万人的代价，就能取得决定性的军事胜利，同盟国的政客在制定高级政治政策时也不会采用这样一个决议……6月份，我曾与（莫里斯）甘末林将军进行过一次长谈，我了解到，法国出生率的问题（由于一代人曾经历两次大规模的战争，从而受到影响）是他整个战争哲学中的一个控制因子。同盟军需要通用过不会牺牲那么多生命的方法来赢得战争。"[93]1940年2月，李普曼再次与甘末林会面，后者在马其诺防线的战斗中担任法军的总指挥。他询问法国的军事领袖，如果德国无视马其诺防线，直接攻入毫无防备的比利时，会发生什么。"噢！"甘末林说道，"我们必须有敞开的一边，因为我们需要一个战场。我们会攻击德国军队，然后摧毁它。马其诺防线会缩小差距，他们可以从这里进来，我们就能更加轻易地摧毁他们了。"[94]几个月后，德国军队涌入了比利时，完全无须担心路线的狭窄，很快便打败了法国军队，甘末林的想象宣告失败。

法国战败后，罗斯福总统不再像往常那样谨慎，而是宣布，美国可能"会在一个由武力哲学支配的世界上作为一个孤岛存在"，这种想法就是一种"妄想"。[95]对于本次演说中所体现出来的力量和清晰度，李普曼万分欣喜。在他的专栏中，李普曼对总统的推理进行了发展，指出孤立主义者已经"被歪曲的历史所蒙骗"，并且"被一大群无知、愚昧的历史学家教坏了"。在这里，很容易发现李普曼的目的。他继续道，认为美国加入第一次世界大战是"因为英国的宣传、银行家的贷款、威尔逊总统的顾问的阴谋以及一种被煽动起来的爱国情绪"，这是对历史的严重误读。威尔逊都无法确定美国参战的主要原因：因为"美国应当为了大西洋交通干线的安全而战。"20年后，为了逃避这一任务，就需要邀请德国对其进行侵略。[96]

李普曼还尽力嘲弄了孤立主义者，后者认为大西洋是没有交战国能够跨越的一种神奇的屏障。他写信给经济学家埃德蒙·E·林肯，表示，"鉴于对海洋的控制，军队在这个半球的登陆是一项完美的操作……如果我们的海军在两个大洋都非常卓越，德国向委内瑞拉、哥伦比亚或巴西运送士兵就不像大不列颠向埃及运送澳大利亚士兵那么困难了。如果海洋处于控制之下，这样的距离就不再是障碍。"[97]

在确保国会通过驱逐舰交换基地这一交易上，李普曼发挥了重大作用，并且他还为接下来更具野心的《租借法案》提供了强有力的支持。李普曼承认，在证明为大不列颠提供大量物资支持的合理性方面，不再需要诡辩和钻空子。他写道，"由于对英国的支援，我们的国家从做出大的承诺并以巧妙的方式对某些微和部分执行，转变为开诚布公地公开实质性的行动。"[98] 不同于驱逐舰交换基地交易，李普曼"与这个想法毫无关系，他只能撰写一些文章解释援助同盟国的需求。"但是，1000 万美国最富有、最具影响力的全国性联合读者意味着，他的劝导性角色是非常重要的。李普曼曾因《新政》而反对罗斯福，之后又成为其在第二次世界大战中的外交手腕的忠实支持者。《公众舆论》的作者甚至向总统的遣词天分致敬："《租借法案》这个名称就是罗斯福自己创造的。它没有任何意义，只是听起来让我们觉得我们不会把钱给他们。"[99]

最棒的是总统在 1940 年 12 月 29 日那盛大的炉边谈话。对着历史上最庞大的听众群体——四分之三的美国人都在收听总统的广播——罗斯福指出，美国是时候承担起"民主最伟大的兵工厂"这一角色了。[100] 当晚，伦敦遭受了一次毁灭性的炸弹袭击，第二天，全国就团结起来，共同支持罗斯福的演说。

第二次世界大战期间，李普曼开始逐渐钦佩罗斯福机敏、果断的领导力。凭借杰出的政治技巧——谨慎、乐观和雄辩——罗斯福令美国公众做好准备参与一次世界性战争，并且自此之后在国际事务中发挥关键性作用。日本袭击珍珠港之后，总统激动地对这个令人震惊的事件做出了回应，确定了一个美国将永远无法忍受的"国耻日"。他将首先打败德国这件事列为优先事项的决定是合理的，从战术上讲，他对资深共和党人的任命在当时的环境下也是机敏而恰当的。

暂且不论罗斯福对自由法国哗众取宠的领导人戴高乐（李普曼认为他是世界事务中一名非常重要的人物）持敌对态度，李普曼对于总统管理美国参与第二次世界大战事宜有着积极的观点。事实上，李普曼甚至支持罗斯福最有争议的战时行动: 拘留日裔美国人。在 1942 年 2 月 12 日一篇声名狼藉的"T&T"专栏中，李普曼警告道，如果日裔美国人中有一个叛徒能够自由漫步，那么我们就得小心"内部和外部联合攻击的迫在眉睫的危险"。[101] 2 月 19 日，罗斯福总统授权陆军部拘留和除去一切其认为构成威胁的日裔公民: 共有大约 120000 人。在后续的专栏中，李普曼对这种破坏人身保护令（通过最高法院的一次臭名昭著的裁决而得以确定）的行为表示了欢呼。

相反地，李普曼对于共和党的看法却是非常苛刻的。1941 年 2 月，在写给俄亥俄州国会议员约翰·M·沃瑞斯的信中,李普曼指出,"无论是关于国防问题,还是关于我们与同盟国的关系问题,在共和党的记录中,都没有什么能够证明他们对此已经深谋远虑。如果他们已经有所远见,那么他们现在会被迫完全改变自己,从而他们与政府之间的唯一问题就是程序问题了。"[102] 在 1940 年大选中,温德尔·威尔基就已经非常让人失望,因为他拒绝采取清晰的亲同盟国立场,反而谴责罗斯福潜藏着干涉主义目标。威尔基曾拒绝听从李普曼早期的建议,即"你没什么可失去的……做危机中的丘吉尔,而不是张伯伦,并谴责罗斯福无力、胆小的达拉第行为。"[103] 但是在威尔基身上,李普曼发现了比拒绝采用丘吉尔作风更严重的问题。

在 1940 年大选中落败之后,威尔基对罗斯福总统的外交政策表示支持,表现出了令人敬佩的优雅。此时做出政治改变为时已晚,但威尔基已经认识到李普曼对他的大选建议是合理的:美国支持大不列颠是正当的行为,在如此骚动荡的年代,丘吉尔就是政治家的模范。因此,威尔基对《租借法案》提供了强有力的支持,并于 1941 年夏天进一步呼吁为英国的战事提供无限的供应。罗斯福很高兴能获得威尔基的支持,于是请求后者作为总统的私人使者带领友好使团环游世界。威尔基立刻同意了,并于 1941 和 1942 年访问了大不列颠、中东、苏联以及中国等。在这些多元化的国家和地区,威尔基体验到了人类的共性并深受触动,因而他猜测,建立一个全球维和组织来治理战后的世界是有可能的,同时也是可取的。威尔基最终认为,伍德罗·威尔逊是正确的,人类进步不存在地域上的界限,如果能够建立一个正确的多方机构作为领头人,那么世界和平有望实现。

于是,威尔基开始将他的旅行经历著述成书,并于 1943 年出版,名为《天下一家》。基于对各民族和种群的生动、世界性理解,威尔基主张,能够团结人类的利他、善交际特质远比那些分裂人类的特质要强大得多。在这种情况下,帝国主义必须被拒绝,种族划分问题应当作为国内的优先事项被解决,所有的国家也都必须放弃一部分(不会太多)主权从而生活在一个世界中。在这样的世界中,成熟、开放的外交会消除在处理人类事务时所带来的流血牺牲。该书捕捉了美国外交史上多边理想主义的短暂一刻。伍德罗·威尔逊等人曾受到威尔基的引导。1942 年的一次民意测验发现,73% 的美国人认为,威尔逊在加入国际联盟这件事上是正确的,而在 1937 年这一比例为 33%。[104]

在第一次世界大战期间由于痛苦的经历而放弃了这种理想主义,但李普曼固执地认为美国必须避免再次以陈词滥调(源自痴心妄想而非对历史的理解)取代明确的目标。李普曼写道,"我感觉《天下一家》的理论是危险的理论……我感觉实现天下一家是不可能的,尝试的过程需要付出极大的努力……正确的方式是承认世界的多元性,并期待在诸多体系中能有一个适当的体系。"[105] 某些地缘政治现象是无法被超越的:民族主义以及对商业利益的赤裸裸追求就高居榜首。

在写给亨利·卡伯特·洛奇（与其著名的祖父一样在参议院中代表马萨诸塞州）的信中，李普曼蔑视了他那自以为是、自欺欺人的观点，即认为美国和大不列颠不同，不是一个帝国主义国家。李普曼写道，"在这方面，我们与英国有着同样明确的实际目标：我们也想要维护我们在阿拉斯加、夏威夷、菲律宾、加勒比和南美洲的战前地位。"就国际合作的效用，洛奇也发表了轻率的评论，并遭到了李普曼的批评："我认为，在你关于'有效国际合作'的总结中，第一点就是你所谴责的宇宙超验主义的一个实例。到了白天，再使用如此空洞的语言已经太晚了：通过对构成这种措辞的战略地位、承诺和联盟进行定义，时间已经将其具体化并进入实践阶段。"[106]李普曼已经用撰写书籍的方式开始了这种具体化流程。由于意识到对手也正在进行一本书的创作，并且已接近完成，李普曼将每周一篇的专栏减半，并在短短4个月的时间内完成了这本书的创作。李普曼写道，虽然"威尔基的《天下一家》教育这个国家的人民要参与国际事务，""但它也教坏了他们，让他们去期待一些事情，而一旦这些事情无法实现，会让他们极为愤怒。"[107]如果为所欲为地传播这种无知，会严重损害美国的世界地位。1943年春，李普曼对公众教育的贡献《美国外交政策：共和国之盾》出版，《天下一家》也在同一时间出版。这是很罕见的情况，两本外交政策书籍如此完美地结合，俘获了公众的想象力。

《美国外交政策》是李普曼最好的一本外交书籍。书中带着李普曼特有的优雅，并参考了相关的美国历史经历。李普曼以一种独特的（在此之前，鲜有作家能够达到这种境界，或者说，自此之后，他们才获得这种能力）清晰度和可读性对外交政策提出了质问。以下是李普曼对其核心论点的陈述："本书的论点是，一项外交政策应当能够带来平衡，拥有足够的力量储备、国家的承诺以及国家的实力。真正的政治家应当持续关注获得和维持这种平衡。"[108]理想主义的本质从未被理解得如此深刻。

《美国外交政策》一书攻击的中心目标是伍德罗·威尔逊，李普曼对其未能清晰地阐明美国的战争目的进行了谴责——这是他两战期间常用的新闻主题。李普曼不以为然地写道，"他虽然给出了解释，但是这些理由，都是墨守成规的、说教的理想主义理由，不是实质性的、至关重要的理由。为了维护美国的安全，任何侵略性扩张的帝国主义国家，例如德国，都不得获得对大西洋的控制权。"[109]在李普曼看来，威尔逊在"没有制定外交政策"的情况下就加入了第一次世界大战，"导致看上去联盟的新责任是出自威尔逊总统的博爱，而不是为了支持美国在西半球以及跨越太平洋直达中国沿海的大量现有承诺。"[110]在这方面，威尔逊采用了令人遗憾的运作方式，他伪善地误解了国家的历史。这种幼稚外交的诞生，是因为他误解了开国元勋们的观点和行动。

乔治·华盛顿之所以谴责"纠缠不清的联盟"，仅仅是因为固定的忠诚并不适合当时尚且年轻的共和国。毫无疑问，《路易斯安那购买案》和"门罗主义"证明了美国的外交政策并非在真空中诞生的，也并非没有受到旧世界想法的玷污。并且，19世纪的美国几乎总是拥有足够的军事实力来满足其有限的目的：征服一个大陆，从薄弱的对手那里获得领土，例如墨西哥和西班牙。李普曼写说，"尽管杰斐逊对于海军有一些奇怪的想法，但这些创始人从未考虑过将不防备作为一种国家理念。"[111] 否则，这种想法就是美国最初的外交罪恶。

直到20世纪初，美国才被迫以更加清晰的头脑重新考虑其外交政策责任："自从英国不再统治所有的海洋——大约在1900年以后——我们自己的战略理念就不够用了。"[112] 关于美西战争，李普曼引用了马汉的观点，即认为美国很幸运面对的是如此无能的敌人。这种情况在未来的冲突中不会再重复出现，因而牢固确立美国的切身利益是至关重要的。李普曼指出，"我们致力于冒战争之风险保护从阿拉斯加到菲律宾和澳大利亚、从格陵兰到巴西再到巴塔哥尼亚的陆地和水域。"[113] 这项重大的承诺——将近地球表面的一半——并非没有影响到李普曼。但是，对于任意这些区域的恶意入侵都会对美国的独立性造成致命威胁。例如，德国对欧洲霸权的追求使得美国大陆变得更加脆弱：

法国的投降将西班牙和葡萄牙暴露在被入侵和统治的可能性中。这反过来突出了西班牙和葡萄牙在大西洋的安全问题。法国的投降使得德国获得了包围英国的、与美国东海岸进行海运的海上基地和空军基地，并导致加勒比地区的基地遭受了毁灭性的袭击。[114]

正是由于美国的这种脆弱性才被迫加入第二次世界大战。

该书的另一个目的是确定最有可能维持一个稳定的战后世界的联盟。在这方面，李普曼希望美国、大不列颠和苏联——所谓的三巨头——之间的核心关系能够证明其在和平时期与在抗击德国时一样不可或缺。为了维持与苏联的融洽关系，美国有必要接受德国东部的土地牢固地处于苏联的影响范围内："为了鼓励中欧和东欧的国家形成一道抵抗俄国的屏障，需要做出承诺，美国不得将地区的谎言带离美国实力范围之外，从而，隐含的承诺会失去平衡且无力实现。"[115] 打败轴心国之后的和平维持取决于大国（特别是美国）总体上是否认为传统的外交合作比信赖一个世界议会或强制性仲裁更有可能避免战争。与其两大战时盟国维持亲密的战后关系，需要美国在考虑问题时不仅仅局限在与其所珍视的规范和价值观相悖的行为上——无论是丘吉尔保护大英帝国的决心还是斯大林在东欧防御封锁线的建立。

《美国外交政策》是一部具有鲜明政治现实主义的著作，在美国这个倾向于展现其无辜形象的国家引起了强烈的共鸣。李普曼比任何人都有资格解释其受到热烈欢迎的理由："我想《美国外交政策》无疑是我所有作品中最受欢迎的一部。它几乎被翻译成所有语言。它的优点是，其中有一些非常简单同时相当明显的观点恰好又非常中肯。人们是时候开始正视外交事务了。"[116]

这些短短的"简单同时相当明显的观点"销售了近 50 万册。《读者文摘》上曾发表其浓缩版，《妇女家庭杂志》则通过 7 页连环漫画的形式呈现了李普曼的论点——这是对他可读性的独特证明。美国海军也为向军队分发了一个版本，售价为 25 美分。[117] 1943 年 6 月 14 日，李普曼出现在《时代》杂志的封面上，以此表示对"李普曼专家"所提供的高品质分析表示致敬。《新闻周刊》赞扬李普曼"可能是这个国家最重要的开明保守主义社论人。"甚至法国抵抗运动杂志《Les Cahiers Politiques》都在德占时期险恶的环境下对此发表了评论。[118] 1943 年 11 月，查尔斯·比尔德抱怨李普曼是"世界拯救者学院的院长"，他渴望"攻击他一下……（但是）我没有时间也没有这个实力"——这种预期本可以极大地鼓舞李普曼。[119] 然而，尽管获得了全球的关注和好评，李普曼依然认为这本书是失败的。

总之，《美国外交政策》只是没有兑现其教育抱负，即教育美国人不再倾向于通过理想主义镜头傲慢地看待这个世界。正如李普曼所指出的，"国家的承诺必须与其力量保持平衡这一理论的确是一个明显的观点，但却是一个新观点，是一个我们尚未得知的观点。这本书在这方面是一个完全的失败，因为我们在战后马上就要做出超出我们力量的承诺。"[120]

1943 年春季和夏季，联盟大分裂的第一波传言已经有所耳闻。斯大林认为，英国和美国一直在有意地延缓用以开辟第二战场、缓解苏联红军压力的跨海峡入侵，苏联红军承担了抗击德国的大部分压力。而丘吉尔则对苏联在西欧的领土意图有极大的疑虑。首相并不想为了假想的战后统一而牺牲波兰的独立，因而英国首先对德宣战。在此阶段，丘吉尔并没有将东欧看作是一个替罪羊。在 1943 年 11—12 月召开的德黑兰会议上，丘吉尔和罗斯福同意在第二年春天发动一场跨海峡入侵。但是斯大林无情地坚持，莫斯科要在红军去往柏林途中占领的国家中分一份"特殊的"羹。

苏联会吞并波罗的海诸国，波兰将再也不会落入敌方手中。在德黑兰，隐藏在同盟国和蔼外表下的分歧预示着新的敌对行为，而这正是李普曼迫切想要避免的。

罗斯福从德黑兰回国后，报告称同盟国之间的不一致观点已经越来越多。李普曼在其专栏中写道，"我一定不要错误地认为'隔离'的可替代选项是'普遍的'干预。声称我们对所有有争议地区感兴趣的外交会轻易地瓦解掉同盟关系。"历史上所有国家都曾拥有势力范围，认为联合国（该术语首次于 1942 年 1 月由罗斯福使用）的创建可能会导致这种范围更加公平的想法是荒谬的。事实上，稳定与和平总是建立在强大的国家基础之上，这些国家统治着其所在的地理区域，足以击退掠夺者的侵犯，确保实现"稳定"。李普曼指出，"每一个大国都拥有一个主要的势力范围和责任范围，这不仅仅是不可避免的，同时也是非常适当的"，"一个世界"的崇奉者会"以一种完全虚幻、混乱而危险的借口声称每一个国家在任何地方都有相同的影响力、利益、权力和责任。"[121]

李普曼担心美苏战后合作可能会因波兰或捷克独立这种小事而瓦解。于是他开始为《美国外交政策》撰写增补内容，以提醒公众善意的错误判断可能导致差强人意的结果。

在同盟国军队涌到诺曼底海滩上时，德黑兰会议上承诺的第二战场以极大的勇气和大量的人力成本就此建立，续篇《美国的战争目的》也在此时出版。很明显，欧洲的第二次世界大战即将进入尾声，这正是该书面世的最佳时机。在《美国外交政策》一书中，李普曼对威尔逊进行了批判："威尔逊的原则是形成于纯真年代、美国隔离时期的偏见。威尔逊希望美国能处在一个普世社会中。但是他又希望整个世界与美国一样都处于19世纪的孤立主义之中……他还猜想之后的国际关系可以通过在日内瓦的会议得到口头解决。"[122] 李普曼认为，罗斯福应该在一战期间以及战后严密省空威尔逊的外交表现，然后反其道而行之。由于受到抽象的康德理论的推动，李普曼遗忘了敌人以及这个世界最基本的霍布斯天性。

胜利的民族国家（并非未经检验的世界维和机构）应当创造和平并维护和平。人民为了"他们的家庭"而活，李普曼写道，为了"他们的村庄和土地、他们的国家和自己的方式、他们的圣坛、他们的旗帜以及他们的壁炉，而不是宪章、契约、蓝图等这些泛泛的东西。"[123] 李普曼对威尔逊和比尔德世界观的蔑视体现在这本书的方方面面。但是，李普曼拥护马汉的现实主义、联盟驱动的外交以及对仲裁的反对：

> 该书所提出的论据是，我们应当完全改变威尔逊的原则：我们应当力图维护现有的政治国家，而非以自决为理由肢解它们，我们应当赞同而非禁止，应当完善而非分解，民族国家的区域性分组……我们需要完全改变威尔逊的集体安全模式。我们无法自上而下地建立一个普世社会。我们必须从现有的民族国家和历史共同体开始建立。[124]

美国应当从战场上来之不易的胜利中获得一些具体的东西，这是至关重要的。李普曼写道，"我们不应像25年前一样浪费这种胜利，我们要坚持这一简单的概念：外交官和公众人物的基本任务是维护战争所得的权益。"[125] 为了"维护"战争的果实——德国和日本军国主义的最终及决定性失败——李普曼提议，从今以后，国际事务将由"一个核心所决定，秩序可以围绕这个核心而建立。"这个核心将包括四大权力中心，即以美国、英国和法国为首的"大西洋共同体"、"俄国轨道"（包括苏联在中欧和东欧的范围）以及两个其他的"星座"：中国和另外一个形成于"更加遥远的印度及伊斯兰世界"的权力中心。[126] 这四大权力结合起来服务于一个警察职能。所有权力都将拥有一个重大的经济支撑，以避免冲突，维护"轨道"内部和外部的稳定性。其中的国家可自由加入联合国，但和平的最佳维护方式是李普曼的跨国联盟体系，而非无数分裂的民族国家向一个无能的审议机构证明其自私的情况。

关于如何更好地塑造一个战后世界,李普曼在一些问题上是富有远见的,但在另外一些问题上却表现得过于悲观。李普曼富有洞察力地指出,应当使德国戒掉自给自足的想法(或者说大陆德国主义),并鼓励其打造一种新的经济身份,即成为一个出口国:"如果德国开始依赖海上贸易,那么对于整个欧洲以及俄国而言就会安全得多。德国自给自足的程度越低,对于它企图控制的邻国以及从本次制海权之争中显现出来的大西洋国家而言就会越好。"[127] 将德国强大的经济潜力引导至出口方向有助于地缘政治的健康发展,并且该国有望实现从军国主义、独裁主义侵略者向反战、出口导向超级大国的伟大转变。相反地,关于日本,李普曼惯常的洞察力因想象力不足而受到阻碍。他写道,"如果日本无法恢复其军事实力,再一次发动攻击,那么美国的目标就会实现。日本的改革和复兴超出了我们的预想,我们应当紧随其后,在这些事务上明智地巩固我们与中国之间的关系……我们无法控制日本的革命。"[128] 美国几乎从未有过堪比占领日本的外交事务成功案例,事实上这相当于国家政体和对外姿态的一次革命。

关于与莫斯科冲突的可能来源,李普曼看上去比较轻率。他低估了意识形态的重要性,反而强调于地理位置偏远的积极方面。李普曼写道,"世界上最强大的两个国家会尽可能远地分离开,苏联权力的核心位于亚欧大陆内部最深处的乌拉尔;美国权力在北美岛屿大陆核心的密西西比河流域。自从远古世纪的统一被打破,还从未有过如此美好的和平前景。"[129] 在此,李普曼感到很内疚,自己竟以19世纪的范式来看待事情,以至于未能预料到分裂的欧洲会成为莫斯科与华盛顿之间巨大摩擦的一个来源。

需要注意的是,李普曼的现实主义只是一种理论,其假定在世界事务的结构中拥有永久的趋势。该理论认为,"真正的政治家"在制定增强国家优势的政策时能够平衡资源和承诺,避免不计后果的冒险主义。这是一种社会科学洞察力。但是斯大林并非简单地受到物质需求的激发。苏联的外交政策需要更加广泛的意识形态目的,它与国家存在的理由紧密相连。1946年,在莫斯科大剧院发表的一次好战演说中,斯大林指出,一战和二战的爆发是"世界经济和政治力量在当今垄断资本主义基础上发展的必然结果"。他不确定未来是否能够避免此类战争,但推断道,只有马克思列宁主义取得普遍的胜利才有可能避免此类战争的发生:"如果各个国家可以按照其经济加权值通过和平协商的方式周期性地分配原材料和市场,也许可以避免灾难性的战争。但是在当前世界经济发展的资本主义条件下,这是不可能的。"[130]

在美国的领导下,西方国家迅速、有效地凝聚在一起,共同反对共产主义的传播。但是,李普曼认为斯大林的理性要胜过他的思想信念,因而他也同样地误解了苏联外交政策的基本核心。

而且，李普曼认为斯大林会沿着一个更人道的方向发展，在这方面，他过于乐观了。李普曼写道，"自从我们在战争中结成联盟，苏联越来越明确地致力于在民主而非极权主义原则的基础上制定外交政策……事实是，关于与其俄国轨道内邻国之间的往来，斯大林元帅现在已经重复地确定其民主原则。"[131] 不太了解的人很容易把斯大林往最好的方面想，这是可以原谅的。由于迫切想要打败希特勒，这名独裁者以一种讨人喜欢的形象——"乔叔叔"——被呈现在了美国公众的面前。但是，拥有政治访问特权及大量出版资料的李普曼可能对斯大林更加了解。

李普曼写这本书的目的是提升与"俄国轨道"建立紧密工作关系的重要性，并引导美国人脱离他们透过道德说教镜头看待他们在世界上的地位的习惯性趋势。但是《美国的战争目的》未能达到期望的效果。当然，也有人喜欢它。在罗斯福政府中，内政部长哈罗德·L·伊克斯将该书描述为"一部杰出的作品……新奇而又极度有趣。"[132] 时任共和党总统候选人托马斯·杜威的外事顾问约翰·福斯特·杜勒斯称赞李普曼做了"一件最出色、最有建设性的工作"，特别是在发现拟建联合国的局限性方面。[133] 和《美国外交政策》一样，《美国的战争目的》一书也出现在了畅销书名单上，并且被《读者文摘》连载。

但是，反对声超过称赞声。《生活》杂志的出版商亨利·卢斯曾考虑连载该书，但是在读完毛校样之后婉拒了。卢斯认为李普曼的书"过于反俄"，因为它将苏联（准确地）描述为一个"极权主义国家"，虽然李普曼十分清楚地描述了在两个轨道之间建立紧密工作关系的外交利益。[134] 李普曼在《世界报》的一名前同事约翰·L·巴尔德斯通向他抱怨该书潜在的悲观主义让他有一种"绝望感"。李普曼则辩称，他对战后世界的描述既准确又相当乐观：

这本书令我的朋友们非常困惑，他们认为战争这个毁灭性的进程能创建一个全新的世界。在我看来，只有当大战的威胁消失两代或三代人之后，这个全新的世界才会被创建。换句话说，我认为我们会像19世纪一样，在拿破仑战争结束后一个世纪才能摆脱大战的影响，最终获得和平。如你所想，这的确需要很长时间。[135]

那个详细描述了从战争的灰烬中创造一个"全新的世界"的路径的朋友就是萨姆纳·威尔斯，罗斯福的副国务卿及其睦邻政策的缔造者。1944年，威尔斯发表了《决定的特别》，重申了伍德罗·威尔逊呼吁建立一个强有力的国际联盟的抱负。该书受到理想主义（李普曼的书中对理想主义进行了贬低）的驱动，更加成功地捕捉到了公众的乐观主义情绪。该书销售了一百万册，获得了广泛的评论，其中喝彩声居多。威尔斯也对《美国的战争目的》做出了批判性评论。李普曼回忆道，"萨姆纳·威尔斯读了这本书以后之所以反对它，是因为他说这是对权力平衡的老式信仰……我们需要远离的一切，用一个词来说，就是联合国。"[136]1944年，外交政策似乎正在逃离李普曼的适度范围驱动的现实主义，因为他意识到"我们政策的总体趋势正在往另外一个方向发展。第一个理论是，我们会团结这个世界上的所有人，包括俄国人，所有人都会以类似的方式去思考。当这个理论失败时，我们会团结这个世界上除了俄国人以外的所有人……该书面世时，罗斯福已经处于生命的最后阶段，而杜鲁门，当然，他从来不读书。"[137]

李普曼曾在书中告诫说，由于薄弱的政治领导，"局外人"美国人正在驱使着国家不必要地对抗一个大国，而美国应当与该国维持着合理的良好关系。最糟糕的是联合国应当承担仲裁者这一重要角色的想法。李普曼后来抱怨道，"我禁不住的感觉威尔斯的书产生了极大的危害，它正在将美国人民从对历史现实的理解转变为……我可能从对他的持续性批判中比从我的书中收获了更多。"[138]李普曼的计划被那些受到萨姆纳·威尔斯和温德尔·威尔基的威尔逊式诡辩影响的人群挫败。他悲叹道，"公众，特别是那些理想主义公众，并非那么顽固的天真。"[139]

1944年8—10月，来自美国、英国、苏联和中国的代表们齐聚华盛顿的敦巴顿橡树园，为国际联盟的一个后续组织绘制蓝图，萨姆纳·威尔斯的合作想法受到了检验。讨论期间，联合国的四个主要组成部分得以建立，包括安全理事会、联合国大会、国际法院以及秘书处。四个代表团都非常赞同联合国应当具备一种军事能力。他们认为，在危机时刻，安全理事会应当能够使用成员国的军事力量。伍德罗·威尔逊的梦想正在得到实现。然而，这却是马汉和李普曼的噩梦。

李普曼给朋友格林威尔·克拉克（《国家战争服务法案》公民委员会主席）写了一封长长的信，信中对敦巴顿橡树园的事件表示了蔑视。他抱怨道，"敦巴顿的代表们始终致力于建立一个万能的团体，为世界争取和平以及足够的安定……有这么多协议需要统一和一致，我们不应该继续与俄国在法律平等这一难题上争执不休了，而是应当与其团结起来，为我们的下一代创造和平。"李普曼认为，在全球遭受重大变化的时期成立联合国是愚蠢的分心行为。只有当世界和平成为现实，才需要去进行新的地缘政治尝试。敦巴顿橡树园可以召唤出"一个万能的团体来平定这个世界"，这种想法是"一个错误的大前提"。[140]就这点而言，李普曼的怀疑态度是有理由的。

在1944年大选期间，联合国的建立甚至成为不了一个竞选议题。因为罗斯福和共和党候选人、纽约州州长托马斯·杜威一致认为应当建立一个新的全球组织来维持和平。李普曼已经非常讨厌罗斯福的执政（当时已经是其执政的第12个年头），但是他又觉得杜威的执政会让情况更糟。杜威曾批判罗斯福拒绝与斯大林会面谈论其关于波兰的未来计划。在"TST"专栏中，李普曼批判了杜威对那些"反动主义波兰人"的支持，他认为这些人非常愚蠢，竟拒绝与斯大林在国家边境和政治组成问题上达成妥协。[141]对于李普曼，约翰·福斯特·杜勒斯怒不可遏，他写道，"你和州长之间的根本问题在于你认为如果我们无法凭借物质力量推出完善的政策，那么美国就不应采取任何政策。而州长则相信道德的力量。"李普曼不甘心受到一个之前曾支持希特勒绥靖政策（即使是在法国战败后）的人的伪善性攻击，于是他撰写了一篇尖刻的反驳文章："我不确定争论谁更能意识到这次战争中所存在的道德问题是否有用，因为这需要我们查究一些资料，但是我个人愿意对过去的事既往不咎。"[142]

李普曼虽然反对杜威，但他也不怎么认可罗斯福。在"TST"专栏中，李普曼写道，"我感觉在承担外交事务方面杜威州长无法让我们信赖。他有太多需要学习的东西，但是时间又不允许他再去学习，在我看来，在如此重大的时期，改变的风险和成本太大了。"[143] 选民似乎也同意李普曼的观点，罗斯福以432张（杜威为99张）选举人票的绝对优势再次赢得了选举，相差票数多达350万张。根据投票结果，汉密尔顿·菲什和杰拉尔德·P·奈伊等孤立主义者被赶下台。大量自称的"国际主义者"进入国会，包括来自阿肯色州的年轻而游历甚广的罗德学者J·威廉·富布赖特。对于这一结果，无论从行政层面还是从立法层面上，李普曼都非常满意。但是他又担心政府对联合国依然高涨的热情以及未来可能愈演愈烈的美苏不合关系会破坏到他对于战后稳定的期许。在这方面，罗斯福的新任副总统哈里·S·杜鲁门也没能带来多少信心。1941年6月23日，杜鲁门指出，"如果我们发现德国要赢了，那么我们就去帮助俄国，如果俄国要赢了，我们就去帮助德国，这种方式能让他们尽可能多地互相残杀。"[144]

温斯顿·丘吉尔则采取了一种不同类型的外交犬儒主义。1944年10月，丘吉尔访问莫斯科，向斯大林提出一种"百分比交易"，据此，东欧、中欧和南欧（不包括波兰）将被划分为不同的利益范围。例如，苏联将在罗马尼亚占据压倒性的优势，而英国将在希腊获得主导性地位。对于这种外交策略，19世纪的各位首相例如迪斯雷利和帕默斯顿一定会引以为傲。但是，丘吉尔似乎没有察觉到时代的变迁，因此当他的提议被公之于众时，招致了强烈的非议。罗斯福也被迫撇清与伙伴的提议之间的关系。在李普曼看来，丘吉尔展现出了非凡的技巧，能够从相对较为弱势的外交立场中赢得交换条件。这种明智的外交竟能招到如此激烈的反应，他感到非常吃惊。1944年12月，李普曼写道，美国军队尚未竭尽全力"获得加利西亚东部的公民投票，或者将香港归还给蒋介石。"[145] 由于受到那些"知情者"的影响，民众的非理性情感再一次歪曲了对合理外交策略的追求。

1945年2月，罗斯福、丘吉尔与斯大林最后一次在雅尔塔的克里米亚度假村会面。尽管德国战败已成定局，日本仍然有可能发起可怕的海上入侵。而美国的原子弹也正处于研发之中。在这种情况下，我们必须理解罗斯福在对日继续发动军事行动上争取苏联支持的这一基本目标。对此，斯大林同意在德国无条件投降后3个月对日发动军事行动。三巨头还设计出了《关于被解放的欧洲宣言》，呼吁在那些脱离纳粹控制的国家中实行自由选举。理论上看，该宣言似乎很不错，但具体的条款却模糊不清，实际上难以执行。

丘吉尔指出，对他而言，波兰的独立关乎荣誉，企图迫使苏维埃在东欧事宜上做出让步。对此，斯大林非常恼火，并反驳道，对苏联而言，一个友好的波兰其实只是安全问题。罗斯福打断他，说道，波兰的自由选举"应当和恺撒的妻子一样'纯洁'。"斯大林悻悻地回复道，"虽然人们都这样说，但实际上，她也存在不为人知的罪恶。"经过五天艰难的谈判，东欧和中欧的命运依然没能确定下来。总统的参谋长、海军上将威廉·利亚抱怨共同的宣言过于灵活，一直从黑海延伸到华盛顿，却不担心关系的断裂。对此，罗斯福回复道，"我知道，比尔。但这一次我已经竭尽全力了。这是我唯一能为波兰争取到的。"[146]

李普曼对此表示同意。在这种情况下，雅尔塔协定已经是所能达成的最好的协议了。在"TST"专栏中，李普曼写道，"在我们这个年代，没有比这更令人印象深刻的国际会议了。在任何一次国际会议中，都没有人曾如此明确地坚守各国的重大利益（而非次要利益）。"[147]对于罗斯福的执政，李普曼一如既往地充满热情。之后，在罗斯福的声誉达到制高点时，一波又一波的报道开始披露罗斯福欠佳的健康状况。罗斯福长期以来都存在严重的健康问题，到雅尔塔的长途旅程更是加重了这一状况。回国后，罗斯福立刻隐退到沃姆斯普林斯休息并接受医疗看护。预后情况并不乐观，这可以从罗斯福在雅尔塔拍摄的照片中得到证实，照片中的罗斯福明显非常虚弱。罗纳德·斯蒂尔写道，"担心总统可能命不久矣，李普曼决定在罗斯福还能够阅读的时候为他写一篇颂词（实际上是一篇讣告），作为对这个他始终怀有矛盾心情的人的最后一次评论。"[148]整个20世纪30年代，李普曼都在严厉地批判罗斯福，这一次他仁慈地指出，罗斯福在第二次世界大战期间的表现堪称典范。在这方面，李普曼之所以做出这种温暖的评价，是因为罗斯福的国家利益观念与李普曼的观念如此趋同。毫无疑问，在雅尔塔向斯大林的痛苦妥协证明了"（罗斯福总统）对美国重大利益的判断是准确而有远见的。他大胆、坚毅、敏锐而深思熟虑地为这些利益服务，并带领国家脱离了极其危险的境地。这种情况对美国安全所造成的影响程度达到了历史最高，同时也收获了前所未有的尊重。"[149]

这些悼词是准确而宽容的。5天后，20世纪美国最伟大的总统因脑出血而逝世。

李普曼发迹于战争，是美国最具影响力的新闻工作者兼外交政策分析家。虽然《美国的战争目的》一书未能达到预期的效果，但他的"TST"专栏却日益壮大，其国内读者人数和国外读者人数都达到了一个极高的数量。然而，失去一个致力于建立对苏友好关系的总统重重地打击了李普曼关于战后世界的劝导性愿望。杜鲁门总统那生硬、直率的说话风格及其在地方的群众基础都令李普曼深感忧虑。但是，其他的一些政治问题也引起了李普曼的注意。最主要的就是，必须阻止共和党将致命的火灾引向罗斯福的传统上，就像第一次世界大战之后伍德罗·威尔逊的外交目标被碾压殆尽一样。

1919 年，密歇根州参议员阿瑟·范登堡是最有可能与亨利·卡伯特·洛奇的破坏性角色势均力敌的候选人。20 世纪 30 年代参与奈伊委员会的经历令范登堡坚信，加入一战是一次严重的判断失误。范登堡认为，《中立法案》是远远不够的，而在谴责日本侵略中国事件上，罗斯福受到了错误引导。他同样固执地认为希特勒的崛起并未威胁到美国对德切身利益。日本进攻珍珠港事件让他别无选择，不得不抛弃孤立主义，但这种改变是不情愿而为之。战争开始后，范登堡绝望地评价道，"我们无情地抛弃了乔治·华盛顿的告别演说，我们直接将自己投入到了强权政治和欧亚非的权力战争之中。我们踏上了一条不归路。"[150] 李普曼决定实现范登堡的哀伤论调。

对于美国未来是否会在世界上发挥中枢、前瞻性的作用，范登堡不怎么关心，但是他心中巧妙地隐藏着当总统的野心，对此，李普曼了然于胸。李普曼建议范登堡竞逐 1948 年的总统职位时需要将自己转变为一个负责任的国际主义者。美国是世界上最强大的国家，并且与其他国家有着巨大的差距，控制着世界上大约 50% 的贸易，这些都离不开美国在维护良好国际环境从而维持这种优势地位方面所承担的重大责任。李普曼和《纽约时报》的詹姆斯·赖斯顿合作为范登堡起草了一份重要的演说稿，并由后者于 1945 年 1 月 19 日在参议院发表。

在一次有着李普曼独特创作痕迹的演说中，范登堡宣布，"我相信，今后任何一个国家都无法通过自己的单独行动免受伤害。自珍珠港事件后，第二次世界大战从一个全新、邪恶的视角诠释了血淋淋的大屠杀科学。我们的海洋已经不再是自然保护我们城墙的护城河。"[151] 对于这种大反转，他在国会中的同僚感到非常震惊。第二天，赖斯顿和李普曼都在各自的专栏中称赞了范登堡（以及他们自己的遣词造句能力）。之后，李普曼又在一次外交招待会上对范登堡进行了批判，直接从一名崇拜者转变为指出范登堡"就像一只膨胀的鸽子，对他在世界上的新角色沾沾自喜。"作为一名敏锐的心理学学者和一名经验丰富的政治家观察员，李普曼确切地知道如何对待这个"自负、浮夸同时又非常虚伪的人。"[152]

杜鲁门总统没有像范登堡那样受到李普曼那劝导性把戏的过多影响。他从未邀请李普曼到白宫去，他们之间的通信也仅限于一些生硬的正式照会。杜鲁门的首个议程是在开始于 1945 年 4 月 25 日的旧金山会议上主持联合国的创立。会上，杜鲁门面向 50 个国家的代表团（其职责是修订敦巴顿橡树园协议并制定出一部基础性的宪章）发表演说，指出，这个时刻终于来临，"上一代伟大的政治家伍德罗·威尔逊的理想终于要变成现实。"[153] 这样的语言，或者说是查尔斯·比尔德这种大陆美国主义者的言辞，从来不会引起李普曼的任何兴趣。当《联合国宪章》于 6 月 26 日签署确认，比尔德与那些现实主义怀疑论者一同贬低了联合国的决策程序。比尔德抱怨道，"它赋予了俄国、英国和美国以否决一切自己不喜欢事物的权力，至于那些富有才学和智力的人是如何被欺骗的，我不得而知。"[154] 预言家李普曼则提出了相反的论调，表示《宪章》愚蠢地赋予了小国以权利，没能充分利用大国关系以及能够更好地反映现实的各"轨道"体系的向心性优势。同时，谈判也将与苏联之间的尖锐分歧诉诸笔端。

以小爱德华·斯特蒂纽斯为首的美国代表团的目标之一是阻止所谓的卢布林代表团（主要由斯大林支持的亲共波兰政治领导人组成）获得席位。这导致莫斯科与华盛顿之间的关系处于紧张状态。美国和英国为阿根廷（战时曾公开对德国表示同情，战后成为纳粹战犯的逃亡地）争取联合国创始成员国席位的努力也极大地激怒了苏联代表团。李普曼非常吃惊，两件事结合起来，竟破坏了世界上最强大的两个国家之间的关系。谈判中途，李普曼即写信给詹姆斯·F·贝尔纳斯（杜鲁门的一名有影响力的外交政策顾问，于7月份被任命为美国国务卿），信中宣泄了他的不满：

我认为在这种类型的大会期间发表这种言论是一种权宜之计，但是我更多的是受到了我们自己政策实施的扰乱……英国和苏联之间的利益冲突要远比美国和苏联之间的深刻，但是我们不仅没有作为一支调节性力量去维持平衡，反而成为反苏观点的主要参与者。这本不应该发生的。如果罗斯福总统还活着，我认为这种情况一定不会发生的。关于这种基本的关系，如果我们不能恢复我们的国家利益感，那么会为波兰问题甚至整个中东带来大麻烦。[155]

由于对权力的平衡关注不够，美国表现得幼稚而不负责任。李普曼回忆道，莫斯科"在阿根廷问题上虽然有很好的理由，但我们不会听它的。"[156] 然而，从更广的角度看，阿根廷和波兰起不到什么实质性的作用，不像对抗莫斯科可能带来的后果。

后来的旧金山会议对于李普曼而言是一件痛苦的事情。他向约翰·梅纳德·凯恩斯抱怨说，准备工作做得"非常业余，非常不专业"，"我多么希望我们足够深谋远虑，能够在英国、法国和北美之间制定出有效的安全条约。"[157] 联合国已然签署成立，意味着世界和平的维持将要再一次停留在幻想之中。美国已经忽略了最重要的东西，顽固地坚持着理想主义外交（源于其在世界上自欺欺人的目标）。大不列颠在其主导时期就没有犯下这种基本的错误。帕默斯顿勋爵如此形象地评论道，"我们没有永恒的盟友，也没有永久的敌人。但我们的利益是永恒的，我们有责任追逐这些利益。"[158] 杜鲁门政府似乎有意树立一个永恒的敌人，以促进其外围利益的实现。在给《纽约先驱论坛报》前同事的信中，李普曼写道，"苏联和美国之间不存在直接的重大利益冲突，事实上，美国与其他任何四个大国之间都没有重大利益冲突。在我看来，这明确地预示着我们可以作为中介者发挥作用，也就是四个大国圈子中的仲裁者、调解人。"[159]

然而，李普曼却偏离了主流。在一次由美国大使W·埃夫里尔·哈里曼向苏联所做的非正式简报中，李普曼对主流观点的偏离已经表现得非常明显。哈里曼坚信与莫斯科维持战前同盟关系没有任何好处，因此他直截了当地表示，"我们的目标与克里姆林宫的目标是不可调和的。"震惊于哈里曼的直言不讳以及言辞的不负责任，李普曼从座位上径直站起，气愤地离开了房间。[160]

李普曼已经越来越强烈地反对杜鲁门政府不计后果的行为，恰在此期间，他意外地收到了一份来自国务院的工作邀请。阿奇博尔德·麦克利什（一名杰出的诗人，1939—1944年曾任国会图书馆馆长）辞去了其作为公共信息助理国务卿的职位。国务卿贝尔纳斯在李普曼身上看到了可以接任麦克利什的理想潜质。李普曼在整个政治界备受敬重，作为平面媒体人极具说服力，并且撰写了两本关于公众舆论的重要书籍。李普曼断然回绝了该邀请，并对这一职位存在的合理性提出了质疑：

我认为，该职位本身是新设立的，它建立在错误的想法基础之上。目前，这种错误的想法相当普遍，即认为公共关系是一种广告形式，可以移交给公众舆论管理艺术领域的专家来经营。从更高层次的治理上说，这就是一个错误：公共关系管理与领导力是不可分离的，一名合格的公务人员根本不需要在自己和人民之间横插入一个公共关系领域的专家。[161]

有人怀疑李普曼不是通过质疑职位的必要性来躲避这一问题，而是质疑政府的政策。可以想到的是，李普曼不愿为国家提供服务是因为他不愿宣传杜鲁门总统的外交政策。无论如何，李普曼始终避免为政府提供服务，并且其在辉煌职业生涯的余下时光里担任了业内人士和局外人两种身份。直到1974年逝世，他依然坚持美国在追求涉及国家利益的可实现目标时要展现出负责任的态度。反对苏联的意识形态变革违反了李普曼的实用主义天性，并且导致了一些崇高的、辩论性新闻文字的出现。1995年，乔治·凯南指出，李普曼"对新闻的应用比这个术语一般程度上的意义要伟大得多。他是一名优秀的作家，拥有聪明的头脑和令人钦佩的知识储备。"[162] 他会创造出"冷战"这样的术语来描述将欧洲分裂开来、残酷对待发展中国家以及1962年导致古巴导弹危机的两极对立状态。李普曼的术语定义了那个时代，反过来这也形成了他的继承者们的战略思想。

第五章

艺术家
乔治·凯南

1945年9月，李普曼在回绝了政府公职一个月后，一个国会代表团来到了莫斯科与斯大林会面。当国务院指示大使馆的二号大使为他们的到达做准备时，乔治·凯南的心情暗淡了下去。凯南的俄语和德语都很流利，并且非常喜欢阅读契诃夫和托尔斯泰的作品。但是在外交敏锐度和工作方式上，凯南偏向于保守。他不确定当选的政治家能否在海外表现得明智而又负责。对凯南而言，政客和公务人员有着明确的责任划分。具备语言和历史技能的专业外交家应当培育好美国的外部关系。同时，国会的成员应当专注于国内事务。政客很少会基于国家利益来行事，大部分是为了其地区或州的利益而服务，主要致力于实现连任。与李普曼一样，凯南也认为民主政府不擅于制定出经过慎重考虑的长期外交政策。美国政治是地方性的，也就是说，外交官（一个无私的知识分子精英）承担着重大的责任，而这是非常令人不安的。凯南说，"有时候我会被认为是一名优秀人才，当然，我的确很优秀。国家的期望是什么？上帝不允许我们没有精英。难道所有事情要由平庸之辈来完成不成？"[1]

代表团到达后第二天，与斯大林的会面被安排在下午6:00，为访问者留出了一整天的时间游览这个城市。苏联东道主带他们参观了近期扩建的地铁体系（一个工程与设计上的伟大壮举），并给他们灌了一些不明来源的液体。下午5:30，凯南焦急地等候在Mossovyet站出口附近，却得到消息"代表团正在地铁体系网中某处饮'茶'……令我惊骇的是，我发现给他们喝的'茶'里（含有）……伏特加，这主要看个人的坚毅程度和沉着状态。"他们摇摇晃晃地走向接待他们的豪华轿车，伏特加的作用已经使得议员们不受控制。当车队接近克里姆林宫门口时，其中一人大喊道，"这个家伙是谁？是斯大林吗？我不怎么想上去见他。我要下车。"肾上腺素直冲整个身体，凯南这个天生沉默寡言的人也忍不住大声叫嚷，"别做傻事！坐在那儿别动，同其他人待在一起。"危机解决后，车队继续前行。之后，同样醉醺醺的声音打破了紧张的寂静，"如果我一拳打在那老头儿鼻子上会怎么样？"据凯南回忆，"我的心脏都要停止跳动了。我已经想不起来我说了什么，但是我确定这是我一生中最认真的一次讲话。"幸运的是，在与斯大林的短暂会面期间，这个国会破坏分子"没做出什么扰乱的行为，不过就是向那个困惑的独裁者斜睨或眨了一两次眼，这样才保证了那些暗藏的枪口（毫无疑问这个房间布满了枪支）始终保持沉默。"[2] 在外交部门任职就像是对生命的审判。

第二天，凯南被指派了一份同样令人苦恼的任务，即在斯大林与佛罗里达州参议员克劳德·派帕尔（参议院外交委员会的成员）的双边会议上担任翻译官。该参议员由于其左翼政治而被称为"红辣椒"，他曾声称非常崇拜斯大林在经济上所取得的成就。在友好洽谈期间，凯南被迫需要翻译出派帕尔的奉承式问题以及斯大林开心的回复。之后派帕尔在为《纽约时报》撰写的一篇文章中详述了他的经历，指出"大元帅是一名现实主义者，尽管他曾强大到提高了一国大约 2 亿人民的生活水平。"[3] 然而，凯南却对这一经历感到非常沮丧。斯大林并没有察觉到每一个翻译过来的词汇都是从咬紧的牙关中发出来的，反而在他们返回美国之前赞扬了凯南出色的俄语水平及其在外交边缘政策和国内抑制政策方面的例行苦差。

会谈结束时，派帕尔询问斯大林是否需要对美国人民说些什么。斯大林的回复简单而又恰当："请客观地评判苏联。不要赞扬我们，也不要责骂我们。只需要了解我们，并以我们本来的样子来评判我们。"在凯南看来，这是一个美国人无法完成的任务。第一天醉酒时的好战情绪以及第二天派帕尔的奉承都反映了美国在对待苏联问题时所表现出来的矛盾心理。李普曼将斯大林的这种口吻概括为意图良好的痴心妄想（即认为斯大林是一名理性行为者，苏联是一个不可或缺的盟友）。

相反，著名的美国陆军第 7 集团军指挥官乔治·巴顿上将认为这种不计后果的武力威胁有可能导致向第三次世界大战的无缝转移。例如，1945 年 5 月，在一次与战争副部长罗伯特·派特森的讨论中，巴顿（此时，他担任第 3 集团军上将的职业生涯已到了最后几个月）抱怨道，"我们在对德战争中取得了胜利，（但是）却在解放欧洲事业中失败了……我们必须现在就结束这项工作——我们已经到了现今这个阶段并且已经做好准备——否则以后的情况会越来越差。"[4] 凯南处于两个极端的中间位置，他认为采取一种折中的做法是至关重要的。并且，他依然认为，相对于好战情绪，美国政府的自满是一个更加严重的问题。

1945 年 1 月，在写给朋友兼同僚"芯片"查尔斯·波伦的一封信中，凯南表达了自己想要离开驻外事务处的意图。凯南对于丘吉尔百分比交易所带来的骚乱感到非常困惑，他质疑道，"我们为什么不能达成一项合宜、明确的和解，直接将欧洲划分为几个影响范围，我们远离俄国范围，俄国也远离我们的范围？"他还叹息道，"我们曾拒绝对俄国的扩张和责任设立任何限制，从而令俄国人非常困惑，以至于他们时常怀疑自己是否要求的太少或者怀疑这是不是某种圈套。"凯南认为，正确的外交路线已经足够清晰。华盛顿应当"尽可能快、尽可能悄悄地埋葬敦巴顿橡树园协议，"因为牵涉到扩张主义者莫斯科的多边协议是难以维持的。从而，美国的政治领导应当接受这一既成事实，苏联国占领区沿线的德国被完整地分割开来……西部必须被整合为大西洋经济体，与东部尽可能地保持独立。

苏联和西方在欧洲的影响范围对于凯南来说是显而易见的，这对任何人而言应该都是很明晰的。美国不得不承认这种分割法是一种现实，并且拒绝苏联在至今已建立的范围之外挑起事端。这个防守端应该通过部署最恰当、可用的方式来实现：政治手段、经济手段、外交手段或者不得已而采用的军事手段。"诚然，上述方式并非一个特别恰当的计划，"凯南承认，"它相当于将欧洲分裂开来了。它公然放弃（有充分的理由）一切与俄国的合作。但是乞讨者不可能成为选择者。我们失去了我们在欧洲的大部分外交资产。"[5]

在于凯南而言，主要的罪魁祸首是威尔逊的诱人传统，在罗斯福执政期间，该传统被重新赋能。事实上，威尔逊主义在1945年威胁要造成的损害与它在1919年实际所造成的损害一样多，凯南如此向波伦解释说：

我所描述的计划是极其适度的。但是它也基于坚实的现实基础。此时，如果我们坚持像历史一样让我们的头脑被威尔逊式理想主义及世界性协作的普遍主义概念所覆盖，如果我们继续无视"亚洲和东欧大量居民的瞬时和平意图仅仅是由于他们的痛苦和软弱，而不是由于他们强大的实力"这一事实，如果我们坚持将欧洲的整个未来押在与苏联建立一个目标共同体的设想（对此并没有真实的证据，只是我们自己的痴心妄想）上，那么我们有可能会失去那仅有的一点安全，而这一点安全，我们可以在大西洋上最接近欧洲的海滨通过维持人性化、稳定和合作性的人类社会形式来获得。[6]

一般情况下，辞职信是约定俗成的，很少会如此富有远见。信中提出的观点体现了作者因被边缘而带来的极大挫败感，但是在未来5年，其中的大部分观点都成为外交政策。

凯南有着如此前沿的看法，但却难以为人所知。尽管波伦赞扬了凯南的责任感，并成功地说服他留在原位，但他的回信却具有明显的怀疑性，指出"（你）所提出的外交政策无法在民主政治中制定出来。只有极权主义国家才能制定并实施这样的政策。"[7]波伦依然充满希望地认为与斯大林建立专注于结果的战时联盟能够实现和平，因而他觉得凯南的性格倾向于想象最坏的场景，很容易就会对与莫斯科协作的可能性打个折扣。一年后，当最坏的情况成为不可避免的现实，凯南所提出劝告的魄力和逻辑一扫前雪。他写道，"我们应该立刻收集，手中所握的一切牌，并发挥出它们最大的价值。"[8]在

1946 年和 1947 年两年的时间里，凯南在制定"遏制政策"（苏联解体之前，美国面向分裂的欧洲所采取的核心策略）上发挥了巨大的作用。但是，由于双方的零和思维，冷战的规模越来越大，这个地缘政治游戏也逐渐变质。而此时，凯南也即将离开。

最初的凯南家族名为麦凯南，18 世纪末从苏格兰或北爱尔兰来到美国。[9] 1904 年 2 月 16 日，乔治·弗罗斯特·凯南出生于威斯康星州的密尔沃基。不幸的是，凯南出生仅两个月后，他的母亲就因阑尾破裂而去世。据凯南的姐姐珍妮特称，生母的离开令乔治心中有着深沉的忧郁感。他是被一群人共同抚养长大的，而这些人多数比较冷漠：几个姑妈和一个继母，就像童话故事里一样。他的父亲科苏特·肯特·凯南是一个温和、寡言的税务律师，52 岁时妻子离世。由于父亲的高龄以及孤僻的本性使得父子之间没有形成重要的感情纽带。整个童年时期，乔治都很安静、爱幻想、孤独。他总是躲在家里的阁楼中阅读大量书籍，并沉思自己不幸的生命历程。一个姑妈曾经以一种违反直觉的命令口气责骂他，"乔治，别再瞎想了。"[10]

凯南的独来独往阻碍了他的社交，但使他成了一名专注用功的学生。他在密尔沃基的第四街学校（Fourth Street School）就读，由于快速的知识接受能力，凯南跳过了八年级的学习课程。之后，他来到圣约翰军事学院就读，因为肯特希望改变儿子不善交际、诗人般的性情，喜欢上一些更具男子气概的东西。结果不出所料：乔治受到了无情的摧残，但依然未能将他拉出坚硬的外壳之外。虽然也曾两次尝试逃跑，但都未能成功，最终他坚持了下来，并向普林斯顿大学提出破格录取申请。通常情况下，凯南比较喜欢 19 世纪俄国作家例如托尔斯泰和陀思妥耶夫斯基等人伟大的历史和哲学抱负。凯南最喜欢的当代小说之一是弗朗西斯·斯科特·菲茨杰拉德的《人间天堂》。这本书的主要人物是一名野心勃勃的中西部年轻人艾默利·布莱恩，他离开自己的家乡到普林斯顿求学，天真地希望获得社会的认可，并取得一定的成就。布莱恩就是菲茨杰拉德的真实写照，而凯南，则希望自己能变成布莱恩。布莱恩的整个历程——他完成书籍时已经身无分文并且筋疲力尽，指出"我了解自己，但那不是全部"——似乎没有任何年轻人应有的浪漫桥段。

对凯南而言，普林斯顿是一个极具挑战性的调整，正如他的文学作品中所体现的那样。威尔逊的改革主义平台都没能留住他——吃喝俱乐部的势利行为依然盛行，学术环境对于最优秀的学生而言依然不够严谨。只有一名学者真正地引起了凯南的注意，那就是约瑟夫·格林教授。该教授教导学生，气候和地理对国家和人民的形成有着不可改变的影响。这种观点始终伴随着凯南，使得他非常怀疑向贫穷国家提供国外援助以及建立世界与美国安全的联系是否有效。凯南开始相信，越接近赤道的国家，越能摆脱地缘政治的影响。除此之外，凯南还逃课阅读大量书籍，涵盖历史、哲学、文学等各个领域，他从奥斯瓦尔德·斯宾格勒的《西方的没落》一书中获益颇多。该书以历史的形式描绘了一个文明兴衰的不可避免的历程。[11] 斯宾格勒指出，"西方"（他指代欧洲和北美）即将进入一个文明的"寒冬"，不祥的事物即将取代它的位置。由于他的影响，凯南的外交思想具有了阴郁悲观的倾向。凯南还阅读了该书的德语原著，说明他具有卓越的语言天赋。例如，1912 年，他的家庭在德国卡塞尔逗留的 6 个月期间，他就学习了歌德的基本语言风格。[12]

大学期间，凯南的分析能力已经愈加锐利，阅读范围也愈加广泛，尽管他的发展仅仅局限于普林斯顿本身所提供的教育。凯南后来指出，"在普林斯顿的经历，使得我为自己的进一步发展做好了思想准备。但它并未激发我思想中的任何好奇心。"该学府令人窒息的社会等级的确无法鼓励精神生活的发展。凯南曾加入吃喝俱乐部，但很快便退出了，因为他发现俱乐部充斥着对家族关系的卖弄和炫耀以及诙谐、粗俗的诡辩行为。他是一名天生信赖精英治理的优秀人才。只有当凯南确信自己拥有文学和外交天赋时，他才承认普林斯顿适合那些像他一样拥有细腻情感的人。从 1950 年直到 2004 年去世，他一直生活在那里。社交方面，凯南回忆起他在学校的那段岁月，"我来自中西部，这是我无法改变的事实。我不知道如何接近那些东部的男孩子们。我总是无法用一种随意的语调和他们说话。我的行为只能感知到两种情绪：尴尬的冷漠和奔放的热情。"[13] 他需要做点什么了，因为调整自身、适应"东部男孩"的陪伴对于他喜爱的事业来说是一个必要条件。

凯南阅读菲茨杰拉德的书籍，也非常钦佩他，但是却不认可他那奢华、无力的生活方式。这种生活方式代表着物质主义，毒害了兴旺的 20 年代美国人的生活。1925 年，凯南离开普林斯顿，然而投资银行这样的职业对凯南而言没有任何吸引力。他相信"召唤"这回事，同时他也毫不贪图财富的积累。他认为，生而富贵并没有什么特别之处。他对国家没有太强的依恋，痛恨狂热的爱国主义，希望在其他国家居住并对其进行观察。对于一个有抱负的世界主义者，外交工作是一个合理的选择，尽管确保接受驻外事务处的一切是众所周知的艰难。这在当时就和精英治理一样，但这同时也是它吸引人的地方。

凯南在笔试中获得了良好的成绩，之后由副国务卿约瑟夫·C·格鲁主持面试："我刚一开口，就惊呆了……在威斯康星的第二个音节上，我竟然发出了假音，随后委员会就爆发出一阵大笑声。"[14] 在克服了一开始的紧张后，因其拥有另外 17 项独特的发展前景，凯南被录取了。经过在华盛顿外事学院 7 个月的强化学习，凯南于 1927 年春开始了自己的第一份工作：在日内瓦担任临时副领事。下定了决心要有一个杰出的外事服务生涯，凯南观察着欧洲陷入战争，1938 年布拉格出兵，1939 年柏林出兵，1940 年巴黎出兵，1944 年莫斯科出兵。凯南是一名真正的知识分子，然而他最经久不衰的观点却并非完全来自学术研究，而是从最黑暗的现实中挖掘出来的。

在日内瓦度过短暂的一段时间后，凯南转移到了他喜欢的汉堡。"为什么在其他城市空洞无聊的时候，汉堡依然能够歌舞升平，热闹非凡，人类的一切希望和恐惧都可以在其中得以表达。"[15] 1929 年，他来到德国首都。美国国务院为柏林大学的 Seminar für Orientalische Sprachen 研讨会（俾斯麦任期内成立的机构，为驻外事务处培养外交官）提供资金以开展俄语研究。凯南作为一名专注投入的学生在柏林花费了两年的时间，主要由俄国移居者为其提供指导。这些移居者都对马克思主义持有无法缓和的敌对态度，因为俄国的马克思主义实践使得他们被放逐到条顿。凯南的导师们为沙皇旧政权的消逝而感到哀痛，强调仁慈的独裁主义所具有的优点，并谴责中央集权摧毁了在有教养、分等级的俄国延续数世纪的价值观。于是，凯南就开始了对俄国历史、文化和社会的毕生痴迷，以及对任何形式的集体主义的持续憎恶。他曾在普林斯顿大学阅读过马克思的一些书籍，但认为它们没有说服力。从有教养、文雅的移居者那里听到该意识形态在苏联得到了荒谬的实现，在凯南的职业生涯中是一个重要的时刻。正如他后来所写，埃德蒙·伯克也同样对法国大革命进行了批判，"我始终无法接受或宽恕这种冷酷的狂热行为，由于这种狂热，所有民权不幸丧失，人民——'资产阶级'和大部分农民，实际上构成了俄国人口的大多数——的主体也遭到了无耻的迫害以及'以阶级划分的杀戮'，而原因无他，仅仅是因为他们的成员生而所具有的某些身份地位。"[16]

极具讽刺意味的是，凯南向伯克式保守主义的转移是因为 1930 年在柏林阅读了查尔斯和玛丽·查尔斯的《美国文明的崛起》一书，从而受到了鼓舞。他欣喜地发现，"开国元勋们"并不是杰斐逊主义者和杰克逊主义者所描绘的自由的典范，但是他们都积极地反对给予人们过多的话语权。凯南曾提出一个挑衅式的问题：如果华盛顿、麦迪逊以及他们的支持者都反对将民主赋予"白人、新教徒以及大不列颠人，而仅仅是因为面临着一些相对简单的问题，那么在坟墓中的他们不会想要将应用于上千万黑人以及数百万南欧人身上的民主原则应用到那些完全不了解也不能理解该原则的人身上吗？"[17] 这不是比尔德的追随者所希望的反应。

整个 20 世纪 30 年代，凯南都在思考参与民主的局限性——特别是关于参与民主对外交决策的负面影响——以及苏联的性质和意图。1934 年，凯南来到莫斯科。他总是随身携带一本翻旧了的爱德华·吉朋的著作《罗马帝国的兴衰》，如果情况需要，就会大声地朗读书中内容，这令大使威廉·布利特感到非常好笑。例如，在讨论斯大林将庞大的苏维埃帝国团结在一起所面临的挑战时，凯南会引用吉朋的言论"没有什么比收服遥远省份的尝试更违背自然了"。

之后，他用自己的语言表达了这种明智的劝告，该言论适用于所有狂妄自大的国家："没有任何一个人伟大到能够建立起世界霸权。"[18] 事实上，在历史学家安德斯·斯蒂芬斯看来，吉朋"可能是凯南生命中最重要的指导来源"。吉朋的观点，即"生活在民选政府下的公民能够行使到主权的权力，但是如果力权被赋予笨拙的大多数群众，那么这些权力将会首先被滥用，然后会丧失"，冲击了"我的政治哲学内心"，凯南回忆道。[19]《罗马帝国的兴衰》包含了足够多的警世故事，可令外交官终身受用。

从外交生涯开始一直到生命结束，凯南始终坚持记日记。到2009年，日记才最终被整理公开，为学者提供了大量的资源。日记中充满了有先见之明的地缘政治分析、对导致冲突发生的人性弱点的实事求是的思考，以及对现代性、大众媒体和多元文化主义的尖刻谴责。有时候，凯南会一次性写上好多页；有时候，他会连续几周什么都不写。有时候，他会写传统形式的诗；有时候，他会写乔伊斯式自由抒情主义城市风光。例如，1935年，凯南记录了以下言论：

回到了莫斯科，非常不开心。夏天的夜晚，林荫大道。置身其中，却不属于这里。苏联的生活，赤裸裸的现实；我们自己的生活，神经质般不现实。人生万事如同戏剧一样生动、直接。在这里，人类的肉体生活在一个密集的、私密的主体之中，比纽约更甚。它，被厚厚的全电流包裹着，沿着林荫大道，在黑暗的树木间，在街灯的闪烁下，缓缓地、诚实地流动着。它在街车长长的车厢中被运送着，如同成群的、疲乏的动物在棚车中被运送着。这就是处于自然状态的人类生活，人性被回归到其基本层面——善与恶、醉汉与清醒者、爱护与争吵、欢笑与悲泣，人类生活随时随地所展现出来的面貌以及所做的一切——但是要简单、直接得多，因此也更加强大。[20]

这些都是一名小说家所具备的观察力。凯南的知识分子身份很大程度上源于他的写作水平，因为高质量的写作为他提供了最大的支持。例如，在莫斯科一年后，凯南构想出了另外一个关于革命后俄国的新伯克主义观点，该观点以奥威尔式繁荣为结束：

如果不是俄国的尝试已经证明（如果已经有所证明的话），无产阶级一旦被赋予权力，并不一定会借助其自身的经济纯洁性并利用任何特定的利他主义或智力来行使这种权力，而是很容易将这种权力移交给最残酷、最具决断力的政治元素。从而，无产阶级执政的结果就是，他们仅仅继承了前任政权的恐惧和爱好，剥削人民，提倡爱国主义，以维护他们在国内外的地位。[21]

这是对实践中的马克思列宁主义的一次不可思议的描述。凯南总能对他所观察到的现象提出最具洞察力、最简练的观点。在德国和俄国，流畅的德语和俄语使得他能够从大多数外国人难以想到的角度吸收和理解这两个社会。同时，他阅读大量历史类书籍，并对其细细研读，以至于他能够厘清各个时代和帝国之间的联系，而这一点，小说家就很难做到了。他的英语书面表达能力也很出色。多种特质的结合，保证了凯南比驻外事务处其他同僚的晋升速度要快。

1938 年 9 月，张伯伦和达拉第将苏台德地区贡献给希特勒的那一天，凯南来到了布拉格。对于慕尼黑所发生的绥靖主义，他感到非常乐观，理由是，中欧和东欧各国——凡尔赛脆弱的后代——对于捕食者而言都是容易捕获的猎物。他将这些国家的处境怪到威尔逊的头上，认为是威尔逊打着"自决"的虚假旗号加速了哈布斯堡帝国的灭亡，激发了其成员对美好未来的希冀。凯南认为捷克斯洛伐克这样的小国生存能力较弱，但又对其人民深感同情，并对纳粹主义深恶痛绝。然而，他最终认为捷克斯洛伐克并入更加庞大的德国或俄国统治下的帝国是自然的法则。工作刚刚开始五天，他的保守型观点就受到了挑战。一名情绪激动的中西部女性进入他的办公室，斥责他面对一个无助的国家竟然无动于衷。她的名字就是玛莎·盖尔霍恩。对凯南来说幸运的是，她那容易激动的爱人欧内斯特·海明威没有陪她一起来。

盖尔霍恩后来成了世界上最著名的战地记者之一：她勇敢、有奉献精神、富有洞察力。凯南认为她在战争中的激情是值得称赞的，但终究觉得她是一名理想主义者，对历史的理解还太肤浅。[22] 同样未能打动凯南的是一位名叫约翰·F·肯尼迪的年轻人，肯尼迪的父亲是美国驻英国大使，曾派遣肯尼迪到捷克斯洛伐克参与一次"真相调查"任务。据凯南说，肯尼迪"很明显是一名新贵，同时也是一个无知的人"。他不想把时间浪费在满足这个无知的人的需求上。但是出于"礼貌但令人疲倦的谨小慎微（这是外交官员的特性，他们在与自己讨厌的同胞交往时需要具备这种特性）"，凯南依然为肯尼迪从德国到布拉格再返回伦敦的行程提供了安全通道。[23] 也大约就是在这个时候，凯南开始对独裁主义有所接触。对历史的解读以及亲身的经历培养了凯南对一些国家和时代的坚定的赞赏，这些国家和时代包括维多利亚时代的英国以及俾斯麦时期的德国。新世界那些无知的美德根本无法和旧世界的优点相比较。凯南认为美国的外交传统中没有什么东西值得保留。在共和国初期，汉密尔顿是罕见的地缘政治论者，但是自此之后，美国外交官中少有人能够令凯南认为极具说服力。1936 年，凯南回到美国故土进行访问，这令他感到痛苦，因为这次让他坚信霸园已经成为一个物欲横流、自鸣得意、俗不可耐的国家。从凯南的书面作品中我们可以看到他在极力克制自己的哀叹，他认为美国应当放弃对其他国家在发展和自由路径上的指导，直至它自身创造出一个拥有实质、永久价值的社会。

怀着悲痛的心情离开美国后，凯南在奥地利担任了一个外交职位。在这里，库尔特·冯·许士尼格领导下的非民主政权给凯南留下了深刻的印象。在一篇题为"先决条件：1938 年美国问题朗读"的手稿中，凯南称赞了许士尼格在执行一项综合性法律方面所取得的成功。该法律实现了医疗程序和金融程序的统一，而这些程序完全由"专家"所起草。但是，当时的奥地利议会却拒绝接纳许士尼格的执行流程。凯南认为，如果能从这一成功中学习，美国也可以做得很好。美国忠于民主和透明性的做法正在损害其外交政策的一致性及其处理严重社会问题的能力。凯南相信专家政府的效用，并且厌恶民主及利益团体活动的混乱交易——特别是那些会极大歪曲外交政策优先项的民族游说集团——他的这些喜好体现在了"先决条件"一文以及他的日记之中，产生了强大的威力，并且与李普曼的《幻影公众》不谋而合。

幸运的是，凯南没能找到一家出版商出版他的手稿。20世纪30年代末期，有迹象表明，他的思想发生了转向，而几乎可以肯定的是，一旦真正发生转变，他那有前景的外交事业一定会就此结束。

凯南对美国社会总是带着极端的不满。例如，1940年3月21日，纳粹德国征服欧洲大陆并对其实施恐怖统治，凯南写下一篇日记，日记中将欧洲文明与美国原始主义做了对比，并认为前者优于后者。

> 当他们（美国的祖先们）背离欧洲的时候，他们就不再关注这个大陆过去的经验教训。住在边远地区，他们的智慧仅仅足以建立最原始的社会场景。现在想要补救这种情况，已经太迟了。不管怎样，美国现在属于拉丁美洲国家，而非欧洲国家。具备传统教养的我们将很难适应这种情况。我们所能做的，最多就是尝试让我们的子孙适应这个社会。[24]

这些言论恰好遇上欧洲的历史最低点，证明了凯南对美国社会和文化习俗的强烈疏远。

然而，尽管凯南对美国的社会发展感到失望，他也同样认为纳粹主义令人厌弃。他认为希特勒之所以能够崛起，责任在于德国无知和自负的中产阶级（《凡尔赛合约》后，容克贵族的消亡为中产阶级带来了权力）。即使是在希特勒死后，凯南依然认为君主制的恢复，"受到高效的官僚主义和强有力的上层阶级的限制"，代表了德国对战后稳定的最大希望。[25]虽然凯南的伪贵族偏见没什么吸引力可言，但他尖锐地指出了纳粹主义的弱点。1939年从布拉格转移到柏林之后，凯南访问了最近曾受到纳粹支配的几个国家。在波兰、丹麦、荷兰、挪威、比利时以及法国，他看到了纳粹对各国光辉历史和特性的无情践踏，但这同时也是纳粹自掘坟墓的行为。这样一个根基薄弱的国家自然无法基业长青。在凯南看来，很明显"纳粹意识形态的基础仅仅是对德国人民自身所谓的美德的赞美，对德国以外的人们，特别是年轻人，我们想象不到有什么吸引力。"[26]1940年3月13日，凯南在芬兰记录到，今天是"倒霉的一天……难以想象，另外一个过着体面、健康、愉快生活的地区竟然也陷入了黑暗与痛苦的泥沼，整个世界都被这群控制着破坏引擎的、有着狭隘灵魂的、无情的人们卷入其中。"[27]凯南以同样能够引起共鸣的文笔描述了希特勒凯旋着到达巴黎后这个城市的状况。

难道没有人对德国人说，巴黎的精神已经非常脆弱和胆怯，无法承受他们的决心，在他们决定拿下巴黎的时候，巴黎的精神就已经消失了吗？希腊神话中不是有人曾尝试强奸女神，他的触碰，将女神变成了石头？不夸张地讲，这就是巴黎的遭遇。德国人来到这里时，巴黎的灵魂出窍了，留下的就只是石头……德国人得到的仅仅是巴黎苍白的尸体。[28]

据凯南估计，斯大林主义和纳粹主义一样，都是一支邪恶的力量。德国入侵苏联之后，他曾强烈地反对接受斯大林作为未来的战时同盟。1940 年 6 月 24 日，凯南写信给国务院东欧事务局局长洛伊·亨德森：

在我看来，欢迎苏联作为捍卫民主的伙伴会招致对我们地位的误解，还会使得德国所发动的战争具备一种无理由、强烈需要的道德氛围。接下来，我不知道我们还能做什么，我只知道我们可能会和苏联一样，摧毁波罗的海国家，攻击芬兰的独立，将波兰和罗马尼亚分裂开来，粉碎掉整个东欧的宗教，在世界的这一部分采取广为恐惧和厌恶的国内政治政策并采用与民主几乎不着边的方式。

仔细考虑他的回忆录中的这封信，凯南回忆道，他的反应"体现了分歧的本质，而这种分歧使我在接下来大约 5 年的时间里都对我们政府的政策持反对态度……"[29] 他只是非常单纯地认为，苏联不值得美国花费任何代价去支持。尽管从凯南的外交思想看，他根本就是一名现实主义者，但是他也会间歇性地对道德因素进行深刻思考，而道德考虑总是会战胜狭隘的自身利益的想法。"敌人的敌人就是我的朋友"这句格言的逻辑是不适用于像斯大林这样可憎的人的。

1941 年一整年，凯南都待在希特勒帝国的中心，在给挪威妻子安纳莉丝的信中，他写道，"在柏林的生活就像你所了解的那样。主要的改变是犹太人戴上了星星。这真是一件野蛮的事情。我永远都不会忘记地铁上那些外套缝有伟大的黄色星星的人的面孔，他们就那样站着，不敢坐下，不敢碰一下那些在他们面前双眼像受到惊吓的野兽一样直直地瞪着他们的人，甚至不敢接触周围跑着的小孩子的目光。"[30]

柏林正变得越来越让凯南无法忍受，特别是，它就是那个历史与成就令凯南极为钦佩的国家的首都。珍珠港事件发生后，德国对美国宣战。之后，凯南及大使馆的同僚被逮捕并送往位于巴德瑙海姆（法兰克福附近一个时髦的水疗小镇）的集中营。此时，退职的凯南发现自己扮演着一个父亲般的角色，而他的孩子们是美国大使馆中大约 130 名男性、女性、儿童，这种责任令他举步维艰。使事件进一步恶化的是，政府在 6 个月的监禁期间停止了向凯南及其同僚支付费用。"我们一直没有，你知道的，我们一直没有工作。"

凯南诙谐地回忆道。³¹

1942 年夏初，通过外交交换的方式，凯南回到了美国。他回国后最早了解到的信息之一就是李普曼发表于 1942 年 6 月 6 日的一篇文章。该文章表示，"如果世界要实现和平，那么需要英语国家的海空力量与苏联庞大的陆地实力之间建立全面的伙伴关系。"令凯南倍感打击的是，美国的知识阶层竟然依旧对斯大林抱有幻想，而距离上次《纽约时报》的沃特·杜兰蒂动情地报道斯大林在将国家脱离农业困境并推动国家走向大规模工业化方面所取得的巨大成功已经过去十年了。³² 杜兰蒂辩解道，相比于生铁生产中所取得的一些非凡进步，失去一些富农是可以承受的成本。在凯南看来，这就是大同盟扭曲了的逻辑。以东欧和中欧独立性——以及美国作为一个正派国家的名誉——为代价打败德国是不值得的。这不是第一次，也不是最后一次，失望的心情愈加沉重。

凯南的下一步行动是到里斯本去，他曾在那里担任大使。1943 年一整年，他都在思考打败德国最恰当的方式。凯南不喜欢罗斯福总统在 1943 年 1 月卡萨布兰卡会议期间提出的"无条件投降"的方式，他恼火地指出，这"只是在用另外一种方式说，仗还是要打的，直到同盟国军队和苏联军队在某处相遇。"³³ 美国和苏联军队也许会以温和的方式会面，但是不可能做到皆大欢喜，因为前进中的军队可能会得意于所取得的胜利，做不到适可而止。放弃以极大的流血代价占领的土地是一件痛苦的事情。关于德国本身，凯南对从凡尔赛吸取的教训非常警觉。在德国侵略者被打败之前，他就感知到了它迅速改造的需求：

所以，就让战败的影响尽可能地巨大吧。让失败的即时效果足够生动和难以忘怀，从而永久地成为德国人民民族意识的一部分。但是，尽管如此，也让我们放弃在对待德国上的惩罚概念吧——因为对全体人民的持久惩罚是没什么效果可言的。³⁴

凯南强烈反对实行严厉的去纳粹化政策，他认为强劲的、有独立生存能力的西德是阻挡苏联扩张主义的一道重要壁垒。无论喜欢与否，纳粹党的成员数量如此庞大，将他们从公众生活中去除会阻碍国家未来的恢复步伐。由于缺乏战时情谊——丘吉尔、斯大林和罗斯福煞费苦心地将彼此绑定在一起，各自的公众也随之被绑定——凯南能够从长远上进行冷静的思考，从而将稳定性放置于正义之前。

1944 年 1 月，凯南从里斯本被派往伦敦做短暂的停留，之后于春天去往莫斯科。在莫斯科，他被任命为公使衔参赞，地位仅次于 W·埃夫里尔·哈里曼。位于他所斥责政权的中心，凯南有了绝佳的机会去劝说其上级放弃与斯大林这样的人合作以及与马克思列宁主义意识形态达成和解的白日梦。正是在驻莫斯科大使馆，凯南起草了那份为他的事业以及世界事务带来转变的电报。

当1944年5月凯南到达莫斯科时,他的外交政策哲学的基本原理已经近乎建立完善。这些原理凝聚的过程打破了传统,令人惊喜。作为一名强迫性的作家,凯南始终保持着写日记的习惯,他会创作诗歌,并于20世纪30年代开始雄心勃勃地为契诃夫撰写传记,但是最终未能完成这本传记。有一段时间,他还写了一本神奇的"梦境日记",在这本日记中,他摘选并详细记录了前一晚闯入他梦中的场景。1938年,凯南在维也纳养病调理期间,他用心地阅读了弗洛伊德的作品。但是他也关注苏格兰启蒙运动中的伟大思想家,他花费了大量精力去关注自己的"内心生活"。[35]

关于外部刺激,凯南和各位"开国元勋"一样是一名通才,他阅读广泛,涉及历史、文学、哲学以及某些关于土地经济的自然科学领域。同威尔逊一样,他痛恨狭隘的学术专业化,这种现象已经成为现代美国研究型大学中为了赶时髦而追求的东西。他优雅地为人们所熟知,是因为他的作家身份。在他整个职业生涯中,无论在政府内外,他始终面向普通读者写作。在这方面,他和李普曼一样,对政治科学这一学科——及其分支学科国际关系学——不抱什么信心,这使得该学科那些忠实的学生产生了徒劳、破坏性的倾向,即认为战争与和平的原因是一个难题,需要使用正确的公式方能解决。

这种被错误引导的前提诞生了严格的乌托邦式愿景。威尔逊在其学术生涯期间排斥学术的狭隘性是正确的,但他作为总统追求极其单一的愿景就不太合适了,这让凯南觉得总统在阅读的来源上不够广泛和用心。(实际上,这种描述很准确,因为威尔逊一直在努力克服失读症的障碍。)外交政策制定者应当避免为各种各样的难题提供一个答案,无论这个答案看上去多么一致、值得赞赏。确定的是,理想的外交官应当阅读斯彭格勒和吉朋,以及柏拉图、普鲁塔克、莎士比亚、狄更斯、伟大的俄国小说家以及《圣经》。从这场斑驳的盛宴中,应当诞生出质疑精神以及对纯粹经验的渴望,最终带来老式属性——智慧——的积累。1950年,凯南在给一名倾向于社会科学的通讯记者的信中写道,"对于像我一样思考的人来说,一个明智、经验丰富的人的判断力和直觉,是我们应当更加珍视的东西,而不是证明事实和逻辑推理的极为详尽的综合结构。这样的人,他们对世界的认知取决于个人在情绪和智力上广泛参与人类活动的经历。"更直接一些,用"伟人"这类术语来描述这种人,凯南写道,"因此,获得那些最有能力的个人的智力,是我们在想出外交政策相关观点方面的绝对上限。"[36] 美国应当忘记那些流行的观点,并竭尽全力教育那些最聪明的自由思想家。这些男人——凯南并不认为女性也可以为外交政策制定做出有意义的贡献——会奋起为美国的外部关系注入谦逊、修养和远见等德性,从而始终提升国家的优势。

在 1976 年《相遇》（Encounter）杂志的一次访谈中，凯南回忆道，"美国当权派总是认为我很古怪，我是保守主义者和自由主义者的奇怪组合。从这种哲学意义上说，我的确认为我是一个孤独的人。"这种醒悟有多种原因，但是首要原因可以用一个词来概括：现代性。凯南没有将工业革命视为对那些企图走出马尔萨斯人口（超出粮食供应）陷阱的国家的一种纯粹祝福——导致饥荒和无情的人口结构调整——而是对比尔德关于现代特有的非人性化的可恨描述印象深刻。"我确信工业革命本身就是现代大多数困惑和失败的根源，"凯南指出。[37] 工业化促进了人口的进一步增长，同时对食物的需求也大大增加。增长了的人口必然也会聚集在工作机会众多的城市中；反过来，这些工作机会中的大部分是有损尊严和无目的性的，会产生一些前代人基本上不需要的无用的东西，并引发马克思和恩格斯所提出的劳动异化，这种劳动异化也是其政治捍卫者所采取的一种方式。

一小部分通过种田来谋生活的人比城市中的大部分劳动人口更加可取，因为后者虽然比前者创造的财富要多得多，但后者夺走了人们生活的本质。一味地追求"经济增长"确是当前折磨着所有国家的可笑的当务之急。凯南热心于做一名农民，他和杰斐逊一样，都认为与土地保持紧密的联系对于现代世界追寻意义和情绪稳定性的任何人来说都是至关重要的："我不相信人类可以在远离自然的情况下成功存活。"带着骄傲和遗憾，他向采访人承认道，"我想，我是一个 18 世纪的人，我坚信我们那些可以追溯到 18 世纪的祖先们比出生于工业革命社会的祖先们拥有更具说服力的价值观和更好的品性。"[38] 他与社会学家托尔斯坦·凡勃伦一样，谴责对国家造成了破坏的"炫耀性消费"。[39] 随之而来的是环境和社会退化情况下的深切遗憾，而这种退化是由汽车激增和邪恶的城市蔓延（旨在促进人口向郊区转移）所导致的。

从这些多种多样的迷人来源中，诞生了一种外交思想方式，这种思想结合了马汉、比尔德和李普曼等人的重要元素；威尔逊主义将始终作为可悲的顺应力在观念上的对手。凯南与马汉一样，都拥有一种分寸感和平衡感，二人在大西洋联盟的重要性上也达成了一致，他们都拥有深厚的民族优越感，反对仲裁和多边机构。

凯南与比尔德一致地认为美国应当首先致力于解决自己的问题，然后再尝试输出价值观。他还与修正主义历史学家一样强烈地认为，实际上外交政策危机很少需要直接的军事回应。历史学家布鲁斯·库克里克指出，他发现凯南"即使不是一名和平主义者，也是一名寂静主义者"，这话说得很好。[40] 到晚年的时候，凯南会更进一步地将自己描述为拥有"孤立主义者"的"一些持质"。[41]

最后，凯南和李普曼一样，都为参与民主对明智的外交决策所产生的危险感到惋惜。他认为公众舆论对于能够有效执行职责的当选政治家和专业外交官来说是一种严重的障碍。与李普曼一样，凯南也认为自己的行事方式符合现实主义传统，并且对刚刚成立的联合国表示轻蔑。1944年8月4日，凯南写道，"国际政治生活是有机的，不是机械的。其本质就是改变……一个维护和平与安全的国际组织无法取代一个经过精心设计的、现实的外交政策。"[42]这些话本来可以由李普曼来说的。但是当时二人在"现实的外交政策"的构成部分上产生了重大分歧。简单来说，李普曼支持与莫斯科达成合作，而凯南则希望采取非军事对抗。后者强烈地认为，D日登陆（诺曼底登陆）的成功为美国创造了一个有利的时机向斯大林发出严厉的警告，要他尊重东欧和中欧的多数意见。

终于，我们不再欠他们什么东西了（如果实际上我们曾经欠过的话）。第二战场已经建立。现在，西方同盟国已经大规模地站在了欧洲大陆上。苏联的国土已经被完全解放。现在，在苏联的军事行动下处于危险之中的仅仅是之前被德国人踩踏的非苏联领土的未来。在西方，我们拥有完全的权利放弃自己在苏联进一步军事行动方面的责任，这些军事行动的发起旨在暗示苏联拒绝为华沙起义提供支持。[43]

这不是过分简单化的反共产主义。凯南认为，克里姆林宫的扩张主义企图并非受到马克思主义的驱使，而是因为他们自古以来对安全和脆弱性的重视。但这并不能提高一丁点西方对莫斯科的目标的怡人性或接受程度。1944年7月，他在英国大使馆见到了流亡在外的波兰总理斯坦尼斯瓦夫·米科瓦伊奇克。在米科瓦伊奇克身上，凯南看到的是充满希望的天真，而在其英国东道主和美国客人身上，看到的是愤世嫉俗的温和。对凯南来说，这一顿晚宴和接待是令人极其痛苦的。他在日记中记录道，"我觉得那个晚上过得太漫长了，我希望听到的不是充满着官方乐观情绪的含糊其词，我们应当拥有判断力和高品位，在面对一个民族的灾难时能沉默地低下头，这个民族曾经是我们的盟友，我们曾经将它从敌人的手中拯救出来，如今我们却无法将它从我们的朋友手中拯救出来。"[44]凯南无法忍受朋友之间的欺骗。如果美国和英国打算在波兰独立事宜上来硬的，那就来吧，既然他们认为快速解决这件事能带来一些效果。鼓励虚假的希望是无耻的。

这的确是虚假的希望，凯南曾以为雅尔塔的困惑已经被全部展现出来。在李普曼称赞罗斯福总统清晰地描述了国家在克里米亚的利益时，凯南发现，针对东欧命运方面，却是有失身份、有意而为之的含糊不清："雅尔塔宣言'以更广泛的民主为基础'，坚持'自由和无拘无束的选举……在普选权和无记名投票的基础上，'引用了现存波兰共产主义政权的重整，这些极为卑劣的模棱两可的语言深深触动了我。当然，这种伎俩还做不到蒙蔽西方公众的双眼，但必然会产生一定的效果。"[45]

凯南曾不止一次地尝试警告他在大使馆的上级埃夫里尔·哈里曼要注意莫斯科意图

的本质以及快速、有力地做出外交回应的必要性，但每一个警告都被报之以漠然。作为铁路家族的子孙，哈里曼是一名千万富翁，他会有意识地拒绝炫耀和浮华。哈里曼高高的，有着英俊的外表，自然而然地就显露出威严的气质，他出生于世俗，而凯南在探索这个世界本来面目的时候，则不带有任何天然的优势。这是两个拥有截然不同背景和感知力的人。没有隐逸的诗人，也没有弗洛伊德式对梦境的解说，哈里曼与同样出身富贵的总统富兰克林·罗斯福有着高度一致的世界观。在打败希特勒事件上，罗斯福总统也更多地表现出了他的绅士派头。因此，哈里曼并不觉得斯大林已经做得非常出格。到1945年，他的观点才发生改变，这也多亏了凯南始终坚持接连不断地对其发出精心思考后的恳求，直到该信息最终符合这个被烦扰的接受者的想法。

1944年9月，凯南发表了一篇题为"俄国——七年以后"的长文，以此作为他对苏联的第一轮强力抨击。该文章对苏联的意图及其促使美国不做出有效回应的自满进行了强烈的批判。凯南写道，"我们应当清楚地意识到我们面对的是什么……苏联政府从未停止思考他们的利益范围。"并且，他还提出了一种解决方案：

> 面对俄国人，我们不应该充当恳求者，而是作为他们忠告的提供者。我们的立场应该是这样的：我们会后悔向我们的公众明确说明，在所有大国中，只有俄国不愿意将他们未来的行动提交国际社会接受判断。我们之所以会后悔，是因为这只会加强和扩大公众舆论中那些对俄国的怀疑言论，而对于这些言论我们自身也一直在尽力消除。[46]

冷漠的哈里曼并未回应他那有执行力的下属，尽管是他打电报将凯南的文章发送给华盛顿的，文章到达华盛顿后，所有人员都统一地保持了沉默。这种冷落是令人沮丧的，导致凯南于1945年试用辞去公职，结果未遂。但他个人从未对哈里曼有过类似的轻视，尽管二人之间存在分歧，哈里曼依然是他所尊敬的人。凯南自嘲地回忆道，"我经常在想，我给他带来了多大的烦恼啊，跟着我的头脑在不切实际的哲学思辨中东奔西跑，除了我的工作外，我满脑子都是利益，还有委托责任的倾向，只要一切顺利，甚至可以愉快地忘记这种责任，我还会用华丽的散文向他提出一连串的问题，他一定认为这些问题是总统该思考的，不是我——所有这些都发生于有一些复杂、紧急的工作需要完成的时候。他总是有些专横，这也就不足为奇了。"[47]

在回忆录中，凯南还对莫斯科在欧洲宣布胜利后所举行的庆祝活动进行了生动的描述。消息缓缓地传到苏联，一直到5月10号，欧洲胜利日之后两天，人群才开始到街上聚集。数以万计的莫斯科人聚集在美国大使馆外面"宽敞的"广场上，向他们的战时同盟表达感激之情。"我们很自然地就被这种公众情绪感动了，我们也感到很欣慰，"凯南回忆道，"但是我们很茫然，不知道如何去回应这种情绪。如果我们中有人敢冒险去到街上,那他会立刻被抓住,被热情地抛到空中,并在人群的头顶友好地传递,最终带着良好的狂欢感在某处人群的边缘消失。"由于凯南不愿"经历这一经历",他和同事站到了阳台上,以一种友好的方式向下面狂喜的群众致意。但是为了融入这种氛围,他在星条旗旁边悬挂了苏联的锤子和镰刀国旗。群众继续欢呼着,于是凯南在苏联发表了一次简短的演讲,这主要在于他的呐喊,"祝贺胜利日!向苏维埃联盟致敬!"他回忆道,"在我看来,我只能说这些。"每过去一个小时,人群就会庞大许多,而这在苏联当局引起了不安。诚然,美国是一个重要的战时同盟,但它本质上也代表着资本主义:一种憎恨所有苏联好公民的丑陋、剥削的意识形态。人群、欢呼声、令人感动的天然不打折的情感,所有这一切都是打在苏维埃宣传者脸上的掌掴声。凯南回忆道,"不难想象这对政党和警方带来了怎样的屈辱。这 20 年来,如果没有他们热心的预先安排,一只麻雀都落不到莫斯科的街上,而如今,突然间——就成了这个样子!"企图中断这种庆祝活动的努力完全是徒劳的。当局甚至在广场的另一端安排了一个军乐队,希望创造出花衣魔笛手的效果。但是人群依然留在原地不动,这让凯南感到了一种短暂的喜悦。[48]

当天游行快结束的时候,凯南接到了来自拉尔夫·帕克的电话。帕克之前在《纽约时报》担任记者,他的妻子是一名苏联人,他们定居在莫斯科。凯南之所以知道他,是因为他政治上的"极左"。尽管如此,二人也有着半生不熟的关系,并且凯南爽快地同意了帕克到大使馆欣赏阳台下广场上欢呼的人群这一景象。帕克凝视着这非凡的场面,对凯南说道,"这难道不是很棒吗?"在某种程度上,凯南也这样认为,但是这种场面也让他感到悲伤。"他让我解释为什么,"凯南回忆道,"我指出,外面的这些人经历了那么多,现在他们自然希望从胜利中得到同样多,然而世界依然充满了困难;苏联面临着重建的重大问题;事情会再一次突然回到原点;和平绝非这些人梦想中的样子。"帕克所想的却是更加险恶。

四年后,一本书以帕克的名义在苏联出版,名为《反对和平的阴谋》(Conspiracy Against Peace)。帕克以一种与凯南截然不同的口吻重述了那晚在大使馆的经历,"在我们注视着这一感人的场景时,我从凯南的脸上看到了一种奇怪的表情,这是一种不开心、恼怒的神情。然后,最后瞥了一眼人群,他从窗户边走开了,并且痛苦地说'他们庆祝……他们以为战争已经结束。然而实际上战争才刚刚开始。'"后来,愤怒的凯南将这本书描述为"最无耻、虚假、令人恶心的一种斯大林主义宣传"。[49]

帕克的重述是捏造的,尽管捕捉到了一些他的对话者未加言明的思想。凯南的确支持与莫斯科对抗,但军事对抗除外。整个 1945 年,罗斯福突然逝世后杜鲁门一直在紧张地争取总统席位,而凯南则继续对美国在对莫斯科政策上表现出来的自满情绪进行强烈的批判,但是对于他的努力,政府毫不买账,或者说,实际上是不承认他的努力。在执政的前几个月,杜鲁门一直没能让凯南对他留下好印象。总统来自密苏里州,是一个操纵型政客，喜欢用喉咙发音，他会在国务院嘲笑他所称的"条纹裤部队"。他似乎只是隐约地知道美国海岸以外的世界。

这些特质自然是无法让一名专业的外交精英兼世界主义者对他有太多的信心。克拉克·柯立福曾复述杜鲁门的话，他对世界事务有着"黑白混合的"观点，"借着上帝，他终会注意到，带着白色帽子的人或获胜。"[50] 这种对威尔逊的效仿是令人担忧的，因为同时体现出来的还有狭隘和愚笨。但是，除了显而易见的东西，杜鲁门还具备更多特质。1945 年 7 月 16 日，杜鲁门在柏林调查了《圣经》中一些经历浩劫的场景，他在日记中写道，"我会思考迦太基、巴尔贝克、耶路撒冷、罗马、亚特兰蒂斯、北京、巴比伦、尼尼微；西庇阿、拉美西斯二世、提图斯、赫尔曼（阿米尼乌斯）、谢尔曼、成吉思汗、亚历山大、大流士大帝。"[51] 显然，杜鲁门热衷于阅读历史。[52]

在获得执政地位后不久，杜鲁门就向妻子吐露，"我喜欢斯大林。他很直接。他知道自己想要什么，当无法实现目标时也会做出妥协。"[53] 然而，在 7 月 16 日至 8 月 2 日的波茨坦会议上，杜鲁门证明了在对待斯大林关于东欧"独立"的"防守型"观点上，他没有前任那么有同情心——他对苏联的终极计划提出了一些尖锐的问题。会议伊始，红军就对波兰、捷克斯洛伐克、匈牙利、保加利亚、罗马尼亚和波罗的海国家施加了有效的控制。苏联军队还驻扎到了伊朗北部，并且斯大林在雅尔塔向丘吉尔提到他并没有撤军的打算。[54] 由于 12 个月以前错失了面见斯大林的良机，凯南认为杜鲁门总统应当放弃影响东欧事务的希望，并且与斯大林一同致力于更加可靠的"影响范围"，正如丘吉尔所提议的盲目地赞同美国的反对观点。对东欧打一场败仗仅仅是为了分散注意力，尽管浪费了宝贵的时间。凯南认为，在德国的未来这一问题上，杜鲁门企图与莫斯科合作的天真观点的确脱离了现实——严重地威胁到了正在显现的情况，而不是已经显现出的情况。遗憾的是，一则总结了波茨坦所达成协议的公报受到了连续性攻击，凯南曾如此形容它，使用"'民主的'、'和平的'以及'正义'这类字眼，与我 17 年来在对苏联事务的经历中所了解到的与苏联政府接洽所用到的一切技巧完全相悖。"通过四方控制机制来联合管理德国这一概念——美国、英国、法国和苏联各自控制不同大小的区域——是愚蠢的。早在 1945 年 5 月，凯南就认为西方国家别无选择，不得不联合他们的控制区域建立一个合法的非共产主义"西德"国家。在就东欧尊严提出徒劳抗议上（主要是安抚国内群体），以及在接受斯大林就德国实现合作的虚假可能性上，杜鲁门政府"面临着失败的风险，就像一只狗站在倒影池边上，嘴里有一块骨头，但永远得不到在水中看到的那一块"。[55]

由于种种原因，波茨坦是会议一波三折。7 月 16 日，会议开幕当天，一场本应秘密进行的军事试验在阿拉莫戈多（新墨西哥州大沙漠上的一个小镇）附近执行了，对会议产生了重大的影响，实际上对整个世界也影响巨大。曼哈顿计划的负责人 J·罗伯特·奥本海默在一个大约 17 英里远的碉堡中紧张地注视着，这是首次引爆一个内爆型钚装置。在研究人员和观察员之间，已经就可能性范围下了非正式赌注：该装置会不会爆炸？它会不会遵照预计的 20 千吨的最大爆炸当量？它会摧毁阿拉莫戈多，还是新墨西哥州，还是整个星球表面？当一道灼热的闪光照亮月球上的景观，一个巨大的火球被投上高空，最终变暗，在 8 英里的空中形成一个阴暗的、灰色的蘑菇云，答案也即揭晓。（它的当量是 18 千吨，幸运的是，一个 1000 英尺的火山口以外的地面还保留着其地壳。）冲击波轰鸣了 40 秒才传到奥本海默及其同伴创造者那里。它的回声在 200 英里以外的地方都能感受到。超现实事件的调查者、该试验的指挥者、哈佛大学的物理教授肯尼斯·拜因布里奇转向奥本海默，说道，"现在我们都变成狗娘养的了。"奥本海默回避了这种局径，并牢记薄伽梵歌中毗湿奴的一句话。为了给一个王子留下深刻的印象，毗湿奴变身为多臂的样子。毗湿奴惊叫，"我是死亡天使，世界的毁灭者。"[56]

1945 年 7 月 24 日，在波茨坦，杜鲁门总统假装平静地告诉斯大林，美国现在已经拥有"一种具有破坏力非同寻常的新型武器"。在回忆录中，杜鲁门回忆道，"这个苏联最高领导人并未表现出特殊的兴趣。他一直在说，听到这个消息他很高兴，并且希望我们能'充分利用这一武器对付日本人。'"[57]

看到这种场景，苏联元帅格朱可夫意识到斯大林明显的缺乏兴趣掩盖了他对杜鲁门信息所传达含义的深入了解。在杜鲁门发表宣言之后，朱可夫加入斯大林与莫洛托夫的秘密会议，会议上斯大林向他的外交部部长就与杜鲁门的短暂交流的主旨进行了简短概括。莫洛托夫冷淡地说道："随他们吧。我们需要跟库尔恰托夫商量一下，让他加快速度。" 伊格尔·库尔恰托夫是苏联原子弹项目的负责人，因此朱可夫立即便意识到他的上级们正在谈论世界第一枚原子弹的爆炸，但他们一点都没有表现出慌张。[58] 这是因为苏联的间谍，例如生于德国的英国公民克劳斯·福克斯，已经渗透到了曼哈顿计划中。曼哈顿计划中的出纳员在完全了解整个计划的进展后，反过来向苏联原子科学家提供设计图和公式。所以杜鲁门根本无须告诉斯大林关于原子弹的事情。

1945 年 8 月 6 日和 9 日，世界上第二颗和第三颗原子弹被投掷到日本的两个城市。在广岛，大约 5 平方英里的土地顷刻间化为灰烬，80000 人瞬间丧生。投掷到长崎的原子弹在爆炸的几秒钟时间里杀害了大约 40000 条生命。在接下来的岁月里，爆炸区内以及周边很多日本公民死于烧伤和放射性疾病，总死亡人数高达约 225000。[59] 李普曼对杜鲁门投放原子弹的决策感到非常气愤，他指出，"回顾过去，作为一名美国人让我深感遗憾的一件事就是，我们是首个投放原子弹的国家。"[60] 当时，凯南没有对这一新型武器做出什么评论，在他的回忆录中也没有发现他对杜鲁门这一决定的反应。然而，几个月、几年过去后，我们才逐渐了解，凯南认为核武器的存在是对文明这一概念的公开侮辱。在创造原子弹过程中，奥本海默及其同僚犯了"一个哲学上的错误"，凯南如此形容道，有趣的是，奥本海默也逐渐同意这种评价。[61] 在后来的日子里，当较低当量的装置变体被测试时，凯南写道，"即使是战术性原子武器，也具有超出想象的破坏力。"[62] 单纯的道德感再一次进入凯南的思考范围，从而决定了他对一种武器的观点，这种武器使得外交家的工作极具存在价值。

尽管凯南因为杜鲁门使用原子弹的决定受到了困扰，他却又感到很高兴，因为杜鲁门决定在8月15日（第二次世界大战正式结束当天）日本投降后取消对苏联的租借帮助。需要特别指出的是，凯南认为美国大约一年后才跟莫斯科来硬的，这已经太晚了。他指出，"我们应当在1944年夏天华沙起义的时候就考虑大幅度削减该计划。"[63] 尽管如此，杜鲁门在这件事上依然做出了正确的决定，白宫正在日渐形成一种坚定的目标感。

但是这一决定没有扩展开来，凯南将杜鲁门英明决策延误归责于国务卿詹姆斯·F·贝尔纳斯。他怀疑贝尔纳斯依然沉迷于以英美核心关系为代价在和平时期与斯大林进行合作的概念。在日记中，凯南回忆了1945年12月莫斯科会议的实质。战时三巨头均派大使参加了本次会议：贝尔纳斯、欧内斯特·贝文以及莫洛托夫。贝文本不想参加会议，他认为由于莫斯科在东欧和伊朗的侵略性和蔑视性行动，它不配得到会议所授予的尊敬。贝尔纳斯却不这样认为。会议的流程和几个人物的性格都被凯南很好地捕捉到了：

> 至于贝尔纳斯，贝文认为他就是一名自大、不靠谱的爱尔兰人，和他作为一名码头工人和工会领袖时所认识的那些人一样。贝尔纳斯一贯表现出来的，就是他对英国情绪的忽视，并且他一点也不关心英美之间的关系……当哈里曼举起酒杯预祝会议取得成功时，贝文表示了赞成，并补充道，"希望我们回国时候不会被解雇。"午宴刚一结束，莫洛托夫就离开了。[64]

那天晚上晚些时候，凯南在莫斯科大剧院观看了一场《灰姑娘》的特别演出。他很困惑为什么这么棒的演出在庞大的观众群体中引不起热烈的反响，后来他发现斯大林也在观看。凯南写道，"就是因为这个，外交使节团以外的观众（似乎大多数都是秘密警察）无疑担心自己过多地表现出对演出的热情会让他们看上去擅离了职守。"[65] 凯南惊愕于苏联体制下严格的思想和行动要求。这种体制给其具有最高艺术价值的文化活动带来了创伤，反过来也对自身造成了极大损害。但是凯南心中也有一个微弱的声音，希望美国政府内的纪律也能达到如此高度的一致。

外交决策的无计划性令人不安，贝尔纳斯尤其容易受此影响。杜鲁门最终同意了凯南的观点，即贝尔纳斯在会议上的表现糟糕透了，他没能警告斯大林如果红军不撤出伊朗会给苏联带来严重的政治影响。1946年1月5日杜鲁门就贝尔纳斯的事情写道，"我认为我们不应再继续妥协了，我已经受够了纵容苏联。"[66] 对于定居大使馆的卡珊德拉

1946 年 1 月，凯南生病了，"感冒，发烧，鼻窦炎，口腔疾病，最后是为了缓解其他病痛而服用的磺胺剂所产生的副作用。"虚弱地躺在病床上，哈里曼也不在镇上，凯南不得不处理洪水般涌进来的电报邮件。"在这些不开心的日子里，有一天，收到了一条消息，"凯南写道，"这条消息将我们所有人的绝望水平降到了新低，并非对苏联政府绝望，而是对我们自己绝望。"这封电报从财政部发来，要求大使馆弄清楚莫斯科不愿与世界银行和国际货币基金组织合作的原因。凯南回忆道，"对于这条信息，我思考得越多，我就越觉得似乎'时机'到了。连续 18 个月之久，我几乎不做别的，只是拉扯着人们，企图让他们了解到这一现象的本质，而这种现象是我们在莫斯科的大使馆经常能遇到的……就华盛顿官方而言，实际上就像是在对牛弹琴。"

凯南的疾病、低落情绪以及对愚昧的财政部的本能反应，这一切结合起来，让凯南下定决心对他们进行了训斥："仅仅是给他们一丁点真相，都做不到。现在这种情况下，只有完整的真相才能起到作用。他们曾经要求真相。现在，借着上帝，他们终会得到。"凯南招来他的秘书多萝茜·海斯曼来记录他的思想，这个过程花费了不少时间。这封电报——或者说后来人们所熟知的"长电报"——共有大约 5500 个单词。这个"可恶、漫长的发报过程，"凯南如此形容，最终于 2 月 22 日到达华盛顿。[67]

它的显著影响证实了一个新的现实，即就苏维埃威胁的本质来说，华盛顿和凯南最终达成了一致："我的孤独实际上已经终结"，凯南回忆道，"至少已终结两三年了"。[68]

凯南的长电报是有远见和策略的，它谨慎地将苏联作为一个体系而不是国家来对待。苏联人民陷入了斯大林的乌托邦社会，凯南写到，"总的来说，他们对外部世界友好，渴望乌托邦社会，渴望评价它，有意储备人才，更重要的是他们渴望和平共处并能够享受自身的劳动成果。"但是他们几乎别无选择，只能在国家残酷的内部压迫统治下苟延残喘。"苏联政府有关世界事务的神经质观点实际上反映了俄国传统、本能的不安全感，"凯南说道，但该国在历史意识方面的这种缺陷受到了偏执和僵化的意识形态的无情利用。他继续道：

只有在这块从未有过友好的邻国或包容性的权力平衡的土地上，无论国内还是国外，才会生长出一个认为社会的经济冲突无法通过和平手段来解决的教条。在布尔什维克政权建立之后，马克思主义在列宁的解读下变得更加好战和偏狭，成了不安全感的绝佳工具，而由于这种不安全感，布尔什维克，甚至不仅仅是以前的俄国统治者，都受到了极大的折磨。这种教条有着基本的利他主义目的，在该教条中，他们找到了自己对外部世界本能恐惧的原因，专政（不实行专政，就不知道如何统治）的原因，残酷（他们不敢不残酷）的原因，牺牲（他们感觉不得不牺牲）的原因。他们以马克思主义的名义在方法和策略中牺牲掉一切道德价值。如今他们无马克思主义不能活。马克思主义已成为他们道德和智力上体面的遮羞布。

马克思主义思想结合俄国独特的心理已形成一股完美的反西方资本主义浪潮。

关于对美国利益所造成的实质性威胁，凯南认为斯大林本能地保持着谨慎，采取了尽可能"及时、有效的"措施，但情绪上并不愿到达公开的冲突点。因此"这些努力被限定在特定的临界点，在此被设想为即时战略需求，例如伊朗北部、土耳其，可能也包括伯恩霍尔姆。"苏联的宏大战略，不像纳粹德国的扩张主义教条，前者"既无计划性也无冒险性。使用固定的计划，它是无法运作的……（它）不受理性逻辑的影响，但却对武力逻辑高度敏感。"在面对英美的严重抵制时，莫斯科也可能随时停止冒险主义，这一重要方面使得斯大林成为一位理性行为者。这就是希望存在的原因，因为如果莫斯科的"对手有充足的武力，且表明已准备好使用武力，那么他几乎是不会使用武力的。若该情况得到适当处理，则无须借助威慑与对方做最后的较量。"一旦有机会，斯大林必会无情地利用这次机会。但是，只要边界意识得以清楚地传达，战后世界将会像维也纳会议之后的时代一样和平。

关于多边机构例如世界银行、国际货币基金组织和联合国，凯南认为"苏联未来会正式参与一些国际组织，他们在这些国际组织中看到了扩张苏联势力或者抑制、稀释其他国家势力的机会。莫斯科认为 UNO（联合国组织）并非建立在所有国家公共利益和目标基础上的机制，无法保持世界社会的永久与稳定，而是一个能够优先追求上文所述目标的舞台。"从这一点来看，凯南认为莫斯科不应受到重大谴责；相反，联合国的创立者已经逐渐开始关注所有国家的自我服务倾向。同时，苏联针对"殖民地区以及落后或从属性民族"的政策，"将朝着削弱西方发达国家实力、影响以及交往的方向发展。从理论上讲，该政策迄今为止是成功的，它为共产主义苏维埃创造了有利于其渗透的真空环境。"只要西方国家投入足够的声望使之成为一种值得拥有的代表权之争，那么第三世界将会成为战场。最好是忽略凯南后面将其视为"外围"而不予考虑的部分。

凯南的电报语气总体上来说是平心静气的，向读者隐藏了在向海斯曼口述时明显流露出来的气愤之情。但凯南没能完全以学术的超然性展现全部。电报的规范部分可以被浓缩以下内容："总之，我们有一股政治力量，他们狂热地相信，对于美国，永远不会有权宜之计，只要苏维埃政策能够得到保障，那么我们的社会内部和谐被中断、传统生活方式被破坏、国家主权被侵犯，这一切都将是值得的、有必要的。"

那些认为凯南身上有一种本能的反共产主义的学者经常引用这段话。[69] 但诸如"狂热地"、"侵犯"、"破坏"这些词汇都是例外而非常态。举一个例子，凯南谨慎地强调说美国自身就存在一些棘手的问题需要解决。最主要的是，政策制定者需要了解苏联在"勇气、公正、客观以及在控制情绪以及政权方面的决心……我们必须看到，公众已认识到苏联处境的现实。"重要的教育责任需要借助清醒的头脑，历史上美国人（有绝对主义倾向）曾认为极富挑战的理解和沟通方式得以客观冷静地完成。凯南写道，"我坚信，如果这种现实情况能够得到国人的充分了解，那么今天在我们国家强烈反对苏联的人会少很多。没有什么比无知更危险、更可怕了。"若美国听从凯南的警告，并忽略其简化复杂事件与关系的惨痛历史，那么美国及其同盟就没有什么可害怕的，公民自由将会得到保护。然而如果该极端情绪得到释放，那么新的原子世界将变得难以置信地危险："我们必须有勇气和自信坚持自己的方法以及人类社会理念。毕竟，在应对苏联共产主义问题上，我们所面临的最大危险是，我们要让自己变得类似于那些我们正在对付的人。"

这是一次大胆、精彩的尝试，而恰好找到了一位有影响力的观众。在凯南的电报之前，在美国政府任职的人中，还没有人能搞清战后美国对莫斯科的连贯性战略——李普曼在外部执行了该职责。正如杜鲁门的助手乔治·埃尔西所说，"凯南将一切事物绑在一起，打包整齐，然后再系上一个红色蝴蝶结。"[70] 凯南赠送给美国大战略的这个礼物刚一送到就迅速、广泛地传播开来——被当时在华盛顿的哈里曼抢先看到——其次被战争部长及海军部长读到，接着是杜鲁门自己。海军部长詹姆斯·福利斯特尔对其论据的说服力感到大为惊喜。他复制了电报的内容并发送给其他内阁成员，并坚持认为该电报应当被武装力量中更高级别的成员读到。该电报被传真到美国在国外的各个使馆和代表团。不久之后，凯南即获得了他最尊敬的观众（专业的外交官）的大加赞赏。

美国驻古巴大使亨利·诺韦布写信给凯南，称该电报是"其在职30年以来见到过最好的政治报告之一……是'独立思考'、理性现实主义的杰作，是对问题的一种勇敢无惧的解决方式。"[71] 该电报几乎受到了外交官同行、政客以及军队成员的一致称赞。鲜有的一个反对声音来自美国驻德国的军事长官卢修斯·克莱上将，后者仍然正努力与他的苏联同行打交道。当然，与凯南保持联系的李普曼不久也获悉了该电报的要点，这引起他极大的关注。李普曼作为一名新闻工作者曾付出加倍的努力使美国人民相信美苏合作的价值。李普曼还写信给德怀特·艾森豪威尔将军，称赞后者，"那天您在演讲中提到，想到有可能引发另一场战争，内心就感到非常的罪恶……我几乎能感受到，士兵们已经准备好去拯救和平，然而一不留神，那些外交家和政治家就要破坏掉这和平。"[72] 李普曼感到很沮丧，凯南的电报引发了如此广汽的反苏联情绪。

凯南告诉福利斯特尔，李普曼支持与莫斯科进行"更加频繁的外交接触"的主要问题是它"反映了对苏联现实的严重曲解。"[73] 凯南和福利斯特尔之间日益密切的关系（二人因种种原因会有所接触，包括后者经常对李普曼的明显天真表示失望）对凯南成长为一名有影响力的人产生了重要的激励作用。福利斯特尔有着光鲜、成功的职业生涯，在1944年成为海军部长前，他曾在知名的投行狄龙·里德（Dillon Read）公司任职。福利斯特尔野心勃勃，逼迫自己和下属要竭尽全力，且在杜鲁门的内阁中是一位令人敬畏的人物，同影响力渐弱的贝尔纳斯相比，福利斯特尔的影响力日益增强。福利斯特尔在华盛顿就已经成为凯南的拥护者，他对这名外交家的职业生涯起到了立竿见影、变革性的作用（开端如此良好，但是在战争年代逐渐式微）。3个月内，时年42岁的凯南迅速赶回华盛顿（和他的新家庭一起），担任国家战争学院的外交事务代理指挥官，国家战争学院是一个同年成立的用以培养外交家和中层军事官员的机构。1946年夏，凯南接受派遣做全国巡讲，之后到秋季，又被指示在该学院做17次演讲，以尽可能详尽地描述该封长电报的战略目的。和马汉一样，凯南在东北部海滨拥有一个舒心的冥想环境。杜鲁门政府为凯南安排了他在电报中所说的必要职责：以仔细斟酌的语气为公众和军队提供关于苏联对美国利益的实质性威胁方面的教育。凯南坚称，如果合理应用知识，这个威胁是可以战胜的。

整个夏天，凯南向各种各样的观众发表了演讲，有加利福尼亚的原子科学家、纽约市的行业大佬以及精英大学的专家学者们。在他所遇见的各学科领域知识分子和科学家中，凯南发现了两个令人担忧的倾向：一个是李普曼倾向，即将莫斯科视为可信任的同盟；第二个是比尔德倾向，即将苏联视为一项重大实验，因贫穷和社会失调而伤痕累累的美国无权评论该实验。尽管如此，凯南总体上还是给观众和国务院留下了深刻的印象。在凯南清晰的信息中，国务院重点关注美国和苏联的过失和失败之处。预期着这个重大国内问题的发展，他在弗吉尼亚大学告诉观众，"我谴责非理性的反共产主义，在我看来这种现象已经开始在我们的国家广泛传播。"[74]

结束全国巡讲之后，凯南在国家战争学院发表了一系列演讲，在阐明当代的关注点时提到了吉朋与克劳塞维茨。在长电报中，凯南忘记了提及原子弹——或美国对原子弹垄断的潜在利益。考虑到该武器巨大的地缘政治影响，这次遗漏显得很奇怪。但凯南对此次疏忽做出了弥补，他指出，由于原子武器的破坏性，美国应当借助非军事手段来应对苏联，这是至关重要的，从而避免第三次世界大战给人类带来比之前两次大战更严重的结果。莫斯科必然也会研发和测试类似的武器。毫无疑问，美国在此过渡期也将强调其在原子弹方面的优势。其危害众所周知，不仅仅是十分严重，并且具有进攻性。凯南说，"原子武器的重要性，不就是意味着，如果要避免互相伤害，那么我们必须转向18世纪的战略性政治思维。毁灭敌人的全部武力已经不再是我们的目标。"这是核时代的一线希望，凯南解释说，他当然喜欢18世纪。在他的言论中，他清楚地表达了对代议制民主（以及工厂、道路和大城市等）以前时代的偏好，"在我们每个人心中的某个地方，深深地埋葬着那么一丁点儿极权主义。"[75]

1946年9月16日，凯南发表了重要演讲"战争以外的方式（外交）"，详细地阐述了原子时代美国的所有战略。凯南首先详述了极权主义的全部内容，"毫不留情地说了出来。"斯大林可以对以下词汇进行任意组合："说服力、恐吓、欺骗、腐败、洞察力、颠覆、勒索、偷窃、欺诈、强奸、战争、谋杀以及意外死亡。"部分选项显然超出了杜鲁门的管辖范围，因此美国战略需要借鉴三个不太残酷的非军事战略集群：心理的、经济的和政治的。

关于心理的战争，凯南囊括了"宣传等信息化活动、无线电广播或杂志发放。"谢天谢地，凯南表示，"我们的政府已经开始理解这一现实，即它所做的任何事情，无论重要与否，均会在国内外产生心理上的影响。"其次，美国的经济武器包括贸易禁运、援助项目以及贸易优惠的授予和禁止。最后，凯南从广义上定义了政治战争，即"在涉及我国外交政策的问题上，团结其他志同道合的国家。"这是美国可以控制的非军事武器。但凯南认为保持一支强大的常规军队将有助于其他一切目标的实现。凯南带着感激的微笑对他的观众说道，"你可能想不到，当背后拥有一些安静的武装力量时，它对整个外交礼节和愉快合作是何等的重要。"[76]

这是一个外交工具箱，其中的工具几乎适用于所有场合。反抗西欧的共产党，需要投入精力并且拥有明确的目标。这可能需要反共产主义政治团体的暗中资助，渗透进工会或挥舞着"背后的武器"来达到预期的效果。（这就是1948年意大利大选时期的情况，当时美国海军第六舰队出现在了各个港口。）[77]美国战略的目的不是直接对抗苏联或挑起对其中欧和东欧"同盟"的战争。相反地，美国需要确保莫斯科的影响力在欧洲大陆不那么声名远扬——军事行动是最后可采取的手段，而考虑到斯大林对"武力逻辑"的敏感性，该手段不太可能需要。例如，为抗击共产主义在希腊的颠覆行动，凯南建议美国暗地里派遣"约3艘涂有'援助希腊'的船只，并首次使用一部带有好莱坞金发女郎的美国吉普车将数袋小麦运往雅典。"[78] 在哈佛大学政治学家约瑟夫·奈造出"软实力"这个新词的五十年前，凯南就已经理解了它的意义。

1947年1月，杜鲁门总统发表了他的第二次国情咨文演讲，这是一次充满了理想主义威尔逊式能量的演讲，同时拒绝了凯南微妙的地缘政治特殊主义："我们的目标是实现全人类的集体安全……美国人民的精神可以设定世界历史的进程。如果我们坚持并强化所珍视的理想……那么我们公民的自由民主信念将在整个地球上传播开来，世界各地的自由之人都将分享我们对这些理想的追求。"[79]

总统对存在于我们所有人身上的那"一丁点儿极权主义"的幻想是不会起什么作用的。任何数量的康德主义都不会影响美国与其他国家交往时的合理谦虚美德，不会影响波兰、匈牙利和捷克斯洛伐克注定要失败的结果，也不会削减全民选举的负面影响。凯南的保守型思维方式对总统演讲撰稿人的雄心壮志是有害的。尽管如此，杜鲁门在演讲中所描述的大量承诺仍令凯南感到担忧。总统不需要直接引导凯南去讲什么大道理。在这个节骨眼上，凯南和政府在如何更有效地对抗苏联方面愉快地结成了同盟。但是，只要威尔逊的修辞学灵魂在此徘徊，这种目的的统一性就很可能不会长久。

在《美国生活中的反智主义》一书中，理查德·霍夫施塔特指出，1947年是美国国际领先地位得以确立的一年，包括其经济地位、军事地位、文化地位以及政治地位。他写道，"再也不可能看到任何阐释道德或意识形态的外国政治体系。"为强化这一观点，霍夫施塔特引用了爱德蒙·威尔逊对于美国从欧洲回归的看法，"此时的美国在政治上比世界上任何一个国家或地区都要发达。"这个"著名的作家"可以如此无条件地支持国家的政治体制，并且进一步指出，战后的世界见证了"美国艺术和文化的新生"，这证明了，对于美国而言当前是一个特殊的时刻。[80] 并不是说，我们还有时间去庆祝。凯南不喜欢陶醉在沾沾自喜中；这种令人担忧的世界局势使他情绪低落。希腊全面爆发的一场共产主义叛乱，土耳其严重的政治动荡，由于德国分裂而不断升级的美苏紧张局势，旷日持久的中国内战（毛泽东处于有利局势），这一切都使得美国作为第四位罗斯福授予的"全球警察"的地位已经完全脱离了现实。凯南可以看出，从地缘政治峰会上看，美国的观点比1815年英国的观点要令人沮丧得多。

1947年1月，一些好消息的到来鼓舞了凯南，当时乔治·马歇尔上将取代詹姆斯·伯恩斯成为美国的国务卿。鉴于他在第二次世界大战中作为陆军参谋长所发挥的关键作用，丘吉尔称马歇尔为西方的"胜利组织者"。在一次令人惊叹的会面中,马歇尔认识并喜欢上了凯南——当然,这个沉默寡言的人尽可能地展现了自我——同时,凯南对马歇尔也有相同的感觉。在回忆录中,凯南说"相比于任何人,马歇尔都是那个不需要我赞美的人。"但是他依然构思了一段温暖而感人的颂词:

> 和所有人一样,我敬佩着他,从某种程度上说热爱着他,我在他身上发现的品质……不可动摇的正直;始终如一的礼貌和绅士行为;坚不可摧的职责意识;冷静沉着——问心无愧的冷静——在面对骚扰、压力和质疑时……对公众舆论中幻想和情绪的不偏不倚,特别体现在大众媒体上;以及他无懈可击的公平和对待下属的不偏袒态度(对于国务院的任何人,他都不会用姓来称呼;对于我们每一个人,无论品阶高低,他都能毫不费力地凭姓氏认出来)。[81]

在凯南的笔下,马歇尔是公众生活中一个无可指责的人物,是一个超越人类的巨人。细数他众多的成就,其中一个就是遵从了凯南在国务院成立政策规划署以及任命长电报的作者领导规划署的建议,这是一项有远见的决定。

1947年1月31日,凯南向迪安·艾奇逊(马歇尔在国务院的副手)发送了一封信件,信中强调了设立一个单独的政策规划署的各项优点。凯南写道,"重要的是,政府应当对外交事务中国家利益的构成以及如何最大化地促进国家利益有一个可靠、公正、权威的评估。"美国外交政策制定机构按照自己的运作方式做出根本性的反应。在国务院,将政策规划者独立开来,给予他们空间和时间进行积极主动的思考,能够纠正这一问题。

凯南写道,"规划者必须承担确定总体目标和方法的责任,他基于职能所提供建议的质量,"他继续道,"能够免除他在工作上的无礼傲慢。"

关于规划署的终极目标,凯南确定了两个显著的"美国政策目标"。第一是"保证美国人民的人身安全和自由,他们可以以自己的方式探索国民生计各种问题的解决方案。"二是"形成国际关系格局,允许美国人民从其他民族的经历和成就中获得最大的益处,为所有地方的人类进步做出最大的贡献。"所有这一切都值得赞赏,但也异常得含糊不清。凯南的确提供了更多关于美国经济目标的细节,他与比尔德一致认为如果美国降低对"商品交易"的"依赖性",那么它会变得更加安全。[82]但是这样的话,全球经济就不在凯南富有远见的众多主题中了——马汉曾在半个世纪以前更加准确地预期过世界贸易的格局。不考虑这一过失,凯南两周后就提供了更多关于规划署的细节,向艾奇逊指出,"这些官员应当经过遴选,无论等级高低,以他们的官方记录为基础,强调一般智力、教育背景、分析能力的广度以及经验的深度、政治判断力,以及想象力。"[83]没有什么比真正的精英政治更适用了。约两个月以后,政策规划署在国务院正式成立。

国务卿马歇尔为凯南提供了一份简洁有力的操作指南:"避免琐事。"[84]

2月24日,艾奇逊召集凯南商讨一个紧急问题。英国政府(曾将希腊和土耳其纳入其保护范围)不再拥有足够的资源来保护它们的独立性。美国能否承担起这个责任?涉及希腊,凯南本能地觉得可以,但是关于土耳其(实际不存在武装暴动,并且与美国国家安全之间的联系也不像希腊那般确定),他认为不可以。关于这两个国家,杜鲁门总统都对英国做出了肯定回答。3月9日,总统演讲稿草案得以完成,并在政府内进行了传阅。

3天后,杜鲁门在国会的联席会议上发表了演说。这场演说宣布了一套外交政策原则,也就是后来所说的杜鲁门主义。凯南从一开始就不喜欢这场演讲,原因可以从它的关键句里看出来。演讲进行到三分之二处,杜鲁门以慎重的语气说:"我相信,美国的政策必须是支持各自由民族,他们抵抗着企图征服他们的掌握武装的少数人或外来的压力。"杜鲁门没有强调希腊和土耳其的具体问题,而是提出了大家共同面临的问题。凯南的外交分级思想似乎与这种虚无的威尔逊主义背道而驰了。这一演说意味着"我们的援助计划成了一个普遍政策,而非针对具体情况采取的解决措施。也就是说,我们决定给希腊的援助,也可以给任何其他国家,只要这个国家也面临着'被掌握武装的少数人和外来压力的征服'的威胁。"[85]

美国后来陷入越战泥沼和其他破坏性的无意义的问题之中,其实在此就已埋下伏笔。

李普曼对杜鲁门演讲的反应与凯南一样。但是因为他已经谢绝了国务院提供的职位,所以他能够公开表明自己的意见。在3月15号的"TST"专栏中,他写道:"一个含糊不清的政策,听起来像是为一场意识形态改革敲响的警钟,它没有限制,不可控制,它的影响也无法预测。每一个地方的每一个人都可以怀揣着自己的恐惧与希望去解读它,从而,在那些国内协作脆弱不稳定的国家,这很容易成为内乱的诱因。"[86]

专栏发表几周之后,李普曼和艾奇逊在一场晚宴上发生了冲突,后者指责前者在妨害国家的外交政策。李普曼回忆道:他们发生了激烈的争执,"那个夜晚闹得非常不愉快"。李普曼实际上已经接受了对抗苏联扩张主义的逻辑,他和艾奇逊主要是在方法和范围上意见不同。4月5日,李普曼发表了他最具影响力的一篇专栏文章,被多家报纸转载。文章题为"卡珊德拉的演说",这是一篇基于史实自我证明的凯南式文章。李普曼写道,欧洲经济已濒临崩溃。这不是夸大其词,而是"每一位不用在公众面前撑门面的有责任的人都会说的。"当务之急是,杜鲁门政府要制定策略维护欧洲政治经济的稳定,而这一行动"应有的规模还没有一个负责的政客敢提出来过"。[87]这一大规模干预以维护地缘政治体中心的建议立刻获得了凯南的赞同。这正是"长电报"所期待并优先支持的非军事措施。而国务院的其他人也对此深表赞同。演讲稿撰写人约瑟夫·琼斯将李普曼的这一专栏进行改述，写成演讲稿。几周之后，艾奇逊向所有人发表了这一演讲。

福莱斯特也很赞同李普曼的这篇专栏文章，并建议李普曼和凯南进行面谈，以草拟出大规模欧洲复苏计划的基础。罗纳德·斯蒂尔说这两人面临着两大难题："如何让多疑的国会接受这一费钱的计划。如何运筹组织，好让人不觉得这是美国企图要主导欧洲，或是要公然对抗苏联。"[88]李普曼和凯南在政治哲学、意志的笃定和外交风格上是相似的，所以他们一起制定出一个简练而有逻辑的计划并不奇怪。他们在美国国防大学见面，一起用午餐，一番长谈之后，他们提出两个实质性的建议。第一，邀请苏联参与欧洲复兴计划，并给以有利的贷款条件。但是苏联要想参与，必须接受鼓励促进贸易这一必要条件，也就是说，欧洲复兴必须按照自由资本主义路线进行。第二，美国要鼓励欧洲国家自己请求援助。

这就使得国会只需要决定接受还是拒绝欧洲的请求，同时也能促使欧洲国家团结协作，这将有利于促进其政治经济间的联系，保障其长期活力，消除或减少欧洲未来冲突的可能性。促进欧洲的团结，这一需要数十亿美元的进程，可以对苏联在东欧和中欧的主导地位提出挑战。波兰、捷克斯洛伐克和匈牙利能从苏联得到任何好处吗？如果斯大林强迫其卫星国拒绝参与美国慷慨的援助计划，这一定会种下不和的种子。通过威胁其他国家，打击其精神，阻碍其发展，是不可能成就一个稳定的帝国的。（大英帝国的缔造者就明白一定的共同决策是必需的。）对这一点凯南比李普曼更加心知肚明，而后者则坚信苏联一定会带领其邻国参与到这个计划中来。李普曼不认为这个计划企图牺牲一部分欧洲国家来发展另一部分国家，而是粉碎丘吉尔在1946年所说的"铁幕"的一桩壮举。他希望能让雅尔塔会议之后终止的美苏合作能以目的论为导向重新开始。

李普曼注定是要失望的。1947年6月4日，国务卿马歇尔在哈佛毕业典礼上致辞时，提出了一个旨在援助欧洲复兴重建的计划。制定这一计划时，国务院认为，欧洲自己提出请求的这一假象很难让人相信。讲稿的大部分由凯南的朋友查尔斯·波伦起草，包含了凯南、李普曼以及威廉·克莱顿等国务院其他人士的深刻见解。这个计划也就是后来所说的马歇尔计划，它针对这一动荡时代制定了宏大的目标：

美国应该竭尽所能来帮助世界经济的恢复，若不如此，将不会有政治稳定和有保障的和平可言，这么想是对的。我们的政策不是为了反对任何国家或教条，而是为了与饥饿、贫穷、绝望和动荡做斗争。它的目标应该是实现世界范围内的经济复苏，以使得保障自由体制存在的政治和社会条件都得以实现。[89]

当月末，莫洛托夫和八十几位顾问，包括一群充满希望的东欧代表，来到了巴黎赴会，讨论马歇尔的提议。李普曼对这一好消息感到十分欣喜，而凯南却大为吃惊。幸运的是，莫洛托夫不出所料地拒绝了美国的提议，带着苏联卫星国不悦的领导们回去了。马歇尔所谓的"我们的政策不是为了反对任何国家，而是为了与饥饿、贫穷、绝望和动荡做斗争"这样看似合理的说法并没有让莫洛托夫上当。超级大国的竞争首先是意识形态上的竞争，接受马歇尔计划也就意味着承认了资本主义比共产主义优越。即便给再多的现金，他们也不会接受。

在之后的 4 年，124 亿美元的援助资金被分派给了新建立的欧洲经济合作组织的 16 个成员国，包括英国、法国、意大利、西德与奥地利。欧洲经济合作组织旨在在欧洲直接监管马歇尔计划。虽然是李普曼最先提出了这一计划的基本原理，并在指引启发舆论上发挥了重大作用，但这主要还是凯南的成果，或许也是他所制定的最好的政策。马歇尔计划是长电报中的逻辑的完美体现。（自此以后很少有政策能让凯南满意）同时，它也成功实现了所宣称的目标。1947 年时，欧洲的经济政治基础还岌岌可危，马歇尔演说之后，它就开始进入持续发展的辉煌时期。马歇尔计划还预见到了欧洲日益紧密的政治经济合作，正如李普曼和凯南预想的一样。对于这一计划的实际作用，历史学家和经济学家一直争论不休。124 亿美元对于如此宏大的计划来说并不算巨款，而美国在 1948 年的国内生产总值是 2580 亿美元。西欧经济潜力比地球上任何一个地区都要大。但是也没必要进行这样的学术争辩，说什么马歇尔计划在精神和经济重组方面为西欧的复兴做出了巨大贡献。它给西欧带来了希望，让西欧团结一心，这就够了。

马歇尔计划出炉几个月之前，《外交》杂志编辑汉密尔顿·菲什·阿姆斯特朗邀请凯南重新拟写长电报，用于出版。这是一个大好机会，能让凯南获得更大范围的受众，这是国防大学的讲台无法给他的。《外交》杂志虽然不是《国际先驱论坛报》，但是它发行量大，读者也是有影响力的人物。凯南回复说："如果以我自己的名义，对于苏联问题我无法发表任何有价值的东西，但是如果你接受我匿名或署笔名来写的话，我很乐意执行。"阿姆斯特朗并没有打退堂鼓，他回复道："我们认为，文章署名的好处要大过匿名的坏处。这封信是对您的邀请函，希望您能将您备忘录和演讲中的真知灼见用文章的形式表达出来。"[90]

1947 年，《外交事务》杂志七月刊上刊登了一篇题为《苏联外交行为的根源》、署名为"X"的文章。此后，该杂志再未出现过影响力与之相当的内容，亨利·基辛格、理查德·尼克松、塞缪尔·亨廷顿、保罗·沃尔福威茨等人的著述虽具有开创性，但产生的影响仍无法与之匹敌。《纽约时报》和《新闻周刊》曾就此文章的意义与广泛的重要性做过报道，并深入探究了作者的身份，"X"可谓是一个引人注意又意想不到的营销妙举。《读者文摘》和《生活》杂志上摘录了文章中的很多内容，而令凯南感到恼怒的是，其简单粗暴的编辑破坏了文章的完整性。不到一个月，《时代》周刊的阿瑟·克罗克便揭露了 X 的真实身份。面对媒体风暴式的狂轰滥炸，马歇尔感到烦躁不安，他狠狠训斥了凯南,以一种训诫的口吻低声吼叫着"幕后策划者别再说话了"。凯南表示,这篇文章已经获得所有必要的审核与批准,这才使得马歇尔平息了怒气[91]。这位国务卿和其他人都明白,此宣传可以起到有益的作用。海军部副部长詹姆斯·福莱斯特认为 X 的文章巩固了美国这一个庞大的领导集团,且与美国政策建立起了联系,他为此感到兴奋。他希望所有读过这篇文章的人都能清楚地意识到苏联造成的威胁。如果公众及其政治代表了解遏制莫斯科的风险,那么制定一项坚定且代价巨大的外交政策便会轻松得多。

《苏联外交行为的根源》包含了"长电报"中的大部分内容。文章的开头重述了斯大林关于外交政策的扭曲观点:即苏联与资本主义列强之间不可能存在有意义的合作。凯南写道:"这意味着,在未来很长的时间里,苏联仍是很难对付的。"

对于一个极权政体,你不可能与之建立友好关系,因为"真理不是永恒的,它实际上可以由苏维埃领导人根据需要与目的创造出来"。大量的俄国历史证据也告诉我们,"几个世纪以来游牧民族力量在设有防御的广阔绵延的平原上展开了无数鲜为人知的战斗,共产主义信条便通过这些战斗得以加强。"在不同的时代,俄国曾受到东部蒙古部落与西部拿破仑和希特勒的强大陆战部队的袭击,至少可以说,俄国与外部世界的关系是复杂的。入侵军队的侵袭给俄国带去死亡与毁灭,其规模之大,是世界上其他任何国家所未经历过的。由此可见,俄国历史与马列宁义的结合是存在真实化学反应的。

为抑制住这个"受虐的孩子",防止其给外部世界施加侵害,凯南提出了一个具有开创性的战略概念:

在这样的环境里,很明显,美国针对苏联的任何政策,其主要方面必须是对其扩张趋向的一种长期、耐心、坚定、机警的遏制……很清楚,苏联对西方世界自由制度的压力,可以通过在一系列变化着的地理与政治要点上,随着苏联政策和手法的变化,灵活、保持警惕地使用反抗力量而被遏制,而不能以魔力或劝说使之消失。

此后的八位总统均支持这一政策的变种。遏制苏维埃的扩张是为了保证自由世界不会染上马克思主义"疾病"。而且,苏联将在孤立无援的情况下逐渐覆灭:

说"资本主义发展不均衡"的俄国共产党人,想想自己的国民经济状况,应当觉得脸红……很难相信,这些弊端可能为一个疲惫的、士气低落的民族在短期内所克服,他们在恐惧和压力的阴影下生活……但是存在一种可能性(作者认为这种可能性很大),即苏联政权,正像他们所说的资本主义世界一样,本身包含着衰败的种子,这个种子已经萌芽滋长。

如果美国保持坚定和清醒,苏联将无法构成严峻的挑战,而斯大林和莫洛托夫的断言只能成为一派狂言。"任何神秘的救世运动——特别是克里姆林宫的救世运动——如果不使自己适应于事态发展的逻辑，必然会遭遇挫败。"[92]

凯南的文章引起了李普曼的强烈反应。李普曼意识到该文章可能带来广泛影响，他相继写了12篇T&T专栏，这些文章均发表于1947年夏末，其中批评了X的理论依据、建议及预言。李普曼谴责X所犯的极端错误：以污损马克思主义意识形态为代价来贬低俄国历史；提出一种具有极其广泛的应用范围的策略，以至可能导致具有军事意义的地区产生无休止冲突；对苏维埃制度的不可靠性持盲目的自信。在最为严厉的谴责言辞中，李普曼表示，凯南所写的这篇文章就像是一个"战略怪物"，可能导致地缘政治的殆尽，即"在俄国被X先生的政策挫伤前，美国自己可能就已经感到灰心沮丧了"。1947年秋季，李普曼的文章被编辑收入到《冷战》一书中，并于同期出版。凯南和李普曼提出的"冷战""遏制"等词为战后时代贴上了定义标签。

李普曼对凯南文章的批判有些非常精彩，并得到了广泛的关注。在第一篇专栏文章中，李普曼反驳了X认为苏维埃政权"本身包含着衰败的种子"的评论。他抛出一个问题，"我们是否敢想当然地认为，在同时进入一个竞技场并开始赛跑时，苏联会折断腿，而美国却能长出一对翅膀并加速向前？"[93]李普曼认为，苏联的存在是一个既定的事实，并且它会继续存在。两种评价各有优点，相比较而言，凯南更加准确地认识到了苏联实验解体的过程；而李普曼则被看似悦目的波特金村庄的苏联经济和政治系统所蒙蔽。遏制是完全适合的政策，因为苏联共产主义将会逐渐消失。苏联的经济优势与美国和西方的经济优势间并没有什么可比性。莫斯科的勉强帝国不可能一直平静。

李普曼认为，凯南"在一系列变化着的地理与政治要点上，灵活、保持警惕地使用反抗力量"的主张中存在逻辑错误，他更加确信自己对此的看法。他写道："欧亚大陆非常大，美国的军事力量虽然很强大，但也有一些局限性，若想有效利用我们的军事力量，就必须记住这一点。"遏制政策的广泛应用是李普曼特别关注的问题，它不受束于任何明确建立的美国利益层次。这使得第三次世界大战成为一个价值模糊的战场："要实施这一政策，我们只能吸收、收买，支持大批附庸国、救济对象、非独立国和傀儡政权。"而对这些地区和政权过分地施予资源及授予公信力的问题在于，"附庸国和傀儡政府无法建造起无懈可击的屏障，我们要么与傀儡脱离关系，这意味着绥靖和失败，并且会颜面尽失；要么必须为他们在无意识的、无法预见的、也可能是不可取的问题上产生的无法计算的成本买单。"[94]通过此番评论，李普曼将视线延伸向了未来。

在最后一篇文章中，李普曼认识到了X和杜鲁门主义的作者之间在目的论上具有一致性。他们都追随威尔逊主义，忽视了美国外交史上的马汉传统思想，而后者理解一点，即某些价值观无法很好地传播。华盛顿政策制定者应该做的是，保护本国和紧密战略合作伙伴的安全与利益，而不是把世界视为一个由约翰·洛克思想拥护者与卡尔·马克思思想拥护者展开对决的战场。任何贫穷的国家都不应该被限制自由的思想选择权利。他们的决定对我们影响并不大，因为这些实力薄弱的小国不可能影响西方世界的核心经济与安全利益。因此，从多个层面来看，在这些地区展开代理战争都是愚蠢不智之举：

> 我们的目的不在于组织意识形态斗争，即，我们不是要区分杰斐逊派民主党人与西欧农民、中东和亚洲的部落酋长、封建君主、帕夏以及军阀，而是要通过驱除外来武装来解决战争并恢复欧洲国家的独立性，外来军队也包括我们自己……即便外来军队作风端正，他们也是可憎的，因为他们代表的是外部的力量。因此，他们在不断地提醒着一个事实，即驻扎地的人民是无法掌控自己的命运的。[95]

李普曼的观点令人印象极其深刻。事实上，凯南也基本同意他的看法，这使得其热度难以消减。

当然，凯南第一反应是愤怒的。他十分憎恶杜鲁门主义，却无法像李普曼那样对成千上万的热心读者表达自己的失望。在李普曼的第一篇文章发表后，凯南请求准许公开回应，而马歇尔拒绝了这一请求。凯南感到恼怒，因为李普曼过分强调遏制政策在军事上应用的风险，事实上，那时读者已视战争为最后的手段。

凯南开始怀疑自己是否已把意思表达清楚，最终他承认文章中确实存在歧义和不足之处，这招致了李普曼的批判。他在回忆录中承认，"在谈到遏制苏维埃政权时未能清楚地说明此遏制并非军事遏制，而是政治遏制。"在说到"一系列变化着的地理与政治要点"时，凯南犯了一个错误，他提出的策略模棱两可，易被曲解。这使得他意识到另一个重大缺陷，即，"他未区分不同地理区域，也没能清楚表明，他并不认为'遏制'政策必然能在各地成功实施，这项政策也不会为了实现他所设想的目的而有必要在各地获得成功。"1948年4月，凯南躺在贝塞斯达海军医院的病床上给李普曼写了一封长信（需要说明的是，百岁后（101岁）去世的凯南尽管身患疾病，但实际上是比较强健的）：

> 我给李普曼写了一封很长的信，于我而言，他的文章所指的意思曲解了我的观点，我对此表示了反驳。不过我始终没有把信寄给他，这可能是最好的选择。这封信的口吻显得哀怨又夸张，可以感受到我在写这封信的时候身体和精神的不适。一两年后，我做出了更残酷但不够庄重的回击，那是在宾夕法尼亚铁路公司的一辆火车的客车厢内，我遇到了他，我不屈不挠地就同一个问题搬出长篇大论来说服他，从华盛顿到纽约，整个车程的大部分时间里，几乎都是我在独白。

针对凯南文章中存在不足的情况，李普曼的批判是合理的。对于"这样的误解对他来说几乎是一种悲剧"的说法，凯南婉言表示"我误导了他，我接受指责和批评。我唯一关注的是，我成功地得到了如此优秀的李普曼的回应，并搞懂了一篇论述的本质。"[96] 后来，李普曼的预言逐渐应验，而他也和凯南成为亲密的盟友。对于 X 的文章，凯南后来写道，感觉"像一个人在悬崖的顶端小心翼翼地松动了一块巨石，现在却无助地目睹它在山谷中逐渐毁灭，后来每每瞥见这一灾难他都感到不寒而栗。"[97]

不可思议的是，1947 年末，凯南政策的影响力开始呈现出与巨石同样的毁灭轨迹。在政策规划署会议上，他开始注意到，现在整个政府部门内部赞同他的观点的人已经为数不多。1948 年 1 月份，凯南就杜鲁门政府承认以色列是一个独立国家的态度提出了保留意见。他担心的是，如果美国同意作为以色列的首要支持者，将不可避免地点燃该地区的阿拉伯民族主义之火。在 1947 年至 1948 年间，这一言论没有引起争议，事实上，当时还是哈佛大学新生的亨利·基辛格也相信，如果支持以色列建国，那么美国自身的利益将会受到损害。[98] 然而，时任总统杜鲁门（而美国国务卿马歇尔与国防部长弗利斯塔尔则表达了凯南提出的一些疑虑）宣布其支持以色列获得独立国地位，以及美国在确保以色列长期存在过程中的重大利益。然而凯南对此论证并不信服，他给联合国事务局写了一篇关于巴勒斯坦的文章，警示了美国在阿-以冲突中采取强硬立场的危险。凯南在日记中写道，"文章连同一份很长的抨击性便函一同被退了回来。"尤其令他气愤的是，在这些批评性的回复中，"竟没有任何批评犹太复国主义的言论，似乎他们是无可责备的。针对便函所指出问题的解决方法无论如何都会进一步制约美英和阿拉伯之间的关系，同样也会进一步制约英国与阿拉伯之间的关系。要继续执行这一政策，必须以牺牲我国在中东的重要政治与战略利益为代价。"凯南的分析丝毫没有涉及对大屠杀的敏感。他相信，无论结果如何，华盛顿都应该停止干涉，让事件按照达尔文自然规律去发展：

除非巴勒斯坦居民，包括犹太人和阿拉伯人，及其背后的国际元素最终在没有外界干预的情况下不得不直面对方，并怀着一种及时且直接的责任意识去衡量赞成或反对的后果，否则，我认为他们会继续做出不负责任的反应……美国人必须意识到，我们不可能成为这个世界上所有人的守护神和道德守护者。我们必须谦逊些，承认我们能承担的责任是有限的。[99]

最后两句话集中体现了凯南的世界观。作为世界上最强大的国家，美国有义务保护西欧免受苏联这个可恶政权的侵袭。除此之外，美国应该学习历史上一些伟大的帝国，抵制诱惑，不去担负那些动荡地区无法支撑起的责任。犹太复国主义意图在中东找到一个生存死亡全由犹太资源决定的国家。

其他地区的地缘政治批评者们同样也感到沮丧。1948年2月，捷克斯洛伐克发生的一场由苏联支持的政变掐灭了政府中残留独立思想的火苗。外交部长扬·马萨里克于两周后蹊跷地去世了。总统本尼斯最初就接受联合政府中强大的共产主义势力的存在，并且面临苏维埃入侵的威胁不得不同意退位。他于9月份辞去了总统一职，1948年年底自然死亡。德国的卢修斯·克莱上将提醒华盛顿，尽管他之前相信，与苏联之间的战争"至少在近十年内不会爆发……但在过去几周内，我感到苏维埃的态度发生了微妙的变化，我无法形容，但我感觉这可能会带来一个戏剧性的突发情况。"

凯南发现这种估计过于危言耸听。他对捷克斯洛伐克屈辱经历的回应与十年前无异。这个国家在一个庞大的邻国的控制下注定要覆灭。在诺曼底登陆后不久凯南就对捷克斯洛伐克的独立不抱希望了，当时的罗斯福政府没能抓住机会给野心勃勃地觊觎东欧的斯大林以打击。凯南回忆说："华盛顿，尤其是军事机构和情报界（受军队支配）对于克莱的电报以及捷克斯洛伐克政变的反应未免有些过度，而且方式极其糟糕。"1948年3月16日，新成立的中央情报局做了一项分析，并得出结论，"未来60天内不可能发生战争。"1944年夏天以来，捷克斯洛伐克相当于一个空壳子，对这样一个国家发动战争的意图令凯南深感惊愕。最糟糕的是，很少有政策顾问看似能理解斯大林的观点，凯南把斯大林的观点看作是"对马歇尔计划所取得的初步成功以及西方正在进行的准备在德国西部建立一个独立政府的行动的防卫反应。"[100] 在给如今的挚友李普曼的一封信中，凯南认为"苏联并不想侵略任何国家。他们没有这样的传统……他们的暴力是国家内部的，不是国际范围内的。或者说，是警察的暴力，而非军事暴力。遏制政策是为了鼓励其他民族抵制这种暴力，保护他们国家的内部整体性。"[101] 同时，李普曼对那场政变的反应是无可指摘的：他已完全不指望美国会与斯大林交好。[102]

德国已成为凯南与杜鲁门政府争论的一个要点。为了巩固美国在欧洲大陆的战略地位，凯南反对在德国西部建立一个独立主权的国家，而最初他是支持的。6月18日，西德的占领国宣布，为恢复该地区经济，将会发行一种新的货币——德国马克。面对这一消息，斯大林命令立即关闭通往西德的所有通路，仅给该地区居民留下了一个月左右的食物供应量。为了度过这一艰难时期，美国和英国开始日夜不停地空运物资，直至1949年5月斯大林彻底放弃，期间成功地确保了柏林西面居民的物资生存需求。

尽管空运物资充满了危险，但杜鲁门与西德取得了振奋人心的胜利。1948年8月12日，凯南怀着焦虑的心情向国务卿马歇尔提交了一份名为PPS37的文件：

要想保持事态灵活以使苏维埃政权最终撤出欧洲，也为逐渐走出苏维埃的控制，使现有附庸国能够成为自由的欧洲国家，我们必须改变目前分割欧洲的路线……如果我们继续坚持当前的路线，德国势必会分裂成东德和西德，西欧也必定会与该国家建立紧密的军事联盟，这只会使得最终将附庸国打造成欧洲共同体的目标更加复杂。[103]

在这场与斯大林展开的巨大对抗中，凯南这种憧憬美好未来的仁和建议最终石沉大海，无影无踪。艾奇逊开始对凯南建议的性质产生严重的怀疑，甚至在凯南身上看到了某种形式的失败主义或和平主义。艾奇逊后来说，凯南让他想到了他父亲的马，"它在跑过木桥的时候，听到自己蹄子发出的声音会受到惊吓。"[104]艾奇逊最后成为凯南政策失败的主要推动者。

而凯南崛起过程中的一个关键人物——福莱斯特，却走向了一条自我毁灭的道路。1947 年，杜鲁门任命福莱斯特为第一任国防部长，同时联合了陆军部与海军部。除此之外，美国政府还进行了大范围洗牌，并载入 1947 年的《国家安全法》，依据该法成立了国家安全委员会和中央情报局。在与苏联展开的长期且代价巨大的斗争中，美国自身内部也发生着摩擦。这对于福莱斯特而言是一次晋升，但他没日没夜的工作癖好，再加上脆弱的性格，开始导致他心理不平衡，给华盛顿这个金鱼缸敲响了警钟。1948 年，福莱斯特与共和党总统候选人托马斯·杜威秘密会面，并表示，如果杜威压倒了杜鲁门成为总统，他便愿意担任国防部长，这显然是个不明智的决定。对政治丑闻具有敏锐嗅觉的联合记者德鲁·皮尔森公布了此次会面的细节，此后，在杜鲁门的迫使下，这位国防部长于 1949 年 3 月 31 日正式辞职。不久，福莱斯特变得精神失常，并在几周后被送往医院。经过一系列医疗干预未见成效，可能还加剧了他的狂躁。5 月 22 日，福莱斯特从贝塞斯达海军医院的六楼跳下，结束了自己的生命。[105]

相反，艾奇逊仍稳拿政府薪水，事业蒸蒸日上。艾奇逊出生于格罗顿，毕业于耶鲁大学，他留着精心修剪的一小绺胡子，背部挺直，仪表堂堂，令人印象深刻。英国记者阿利斯泰尔·库克对他的描述很精彩："他是一个六英尺二的委拉斯开兹式的贵族的转世之身，他的前世也闪着发光的眼睛，对这个穿着精细花呢服装的康涅狄格州美国人甘拜下风"[106]，然而这位样貌精致的美国人也存在一些问题。他对那些反对他的人的嘲讽是出了名的。事实上，这些人极其令人讨厌，而且时常不讲究公平，以至在艾奇逊的国务卿职业记录上制造了污点。艾奇逊曾发表过一个合乎情理的观点，"公职人员设法解释一项重要政策并获得大家对政策的支持不同于博士论文作者论证一个观点。因为前者可以有条件和细节的描述，而后者的叙述必须简明直接。"[107]然而，艾奇逊的一些讽刺性言论并没什么价值：他将凯南的思维形容为棉花糖。他还表示，对"杜鲁门总统任期内的这个脚注式的人物"在接下来几年将会"伪装成一个重要的政策制定者"[108]的说法感到吃惊。同样令人恼怒的还有他的一些观点，他认为凯南对国家利益的认识仅仅是一种抽象的感觉，他还称凯南过于信奉"贵格会福音书"[109]，艾奇逊需要一些自我怀疑来调和他那种爱说刻薄话的秉性。比如1945年的时候，凯南正带头反抗斯大林，而艾奇逊仍怀抱李普曼倡导的与斯大林合作的希望。在他的回忆录《创世亲历记》中，他说凯南"将脑子里闪过的预见性洞察力与完全不切实际的建议交织在一起"。[110] 从很多方面来看，这种批评不无根据。其实艾奇逊并不是一个有创见的思想家，并且他缺乏凯南那种"预见性洞察"的天赋。但艾奇逊认为他在"实际性"方面要胜过凯南。

邻近1948年年末的时候，马歇尔由于健康问题将要辞去国务卿一职，而艾奇逊接任的形势已经很明朗，此时在"实际性"上的区别显得尤为关键。比如，艾奇逊在创建北大西洋公约组织中起到了很大的作用，这是一个通过约束性承诺实现西欧与北美安全协作的联盟，联盟的签约国共同防卫外部攻击。凯南认为，往好处说，北约就像安德斯·史蒂芬森所说的只是对焦虑的欧洲人的一种有效的心理治疗；往糟糕里说，它就是一个毫无意义的"法律承诺"，对国际外交现实起不到任何作用。凯南尤其担心的是，虽然北约组织最初的签约国全部为环大西洋国家，但它有可能向那些与西方安全无关的国家扩张。因此，"大西洋区域是一个明确的地域概念，其中包括一个牢固建立在地理与传统基础上的真实的安全利益共同体，而若要在此区域外发展反俄联盟系统，那么将没有什么可以停止这个扩张的过程，直至它的手伸向全世界，包括欧亚非的所有非共产主义国家。"[111] 凯南的判断很对：土耳其首先加入了北约组织，20世纪50年代后，一大批国家均加入。关于北约组织是一个成功的外交政策，还是冷战时期的一个反共团体，抑或美国脖子上一个沉重的累赘，是一个有争议的问题。但毫无疑问的是，持凯南这种怀疑观点的人仍是少数。

1949年1月3日，凯南给艾奇逊写了一封长信，详细说明了他对当前政策的忧虑。他写道："如果我说我不想再继续担任公职了，原因一定是……除非我觉得我们至少有一个成败参半的机会使问题得以解决：仅仅划着美国外交政策这艘陈旧的木筏勇敢地逆流而上是没有意义的，因为每小时3英里的前进速度赶不上水流每小时4英里的速度。"在一封内容广泛的信中，凯南瞄准了政府鲁莽的武力威胁行为，这种行为在好斗又不负责任的国会的无情攻击下持续滋长，且由不明所以的公众来"承担责任"：

你应该记得，X的文章论点是，我们的主要问题是一个政治性的问题。如果我们能改变愁眉苦脸的状态，以愉悦和现实的心态面对目前的局势，并在我们所处的时代中合理地采取行动，便可以通过政治手段来解决它，至少比全面战争要好。我的想法没有变。当我接受目前这份工作的时候，我相信，一定有机会实现这一目标。而现在，我开始怀疑。我害怕我们一直原地踏步。

凯南认识到了多个层面的问题。杜鲁门政府应该"同意将宣传作为一个重要的政策武器",并且国务院"必须毫不犹豫地参与到有关美国外交政策的理智辩论中。"要显示美国外交的正当性,"既要避免任其发展的自大态度,也不要受理想主义态度的刺激而神经过敏……这个概念里,自我欺骗与有关和平和自由的崇高宣言都不被允许。"联合国的存在,以及"当前盛行的多边谈判"使得美国在全面遏制苏联的问题上面临更加艰巨的任务。斯大林并没有认真看待这个组织,而仅仅把它看作是在适当的时候有助于轻松获得胜利的一种有用手段。而自发性的世界舆论浪潮中有将它视为一座协同利他主义堡垒的,也有指责和愤世嫉俗地吹毛求疵的。对于沉浸在愉悦中的莫斯科,"不要期望它能认真对待联合国……因为在他们看来,这样做是愚蠢的。而如果我们对此抱有希望,那我们就更愚蠢了。"凯南认为,美国要在国际事务上跟一个坚定但被控制的声音对话的可能性几乎为零:"如果这是无法改变的,那么我宁愿去耶鲁,或者任何我可以明确而大胆地发声并与人们自由交流的地方,而不是在这样一个部门内,不能做任何事,也不能告诉人们应该怎样做。"[112] 由于对政府的失望,以及对李普曼独立性和影响力的羡慕,凯南精心起草了一份独立宣言。留在政府部门已没有任何意义,因为它已经彻底偏离了凯南的世界观。然而,他仍希望国务卿能转而同意他的思维方式。

事实与此相反。信中包含的反民主情绪以及对不可能实现的平静时代的向往使得艾奇逊更加肯定凯南的外交思想是"不切实际"的。整个1949年,凯南继续毫无活力地处于边缘状态,而在参议员乔·麦卡锡简单有效的指引下,人们开始怀念1946年的美好时光并想象学者静居处带来的愉悦感,由此恶意的反共主义力量不断聚集,杜鲁门的言论也越发激烈。春季的汉堡(凯南最喜欢的城市)之行使他深刻地明白了维护和平的重要性。同盟国不分青红皂白地轰炸行动过后,留下的是一片荒凉,这是凯南无法想象的,即使他有想象力的天赋。

> 现实主义者突然支持不住了,于是艺术家承担起了他们的角色:我从未如此坚信,任何短暂的军事利益……都不能成为随意地对平民生活和物质价值造成如此巨大损失的借口。我突然觉得这些毁灭似乎象征着一种无法回答的东西,这是西方国家不容忽视的。如果西方国家真的希望能站在更高的道德出发点上……那么他们应该学会在军事中结合道义,或者做到不开战。[113]

凯南具有一种有着巨大道德力量的情操,那便是尽可能地远离艾奇逊的立场。他在两篇悲伤的日记中,直面了一个显而易见的事实,即他在自己对世界事务的立场上已形单影只。1949年11月19日,他写道:"是时候认识到了,大约三年前开始的规划,像之前所有试图通过部门内部的特殊制度安排在外交政策设计中引入秩序性和前瞻性的尝试一样，已经彻底失败了。"三天后，他感叹道："部门内没有一个高级官员认同我的理念……如果我要在这份工作中做些好事，那一定是，怀着对信念的勇气站在这个机构的墙外，永远不要进来。"[114] 在凯南看来，美国对苏联的政策在 1943 年到 1949 年间整体发生了剧烈的变化：从争端的调解，到目的的担保，到过度反应，再到其他各个方面。只有他自己，始终坚持一贯的原则和理念。

第六章

科学家

保罗·尼采

> 我们决不能允许全球社会中存在普遍干预。如果我们允许如此，就应该邀请干预，而如果我们邀请了干预，我们就会受到干预。
>
> ——沃尔特·李普曼

1945年，保罗·尼采曾作为战略轰炸调查的负责人，成为第一个看到广岛、长崎那可怕废墟的美国人。但该经历对尼采的影响与乔治·凯南四年后前往汉堡受到的影响有很大的不同。尼采身负一项具体的任务："尽可能准确地估量两枚导弹的确切影响，即用科学的标准来衡量问题，以提供一个确凿的参照框架，使人民可据此了解导弹的实际杀伤力和局限性。"[1] 在去广岛前，他先来到东京，美国空军曾在此投下了燃烧弹，引发的暴烈大火波及这座城市的16平方英里，夺去8万多人的生命。令尼采感到吃惊的是，在东京、广岛和长崎看到的毁坏具有相当高的相似性，而造成这相似结果的原子弹与常规武器实际上是有很大区别的。尼采仿佛看到的是被耶和华在愤怒中彻底毁灭的押玛、所多玛和蛾摩拉。对于这些圣经城市的毁灭，是硫黄还是火造成的真的重要吗？在这些不寻常的时代里，在一场无情的战争中，原子弹像其他现代武器一样冲击着尼采的内心。[2]

关于原子弹，尼采还发现了一些特别值得关注的东西。与燃烧弹毁坏范围广相比，原子弹的影响强烈但范围小。尼采写道："原子弹的重要性在于，它将很多常规炸弹的爆炸力压缩为一个，因此极大地加强了单个炸弹的效果。"[3] 除爆炸半径外，尼采还注意到，长崎的铁路在爆炸后仅过了48小时便重新开始运行了。坐在窗户边上的人被碎玻璃扎伤，但没有受到辐射的伤害。撤退到地下空袭隧道的居民，即使在爆炸中心范围内，也都在这场爆炸中存活了下来。原子弹不仅仅是一个有用的武器，甚至通过民防工事便可以减轻它的影响。他把这些新的认识带回了美国，改变了人们对于核事故准备工作的看法。

尼采回到纽约后，找到了影响力很大的城市规划师罗伯特·摩西，并希望他鼓励房产开发商在所有的房屋结构中都加入核地堡。摩西打断了他的话："保罗，你一定是疯了。没有人会注意到这个的。"[4]

尼采还会遇到更多这样的情况，他的国际利益观一遇到那些"国内可行"论者，就像小船遇到岩石后搁浅。在整个职业生涯中，尼采认为莫斯科一贯具有恶毒的意图，并始终坚信，莫斯科的军事能力比情报界所认为的更可怕。综合心理学、系统分析以及国际关系学科，尼采认为，美国的政治领袖明显倾向于系统性地低估莫斯科构成的威胁。尼采尤其敌对艾森豪威尔、尼克松、福特和卡特这几位总统，认为他们都以不同的方式危及到了国家。为阻止苏联的侵略，尼采建议，美国应该将更大比例的国民生产总值用于军费开支。他认识到，这一行动方向将是一种具有挑战性的政治销售，但他相信美国国民愿意支付更高的税费，牺牲一点物质享受，以更好地维护国家安全。尼采对美国宏大战略（NSC-68号文件）的开创性贡献动摇了最大的威胁，并对通过大规模扩大国家安全体制来驱除这些威胁给出了合理的解释。他的科学性和确定性是最强有力的结合。[5]

1907年，保罗·亨利·尼采出生于美国马萨诸塞州的阿姆赫斯特，他的父亲威廉·阿尔伯特是一名哲学教授。他的家族有着德国血统，曾在19世纪的铁路建设繁荣时期积累了相当的财富。继承的家族遗产以及这个家族所居住的精英大学环境使得尼采的童年离群索居寡。保罗出生一年后，父亲接受了芝加哥大学罗曼斯语系主任的职位，在那里，他工作了四十年。[6]尼采在学校最好的朋友是住在街对面的格伦·米利根，格伦的父亲是一位诺贝尔物理学奖获得者。[7]利用芝加哥慷慨的休假安排时间，尼采一家在欧洲度过了很多个漫长的夏天。

尽管尼采的父亲会喋喋不休地数落儿子表现出的糟糕才智，但他仍是一个沉默寡言的人。尼采的母亲阿尼纳·希尔肯则不同：灿烂多彩、社交自信、兴趣广泛，全心爱着保罗。在晚宴上，她会饮酒、吸烟，并跟许多学术嘉宾进行火热的学术辩论。在儿子的记忆中，她读卡夫卡的作品，欣赏理查·斯特劳斯的音乐，与舞蹈家艾莎道拉·邓肯以及演员兼脱衣舞娘萨利·兰德是朋友。为了帮助克拉伦斯·丹诺筹措资金保释他所保护的一位左翼人士，她还曾抵押自己家的房屋。阿尼纳对她儿子而言是一个不可抗拒的存在，填补了由他父亲的沉默寡言带来的亲情空白。尼采写道："我的母亲是到目前为止对我人生影响最大的人，有时她的爱有一种势不可挡的力量。"[8]

尼采在学校的表现很好。确实，他除了好好学习减少威廉的愤怒外，别无选择。后来他回想起来，发现没有任何一位朋友的父亲像他的父亲一般要求严苛。[9]然而，当他离开芝加哥大学实验学校（由约翰·杜威创办），去到一家精英预科学校霍奇基斯中学时，他开始反抗父亲的权威，并充分享受起随之而来的自由。他发现，他在康涅狄格州的生活"充满了友情、体育、女孩和学习。"¹⁰ 1928 年，进入哈佛大学后，他仍然保持着这样的生活。后来他在反思美国的杰出大学时，做了大量自我辩解："在当时，成绩不重要。哈佛更像是一个欧洲大学。你只需要汲取智慧。我们都喝很多酒，有女孩相伴，生活丰富多彩。"¹¹

他加入了门槛颇高的珀赛琳俱乐部，一抓住机会，他就会冲破俱乐部禁令的束缚，一般都会进行一场狂欢。珀赛琳俱乐部的格言是"活着就要精彩"，尼采并不认为这指的是精神生活。他在头两年的表现可以说极其糟糕，因此也对俱乐部造成了严重影响，在此鞭策下，他在剩余的大学生涯中表现良好。令人难以置信的是，在缓慢地起步后，他竟然以优异成绩毕业。他的天赋是明显的，尽管他在天赋的使用上让人难以理解。尼采和凯南的大学经历竟如此不同。

毕业后，尼采的身体被一场严重的肝炎拖垮了，他的免疫系统受到损害，这或许是他在前一周进行的浪漫独木舟之行造成的。当时，他划着独木舟从波士顿前往纽约，随身只携带了两罐豆子和一把小折刀。尼采修养了几个月才痊愈，这导致他没能按计划参加哈佛大学博士课程。随后，令他父亲懊恼的是，尼采改变了方向，决定放弃追求学术生涯。尼采发现，学院与公共事务中的问题常常是脱节的。曾有一件趣事令年轻的尼采感触很深，那便是他的父亲与其同事进行的一场有关凡尔赛条约的学术讨论。他们每个人都给出充分的理由说明该条约具有根本性的缺陷，而后来尼采发现，这些人实际上"都无力影响事件……我希望处在一个能让我参与国际事务的职位上，并且能对事情产生一定的影响。卓越的学术成就似乎并不能提供这样的机会。"¹²

终止了学术生涯后，尼采转而赚了很多钱。哈佛大学有个传闻，如果珀赛琳的会员在 40 岁时还没有挣到 100 万美金，那么珀赛琳就会给他 100 万。尼采不需要这样的慷慨馈赠。1929 年 10 月，尼采被纽约投资银行狄龙·里德公司聘用。他决定主攻经济学，因为"在这个领域，可以靠近权力杠杆，坦白说，是影响力杠杆"。¹³ 在世界经济事务风云变幻的时期，能在一个赫赫有名的公司得到一份称心的工作实在是幸运，尼采意识到自己是幸运的："我很可能是自那以后多年里最后一个受雇于华尔街的。"¹⁴ 他充分把握了自己的好运。虽然他的父亲不赞同选择这个肤浅的"放款人"职业，但尼采到 1935 年已通过精明的投资赚足了 100 万美元，他投资了一个总部在美国、由两个法国科学家运营的实验室。该实验室研发了一种名为 Visyneral 的维他命矿物质补充剂和一种针对特定类型糖尿病的药丸，两种产品最终都获得了"巨大的成功"。¹⁵ 在尼采看来，赚大量钱带来的不可思议的一点是，他可以不用为一些司空见惯的事而费脑筋，例如赚取薪水。相反，他现在可以把全部时间精力都用来思考一些真正重要的问题，比如欧洲力量的危险的平衡。相比于大学一般生活，这种思想的生活有一个明显的优势。尼采在金融上取得的成功意味着他无须参加教学或大学服务便可以追求自己的知识兴趣。

促使尼采从银行家转变成心怀抱负的外交家的，是奥斯瓦尔德·斯宾格勒写的一本书《西方的没落》（这本书同样也影响了凯南）：尼采在 1937 年的一次钓鱼途中读了这本书，在等鱼上钩的时间里，他逐字逐句地认真阅读。[16] 尽管斯宾格勒的分析给他的感觉很复杂，但这本书总体上唤起了尼采对美国在国际体系中的地位的深刻担忧，即西方的优势正呈现出一种不可阻挡的消亡趋势：

这本书反映了德国人品性的所有缺点，但它仍然很棒，充满了深刻的感情和思想，但有些教条化和粗拙。我沿着宁静的 Upsalquitch 河岸思考了它逻辑上的错误。如何反击并逆转作者认为不可逆转的文化落后、社会主义专制政治以及战争趋势？我明白，没有人能对这些问题给出清晰而又具说服力的观点。[17]

为了寻找纠正斯宾格勒的悲观预测的方法，尼采辞去了在狄龙·里德公司的职位，并成了哈佛大学社会学研究生，另外参加了一个哲学和法律的讲座。尼采第二次前往哈佛时比第一次更加勤奋；在杰出的社会学家皮特里姆·索罗金的指导下，他写了一篇有关斯宾格勒的论文，受到了好评；但他最终对此经历感到失望，他抱怨"几乎没有得到任何有关斯宾格勒、未来趋势以及可行的并会影响这些趋势的行动的答案"。[18] 在哈佛，历史学科在国际事务教学中仍然占主导性地位。尼采认为，应该在更加科学的基础上重新审视并实践外交政策。

在哈佛大学形成了一种战略性世界观后，尼采加入了查尔斯·比尔德等支持消极世界观的孤立主义者阵营：在欧洲事务中保持中立。实际上，他频繁的德国之行、日耳曼血统以及他对希特勒重建一个强大德国给予的崇敬评价，导致一些批评家开始怀疑他心怀对纳粹的同情。[19] 这些私下的指控是没谱的；在没有其他更好的选择的情况下，尼采是一贯支持"美国优先一"的，虽然这有点冷漠无情。尼采非常确定，希特勒是美国利益的一个重大威胁。虽然他对希特勒成功重建国家表现出了勉强尊重的态度，但同时他仍坚持这一观点。

法国的沦陷促使尼采抛弃了他从未深刻体会过的孤立主义，并且不再期望会有人回答斯宾格勒的问题；他必须靠自己的力量来做这件事。尼采在狄龙·里德时期的同事詹姆斯·福莱斯特聘用他作为与商业界联系的行政助理官，担任相同职位的还有其他五位。他们的目的是在全面战争时代与私营部门开展合作。1940 年 6 月 22 日，福莱斯特请尼采为政府工作，而政府过了一段时间才给予了他必要的安全许可，很大的原因是有关尼采赞美第三帝国的谣言一直在持续。在这段时间里，尼采的全部工作就是向福莱斯特传达通知："福莱斯特，周一早上来华盛顿。"但是尼采并未补救他的事业，1940 年的一次晚宴上，他开玩笑说，相比于英帝国，他更愿意生活在希特勒的统治下。这句话显然不应该在这样的场合说出来。[20]尼采接受了联邦调查局的调查并留下了档案，但最终被证明无罪。进入政府工作后，尼采的职责是采购战争用品的原材料，包括用来制作胶水的墨西哥大草原狗骨和用于制作瞄准器镜头的墨鱼干。[21]尽管这份工作对于一个华尔街的百万富翁来说颇失身份，但尼采在这个岗位上做得得心应手。他发现难以接受的是，国务院的经营方式如此乏善可陈：

> 当福莱斯特和我准备深入研究这个问题的时候，我们发现，在科德尔·赫尔领导下的国务院几乎没有一个战略政策制定的组织。那时国务院内的大多数人都在重视报告的外交学院学习过，很少有人关注战略政策本身的制定和执行。我们得出结论，国务院人员不足，并且无法理智地应对战争带来的全新局面。[22]

这个令人不安的地缘政治空虚问题在李普曼的《美国外交政策》《美国的战争目的》以及凯南的"长电报"与"X文章"中得到了解决。尼采在1944年夏天开始认真地思考外交政策，当时他应邀参加美国战略轰炸侦察，此侦室的目的在于查明二战期间同盟国在大西洋和太平洋战场的战略性轰炸的影响。美国战略轰炸侦查有一个卓越的工作团队，包括年轻的加拿大经济学家肯尼斯·加尔布雷斯和一个未来的副国务卿及越南战争的"美国化"的批评家乔治·保尔。尼采后来回忆称，这是一段丰富的经历，从中他逐渐形成了自己的国际关系理论。

有关同盟国轰炸降低德国工厂生产军火能力的效果，该侦室得出了复杂的结论。1943年夏，英国皇家空军发起的代号为"Gomorrah"的轰炸行动瞄准了凯南最爱的城市汉堡的中心，常规军械和引爆装置释放了温度达一千度的火焰风暴，导致三万人在恐怖中丧生。聚集了餐馆、商店和博物馆的历史和商业中心被夷为平地。但是城市周边的工厂和船厂没有受到丝毫损害。这是德国历史上一个黑暗的日子：一座伟大城市的心脏被摧毁了，所付出的代价也是惊人的。然而，从同盟国的战略角度来看，后果也是意想不到的糟糕。加尔布雷斯回忆道，在轰炸中被"强行解雇"的大批服务员、银行职员、店主离开了这里，蜂拥至战争工厂去找工作……轰炸减缓了劳动力短缺的问题。据美国战略轰炸侦察调查发现，此次战略轰炸并未对德国的军事能力造成严重的阻碍。

这次轰炸的确也产生了一些益处，但它们与毁损一样出乎意料。在空战中受数量众多的英美联军的打击，德国战机被迫陷入了混乱的局面。乔治·保尔回忆道，控制欧洲领空"使我们在诺曼底登陆行动中掌握了制空权"。[23]尼采记录下了战略轰炸的这些局限性和意料之外的益处。然而，更重要的是，美国和苏联的超高军事预算使得同盟国在作战武器的产量和使用寿命上都超过德国。尽管阿尔伯特·斯佩尔竭尽全力，但柏林在武器的生产上仍无法跟上对手的步伐。这已是一个既定事实，并且很显然，"希特勒帝国"

并不是像大不列颠一样的帝国体制，它不会团结努力地去实现祖国的利益。在此情况下，德国的军事前景大大减弱。[24] 尼采推断，对比竞争国，美国应设法将更高比例的国民财富用于国防开支，进而建立永久军事优势。他将这一目标形容为，永久发挥美国各个方面力量间的有利相互作用关系，这一战略措施在整个冷战时期一直指导了他。

从哈佛到华尔街，再到二战，尼采是一个坚定的共和党人：他对罗斯福的总统任职持冷淡态度，并认真关注他的继任者的领导能力。尼采在战时对杜鲁门的评价为"不大令人满意……他当上总统的时候，我想这个国家正交给一个政治裙带团体……而我的妻子菲莉丝促使我改变了对杜鲁门先生的看法。1945年，当我从欧洲回家后，我发现她坚信一点，即杜鲁门团队，尤其是杜鲁门先生，是个伟大且正直的人"。[25] 在冷战爆发前期，尼采开始热烈地支持这位总统锐利的外交，并对杜鲁门主义留下特别深刻的印象，但他几乎不关心他们宣布的承诺有无限度。尼采认为，杜鲁门已证明他自己是一个有勇气的领袖。直觉告诉他，美国需要承担起领导自由世界的绝大部分责任。[26] 杜鲁门方法中的威尔逊元素，即把美国的自由与所有国家的自由联系起来，令凯南担忧，却唯独得到了尼采的热烈支持。

在马歇尔计划诞生的过程中，尼采任职于国务院的国际贸易政策办公室。在凯南和李普曼共同研究出了一项重建方案的基本要素后，尼采发现自己不赞同该方案中将欧洲作为唯一焦点。他向他的挚友、负责经济事务的国务次长威廉·克莱顿建议说，在五年内，政府每年应支付5亿美元的援助资金，可抵销相近数额的国际收支顺差。然而，尼采希望这笔资金可以"分配到世界各地，而不是全部投到欧洲"。凯南很反对这种扩展援助范围的思想，他认为，欧洲以外地区的前景与美国的利益并无多大关系。尼采的看法是"为何只有欧洲与美国利益相关？共产主义威胁是一个世界性的问题。为何不把援助计划的范围扩大？最终的决策落在了凯南这一边，援助计划仅限于对欧洲的援助"。[27] 有关美国海外利益的范围，尼采与凯南的看法有着极大的不同。

他从保诚人寿保险公司借来几台计算机，并开始计算每个欧洲国家的需要。他沉浸于各种定量因素，绘制图形图表，辨别每个国家在经济上的优劣势，预测每个国家的农业生产力，将美国剩余的原材料补充欧洲的不足。这位来自华尔街的人才是个优秀的中央经济统制论者，追求中央计划的力量与确定性。克莱顿说他"年轻能干，工作努力。而且他可能比这里的每一个人都更了解马歇尔计划"。尼采曾被召去向对马歇尔计划充满敌意的国会陈述这一计划的实质与宗旨。这是个艰巨的任务，但他成功地让许多共和党人都相信了马歇尔计划的好处，其中就有阿瑟·范登堡，他认为这比几乎所有其他呈交给国会上来的议案都要可靠，因为它背后有更多辛勤的努力和精细的调查作支撑。[28]

凯南的想法与尼采精明的运筹相互配合，卓有成效。

然而，比起在显著的地缘政治问题上的一致观点，尼采和凯南的不同意见要多得多。例如，尼采强烈支持杜鲁门旨在利用美国科学和工业来援助不发达国家现代化的"第四点计划"。他认为美国的亚洲政策太过关注中国和日本，而对另一片广阔的地域不管不顾："从波斯湾到太平洋的亚洲其余部分，除了菲律宾以外，对我们来说都十分陌生。这些地方反殖民主义问题猖獗，社会动荡，人口拥挤。尽管有丰富的资源和实现富裕的潜力，经济还是没有发展起来。"[29] 而凯南却对第三世界并不关心，他觉得这些国家停滞不前也好，繁荣昌盛也好，对美国都不重要。贫穷的国家能变富裕固然好，但不应该让美国来促进这一进程，否则美国的财力终将承担不起。尼采认为美国的海外利益不受地域的限制，况且美国潜在的力量必然要继续扩张。如果这要求美国经济的重组，那就顺其自然好了。

当然，在国家利益问题上与凯南意见相左的不只尼采一个，还有杜鲁门政府的所有高官。凯南欣赏尼采的个性，也知道他十分能干，由他来继任凯南倒也感到安心。1949年夏天尼采加入政策规划署担任其副手后，凯南将自己的办公室腾出来，搬去了大厅下面一个会议室工作。凯南已经指定了他的继任者，这再明确不过了。但后来关于氢弹的讨论让凯南更加边缘化，他开始重新考量起自己的继任者。他写信给奇普·波伦说："我的继任者问题马上就要搬上台面。我自己的想法是，除非你自己想回来任职，否则他们就该让这位子空一会儿。"[30] 但是尼采势头正猛，又和艾奇逊关系很好，结果已经板上钉钉。凯南转去了普林斯顿高等研究所，在那里他最终赢得了曾经怀疑他学术诚意的数学家们的支持。这时他发觉自己不甘心就这样退场。1950年夏季，凯南半开玩笑地对尼采和艾奇逊说："我离开政策规划署的时候，从来没想过你们制定外交政策之前竟不先咨询我的意见。"[31]

刚一上任，尼采就对政策规划署的运作方式进行了改革。尼采暗讽他前任的弊病说："一份了不起的文件，如果都没有被读过，那么把它制定出来也没什么意义。"[32] 凯南掌管下的政策规划署的主要问题是：它就像文艺复兴时期佛罗伦萨的一个艺术工作室。每一个职员都在此积累了宝贵的经验，有机会接近这样一位天才，而反过来，他们其中许多人也凭借他们自己的实力大展拳脚，有所作为。但是最后的文件却总是凯南一个人编撰的——这就像所有画作和雕塑都是多纳太罗和米开朗基罗的成果一样。在凯南所偏爱的师徒关系下，是不可能有真正的协作的，这意味着政策规划署所编写的所有文件只有一个人的声音。这并不奇怪，因为凯南的工作方式就是先和职员讨论，然后隔绝一切打扰自己独自一人把文件写出来。所有的政策文件在文字措辞上都是一致的，但如果它的读者们（比如艾奇逊）意见不一，这份文件对决策就不再重要了。整个1949年，政策规划署的文件主要是少数派报告和反对意见书，这对后世意义重大，在当时却不受重视。

《华盛顿星报》报道尼采任职一事时引用国务院一位匿名人士的话说:"凯南领导政策规划署的方式,有点像一位拥有嘉德勋章的英勇骑兵挥舞着佩剑,骑着军队里最骁勇的战马,一马当先。而尼采则更像一位参谋长,或者说是一位重大研究计划的编写者。他主持大局,用心倾听,并给出建议。他组织统筹,担任代表,并监督管理。他权衡利弊,分析总结。"[33] 这都体现了尼采截然不同的风格,而这样的风格很大程度上都得益于他在华尔街的那段生涯,在战时的组织服务,以及参与制定马歇尔计划的工作经历。还有一个原因是他对学科的偏爱,比起在人文艺术学科中常见的独立学者作风,尼采更喜欢自然与社会科学中常见的协作。

尼采和兰德公司的首字母缩写建立了紧密的联系。兰德公司建立于1946年,旨在为美国空军提供定量分析,后于1948年凭借福特基金会的种子基金成了一家独立的非营利性智库组织。兰德的口号很简单:"通过研究分析改善决策。"据历史学家亚历克斯·阿贝拉所说,它位于加利福尼亚圣塔莫尼卡的总部"旨在成为一个像学校一样的地方,这个学校没有学生,只有老师思考着他们各自专业上的方方面面"。[34] 兰德采取跨学科的方法,将自然与社会科学家汇聚一堂,通过系统分析提出建议。而尼采长久以来追求量化问题,排除对主观价值判断的需要。他认为国际关系的研究应该更加科学,减少误差限度。

后来尼采有了机会可以采用兰德公司所喜欢的方式行事。1月31日,杜鲁门总统发布指令,令国务院和国防部"鉴于苏联在裂变式原子弹和热核方面潜在的实力,重新审议我们在战时与和平时期的目标,以及这些目标按照战略规划的执行情况"。[35] 艾奇逊将这一任务委派给了尼采,他迅速收集大量数据资料,其中就包括参谋长联席会议的预测,他们预估苏联到1953年中期会拥有135颗原子弹。

如果这些数据都是正确的,美国显然要在核武器与常规武器上加大投入。尼采找出了最有可能反对军事扩张的人,并聘请他们担任这一项目的顾问,他还成功地让罗伯特·奥本海默和哈佛大学校长、原子能委员会顾问詹姆斯·科南特等人相信,苏联危机正如参谋长联席会议所说的一样严重。尼采还说服国防部副部长罗伯特·洛维特不再让国防部独立进行审议,而是和政策规划署开展协作。凭借灵活的官僚手法,尼采用新的分类方法使其计划避开了财政部和预算局的干预。[36] 凭借其个人魅力和榜样力量,尼采鼓舞他的团队夜以继日,准备给杜鲁门一个完整综合的审议结果。最后的报告NSC-68很大程度上就是团队努力的结果,其中一些最出彩的部分就出自约翰·佩顿·戴维斯等政策规划署职员之手。但其主要编写者和推动者还是尼采。

NSC-68的制定和执行方式与凯南偏爱的作风相去甚远。它的内容同样也是。NSC-68对苏联威胁的评估深受南森·莱特斯的影响,他是兰德公司的一位社会科学家,也是后来《政治的运转代码》这部巨著的作者。尼采通过和兰德公司的联系认识了莱特斯，他的独到见解给尼采留下了深刻的印象。他的观点主要来源于心理学和精神分析，关注的是政治的扩张本质。NSC-68 遵循莱特斯的观点，辨明了驱动苏联行为的一系列"规则"或"代码"，也就是报告中所说的苏联"图谋"背后的驱动因素。报告不用"宗旨"、"战略"等词来表述外交意图的正常性，却使用"图谋"一词多达约 50 次，以暗示苏联的恶意。NSC-68 的第三部分"克里姆林的根本图谋"是这样描写苏联的意图的：

> 苏联的图谋就是要彻底颠覆或强制破坏非苏维埃国家的政府机器和社会结构，并代之以由苏联政府掌控的机器和结构。为了达到这一目的，苏联现在要谋求对亚欧大陆的主导。而美国作为非苏维埃世界的力量中心以及抵抗苏联扩张的堡垒，是苏联的主要敌人。克里姆林宫要想实现其根本图谋，就必须要不择手段地破坏美国的完整与活力。[37]

NSC-68 给美国的外交词典带来了一种非常不同的表达方式。NSC-68 的整整 71 页里，有许多需要解读的言辞。比如说这句话："这个强权国家要消灭一切追求自由的挑战的企图使两个超级大国站到了对立的两极。这让目前的两极分化具有了危机性。"这样激烈的措辞是为了明确反击的范围。挫败一个以消灭"自由"为最终目标的"强权国家"的图谋，让威胁产生的任何地方的任何事情都有了正当理由。这正是尼采所要求的。凯南的八千字电报和 X 章程都没有确切表述出美国的重要利益的整个范围，而 NSC-68 就不存在这样的含糊不清。

该文件指出了一个主要问题：苏联对摆脱了殖民统治的欠发达国家有很大吸引力，却对西方充满敌意，认为它是剥削而非进步自由的代名词：

> 苏联政府的意识形态主张是它另一个强大的力量源泉。这些主张在亚洲找到了一个尤其信服的受众，况且苏联从一个落后的社会转变为世界超级大国这样所谓的迅猛进步给亚洲人留下了深刻的印象。苏联狂妄地认为自己就是许多人的理想，把自己看作是国际十字军的首领，将所有优点都揽到自己身上。

为了对付这一局面，尼采主张加大"经济发展援助"，但光靠这个是不够的。"现在，整个世界都面临着对自由体系的攻击"，他写道，"在这样实力两极分化的情况下，击垮任何一个地方的自由体系都是对整个体系的挫败"。冷战已经真正转变为一场零和博弈，苏联任何实际或可能的挑衅都不容小觑。这是一个强有力的观点。NSC-68 还警告，在对抗苏联的过程中，要抓住一切机会：

苏联的阴影伴随着侵蚀政策慢慢笼罩西欧和亚洲。自由世界没有足够的方法以现有力量局部挫败苏联的扩张。因而美国更加频繁地面临这一困境：是对苏联有限的扩张进行全面反击？还是什么也不做？继续保持现在的趋势很有可能导致我们在苏联直接或间接的压力下不断退缩，最后才猛然发现我们已经失去了原本十分有利的地位。

如果不做出必要的抉择，采取必要的行动，美国就会被孤立在西半球之外。

这一困境就是谚语所说的"得寸进尺"。NSC-68 要求美国打造灵活应对地理层面上任何方式的挑衅的军备能力。美国的公信力已经岌岌可危，因为无视侵略只会相继引来更大规模的侵略。所有公民都应该意识到：冷战其实就是一场真正的战争，这场战争会对自由世界造成威胁。

尽管言辞激进，但 NSC-68 并不赞成对苏联发动一场有预谋的战争——美国保有随机应变的权利。尼采曾说："美国人大多不接受先发制人的战争（也就是并非由对我方或我方盟军的军事袭击激发的军事袭击）……尽管美国人可能还是会支持战争，但是美方发动突袭对他们的震惊会腐蚀其道德。"取而代之的是，NSC-68 要求美国迅速增强政治、经济和军事实力，从而保证拥有足够的军事力量，（如有可能）阻止苏联的扩张，（如有必要）击败苏联或由苏联领导的局部或全面的侵略行动。

要想打造这样的国防实力，成本不可能不高。在呈交这份报告之前，尼采曾咨询艾奇逊应不应该将对成本的现实估量纳入报告。艾奇逊回答，"保罗，关于成本一字也别提。当务之急是要决定哪种政策。而用财政拨款对这一政策实施得如何，是另一个问题，涉及国民经济和其他因素，所以在这个阶段不用烦恼这个问题。"[38] 艾奇逊后来说道，NSC-68 的目的是要对政府当头棒喝。[39] 挥棒的当然是尼采，但是是睿智的艾奇逊告诉他不要暴露冷战的真正的成本，这一成本据说比苏联描述的还要多得多。自 1950 年到 1951 年，美国的国防预算从 135 亿美元增加到 482 亿美元，翻了两番[40]。在一定程度上，尼采支持阿尔弗雷德·马汉的观点，强调军备的必要性。

美国取得了对海洋的绝对主导地位，并拥有世界上最先进的武器，这证明了马汉观点的正确性。而 NSC-68 则建立了美国的军工联合体（后来由艾森豪威尔命名）。

参议员阿瑟·范登堡曾告诉杜鲁门和艾奇逊，他们"必须得将美国人吓得魂飞魄散，才能获得对遏制战略的必要支持"。[41] 虽然 NSC-68 是写给更谨慎更冷静的政府和官僚的，但它照样也会吓到美国人民。1950 年 4 月 7 日，尼采将这份报告呈交给杜鲁门总统，杜鲁门将其副本移交给总内政顾问查尔斯·墨菲评估。墨菲将报告带回家中研读，尼采对苏联意图的判断让他深受震动。第二天，他请了假，一遍又一遍细读重要段落，开始担心起这场很有可能爆发的战争。[42]

国防部部长路易斯·约翰逊却没有被这份报告打动。他是个节俭的人，很快就意识到这份没有明确成本的文件的计划会要求美国经济进行重大重组。在 3 月 22 日召开的一个讨论该报告的会议上，约翰逊气冲冲地闯进来，斥责尼采在策划一个阴谋，想要毁掉他控制预算的努力，之后又气冲冲地出去了。这一消息很快就在杜鲁门政府传开了，他们罕见地对尼采产生了同情，并对约翰逊的狂妄表示轻蔑。几周之后，约翰逊到了欧洲，处理北约事务，这份报告正式提交给了总统。尼采回忆，约翰逊"算是出了场大丑"。约翰逊失去了对计划进程的掌控，同时也失去了对预算的控制。[43]

凯南对 NSC-68 并不看好："我没有参与 NSC-68 的制定。里面对于苏联意图的猜测让我憎恶。"[44] 报告的批评长篇累牍，充斥着形容词，激进挑衅，有社会科学的根据，是对遏制主义的明确反驳。尼采花了几个星期就让凯南抛弃了他小心谨慎、规矩陈旧的外交思想。而奇普·波伦却站到了凯南这一边，谴责报告过分强调了苏联的扩张野心。艾奇逊插手仲裁这一争端，认为波伦的批评意见毫无说服力。说法各种各样的都有，现在需要的就是总统的签字。

然而签字并非只是形式问题。杜鲁门理解约翰逊希望限制国防花费、平衡收支的想法，他也担心尼采这一宏大的战略愿景会干扰其内政议程和其政党的政治前途，因此 NSC-68 进入了停滞状态。获得总统的许可的可能似乎微乎其微，直到一场冲突给这份报告注入了决定性的动力。朝鲜进攻了韩国，这让尼采原本被认为危言耸听的估测忽然显得准确而有据。

二战结束时，朝鲜被三八线划分为两部分，北部由苏联控制，南部由美国控制。共产主义者金日成按照斯大林的模式统治朝鲜北部，而腐败保守的李承晚掌权朝鲜南部。李承晚曾在普林斯顿攻读博士，与伍德罗·威尔逊是同学，他在政治和经济上都强烈亲美，信奉基督教，和金日成一样，都决心统一朝鲜。美国不愿支持李承晚在三八线上首先发动袭击。然而，在超级大国苏联的庇护之下，金日成则幸运得多（如果可以这么说的话）。几个月来金日成不断要求苏联支持，斯大林不堪其扰，于 1950 年 4 月勉为其难地应允支持金的进攻计划，并警告这位年轻气盛的领导人："如果你被打得头破血流，我也不会动一根手指帮你。"[45] 斯大林保守的许可让金日成大受鼓舞。6 月 25 日，数万朝鲜军队越过三八线，迫使敌军全员撤退。[46] 此事使华盛顿方面大为震动。1950 年，尼采的 NSC-68 开始显得与 1946 年凯南的长电报一样富有远见。

美国对此事反应的速度和目的震惊了斯大林，他原以为西方的回应仅限于非军事渠道。然而，杜鲁门却决定要开战，这甚至让尼采都感到惊讶。他认为杜鲁门"非常据理力争，只要他相信自己是对的，就可以和任何人做斗争"。他对于朝鲜战争就是这样。杜鲁门利用苏联在联合国安理会的缺席，让联合国赞成他采取军事行动击退朝鲜侵略者。

之后几天，美国都致力于解放韩国。正如 NSC-68 所建议的，美国的战略利益广泛扩大。美国派遣第七舰队前往台湾海峡，并增加了财政投入，支持法国镇压中南半岛的共产主义暴动。冷峻的现实迫使杜鲁门认识到，他在财政上的审慎用错了地方，而 NSC-68 认定苏联是扩张的，不知足的，这是对的。尼采回忆道："袭击发生时，杜鲁门终于打定了主意。他发现 NSC-68 所说的……是对的。"[47] 遏制主义的焦点已经从欧洲转移。

尼采和凯南对战争的反应是一致的。他们都认为，美国应该对这一严重打破战后现状的行动做出强硬反击。这是 NSC-68 所说的"零碎性侵略"的一个典型的例子。凯南立即以顾问的身份从宾夕法尼亚乡下被召回华盛顿。凯南原来拒绝在农场安装电话，这耽误了召回的进程。6 月 26 日，在艾奇逊办公室召开的会议上，凯南说道："我深信，美国必须要接受这一挑战，确保朝鲜南部回到韩国的统治下。为了这个目标，我们应该做些什么？就相当于在问，完成这个任务需要些什么？"[48] 尼采的想法是一样的，尽管凯南在他的日记中透露，和他这位继任者一起工作，他有点担心，因为"我的整个思想框架对尼采都是陌生的，尼采倾向于按自己的想法行事，而他的想法会和我的不一致"。[49] 凯南其实不用担心。NSC-68 猜想骇人听闻，且不赞同机会成本，这都不符合凯南的胃口，但是说到对抗这场公然的侵略，一道国际公认的界限就被打破了，他们就站到了同一战线上。

1950 年 9 月，主要由美国海军陆战队组成的联合国部队在朝鲜半岛西北部的仁川强势登陆。道格拉斯·麦克阿瑟将军制定计划，并指挥攻击，最终带领联合国部队将敌军打成一盘散沙。仁川登陆几周之后，汉城和朝鲜南部其他部分先后被解放。取得战场的重大胜利之后，麦克阿瑟开始考虑下一步行动。恢复 1945 年在朝鲜设立的三八线这一主要目标已经实现，但对于野心勃勃有可能参加 1952 年总统竞选的麦克阿瑟来说，趁势把朝鲜从金日成的统治下解放出来这一前景更加振奋人心。杜鲁门充分认识到了麦克阿瑟的狂妄，私下说他是"自命不凡先生、高级将领、五星上将麦克阿瑟"。[50] 但是杜鲁门也知道麦克阿瑟有冲劲，而且，解放朝鲜南部也许能平息共和党对他的攻击，说他在 1949 年没有拿下中国，让毛泽东领导的军队打败了蒋介石的国军，结束了中国内战。麦克阿瑟和杜鲁门都认识到了消灭共产主义体制在政治上的好处。

在国务院的一场关于解放朝鲜的利弊的辩论中，尼采和凯南合作完成了一份文件，强烈反对解放朝鲜。他们认为，北上可能会引起中国介入，继而可能导致一场更大规模更危险的冲突。东北亚事务署署长约翰·艾利森和他们意见相左，他批评尼采和凯南推行绥靖主义，用耸人听闻的言论让人联想到最坏的情况，以掩饰论证上的缺陷，还指责其无视道义。相反，艾利森建议允许麦克阿瑟领导军队直上中国东北与西伯利亚的边界，这可能会是一场压倒性的胜利，将促成一场联合国监管下的整朝鲜的选举。[51] 沉浸于狂热之中，艾奇逊、乔治·马歇尔（继路易斯·约翰逊任国防部部长）和杜鲁门都决定支持"仁川魔法师"(艾奇逊经过冷静思考给麦克阿瑟取的昵称)的想法。9月29日,马歇尔给麦克阿瑟发来一个电报说:我们希望你在战术和战略上都毫无阻拦,直逼三八线北边。⁵²

凯南和尼采的警示是对的。麦克阿瑟挥军北上时,数以万计的中国军队已经越过中朝边境,占领了隐蔽的防守阵地,躲藏在矿井和地道中,甚至没有点火,以防打草惊蛇。他们严阵以待,只等麦克阿瑟的联合国军深入北部。试水了一系列小型交火之后,1950年11月25日,人民志愿军发动了一场大规模突袭,迫使正在北上的联合国军不得不紧急撤退。到1951年1月4日,中国和朝鲜军队重新占领了平壤。中国突然介入朝鲜战争迫使美国军队开始了它史上最长的撤退。

联合国军终于恢复了镇定,重新占领汉城。但是麦克阿瑟将军再度希望扩大这场战争的影响,这与华盛顿的意见相冲突。1951年,杜鲁门从国家安全局得知消息,麦克阿瑟已经在公然考虑对中国发动一场更大规模的战争,让蒋介石重新掌权。当月晚些时候,麦克阿瑟给了众议院共和党领袖约瑟夫·威廉·马丁一份讲稿,批评杜鲁门的领导。马丁在众议院将这份讲稿朗读了出来,其结尾段落让人想起了NSC-68的尖锐:

在亚洲,共产主义阴谋者正挖空心思,图谋征服全球;我们已经卷入了这个问题,进而加入了战场;我们在用武器打响欧洲之战时,外交官们还在用言语进行口舌之争;如果我们在亚洲输给了共产主义,欧洲的沦陷也不可避免,如果我们赢了,欧洲很有可能避免战争保有自由。对于某些人来说,认识到这些实在是太难了。正如你们所说,我们必须赢,别无他选。⁵³

尼采也曾起草过,或至少监督起草过这样带有反抗精神的文稿,然而他还是对这样强烈的反抗感到惊骇。4月10日,他协助起草了杜鲁门总统的公告,宣布撤销麦克阿瑟的指挥权。麦克阿瑟回到美国,在纽约受到了热烈欢迎,而参议员麦卡锡也有了更多材料来支持其净化国家的运动。麦卡锡私下里说杜鲁门那狗崽子就应该被弹劾,又在一场在密尔沃基的演说中公开预测麦克阿瑟的撤职将会导致"红色浪潮涌上我们的每一片海岸"。他进一步指出:"要不是公众求停止艾奇逊行动,亚洲、太平洋和欧洲恐怕都会落入共产主义手中。"⁵⁴凯南在看到一位狂热观众为麦卡锡在其家乡密尔沃基的演说热烈鼓掌后,他在日记里写下了这样一长段悲伤的话:

我人生中第一次意识到我们国家存在着这样一种强大的势力,如果这种势力成功了,就不可能再对它有任何的民主调整:换句话说,他们没有公道可言,认为宽容与公民自由的传统无关紧要,他们就是极权主义敌人……我感觉我此刻就是一个真正意义上的流放者。作为一个个体,我在世界这一边的游戏已经结束了。⁵⁵

两天之后，凯南发现麦卡锡主义已经取得了胜利，它成功阻止了一项明智的外交政策的实行。最后，这位诚实而谦逊的绅士只好退出公职。[56]

自 1951 年夏至 1953 年夏，朝鲜战争一直在三八线附近胶着着。它本因一个十分正当的原因而发动——反击公然侵略，后来却升级为一场大规模的冲突，甚至还有可能进一步升级。它对美国政体造成了沉重的破坏。麦克阿瑟和麦卡锡对杜鲁门对这一冲突的处理（拒绝进攻中国，拒绝使用核武器以避免激怒苏联）的严厉责难，正好证明了对战略蓝图无限制的忠诚是危险的。尼采主张对朝鲜战争谨慎处理，这是正确的，但是他在 NSC-68 中将冷战合理化为一场极权国家与自由势力的斗争，这就让事态发展到了一个危险的地步，形成了一个狂热的助长煽动行为的环境。正如凯南在 1951 年 8 月 4 日写道："我们这一代的庸人、诋毁者、分裂者、过度简化者都是不可避免的。"[57] 但外交从来都不是为了迎合大众。朝鲜战争确是一场可怕的冲突，两百万以上的士兵死于战场，其中包括近 4 万美国士兵。战场上的猛烈交火，美国国内的激烈论战，都预示着更糟糕的事情的来临。

尽管朝鲜战争实在可怕，但这一时期却是尼采在专业成就上的巅峰时期。"1947 年到 1953 年是我人生中最快乐最富有成效的日子，那时我与迪安紧密合作，共建现代世界。"[58] 艾奇逊也是这么认为的——他将其之后的回忆录命名为《参与创造世界》，并将尼采视为一位卓越的战略家：讲求实际，坚定不移，但同时也意识到与苏联的正面较量不会有结果。尼采与艾奇逊成了密友。另一边，凯南对这两人以及 NSC-68 所描述的地缘政治构想依旧保持着警惕。1951 年 9 月 1 日，他给艾奇逊写了一封长信，详细表达了他想继续避免担任公职的愿望。凯南发现，他对国务院的尊重以及他和在国务院工作的人的私人友谊，都"消弭了在政策制定和对外关系管理上我和他们意见的分歧。我说这话没有一点苦涩，而是因为充分认识到了，在许多分歧上，我很有可能是最不明智的那一个。"[59] 凯南的最后一句话说明了，尼采和艾奇逊是对的。

然而，尼采对杜鲁门政府的服务终将画上句号。1951 年 2 月，第 22 次修正案通过，限制总统任期不得超过两届。杜鲁门的第二任期已过去两年多，1952 年大选之后，尼采就很有可能卸任。这场大选上，民主党阿德莱·史蒂文森对阵共和党艾森豪威尔，这是一场知识分子与战争英雄的较量。衡量了两位候选人的优劣之后，沃尔特·李普曼支持艾森豪威尔。首先考虑到国家利益，李普曼认为民主党对行政部门的束缚造成了政治体制的失衡。"艾森豪威尔是一种新的可能，他是一位国家英雄，还有许多其他优势。共和党会重新掌权，这是肯定的。同时，因为艾森豪威尔国家英雄的身份，我认为他注定要吸引麦卡锡的注意，最终毁在他手里。而这，真的发生了。"[60]

尼采则对艾森豪威尔并不看好。作为杜鲁门政府时期的共和党人，他事实上在竞选初期是支持艾森豪威尔的。但尼采在 1952 年 7 月于芝加哥举行的共和党全国代表大会之后，改变了效忠的政党。会上，人们一个接一个地痛斥着杜鲁门政府的斑斑劣迹：没有拿下中国；对美国最伟大的爱国者之一麦克阿瑟将军撤职；参与腐败等。这一切让尼采憎恶至极。而本应更明智的艾森豪威尔，却对杜鲁门进行了最糟糕的诋毁。尼采回忆道："他说的那些最离谱的事情，我相信要么他自己也知道那不是真的，要么他就是史上最蠢的人，因此我断定他基本上是个骗子。"艾森豪威尔在提名演讲上斥责杜鲁门政府腐败渎职。尼采愤怒地说，"让艾森豪威尔痛斥民主党是恶棍、投机牟利者之类的，绝对是最糟糕的造谣煽动行为"。[61]

艾森豪威尔曾担任过哥伦比亚大学的校长，这段经历并不愉快，因此他总是怀疑聘请知识分子做政治顾问的作用。他的一位助手曾建议召集一批学者来审议美国的核武器政策，艾森豪威尔回应说，他可不想让"一群留着长头发的教授"来审议这样对国家至关重要的事情，并称："他们那帮人能知道些什么？"[62] 1954 年，艾森豪威尔刻薄地将"知识分子"描述为"一个用繁冗的语言来讲述超出他认知范围的人"。[63]

阿德莱·史蒂文森，这位毕业于普林斯顿、功利主义、"尖脑袋"的候选人，可能就是艾森豪威尔攻击的对象。专栏作家斯图尔特·奥尔索普造了一个新词"鸡蛋脑袋"，来形容着迷于史蒂文森的博学的那类人。史蒂文森的演讲稿由加尔布雷斯和阿瑟·斯莱辛格等杰出学者起草，充满着典故与莎士比亚的名句。[64] 凯南很高兴能有机会为这样一位脱俗而极有教养的政治家投票，他满心欢喜地向史蒂文森提供了支持。但史蒂文森自己深知，自己知识分子的性情，以及来自国内知识分子界的拥护并不能为他带来真正的优势。在听过史蒂文森的一场精雕细琢的演讲之后，一位竞选支持者兴奋地说："您真是了不起！您就是知识分子心中的候选人！"史蒂文森回答，"谢谢，但我需要大多数人的支持才能获胜。"[65] 后来结果如他所料。艾森豪威尔以 442 票击败史蒂文森的 89 票赢得大选。作为安慰奖，史蒂文森被选为美国艺术与科学学院院士，以表彰其德行，化解其窘境。

尼采对大选结果深感失望，但他还是希望能够保留他的顾问职务。为此，他联合国防部助理部长弗兰·克纳什等人，起草了一份名为"再议美国国家安全计划"的长文件，并作为 NSC-141 在杜鲁门在任的最后一天呈交给了国家安全委员会。这份文件要求大力打造核武器力量，使美国能妥当应对 NSC-68 中所述挑战。这份报告也没有提及成本问题，而在过去三年军事预算已经翻了两番。但是该报告明确了眼前挑战的严重性：

面对眼前的一系列情况，当务之急是能够灵活多变地运用我们的军事打击能力，这可以让苏联知道，他们别指望能通过突袭来破坏我们的打击能力。[66]

尼采对艾森豪威尔政府的最后忠告是继续实施 NSC-68 的扩张计划，不断打造核武器与非核武器军备，不然就等着苏联进攻。"灵活"是关键词，但是要获得这种能力，必然要付出巨大代价。

开局倒是一片大好。艾森豪威尔的就职演讲很有可能仿效了 NSC-68，给自由这一简单的概念强加了各种各样的利益。艾森豪威尔说道，"我们认为对自由的捍卫正如自由本身一样，乃是一个不可分割的整体，因此我们对各大洲与各民族同等尊重。对关于某一种族或某一民族在任何意义上低人一等或可以牺牲的暗示，我们都不接受。"

艾森豪威尔的说辞与尼采的世界观不谋而合，又与凯南的不相一致。他在 6 个月后再次强调了就职演讲中的普世价值："既然没有所谓太渺小而可以无视的武器，没有所谓太偏远而可以忽视的地方，也就没有太卑微而可以被遗忘的自由国家。"[67]

这样的说法看起来和尼采的想法一致，但事实上，他们对国防花费增加这一必然结果的看法并不一样。艾森豪威尔曾告诉参议员罗伯特·塔夫脱——他在共和党的主要反对者，说他计划在 1954 年将杜鲁门执政时的国防预算砍掉 50 亿美元，这与尼采在 NSC-68 与 NSC-141 中建议的背道而驰。艾森豪威尔确实说到做到，他上任第一年，就将国防预算从 413 亿美元削减到 360 亿美元。其中空军预算削减最为严重，这正是每个好的军人都会做的。艾森豪威尔公开表示美国外交政策的利益理论上是无穷的。私下里，他反对"出于恐惧而过度增加国防预算"，这"从长远来看，会阻碍经济增长，最终使其沦为管制经济，从而挫伤我们的意志"。[68]尼采却赞成这样的政府管制，认为在追求打造这样一个无敌的战争机器的过程中，生活水平会下降，而税收必然会上涨，所以他并不支持艾森豪威尔政府的国防政策。

上任之前，艾森豪威尔其实考虑过任命尼采为国防部部长。约翰·福斯特·杜勒斯劝他放弃了这个想法，他认为让"艾奇逊的人"担此重任并不明智，尤其是艾森豪威尔的鹰派竞选伙伴理查德·尼克松说艾奇逊是"懦弱遏制学院的红色院长"。[69]但是艾森豪威尔还是深感于尼采反苏联的勇气，希望能让他在其政府谋得一官半职。

为此，艾森豪威尔选用尼采为顾问，让他为政府如何回应 1953 年 3 月的斯大林之死建言献策。斯大林之死会给美苏两国带来机会修好吗？如果会，又该如何实现又不显软弱呢？尼采的顾问一职开始得并不顺利，那天他走进总统的住处，撞见总统正在换衣服："我看到他站在那里，只穿了一条内裤。他的妻子玛米，坐在窗边的椅子上嬉笑。而总统却气红了脸⋯⋯我唯一一次与艾森豪威尔的亲近就这样结束了。"[70]尽管他们的关系开始进展得并不好，但后来尼采为总统的演讲做出了巨大贡献，他建议艾森豪威尔传达出乐观的信号，但同时也要明确美苏的分歧。只有消弭这些分歧，才可能和莫斯科开展有意义的对话。艾森豪威尔题为"和平的机会"的演讲，对斯大林之死做出了谨慎而怀有希望的回应，得到了《真理报》和《纽约时报》的正面报道。尼采以此向总统证明了他的价值。

作为回报，1953年6月，尼采终于得到了一份工作——国家安全事务国防助理秘书。但是支持参议员麦卡锡的保守型报纸《华盛顿时代先驱报》介入，破坏了这一切。它刊登了一篇文章，里面写道："保罗·尼采，46岁，大富豪，欧洲复兴计划的主要制定者。最近这位杜鲁门和艾奇逊的手下正谋求在艾森豪威尔政府留任重职。"这篇文章指责尼采给欧洲投入了数十亿美元，以此让华尔街获取了暴利。《华盛顿时代先驱报》将尼采塑造成了一个有钱、自由主义、谋求私利的东北人，这样的非难足以毁灭其前途。艾森豪威尔的国防部长查尔斯·威尔逊告诉尼采，政治气候有所改变，他的职位保不住了。尼采对堂堂一个政府因为一纸诽谤性的报告而让步感到心寒，他回答说："很好。部长先生，我也没求着要这份工作。"[71]

按理说尼采应该可以毫无顾忌地离职，因为他与艾森豪威尔有许多分歧。艾森豪威尔和他的鹰派国务卿约翰·福斯特·杜勒斯所认为的苏联的威胁和NSC-68里所说的是一样的：莫斯科的扩张本能贪得无厌，穷凶极恶。而实际上，杜勒斯想得比尼采还要远（比凯南更远），他认为"解放"应取代"遏制"成为美国的默认目标。然而政府就是雷声大雨点小。艾森豪威尔的节俭更证明了这一点。在1954年1月12日的外交关系委员会上，杜勒斯表示要支持进行经济节约的反共。杜勒斯说道：总统及其顾问必须做出基本的政府决策。而现在决策已经做出来了，那就是要依靠我们强大的实力，立即用我们所决定的方法在我们决定的地方展开报复行动。

杜勒斯演讲时，尼采坐在银行家、外交官道格拉斯·狄龙旁边，此人后来成了约翰·肯尼迪的财政部长。他回忆道："我们把话听完，两人面面相觑。"[72] 杜勒斯要开展"大规模报复"，似乎是要以大规模核武器打击对抗苏联任何等级的侵略，其中包括要干涉刚果内战，入侵西德。凯南对此更为震惊，他写信给阿德莱·史蒂文森说："如果因为意大利在选举后可能成为共产主义国家，我们就要用原子弹轰炸的话，我们将会为此承担最沉重的道德责任。我想我们的盟友不会容忍我们这般狂妄。"[73] 艾森豪威尔和杜勒斯却不这么认为，他们相信大规模报复是以最少的财政成本制约莫斯科的最佳方式。

后来尼采发现，所谓大规模报复不过是史上最可怕的口头威胁而已，这让他如释重负。据说杜勒斯实际上私下告诉过尼采和凯南，所谓的"反击""解放"和"大规模报复"只是政治口号而已，目的是为了让艾森豪威尔和饱受争议的前总统划清界限，所以不必当真。而事实就是艾森豪威尔的外交政策和杜鲁门没什么很大的区别。比如在1953年10月，艾森豪威尔批准了NSC 162/2，这份文件尽管仍不赞成大幅增加国防预算，但肯定了NSC-68中的许多建议。正如尼采自己所说："到1955年，显然可以看出杜勒斯的大规模报复政策只是口头说说而已,而我们真正的行动方针是进行渐进性威慑。"[74]当然,凯南认为尼采和杜勒斯的战略方针都是危言耸听,煽动人心。他继续独自舔舐伤口,用"美国人压根不会理解真正明智的外交"聊以自慰。[75]

凯南不赞成艾森豪威尔外交政策的实质,但他却促成了艾森豪威尔的一个先创:CIA 第三世界秘密行动。他在 20 世纪 40 年代中期制定其遏制政策时,就强调了政治作战、秘密行动和间谍这些国际关系黑暗艺术作为冷战武器的重要性。凯南的遏制政策认为对苏战争只是不得已的手段,而发挥 CIA 的才干,使其成为一个隐秘而强有力的工具则是一个更好的选择。凯南在杜鲁门执政期间付出了大量努力,先要求建立 CIA,后又要求为其提供充裕的财政支持,提高其派遣频率。所以,如果哪个国家可能会通过武装或选举进行共产主义革命,美国应该做的是给予亲西方的个人和组织财政支持,并穷尽一切方法秘密打击其反对势力,以中和危机。

艾森豪威尔政府在紧急关头采用了这一方法。美国政府派出 CIA 策划政变,推翻了穆罕默德·摩萨台的政权。这位思想独立的民选伊朗首相将伊朗石油国有化,并明显倾向于以社会主义方式解决伊朗贫困问题,因此激怒了英美两国。但摩萨台并非共产主义者,至少不到能让艾森豪威尔、杜勒斯和丘吉尔烦心的地步。由杜勒斯的弟弟艾伦·杜勒斯领导的 CIA 在 1952 年秋季开始策划推翻摩萨台政权。次年夏天,CIA 雇用了一大批伊朗人一边喊着支持摩萨台的口号,一边行恶:他们砸毁窗户和纪念碑,打架斗殴。CIA 还组织了反对游行,造成混乱动荡,而 CIA 将此视为发动政变的最佳条件。

1953 年 8 月,摩萨台被迫下台,亲美的沙阿雷扎·巴列维上台掌权,直到 1979 年伊朗革命才被阿亚图拉·霍梅尼的伊斯兰支持者强制罢黜,而这场革命比 1953 年的政变获得的支持要多得多。艾森豪威尔总统的介入行动证明了 CIA 完全有能力在正确的时机让他不喜欢的领袖倒台,就此而言这一行动是成功的。但是废黜摩萨台并任命巴列维是一个战略错误,它大大助长了这一动荡地区的仇美情绪。同时它也十分残酷,毫不民主。

CIA 在 1953 年的这场行动开创了一个极具诱惑和干扰性的先例,使其陷入不计后果的狂妄之中。一年后,CIA 又介入废黜了危地马拉的总统哈科沃·阿本斯,因为他大胆谋求土地改革,损害了美国的跨国公司联合水果公司的利益。这样一位倾向于国家主义、受到普遍支持的领袖又一次被假借反共名义推翻了。这样一来,民主的神圣不可侵犯性受到了严重损害,不是因为苏联,而是因为美国。凯南后来认为建立 CIA 秘密行动处是他"犯的最大的错误"。[76]

尼采对摩萨台的倒台感到难过,他曾在 1952 年见过摩萨台,并对其很有好感。经过杜鲁门政府晚期的一系列会议后,尼采断定这位伊朗领袖"既不是马克思主义者,也不是共产主义者。他就是……一位精明狡猾的政客。但是在我看来,他比巴列维及其政权要好得多。"[77]但是 NSC-68 中无视任何有损于美国利益的领袖和危机的激进言辞,却为罢黜摩萨台和阿本斯这样的秘密行动正了名。和"大规模报复"政策一样,他在现实中的行动远不如他在理论上的构想那么可怕。但别的决策者则坚定得多,他们贯彻NSC-68的干涉主义,得出结论。艾森豪威尔和杜勒斯都认为CIA在伊朗和危地马拉的所作所为是遵循先任制定的理论框架进行的伟大行动,无可厚非。一位叫作约瑟夫·琼斯的国务院官员曾设问:"美国外交政策的极限到底在哪里?""答案就是:我们的外交政策的极限总在远方。它实际上取决于我们认为我们能做到什么,以及我们在特定时间必须做到什么。"[78]

尼采反对艾森豪威尔总统的政策,似乎没有意识到他这是在违背NSC-68中要对共产主义威胁进行开放性回击的逻辑。尼采继续发声反对一系列他曾在NSC-68中赞成的外交政策。而凯南对自己一手缔造的遏制政策这块巨石从山顶滚落到谷底所造成的伤害深感震惊。NSC-68已经成为一场雪崩,但尼采拒绝承认,他所制定的蓝图损害了美国分辨致命威胁与可忽视的威胁的能力。

1956年总统大选,艾森豪威尔再次对阵史蒂文森。凯南还是决定支持史蒂文森,尽管他对民主党并没有什么好感。他在9月给尼采的信中写道:"我对民主党的一切都深恶痛绝,除了史蒂文森,我的印象就是,民主党的专家唯一肯定并不打算批评的政府功绩就是它对外交事务的处理和它的安全政策。这样的话,这个政党在这个节骨眼显然不需要我这样的人。"[79]凯南在当年早些时候的一场演讲中表达了他对民主党的矛盾情绪。他说道:"我从来不相信民主党有什么大智慧或垄断优势……我觉得我其实是个保守派。"而他留在民主党是因为痛恨"当下猖獗于美国的赤裸裸的物质主义",并对杜勒斯过度简化的冷战口号所体现的共和党的反智主义感到失望。在这样的灰暗之中,史蒂文森是这个国家唯一怀有"足够智慧与道德良知"的政治领袖,这让他能够告诉人们冷峻的事实:"告诉人们政府应该告诉他们的,而这并非总是他们想要听到的。"[80]可以想见凯南的演讲并没有给民主党带来多大的资金支持。

凯南不喜欢民主党的外交政策并不奇怪,因为尼采就是这些政策的制定者之一。他早在一封写给史蒂文森的信里表露了自己在外交政策上的偏好:

> 我常常怀疑两党外交政策这个概念有没有用处。我不想支持杜勒斯的任何做法,也不会为之负责,哪怕我有资格做选择。说这个政府装模作样,说它只说大话却不干实事,说它的做法只会损友利敌,这么说一点也不为过。甚至还可以说它的思想与言论都充斥着过度的黩武主义。[81]

史蒂文森回了他一封便笺以示肯定,但这其实是尼采让他这么做的。实际上除了质疑两党制那一部分,尼采对凯南信中的所有观点都不同意。尼采和史蒂文森建立了紧密的工作关系,并建议他攻击艾森豪威尔在核武器也阻挡不了的共产主义全球攻势面前还在洋洋自得。尼采尤其提到,美国必须加大对第三世界的关注,他认为第三世界是"供共产主义开垦的肥沃良田"。第三世界的许多国家都已经或几乎就要摆脱欧洲的殖民统治。如果这一代的领袖追随马克思列宁主义,摈弃西方,那么"不用开火,这里也不会再安宁"。[82] 尼采建议沉默寡言、书生气的史蒂文森去攻击这位曾带领同盟国登陆西欧的四星上将,批评他是一位优柔寡断的冷战分子。史蒂文森没能采取这一策略对抗艾森豪威尔,但约翰·肯尼迪却在四年后用这个方法赢得了大选。

尼采是典型的自由主义冷战分子,他的激进主义的问题就在于:逃避挑战不是个办法,因为右翼时刻都准备好要对在外交政策上的任何犹豫不决进行攻击。史蒂文森败选之后,尼采加入了民主党顾问委员会,这广义上和英国的影子内阁差不多。委员会里还有迪安·艾奇逊、埃夫里尔·哈里曼、阿德莱·史蒂文森、约翰·肯尼思·加尔布雷斯和阿瑟·斯莱辛格。加尔布雷斯回忆道,由尼采和艾奇逊主导的关于外交政策的讨论是"即将到来的灾难的前兆"。

每场会议上,尼采和艾奇逊都会分发一份文件,攻击杜勒斯在此前几周的对共产主义和苏联的过度容忍。艾奇逊的观点几乎被奉为圣经,加尔布雷斯对此深感不安:

有关越南的致命政策最早就是在这里搬上了台面。而真正可怕的并不是做出的决定本身,而是他们根本就没有讨论。老派的自由主义者害怕被认为是对共产主义服软,害怕被爱国的专业人士攻击,并知道对固有观点的任何违背都将受到政治惩罚。这一切都让讨论不可能发生……民主,一直都有着自己特定形式的独裁。[83]

尼采的 NSC-68 对美国冷战思维的形成发挥了主要作用。在野时,他对民主党的外交政策的决策也有一定影响。被麦卡锡主义者大肆攻击他对反共的忠诚度后,他开始反击共和党政府逃避对冷战的责任。尼采开始相信,冷战的成败取决于第三世界,也就是那些凯南认为无足轻重的内陆国家和地区。对共产主义侵蚀的"灵活"反击成了他的口头禅,也是他攻击共和党人的武器。让人奇怪的是,凯南拒绝了尼采的邀请,不愿加入民主党顾问委员会。他写道:"在孤军奋战多年之后,终于能和别人并肩战斗了,这的确十分诱人。但是冷静思考之后,我开始怀疑我与委员会的联系是否有什么特别有用的目的。"[84]

尼采在 1957 年又多了一个攻击艾森豪威尔政府的机会。他被邀请加入一个委员会,该委员会由福特基金会的罗恩·盖瑟领导,旨在为国家安全政策提供独立评估。国家安全委员会召集了该委员会,要求其评估美国应不应该开展大规模民防计划,以缓解核武器战争的人力成本压力,而这正是尼采认为的当务之急。这个委员会大部分由兰德公司旗下的分析师组成，其中包括毕业于哥伦比亚大学的核战略家艾伯特·沃尔斯泰特尔，他坚信核武器的震慑作用，并对苏联可与美国并驾齐驱的国防力量深感担忧。沃尔斯泰特尔说服盖瑟扩大委员会职能，进一步评估美国面对苏联先发制人的核武器攻击时的弱点。盖瑟继而聘请尼采任顾问，尼采发现该委员会和他自己有着相同的担忧。沃尔斯泰特尔向国家安全委员会汇报称，他的分析主要来源于空军情报，显示苏联到1960年可以拥有大约500个洲际弹道导弹。这让莫斯科通过一次先发制人的打击，就能直接毁灭掉美国由战略空军司令部组织建设的报复性核武器能力，继而让美国各城市受到灭顶之灾的威胁。沃尔斯泰特尔认为美苏可能已经存在导弹力量差距（尽管他并非是这样表述的），美国必须尽快弥补这一差距，这事关美国的生死存亡。[85] 尼采、沃尔斯泰特尔等委员会成员批评艾森豪威尔和杜勒斯的绝大部分关键战略都是错的。尼采在该领域的丰富经验以及在协调和起草文件上的高超技能，使其成了盖瑟报告：再议 NSC-68 的主要制定者。

尼采回忆道，这份报告的主要建议是"要将保持有效的二次打击力量作为首要任务"。这意味着，美国必须"改进预警网络，训练战略空军轰炸机组，从而使警戒状态的轰炸机可以在有效预警时间内及时起飞，加速导弹制造工程，尽快巩固洲际弹道导弹基地"。[86] 如果美国的核威慑没有起到作用，报告还有一个应急方案，也就是大规模民防计划。同 NSC-68 一样，盖瑟报告所建议的行动方案，花费极其高昂，并要求军事在美国的民生和经济中发挥更大的作用。

1957年10月4日，苏联发射了世界上第一颗人造卫星 Sputnik，说得婉转一点，每隔98分钟就会有一个苏联制造的东西划过美国上空，而他们却看不见，这实在是让人忧心忡忡。苏联都能发射卫星了，那他们有没有能力发射可以打到纽约和华盛顿的洲际弹道导弹呢？尼采希望这可以成为一个转折点，让艾森豪威尔全面批准盖瑟报告。但事与愿违。在11月7日的一个会议上，艾森豪威尔将这份报告描述为牵强附会，成本高昂不可负担。[87] 艾森豪威尔对撰写报告的人说，"你们知道的是你们要用十亿美元来干这事，但是你们知道十亿美元到底是多少钱吗？那是一摞有华盛顿纪念碑那么高的十元美钞啊！"[88] 尼采震惊于总统小儿科的想法，他认为预防核战争当然值得不计成本，这十亿美元花得理所应当。但他对杜勒斯尤为不屑，开始将他视为胆小如鼠的假鹰派。为了发泄自己的挫败情绪，尼采给杜勒斯写了一封充满敌意的信。他指出，如果没有"更强大的国防计划"，苏联的核武器打击可以"让我们江山社稷毁于一旦"。为了控制当下的自满情绪，尼采建议杜勒斯顺应时势，承担起他的责任："假使我们最后能渡过眼下这场危机，我希望你能鉴于近年发生的事情好好考虑一下，共和党是不是有更好的人选担任国务卿一职。"[89] 不出意外，杜勒斯并没有离职，艾森豪威尔也没有大发慈悲。不得已之下，尼采将盖瑟报告泄露给了《华盛顿邮报》的查尔莫斯·罗伯特。报纸的头版文章这样写道:"仍是绝顶机密的盖瑟报告表示美国正面临灭顶之灾。"[90]

尼采显然不是为了要在艾森豪威尔心里留下一个什么位置。另一方面,凯南与李普曼和总统一样对盖瑟报告的要义深感不满。英国广播公司邀请凯南去它久负盛名的里斯讲座年度系列进行演讲。在这个讲座上,杰出的知识分子有 6 个小时的广播时间来表述他们对当代事件的思考。凯南的演讲主题是"俄罗斯、原子弹和西方",而他的观点与尼采截然对立。他对那些核武器战略家嗤之以鼻,认为他们"显然坚信如果苏联造成远程大规模伤害的能力比我们稍胜一筹的话,他们就会马上开打,完全不管我们的反击能力"。他同时指出了民防这一构想的问题:"难道我们非要这样惊慌失措,抱头鼠窜?时而是这个防御方法,时而又是另一个,还一个比一个代价高昂,一个比一个丢脸。今天要我们藏到地底下去,明天又把我们的城市搞得鸡犬不宁,后天就该要用电子盾牌把我们都围起来了。他们只想着让我们活得久一点,却牺牲了所有比苟活于世更重要的价值。"[91]

在 1951 年夏季给李普曼写的信中,凯南抱怨外交政策过度量化和机械化了,而真正明智的外交战略需要的是一位"园丁"而非"技工"的明鉴。像尼采这样的战略家"根本不懂机械工作和有机工作的区别,前者是用机械的方式调动刺激,而对于后者,刺激是机动灵活的,你可以通过转化某一发展需要的环境刺激来达到效果。如果做不到,就尽可能调整自己以适应它不好的地方。"[92]

凯南对尼采的批评十分深刻却晦涩难懂。而李普曼则在 1959 年题为"疲惫老朽"的专栏上直言不讳地表达了对尼采的不满。这篇文章指责尼采、艾奇逊和前总统杜鲁门制定了至今仍在鲁莽实行的对抗性计划。尼采对这篇文章深感震惊,认为这是由五天前他和李普曼一次激烈的争辩引起的。在一场午宴上,李普曼呼吁用一种更"理性"的方式处理美苏关系,尼采对他的故作神圣十分厌恶。尼采说,"你知道,这真是神一样公正呢。"李普曼回答,"保罗,你说这话,你说的谁呢?"尼采回答说:"沃尔特,如果你一定让我说的话,我承认我说的就是你。"据尼采说,李普曼"脸色时而发紫,时而变粉,时而又发白,时而又发黑……(他)绝对被这话气疯了"。[93] 李普曼和凯南开始真正考量起尼采的对外交政策的建议来。

但尼采压根也不在意他们那点意见,因为他正和另一位更重要的人物打得火热,他就是马萨诸塞州的参议员约翰·肯尼迪,已经确定要参加 1960 年的总统大选。尼采在 1959 年第一次见到肯尼迪,那时他正给参议院非洲事务附属委员会讲述他代表外交关系委员会前往非洲进行的一场事实收集之旅。

这位年轻的参议员的专注给尼采留下了深刻印象:"他听得很认真,不断吸收消化着信息和观点,随机应变。"[94] 而尼采关于不结盟的发展中国家对美国冷战的前景至关重要的言论也得到了肯尼迪的认同。他坚信大力拉拢国外支援的必要性,并支持采用一整套更加多样的外交工具。现有的"大规模报复"这一工具并不能削弱共产主义在第三世界的吸引力。早在 1954 年，肯尼迪就在参议院发表演讲称："我们减少对所谓灌木林火式的战争的抵抗，而用原子弹报复加以威胁，实际上只会招致共产主义在印度支那这样地方的扩张。"[95] 肯尼迪和尼采在许多问题上的看法都高度一致，正如尼采回忆的：

> 他原以为他只是思维敏捷，实际上，他早已独立地想到了许多在我看来十分重要的观点。他为大规模报复政策深感担忧，他担心我们没有足够重视国防，而是把更多的关注放在了战略核打击上。他担心美国能给非洲、中东和远东等危机地带提供什么样的军事支持。[96]

他们第一次见面后的几个月后，尼采就开始给肯尼迪提供外交政策的建议，为其起草演讲稿。他们简直是天生一对。肯尼迪喜欢意志坚定而又直截了当的顾问，而尼采仰慕强调美国实力的可能性而非局限性的领袖。

同样，为与参议员的潜能相称，凯南给肯尼迪写了一封长信详细阐述自己的外交政策观点，试图得到他的好感。一开始凯南仿效尼采的保罗·里维尔方法，观察到"在新任政府接管并步入正轨前，为了在政治、军事上孤立我们，为了消除我们这一与他们的野心和事业相抗衡的重要力量，中苏共产党显然会给我们的世界地位带来大范围、决定性的破坏"。这篇文章的目的和生动性可能让有着丰富经验的凯南关注们大吃一惊。但在慷慨陈词后，凯南重新写道：

> 美国的现有世界地位中，其中一个最危险的因素就是过度扩大我们的政治和军事义务。这一点我想了很多年，我相信，李普曼也是这么认为的。这会一次又一次地给对手机会来纠缠我们，逼我们防御。为了让我们回到合理的位置，应该对我们的存在义务有一个仔细的评估，并对那些不合理的、落伍的及超出美国支持范畴的义务加以剔除。[97]

在这一可能是"最危险的"时刻，借用尼采在 NSC-68 中的措辞，凯南建议"残忍"砍掉美国过度扩大的防御义务。肯尼迪没有被说服。像同意去其他星球定居一样，凯南和尼采十分赞成这一外交政策。

在先于史蒂文森获得民主党候选人提名后，肯尼迪热衷于征求最好的，对他自己来说也就是最有力的外交政策建议。毋庸置疑，他没有转向凯南，而是去找 NSC-68 的策划者尼采。1960 年 8 月 30 日，尼采和肯尼迪举行了联合新闻发布会。这个民主党候选人宣称他已授权尼采召开并主持国家安全政策会议。这个会议的目的不是给肯尼迪提供党派辩论观点，而是要提供一个让新政府大刀阔斧去干的明确的外交政策建议。肯尼迪告知众多媒体他想要尼采"在国内最有能力、最有经验的机构担任国家安全问题顾问，无关乎政党"。[98] 尼采被分到拉塞尔参议院大楼的一个办公室，正好与华盛顿州参议院"勺子"（斯库普）亨利·杰克逊的办公室相邻。杰克逊正坐在那儿与他的团队大卫·布鲁斯、罗斯威尔·吉尔帕彻克和詹姆斯·帕金斯准备报告。尼采尽职尽责，对兰德公司和国内顶尖大学（包括麻省理工学院国际研究中心）进行调查，并形成了一个独特的研究计划，该计划强调了与第三世界共产主义斗争的向心性。

在尼采研究报告时，肯尼迪赢得了与艾森豪威尔的副总统尼克松的竞选。肯尼迪最有效的竞争策略之一就是指出艾森豪威尔 — 尼克松时期大范围报复性的大棒政策实际上鼓励了偏离和摇摆不定。这使苏联缩小了与我们在核能力、部署力量及对欧洲防区影响力的差距。甚至，1959 年，我们还"失去了"离佛罗里达州只有 90 英里的古巴，后者投向了共产主义。对于有麦卡锡主义痛苦回忆的鹰派民主党，攻击尼克松及大老党外交政策的软弱是在发泄。利用尼采和沃尔斯泰特的黑暗盖瑟方案，肯尼迪对尼克松 — 艾森豪威尔派展开猛烈攻击，攻击他们允许"导弹差距"事态发展，将美国安全置于严重危险中："这一导弹差距（每个人都认为目前存在这一现象）是否会在 1961 年、1962 年或 1963 年更加严峻……问题在于我们正用生存做赌注来面对这个差距……除非立即采取行动，否则维持不了我们反击的相对力量的话可能会在不久的将来使美国受到核导弹袭击。"[99]

这一煽动性的指控正是出自尼采之手。不用说导弹差距事实上并不存在，单单这一指控也足够有危害性了。而且在不暴露美国对苏联大范围监控条件下，尼克松不能果断反驳这一指控。在这件或其他事件上，尼克松只能任肯尼迪摆布。

肯尼迪在选举日以微弱优势打败了尼克松，这在一定程度上得益于他外交政策的优势以及李普曼的宝贵支持。全国范围内，肯尼迪只获得了 10 万多选票，折成选举团票就是 303（肯尼迪）比 219（尼克松）。11 月 9 号，胜选第二天，尼采把他的报告提交给总统当选人肯尼迪。这一报告要求"提早做出决定"美国政府是否应该"在一般核战上获得政治意义上'获胜'或者满足于更为温和的目标，即能够通过确保我们自身安全反击的能力来否认苏联的这一能力"。这个报告还关注了肯尼迪进入白宫将要面对的严峻危机。在"古巴、刚果、老挝及 南越不断复燃的游击战中" 尼采回忆道，"由于时间和空间的限制，我们的报告仅仅是解决这些隐藏在全球定时炸弹中的少量问题。"[100] 肯尼迪十分赞赏这个报告，他命人将副本送到所有内阁成员那里，作为他们后续建议的出发点。剩下来的主要问题是该把尼采这位肯尼迪主要外交竞选优势的设计师放到新政府哪儿。

总统当选人肯尼迪在简要的电话会谈中，告诉尼采过渡期间给他提供了三个职位。他告诉尼采未来的国务卿迪安·腊斯克（尼采推荐的人）想让尼采当他的经济事务副部长。

肯尼迪说，"在你答复前，需要知道我想让你当国家安全顾问或国防部副部长。"尼采问："我有多长时间可以做决定？"肯尼迪说："30秒。"尼采的思维飞速运转，立即回绝了国务院的工作，因为他已经在杜鲁门政府期间担任过经济事务的职位。他想要类似于国家安全顾问的职位，却又担心"五角大楼不赞成自己提出的政策方案而持续陷于僵局"。为真正解决最重要的问题（主要是与战略缺陷及用常规或非常规方式去陈述它们有关），尼采认为五角大楼的工作是至关重要的。"我选择国防部副部长一职"，尼采30秒内回答道。肯尼迪说，"很好。"他都没说再见就挂了电话，在他那计划单上把另一个职位划掉了。

在拒绝担任国家安全顾问这件事上，尼采犯了一个重大错误。当然，这一职位在艾森豪威尔时期缺少实权，但是在肯尼迪、约翰逊、尼克松和卡特时期，担任这一职位的麦乔治·邦迪、沃尔特·罗斯托、亨利·基辛格及兹比格涅夫·布热津斯基却构建了白宫独立权力的基础，并对总统的决定产生了重要的影响，通常情况下比预计有更大权力的内阁还要强大。当肯尼迪任命罗伯特·麦克纳马拉为他的国防部长时，尼采的错误就更为复杂了，他的职位也变得岌岌可危。

麦克纳马拉和尼采有很多共性。麦克纳马拉毕业于伯克利和哈佛商学院，他的事业前景很好，已升到福特汽车公司总裁。他也坚信用定量方法可以解决一系列问题——从底特律汽车的生产到中南半岛的军事进程。麦克纳马拉曾被深刻形容为"IBM长腿的机器"，他那清晰的分析能力、对繁冗的厌烦及严苛的工作伦理都令他看上去十分可怕，使得他的下属长期处于紧张、疲惫的状态。他接受肯尼迪提供的职位有一个条件：他必须完全掌控五角大楼后期的任命。麦克纳马拉不希望自己的二号人物是一个像自己一样有实际外交政策经验的人。他需要一个忠诚的、能毫无异议地执行他的命令的副手。努力工作且无私的罗斯威尔·吉尔帕彻克就此被选定。尼采后来回忆说，"我从没见过麦克纳马拉，但是他知道我，也知道我精明务实的名声。他告诉肯尼迪说吉尔帕彻克愿意成为他的副手，他的密友，并会毫无反驳地去实施他的方案。"[101]

尼采不得不转而担任负责国际安全事务的助理部长，1953年，在麦卡锡力量介入前尼采接受了这一工作。结果证明，这并不是一次糟糕的妥协，因为ISA（国际安全事务局，有"小国务院"之称）给了尼采相当大的自主权，还给了他300号人。ISA的主要作用就是协调对外军事援助的支出。但是肯尼迪想要这一机构做得更多。圣诞节那天，《纽约时报》支持了尼采的任命，指出ISA的范围已经"扩大"到允许尼采在多个政治层面做出贡献。总统当选人肯尼迪说："我要加强尼采所任职务的重要性……他的经验将会给我和国务卿麦克纳马拉带来极大的帮助。"[102]肯尼迪这些暖心的话有可能是在为收回先前任命感到愧疚的状况下说出来的。事实证明，尼采对肯尼迪政府的影响是很有意义的。但其意义来自工作上的较少，更多是他遗留下来的地缘政治学。肯尼迪是第一位完全接受NSC-68文件上最大危机逻辑的总统："我们不能只是在边线外观望，这里没有边线。"[103]

1961年1月，总统艾森豪威尔和肯尼迪发表了重要讲话：前者是告别演说，后者是就职演讲。他们的目标是相反的。艾森豪威尔的演讲否定了尼采的外交政策憧憬，而肯尼迪支持这一政策。艾森豪威尔是对这个国家说再见。他思想中最重要的部分就是军事过度承担着国计民生。他说："一个巨大的军事建设与一个大规模的武器工业相结合，在美国历史上是史无前例的。其对整个经济、政治甚至精神上的影响在每个城市，'每个州议会大厦'，每个联邦政府都能感受到。"艾森豪威尔是指美国四倍的国防预算被用于NSC-68和朝鲜战争——一旦被确立，就必须要面对削减预算的问题。艾森豪威尔警告，"在政府各部门，我们必须提防军事与工业结合带来的自觉或不自觉的不可预知的影响"。艾森豪威尔说，这一结合不仅威胁到"我们的自由民主进程"，还玷污了国家的知识资本储备：

现如今，孤独的发明家只是在他的工作室里缝缝补补，更多的核心工作已由科学家在实验室和测试区域完成。同样地，自由的大学原先是自由思想和科学发现的源头，而如今也已在研究发展中经历了一场革命。一部分由于高昂的成本，新政合同实际上已取代了好奇心。每一个旧式的黑板被换成了成百上千的新型电子计算机。由联邦政府雇用而形成支配全国学者的局面，以及统一分配项目，统一控制财力，这种前景一直存在，而且应当给予重视。[104]

艾森豪威尔的总统生涯就以这样一个最令人瞩目的方式结束了。

艾森豪威尔告别演讲结束三天后，肯尼迪发表了就职演说。那是华盛顿的一月份，寒风刺骨，肯尼迪没有穿外套，也没有带围脖，以此来显出他的青春活力。他的两边坐着前任总统艾森豪威尔和继任总统林登·约翰逊。肯尼迪的演讲信念坚定、激扬澎湃，感叹句说出来时甚至能看到呼出的哈气。肯尼迪只花了两分半钟来讲美国的外交政策："让每个国家知道，不管它盼我们好或不好，我们都会付出一切代价，承担一切责任，迎接一切困苦，支持一切朋友，反对一切敌人，以确保自由的存在与实现。这是我们矢志不移的事——而且还不止于此。"[105]

这是历史上最优雅的成文就职演说之一。它包含无数展现艺术的主题：发誓援助"那些住在布满半个地球的茅舍和乡村中、力求打破普遍贫困束缚的人们"；恳请记住"谦恭并非懦弱，诚意总是需要验证。不要无所畏惧地谈判，也不要畏惧谈判"；以及对美国公民的挑战"不要问你们的国家能为你们做些什么，而要问你们能为国家做些什么"。不可避免的是这个演讲成了后续就职演讲的比较标准。这份演讲稿的第一作者西奥多·索伦森设置了演讲稿的最高文学标准。然而，相对于 NSC-68 文件展现的冷战时期的彻底对抗和激进主义尖刻语言，该文稿中蕴含的华丽辞藻是一次强有力的承诺。演讲接近尾声时肯尼迪说，"在世界历史长河中，只有几代人被授予这种在自由遭遇最大危机时保卫自由的任务。我决不在责任面前退缩，我欢迎它。"这一就职演说综合了威尔逊的理想主义"捍卫自由"以及保罗·尼采的警告式好战情绪："已经到了最危险的时刻。"美国的自信心已经在强硬外交理念上达到最高值。肯尼迪如要坚守他在就职演说中所说的话，美国外交责任将需要以尼采早期提出的方式得到发展。

准确地说，被这位年轻总统任命的许多人是政策导向性学者，而艾森豪威尔曾认为需要对这些人保持谨慎。肯尼迪的国家安全顾问邦迪·麦克纳马拉是一名有钱的波士顿人，也是学术苍穹中一颗闪亮的星星。1941 年，在他 22 岁时就当选了哈佛著名学会成员。1953 年，他 34 岁，成为学院院长，这是哈佛历史上最年轻的获此殊荣的人。沃尔特·罗斯托（邦迪的国家安全事务副助理）是耶鲁哲学博士，也是牛津罗德斯奖学金获得者。任职前，他曾参与管理麻省理工学院由 CIA 资助的国际研究中心，并且已经参与了许多国际制裁项目研究。1960 年，罗斯托在《经济增长的阶段——非共产主义宣言》一书中"回应了卡尔·马克思"。他认为美国注定会在第三世界"现代化"中打败苏联，从而确保西方取得对抗的胜利。马列主义被罗斯托斥为现代化途中的"过渡疾病"。[106] 他借用了 NSC-68 中的言论并加以拓展，为美国冷战承诺的极大增加进行了合理化解释。最终，罗伯特·S·麦克纳马拉离开福特总裁一职，来掌控五角大楼——一个庞大得多的组织。不管怎么说，他的加利福尼亚大学、伯克利大学及哈佛商学院文凭十分了不起。事实上，麦克纳马拉选择住在安阿伯市大学城，而不是像大多数福特主管那样在格罗斯买所宅邸，从这件事上就能清晰地看出麦克纳马拉的头脑。他求知欲很强，自信非凡并致力于兰德公司数量分析上的开拓。麦克纳马拉决心要对部门进行合理化改革，使其服从于自己的意志。

肯尼迪自己在哈佛和伦敦经济学院就是个有天资的学生，尽管他和尼采一样，曾因抵不住课外的诱惑成绩有所下滑。但是在童年时期和成年早期，他进行了很多有意义的欧洲旅行，其中包括 1938 年去布拉格那回，在那儿他激怒了凯南，之后他又担任过美国大使。肯尼迪总结了自己用人的方式，他表示："没有什么能比得上大脑，你无法打败大脑。"[107] 反过来罗斯托也对肯尼迪的才智印象深刻，他说："观点就是工具。他很容易就能获得这些工具，就像当地政治家的数据和名字一样。他想知道在工作中如何使用这些观点。"[108] 史蒂文森希望能担任国务卿一职，但被拒绝了。作为安慰，史蒂文森获得了联合国大使的职位。而国务卿这个重要职位给了另一位罗德斯奖学金获得者迪安·腊斯克。带着一种偏见来看他前面被任命的这些聪明的年轻人们，史蒂文森说："就是一群糟糕透了的娃娃突击队在瞎折腾……你们见过的。"[109] 美国众议院议长萨姆·雷本对他的朋友兼门徒林登·贝恩斯·约翰逊表达了他的担忧，他说的话令人难忘："林登，可能你是对的，他们的确如你所说很有才华，但我觉得要是他们当中哪怕有一个曾竞选过州长就好多了。"[110]

雷本的意思很明确：竞选公职能够提出一种警告，揭露出什么样的特质会将这些最杰出的思想家拒之门外，他们需要适应现实世界对他们思想和战略的限制。雷本怀疑肯尼迪政府采取了过多大胆、变革性的构想——由于对尼采等人所呈现严重危机的背景环境的勾勒而变得至关重要——而这些构想似乎只能用无限可能的艺术去追溯对它的理解。正如1917年比尔德曾经预言的那样，肯尼迪时代真正见证了社会科学正进入"严峻的考验"。

在与尼克松的电视辩论中，肯尼迪谴责艾森豪威尔政府眼睁睁看着古巴转向共产主义。这是一个糟糕的指控，它有意让人们对1949年共和党杜鲁门"失去中国"产生共鸣。肯尼迪不知道艾森豪威尔和尼克松已经拟定了驱逐卡斯特罗的计划——由中央情报局精心安排这一反革命运动，这一策略在伊朗和危地马拉十分奏效。然而尼克松并没有用这些计划来回应肯尼迪的指控，没有让卡斯特罗知晓美国的意图。在这样的条件下，对尼克松来说保持沉默自然十分痛苦。但是，在这个早已搁置且不被看好的计划落到肯尼迪手上时，某种程度上来说也为尼克松报了仇。因抨击艾森豪威尔和尼克松而洋洋自得，肯尼迪几乎没有拒绝批准卡斯特罗驱逐计划。的确，许多肯尼迪的"佼佼者们"期待着这个机会。入侵几周前，乔治·邦迪解释道，"在这一点上我们就像哈林环球队，从前面、后面、侧面或是下面传球。但是仍然没有人进球。"邦迪推断，这是篮板多得分的机会。[111]

不幸的是，实施中情局的这一计划类似于用沙滩球尝试半场勾球。1961年4月7号早上，近1500名由中情局训练的古巴流亡者们踏上了登陆快艇，前往吉隆滩——猪猡湾。他们的目的是建立滩头阵地，煽动大规模的叛乱，从而使卡斯特罗政权土崩瓦解。一系列悲剧紧接着发生了。在到达猪猡湾时，有些船的发动机坏了，这些船上的人成了活靶子。还有些船冲到了珊瑚礁上，因为中情局将珊瑚礁误认成了海藻。最后登陆时，卡斯特罗的常备军不费吹灰之力就将这支狼狈不堪的叛军击败。肯尼迪拒绝部署空军对卡斯特罗军队轰炸，他认为与其冒险发生更大范围的冲突，倒不如减少损失、重新部署。虽然中央情报局局长艾伦·杜勒斯被免了职，可总统承认承担主要责任仍是一件可耻的事。令肯尼迪震惊的是，这次不幸事件并没有使他的高支持率降低，仍然保持32%的支持率。他自嘲地说："就像艾森豪威尔一样，我做得越糟糕，就越受欢迎。"迪安·艾奇逊发现支持该行动的逻辑存在缺陷，指出这并不需要"普华永道发现1500个古巴人和25000个古巴人其实是不一样的"。[112]

尼采对中情局训练流民入侵古巴的价值颇为担忧。少将爱德华·兰斯代尔（一名五角大楼的反暴动支持者）曾十分担心这一行动是否可行。他将想法告诉尼采，尼采也觉得这些看法发人深省。他坦白，自己"对这一行动很是不安"。但他最终没有把这些疑感说出来，还在肯尼迪召集的会议中支持了这个行动。尼采说："我认为试图用道德权利去阻止共产主义渗入到我们这半球不是问题的关键。苏联已经通过古巴卡斯特罗政权将共产主义秘密骗到我们的后花园。正如癌症传播一样，它可能会一块块把美洲切去。"[113] 肯尼迪的激进主义逻辑并没有让尼采担心，事实上，反而让他从中受到了鼓舞。但是在如何更好地践行 NSC-68 文件这一问题上，他和政府发生了越来越多的争执。尼采奉行军事强势原则——迄今为止他始终致力于保持并扩大美国对共产主义世界的战略控制。"发射重量"，即每一方的弹道导弹有效负载结合起来的力量是可以计算出来的。然而，普遍规律是，远距离内战战场上，这一数据是不得而知的，它不受图表记录的影响。而尼采并不喜欢不确定性。

猪猡湾事件后，罗斯托建议总统把精力放在对付越南快速增长的共产主义暴乱上，这一危机已经随时间逐渐恶化。1954 年，越南民族主义独立同盟在奠边府战役中打败法国。日内瓦会议上这个新独立国家的轮廓经研究确定下来：以北纬 17 度为线，越南临时被分为南越和北越。共产主义者胡志明领导北越，而南越由亲西方的保大皇帝和他的首相吴庭艳联合统治。这一条约规定分裂是暂时的，北纬 17 度线不应该"被解读为组成政治或领土的边界"。[114] 统一的国家选举定于 1956 年举行，但考虑到胡志明很有可能赢得选举，南越在华盛顿的全力支持下拒绝参加。从这点来说在较弱的南越发生内战是很有可能的。1960 年 12 月，越南民主共和国（北越，或称为 DRV）支持在南越成立民族解放战线（NLF）。公开宣布其宗旨是"推翻独裁的美帝国主义傀儡——吴庭艳政权，在南越建立一个联合政府，获得民族独立和统一"。[115] 短时间内，南越民族解放战线就开始对南越政府的持续存在性构成威胁。1961 年 4 月 21 日，罗斯托向肯尼迪建议"越南这个地方……我们必须证明我们不是一个纸老虎"。[116] 他认为南越的冲突正是美国必须加紧解决的第三世界危机的一种。有的时候，历史也是需要"一把手"来推动的。

尼采曾是杜鲁门政府政策规划署的一员，那时胡志明在越南领导的反对法国殖民统治的战争正愈演愈烈。尼采在朝鲜战争期间曾参与到战略讨论中长达两年半的时间。这场战争凸显了美军在作战方面的严重缺陷，即在陌生的地域向训练有素的对手开战。与罗斯托、麦克纳马拉和邦迪不同，尼采早已对如何应对东南亚的冲突问题向总统提出了建议。在他看来，这个经验是没必要重申的。他支持朝鲜战争是因为一个社会主义国家逾越了国际公认的边界，侵犯了邻国。但是这个交战借口在越南的战争中并不适用。他坚信美国不应拿本国的信誉冒险，打击越南的共产主义。所以当罗斯托等其他人建议美国将越南战争升级时，尼采持反对态度。

例如，1961 年 10 月，罗斯托和肯尼迪总统在白宫的特别军事顾问麦克斯韦将军对南越进行了一次实地考察。返回后，他们提交了一份报告并建议美国派遣六千至八千作战部队，伪装成"救灾人员"进驻到南越。[117] 泰勒和罗斯托也指出，"一旦战争爆发，胡志明不仅可以夺取南越，而且还会成为冒险基地"。[118] 他们认为，攻击北越可能会平息南越的叛乱。总统肯尼迪在 10 月 23 日的电报中表示："北越经受不住常规轰炸，我们可以利用这个弱点，通过外交手段来说服北越停止与南越之间的战争。"[119] 然而尼采在美国战略轰炸调查团的工作经验让他对这种说法持怀疑的态度。他对罗斯托乐观的升级建议很是担心，并把罗斯托描述为"最压抑不住的乐观主义者"。他认为导致乐观的原因就是没有受到过艰难的外交经历的磨炼。之后，尼采又详细阐述了这个主题："沃尔特·罗斯托和马克斯·泰勒考虑得更多是'让我们这样做'，而不是我们该如何做，可不可以做到这一点，是否有裂缝的存在，通过这些地方的困难程度有多大，我们是不是应该把一些岩钉钉在山壁上以确保安全地爬上去，否则我们就会摔个大马趴。他们并没有考虑过这些。"[120]

在一次讨论泰勒—罗斯托的报告的会议中，尼采强烈反对派遣美国部队进驻南越。尼采说，"世界上不存在有点儿怀孕这种事，不公开的参与可能会导致美国在不利的政治和后勤环境下卷入到亚洲另一个重大的陆战中去"。[121] 尼采用朴实的语言表达出自己的观点，他认为派遣美国作战部队"不会有什么决定性的作用，它只会让我们玩火自焚"。[122] 最重要的是，尼采设法说服了早期的泰勒—罗斯托报告支持者罗伯特·麦克纳马拉，他这么做实际上是基于一个危险的无法控制的理由。尼采满意地回忆道，"我想我是说服他扭转立场的人，我确信我是这样做的，向南越派遣部队这件事真的让我恼火，我确信这不是什么好的主意，所以我那天坚定地表达了反对意见"。[123]

虽然尼采和其他不认同泰勒—罗斯托的报告的人在这场争论中获得了胜利，美国要升级越南战争的努力在肯尼迪时代却稳步增长。尼采预测，即使美国有节制地派遣部队，也会产生一个难以扭转的升级势头。他的预测无疑是正确的。如果八千的军队无法打败越南共产党而保护南越，为什么不加倍派遣呢？事实上，为什么不保持加倍，直到派遣的军队达到最佳数量？为了寻找到一种虚幻的临界点，使得增派的每一位美国士兵都在平息叛乱中有决定性的影响，到 1968 年美国在南越的驻军的数量将会达到 50 万。他的"有点儿怀孕"的说法抓住了一个基本事实。他的反共立场意味着他的警告性建议不会因为被视为鸽派的优柔寡断而遭到驳回。尼采对某些事情有很强的直觉。

虽然尼采的意见对政府很是重要，他与肯尼迪总统却并不投缘。在他看来，与"肯尼迪团队"接洽很是无聊，他们的要求也是不合理的。尼采说，"与肯尼迪团队的人相处是有一定难度的，或者你成为肯尼迪团队一部分，和团队里的人一样去希科里希尔工作，打打美式足球……麦克纳马拉就这么做了。他是肯尼迪团队的人员之一。我夫人和我认识团队中所有的人，我们也时不时去参与到这些事情中去，但是你知道我们不想成为别人的团队的一部分。"尼采这种独立自主的思想也在一定程度上解释了为什么他会拒绝国家安全顾问的职位，而麦乔治·邦迪却接受了。国家安全顾问一直面对着"成为总统的属下而不是独立的灵魂"的压力,"我讨厌成为别人的属下"。[124] 在古巴导弹危机和后期工作中,尼采与肯尼迪团队的隔阂变得更加明显。

1962 年 10 月,一架美国 U-2 间谍飞机拍摄到苏联正在古巴兴建的核导弹基地。苏联已经开始大胆尝试,试图平衡核力量。美国必须做点什么,但究竟要做些什么呢?风险高得难以想象,而且没有错误的余地。如果美国进行空袭可能会摧毁这些地点,但是如果这些导弹正在运作,一个热心的共产党人正设法发射一枚核导弹呢?如果苏联决定对美国的空袭做出反应呢?如果美国没有做任何反应,苏联会不会把这看作一种软弱的象征,一种对未来遭受损害的邀请?

为协调政府应对冷战时期最危险的危机,总统肯尼迪召集了一个由最重要和他最信赖的外交政策顾问组成的执行委员会。尼采是唯一一个有权在会议上做笔记的人,他直言不讳地将会议比作"大学研讨会"。他很快就厌倦了肯尼迪极度缓慢的咨询方式,于是在 10 月 19 日,危机开始三天后,他和负责政治事务的副国务卿亚历克西斯·约翰逊简要概述了从海上封锁到空袭到全面入侵的美国可能有的一系列反应。第二天,执行委员会达成了一个共识,即封锁是最适当的第一反应。但是两天后,尼采否定了他自己早些时候提出的建议,并建议立即发动空袭,以"消除主要的核威胁"。[125] 他认为,在美国的战略空军司令部被动员、待发,并且分散到各地的情况下,苏联不太可能会做出反应。他们的报复性袭击只会自取灭亡。

对于有没有必要摧毁导弹基地,尼采态度的变化导致了他的边缘化。肯尼迪总统实施了隔离工作且效果不错。同时,总检察长鲍比·肯尼迪和苏联驻美大使阿纳托利·多布林宁也秘密打开了一个双边渠道来解决补偿的问题。总统肯尼迪的公开立场是不屈不挠的——苏联要为自己的恶行负责。但是在幕后,总统的弟弟提出以撤出在土耳其过时的木星核导弹为谈判筹码,并保证美国永远不会再次入侵古巴。

尼采认为,美国这个如此强大的国家进行这种政治交易是不合适的。他对木星核导弹以这种方式进行交易很是沮丧,并指出:"我们的北约合作伙伴土耳其,将会感到愤怒,特别是在看到我们无法妥当地处理所面对的直接的安全威胁时。" 由于尼采的努力,美国的核力量已远高于苏联。回顾古巴导弹危机,他的评价是,美国优越的威慑力使其取得胜利——赫鲁晓夫意识到进行一场自我毁灭的战争没有任何意义。肯尼迪的手腕很强硬,并且在这个过程中又放弃了太多:

> 我认为我们应该更加有力地扩大并发挥我们的优势。我们已经实现了目标,即以最少的武力来把进攻性武器从古巴移除。从核力量的对比来看,我们要更胜苏联一筹。我认为我们应该在 1962 年就阻止克里姆林宫(苏联政府)在这个半球建立苏维埃影响力。事实证明,虽然解决了古巴危机,西方获得了胜利,但苏联也实现了目标,获得了美国

会尊重在这个半球内一个社会主义国家的领土完整的保证。[126]

尼采"更加有力地"扩大并发挥美国的优势的计划会造成什么样的结果我们无从得知。它可能会促使苏联让步,也可能会导致第三次世界大战。我们唯一知道的便是这是一个高风险的战略,使得肯尼迪和其他人认为他太鲁莽。导弹危机之后,他的工作也出现了变动。在1963的夏末,总统肯尼迪把他从国防部调到了他并不心仪的位置:海军部长。对于尼采来说,从决策层调到管理层有点像被投入炼狱。尼克松曾粗暴地说:"他们这些管理层都是多余的人。我喜欢他们每一个人,但是他们所做的只是些不重要的事情。"[127]虽然尼采并不讨厌他的工作,但他还是渴望做回政策顾问。肯尼迪向尼采保证说,海军部长只是暂时的工作。在六个月内,总统将把他调到适合他的岗位上,让他的才华得以发挥。但肯尼迪无法履行他的诺言了,因为1963年11月22日他在达拉斯被李·哈维·奥斯瓦尔德谋杀了。凯南悲痛欲绝,他很钦佩肯尼迪总统直观的外交风格——撇开他的政策顾问不谈。他在悼词中称赞了总统在治国之策上的两个基本原则:"首先,永远做最终的政治判断是不可能的;第二,缺乏终局性判断决不能是不作为的借口。"他还称赞这位英年早逝的总统是"一个非常勇敢和有天赋的人",在"刺客的夺命黑手瞄准他"时,他的巨大潜力几乎还没有发挥出来。[128]

在这种悲伤的氛围中,约翰逊成为总统。在担任总统职务的几个星期后,他与尼采在白宫举行了一对一的会议。这对尼采来说是一个理想的机会,让他可以展示自己作为政策顾问的能力来使约翰逊信服。这是他从"冷宫"走出来再次进入决策层的第一步。尼采做好了充分的准备,期待与总统讨论冷战时期的一系列问题。然而,他很失望地发现这个会议只是对他的耐力和忠诚度的考验。约翰逊没有问尼采任何问题。相反,他只是忙着他的总统业务:打电话、记笔记、签署文件、口述信件并观看新闻报道。尼采记得,"一次又一次地,他会通过眼角瞥向我,看看我有没有感到气馁,然后继续他的工作"。[129]他虽出席了会议却没有正式受邀。在总统放他走之前,他忍受了这种场面长达四个小时。他斟酌了约翰逊的动机:"他想知道我是否会成为一个全心全意的支持者,或者我是否真的顽固不化,追求独立。换句话说,我会不会成为他的下属,任他差遣。我很清楚,自己永远不会附属于什么人,我是一个独立的人。"

尼采认为约翰逊对自己的态度如此的冷淡是因为他对"东部权势集团"的态度很悲观,而尼采却是这个集团里的一员。"他对东部权势集团里的每个人都有着深深的怀疑,他觉得他们看不起自己,没有正视他的优点。"[130]虽然约翰逊在面对同样是"东部权势集团"的成员的麦乔治·邦迪时没有了所谓的恐惧症,但是尼采的怀疑也是有据可依的。他把尼采留在海军部的主要原因是他记得尼采当时反对泰勒—罗斯托的报告,并认为尼采潜在地耽误了越南战争。约翰逊总统希望所有人的意见一致——他不喜欢通过权衡他的政策顾问的不同观点来进行取舍。但和和睦睦并不是尼采喜闻乐见的，他认为约翰逊坚持团结一致也是导致他悲剧的原因之一：

我发现，约翰逊总统虽然偶尔会有粗暴的行为，但他是一个劲头十足、人性化以及灵敏度很高的人。他很自我，却又缺乏自信。他觉得需要完全控制他周围的人，但那些对他真正有帮助的人又不会让自己受别人主导。因此，他只能去依靠那些不值得依靠的人。[131]

这是对约翰逊总统中肯而具有真知灼见的评价。凯南却未能对约翰逊总统做出类似的公正评价。他在1965年写道，"这个人所展现的这种油滑、友善、狡猾的政治把戏；这种盲目的乐观；这种沾沾自喜的沙文主义，与现代得克萨斯州成年男性的牢骚满腹、慢慢吞吞和幼稚闹剧结合在一起——这可能是大多数美国人的美国，但这不是我的美国"。[132]

决定并最终终结了约翰逊担任总统职务的外交政策危机是越南战争。肯尼迪总统被暗杀的三天后，约翰逊告诉他的顾问，他不会眼睁睁地"看着东南亚走上与中国一样的道路"。他说，"告诉在西贡的将军们林登·约翰逊会为我们的诺言提供支持。"[133] "我们在南越唯一重要的事情，是赢得战争"，[134] 约翰逊直言不讳地说。之所以说这么强硬的话语并不是因为对南越不可侵犯的真诚承诺，相反，这是达到目的的一种手段。这位新总统把全部的热情都投入到创建一个"伟大社会"中了，这是对美国的社会进步方面进行的彻底重塑。在总统的优先事项中，其他所有事情都不如这件事重要。但是要创建"伟大社会"，约翰逊需要先保护他的右翼团体。他目睹了共和党人利用所谓的总统的外交政策的弱点，破坏了杜鲁门总统的"公平施政"。"我知道杜鲁门和国务卿艾奇逊从中国共产党接手中国的那天开始便失去了机会。我也相信麦卡锡的崛起与中国国民党的失败有很大关系。但我更知道，如果我们在越南战争中失败，后果将比这些问题加在一起还要严重得多。"[135]

建立"伟大社会"意味着要赢得越南战争，或至少做到不能输。所以，约翰逊总统促使国会通过"东京湾决议"，并获得授权采取一切必要的措施打击越南共产党。第一步便是采取空袭轰炸河内防止北越对南越的渗透方案：1965年3月2日，美国对北越的滚雷轰炸战役开始了。接下来是派遣美军作战部队：3月8日至9日，海军陆战队第九远征旅的9000人在南越登陆。越南战争升级的苗头如雪球般越滚越大，这也正是尼采所担心的。到次年年底，驻扎在越南的美军有365000名。到1968年，驻扎在越南的美军总数达到50万。指责NSC-68和保护总统的右翼的代价是如此昂贵。

虽然约翰逊对外交政策的考虑相对较少，但他也有一个明确的威尔逊式世界观。他喜欢引用威尔逊的观点："我希望永远不会忘记是我们自己创建了这个国家，我们不是服务于自己，而是服务于人类。"[136] 像肯尼迪一样，约翰逊希望通过美国的外援和专门知识相结合来解决像"无知、贫穷、饥饿和疾病"等这些常年存在的全球性问题。[137] 约翰逊随后会花费大量精力考虑如何在南越建设新政式公共工程。1965年4月在约翰·霍普金斯大学的一次著名演讲中，约翰逊宣布了在湄公河三角洲建立一个新的田纳西河谷管理局的打算。国家安全委员会工作人员罗伯特·科马回顾说，南越农村电气化问题快把约翰逊"逼疯了"。[138] 输出新政将促进第三世界的国家的现代化进程，让美国实现威尔逊式梦想。由于被放逐到海军部，因而尼采没有参与越战的关键升级会议。但是，在NSC-68中有关共产主义意图的描写倾向于讨论升级会带来的影响，他会发现自己纠结于是否支持将越南战争作为进行美国化的契机。

李普曼和凯南都认为，以美国的信誉和资源为代价来维护南越的独立是愚蠢的。在美国的宏大计划中，这个虚伪的国家是如此的微不足道，美国为了支撑起这个国家所做的任何努力都是愚蠢的。最初，李普曼对约翰逊成为总统这件事是非常喜闻乐见的。在最初的几年时间里，他们两个人的关系非常要好，这位有名的记者是白宫的常客。1964年9月，约翰逊授予李普曼总统自由勋章，以嘉奖他在教育美国同胞了解世界事务的复杂性方面所发挥的作用。但是，在1964年到1965年间，约翰逊升级越南战争的做法让李普曼开始重新评估这个人。他称约翰逊为"这个时代的人"，并将他描述为一个"背叛和放弃"了他那令人尊敬的国内理想的"原始拓荒者"。[139] 1965年10月14日，李普曼在给哥伦比亚大学历史教授艾伦·内文斯的信中写道："我不怀疑约翰逊对这些国内改革的诚意和热情，但是当他处理国际事务时，他只是一个思想简单的沙文主义者。在他的思想中，会区分好人和坏人。我很怀疑他是否有那个气节去清算这场无利可图的战争。"[140] 李普曼开始在他的"TST"专栏中攻击约翰逊的越南政策，作为回应，政府官员建立了"李普曼项目"，解析了李普曼的大量文章，并称这里面存在着严重的矛盾和错误。沃尔特·罗斯托在给国务卿鲁斯克的备忘录中写道："接受李普曼关于越南甚至是希腊、柏林、韩国和古巴导弹危机的理论，将破坏自由世界的稳定，危及我们自己的安全，使欧洲和亚洲大陆成为共产主义者活动的绝佳场所。"[141]

凯南也加入了李普曼之列，私下或通过平面媒体直接抨击总统的政策，同样也收到了来自约翰逊的敌意。1965年2月7日，民族解放阵线袭击了南越的波来古空军基地，造成9名美国人死亡，500人受伤。当时，麦乔治·邦迪正在南越，在访问波来古的时候，他深受威廉·威斯摩尔将军所说的"元帅精神病"的影响。在邦迪的建议下，总统下令对北越进行了报复性的轰炸。[142] 第二天凯南在他的日记中记录了他的担忧："这个挑衅无疑是伟大的，但这次轰炸越南只是一种任性的逃避，我恐怕不会有什么好的结果"。[143] 1965年12月12日，凯南在《华盛顿邮报》的展望部分发表了一篇关于美国参与越南战争的封面文章。他的评论还是一如既往地优雅而犀利：

> 我不知道什么才是"胜利"……在我看来，无论我们怎么努力升级战争，没有一个人会跪在我们身边，询问我们的条款是什么。如果我们仅仅是因为别的做法近乎屈辱和挫折，而找不到比无限度的升级战争更好的做法的话，别人将会怀疑我们是否有摆脱单单一个无法控制的局面的束缚能力——不仅仅是在当地而是在世界范围内，我们已经失去了对自己的政策的控制和主动权。[144]

李普曼很高兴能有一个和他见解相似的反对总统的做法的人，并亲切地给他的前对手写了一封信，说道："我星期天在《华盛顿邮报》上阅读了你的文章，字字珠玑且道出了真相，我怕总统已经在越南战争中歪曲了我们的外交政策。"[145]

正如预期的那样，凯南发表在《华盛顿邮报》上的文章惹恼了约翰逊，但这之后还有更糟糕的事情。1966年2月，参议员威廉·富布莱特希望凯南能在外交关系委员会上为他作证。富布莱特是一个头脑理智、手腕强硬的议员。他对约翰逊升级战争的做法感到越来越沮丧，并认为这是无端的。他安排了听证会并进行电视直播，以最大限度地发挥他的名人见证人的证言的影响力。这当然是为了取得突出的效果。白宫是不可能将美国遏制原则的设计师诬陷为弱者的，他毕竟曾经被纳粹关押，被斯大林从莫斯科驱赶回来。通过缜密而优雅的话语，凯南剖析了支撑美国不断升级越南战争的准则。凯南提到，艾森豪威尔总统的"多米诺骨牌理论"，认为如果一个国家走共产主义的道路，不久之后就会有邻国跟随——这个理论最近被印度尼西亚事件推翻。在1965年，印度尼西亚的原始共产主义政权被残酷的反共暴动消灭了。这次暴动标志着一个恶毒的血腥时期的到来，在这期间有500万印度尼西亚人，特别是华裔印度尼西亚人被杀死。但是，苏卡诺雅加达政权的倒台表明，只需美国小小的干预，一些"多米诺骨牌效应"就可能不会出现（中情局的参与是次要的）。苏卡诺政权的瓦解表明，东亚地区并没有像危机驱动的越南鹰派所希望的那样，处于共产主义革命的边缘。

凯南用了大量的证言来解释美国应该如何摆脱自己所卷入的混乱。他强调，美国是一个强大且受人尊敬的国家，1966年在越南进行战术撤军的话，对盟国和敌人都是好的："要想赢得这个世界更多的尊重，就要坚定勇敢地改变错误的立场而不是顽固不化地追求不切实际的目标。"凯南建议美国限制战术行动并维护具有战略重要性的飞地，逐步撤军。其中重要的一点是要循序渐进，不要惊慌失措，也不要引起别人的恐慌感。此后，越南的命运将完全掌握在自己手中。如果这个国家不能依靠自己的力量崛起，那么，达尔文的理论会很适用：适者生存。[146]

俄亥俄州议员韦恩·莫尔斯是投票反对"东京湾决议"的两个参议员之一，他震惊于凯南冷静的理性逻辑,并说道:"我的心情几乎无以言表,你今天早上的证词让我感触良多。这将会影响几代人。"俄亥俄州的参议员弗兰克·洛舍什追问凯南,遏制政策的设计师怎么会轻易地放弃自己的理论,凯南回答说:"因为情况已经发生了改变"——美国要将有限的资源用在重要的地方,越南没有那么重要,不值得投资。其中最愤怒的是密苏里州的参议员斯图尔特·西明顿。他最近刚从越南回来,对美军的士气印象深刻,也对"越共"的暴行感到吃惊。西明顿问道,"从道义上讲,你认为我们有权利通过进入沿海飞地来摧毁他们吗?"凯南对这长篇大论的指责表示冷漠,并耐心地娓娓答道:

参议员先生,如果他们的士气如此摇摇欲坠,即使没有我们的进攻策略也会放弃战斗,那我不认为他们有任何值得帮助的地方。而对于我们在道义上有责任帮助他们这个问题,迄今为止我们已经向他们提供了巨大的帮助。我的意思是,我们已经仁至义尽了,他们从美国获得了数十亿美元的帮助。你还要向几个国家提供我们的资源和帮助?如果他们没有弄明白这一点,那我确定会有麻烦的是他们,而不是我们。[147]

凯南的证词引起了很大的轰动。国家广播公司(NBC)对听证会进行了全面直播,但是哥伦比亚广播公司(CBS)则选择了重播"我爱露西"。该公司的决定导致其新上任的总裁弗莱德·弗莱德利辞职抗议。同时,凯南被全国各地粉丝的信件淹没。他的秘书回忆说,邮递员每天都会到他在普林斯顿的家里送信,"像圣诞老人一样运送满满一袋子的信件"。[148] 一项调查显示,在凯南出席听证会的一个月之后,公众对约翰逊处理战争的做法的支持度从63%下降到了49%。[149] 对于一个像凯南这样喜欢自我批判的人来说,得到赞美和肯定一定是很愉快的——虽然这种良好的感觉并没有持续很长时间。

李普曼和凯南对约翰逊总统的越南政策进行了公开的严厉指责,尼采却继续努力地推行他对这场战争的看法。1965年6月,尼采以海军部长的身份访问了越南,但对战地指挥官威廉·威斯特摩兰将军的表现不怎么满意。他向将军询问了他提出的关于部队人数的一些数据——在尼采看来,这些数据应该是非常确定的——威斯特摩兰"特别地愤怒,说我在指责他为了增加美国在越南驻军的人数而虚报敌人的实力"。[150] 尼采回来后警告麦克纳马拉,威斯特摩兰只是随意地计算敌人的力量。尼采冒着风险谨慎地提出,美国也许应该考虑从越南撤军。麦克纳马拉问撤军是否会导致共产党人在其他地方继续战争,尼采回答说是。他然后问道可能会在什么地方,尼采回答说不知道。麦克纳马拉说,"好吧,在这种情况下,我想你不能确定在他们选择的下一个区域阻止他们会比在南越阻止他们来得容易。"当尼采连续回答两次"不,我不能"的时候,麦克纳马拉结束了这个讨论:"你并没有别的选择。"[151]

接下来的一个月,当约翰逊与幕僚举行会议来讨论越南事宜时,尼采也在受邀之列,有了表达他的关切的机会。在会议的中途，约翰逊直截了当地问他对美国在南越的前景的看法，问他是否同意威斯特摩兰关于增派驻军的要求。尼采回答说，情况很复杂，但增派更多的部队将会相应地提高成功的可能性。"你认为我们应该派遣比威斯特摩兰要求的更多驻军吗？"总统打断他的话问道，"是的，这取决于他们的速度。"约翰逊再次将他打断："多少？" "不是10万而是20万？" "一月份需要再派10万"，尼采回答道。"你能负责这个吗？"约翰逊再次打断。尼采急切地回答道："可以。"[152] 在这段一分钟长的总统询问中，尼采转而支持了这场他一直认为是个麻烦的战争。在这个充满了人才的房间里，NSC–68 的主要作者决定全凭自己的逻辑行事。

尼采对在面对会议的压力时提出了这个建议感到很后悔，虽然他支持战争的做法肯定会改善他与总统的关系。当麦克乔治·邦迪离开白宫去担任福特基金会的主席职位时，约翰逊简略地考虑任命尼采来代替邦迪的位置。对于罗伯特·麦克纳马拉来说，只要不是无情的鹰派沃尔特·罗斯托担任这个职位，其他任何人来做这个工作他都能接受。所以他告诉约翰逊，尼采"可以胜任"，虽然他补充说："我不知道你与他的合作是否愉快，他说话比较直截了当。"[153] 彼此彼此吧，尼采可能会回答。

最后，罗斯托得到了这份工作，越南战争加速升级。直到1967年6月，尼采的仕途才有了转机，他被任命为国防部副部长。这份工作他在肯尼迪当政时期也做过，后来因为刻薄而过度自信的鲍勃·麦克纳马拉的阻止而不再担任。然而，1967年夏天，麦克纳马拉已经完完全全不复当年了：激烈的战争让他的精神崩溃，他现在是不可能打胜仗了。

时代已经改变，已经不是那个乐观的肯尼迪时代了。尼采作为国防部副部长的第一个任务就是准备应对大规模的反战抗议，这个事实足以说明一切。10月21日，10万名抗议者到五角大楼游行，其中有三名是尼采的孩子。"他们更多的是出于好奇而不是为了抗议"，他满怀希望地说道。尼采绝对肯定捍卫五角大楼的部队所带的步枪里没有实弹。尽管如此，混战依然爆发了。部队部署了催泪弹，五角大楼的台阶上也被泼上了红色油来蒙混成血液。由艾比·霍夫曼和杰瑞·鲁宾领导的易比派（Yippies，青年国际组织成员）试图包围五角大楼并使之"浮在空中"来逐出邪灵，但是失败了。作家诺曼·梅勒、直观教育的教父本杰明·斯波克和诗人罗伯特·洛厄尔也参加了游行。梅勒根据他参加游行和随后被逮捕的经历写成了"非虚构小说"——《夜晚的军队》。阿尔弗雷德·卡欣在《纽约时报》上发表了一篇书评，写道："只有一个真正的小说家才能把一段历史写得如此精妙、幽默、深入和活灵活现，书里的人物简直是栩栩如生——美国民主的伟大阶段，华盛顿的街道和桥梁，林肯纪念馆。妇女、学生、嬉皮士、黑人和各种知识分子都在追寻和平。"[154] 尼采没有表明他对梅勒独具风格的文章的看法，他嘲笑抗议者被"勉强算得上的马克思主义作者，如赫伯特·马尔库塞博士和赫伯特·乔姆斯基所迷惑，认为他们很是鼓舞人心。但其实现在人们已经不再阅读他们的东西了"。¹⁵⁵ 凯南表面上是站在抗议者的一方，但他却写了一本用意卑劣的书——《民主与学生离开了》。在书中，他嘲笑了他们的方法和要求："如果学生们认为他们对美国的现状感到沮丧，并对美国的未来充满恐惧，那我必须告诉他们，他们所看到的只是冰山一角。我的恐惧远高于他们的，而且我对怎么做才能解决问题这件事的看法要比他们激进得多。"¹⁵⁶

凯南对学生抗议者进行了诸多方面的攻击：他们极为天真、害怕工作、吸毒成瘾，又是虚无主义者。他们的知识浅薄得惊人，说出的话也是言不由衷。保守派的诺曼·波多雷兹在《评论》中写道：凯南是一个坚决要说真话的人。当然，他也被剧作家丽莲·海尔曼、哥伦比亚教授兹比格涅夫·卡济米尔兹·布热津斯基和诗人威斯坦·休·奥登所谴责。奥登写道："在公众生活中，没有谁比乔治·凯南先生更让我尊重。我尊重他的正直和智慧，但是，贬低抗议者的潜力和目的，相当于'否认殉道者是人类历史的功臣'。"¹⁵⁷

整个1968年，反战的情绪变得越来越激烈，因为很明显美国正在杀死和残害敌人，直到他们没有任何的政治影响。1968年1月30日，战争到了关键时刻。当时民族解放阵线部队的八万四千人对南越的每个重要城镇、城市和美国军事设施进行了联合攻击。在一次自杀式任务中，民族解放阵线部队渗透到美国驻西贡大使馆，杀死了两名美国警卫。虽然最后这两人都死了，但他们却又存活了足够长的时间，足以使战争进入美国电视的屏幕，呈现令人痛心的凄惨画面。这些画面与约翰逊总统迄今以来所做的乐观保证，即保持稳定进步背道而驰。第一次，美国几大主要的新闻周刊如《时代周刊》《生活周报》和《新闻周刊》等对战争进行了批评。美国最受信任的新闻主播沃尔特·克朗凯特震惊地说道："我还以为我们赢了这场战争。"¹⁵⁸

尼采对这个所谓的新年攻势（发生在越南的新年前夕）并不像克朗凯特那么惊讶。虽然沃尔特·罗斯托和其他乐观鹰派一直劝他说经过美国巨大的军事努力后，南越的叛乱渐渐平息下来了，因为"隧道的尽头有光"，但尼采从来都不相信。克拉克·柯立福于3月1日正式代替了罗伯特·麦克纳马拉，成为国防部长，而尼采则开始游说柯立福重新评估这场战争。柯立福曾在第二次世界大战后期担任杜鲁门总统的海军副官，并在起草"1947年国家安全法"方面发挥了关键作用；在肯尼迪担任总统时期，他曾是外国情报咨询委员会的一员；1965年，他向约翰逊总统提出有关越南战争的建议，当时他与乔治·保尔反对升级战争。但是，在约翰逊做出将战争美国化的决定之后，柯立福成了总统坚定的支持者之一，并大力主张，既然战争已经开始就要赢得胜利。在他接任麦克纳马拉的时候，尼采称他为"喷火鹰"。但是后来新年攻势让柯立福彻底改变了看法，尼采描述道：

克拉克的意见第一次发生改变，是180度的大转变，所以他得出结论，我们要做的就是立即撤军。作为一个一直主张"用炸弹炸飞他们"的家伙，他突然主张"不惜一切代价，任何代价，撤军"。但我认为这样做也是错的，所以从那时起，我突然发现自己不是鸽派，而是更坚定的一派。我认为如果只是这样撤退的话，后果将是可怕的。[159]

3月4日，柯立福向总统介绍了他的新年后攻势建议的基本情况，并抛出了他对快速升级计划所谓的"严重疑虑"，即沃尔特·罗斯托和威廉·威斯特摩兰将军紧急要求加派206000名美军到越南的计划。柯立福指出，总统的战争政策已经对国家造成"巨大的破坏"，"我们正在努力挽救"。[160] 他怀疑，"如果继续向越南驻军，我们可能无法收场"。[161]

柯立福的评估震惊了约翰逊总统。尼采曾对他的改变感到高兴——他已经威胁着要辞去政府职务，而不是在参议员富布赖特委员会面前捍卫越南战争。但现在在尼采看来，柯立福这位新的国防部长既善变又不可靠，所以美国政坛迎来了惊人的一个月。3月12日，来自明尼苏达州的自由派反战参议员尤金·麦卡锡赢得了新罕布什尔州总统初选投票42%的票数。看到约翰逊的政治弱点，罗伯特·肯尼迪在相似的反战平台上参加了竞选，以确保四天后能早于现任总统获得提名。新年攻势之后，以前坚定不移地支持约翰逊升级越南战争的人也彻底改变了立场，成了反对派。在与沃尔特·罗斯托进行紧张的会议时，迪安·艾奇逊告诉国家安全顾问："告诉总统，你告诉他原话，他可以拿下越南，把它贴在屁股上。"[162] 3月25日，在一次所谓的智者会议上，艾奇逊、罗伯特·洛维特、约翰·麦克洛伊和查尔斯·波伦等人都向总统提出了从越南撤军的建议。会议结束后，罗斯托哀痛地写道："美国的机构已经瘫痪了。"[163] NSC-68也最后一次发挥作用。3月31日，约翰逊总统宣布单方面限制美国轰炸，并要求进行实质性的和平谈判，最后补充说，他不会再次参与总统的竞选。

尼采为约翰逊政府服务期间的剩余工作主要是反对柯立福为争取和平而向北越让步太多。约翰逊总统任命埃夫里尔·哈里曼来领导与北越进行的和平谈判。谈判于5月1日起在巴黎进行。柯立福和哈里曼都希望总统能要求进一步限制轰炸，以促进谈判的顺利进行。尼采和罗斯托则强烈反对。尼采写道，"我相信如果在战场上没有赢，我们在巴黎和谈上将一无所获"。[164] 因此，尼采与越南战争的独特关系一直持续到约翰逊政府的结束。战争升级的倡导者一直引用NSC-68中的话语，这是冷战干涉主义的圣文。然而，虽然尼采本人看上去优柔寡断，他在行文上却绝不含糊。清楚的规定可以为成功提供明确的道路，但它不能改变冲突。他对越南漫无目的的看法就反映了这个困境。尼采拒绝将NSC-68这个美国应对冷战的指导文件与任何外交政策的失误联系在一起。

尼克松赢了汉弗莱。汉弗莱是约翰逊的副总统。在6月肯尼迪遇刺后，他在1968年11月的大选上又避开了尤金·麦卡锡的挑战。尼采渴望能为新政府工作，但他在20

世纪 60 年代已经树了来自左右两翼的太多的敌人，这使他的求职困难重重。尼克松的国防部长梅尔文·莱尔德听取了两派的参议员的意见，看他们是否对将尼采安排到合适的二线职位上有什么异议。1964 年的共和党总统候选人，亚利桑那州的参议员巴里·金沃德表示不可能。他指责了尼采，认为民主党在选举中获得成功是因为他们把他描述成一个精神错乱、鲁莽的人。莱尔德又问了富布赖特参议员同样的问题，特别是任命尼采为美国驻西德大使是否合适的问题。"我认为，从本质上说尼采是一名帝国主义者"，富布赖特回答说，"如果不支持美军撤军，他也许会是一个很称职的驻马里大使，或者其他类似地方的大使，但波恩不行。"[165]

尼采生来就是一个不服输的人，于是在 1969 年春天，他与迪安·艾奇逊一起建立了压力小组。"维持稳健的国防政策委员会"为了保卫措施的持续发展进行了游说，来建立一个导弹防御计划，这个计划将使美国能够击落苏联来袭的弹道导弹。由于越南战争美国化，国会被置于次要地位。为了重新发挥应有的作用，它威胁要切断该计划的资金。尼采对此感到惊呆了，怎么能允许越南战争带来的伤痛危及美国的防御能力？他在芝加哥大学聘请了阿尔伯特·沃尔斯泰特的三位最有才华的研究生：彼得·珀尔、彼得·威尔逊和保罗·沃尔福威茨，协助他进行游说。[166] 他们合作得很好。1969 年 8 月，保卫措施因为参议院的一票而被搁置。之后，尼采的团队统一起来坚决反对国防削减以及任何对苏联进行的不必要的妥协。他们开始为下一代制定新的战略议程。一年后，凯南在华盛顿特区与尼采见了面，他发现尼采"像以往一样，对破坏的计算还是那么严谨"。[167]

第七章

终极版梅特涅

亨利·基辛格

> 亨利这个人很难对付,美国政府里没人欢迎他,此人诡计多端、欺世盗名。
>
> ——保罗·尼采

> 在美国,亨利比任何人都更理解我的看法。
>
> ——乔治·凯南

到1967年秋天,罗伯特·麦克纳马拉确信美国介入越南战争是一个错误。于是,这位国防部长决心终止主要经他之手酿成的惨败,向时任总统林登·约翰逊竭力推荐任命亨利·基辛格领导三方谈判来结束战争。那时,基辛格是一位知名学者、公共知识分子,名下探讨核策略和维也纳会议的著作备受推崇,还是一位拥有步入政坛的强烈抱负的哈佛大学教授。麦克纳马拉推断道,基辛格作风严谨、处事中庸、外交经验丰富,是推进谈判的绝佳人选。同年9月12日,约翰逊总统的顾问们集会商议麦克纳马拉的提议。国务卿迪安·腊斯克认可基辛格,认为他"值得信赖且个性合适",并指出基辛格主张的温和派政治和看似正统的冷战观都意味着他"基本符合我们的要求"。鹰派人士沃尔特·罗斯托承认基辛格是一位"称职的分析家",但他担心"当面临棘手的问题时,基辛格可能会有点软弱"。[1]

麦克纳马拉赢得了这场辩论,这也是他在约翰逊政府赢得的最后一次辩论胜利。接着,基辛格开始了与两位和越南有联系的法国中间人,赫伯特·马科维奇和雷蒙德·奥布拉克在巴黎的会面,会谈从九月持续到十月。这一系列代号为"宾夕法尼亚"的谈判,对方要求美国停止轰炸北越,否则拒绝和谈。尽管麦克纳马拉称赞基辛格是"一名精明敏锐的谈判官……是我七年任期里见过最优秀的一位",随着时间一周周过去,约翰逊越来越没有耐心。[2]在一次气氛紧张的电话会议中,约翰逊把基辛格称作"施莱辛格教授",

总统用黑手党教父阿尔·卡彭的语气毫不客气地发出最后的警告："我还会再给你一次机会，如果还是行不通，我会亲自到坎布里奇来给你好看。"³

此次机会的时限悄悄于1967年年底过期了（尽管如此，总统并没有执行先前的威胁）。从这次令人沮丧的事件中，基辛格至少得出了两点结论。第一，他需要效力于信任自己判断的总统，并且愿意给他的外交活动足够的时间来达到效果；第二，如果民主党和共和党都把他视为潜在的任命对象，他将尽可能在下一届政府中树立自己强大的地位。1968年，纳尔逊·洛克菲勒在夏季大选中输给尼克松，此前为这位温和派共和党领袖效力过的基辛格，马上转而为赢得胜利的尼克松竞选团队提供建议。基辛格的中间人是32岁的斯坦福大学胡佛研究所成员理查德·艾伦，当时的他被尼克松任命为首席外交政策助理。艾伦和基辛格一同在越南事务上合作。艾伦对基辛格的行事方式印象深刻，于是邀请基辛格加入尼克松的外交顾问委员会。

这个职位本该要求基辛格走向台前，然而，他并没有这样做，而是继续他的双面魅力攻势。基辛格也解释道，通过稳固约翰逊政府的信心，保证自己能获得任何有用的信息，可以更好地效力于尼克松。因此，基辛格接触到先前共事过且把他当作盟友的约翰逊政府成员。这位是基辛格在哈佛大学教过的一位学生丹尼尔·戴维森，他担任了埃夫里尔·哈里曼在巴黎的代表团的成员，丹尼尔一直为他的曾经的老师提供渠道了解最新情况。然后，基辛格通过艾伦，将这些消息传达给尼克松，而哈里曼和戴维森对此并不知情。正如艾伦所述：

> 基辛格本人自愿通过一名间谍，他先前的学生，为我们提供他掌握的巴黎和谈的情报。他的学生打给他电话汇报情况，然后基辛格用付费电话打给我，我俩都用德语通话。虽然我的德语说得比他好，但是我们交流起来完全没有问题，他几乎把在那段时间巴黎每晚发生什么都转述给我了。⁴

基辛格肆无忌惮地进行着这项工作。1968年8月15日，他给哈里曼写信称："我可能会在9月17日左右来巴黎，非常希望能顺便拜访并看望您。我已经对共和党深感厌倦。它已经无药可救，再不适于执政了。"⁵几个星期之后，哈里曼回复道，"既往不咎，欢迎加入我方阵营。"⁶在此后的几年里，当基辛格耍两面派的行为经西摩·赫许的《权利的代价》的出版曝光后，哈里曼在巴黎的团队惊骇万分。巴黎和谈后将担任盛名在望的外交职位，也是巴黎代表团成员之一的理查德·霍尔布鲁克，认为基辛格的行为十分下作。霍尔布鲁克尖锐地指出。"亨利是唯一一位我们授权共同讨论谈判内容的非政府内人士，我们信任他。说尼克松竞选团队在美国谈判小组内有一个秘密情报来源，并非夸大事实。"⁷

基辛格这种欺诈般收集情报的方式并没有什么问题，因为尼克松也选择这样做。9月底，基辛格通知尼克松的竞选经理约翰·米切尔，"越南发生了大事"。几周之后，基辛格对此番暗示言之凿凿，预测约翰逊政府将在10月中旬至下旬宣布停止轰炸。10月30日，约翰逊证实了基辛格的预测，宣布美国单方面停止轰炸将于31日生效，这满足了河内方面提出的和谈的实质性前提。随着美军B-52轰炸机不再徘徊北越上空，米切尔得以同安娜·陈纳德（陈香梅）取得联系。安娜是一位杰出的美籍华裔女商人，领导全美共和党妇女支持尼克松竞选，并与南越驻美大使裴艳联系密切。米切尔说，"安娜，我现在代表理查德·尼克松讲话。让我们的越南朋友理解我们共和党的立场至关重要，我希望你已经准确向他们传达了这一点。"[8]

"共和党的立场"如下：南越总统阮文绍应拒绝参加民主党总统的和平谈判，等待尼克松政府提供更多优厚的条件。该建议得到了欣然采纳。11月1日，阮文绍发表了一篇交战的演讲，旨在与约翰逊的讲话撇清关系，又让哈里曼在巴黎的努力白费一场。第二天，埃尔斯沃斯·邦克报道说，阮文绍曾经"把自己关在独立宫的私人公寓里"，并拒绝与他会面。邦克准确推测道，阮文绍"相信尼克松将赢得大选并将遵循鹰派的政策，因此他等得起"。[9]的确，阮文绍等到了。

11月5日，尼克松以微弱优势取胜。相较于休伯特·汉弗莱42.7%的得票率，尼克松获得了43.4%的普选得票，根据"赢者通吃"这一规则，最终的得票数差距扩大为301∶191。第三位候选人，民主党种族隔离主义者、前亚拉巴马州州长乔治·华莱士赢得了13.5%的普选得票。这一得票率预示着，约翰逊在公民权利领域内取得伟大的国内成绩破坏了富兰克林·罗斯福包括偏执者在内的北方自由主义者、非裔美国人、大学教授、蓝领工人和形形色色的南方人民组成的不稳定的联盟。约翰逊提高了南方选民的地位，尼克松于是借此利用了约翰逊的进步立法，采取了所谓的南方战略，即利用种族主义和对南方选民不服从法律的担忧来造势。在呼吁"国家权利"和"法律与秩序"时，尼克松通过讲述南方历史旁曲喻达到共鸣，这为共和党的未来胜利提供了巨大帮助。1968年是美国政治史上一个节点，是新保守主义的决定性一年。当乔治·华莱士大吹"那些最懂得掌管人们生活的知识分子们已经不管用了"的时候，他明显错了。[10]

选举对于外交政策也十分重要，像基辛格这种知识分子就是一个明显的证据。击败汉弗莱后，尼克松做出了两项重大决定。首先，这位当选总统决定将国务院边缘化，把外交决策权集中于白宫，以确保总统本人可以进行日常工作事项，不受被他视为对手的其他政府部门的过度干预：这是一种建立在制度自由主义倾向基础上的抗衡力。第二，尼克松任命基辛格为他的国家安全顾问，尼克松获得所有权力后，首先就允诺了该职。随着自1950年起冷战的升级和扩大，这份委任标志着重大的战略突破。基辛格厌恶伍德罗·威尔逊的道德确定性，把肯尼迪和约翰逊时期看作是美国责任扩大到一个不可持续的水平的时代,这与保罗·尼采在 NSC-68 文件中所述观点相一致。基辛格的地缘政治观点与阿尔弗雷德·马汉、沃尔特·李普曼和乔治·凯南等人的重要观点不谋而合。

然而,尼克松和基辛格这种走到一起合作的方式,造成了困扰他们工作和人际关系的问题。二人都擅长欺瞒和表里不一,并且认为自己的执政能力都是出色的,不管使用何种手段来实现。因此,基辛格愿意对美国最杰出的公务员之一埃夫里尔·哈里曼撒谎,希望从他那获得有用的信息来赢得尼克松的青睐。与此同时,他还讨好汉弗莱的竞选团队,悄悄许下吸引力十足的承诺。比如说,当他为尼尔森·洛克菲勒出谋划策之时,承诺提交给汉弗莱竞选团队一份他准备好的列举了尼克松的罪名的庞大文件,但实际上他并没有兑现承诺。基辛格非常擅长说服别人,使人相信他们双方是一个阵线的,就像汉弗莱承认的那样:"如果我当选,我会让基辛格担任我的助手。那家伙坚不可摧——是一个专业的、有能力的、临危不乱的人。他的小幽默也是我欣赏的地方。"[11] 汉弗莱在这点上没有认清基辛格,他认为基辛格会对他的认可感到高兴,这一方面验证了基辛格的演技,另一方面又显示了他在两党之间驾驭得如鱼得水。

对尼克松来说,他愿意为了获得执政权这个更大的利益来牺牲 1968 年的和平谈判。根据法律,通过米切尔将自己所知的建议传达给陈纳德来联系到裴艳是叛国的:这使得美国政府和外国达成一致声明的意图受挫。因此,基辛格和尼克松的第一次有意义的合作就暴露了他们身上最糟糕的特质。甚至连尼克松允诺对基辛格的任命也是一个明显的谎言。12 月 2 日,尼克松公布了新任国家安全顾问,"他宣布的这项计划与他之前私下告诉我的大相径庭",基辛格坦言道。尼克松说,基辛格的作用将仅限于规划,且"不会在总统和国务卿之间来往"。[12] 然而那正是尼克松想要利用基辛格的地方——对国务院来说是同样的障碍。

尼克松与基辛格在 1968 年的行动中相互观察,双方一直在努力辨别对方是在说谎还是讲真话。事实上,在 1972 年的竞选活动中,尼克松担心(可以说是不必要的多疑或是尼克松一贯以来的风格)基辛格会背叛他,并提供敏感信息给任何最有希望提升他的职业前景的人。尼克松对白宫参谋长 H·R 霍尔德曼说,"记住,他在 1968 年的时候满嘴故事地来到我们这里。"[13] 这一系列的首次行动显然留下了持久的印象。在做出一些可耻的不忠行为方面,尼克松和基辛格可谓天生一对——基辛格背叛了哈里曼,而尼克松,背叛了他的国家。这显然不是建立长期关系的坚实基础。两位取得了显著成就的人在一起共事。但毫不奇怪的是,每个人都会习惯性地怀疑对方欺骗自己。

亨利·阿尔弗雷德·基辛格,1923 年 5 月 27 日出生于德国费尔特市,父亲路易斯是当地一所学校的老师。路易斯·基辛格虽然沉默寡言,却是一个举止文雅、口齿伶俐的人,他阅读并收藏了大量书籍,尊崇古典音乐、会弹钢琴,并对孩子们循循善诱,一直告诫他们要终身致力于自我提升或自我塑造。¹⁴ 然而，巴伐利亚州存在着对犹太人敌视的环境。信奉犹太教的路易斯被禁止在第一次世界大战期间为国效忠。由于宗教信仰，年轻的基辛格被体育馆或公立高中拒之门外。然而，犹太中学录取了他，这是一座不错的犹太学校，非常重视历史、哲学和宗教的教学。学校里每名学生每天都要学习两小时《圣经》和《塔木德经》。¹⁵

随着希特勒1933年上台成为德国总理后，越来越多人清楚地认识到纳粹认为种族隔离本身是不够的。1935年颁布的《纽伦堡法案》剥夺了犹太人的德国公民身份，禁止犹太人与非犹太人结婚，并禁止犹太人从事多种职业，包括教学。基辛格童年的一位朋友维尔纳·格德尔芬格曾这样描述纳粹为镇压犹太人营造的那种令人窒息的环境：“我们不能去游泳池、舞厅和茶馆。我们不能去任何看不到'犹太人禁止入内'的标志的地方。这种压抑的气氛一直留在人们潜意识里。”¹⁶

当李普曼在1933年注意到，德国的犹太人可能很容易首当其冲，分散希特勒在欧洲其余地区的注意力时，他担忧起像基辛格和古德福德这样的家庭。

国家批准的迫害和民众激愤的情绪是基辛格成长时期主要的阴影。魏玛共和国的崛起和衰亡在面对一位无情又投机的对手时暴露了它的民主缺陷。希特勒统治下的德国说明了极权主义残暴的力量，在极权主义国家传播简单又有害的谎言极其见效。于是，基辛格随之得出结论。在后来释义歌德时，基辛格指出，"公正与无序，不公与有序，如果我必须在这两者之间做出选择的话，我总是会选择后者。"¹⁷ 虽然他们的出发点不同，但不管是基辛格、李普曼还是凯南都对天真的群众有着极大的关切。所有人都对大众民主这一巨大的弱点感到困扰。

1935年《纽伦堡法案》通过后，基辛格那顽强、有远见的母亲保拉，写信给她住在曼哈顿华盛顿高地的堂姐，询问堂姐自己的两个儿子是否能去美国和堂姐一起生活。由于担心安全，堂姐建议全家移民，不仅仅只是孩子。后来这被证明是一条救命的建议。1938年8月30日，基辛格一家离开巴伐利亚州经伦敦前往纽约。勇敢又叛逆的基辛格，在抵达美国时把名字改成了英国名亨利，出境时，他对一位德国海关检查员说："我有天还会回来的。"¹⁸

基辛格的确预言正确，可是他的勇气无法掩盖一个家庭的痛苦经历，他们崇敬德国文化，但是得到的结果却是，这个国家将他们视如寇仇。父亲被迫留下他心爱的图书馆，那是彰显这个家庭的学识和雄心的地方。后来，亨利轻描淡写地回答了这些给他童年造成创伤的问题。例如，他在1971年曾说，"我童年的那部分经历并不是关键。我并非有意识地不高兴。因为我并不能敏锐地意识到到底发生了什么。对孩子来说，这些事情没有那么严重。"¹⁹ 无论此番回答是出于展现勇敢，还是果真如此，希特勒统治下的德国政府，对基辛格家族其他要么选择留下、要么年迈不便离开的家庭成员都实施了可怕的迫害，其中有 13 人在纳粹集中营中被迫害致死。

纽约费尔特和有着地狱与天堂之别。这座美国最大的城市，接纳着不同的种族，崇尚个人奋斗而非等级划分。整个 20 世纪 30 年代，纽约以风驰电掣般的速度发展，是当时欧洲犹太人的避难所，吸引着世界上最聪明的头脑。经过爱丽丝岛之后，没带多少行李的基辛格一家很快又再次启程了。母亲保拉·基辛格成了一名勤杂工兼服务员，通过长时间的工作来养家糊口。但她的丈夫却难以适应要抛弃之前在巴伐利亚那高雅的品位养成的生活方式和他的教学成就。身处于新世界中的父亲路易斯·基辛格无所适从。

亨利不用去抛弃一种惯常的生活状态，比起父亲他更容易适应从德国老家到纽约生活的这种过渡。他去了乔治·华盛顿高中——一所杰出的公立学校就读，并成了一名杰出的学生。他迅速掌握了英语，但从未丢掉浓重的巴伐利亚口音。证明他身份的这部分是不可侵犯的，这传达出他对身份的严肃认同和学习语言的明确目的。亨利在一家制刷厂做兼职，为经济拮据的一家增加收入来源。这和保罗·尼采的生活经历大相径庭，那时候，保罗已经赚够了活一辈子要用的钱。高中毕业后，亨利进入纽约城市大学学习会计专业，许多流亡到纽约的犹太人也在那儿学习。这所学校不收取学费，并且学生能继续住在家中。学校的教授们非常优秀，那时那里的学生，尤其是犹太裔学生在各方面都受到极高的尊重并拥有很高的知名度。亨利回忆说："我在城市大学读书时，并没有那么开阔的视野。我从未真正想过以后从事会计这个行业，但我觉得这可能是一份很好的工作。"[20]

在城市大学完成一年学业之后，基辛格于 1943 年 2 月被美国陆军征召入伍。他离开曼哈顿，来到南卡罗来纳州斯帕坦堡的克罗夫特营进行新兵入伍基本训练时，还只是一位认真勤奋的 19 岁青年，对他来说这又是一次环境的颠覆性改变。不管是在费尔特还是华盛顿高地，亨利都身处一个周围是正统德国犹太人的环境中。军队训练要求全身心地投入、操练、早起、共食、价值观洗脑，还有其他士兵的霸凌组成了日常生活的图景，不仅磨灭了入伍新兵的宗教多样性，还毁灭了许多到此不久的移民刚享受到的舒适生活。这其中有积极的方面也有让人迷失的作用，基辛格发现："军队对我影响最深远的一点是，它让我感觉像一个美国人……这是我第一次没和德国犹太人在一起。我在军队里得到了自信。"然而，斯帕坦堡的生活并非一帆风顺，基辛格忍受着歧视。在能力倾向测试上，基辛格拿到了出类拔萃的好成绩，然而美国陆军却剥夺了基辛格有机会成为一名军医的资格，因为其批准的培养犹太人军医的数量配额有限。生活的无常、安全的无保障还有面临着不同程度上的反犹太主义，一直是他一生的常态："我曾经是生活在纳粹统治之下的犹太人，后来成为逃到美国的难民，接着又成了军队里唯一的一名犹太人，这些经历不仅仅是能够塑造自信。"[21] 但基辛格在陆军服役期间获得了服役优异勋章，这种荣耀增强了他的稳定感和归属感：在克罗夫特营，他成了一名美国公民。

虽然信奉犹太教的基辛格的陆军军医之路受阻，他流利的德语和曾经生活在希特勒统治之下的经历使他成为美国陆军内一位颇有价值的人才。他被分配至陆军专业训练计划之中，向他的士兵同伴们简短介绍美国与纳粹德国交战的原因。后来基辛格被征调到路易斯安那州的克莱博恩营，在那里他遇到了另一位流亡至美国的德国人弗里茨·克雷默，这位德国人是普鲁士贵族出身，他的工作是向美国士兵讲述罪大恶极的纳粹主义。基辛格观察着克雷默的行动，对他说服力十足的演讲和深刻的洞察力印象深刻。基辛格写了一张小纸条给克雷默："我昨天听了你的讲话。你所做的十分正确。有什么可以帮到你的吗？"于是，克雷默与基辛格见了面，基辛格有着深邃的智慧和专笃的意志，这让克雷默印象很深，他说亨利"对历史有着音乐家对音乐一般的第六感"。他们关系变得亲近了起来。基辛格遇见了他的第一位良师益友，并得到了克雷默的资助，这对基辛格的职业生涯和学识发展来说都标志着一个重要的阶段。克雷默的哲学和历史造诣很深，他拥有伦敦经济学院的学士学位，并在法兰克福和罗马的大学拿到了多个博士学位，于是基辛格竭尽所能地借人之智来成就自己。克雷默回忆道。"他像挤海绵一样，从我身上汲取知识，他渴望知识、真理。他想要知道一切。"[22]

克雷默建议陆军上将将基辛格分配到德国做翻译。他告诉他的上司，自己已经彻底为基辛格所折服，"这个小犹太难民，虽然涉世未深、经验不足，但他已经明白了一切。"[23]因此，基辛格果真履行了自己1938年对纳粹德国海关检查员做出的承诺。1944年11月，他回到德国为亚历山大·博林将军做翻译。不久，他被提拔到威斯特法利亚的一个小城市克雷菲尔德当一个更大的官，在任期间对当地的秩序恢复发挥了重要作用。接着，基辛格再次被提拔为反情报队的中士，取得对了黑森州的一个大区的控制权。这是一次卧薪尝胆的经历：回到纳粹曾对他、他的家人和数百万犹太人犯下可怕罪行的现场，并将一些作恶者绳之以法。凭借着对德国精神的敏锐洞察，基辛格卓有成效地将前盖世太保（德国纳粹秘密警察）公之于世。正如杰瑞米·苏里在《亨利·基辛格和美国世纪》中所述：

几十年后，基辛格喜欢讲述他如何操纵德国的习惯来为美国服务。1945年，他在被占领地区张贴了"招聘有经验的男警察"的告示。当求职者抵达基辛格办公室时，"我问他之前一直在做什么，他回答道 Staats polizei（国家警察）。于是我开玩笑地问，是 Geheim Staats Polizei（盖世太保）吗？他回答说是。于是我把他关了起来……我关的盖世太保比整个美国陆军关的都多"。[24]

虽然在工作上成绩斐然，但基辛格并不屑于采取低劣的手段复仇，并斥责了那些在接见室里行为过分的人。因为服役期间表现优秀，基辛格被授予了美军青铜星章。

在此期间，基辛格放弃了自己的犹太教信仰。他遇到了许多在纳粹集中营里幸存下来的犹太人，他们无法从信仰中找到慰藉，而基辛格此前却对犹太教信仰深信不疑。"仁慈的上帝怎能允许这些恶行发生在自己的崇拜者身上？"这是基辛格找不到答案的问题，也是他身边的人无法解决的问题。[25] 精力充沛、自力更生、天资聪颖的这些特质推动了作为移民的他职业生涯的前进，然而，对人性的极度悲观告诫他不要轻易相信他人，而世界形势的变幻莫测则提醒他要随机应变。在基辛格心目中，上帝已死，他成了一位宿命论者，随时都做好最坏的打算。弗里茨·克雷默对基辛格在德国的这部分经历很有见地："基辛格是一个顽强的人，但是纳粹却能毁坏他的灵魂……青年成长期的他，面对着自己的世界分崩离析的恐惧，而他深爱的父亲，变成一位无可救药的可怜虫……这使得他寻求秩序，并导致他渴望被接受，即使这意味着要试图讨好那些他认为比他智力低下的人。"[26]

随着他在德国的陆军服役即将结束，基辛格仔细思考了回美国要做什么，对他来说学会计已经失去了本来的一点点吸引力。1947 年，克雷默像以往一样，总在需要之时为他的门生提供金玉良言。基辛格抱怨自己浅薄的教育程度，绝望地说道自己"一无所知"。面对基辛格的抱怨，克雷默说："你该去所好大学。上流人士是不会去纽约城市大学的。"[27]基辛格遵循了这一建议，他申请了哥伦比亚、普林斯顿和哈佛大学。他的申请函这样写道："为投入文学生涯（原文）做好充分的准备，并将政治历史作为主要的兴趣领域，我认为自身有必要接受通识教育。"[28]哥伦比亚和普林斯顿大学都拒绝了他，而哈佛大学则由于那时极力招收给予特殊优待的退伍军人，接受了他的申请，并给予了他奖学金。对一位七年前还在课后组装剃须刷来补贴家用的年轻人来说，这是天赐良机。第二次世界大战极大地推动了男性社会流动性。基辛格得以从深入植根于美国社会的精英原则中受益。

在坎布里奇，基辛格过着修道院般的生活，一天学习十六个小时来充分利用此番在哈佛读书的镀金机会。1950 年哈佛招收的学生数量位居其史上之最，大约四分之三的新生都是得益于《军人安置法案》的退伍军人。然而，这届学生的社会身份构成却比其种族的构成更具多样性。詹姆斯·康纳特担任哈佛校长期间，使得哈佛更适应犹太和非白人的学生，但是李普曼担任校长时期留下的很多制度性的琐事仍然存在。哈佛大学的管理人员认为，让犹太学生和非犹太学生分开居住会更适合这两者。于是，基辛格住进了哈佛最古老的宿舍克莱维尔大厅，与其他两位犹太人室友一同居住。亨利与两位室友保持距离，从而回避了课外活动，把自己沉浸在课程当中，勤勉地学习。正如他的朋友，传记作家斯蒂芬·格拉布德所写的那样："基辛格有生以来第一次体验到习惯性阅读和写作带来的愉悦，他成了一位隐士。"[29] 为了放松，基辛格会把教材放在一边，阅读小说或《纽约时报》和《波士顿环球报》。他不读社论，因为"他说他必须形成自己的观点",他的一位室友回忆道,"不学那些个编辑"。[30]

在哈佛,威廉·Y·艾略特教授扮演了类似陆军军队里弗里茨·克雷默的角色,他很快就发现基辛格的天赋并对基辛格的抱负鼓励有加。艾略特极具个人魅力,不符合人们对哈佛教授的刻板印象。艾略特是一位土生土长的田纳西人,是范德比尔特大学的全美橄榄球队员,他在坎布里奇的家中的地下室里组织过斗鸡比赛,并对自己的绰号"野蛮比尔"沾沾自喜。艾略特拥有的更为不凡的经历是,他曾在牛津大学的巴利奥学院当过罗德学者,在那里他曾一对一教授拥有不寻常能力的学生,从那次经历中,艾略特深感愉悦。为了测试亨利的毅力,艾略特把他送到图书馆,并给他一张列了25本书的读书清单,让他比较康德对纯粹实践理性的批判。三个月后,基辛格找到艾略特,并交上一份非常出色的论文,艾略特对他佩服得五体投地。他开始经常和基辛格见面,并对基辛格牛津加剑桥式的思考和写作风格十分感兴趣。后来,艾略特写信给卡帕贝塔评选委员会,"过去五年中,即使在成绩最优异的学生当中,我还没有遇到过任何学生有基辛格先生那样的思想深度和哲学洞察力。"然而,基辛格身上仍有有待完善的地方。艾略特指出,基辛格的"思想缺乏优雅,是条顿人那种彻头彻尾的条理性"。[31]

基辛格的本科毕业论文创造了哈佛的一个传奇。大多数学生缩小主题范围以提高原创性,便于更快地完成论文,而基辛格的选题则是《历史的真义——关于斯宾格勒、汤因比及康德的感想》。这篇论文长达388页,是哈佛历史上学生提交的最长的本科毕业论文。于是校方被迫制定了"基辛格规则",限定以后大学生在撰写本科毕业论文时,长度不得超过基辛格论文长度的三分之一。这篇论文探讨了奥斯瓦尔德·斯宾格勒、阿诺尔德·汤因比和伊曼努尔·康德等人研究历史意义的方法,并对荷马、维吉尔、但丁、米尔顿、斯宾诺莎、歌德、卢梭、黑格尔和陀思妥耶夫斯基等人进行了长篇大论的漫谈,向读者证明了基辛格阅读的广度和野心。

鉴于这篇论文评价了斯宾格勒,并且是由一位来自纳粹德国的犹太难民写的,论点中暗藏着深刻的悲观主义情绪也许不足为奇:"众生皆苦。生即有死。存在命定短暂。文明皆非永恒……夫皆为大势之所趋,历史之宿命、死亡之困境……囹圄步痕瓦尔德,身陷西伯利亚,安能若其父者,从容不迫、侃侃而谈。"[32]然而,这篇论文最重要的主题之一,当其应用到政治和国际关系领域时,则显示出理论检验的不足。或者正如基辛格本人所说的那样,"作为对有效性的检验,论文推导出的定理逻辑性不足。这之中还必须存在一种关系,能将物质世界的表象转化成普遍的内在经验。"[33]基辛格提醒道,"灵魂的困境"找不到"仅仅是技术性的"解决方案,"政治科学家应该停止谴责自身的职业,因为他们并没有配不上这一称号"。基辛格在开发一条会让马汉、李普曼和凯南都为之振奋的思路:把政治和外交看作是一门需要技巧、手艺、创造力和直觉的艺术,而不是一门要求预测、假设验证和理论应用的科学,会更有助于人们理解与实践。基辛格的这种思路，在此后有大量证据显示他的这些倾向。历史学家布鲁斯·库克里克别具慧眼，他认为基辛格的《历史的真义》这篇论文没有得到足够的重视，并认为"这是基辛格写过的最富有创造力且能流芳百世的作品，基辛格的关切在这篇论文里都有清楚的阐释"。[34] 若果真如此，那基辛格在 20 到 30 岁之间可谓达到他的智力巅峰了。

  1950 年，基辛格以优异的成绩和美国大学优等生荣誉学会会员的身份毕业，毕业后艾略特竭力主张基辛格在他的监督之下踏上博士生学习之路。艾略特花了一些时间做说服工作，但毕业后的基辛格，就像凯南那样，热切渴望去国外学习，拿一个硕士学位，来拓宽自身经历，以便进入驻外事务处。劝服基辛格最终留在美国的一个主要原因是，艾略特创办了一个哈佛大学国际研讨会，该研讨会有来自福特基金、洛克菲勒基金和美国中情局的资金支持。其设立目的是为全世界特别杰出的学者、政治家和新闻记者们提供访问基金。这能展现美国最好的一面，它拥有首屈一指的研究型大学、繁华的城市，是孕育世界精英的场所。所以，这个项目能吸引到慷慨的资金支持不足为奇。到 1969 年，大约有 600 名外国学生参加了这个研讨会，其中包括日本的中曾根康弘、法国的瓦勒里·季斯卡·德斯坦、以色列的伊加尔·阿隆、土耳其的比伦特·埃杰维特、比利时的莱奥·廷德曼斯和马来西亚的马哈蒂尔。该项目中，美国本土的参与者也同样杰出，包括有埃莉诺·罗斯福、雷茵霍尔德·尼布尔、克里斯蒂安·赫特、沃尔特·鲁瑟、小阿瑟·施莱辛格和小威廉·巴克利。艾略特任命基辛格做他的执行主任，基辛格欣然接受了这个机会以便辨识和培养重要的国内和国际交际圈。哈佛的某些学者看不惯基辛格把研讨会作为跳板来满足他的职业目标。著名的博弈理论家和核战略家托马斯·谢林指责基辛格利用研讨会，"让世界各地的了不起的人都知道了亨利这个人"。[35] 这似乎并不公平，然而，换作他人谁能够抵挡这巨大的诱惑呢？

  基辛格位居哈佛管理部门，但继续回避政治学。他认为，政治学尚不足以从这个无序世界的国际关系中获得洞察力。当其他博士同学们心无旁骛地专注于美国冷战策略的研究，确定并测试这些最适于他们选题和符合最新世界观的理论时，基辛格却选择写拿破仑战争的余殃。在《重建的世界：梅特涅、卡斯尔雷与和平问题（1812–1822）》这篇论文中，基辛格研究了拿破仑的对手在 1815 维也纳会议上形成一个稳定持久的和平结构（以欧洲标准）的方式。在基辛格的论述中，奥地利的梅特涅起到了强势性的主导作用。梅特涅敏锐又狡猾，他规避道德作为外交行动的指南。正是通过在欧洲操控"均势"外交，梅特涅得以创造稳定和互利的局面，没有无情地对战败国法国落井下石，这足以维持 19 世纪欧洲大陆所有单一民族国家因投资贸易而促进的和平。基辛格对梅特涅的描述十分生动，并且下意识地使用自传式的口吻：

  拿破仑说他把政治和阴谋混为一谈……他有着毋庸置疑的魅力、优雅，用迂回之术巧妙、仿佛置身事外地进行外交活动，这是胸有成竹的象征……他擅长操纵，不宜躬亲。受训于18世纪的内阁外交学院，比起正面攻击，他更偏向于采取细微的行动。然而他的理性主义却时常让他把精心措辞的宣言误认为已完成的行动。

沃尔特·艾萨克森把这篇论文描述为，"本质上，它是对梅特涅精通的复杂的外交手段和他在不同谈判中老练的联系能力的致敬。"[36]

这种对梅特涅和19世纪均势外交手腕的赞歌着实让基辛格的同学们大吃一惊。其中有一位对基辛格是否听过原子弹满腹狐疑，另外一位则建议基辛格转专业到历史系。正如基辛格的传记作者沃尔特·艾萨克森所记载的那样："基辛格面不改色地据理力争。广岛并没有创造一个新世界，仅仅显示出人类尚有待于学习历史，去了解如何建立一个稳定的均势世界。所以探讨维也纳会议是有意义的，它是现代少有的几个成功的和平会议之一。"[37] 这种洞悉力就包含在《重建的世界》这篇论文中，确实影响了后来的从政者。但是，在论文的结论章，基辛格也写下了他自己的挽歌："一位政治家，不管他的政策多么英明，如果他的见地远远超过了人民的经验，在国内他是不得人心的。"[38] 冷战时期美国透明、理想主义的政治环境，与卡斯尔雷和梅特涅大展经纶的闭塞的欧洲大陆环境大相径庭。基辛格对此了解得十分清楚：

本书讨论的是一些保守派政治家，他们身处拥有传统社会结构的国家中，并且所处的社会具有足够的凝聚力，能让政策确定地执行，这种确定性是由一种信念所赋予的，那就是国内的纷争本质上是技术性的，只限于实现约定的目标。这使得梅特涅在1809年和1812年之间追求的"合作"的政策没有被指控叛国，卡斯尔雷与拿破仑之间的谈判也没有被指控"出卖国家"。[39]

二十年后，保罗·尼采指控基辛格犯下了和他们同样的罪行。

虽然艾略特视基辛格的论文为一流，但是他的一些同事则担心这篇论文档案基础肤浅，对二手信息来源依赖严重，并且结论草率又笼统——同样的批评直指阿尔弗雷德·马汉的论文《海权论》。出于此原因和其他因素，基辛格在哈佛完成博士阶段学习后的几年里，都没有获得终身教席。尽管在哈佛获得终身教席对任何人来说都极其艰难，但基辛格仍然感到沮丧。同一时期争夺终身教职并且专业素质过硬的博士数量众多也是一部分原因。在一份名单中，就列着兹比格涅夫·布热津斯基、塞缪尔·亨廷顿和斯坦利·霍夫曼的赫赫大名。但是，在哈佛许多人也察觉到了基辛格种种招人厌的特质：众目昭彰的野心和为实现野心的傲慢和媚态。一个重要的问题是，哈佛在骨子里是白人、盎格鲁—

撒克逊人和新教徒的大学，对犹太人来说，哈佛并不是有利的发展之地。父母双方家庭都曾位列《社交界名人录》的麦乔治·邦迪，于1953年担任了哈佛学院院长。邦迪努力改革哈佛的精英化路线。但是起初基辛格与他的关系非常紧张，他怀疑偏见是原因之一。基辛格在他1979年的回忆录中写道，邦迪"待我彬彬有礼但潜意识里觉得自己纡尊降贵，根据新英格兰的标准，波士顿的上流人士对待拥有异国背景和过强的个人风格的人一贯如此。"[40] 平心而论，邦迪在批评基辛格时，实际上是抱着一种不同的种族成见。他感觉到"基辛格身上那种日耳曼人的气质使他注定是个不那么好相处的同僚"。[41] 一方面太犹太人，而另一方面又太德国人——这是命运多么残酷的扭曲。

1955年，基辛格在《外交事务》杂志上发表了一篇文章，批评艾森豪威尔的大规模报复政策。本着与保罗·尼采同样的精神，基辛格严厉斥责这个策略不顾后果、孤注一掷。发动核战争，与无动于衷之间的差距相去甚远而又极其危险。这将会鼓励发展中国家采取中苏的冒险主义，因为苏联和中国知道美国不太可能冒第三次世界大战的风险。[42] 这篇文章是基辛格首次涉足当代外交政策的辩论，并显著地丰富了他的个人资历。《外交事务》的常驻主编汉密尔顿·菲什·阿姆斯特朗，邀请基辛格指导一个新的外交关系研究委员会，来探讨核武器和外交政策。基辛格欣喜万分地接受了这份工作，这为他提供了一个进入美国外交政策机构的极好的机会。对一位31岁、没有终身教职的哈佛大学讲师来说，这是极大的荣誉。

1955年5月4日，研究小组召开了第一次会议，这次会议见证了基辛格和尼采双方气势汹汹的辩论，似乎是对艾森豪威尔外交政策的共同关切让两人汇聚到了一起。在谈到常规武器和核武器之间的界限时，尼采指出，"虽然这些常规武器仍然有高阶的常规能力，但是一些领导人似乎觉得，非核方法可能不足以应对要常规武器执行的任务。"为了缩小杀伤力最大的常规炸弹和杀伤力最小的原子弹之间的差距，尼采建议发展杀伤力小的战术核武器，用它来承担重要的战场功能。基辛格不认为尼采的提议有可称道之处，他说："一旦战争恶化为核战，设立任何有效的限制就会变得更难。"[43] 尼采带着对基辛格显而易见的坏印象离开了会场，也许他们的关系就是从这里开始恶化的。

他们之间对立的主要原因是，基辛格否认战术核武器的优点，另外基辛格还把研究小组的发现写在了自己的书里，而那本书大获成功。1957年8月17日，基辛格写信给汉密尔顿·菲什·阿姆斯特朗，"关于核大国之间的战争，我得出以下结论，这是本人此前观点的巨大转变，那就是：有限核战争实际上或许比常规战争更能提供稳定的环境。所以，如果我们想要避免全面的战争，有限核战争可能是最有效的策略。"[44] 同年，基辛格出版了一本书，叫（《核武器与对外政策》）。这本书矛头直指艾森豪威尔的大规模报复策略，呼吁对待中苏的冒险主义采取更加灵活的对策方式，并且呼吁国防规划人员将更多时间投入到低产出的核武器发挥作用的战争场景的研究中。基辛格并非呼吁所有人停止担忧反而去爱核弹——虽然不久之后，他就赢得了"东方奇爱博士"的绰号，并和来自斯坦福的爱德华·特勒共享这一头衔——相反，基辛格呼吁的是武器应该常规化，使得它们在战场上能够使用，这和民主党某些鹰派人士的观点类似。[45] 对核武器问题的合作者基辛格的书，尼采并没有表现出任何赞许，相反他激烈地批评了此书。

尼采在《报道者》上发表了一篇长篇评论文章，指责基辛格并不理解武器种类，错误估计了爆炸的影响，概括片面空泛、含糊其词，经不起仔细推敲。他甚至在文中写下了基辛格前一年对他的评论，责备基辛格不了解发动"有限"核战争是极其具有挑战性并且危险的。尼采写道，"如果这些限制真的能在即使只是'小型战争'的巨大压力下发挥作用，那似乎需要的就不仅仅只是小题大做的任意制定限制了。"[46] 他在基辛格这本书里没有发现一丝可称道之处，并断言："这本书从头到尾都读着恶心。我觉得亨利没有真正理解讨论的含义，因此他从来就不属于这个领域。他没有完全理解我们讨论的内容。这本书的论证在很多方面都是幼稚且荒谬的。"[47] 然而，当基辛格扬言要告他诽谤时，即便是好战的尼采也惊讶不已。

在缅因州度假的时候，尼采接到了《报道者》的编辑菲利普·霍顿的电话，他苦恼地问他是否完全确信他所述的事实是正确的。当尼采回答说是，并询问为什么这样问时，霍顿回答说，基辛格和外交关系委员会曾威胁《报道者》，说要提起诽谤诉讼。

于是，尼采再次检查这篇评论文章，将文中指责基辛格轻蔑民主的部分删去。在这个部分中，基辛格称赞的历史人物只有拿破仑、毛泽东和斯大林，改好之后，他把文章送回给霍顿。最终这篇文章发表了，基辛格保持沉默，而外交关系委员会律师们也不再作声。几个月之后，基辛格于彼德伯格俱乐部于罗马举办的一次会议中见到了尼采，这是西欧和北美各国政要和商界精英每年秘密举办的会议。在这次会议中，基辛格告诉尼采到底怎么一回事："关于你对我的书所做的评论，"基辛格说，"我和《报道者》达成协议，他们可以选择把文章就这样发出去，但是我有权发表一篇长度不受限的驳斥你观点的文章。过去几个月里，我一直断断续续地在写这篇文章。你知道吗？这篇文章我一共写了 147 页，我断定一篇反驳他人的文章如果太长，那这篇文章一定有问题！"[48] 基辛格发现自己有着自嘲式的幽默，这种幽默感在以后的岁月里帮到了他很多。

尼采对基辛格的《核武器与对外政策》这本书充满敌意的原因有很多，其中最直接的原因之一就是嫉妒。一位评论家阴险地评论道，"我不知道基辛格先生是否是一位伟大的作家，但是读完了他这本书的人一定是位伟大的读者。"[49] 但这只是罕有的批评。在为《华盛顿邮报》写该书的评论文章时，查尔默斯·罗伯茨把它誉为"1957 年最重要的书，甚至在以后的几年里也是如此。"[50] 而为《纽约时报书评》写评论文章的爱德华·特勒则写道，"在有限的核战争中，就如在任何有限的战争中，如果我们的目标和外交技巧保持不偏不倚，就有可能避免大规模的冲突。"[51] 基督教现实主义思想家雷茵霍尔德·尼布尔在《基督教与危机》这本书中称赞了基辛格的核心论点："近年来没有一本书能够对在核时代重塑战争与和平的传统思维有如此大的影响力。我们必须准备好按照我们的目标打有限核战争，并运用适当的武器来打赢他们。这种对可能性的深思熟虑和明智的分析，比我们近来注意到的任何事情都更有意义。"[52]

这本书在畅销书排行榜上停留了14周，并取得售出7万册精装本的好成绩。有人帮副总统理查德·尼克松拍了一张拿着这本书的照片，而艾森豪威尔总统则下令准备长达24页的此书概要，并分发给他的政府成员。高度技术性的题材结合沉闷的散文文风使这本书不太可能一炮而红。基辛格也承认这点，"我肯定这是自汤因比以来被人读的最少的畅销书。"尼采觉得这本书的成功难以让人接受，而基辛格知道这是为什么："尼采想做一些关于这个题目的工作，也许想自己写一本书。他认为我应该帮助他。而我不想当尼采的研究助手。研究是很个人的事情。他不应该评论这本书。"[53]

无论如何，《核武器与对外政策》让基辛格赢得了作为一个重要的外交政策思想家的声誉。尽管他终于在1959年拿到了哈佛大学终身教职，但基辛格并没有兴趣在镶金的坎布里奇的笼子里过一辈子宗教思想家式的生活。他想要为政府工作。1959年，他在《报道者》上发表了一篇题为《决策者和知识分子》的文章。这是一篇提出了一些重要警示的有思想的文章。例如，基辛格指出，"有声誉的知识分子很快就会发现自己背负着沉重的负担，他们的生活节奏与他们为之提供建议的上司无异……在他希望提供帮助之时，知识分子常常被迫牺牲对社会的最大贡献：创造力。"他还警告说实现政策确定性是不可能的：

追求确定性，对于分析至关重要，而当政策推行到极端时，追求确定性可能无法实现。寻求普遍性，让人类费尽脑筋，却可能导致人们在处理国家事务时遵循接近教条主义的东西。结果可能是，人们倾向于在各种与决策有关的代替性的选择面前踌躇不前，并忽视决策悲剧性的方面，而这恰恰就是猜测不可避免的组成部分。[54]

该段论述细致入微，令人印象深刻，堪称给总统大选胜出者的一份公开的求职申请。之后，他在《代达罗斯》《外交事务》和《新共和》这几份刊物上发文继续论述这些观点，并且还出了一本书，名为《选择的必要：美国外交政策的前景》。在这本书里，他反复并更尖锐地批评了艾森豪威尔和杜勒斯时代。在从事这项写作活动的同时，基辛格一直担任洛克菲勒的顾问，并与他建立了深厚的感情。但在1960年大选中，这个最温和、最被动的共和党人打败尼克松、获得共和党提名的概率甚微。因此，大选当天，面临尼克松和肯尼迪这两个选择时，基辛格选择给肯尼迪投票。尼克松的强硬反共政策与基辛格的温和策略相左，而肯尼迪倡导的灵活应对策略与《核武器与外交政策》中的许多政策建议相一致。基辛格似乎很有能力在政府有意为提供政策意见的学者铺设红地毯的地方获得一个位置。

1961年2月,肯尼迪总统邀请基辛格来到白宫总统办公室,把《选择的必要性》这本书称赞了一番,"至少《纽约客》上刊登了一篇对你这本书的长篇评论。"在基辛格看来,这意味着总统邀请他成为白宫的一员。[55]想到自己未来的仕途中有一个基辛格挡道,肯尼迪的国家安全顾问麦乔治·邦迪就深感不悦。他说服总统聘请基辛格为"兼职顾问",随后确保基辛格与总统没有多少时间会面。他俩的哈佛同事小阿瑟·施莱辛格回忆道,"邦迪几乎隔断了他与总统的会面。每当亨利有一个非常有趣的主意,我都会帮忙绕开邦迪,带他去见肯尼迪。" 最终肯尼迪厌倦了这些把基辛格带进他办公室的小伎俩。肯尼迪对施莱辛格说,"你知道,我确实觉得基辛格说的某些意见挺有意思,但我必须坚持他要通过邦迪报告,否则事情将会失控。"白宫职员卡尔·凯森回忆道:"亨利不是总统喜欢的那类人。他傲慢自大,喜欢长篇大论。如果总统喜欢你,你可以长篇大论。但我从没听任何人说过基辛格讨人喜欢。"[56]相比之下,施莱辛格更有雅量,他说:"不让他进入政治和外交规划的中心是一个大错。"[57]回顾效力于肯尼迪政府期间,基辛格明白自己在哪里犯了错:"那时我对总统的工作方式所知甚少,我耗费了自己的精力,提供不需要的忠告。在我们不经常的接触中,我总是勉强肯尼迪总统听我学术性的长篇大论,告诉他本来他能做些什么,即便他对那些意见并不感兴趣。"[58]

1961年,基辛格对肯尼迪挑衅地回应柏林墙的建立,这对他的事业并无帮助。肯尼迪理解对墙的异议,但他相信这将缓和东西方之间的紧张关系。然而,基辛格偏向于一决雌雄,他十分有把握地预料赫鲁晓夫会屈服。基辛格认为,对赫鲁晓夫的决定不作回应将威胁美国作为西德以及欧洲担保人的信誉。 基辛格预言,"如果目前的趋势持续下去,结果将是,德国会变成一个腐朽不堪、士气低落的城市,拥有一些准入保障,中立主义大行其道,北约的力量也会大幅度削弱。"[59]肯尼迪不赞同,如果这意味着能阻止一场更大的战争,失去一点点面子他也乐意。此后,基辛格微不足道的影响骤然减弱,并且面见总统的机会也急剧减少。1962年在以色列访问时,基辛格就中东的苏维埃冒险主义发表了一些笨拙的言论,这次言论给了他致命一击。[60]邦迪警告说,"如果你不闭嘴,我会把你遣送回去。"[61]基辛格在二月份回国后,邦迪拒绝将他的顾问任期延长。基辛格的首次政府服务经历,也是他最终的职业生涯目标,以失败告终。他回到坎布里奇,恢复到每日的教学工作当中。

约翰逊总统给了他类似的失望,尽管他明显地降低了自身的期望。1964年,基辛格陪同与之恢复咨询关系的尼尔森·洛克菲勒到旧金山参加共和党全国代表大会。巴里·戈德华提出的观点"为捍卫自由的极端主义并非邪恶"绝不可能说服一个在政治上采取温和态度的纳粹德国的犹太难民。[62]而更加有害的是,大会期间戈德华狂热的支持者用言语辱骂洛克菲勒。基辛格投票给了约翰逊，当约翰逊在大选那天轻而易举地击败戈德华时，他如释重负。从那开始，基辛格与共和党右翼势力的关系紧张了起来。

1965年前几个月，约翰逊总统介入越南战争，那时基辛格表示全力支持：他写信给麦乔治·邦迪，"我认为总统在他演讲中概述的越南计划是正确的，稳定性和灵活性的结合恰如其分。"邦迪与基辛格关系尴尬，但这份支持他是可以接受的。他回信道，"能知道你对当前大问题的支持很好，（然而）我担心，在我们所有的哈佛朋友中，你可能有点孤独。"1965年12月，基辛格在CBS（哥伦比亚广播公司）的电视辩论中为越南战争辩护，对手是英国工党左翼一个有影响力的人物迈克尔·富特。基辛格宣称，"我们卷入越战，因为我们想让那里的人民有权选择自己的政府。"不久之后，他与190位专业学者一同提交请愿书，支持约翰逊总统在越南的政策。[63]

虽然基辛格公开支持越南战争，但私下里他是矛盾的。1965年10月，美国驻南越大使亨利·卡伯特邀请基辛格参观南越，并记录下他的印象。基辛格的私人观点与乔治·凯南的观点相似：

我们卷入了一场既不知道如何取胜，也不懂得如何收场的战争……我们热衷的轰炸行动威力巨大，足以动员世界舆论反对我们，但我们过于三心二意、优柔寡断……即使基于最有利的假设，都没人能真正地向我解释，越南战争要怎么收场……（南越）没有独立国家之感。[64]

在他给洛奇的正式报告中，基辛格没有将这些疑虑显露出来，他认为"你从事着高尚的事业，未来各国的自由人民都会依赖于此"，而越南则是"我们国家努力的关键，成功和失败将决定我们未来几年对世界的作用"。也许基辛格觉得，坦率地透露自己的想法会影响他在约翰逊政府中扮演更重要角色的机会。在这点上他无疑是正确的。当《洛杉矶时报》刊登了基辛格对西贡大使馆记者所做的一些轻率的评论时，约翰逊总统大发雷霆。[65]1967年麦克纳马拉向约翰逊请求让基辛格领导与北越的三方谈判，林登·约翰逊说了很多令人信服的话，但从来没有真正给他一个成功的机会。

与尼采一样，基辛格竭力为越南战争制定一个一贯的路线。1968年，他与小阿瑟·施莱辛格、丹尼尔·埃尔斯伯格、斯坦利·霍夫曼还有汉斯·摩根索一起参加了一个越南战争学术小组。基辛格淡化了南越的地缘战略意义，他说："就权力平衡来说，中国得到越南比中国获得核武器的意义要小得多。"[66]中华人民共和国已经在1964年测试了它的第一个核设备，这暗示基辛格不认为南越的沦陷是重要的。几个月后，摩根索在《新共和》上发表了一篇文章，除去其他之外，他批评了基辛格向约翰逊政府提供支持。基辛格被这批评刺痛，尤其是因为他和摩根索共同从一个现实主义角度看待很多问题。他草拟信件回应摩根索，语气强有力，但不真诚：

> 我从未在公众场合支持过这场战争。1963年之前，是因为我对此不够了解，因为我倾向于相信官方声明。在裴艳遭到暗杀后，我才认为情况是无望的。1965年第一次访问越南时，我开始确信我们所做的毫无希望。然后我决定在政府内部工作，试图使战争结束。这决定是否正确我们永远都不会知道，但它不是无效的。我现在的看法与你在《新共和》所写的并非大相径庭，对于邦迪，虽然作为一个实际的问题，但是由于其造成的国际影响我可能会试图拖延该进程一段时间。[67]

由于"国际影响"而拖延美国从越南撤军的进程——有时他认为似乎是微不足道的事，却会在未来的四年里，煎熬着基辛格。

1968年8月，尼克松击败尼尔森·洛克菲勒，拿到了共和党总统候选人提名，获知消息的基辛格忧心如焚。他对洛克菲勒的演讲撰稿人埃米特·休斯说，尼克松"无疑是一场灾难。现在的共和党一团糟。所幸，他绝不会当选，不然整个国家都要大祸临头了"。[68] 因此，当尼克松当选总统后，给基辛格提供国家安全方面的工作时，洛克菲勒的顾问奥斯卡·鲁博豪森说"我们倍感震惊"，"我有一种感觉，他就像个妓女"。[69] 面对诸如此类的反应，以及预期到前景堪忧，基辛格请求当选总统在自己接受这个提议前给予他更多的时间，让他与哈佛的朋友和同事们好好商量。他告诉尼克松，"如果得不到自己朋友和同事们道义上的支持，他对尼克松是没有用处的"。随后基辛格发现"这种判断被证明是错误的"。由于担心基辛格在哈佛的人际圈子不太可能给他过多支持，尼克松"颇为感动地……提议让杜克大学一些认识基辛格的教授来评判，因为他们能比哈佛的那些同事更加公正客观地评价基辛格的道德水准"。[70]

不出所料，不管是基辛格的朋友还是同僚，包括小阿瑟·施莱辛格和尼尔森·洛克菲勒，都极力赞成他接受该提议，他们认为基辛格至少可以充当一个克制尼克松的角色。当然，谢绝邀约在任何情况下都是不可想象的。基辛格的这番谨慎有很强的作秀意味。但是这些临别的支持具有一定价值。虽然他并没有完全把未来寄托于哈佛，但他非常担心自己可能会步入前辈沃尔特·罗斯托的后尘，在学术生涯上自断后路。罗斯托以鹰派人士身份任职林登·约翰逊的国家安全顾问，任期结束之后，他的前任雇主麻省理工学院并没有邀请他重回教职。相反，他搬到了得克萨斯州的奥斯丁。在那里，林登·约翰逊为他提供了一份工作，让他任职于林登·约翰逊公共事务学院。当基辛格在一次晚宴上开罗斯托的玩笑，说他之后是否有可能"被流放到亚利桑那州"时，罗斯托丝毫感觉不到幽默。1970年1月，在一次气氛尴尬的通话中，基辛格试图缓解罗斯托受伤的情绪：

"那并不是针对你……那是在晚宴上说的话，只是为了打趣。我爱亚利桑那。其实，我一丁点想回坎布里奇的愿望都没有。"[71]最后一句话确实是真心的。

说尼克松这个人心思复杂，就如同说水往低处流一样毋庸赘言。尼克松的成功全凭白手起家，他的父亲经营一家杂货店，母亲是一位家庭主妇，还是一位贵格会教徒。尼克松天资聪颖、发奋图强、冷酷果决，却无法克服出身卑微带来的不安全感。虽然保罗·尼采指责尼克松为人势利，但这一描述可以说是入木三分：

尼克松能欺骗自己相信自身同时能兼任(三个)不同的角色……其一，他是一位出色、称职的现实主义外交事务分析家，忠心耿耿地致力于追求维护美国安全的外交政策。(作为)一名分析家和(作为)一名指导维护国家安全的外交政策的指挥官，他是最明智的。另一个则是，他宁可传承他母亲的宗教信仰，做一位虔诚的牧师，一位传道者。有这个想法是因为他可以布道，不知何故，他总认为与尔等相比自己更加神圣，他可以通过诵经讲道达到这境界，不管事实如何。第三个角色是，作为一位下层中产阶级，他对获得成功的人非常钦佩，而取得成功的方式就是要各种可以想到的把戏，只要还在往前跻身，或已经功成名就，便能不受任何道德约束。当人们像玩杂耍一样把手中球同时抛向空中，结果可能会绊倒自己。[72]

不管是出于想象还是真实情况如此，尼克松都对他的敌人表现出惊人的残酷无情，他还可能对那些为他工作的人怀有恶意。然而，他却从直接的对抗中退缩了。事实上，在多数人看来，除了拥有一个三五老友的小圈子外，尼克松呆板生硬，而基辛格把这个圈子形容为"一帮追逐私利的混蛋……我曾经觉得肯尼迪集团是一群毫无魅力的自恋狂，但至少他们是理想主义者。而这群家伙则是真正的卑鄙小人"。基辛格几乎同样尖刻地批评尼克松本人，形容他是"一个非常古怪的人，一个讨人厌的人。他不会欣赏他人。我从未弄明白的是他为什么要进入政坛"。尼克松的工作原则是，急切地扑向能"完全改变自身"的机会，通过意志力让自己转变成一个不像原本自己的人，这个人合群、魅力超凡、有权势、非同一般。然而，基辛格指出，这是"超越人类能力的目标"，尼克松"为这个设想付出了可怕的代价"。[73]

虽然尼克松通常喜欢背地里骂人，但基辛格却是这一习惯的例外。基辛格的常春藤学术背景、他与东北部权势集团的联系、他的野心以及他对成为公众关注焦点的热爱不断激怒总统，而总统则总是抓住这些方面来攻击基辛格。尼克松总是不放过挫伤基辛格锐气的机会，抨击他身上这些所谓的弱点。总统会当众嘲讽他在媒体、商界和学术界的犹太敌人，这是基辛格觉得无法挑战的可恶阴谋。尼克松一度在愤怒之下对基辛格用过那些辱骂黑人和犹太人的种族蔑称。基辛格的助手之一温斯顿勋爵,曾在另一部电话旁目瞪口呆地听着。"你为什么不说些什么呢?"勋爵事后问道。基辛格回答说:"在真正重要的事情上和他吵架会带来很多麻烦。他对犹太人和黑人的态度不是我担忧的问题。"[74] 他俩的关系形成了这样一个基本动态:尼克松肆意辱骂基辛格,把这种做法变得稀松平常。基辛格无视这些讥讽,专注于通过长时间提供建议来增强尼克松的信心。

久而久之,备受欺凌的基辛格便把失意发泄在自己的员工身上,他们曾目睹过基辛格好几次勃然大怒。据说,基辛格就像种蘑菇一样对待自己的助手:他们"被留在暗处,身上堆满粪便,然后就像拔蘑菇一样被炒鱿鱼"。[75] 他精心挑选的员工中不乏未来的名人,比如劳伦斯·伊格尔伯格、亚历山大·海格、安东尼·雷克、哈尔·索南费尔德特和莫顿·哈尔柏林。基辛格期望他们每人每周工作7天,每天工作14至16个小时,但是所有人都不能会见总统,这是一项基辛格严格把控的特权(如果这样用词准确的话)。不出所料,不是每个人都愿意坚持到底,伊格尔伯格、哈尔柏林还有另外八人在年底前辞职。在基辛格严苛的管制下,伊格尔伯格尤其备受折磨。未来的白宫参谋长和国务卿亚历山大·海格讲述了这样一件事,"许多个小时连续不间断的工作结束后,基辛格还要求伊格尔伯格给他一份指定的文件。拉里站起身来,脸色变得煞白,因为站不稳整个人摇摇晃晃,然后摔到地上,不省人事。基辛格迈过他俯卧在地上的身体,大声喊道,'文件在哪?'"[76] 一位助手说,当"他愤怒地跺脚时,就说明你没事。当他双脚都抬起地面时,那你就有麻烦了"。[77] 频繁的人事变动造成问题以后,为了让工作氛围更轻松,基辛格转而变得幽默起来。他开玩笑说,搬进一个更大的办公室后,现在穿过房间、把门关上要花很多时间,这让他时常忘记最初是谁惹恼了他。

新闻界一致称赞尼克松任命基辛格为国家安全顾问。基辛格钦慕多年的保守派专栏作家小威廉·F·巴克利这样写道,"自弗洛伦斯·南丁格尔以来没有哪位公众人物受到过如此公开的赞誉。"[78]《华盛顿邮报》将这一任命形容为"喜闻乐见",而《纽约时报》的詹姆斯·莱斯顿则称其为"放心的选择"。于是新闻媒体开始经常报道这一题材:基辛格是一个不错的选择,因为他会使尼克松受到克制,从而使世界更加安全。将在五角大楼任职的亚当·雅莫林斯基是基辛格在哈佛的一位同事,据他说:"知道亨利在那儿,我们每晚都睡得好一些。"[79] 受到这种积极的关注,基辛格感到洋洋得意,反复在私下向新闻界兜售这种设想,即他是本届政府中一个不可或缺的角色,他有时把总统形容为"疯子"、"狂人",而他就是能防止总统这个"疯子"带来浩劫的人。

实际情况当然更为复杂。尼克松这种微妙的总统形象与他的鹰派副总统截然不同。整个20世纪50年代,尼克松在世界舞台上充当了一个坚定、强烈的反共人士的形象,艾森豪威尔对这位共和党右派敬重有加。他颇有成效地扮演了这个角色,在1959年的"厨房辩论"上,他对赫鲁晓夫大谈自由资本主义对社会主义的优越性,把该论战称为"厨房辩论",是因为这一唇枪舌剑是在莫斯科举办的美国国家博览会上的一个厨房用具展台前进行的。他乐此不疲地抨击民主党,指责他们在按照美国的方式赢得冷战胜利上做出的贡献乏善可陈。然而,作为总统,尼克松把这种喜欢抨击人的形象伪装起来。他让野心勃勃的副总统斯皮罗·阿格纽代替他扮演了这一角色,他言辞冗长、话语尖刻,矛头直指那些政治和意识形态上的敌人。比如,他曾说,"一种民族受虐狂的精神大行其道,而煽动者则是一群自称为知识分子的软弱无耻势利小人",相比较之下,副总统说这番话会显得更为得体。[80]

因此,1969 年尼克松不容置疑地得到了鹰派的信任。这使他能够灵活地推行对民主党人来说执行困难的政策,比如,本着和解的精神与北京和莫斯科进行接触。正如几年后尼克松对毛泽东所说的那样,"右派能实干,而左派人士只能纸上谈兵。"[81] 像基辛格一样,尼克松相信尼采的 NSC-68 不再只会是冷战蓝图。美国意识到了更多东西,并且需要更好地适应世界形势的变化来取代它。鉴于美国未能平息越南的叛乱,西欧和日本的经济实力迅速上升,而美国经济相对衰落,当选总统试图重塑美国的地缘战略。尼克松认为,美国有必要让日益富裕的区域盟友承担起维护和平和发动战争的责任。全球权力的扩散意味着,假定发动冷战的整个重担由美国独自承担如今在经济上是不可持续的,并且在战略上是鲁莽的。他还认为,美国必须承认中华人民共和国的存在。1968 年,苏联和中国几乎在边境争端上开战。1967 年,尼克松在《外交事务》期刊上发表了一篇影响重大、广获讨论的文章。他写道,"我们根本无法永远将中国排挤在国际大家庭之外,那里的人们在争取实现自己的幻想,他们惦记着曾经的仇恨,并且还在威胁邻国。"尼克松认为中美"对话"对他的冷战战略调整至关重要。[82]

与勃列日涅夫进行有意义的对话、接触毛泽东、将权力和责任移交给区域行动者——所有这些政策都是为了促进一个重要的任务:从越南撤军而不严重削弱美国的可信度。对尼克松来说,这样结束越战就有了良好的战略和政治意义。事实上,尼克松坚信自己在 1972 年的连任取决于他与河内签订的和平协议。"我必须处理掉这个烂摊子",尼克松在执政初期这样对基辛格说。[83] 在如此宏大又令人伤脑筋的目标的驱使下,这显然是不堪重负的,尼克松相对较少关注国内政治。不管是在副总统还是总统任期内,他都明显偏爱外交政策方面的问题。他曾以处理国内这等烦琐的杂事像"在皮奥里亚建厕所"一样无聊为由,驳回国内立法的通过。[84] 尼克松是比尔德的负面形象,他们的价值观、奉行的政策还有对处理事情轻重缓急的分析截然相反。

尽管他们之间存在分歧,尼克松选择基辛格来帮助实施他的战略构想是合乎情理的。基辛格也认为,美国的相对衰落需要战略性反思。基辛格会抱怨美国人"从未完全明白,当我们的绝对权力在增长时,我们的相对地位必然会随着苏联从二战中恢复过来而降低"。⁸⁵1971 年 8 月，基辛格会见了一批保守派知识分子，包括《国民评论》的编辑威廉·拉舍尔和《人类事件》的编辑艾伦·里斯金德。当发现他们被禁锢在相当不同的时代，即保罗·尼采和沃尔特·罗斯托的扩张性主义仍有市场的时代时，基辛格提醒他们，尼克松当选是"外交政策理论的崩溃。随着美国在越南这个分裂的国家遭受挫败和自由主义者叫嚣着邪恶的孤立主义，20 世纪 60 年代的新边疆政策终结了"。⁸⁶尼采之辈都犯了严重的错误，凯南的遏制概念虽然在某些方面值得称赞，但是缺乏具体细节来指导人们在多极世界中有效地进行外交活动。正如基辛格在《白宫岁月》中所述，"遏制政策把权力和外交看作是两个截然不同的要素或政策不同的执行阶段。其目的是达成最终的谈判，却没有给那些谈判内容提供指导。它暗示着力量是显而易见的，一旦谈判开始，谈判内容的重要性也将是不言而喻的。"⁸⁷与凯南一样，基辛格坚信，必须与美国的敌人们谈判——无视其他强国是轻率鲁莽且毫无意义的，而签下协定则能带来巨大的好处。但基辛格更倾向于部署军队来维持和提高美国的"可信度"，他把这种地缘战略观看得高于一切，并认为这是非常必要的。因此，美国强有力地介入了越南、柬埔寨和老挝发生的许多灾难性的事件当中。印度次大陆、撒哈拉以南的非洲和拉丁美洲发生的那些冲突的最终结果都给予了美国相当的可信度。NSC-68 建议美国在全球范围内发动冷战，但是基辛格则希望将美国的外交政策从这一代价昂贵的需求中解放出来。但是他努力控制自己的倾向，用零和的眼光来看待所有冲突，这样就人为地夸大了其中的利害关系。基辛格的冷战观在许多方面仍是传统的。

虽然基辛格认为遏制政策考虑不周，但是凯南却很高兴，因为一位偏爱 19 世纪欧洲历史的现实主义思想家就任于一个如此显要的职位。1966 年，在坎布里奇的一次午宴上，凯南见到了基辛格，他发现基辛格"如今已完全不像早年那样沉迷于军国主义"。这句话引用自基辛格的《核武器与外交策略》这本书，可以预见，凯南对此十分唾弃。⁸⁸当凯南在尼克松获胜几天后来电表示祝贺时，基辛格向凯南保证，当选总统将他看作是"上届政府未能充分发挥其可能性的重要榜样"。⁸⁹基辛格这样做可能会因为自己的好意而伤害到凯南，让他产生不切实际的期望，认为自己的建议会再次受到关注，而事实证明并非如此。尽管如此，凯南和基辛格频繁通信、互相欣赏。自 1973 年起，站在威尔逊一边对基辛格外交政策的批评愈发尖锐，于是年长的这一位则建议年轻的这一位坚持稳定的路线。

同时，保罗·尼采不确定尼克松取胜，还有基辛格获任后情形会是怎样。1969 年的头几个月里，竞选活动意在将卫兵式反弹道导弹系统——一种截击进入监测范围内核导弹的反弹道导弹系统——从有恃无恐而又越发沉迷于加大成本投入的国会解救出来，尼采被此弄得筋疲力尽。虽然基辛格支持他所做出的努力，但尼采也获悉，尼克松政府的主要目标之一是改善与莫斯科的关系，并着手进行战略性军备限制会谈，很快人们就把该进程称为战略武器限制谈判。尼采理论上支持核军备限制会谈，但前提是他们能保住美国的优势。他回忆说，"我怀疑尼克松先生是否有意在这项军备控制协议上与苏联谈判，其他事项挤满了他的日程。他面临的主要问题是美国对卷入越南事务的醒悟与日俱增。我们认识到，这使得我们与苏联相比，相对战略军事姿态和能力普遍削弱，与日本、韩国、中国台湾地区还有欧洲共同体相比，相对经济地位恶化，还让我们与盟友及朋友间的关系变得疏远。当国务卿威廉·罗杰斯邀请尼采加入政府，充当杰拉德·史密斯领导下的军备控制谈判小组中的一员时，尼采倍感惊喜："我向罗杰斯保证，我真的对这项工作非常感兴趣。"[90]

罗杰斯将尼采的热烈反应告诉总统后，1969年7月，尼克松和尼采举行了一次会谈。在这件事上，总统一改以往的作风，变得思维清晰。他说，"保罗，我非常希望你能胜任这份工作。但是我对罗杰斯没有信心，也不能完全信任格里·史密斯……所以我想让你将任何你不赞成的事直接向我汇报。"尼采简直不敢相信自己听到的一切。总统希望他充当一个间谍，让国务院变得边缘化，而选择自己领导这一行动。尼采回答说，"如果我将要成为代表团的成员，那我就是格里·史密斯团队的一员，而不是给其他人做小报告。无论如何，既然史密斯向国务卿做报告，那国务卿就必须对史密斯的报告完全有信心。这个过程就是这样运作的！"[91]尼克松变得恼火起来："见鬼，我已经告诉了你沟通的渠道是什么，如果有任何事情出现，我想要你用到它。"11月，谈判在赫尔辛基开始后，尼克松下令为尼采安装了一条私人电话线路，能让尼采与白宫小心谨慎地取得沟通。但是尼采从来没有拨过那个号码。他们"知道我不会做任何像那样的事情"，尼采说，这种判断低估了尼克松和基辛格对他人不可靠性的看法。[92]

虽然鉴于以往经验基辛格并不感到惊讶，但尼采拒绝按照指示行事令基辛格感到恼怒。显然，把战略武器限制谈判置于尼克松和基辛格完全掌控之下的唯一办法就是亲自领导该过程。正如它现在发生的那样，这样做的架构已经到位。尼克松就职后不久，基辛格与苏联驻美大使阿纳托利·多勃雷宁建立起一个秘密的私下联系渠道。尼克松对大使说，传统的国务院沟通渠道将敏感的信息"广泛地开放给了过多的政府官员"。[93]相反，多勃雷宁应该把来自莫斯科的所有重要讯息直接传达给总统钦点的基辛格。

多勃雷宁和基辛格经常会面。形势需要时，每周都见一次。大使会从白宫东厢一个不起眼的入口进入白宫，并在地图室会见基辛格。他们之间交谈起来无拘无束、很是自由，穿插着笑话、对对方家庭的问候，还会聊到两人在华盛顿共同的朋友和熟人。实际上，两个人都得意于自己对效力的政治领导人来说不可或缺。苏联政治学者和美国问题专家乔治·阿尔巴托夫说，"坦率来说在我看来，该渠道的主要作用就是助长了基辛格的自负，让他的地位更加显赫，也许同样助长了多勃雷宁的自负。"[94]

尽管阿尔巴托夫的评价包含一定的真理，但是他没能公正地评判他们所取得的成就，正如杰里米·苏里所说，"莫斯科和华盛顿正以前所未有的方式合作，贯彻柏林永久分裂 (《四大国协议》)、核不扩散 (《核不扩散条约》)、军备限制 (《战略武器限制条约》和《反弹道导弹条约》)、欧洲安全与合作 (《赫尔辛基协定》)，乃至国际行为基本准则方面的协议。"[95] 基辛格将会发现，通过将国会、国务院、新闻界和普罗大众（按照重要性从大到小排列）排除在外来操纵协议要付出的代价很大，每一个方面都会适时对他发怒。就像在他之前的凯南一样，毫无疑问，基辛格羡慕苏联外交官效力于极权政府而被给予的自由度。

尼采事后才发现，自己在赫尔辛基以及后来在越南谈判所付出的努力，不过逢场作秀，重要的事项都是由基辛格和多勃雷宁在地图室里决定的。这有充分的理由激怒尼采。在 1970 年 4 月 9 日的一次非官方会议上，尼采发现，"基辛格已经成功地否定了我们在维也纳最初的提议，甚至在我们提出那些提议前他就已经否决了。基辛格告诉多勃雷宁，如果苏联喜欢更多限制，他会乐意满足。事先知道该代表团的提案没有得到上级支持，苏联拖延时间但也一无所失。"行政部门无意间破坏了代表团的精心钻研，尼采抱怨代表团无能："这意味着为了实现所有实际目的，正式指定的代表团之间，以及基辛格和多勃雷宁之间同时进行着谈判。我怀疑他们就是这样做的，但与代表团的其他成员一样，我被蒙在鼓里。"[96]

1971 年，基辛格试图利用私下的沟通渠道与尼采讨价还价，承诺透露他与多勃雷宁讨论的细节，以换取他对杰拉德·史密斯的监视。尼采再次拒绝充当间谍，虽然他答应基辛格，不会告诉史密斯私下沟通渠道的存在。这样，他们之间建立起了一种伪阴谋关系，尽管一位国家安全委员会的职员指出 "谁在利用谁还说不清呢"。[97] 尼采继续因为被排除在局外而怒火中烧，而基辛格对尼采的固执也越发恼怒。两个人之间的关系继续恶化，从未改善。

1972 年 5 月，尼克松和勃列日涅夫在莫斯科签署了《美苏关于限制进攻性武器条约》，获得了媒体的极大关注和铺天盖地的报道。这是一个历史性的时刻。此次峰会标志着自罗斯福总统以来，美国总统首次踏入苏联。这是缓和尼克松总统就任以来形成的紧张局面的最佳时刻。首脑会议的实质内容以及其预示的进程，都遵循了基辛格的观点，那就是从国家外交事务中移除威尔逊的看法很重要。基辛格和尼克松都认为，道德和人权是没有界限的。在 5 月 22 日一次关于演讲的讨论上，基辛格说："我认为你对他们大谈言论自由是不恰当的。"尼克松只是回答道，"噢，不不不不不不不。"[98] 这七个 "不"字意味深刻。苏联先前被描述成一位不顾一切，妄想征服全球的敌人，现在美国不再妖魔化苏联的形象，冷战的压抑气氛被有意地淡化了下来。卡斯尔雷和梅特涅如果在世，可能会将冷战产生的原因归结为美国的对外关系。

克里姆林宫辉煌的弗拉基米尔大厅上方是54英尺高的壮丽穹顶，穹顶下悬挂着重达两吨的枝形吊灯。签署当时世界上最重要的核军备控制协议后，双方就是在这盏吊灯下互相交换了手续。勃列日涅夫和尼克松来到莫斯科郊外的乡间宅邸，在两小时摆满鱼子酱的晚宴上相互敬酒，气氛热烈，喝起白兰地来也是豪迈十足。回到华盛顿后，兴高采烈的尼克松召开了国会联席会议，并发表了全国性的电视演说。虽然尼克松提醒道，他没有"从莫斯科带回立马实现和平的承诺"，但他自信地补充道，"我们确实带来了实现持久和平的进程的开端。"这的确让人十分高兴。尼克松和基辛格用独特的方式实现与莫斯科改善关系的宏伟战略，也取得了重大成就。一项为未来奠定了重要标志的重大军备控制协定已经达成。此外，由于国务院已被该进程排除在外，因此其功劳未得到承认，尼克松和基辛格将该功劳完全揽在自己身上。然而，当总统开始注意到基辛格被授予了最大的荣誉时，他的好心情一扫而光。1972年6月，《芝加哥太阳时报》宣称，基辛格"已经成为一位传奇人物"。[99]尽管基辛格本人很喜欢，但他本来可以不用上那么大的头条新闻。

为了战略武器限制条约，尼采在赫尔辛基和维也纳长时间艰苦工作，然而他们达成的要点却像垃圾一般被扔在别处。要接受这个现实令人痛苦，并且尼采对协议的评估相应地也十分苛刻。战略武器限制条约由两部分构成：一项《反弹道导弹条约》，该条约被直截了当地命名为《美利坚合众国与苏维埃社会主义共和国联盟关于进攻性战略武器限制的临时协定》。《反导条约》规定每个国家仅能有两个地点部署反弹道导弹系统，这样一来，防御竞赛比武装版本要更花钱的可能性就被排除了。与临时协议不同的是，尼采在商讨协议条款过程中发挥了重要作用："我认为《反导条约》有我一定功劳，它确切让我们在军备控制目标上向前迈进了一步，也许会成为未来协议的典范……另一方面，涉及进攻性武器的临时协定也有缺陷，它倾向于强调已经存在的不对称，这对苏联的路基导弹有利。"[100]

那时，尼采认为《美苏关于限制进攻性武器条约》在"投掷重量"，即两侧弹道导弹载荷的综合权重能力方面巩固了苏联的优势，而非保卫美国。事实上，《限制进攻性武器条约》没能禁止的一种重要的导弹技术，就是多弹头分导再入飞行器弹头（或分导式多弹头）的发展，这严重破坏了条约关于导弹数量上限的规定。配备了分导式多弹头的导弹是运载多枚核弹头的单枚火箭，能够打击不同的目标。对这一协议的批评家凭借某些理由称，《限制进攻性武器条约》有着象征性的重要性，因为实际上，超级大国的导弹武器库中可能已经开始了新的军备竞赛。凯南觉得整件事都让人困惑不解并令人感到苦恼。莫斯科峰会后，凯南在他的日记中写道，美国和苏联应该努力摒弃核武器，而非折腾"反弹道导弹、集束多弹头导弹、分导式多弹头还有《限制进攻性武器条约》这些该死的东西"。[101]

出于不同的原因，尼采认为《限制进攻性武器条约》是一个巨大的烂摊子，但他没有选择辞职以示抗议。相反，他与海军作战参谋长和参谋长联席会议成员、海军上将小埃尔莫·朱姆沃尔特联手，以在政府内部削弱基辛格。朱姆沃尔是一位功勋卓著的老兵，他和尼采一样，担心基辛格正在一点点浪费掉美国的军事优势。朱姆沃尔的看法是，没有人"比保罗更了解亨利·基辛格和他所有的设备是怎么把所有的通信过滤给总统的。因此，总的来说，尼克松先生只看到和听到了基辛格希望他看到和听到的东西"。[102]该评价没能领会到尼克松和基辛格达成共识的要点，不管消息是否可靠，朱姆沃尔加入尼采，因为他认为基辛格是对国家安全的威胁。他们反基辛格的图谋很快就染上了一丝麦卡锡主义的色彩。两个人私下把基辛格称作"叛徒"，并且，正如大卫·卡拉汉所说，"他们相信了基辛格在德国为陆军情报机构工作时曾受雇于苏联国家安全委员会的谣言。尼采甚至给他在情报界工作的朋友打过电话，询问基辛格的忠诚度。虽然没有证据显示基辛格与苏联有联系，但尼采仍觉可疑。"[103]

尼采对基辛格忠诚度的侮辱也许是他外交政策生涯中最丑陋、最可耻的一章。他对基辛格的怨恨并没有与日俱减。1985年，尼采写下了对基辛格十分尖酸刻薄的评价，不怀好意地将他与埃夫里尔·哈里曼作对比：

> 哈里曼生于富贵荣华之家，他是一位贵族，美国式的贵族，被灌输的是美国自由主义的观点。然而亨利·基辛格，当然，是一位来自欧洲的犹太人，但他缺乏任何这种背景。因此，他没有被任何美国自由主义传统的禁忌所束缚……所以埃夫里尔不像基辛格那样耍阴谋诡计。

由于担心自己的评价可能会被理解为反犹太主义，尼采把这番话说得更委婉了一些："不仅仅是亨利。这就是我所称的两种往上爬的人之间的区别——中产阶级中的下层阶层正在奋力改善自己的社会地位，然而他们的是非标准却与美国贵族阶层有所不同。"[104]尼采欣赏不来基辛格和尼克松的外交手腕，以及他们如此镇定自若地接受与苏联平等地拥有核武器。但是，他如此评价这两位掌权之人的背景：流亡国外的犹太人和加利福尼亚一位杂货店老板的儿子，却严重影响了自己的声誉。

莫斯科峰会无疑是影响重大的，但对中国的开放则是尼克松总统任期内外交政策方面最突出的政绩，也是现代国际关系的一个关键点。20世纪60年代，很少有人相信恢复中美两国间的友好关系是可能的，甚至可取的。"文化大革命"，这项国家发动的运动，残酷地将数百万人扣上"修正主义"和"革命的敌人"的帽子，而华盛顿方面该如何与"文化大革命"的发动者毛泽东打交道？[105]然而，一些美国人却以着眼于更大的地缘战略利益为名义，心满意足地无视中国国内的政治。

然而，当尼克松告诉基辛格，他有意同北京恢复正常关系并亲自访问中国时，基辛格将信将疑。1969年7月，H·R·霍尔德曼通知国家安全顾问，说尼克松"认真打算着在第二任任期结束前访问中国"，基辛格听到这一消息后几乎无法忍住大笑，并说道"机会渺茫"。[107] 基辛格或许怀疑尼克松陷入了沃尔特的那种空想当中，这种说法时有见于基辛格对平凡人做白日梦的描述。如果基辛格真这么想，那他就错了，因为总统的希望是牢固地扎根于现实的。

没过多久，基辛格便开始更为严肃地看待尼克松的野心，特别是当他很快意识到与共产主义中国建立关系可以获得丰厚的外交利益。事实上，杰里米·苏里认为，"基辛格的思想是与众不同的，他努力将中国融入一个系统性的全球战略当中。改善与北京的关系是一个根本性结构转变的一部分，那就是从两极牵制到多级世界的转变。"苏里也许低估了尼克松在《外交事务》上发表的文章中所蕴含的洞察力。但他确实整理了一些令人信服的证据，证明作为1968年开创"三角外交"的先驱，基辛格理应获得巨大的赞誉，这样一种关注美、苏、中三角的关系，保证了北京和莫斯科在改善与华盛顿的关系方面具有同等利益。1968年，基辛格曾劝告尼尔森·洛克菲勒说，"和平的机会在增加，因为我们能够为两个共产主义强国制定政策选择。"[108] 当尼克松表明有意前往中国时，他感到惊讶，因为这句并非出自洛克菲勒之口。但是，"理查德·尼克松，红色中国爱好者"的新鲜感一开始逐渐消退，基辛格就加入了总统的行动，大力推动与北京的和解。后来，基辛格还会对历史上伟大文明之一的"中央王国"产生持久的迷恋与钦佩。

中美关系迈向正常化的进程最初犹如小步迈进，然后是慢步小跑，接着是飞奔疾驰。其中撬动外交关系改善的事件包括中国邀请美国乒乓球运动员访华，这清楚表明北京愿意开始恢复两国外交关系的进程，后来这一事件被称作"乒乓球外交"，另外尼克松还通过罗马尼亚和巴基斯坦两国建立起与中国互传口信的渠道，通过它们来传达美国政府愿与中方接触的信息。[109] 最终，1971年6月2日，毛泽东的副手，中国总理周恩来，发出邀请函招待基辛格来华以为总统访华做好铺垫。周恩来表示愿意讨论包括越南战争在内范围更广泛的问题，而不是单单专注于台湾饱受争议的地位，这是中美两国间问题的症结。兴高采烈的基辛格告诉尼克松来自周恩来的邀请。这一消息带给两人罕见的友好气氛，基辛格和尼克松开了一瓶上等的拿破仑干邑庆祝。尼克松提议举杯："让我们为子孙后代干杯，因为我们所做的一切，他们可能有更多机会生活在和平中。"[110] 与此同时，威廉·罗杰斯和国务院也因为被政府的主要事件孤立在外而变得更加沮丧。基辛格说"目睹我和国家安全委员会主宰华盛顿的决策过程让人十分痛苦，我可能会开始侵扰海外外交政策的实施这一事情更难以让人接受。"[111]

基辛格让人恼怒的侵扰发生在接下来的一个月，他以胃疼为托词，从随行媒体的雷达上消失，跳上一架中国飞机飞去了北京。在漫长的飞行过程中，基辛格有了时间斟酌尼克松的临别忠告。在头一天两小时的任务简要说明会上，尼克松告诫不要使用抽象的哲学思维。尼克松提醒基辛格，"我已经和共产主义领袖交谈过，他们爱谈哲学，另一方面，如果你能直接谈到哲学层面，他们对你就尊敬有加。"尼克松把他与赫鲁晓夫等人的谈判成功归于以下原因，"我不会偏离主题……对他们我以礼相待——然后我立马谈论正事……要做成一件事必须像切坚果一样干净利落……直切主题。"[112] 基辛格认为，尼克松与直率的苏维埃之间的办事方法未必会打动中国的谈话者。因此，他拒绝运用"立马谈论正事"的办法，取而代之的是与周恩来对美国不情愿扮演的世界角色，以及他和尼克松如何朝着实际利益的方向调整外交政策进行了引人入胜的讨论。

基辛格与周恩来于7月9日下午4点开始举行了一系列漫长的会议，所有会议在七小时后结束。基辛格的初步评价是让人满意：

> 对我们来说，这是一个历史性的时刻。因为这是美国和中国领导人首次在双方相互承认平等的基础上互相交谈。在我们早先的交往中，我们知道，与中国的文化优势相比我们是一个新兴的发展中国家。在过去的一个世纪里，贵国是外国欺压的牺牲品。直到今天，在历经重重困难和不同的道路选择之后，我们才能在平等和相互尊重的基础上再次团结起来。[113]

在某些问题上，如台湾问题和越南战争，基辛格一语破的而周恩来巧妙回避，直到后者提到美国早期的冷战态势造成全面反共的敌意，双方才开始各抒己见。基辛格试图让他安心，相信时代已经改变了："我们不再是在理论上应对共产主义，而是与现实中具体的共产主义国家交往，其交往的基础是，这些国家对我们有明确具体的行动，而非抽象的意识形态宣传攻势。"[114] 对此，周恩来重申了中国一贯的外交立场——不干涉他国内政，并将它与美国狂热的激进主义相比较，指责它造成了如此多的冲突。令人惊讶的是，基辛格对其表示赞同，并将美国的许多失误怪罪于受误导的"自由"激进主义：

> 我们的全球策略并非为了寻求霸权，这是一个不可取的后果，使我们陷入了许多巨大的困难中。事实上，我们的自由主义元素，往往是因为传教的倾向，使自己与保守主义元素相比得以参与进全球事务中，例如，像肯尼迪政府（周点头），所以我们走到了这一步。当尼克松总统上任时，就像你说的那样，在时局大变的情况下，我们发现自己在世界范围内没有采取明确的某种主义。[115]

因此，基辛格并没有采取"切坚果"的策略，而是对美国冷战战略批判了一番，因为这样做是可以想象的。他将自己和尼克松的战略优先事项进行了清楚明了的阐述，也同样认识到美国权力的局限性："无论如何，这届政府有一项非常艰巨的任务，那就是调整美国的外交政策以更好应对新的现实，同时，我们也必须结束一场非常痛苦和艰难的战争（周点头）。我们已经确立了这一原则，即遥远国家的防御任务不能成为美国的主要责任……自从我们上台以来，这一直是我们奉行的哲学。"[116]

不出所料，基辛格和周恩来的首次会晤大获成功。基辛格彻底废除了早期冷战的对抗逻辑，这是他的东道主们十分赏识的。

然而，尽管基辛格成功地打动了周恩来，但美国保守派对美国与莫斯科和北京打交道的政策越发敌视。8月，一群与加州州长罗纳德·里根关系密切的保守派商人在《国家评论》上签署了一份公开声明，对尼克松统治下的美国对共产党敌手如此卑躬屈膝表示担忧。里根州长致电尼克松申明自己强烈反对联合国将台湾（或"中华民国"）从安理会移除，并代之以中华人民共和国的10月决议。然而基辛格之行似乎表达了对该决议的赞同。但这只是近乎整齐划一的奉承之歌中罕见的不和谐音符。尼克松取笑里根是"典型的头脑简单的右翼"并继续享受着看到民主党人因不知该做出何种反应而困惑不解的那种样子。[117]

10月，基辛格再次前往中国，他通知周恩来，大批美国电视媒体记者将伴随尼克松出访。他说，《纽约时报》把自己看作是一个"主权国家"，并且他"担忧总理在一年内（将会）与沃尔特·李普曼还有詹姆斯·莱斯顿打交道，这是任何国家都不应该容忍的一种侵犯。"周恩来幽默地回答道，他"不怕"，事实上他欢迎这种入侵。经历过电视转播事件后，中国的政策精英们敏锐地意识到，给美国普通观众留下好印象至关重要。

的确如此。尼克松访华是在1972年2月，电视转播给美国观众心中留下了难忘的印象，他们从电视中看到故宫、天安门广场、长城，尼克松将长城的英文取名为"雄伟的城墙"，[118]虽然听来平庸却也描述准确。大剧院之行启发美国作曲家约翰·亚当斯写下了他第一部歌剧《尼克松在中国》。其中令人难忘的一幕是，尼克松从"空军一号"下来以后，唱了下面这首咏叹调。这首歌完全囊括了这次访问的意义：

当我与周恩来
在北京郊外的这片荒地握手时
新闻写得复杂难懂
就是现在，整个世界竖耳倾听
虽然我们低声轻语
历史的眼睛和耳朵

却捕捉着改变我们的

每个手势，每句话语

正当我们惊讶之余

历史也随即塑造[119]

然而，尼克松心里绝对确信历史是单凭他一人所造。据基辛格估算，从飞行过程开始到尼克松下飞机与周恩来握手，有 12 次他坚决指示基辛格和罗杰斯留在飞机上，1954 年杜勒斯在日内瓦遇见周恩来时，曾以拒绝握手而出名。[120] 双方握手的这一刻是尼克松以近乎完美的独自一人的姿态完成的。实际上尼克松允许了他的妻子帕特同他前行。周恩来对尼克松说道，"你的此次握手，来自全世界最大的大洋彼岸，沟通了两个 25 年来未曾建交的国家。"[121]

尼克松抵达中国后不久，毛泽东就邀请他和基辛格参观自己在中南海中的住所，威廉·罗杰斯不在邀请名单之列，而基辛格也未能说服总统带上罗杰斯。尼克松率先打开话闸，提及双方共同关切的国家和地区问题，如日本和苏联的问题，希望将毛泽东带入实质性的讨论中。主席拒绝回答，"你说的所有的这些麻烦问题，我都不想作深入探讨。"相反，毛泽东表明自己更有意向他探讨"哲学问题"，这可并非尼克松的专长。心领神会的尼克松兴致勃勃地说道："我拜读过主席写的诗和讲稿，我知道您是一位内行的哲学家。"毛泽东指向基辛格，问道，"他是哲学博士吗？"尼克松些许恼怒地回答道："他是一位智力博士"——不管尼克松这样说意欲为何，似乎都不是多好的意思。

尽管如此，双方还是乐于进行探讨，基辛格提到了他的常春藤联盟背景，并补充说他"在哈佛上课时，常常布置学生们读主席您的大作"。对恭维话习以为常的毛泽东说，"那些作品不值一提。我写的东西没什么教益。"尼克松插嘴说道："主席的著作感动了一个国家，并且还改变了世界。"毛泽东不赞成这种说法，他说道："我还没能改变世界。我只能改变北京附近的几个地方。"片刻之后，基辛格对近来造成了一场浩劫的中国式马克思列宁主义之路发表了一番高度赞扬："主席先生，世界形势也发生了翻天覆地的变化……我们得从中汲取教训。我们曾认为所有的社会主义 — 共产主义国家都毫无二致。直到总统上任，我们才明白，中国革命的本质和其他社会主义国家的革命是不同的。"[122]

没有将任何尴尬的细节泄露出去是一件好事。罗纳德·里根和与他持同种意识形态的支持者们将会发现尼克松和基辛格对毛泽东"过于感情用事"，这是基辛格经常用来取笑阿纳托利·多勃雷宁热情、亲近的外交风格的词，而现在他们对两人的这种做法深表担忧。[123]

基辛格在他的回忆录中总结了对中国开放的影响，感情溢于言表："我们迈出去的这一大步，改变了先前的外交政策。为外交政策带来了新的灵活性。我们已经抓住了主动权，也把我们人民的想象力掌握在自己手中。"[124] 这种看法难以置喙。淡化意识形态分歧，恢复与中国这样一个规模巨大并有经济潜力的国家的关系，是一种巧妙的外交举措。正如人们所料，莫斯科对此深感震惊，苏联担心这种意想不到的和解预示着为美国外交增添了价值。它让尼克松和他的继任者们开始同共产主义的对手们互相竞赛。它让中国在解决越南战争问题上及时获得一个直接的筹码。对于基辛格，这位均势外交理论的信徒来说，中国加入国际联合绝对是一个恩赐。如果冷战类似于下一盘象棋，正如一些战略家所认为的那样，那么美国至少又获得了一个车。

然而，基辛格对中国及其领袖的敬重似乎过高。1973年2月，他告诉尼克松，美国"现在处在不同寻常的情况当中，放眼全球，除英国之外，中华人民共和国可能是最亲近我们的国家"。[125] 如何严肃看待这个问题？作为一个见多识广的历史系学生，基辛格可能比其他人更容易对中国抱有幻想，中华文明有着他所崇尚的外交传统。例如，基辛格仰慕的模范战略家中，军事战略家孙子和梅特涅、克劳塞维茨还有俾斯麦一同占据了重要的地位。后来，基辛格这样歌颂孙子的杰作《孙子兵法》，"在世界上最重要的战略思想家的行列当中，孙子的看法直戳要害、富有洞察力。"[126] 从许多方面来说，基辛格对中国的喜爱都是值得称赞的，但这使得他高估了中国的地缘政治意义，以及中国能帮助美国实现其目标的能力和意愿，在越南问题上，这一点显而易见。基辛格形容周恩来是"我曾经遇见过的三位最令人印象深刻的人之一"。与毛泽东见面时，他又屈从于几乎是敬畏的感情，他的表现和行动更像是一名崇拜者而非一位精明的现实主义政治家。[127] 这是梅特涅和孙子都不会允许的做法。

关于向中国开放，有一件事是无可争辩的。尼克松斥责美国"自由主义"媒体，但实际上他又渴望他们能说好话，媒体别无选择，只能称赞他所做出的突破有着划时代的意义。《华盛顿邮报》刊登的一篇社论写道，"22年的外交僵局终于解开，美国终向中国开放。""开端已经铺垫完成。两国关系潜力巨大，为此，总统有权获得巨大的荣誉，因为这是一个果敢的举措……堪比登上月球。"[128] 这类称赞令尼克松激动不已。然而，当他发现媒体在报道莫斯科峰会时，用的是同一套说法称赞他时，他感到很生气。尼克松认为他的中国策略是有道理的，这是他个人一手创造的突破，媒体的态度显然是一种侮辱。漫画家比尔·莫尔丁无情地击中了总统的（不可否认的许多）心理薄弱点。在他的一则漫画中，一个激动的男孩指向总统车队，大喊："瞧！那是基辛格博士的助手！"[129] 1972年《时代》杂志将尼克松和基辛格共同评为"年度人物"，尼克松气得愠怒不语、头顶冒烟。在杂志发表之前，基辛格恳求编辑删除他的名字，并将荣誉单独授予尼克松一人，但无济于事。基辛格将这一称号形容为"噩梦"，并说接受这等荣誉"几乎是自寻死路"。[130] 被一线曙光包围着的尼克松，头顶上方总是笼罩着一片叫作基辛格的阴影。

与苏联改善关系和对中国开放都是他们自身权力的重大突破。实际上，媒体对尼克松政府外交政策的正面评价，是基于我们对他们的看法。但尼克松和基辛格当时并没有孤立地看待这些事件。相反，两人都认为莫斯科和北京渴望通过改善与华盛顿的关系，来攫取经济和战略利益，他们认为两者会对河内施压，使其同意美国全面撤军的和平条款。在这个问题上，他们的推断是错误的。这种看法没有充分考虑到北越作为一名自导自演的演员，强烈捍卫自身地位的决心，或者说，实际上河内和它的两位马克思列宁主义同志之间至少存在着一种双边基础上的意识形态团结。

因此，1973 年 1 月，美国撤出越南，"和平"终于实现时，可怕的代价随即而来。柬埔寨被直接卷入争斗中，最终导致了红色高棉的崛起，并造成了大约 170 万人丧生的种族灭绝，死亡人口数量占柬埔寨总人口的 20.1%。[131] 成千上万的越南士兵和平民丧生。在一共 57000 名战死于越南和越南以外的美国士兵中，有 20000 人死于尼克松总统任期内。[132] 1968 年总统竞选期间，尼克松表示他打算实现"和平与荣誉"。[133] 1971 年，一位名叫约翰·克里的归国老兵在美国参议院外交关系委员会前作出有力证言。他把这场战争称作"有史以来最重大的也是最百无一用的事"，并且掷地有声地提出了一个问题："怎样让一个男人成为最后一个为错误而死的人？"[134]

基辛格对克里提问的最佳回答是"为了信誉"。这位国家安全顾问明白，美国无法"打赢"越南战争，并大体上同意克里的看法，即美国介入越战冲突是一个错误。但同时他也固执地认为，美国不能被视作"打输"。1969 年 1 月，一篇题为《越南谈判》的文章发表在了《外交事务》期刊上，并受到广泛关注。文章指出，基辛格最强调的不是撤退的有形后果，而是无形的心理影响：

50 万美国人做出的承诺解决了越南的重要问题。现在要考虑的是他人对美国承诺的信心。不管嘲笑"信誉"或者"威望"多么时髦，它们都不是空洞的词语。其他国家只要能指望我们稳定，就能把他们的行动权赋予给我们……在世界上许多地方，如中东、欧洲、拉美，甚至日本，它们的稳定取决于对美国承诺的信心。[135]

因此，基辛格从越南分阶段撤军的计划是由维持表象的逻辑所维系的。基辛格在他的回忆录中写道，"我们不能轻易地抛弃关系到两个行政部门、五个联盟国家和 31000 死亡人口的事业，这可不像电视换台那样简单"。[136] 为了展示美国对其朋友和敌人的持续影响力，更多的人将会死去。国家将不会在黑暗的掩护下溜走，而是在枪林弹雨中起程。

对像梅特涅和俾斯麦这样 19 世纪的外交官来说，声誉是极其重要的（后者在非洲建立了广阔的德国殖民地是德国拥有可信度的主要原因，并非他本人所认为的，一个非洲帝国大大增加了柏林的战略或经济实力）。但在20世纪的美国，这种逻辑更难有市场，因为以声誉为导向的行动造成的战场死亡，难以受到受惠于大众民主的政治精英的容忍，并且还会受到来自媒体的仔细审视。1969年3月，夏尔·戴高乐总统在巴黎问基辛格，"你们为什么不摆脱越南呢？"惊讶于戴高乐的直率，他回答说，"因为突然撤军可能会影响我们的声誉。""在哪儿的声誉？"戴高乐问道。基辛格明确指出中东地区。戴高乐说，"真是奇怪啊，我认为你们的敌人正是在中东地区存在声誉的问题。"[137]戴高乐懂得基辛格所理解不来的东西：美国的盟友甚至是矛盾的法国，都相信废除介入越战的政策，削减其损失，并寻求加速撤退，华盛顿的声誉将会提高，而不是降低。

基辛格追求表面上的和平目标是由两部分组成的：北越军队从南越撤回到停站点，并且在美国撤退以后，北越要承认南越的独立。基辛格并没有那么天真地认为这两个目标能够实现。相反，正如他在1968年对汉斯·摩根索说的那样，"由于国际反响"，他将"拖延撤退进程一段时间"。[138]

这种拖延要运用到多方压力，并且给它们以导向才能达到效果。首先，美军将以稳定的速度开始撤离。1969年，25000名美军率先离开越南，不久成千上万士兵也紧随其步伐撤离。其次，美国将训练南越共和国军（ARVN）并将其装备为最高标准，以填补美军离开的空缺，该项规划被称为"战争越南化"战略。再次，美国将以最有效率(破坏性)的方式使战争升级。由于地面作战正在逐步降级，美国的轰炸行动也在强度上急剧增加，并且是在暗中进行的，因为此类行动总是可能造成强烈抗议。1969年春季，尼克松和基辛格扩大了美国的轰炸行动，以将柬埔寨的打击目标囊括在内。该举动致使基辛格的两名助理安东尼·雷克和罗杰·莫里斯辞职以示抗议。一年后，美军开始"介入"（可以说是入侵）柬埔寨，希望摧毁北越的指挥设施，结果却以失败而告终。

轰炸柬埔寨，掩盖了尼克松和基辛格在透明度、战略和道德方面的失误。轰炸是在完全保密的情况下进行的，并且被错误地指定为攻击北越。国会及公众对此并不知情。按惯例来说，政府内部的许多人对国会所知甚少，国务院，甚至空军都不可避免。然而，妄图隐瞒这样一个大规模的轰炸行动是不可能的。1969年5月9日，《纽约时报》刊登了一篇头版报道，告知大众这场战争已经扩张到了柬埔寨。尼克松怒不可遏，朝着基辛格大吼，"这是什么见鬼的破新闻？赶紧找到是谁泄的密，给我炒了他。"基辛格无凭无据就把责任归咎于国防部长梅尔文·莱尔德，并直接与他对峙："你这个王八蛋。我知道是你走漏了风声，你必须向总统解释。"[139]莱尔德直接挂断电话。随后，基辛格承认他指认错了人。为了找出真正的罪魁祸首，他和尼克松要求联邦调查局局长J·埃德加·胡佛给基辛格下属的国家安全委员会中的三名员工安装一套窃听设备，这三名员工是：丹尼尔·戴维森、莫顿·哈尔柏林和哈尔·索南费尔特。同样安装了窃听设备的还有任职于五角大楼,来属于梅尔文·莱尔德的一名助理科洛内尔·罗伯特·博思理。最终,尼克松和基辛格指定窃听的政府内部人员数量达到了 17 人,但没人被抓住任何把柄。尼克松抱怨窃听"毫无帮助",他们只提供了"大段大段的闲话和废话"。只有一台录音设备捕捉到了导致一位高级官员辞职的细节。每当总统张嘴说话,它就被声音激活,呼呼转动起来。

轰炸柬埔寨导致数以千计人死亡,如果要问是否有任何明显的效果,那就是让一个主权国家变得动荡不安。尽管证据确凿,但政府坚持否认秘密轰炸行动的存在。该行动持续了 14 个月,其间美国的 B52 轰炸机一共出动了 3875 架次,投掷的炸弹达到 108823 吨。[140] 此次突袭的目标是摧毁北越的政治和军事指挥部——南越中央办公室,突袭最终失败了。对以这种方式升级战争,基辛格并没有道义上的疑虑。虽然主要的战略目标尚未实现,但这似乎没有使他感到担忧。这是因为,除了所有炸弹花费的成本以及运送炸弹途中死亡的飞行员,轰炸对美国的影响微乎其微。

在轰炸柬埔寨这一问题上,基辛格的态度就像沃尔特·罗斯托一样鹰派,他说:"我不相信我们在越南这样的四流小国会找不到突破点。"[141] 不出所料,罗斯托就在一旁鼓励基辛格继续该行动,认为轰炸正在达到其预期的效果。1970 年 11 月,他对基辛格说,"在越南问题上,我建议你根据河内来的情报给出一些想法,不管在战场上还是在国内,都存在棘手的士气低落的问题……我第一次听说,有小册子宣传道:回国、去农场工作、种些大米、养育几个孩子,这些都是战场上的军队和国内的人民可能愿意倾听的东西。"[142] 罗斯托任职于上届政府时,就不断重复这番话。1967 年至 1968 年间,他把同样一个故事对约翰逊讲了好几个月。很难说,罗斯托这番话到底是给了基辛格干劲还是带来了沮丧。

在作战升级的同时,基辛格还在巴黎与北越代表进行和平谈判。作为北越的首席谈判代表,黎德寿清楚地明白,"战争越南化"是一个谋划不周的诡计,旨在掩盖美国不可避免的撤退。因此,他并不情愿过早地给予让步。南越总统阮文绍则强烈反对尼克松和基辛格的撤退战略,他以战争扩大到柬埔寨为由,提请有限的援助。基辛格无法在两方他都厌恶的提议之间做选择。他说阮文绍"是个丧心病狂的王八蛋",而北越人则是"一群一直以来狗仗人势的……杂种"。他总结道,概括来说,北纬 17 度线两边的越南谈判官都是"一群混蛋"。[143]

阮文绍和黎德寿理所当然地对基辛格也形成了类似的看法。美国已决定放任阮文绍的南越政权自生自灭,这是现实。与此同时,美国正在轰炸北越,以保全基辛格所维护的"信誉",并把它作为送给阮文绍的临别礼物。1972 年,白宫试图征求乔治·凯南的支持,以升级轰炸行动。凯南说,"我认为,不管是轰炸造成的无关破坏,还是对我们国际声誉的影响来说,这一代价都是非常昂贵的",这并非白宫所期望的答复。[144] 1972

年12月的圣诞节轰炸行动，标志着无法精确打击目标的B52轰炸机在河内和海防中心首次造成破坏，被摧毁的白梅医院厢房只是附带损害的其中一个例证。[145] 不管是美国的盟友还是敌人都普遍谴责这次行动。

而另一边，为了确保阮文绍同意协议通过，尼克松和基辛格扬言要切断对南越的所有援助，使美国从中摆脱出来。对"声誉"的追求在基辛格的任何越南策略中都没有发挥作用。几周后到来的和平没有被玷污得那么面目全非。1月8日，基辛格与黎德寿握手，并告诉他，"轰炸并非我的过错。"黎回答道："你损害了美国的声誉。你发动的野蛮和非人道的行动激起了世界各国人民的普遍愤怒和极大愤慨。"后来，约翰·埃利希曼问基辛格，南越政权有可能持续多久。基辛格预言，"我认为如果他们幸运的话，可以坚持一两年。"[146]

由于1973年1月越南和平协议的达成，基辛格和黎德寿在同年晚些时候共同被授予了诺贝尔和平奖。知道自己与基辛格一同获奖后，黎德寿拒绝接受这个奖项。基辛格没有这样的疑虑，尽管他也像黎一样明白"和平"是权宜之计，是虚伪。哈佛学者、前美国驻日大使埃德温·赖肖尔说，颁这样一个奖"要么说明挪威人民对那里发生了什么所知甚少，要么就是他们很有幽默感"。[147] 批评家兼幽默作家汤姆·莱勒高调宣布他的退休是因为现实使讽刺已经过时了。基辛格和尼克松抱怨道，这样一番重大成就没有被给予充分的尊重。1973年10月17日，基辛格问尼克松是否看到了"《纽约时报》抨击诺贝尔奖"。"他们为什么要抨击它？"尼克松问道。基辛格回答"因为他们不能容忍越南战争已经结束了。听罢，尼克松说，"这说法很有趣。" 基辛格解释说："他们不能忍受缓和的想法，对了，总统先生，他们说缓和不起作用。他们从不说，缓和使我们能够结束越南战争，因为丢掉声誉是他们不能忍受的事情。"尼克松回答说，"是的，没错。当我们坚守声誉的时候，那是最后一根稻草"。[148]

事实上，缓和局面与结束越战之间存在着联系，该联系在6个月前的莫斯科峰会上就已浮现。在进行广泛讨论的过程中，勃列日涅夫向尼克松讲述了他与他的国家安全顾问早先的谈话，其间"基辛格博士告诉我，如果越战有和平解决的办法，那么越南想要做什么你都会让他们做，他们想要什么你都会满足，比如说18个月。如果这确实是真的，如果越南人明白这一点，如果果真如此，他们便会在这个基础上赞成"达成协议。[149] 勃列日涅夫不赞同基辛格接受美国撤军和北越入侵南越之间的"体面间隔期"。[150]

这个间隔比基辛格预计的要长一点。1975年3月，北越军队的正规军越过北纬17度线，向西贡迅速挺进，一路上遭遇了象征性的抵抗。南越共和国军崩溃瓦解，西贡不到一个月便失陷，接着又有杀人的最后清算。这一系列可怕的事件留给人持久的印象：一架美国直升机摇摇欲坠地停在一所大使馆的一座附属建筑之上，下面悬着一个梯子，为幸运的少数人提供最后的解救。稍远一点，在地面上，数以千计绝望的南越公民包围使馆大门，无法逃脱，很快他们就进入到一个截然不同的世界。

乔治·凯南为美国终止了一次毫无意义的冲突，并为摆脱了一个不可靠的盟友而感到高兴。"他们赢了。我们输了。现在该他们自己上场了……我们的态度应该是：你们应该由衷地欢迎彼此，因为你们罪有应得。"[151] 凯南此番评价并非那么麻木不仁，事实上他长期反对越南战争并且一贯地对道德漠不关心。而基辛格的纪录却难以为自己辩护。他接手了一个大败，那就是从千里外支持作战升级，但是，除了妥协让步的和平协议和美国撤军之外，并没有达到他所宣称的任何目标，类似于 1968 年埃夫里尔·哈里曼提出的条款。当美国决定采取措施，轰炸柬埔寨和北越而没有限制自己的行动时，其声誉已变得相当低下。世界上最强大的国家部署重型轰炸机，对准人口密集的城市，不为观赏，只为毁灭。1975 年，西贡被焚毁时，美国的声誉几乎也荡然无存。

概念意义上，越战结合了世间两种最糟糕的情况。自由主义冷战专家发起并升级了这场冲突——其源头可追溯到威尔逊的以理想之名，又因公信力的缘故，被现实政治的信徒以刻意缓慢的速度终止。就像美国内战一样，越战将在几十年里给美国社会及其外交政策蒙上一层阴影。就像美国内战一样，它的历史及意义直到如今仍存在激烈争议。近年来，传统批评家和修正主义捍卫者在越战问题的看法上发生了冲突，例如战争曾经是否可能获胜，以及美国是否真的输掉了战争。讨论结果是，吴廷琰是不值得美国援助的一场灾难，他是美国无法摧毁的英雄领袖。南越缺乏足以使其独立的必要资金。南越倾向反共营垒，其力量在增长，但却被狠狠背叛。林登·约翰逊的轰炸行动野蛮残暴，但同时也胆小畏怯。美国输掉越战不可避免，如果当初政治领袖们能表现出更大的毅力，那美国就会获胜。因此，汲取历史的教训则成，否则将败。

基辛格效仿他的英雄梅特涅，将大部分精力专注在大国政治上。小国的事务激不起他的兴趣，当然，除非资助那些小国的大国把他们当作更大规模的博弈中的一部分。在乔治·凯南情感强烈的言辞中，人们得知，1969 年 6 月基辛格责骂了智利外交部部长加布里埃尔·瓦尔德斯，因后者竟然放肆地批判美国对拉美的经济政策。基辛格告诉他，"重大史实不会来自南方，因为历史从未垂青南方。历史轴心从莫斯科到波恩，贯穿华盛顿然后延伸到东京。南方发生之事无足轻重。你是在浪费时间。"瓦尔德斯的回复也不无道理："基辛格先生，你对南方一无所知。"基辛格表示同意，并用一种青少年特有的讥讽口气说道，"但我不在乎。"愤怒的巴尔德斯说："你这个瓦格纳式的德国人，简直是目空一切。"[152]

正如一切发生的那样，基辛格本人比他所意识到的更关心"南部"，智利就是一个例子。基辛格曾经把这个 2700 英里长 200 英里宽的国家比作一把"指向南极洲心脏的匕首"。[153] 然而，当社会主义者萨尔瓦多·阿连德于 1970 年 9 月 4 日以微弱优势赢得智利总统大选时，把这一结果视作最坏情况的基辛格再也无法坐视不管，并付诸了行动。他认为，"阿连德的当选（是）对我们国家利益的挑战……（智利）很快将煽动反美政策，破坏南半球的团结，与古巴共同发展事业，并且它迟早会与苏联建立亲密的关系。"[154] 基辛格主持了四十委员会，该机构负责监督美国情报机构执行的隐蔽行动。他言不由衷地对委员会说，"我不明白为什么，仅仅因为一个国家的人民不负责任，我们就必须让这个国家走马克思主义道路。"尼克松和基辛格指示中央情报局在智利挑起动乱，以阻止阿连德在10月上台执政。该机构在智利的主要负责人是亨利·克舍尔，他承担了一定的责任，需要协助一个简单的计划，那就是刺杀智利武装部队总司令雷内·施耐德，事后再把责任推给左派。施奈德被成功刺杀，但鲜有智利人上当，认为这是阿连德的支持者对此负有责任，人们立刻怀疑这是一场谋杀。[155] 四十委员会必须执行备选方案。

1970年9月15日，尼克松下令中情局"搞经济破坏"，并要求其情报员尝试任何"可以想到的法子"。[156] 于是中情局支付资金以招募反对派政治团体、报纸媒体和政治煽动者，并广泛开展了一项遍布智利的造谣行动。然而，这些手段都没有达到预期的效果，这主要是因为阿连德并不是尼克松和基辛格想象中的那种典型的共产主义妖魔。土地改革小心翼翼地进行，并有效地为私人地主提供了补偿。宪法仍然是神圣不可侵犯的，公民自由继续受到保护，至少在中情局没有搞破坏阴谋的时候就是如此。[157] 中情局的扰乱活动持续了整整三年才终于触发了引爆点。1973年9月11日，智利军方推翻了阿连德政权。不久后，他被发现已经身亡，身旁还有一把AK-47突击步枪，这要么就是自杀，要么就是谋杀。

虽然基辛格并不接受自己该对这起血案负全部责任，但他承认"我们帮助了他们实施计划"，并且他个人对这一结果感到高兴：这是奥古斯托·皮诺切特的专制亲西方军政府政权的崛起。[158] 历史学家估计，皮诺切特恐怖统治的初期阶段，也是最残酷的一个阶段，有将近2000人被草率处决，成千上万人被使用酷刑，并判决了超过82000起政治监禁。[159] 那时，基辛格已被提拔为国务卿，成为首位同时领导国务院并担任国家安全顾问的人。他告诉他的同僚们："不管（他们的）所作所为多么令人不快，对我们来说，(新)政府怎样都比阿连德当政要好。"事实上，基辛格第一次会见智利新任外交部长时，曾取笑美国那些懦弱的外交精英："国务院是由一群做事好比牧师多的人组成的。因为没有足够的教会可以接纳他们，所以他们才进了国务院。"[160]

根据不同倾向，有两种途径能解读1973年的智利政变。其一，这对美国的外交政策来说是一个巨大的胜利，因为一个新的卡斯特罗型政权还未成熟就已遭扼杀；其二，这是一个令人震惊的例证，它揭示了一个超级大国是如何冒冒失失地干扰一个主权国家，虚伪践踏其民主意志，并扶植起一个足以证明其邪恶的政权。尽管政府在伊朗和危地马拉遵循了艾森豪威尔政府在 20 世纪 50 年代开创的先例，但人们可能对基辛格的期望更多，因为他宣称，美国的外交活动需要更清醒地分清什么是至关重要的，什么不是。

基辛格对 1971 年印巴战争的反应也表现出了类似的扭曲的威胁感，并且他的反应可能比对事件看法中立的观察家还要糟。巴基斯坦和印度多年来一直争执不休，因为东巴基斯坦意图从西巴基斯坦寻求独立，巴基斯坦的东部和西部是分开的疆土，大约有 800 英里之遥，并且东西部有着相当不同的身份认同，但是拉合尔拒绝授予东巴基斯坦独立。在 1970 年的选举中，人民联盟党在巴基斯坦东部的 169 个席位中赢得了 167 个席位。作为回应，1971 年 3 月，巴基斯坦总统叶海亚·汗派遣了一支 4 万名士兵组成的部队平息"动乱"，并强迫该地区服从镇压。两个月内，280 万名东巴基斯坦居民越过边境逃往印度，造成了巨大的难民危机，因为印度这个痛苦贫穷的国家根本无力应付。巴基斯坦对分裂地区的军事镇压是残酷的，它的军队犯下了广泛的暴行，包括大规模针对孟加拉妇女实施强奸。[161] 12 月 3 日，巴基斯坦军队越过印度，引发战争，这一决定是愚蠢并且鲁莽的。印度只花了 13 天就打败了巴基斯坦。12 月 16 日，巴基斯坦投降，东部巴基斯坦成了孟加拉国。[162]

这一简单的事实叙述可能让人得出结论，那就是美国并未参与这场争斗，如果要说些什么的话，印度和新兴的孟加拉国自然站在正义的一方。事实上，基辛格和尼克松本能地支持巴基斯坦与印度斗争。虽然中情局无法确切地断定是哪一方开始的敌对行动，但尼克松和基辛格都指责印度和印度首相英迪拉·甘地，尼克松表示他痛恨甘地率先发动战争。总统向基辛格抱怨说，印度的侵略"使人心生烦恼"，特别是他已经"警告过那个王八蛋"。"我们必须切断武器供应"，尼克松要求道，"印度说到西巴基斯坦攻击他们时，就像俄罗斯声称受到芬兰的攻击。"威廉·罗杰斯对此事更加泰然处之，他认为美国不该卷入冲突当中，并坚决反对切断对印度的物资供应。罗杰斯的公正审慎进一步推动了基辛格与他好战、情绪不稳定的上司站在一边。他向尼克松报告说，"现在越来越肯定的是，率先发起攻击的是印度而不是巴基斯坦。"在具体行动方面，尼克松和基辛格暗中敦促中国将部队迁往印度边境，并派遣了一艘美国航空母舰，把它开到了孟加拉湾。12 月 12 日，尼克松拨打专线电话警告苏联，如果苏联直接卷入印巴战争，会造成可怕的后果。基辛格称赞此举是"典型的尼克松计划。我的意思是，此举是大胆的。你要把你的筹码重新押进去。但我的看法是，如果我们无所作为，就一定会发生灾难。虽然这样做可能也会造成灾难，但至少我们表现得像个男人"。[163]

声誉，还有"表现得像个男人"，是尼克松和基辛格如此坚定支持巴基斯坦的一部分原因。正如尼克松回忆的那样，基辛格用更直白的话向尼克松说明了他的推论："我们真的别无选择。我们不能让我们的那位朋友和中国被骗入苏联的朋友一手造成的冲突当中。"[164] 威廉·邦迪对尼克松和基辛格此次行动的尖锐评价难以改善，他认为此举是

极其鲁莽的:

根本的一点在于，这是一个赤裸裸的均势政策，超越公认的和可接受的美国利益，过去(和现在)根本不可能在美国制度下实现，这迫使人们关注舆论、分权原则以及国会的作用。在应对印巴危机和1971年的战争时，尼克松和基辛格奉行的政策不仅违背了美国的原则，也几乎在每一个回合中都造成了误判：这是一个有说服力的例子，表明任何美国政策的弱点都是基于均势的考虑，而没有适当权衡其他因素。[165]

在支援巴基斯坦时，基辛格认为他是遵循梅特涅的均势原则行事的。[166] 然而，这位伟大的奥地利战略家并不需要应付专线电话、核武器和民意。他当然也没有拿一个刚问世的想法来指挥一个国家的外交，其外交政策经过萌芽、发展和成熟阶段，是由理想主义的自我欣赏所驱使的。因此，随着越南的创伤慢慢褪去，民主党和共和党的强大势力联合到一起，他们宣称基辛格的世界观，就像健康组织上的肿瘤。他们迅速行动，想要把这颗肿瘤从政体中清除。首先到来的灾难便是水门事件。1972年5月，民主党全国委员会总部发生一起拙劣的盗窃案，彼时该事件正处在舆论旋涡当中，但在1973年11月与尼克松的一次会谈中，毛泽东拒谈此事，尼克松日益绝望，企图掩盖自己卷入此事的真相，可毕竟纸包不住火，除非牵涉的利害关系微乎其微。在同一次谈话中，基辛格唐突地对毛泽东说，"我本人不受任何麻烦困扰，因为我和这件事根本没有联系。"[167] 这是完全正确的，尽管基辛格对窃听的热情透露出一丝紧张不安。从那时起，水门事件就给尼克松政府蒙上了一层阴影。

然而，美国的外交活动中仍有大量亮点可寻，1973年10月，基辛格灵巧处理赎罪日战争就是一个例子。在此期间，在埃及和叙利亚的带头之下，阿拉伯对以色列发动攻击，被以色列击退。以色列的得胜，很大程度上要归功于美国援助的武器，使得胜败没有那么悬殊。而苏联在其中扮演的角色被认为是微不足道的。这是基辛格表现最为出色的事例之一，他在对手间斡旋，一边劝诱一边威胁报复。他确保了战争不会恶化成更大的冲突，而且至关重要的是，他克制了以色列施压的欲望。他遵循该原则并巧妙地运用穿梭外交，最终促成了特拉维夫和开罗之间举世瞩目的和解。基辛格能够促成此事主要是因为那时尼克松整日沉浸在酒精当中，顾影自怜、萎靡不振，于是基辛格得以在没有总统的参与下做出一些关键性的决定。然而，随着1974年水门事件最终东窗事发，基辛格的一人外交和尼克松备受打击的总统任期陷入黑暗。

由于弹劾诉讼的可能性在1974年的头几个月里越来越大，尼克松的外交政策选择因此受到限制。1974年1月，后来继任了梅尔文·莱尔德国防部长职位的詹姆斯·施莱辛格，提供给保罗·尼采一份工作，要求他担任劳心费神的军备控制顾问，继续效力于政府。此前，尼采的工作是国际安全事务助理。尼采欣然接受了这份工作，不顾他对基辛格和尼克松的蔑视，但是，巴里·戈德华特命令提名程序终止。作为参议院武装服役委员会一名颇具影响力的成员，戈德华特宣称自己"坚定不移地反对"尼采的提名，因为尼采是"对实现我国单方面裁军感兴趣的那一类人"。[168] 当基辛格把他的反对归因于"保守派礼拜仪式的执拗"时，戈德华特的恐惧就像笑话一样被揭穿了，这个插曲在整个事情的计划中并没有产生多大影响。[169] 正如《纽约时报》在3月22日报道的那样，"据白宫官员分析，参议员戈德华特强烈反对保罗·尼采，如果白宫坚持要继续提名，他就可以适时开启弹劾进程。"[170] 这显然是一个不值得去冒的风险。尼采被告知，他必须留在原职。这则消息相当令人失望，之后他也没有在原有的职位上停留很长一段时间。由于水门丑闻已近收场，3月28日尼采辞去了尼克松政府的职务。没有收到回信的尼采在6月14日发表了一份公开声明：

  目前，在首都发生的多件造成信任重创的事件其事态逐渐清晰，这些事件在国际领域也产生了影响。在我看来，试图无视或希望摆脱这种令人沮丧的现实都是不切实际的。在总统的政府恢复到其主要职能之前，即维护宪法和坚持法律的公正执行，从而能够有效地在国内外发挥作用，因此，我认为我没有办法，可以扭转局势演变中的某些糟糕的趋势。

  基辛格在他的回忆录中详述了他对尼采的高度尊重。然而，面对尼采"对尼克松猛烈的公开批评"，他却无法掩饰自己的沮丧。[171]

  6月27日，众议院司法委员会投票弹劾尼克松总统阻挠司法。在这期间，基辛格建议尼克松，他如今已别无选择，只能优雅地退出。经过一番推诿搪塞后，尼克松决定自己别无他法，只能选择辞职。正如乔治·凯南在他的日记中提到的那样，尼克松的辞职演说"相当古怪，因为他对自己亲手酿成的灾难的真正原因毫无知觉，并且也没有察觉到这对他未来职业生涯的意义"。[172] 在此之前，由于斯皮罗·阿格纽涉入一桩税务和贿赂丑闻，杰拉尔德·福特代替了其副总统的职位，现在毫无疑问，他又将取代尼克松的总统职位。"盖瑞·福特，我个人还挺喜欢他，"1973年10月基辛格对尼克松说，"他没有当总统的头脑。"[173]

  也许是担心福特个性相对比较单纯，尼克松向他的继任者简要讲述了该如何对付基辛格。最关键的是，尼克松竭力要求福特保留基辛格现有的职位：他将是"唯一一个对福特绝对不可或缺的人……他的智慧、坚韧和他在外事方面的经验，在这个动荡的关头是十分重要的品质"。同时，他也告诫福特不要给基辛格"完全的自由"。正如尼克松后来所观察到的那样，"福特已经意识到，有时基辛格必须受到限制。因为有时候基辛格会把自己当成总统。但在其他时候，你必须宠爱基辛格，像孩子一样对待他。"[174] 尼克松总统任期内最后的行动之一，就是要求基辛格切断对以色列的所有军事援助，直到它离开被占领领土。杰拉尔德·福特发现该命令的存在后倍感震惊，立马废除了这一命令。基辛格不禁纳闷，这是否是尼克松企图"报复"自己劝他辞职，还是因为尼克松感觉到了自己的不忠。[175]

尼克松从日渐势微到最终倒台的过程中，基辛格的敌人也在继续攻击他。来自华盛顿的民主党参议员思顾普·杰克逊就是一个特别坚决的对手。在大多数国内问题上，他都秉持一位自由主义者的观点，但在关于国家安全的问题上，杰克逊追随保罗·尼采的鹰派作风。事实上，杰克逊的好战在许多方面超过了 NSC-68 的作者。他加入尼采，攻击艾森豪威尔允许导弹力量差距的出现，且一贯以来支持约翰逊升级越南战争。1972年8月，苏联要求离境公民缴纳"出境税"，这项政策对犹太移民造成了巨大影响。对这项政策倍感震惊的杰克逊加入到俄亥俄州民主党员查尔斯·瓦尼克的行列中，与他一同建议修订一项与苏联的贸易法案，给予苏联最惠国待遇。

《1974年的贸易法》成功附上了《杰克逊－瓦尼克修正案》，将给予最惠国地位与该国移民政策的透明度和公平性挂钩。基辛格认为这项修正案是在暗中企图让美国卷入另一个国家的内政当中。《杰克逊－瓦尼克修正案》的通过远远超出了基辛格的正确外交概念的范围，并且他认为这项修正案将限制犹太移民，因为莫斯科在断绝犹太人的后路。乔治·凯南身处局外观察这一系列令人意气消沉的事件，他开始对基辛格的政治前途感到担忧："投机分子喜欢思顾普·杰克逊各处掺和，这样基辛格随时都可以离开。"[176] 因此，尼克松把杰克逊形容为"我们最可怕的对手"也就有了很充分的理由。[177] 据基辛格估计，杰克逊的随从们甚至比他还要更糟。1975年，国务卿描述杰克逊手下最为反苏维埃的实习生理查德·珀尔时，说他就像是一位"精神病患者"。[178]

1973年9月，基辛格一边与 J·威廉·傅尔布莱特谈话，一边思考最直言不讳的批评："这是右翼分子、知识分子还有犹太压力团体的怪异组合。"[179] 有些人甚至在技术方面为他工作。1974年5月是伍德罗·威尔逊逝世50周年纪念日，美国驻印度大使丹尼尔·帕特里克·莫伊尼汉发表了一篇激动人心的演说，并被一份颇具影响力的期刊《评论》转载，自认为是"新保守主义"的欧文·克里斯托尔为这篇文章做了编辑工作。莫伊尼汉称赞了威尔逊的"非凡贡献"，他确立了美国的核心责任，那就是"在世界范围内捍卫和在可行的情况下推进民主原则"。莫伊尼汉想要知道在历史发展进程中，威尔逊不容忽视的遗产是否已经被追随不同信条的战略家们所遗忘："我们必须与玩弄我们的力量抗争：我们拥护自由，拥护更多自由。我们支持更少减损自由的事情：包括我们自己。"莫伊尼汉的文章被加上了《伍德罗·威尔逊是正确的吗？》这个标题。他的回答是明确无误的"是"。然而，福特并没有批评他，而是在来年，将受欢迎的莫伊尼汉提拔为美国驻联合国大使。莫伊尼汉是伦敦经济学院的傅尔布莱特学者，并曾任教于哈佛。虽然他和基辛格有着共同的学术背景，但是文人相轻，两人对彼此并没有多少感情。莫伊尼汉说，"亨利不说谎是因为这符合他的利益。而他说谎是出于他的天性"。正如沃尔特·艾萨克森写道的那样，"莫伊尼汉会说，基辛格天生善搞阴谋，这种特质'有助于促成'水门事件。"[180]

在回忆录中，基辛格慨叹欧文·克里斯托尔、诺曼·波德霍雷茨和莫伊尼汉在战略问题上的天真：

> 战术让他们感到无聊。对于美国达不到彻底胜利的外交政策，他们没能认识到值得的目标……越南战争的激进反对者把美国在中南半岛地区的失败归咎于道义上的缺陷，并宣扬采取放弃美国职责的对策，使美国能够专注于自我完善。新保守主义者颠倒了这一教训，他们认为道德重建是再次投身该事业的关键。尼克松和我同意新保守主义的前提，但我们也认为，20世纪60年代早期简单的威尔逊主义已经诱使我们去冒了超越我们能力的风险，剥夺了我们界定自己国家宗旨的标准……新保守主义者……并没有像他们宣称的那样，反倒是提出了一个不那么新的策略，这是回归到好战、崇尚武力的威尔逊主义。他们所认定的外交政策的根本目的是消灭苏联所代表的邪恶力量，而没有把问题与战术放在一起考虑。[181]

这是对新保守主义运动真知灼见的评价。基辛格清楚地明白他们的期望和影响，并一针见血地批判了他们的终极目标——消灭邪恶、传播民主和拒绝道德相对主义——这些都是无法实现的。

然而，基辛格未能承认的是，他的外交世界观及其五年统治时期，一定程度上是一系列独特的事件交汇所造成的历史性的失常。如果没有令人痛心的越战僵局，如果没有一位不同寻常的总统在普遍的反共潮流中当选，如果美国与中国建交并不是在后"文化大革"命时代发生，如果苏联没有实现核战略均等，如果1972年普选，民主党的左派有被选任的可能性，如果人民选择了尼克松在普选中以61比37票，而选举团选举中以520比17票击败的，真正的自由主义者乔治·麦戈文作为候选人，那么，基辛格外交策略的声望都是无法想象的。所有这些因素使得基辛格能在世界舞台上效仿他的英雄梅特涅，准确无误地套用均势策略，淡化作为美国对外关系其中一个因素的意识形态纷争。但是，越南战争结束、尼克松跌下神坛、后麦戈文时代民主党的东山再起、共和党的右倾，所有这些使得美国又回到默认的冷战立场，是不适宜现实政治的。尼克松和基辛格在狭窄的机遇之门内取得了巨大的成就。然而，1974年年中，这扇门却被关上了。

虽然基辛格的外交选择权在1974年受到更多限制,但有件事却提供了极大的补偿,这足以让他感到振奋,那就是杰拉尔德·福特被擢升为总统。于是,基辛格的上司一夜之间从约翰·高蒂变成了约翰尼·卡森,这可以说是皆大欢喜。福特神采奕奕,没有自我怀疑的重负。毫无疑问,他不是那种能在无论好坏的情况当中,都察觉出不好征兆的类型。在他们的第一次会面之后,基辛格说自己有种明显的宽慰感:

一个半小时后,我离开他的办公室,我突然意识到,这是多年来第一次会见总统时我没有感到紧张……之前和尼克松谈话,每一次他都没有说明自己的全部意图。虽然揣摩他人心思使人兴奋,但同时也很耗费人的精力,甚至会让人感到威胁。同福特谈话时,就那些没有深藏的算计、病态的猜疑和各种复杂的东西……我认为没有哪个公众人物能比这个人更好地带领我们国家走向复兴,他是一位非常典型的美国人,有着不容置疑的正直,心平气和、为人体贴,对国家事务和国际责任富有见识,冷静并无所畏惧。[182]

在接受沃尔特·艾萨克森的采访时,亨利的儿子大卫·基辛格道出了他父亲对这种转变感到满意的另外一个原因:"福特总统明确表示,他认为我的父亲在智力方面优于他,但总统感觉很自在。"[183]

福特对基辛格的尊敬在他就任总统的第一年里是最为明显的。缓和政策的批评家们长期以来声称,苏联持不同政见者,如科学家安德烈·萨哈罗夫和作家亚历山大·索尔仁尼琴没有得到来自华盛顿的足够鼓励。1973年9月,乔治·凯南向基辛格强调了媒体的窘境,呼吁基辛格支援被他贬低为"歇斯底里的西方媒体"。"你知道在斯大林统治之下他们会遭遇些什么",基辛格说道。在注意到"实际上,没有任何事发生在他(萨哈罗夫)或索尔仁尼琴身上"之后,凯南说,"他们惹来的许多麻烦都是他们自己挑起来的。所以我只想让你知道,我非常支持你。我认为,像我们这样一个伟大的国家,在任何情况下,尝试和调整外交政策,让另一个国家的内部发生变化,这都是正确的。"[184]受到凯南的鼓舞,基辛格当然遵循了凯南的逻辑,他建议福特总统在1975年年初访问全国期间拒绝与索尔仁尼琴会面。"出于外交政策的考虑,我决定将政治利益置于次要地位",福特总统实事求是地承认道,这种选择隐藏了很多遗憾。[185]

谈到政治失误方面,福特的决定是受到了误导。更严重的误导是,刚上任之际就立马授予了尼克松完全赦免,使得他免受起诉,这造成了灾难性的选举后果。但是,福特做出的决定所产生的后果似乎来得更快些。《纽约时报》刊登的一篇社论曾这样问道,"福特总统是否知道缓和与绥靖政策之间的区别?"[186]福特的一名助理迪克·切尼向总统的办公厅主任唐纳德·拉姆斯菲尔德表达了不安:

我认为他的决定是对缓和的误读……在大多数情况下，缓和应该包括尽可能达成减少冲突可能性的协定，但这并不意味着，我们与苏维埃的关系突然之间就变得亲密无间、前途光明。我想不出一个（比会面索尔仁尼琴）更好的方法，向美国人民和世界表明，与苏联的缓和……并不意味着我们同意他们的生活方式或他们的独裁政府。[187]

切尼绝对是对的。毋需强调，任何能够用有理有据的反对来团结迪克·切尼和《纽约时代》的决定，要么可能存在一些严重的缺陷，要么就是受一位奇才启发。席卷政府的狂怒清楚表明，是前者。基辛格在他的回忆录中承认了许多失误，他哀叹道："如果当初我们想办法与这个伟大而勇敢的自由主义拥护者见面，那么实施一个均衡的苏联政策的能力就不会被破坏得那么严重。"[188]

索尔仁尼琴被冷落此事发生一个月后，基辛格来到明尼阿波利市，做了一次题为《外交政策的道义基础》的演讲，在此次演讲中他对多方批评做出了回应。本次演讲效仿的是人们熟悉的马后炮风格，演讲者似乎表达了悔恨，批评家似乎卸下武装，然后最重要的一点在演讲结束部分才表述出来：批评我的人是错的，我的做法虽然不够正确，但换作谁都难免如此。于是基辛格开始滔滔不绝，"我们从来没有把自己看作是一个追求自私目标的民族国家。我们总是站得更高，不仅仅只考虑到自己，我们是其他土地上被压迫人民的灯塔。"结尾部分，他通过强调达成协议的好处，坚定地捍卫了缓和策略，并标榜了自己：

由于外交政策关系的改善，我们成功地利用了自身的影响力来促进人权。但是，在此过程中，我们默默无闻，只是把棘手的问题和背负的重重压力牢记于心，而非公开对抗。因此，批评缓和政策的人必须回答："他们提出的备选方案是什么？他们要我们改变的明确的政策是什么？他们是否准备好了应对国际风险长期加剧的局面？他们是否希望回到冷战时期，危机不断和军备预算高攀的局面？果真是缓和助长了压迫？抑或缓和导致了我们现在正在目睹的骚乱和对于公开的需求？"[189]

最后一句是引用自《赫尔辛基最终议定书》中的一句话，该协定于同一个月签署，它确认了欧洲战后的边界，提供管制并加速了东西方在科学、旅游、环境和贸易方面的交流，并将协定独立的第三部分专门用于容纳"人道主义和其他领域"方面的规定。协定的最终目的是要求所有签署国都尊重其公民人权的不可侵犯性。协定的第一个部分，正式承认了苏联对东欧的统治，引发了最广泛的关注。而在当时，基辛格几乎无法想象，第三个部分对下一代人来说预示着什么。但一些史学家现在认为，实际上，勃列日涅夫在赫尔辛基签署的是苏联的死刑令。约翰·刘易斯·盖迪斯写道：

> 挑战威权统治……现在是一项合法的事业，因为勃列日涅夫在《赫尔辛基最终议定书》上的签字正式认可了苏联的对手在冷战期间一直阐述的论点：是人民，而非政党及其领导人，有权集会、投票来决定自己的前途。长期以来一直希望改革的持不同政见者现在可以宣称这是他们的权利，而且他们的要求在数月之内就席卷了苏联阵营。[190]

《赫尔辛基协议》的全文是确切意义上的欧洲安全与合作会议，《真理报》刊登该协议，是一种创造性的自我毁灭的行为。会议结束后不久，赫尔辛基集团就在华沙条约国家中活跃起来，其中包括捷克斯洛伐克瓦茨拉夫·哈维尔的《七七宪章》和莱赫·瓦文萨的波兰团结运动。当时，基辛格无法巧妙、充分地解释《赫尔辛基协议》的意义，毕竟他如何解释得通呢？但是，国务卿非常敏锐，他把"骚动和对于开放的需求"认定为已有的实际情况。福特在赫尔辛基发表演说是他总统生涯中表现最为出色的时刻。总统特别关注人权条款，他坦率地对勃列日涅夫说："对我国来说，这些都不是陈词滥调或空洞的短语……重要的是，认识到美国人民及其政府对人权和基本自由的无私奉献……将来历史评判这次会议时，不会根据我们今天的言辞，而是凭借我们明天的行动；不会依据我们许下的诺言，而是通过我们信守的承诺。"[191]然而，针对基辛格和福特的批评家们却不买账，他们攻击道，《赫尔辛基协议》就仿佛是雅尔塔体系的卷土重来，并没有体现出战时联盟的缓和因素。

乔治·凯南对35个国家签署的其核心为国内政策的外交条约没有任何热情。他对该协议不屑一顾，把它称之为"一大堆废话……没有对任何具体的人和事做出承诺"。[192]亚历山大·索尔仁尼琴被总统的冷落所刺痛，他形容《赫尔辛基协议》是"对东欧的背叛"，并暗地里预言"外交友好协议的铁锹将深埋并堆挤仍在同一个坟墓里残喘的尸体"。州长罗纳德·里根说，他接下来的主要策略就是将世界的弊病怪罪在基辛格身上，"在基辛格的坚持下，福特先生冷落了我们这个时代伟大的道德英雄之一亚历山大·索尔仁尼琴。在基辛格的坚持下，福特先生飞了大半个地球，来到赫尔辛基签署的一份协议，将美国的决定权置于东欧的苏维埃帝国之下"。[193]"我觉得我们在赫尔辛基吃了亏。"州长吉米·卡特插嘴说道，他准备站在总统一边。"我们批准苏联接管东欧，而自己却几乎一无所获。"[194]但是，基辛格和福特的理解是，美国1945年就已转让给苏联统治东欧的权力。《赫尔辛基协议》的天才之处就在于，它用温暖的怀抱，抓住了对此深信不疑、过于自信的勃列日涅夫，将正式的认可置于长久的现实当中，然后在他本人身上戴上一枚定时炸弹。

验证《赫尔辛基协议》是否奏效所花费的时间很长。人们通常把 1975 年形容为悲惨的一年。因为同年 4 月，南越和柬埔寨都沦落到共产主义国家的猛攻当中。基辛格在他人提醒下回忆道，"至于东南亚地区，我对此忧心忡忡，就像面对一位身患绝症的亲戚，我希望延缓他的生命，为他祈祷着我无法形容的奇迹般的痊愈。"[195] 基辛格赞成军事干预，但福特迅速拒绝批准，让基辛格独自哀叹道，"我是唯一在三周内失去了两个国家的国务卿。"记者芭芭拉·沃尔特斯为 NBC 主持的一次对基辛格的电视采访，收获了大量观众，采访中沃尔特斯问基辛格这一损失对美国意味着什么。越南问题上美国在哪出的错？基辛格开始对这个问题作一贯以来的回答，他说"几乎每个重大事件都有多米诺效应"，"至于谁正在前进，谁正在后退"，人们可以把原因归结为"世界范围内人们营造的普遍的心理气候"。他停顿了一下，深呼吸，然后补充说道，如果相信这种谣传，那"我们可能就犯了一个错误"。"我们也许会倾向于从越南的角度看待（战争），而非从外部角度，刺探全球的阴谋。"对《华盛顿邮报》的斯蒂芬·罗森菲尔德来说，能看到基辛格联系大卫·哈伯斯坦实在令人振奋，他大声说道，"斟酌刻薄字眼的历史修正主义者喜极而泣。"[196]

在他担任国务卿的余下任期内，基辛格没有实现对《赫尔辛基协议》的验证。在所谓的 1975 年万圣节大屠杀期间，福特无情地改组了政府，把最重要的利益割让给共和党的右翼。福特的办公厅主任唐纳德·拉姆斯菲尔德被任命为国防部长。迪克·切尼受到提拔，取代了拉姆斯菲尔德的职位。福特的副总统，也是基辛格的朋友和赞助人，纳尔逊·洛克菲勒，被说服离职，在即将到来的大选中作为福特的竞选搭档。最终，基辛格国家安全方面的职务被移交给布伦特·斯考克罗夫特。这是肯定的，因为斯考克罗夫特和基辛格有着类似的世界观。但是，基辛格曾享受过前所未有的权力，被授予担任双重角色，现在却要努力去适应失去自己在白宫的高位。基辛格陷入了闷闷不乐的情绪中，并仔细考虑起了辞职。然而，他很快就断定，拉姆斯菲尔德或切尼取代他位置的可能性大到令人害怕，这使他难以坚持下去。基辛格在一次内阁会议上对拉姆斯菲尔德戏谑地说道，"唐你太太今天在我办公室里搔首弄姿。"[197]

对罗纳德·里根来说，这场大屠杀还不够血腥，他发出恶意的威胁："我决不会姑息让步。"然而，比起挑战罗纳德·里根，福特又一次采取了绥靖政策。1975 年 11 月 14 日，福特的竞选顾问罗伯特·蒂特警告他说，"缓和政策是一个特别不得人心的想法，笼络不了多数共和党的主要选民。我们应该尽可能停止使用这个词。"[198] 福特同意，将"缓和"从词汇角度归入了"自由主义"，这一来就把它从叙词变为了修饰语。基辛格的宏伟战略在众目睽睽之下受到猛烈批评。

同年，闻到更多血腥味的保罗·尼采和沃尔特更好战的哥哥尤金·罗斯托开始落井下石，他们召集了一群重要的反基辛格民主党和共和党人士，成立了当前危险委员会。成员名册令人印象十分深刻,其中包括迪安·腊斯克、理查德·珀尔和索尔·贝罗。珍妮·柯克帕特里克是乔治敦大学国际关系领域的著名教授,也是该委员会的一名重要成员,她攻击基辛格世界观的一举非常奏效:"(一种)信奉绥靖主义的文化,不仅会为反对使用武力寻找借口,而且还会否认自身在世界上的地位,这是种极其错误的文化,误认了现实的本质。"[199]执行委员倾向民主党和共和党的各占一半,但是,其公开立场是无党派的。1976年,当吉米·卡特和罗纳德·里根都在或多或少的同等程度上抨击基辛格时,执行委员会秉持的立场十分有用。然而,当他们的皮纳塔离开现场时,共和党发现罗纳德·里根是一位魅力超凡的冷战专家,委员会的成员几乎一致支持共和党。

1976年一整年,福特都面临着主要来自罗纳德·里根的激烈挑战,福特只能勉强应对,而吉米·卡特,这位佐治亚州州长,则获得了民主党提名。在外交政策方面,里根和卡特发出了近乎相同的讯息。里根在初选中反复说道,"亨利·基辛格对美国外交政策的指导,准确符合丧失美国军事优势的条件"。他和福特都把这称之为"美国意志的崩溃和美国权利的撤退"。[200]当福特在8月的党内代表大会上获得提名时,里根的叛乱运动以失败告终。但里根赢得了共和党的灵魂。

同时,吉米·卡特继续起了里根未完成的事业。例如,在第二次总统辩论中,他对基辛格的"保密"和"秘密"外交点名道姓地批评了11次。在气势磅礴的开场白中,卡特指出:"我们的国家不再强大了,我们也不再受尊敬了……我们在外交政策中,丢失了美国人民的性格。我们无视或者说排除了美国人民和国会参与制定外交政策的权利。政策制定成了一项保密的、将相关人士排除在外的任务。"然而,一手造成这一令人沮丧的事态的人并不是现任者:"就外交政策而言,基辛格先生才是这个国家的总统。"卡特说。[201]

在后来的辩论中,处于弱势地位的福特在总统辩论历史上说出了最糟糕的一番话。在为接触莫斯科的政策辩护时,福特说,"没有苏联统治东欧,也不会有福特管理下的美国。"当被人小心谨慎地要求澄清时,福特干脆把事情弄得更糟:

弗兰克尔先生,我不相信,南斯拉夫人认为自己的命运是由苏联主宰的。我也不相信罗马尼亚人认为自己政权是被苏联统治的。同时,我不相信波兰人认为自己的国家是受苏联支配的。这些国家都是独立、自主的,有它们自己的领土完整。美国不承认这些国家在苏联的统治之下。[202]

很少会有冷战时期的总统说话听上去很像苏联的宣传员。福特的言论似乎证明了里根和卡特的指控,他对苏联的威胁漠不关心,还采取了最糟糕最过激的行为,他的所作所为是个彻头彻尾的错误。乔治·盖洛普的民意调查指出,总统的失态是"竞选中最具决定性的时刻"。它致命性地终结了福特的东山再起。[203]

1976年大选，卡特以普选得票率高出两个百分点，以选举人票297比240的优势击败福特。随着福特的失败，美国与欧洲均势政治的古怪关系迅速而又不光彩地结束了。这是一件充满激情又极具动荡的事情，如同节日一般传奇多彩。然而，在狂欢结束后，国家怯懦地回到了伍德罗·威尔逊时代曾长期占据的时代。基辛格带着自己的才智和完好无损的自信淡出视线。一位记者在他离开后问他："你是否能告诉我你认为自己最成功和最失败之处分别在哪吗？""我不太明白你问题的第二点。"基辛格回答说。[204]

离开办公室后，基辛格拿起打开的麦克风，毫无防备地评论起尼克松。他把自己的前任上司形容为一个"古怪""不易近人""神经兮兮"并且还"矫揉造作"的人。这些话传到了尼克松耳朵里，可以预见，尼克松听到后会多么恼火——尽管可能并不感到意外。1977年，两个人在休伯特·汉弗莱的葬礼上尴尬重逢，他们在1978年谁可能成为总统这个话题上发表了不同看法。"你还像从前一样卑鄙吗？"尼克松问基辛格。基辛格答道，"对的但我没有像以前那样的机会。"[205] 当尼克松在1994年去世时，基辛格在一份文采斐然、感人心脾的悼词中援引了《哈姆雷特》中的一句话："他是一位堂堂的男子汉，带他去吧。从此我再也见不到像他那样的人。"[206] 这番话可能同样适用于基辛格。

第八章

世界构造者

保罗·沃尔福威茨

> 有时人们叫我理想主义者。唯有此时我能感到自己是美国人。美利坚民族是世上最富理想主义的民族。
>
> ——伍德罗·威尔逊

保罗·沃尔福威茨尽职尽责地为尼克松和福特政府效劳，但他对这两届政府的政策毫无兴趣。直到1973年，兰德公司的一名鹰派战略研究员弗雷德·伊克尔邀请沃尔福威茨加入美国军备控制与裁军署，这名年轻的学者便毅然辞去了他在耶鲁大学的终身教职。决定之迅速，仿佛于他而言，辞职只是平时撰写论文的普通环节。沃尔福威茨并不满足于做大学三尺讲台上的政治学者，连久负盛名的耶鲁大学亦不能令他止步。他的所思所想都是向权力靠近，以及寻找将理论付诸实践的契机。

很不巧的是，亨利·基辛格为政治理论到实践的转换定了调——而且大多数还是基辛格自己的理论。沃尔福威茨醉心于导弹发射、早期预警系统，以及其他尖端科技方面的工作，他享受工作中的一点一滴，然而白宫的大环境却令他备受打击。在他看来，尼克松政府采取的缓和战略不仅在道义上讲不通，而且缺乏策略战术。缓和战略不仅没有压制住美国的头号对手苏联，反而承认了苏联的合法地位，促进了苏联的发展——再加上当时的限制战略武器谈判，更是放任莫斯科方面本就显著的战略优势继续发展。对于基辛格而言，沃尔福威茨提出的可能性与他处理国际关系时沉稳平静而富建设性的梅特涅式作风背道而驰，因此无法接受他的想法。受虚假的历史相似案例误导，基辛格必定要失败。然而中情局对来自苏联的威胁也摆出一副无所谓的样子，问题便尖锐起来了。

中情局在每年末都会汇编一份绝密的美国国家情报评估，全面分析美国面临的最紧要的威胁。尼克松和福特执政期间，越来越多的批评家批判中情局低估了苏联的军事实力，其中就包括参与制定冷战政策的保罗·尼采和美国核原则创始人之一阿尔伯特·沃尔斯泰特。有人怀疑一向乐观的国家情报评估如此推崇当局下手干预莫斯科，是否受到了某些指令的影响。福特总统与罗纳德·里根的首次交锋十分激烈，在此期间，因顶不住党内右翼的压力，福特便指派新任的中情局局长乔治·赫伯特·沃克·布什针对这些指责的声音所反映的问题展开独立调查。布什召集了一批外部专家——指定的 B 团队——重新审查中情局的机密数据，并调查中情局对于莫斯科方面是否抱有不以为意的轻敌态度。由哈佛大学历史系教授、苏联问题专家理查德·派普斯领导，B 团队的其余 16 名队员均为分析员或国防部精英，队员中包括两名保罗：保罗·尼采和保罗·沃尔福威茨。[1]

审查结束后，B 团队发布的调查报告重挫了中情局。报告中批评中情局过度依赖卫星图像和通讯情报，还称中情局对苏联政治局成员的实际言论关注不够——言论不仅仅局限于苏联政治局官员咄咄逼人的话语——并且对全球范围内苏联利益的代理人，不论是安哥拉、阿富汗还是越南地区的动态都视而不见。[2] 正如保罗·尼采在写给布里辛斯基的一封信所说，"苏联领导人毫无掩饰地宣称，他们认为美苏国力的天平在过去的 5 到 10 年间已经向苏联的方向倾斜了。而这一切，在他们看来，都要归功于苏联不断增长的军事优势以及美国的缓和政策。"[3] 派普斯和保罗·尼采举出的事例充满挑衅意味却又证据确凿，让年纪尚轻且人员不足的中情局"A 团队"方寸大乱。一名分析员在 1976 年 10 月两"团队"的会议上说，"这就像是让沃尔特·惠特曼高中队和华盛顿红人队对战一样。"另一名分析员回忆说，"保罗·尼采他们简直要把我们当下酒菜吞吃入腹了。"[4]

参与 B 团队是沃尔福威茨积累经验的重要阶段。整个团队的调查结论表明，基辛格外交政策的核心部分，即改善美苏关系以扩大美国外交策略的施用范围，只是一个谬论。苏联仍致力于消灭自由资本主义，与斯大林时期的情况别无二致。美国要如何同秉承此种世界观的国家沟通？B 团队给出的答案是：没有办法。沃尔福威茨的评估也称"B 团队证明，很有可能在分析员的共同观点的基础上，提炼出一种对苏联动机截然不同的看法，以及对已观察到的苏联方面的动作更为合理的解释"。[5] 离开 B 团队时，沃尔福威茨深信美国面临威胁的严峻程度往往超过其表象，华盛顿制定计划时需要考虑最坏的情况，因此应大幅增加军备开支。并且由于相同的系统性偏见，中情局已经不能信赖——中情局依赖客观可验的证据、信奉道德相对主义，且不愿将意识形态归结为许多现象的诱因，这也危害了美国国务院。虽然日后 B 团队危言耸听的评估实际上证明是错误的，但是这些观点在当时却能够让人精神为之一振。[6]

B 团队的出现以及沃尔福威茨地缘政治学观念的觉醒，是美国对外政策制定史上具有承接意义的一环。在道德主张、强硬态度、本能中对美国的道德观和惩恶扬善的己任深信不疑的背景下，基辛格式的现实主义观念很快就变得暗淡无光。在 1976 年的夏天，如孟捷慕在《火神派崛起：布什的战争内阁》一书中所述，沃尔福威茨找了两名实习生来协助他在B团队内的工作，其中一名实习生就是弗兰西斯·福山。有次在家中吃晚餐时，沃尔福威茨深入分析了亨利·基辛格《重建的世界》一书的优点与不足。他说，基辛格这本书研究深入，并且趣味横生，但基辛格选用的事例是错误的。这位现实政治大师、梅特涅式国务卿所展望的远景缺乏深思熟虑以及事实基础，他帮助保护的所谓"和平"实际上并不能长久维系下去。而在基辛格举例使用的这类故事中，立足于道德和宗教，提倡强烈抵抗拿破仑·波拿巴的沙皇亚历山大一世才是真正的英雄。福山回忆说，"沃尔福威茨说，基辛格错在根本不理解自己生活的国家，美国实际致力于贯彻一些普世原则。"[7]面对基辛格是非不分，一味追求权力平衡的外交政策，沃尔福威茨很喜欢借一句波兰成语来讽刺其政策中的隐患："坟墓里的安稳。"[8]沃尔福威茨以价值观为导向的普世主义同基辛格的原则划清了界限，这在很大程度上归功于伍德罗·威尔逊，这一倾向也主导了后续30年内美国外交政策的辩论。

保罗·邓迪思·沃尔福威茨于1943年12月22日出生于布鲁克林的一个犹太家庭，是雅各布·沃尔福威茨和莉莲·邓迪思的第二个孩子。1920年，保罗的祖父母担心纳粹会对犹太人进行迫害，便动身前往波兰避难。直觉救了他们一命。基辛格的经历也与此相似，他的许多亲人都因纳粹的种族灭绝政策而丧生。

同许多天资异禀却又一贫如洗的犹太移民一样，保罗的父亲雅各布·沃尔福威茨来到纽约市立大学学习，在那里他接受了一流的教育。毕业后他又考入纽约大学继续深造，并获得了纽约大学数学博士学位。雅各布的兴趣广泛，学历高，是罗斯福新政的坚定拥护者，热忱的犹太复国主义者，并且组织了抗议苏联残忍镇压少数派和持不同政见者的游行。1951年，雅各布转至康奈尔大学任数学和统计学教授，雅各布一家也就从纽约城搬到了伊萨卡。伊萨卡位于纽约州的边远地区，虽然是所孤立的大学城，但风光宜人。

保罗在伊萨卡度过了快乐无忧的童年，父亲的严格教导伴随着保罗的成长。保罗家的图书馆藏书丰厚，保罗读遍了父亲收藏的有关第二次世界大战和犹太人大屠杀的书籍——他本人曾坦言说，这类书他读得"太多了"——比如乔治·奥威尔的作品全集，以及约翰·赫西对原子弹爆炸后广岛的纪实——《广岛浩劫》。[9]保罗天资过人，高中时，他就读的伊萨卡高中特别允许他在正常上课期间去康纳尔大学听上午的微积分课。[10]康纳尔大学也认为保罗资质不凡，向他伸出了橄榄枝，并承诺给予他全额奖学金。条件优渥，机会难得，保罗和他的家人欣然同意。他主攻数学和化学方向，似是要追随他父亲的脚步，踏上研究自然科学的道路。

由于成绩优异，保罗取得了加入特莱瑞德协会的资格。特莱瑞德协会由从康纳尔大学和密歇根大学各个专业选拔出的本科生组成，每名成员都才智超群。协会成立于1910

年，启动资金由科罗拉多州一位名叫卢西恩·卢修斯·纳恩的民间商人提供，是独立于政府的自由学术团体。特莱瑞德协会提倡学生自由交流观点，成员都必须拥有极高的自力更生能力和责任心。协会的日常管理工作全部由学生负责，学生自己雇佣食堂和清洁人员，组织各类基本维护工作，邀请客座嘉宾，并负责新成员录取工作。1963 年，正是在特莱瑞德，沃尔福威茨第一次见到了阿兰·布鲁姆教授。他是一名极富个人魅力的古典学教授和政治理论家，受聘来此担任研究生导师。[11] 布鲁姆有着苏格拉底式的教学风格，他也将古典哲学家苏格拉底视为前进路上指引方向的北极星。布鲁姆喜欢如酒神般的纵酒狂欢，他的生活充实而愉悦。布鲁姆和亚历山大·科耶夫、雷蒙·阿隆、列奥·施特劳斯、苏珊·桑塔格以及伟大的小说家索尔·贝娄关系密切。索尔·贝娄和布鲁姆都毕业于芝加哥大学，之后他以布鲁姆为原型创作了传记类小说《拉维尔斯坦》。在这部书中，沃尔福威茨摇身变为书中配角菲利普·高曼，毫无掩饰地站在了读者面前。特莱瑞德并不是邪教团体——虽然两者看起来确实有几分相似——如果非要说是邪教，教徒也都是被布鲁姆教授这块磁铁吸引来的。[12]

就读于康纳尔大学期间，沃尔福威茨的研究方向由自然科学转为了政治科学。沃尔福威茨自己也说，启发他转变研究方向的正是布鲁姆教授："他教给我很多知识，引领我走到政治科学面前，告诉我政治也是一门严谨的科学，虽然和我所理解的科学大相径庭。真是让我眼界大开。"然而，感受到这一转变可能会带来的危险，父亲雅各布并不看好布鲁姆充斥着雄图壮志的高谈阔论。实际上，这两位教授互相都看不上对方的研究领域。沃尔福威茨回忆说："布鲁姆教授大体上有些鄙视硬科学（以客观量度和观察物质数据为基础，多指自然科学），他认为硬科学忽视了哲学层面。"[13] 而雅各布·沃尔福威茨却将社会科学视为低等学科，他认为社会科学通过假设来推导出事实的做法没有说服力。

雅各布注定无法说服自己的儿子。他要对抗的不只是布鲁姆非凡的个人魅力以及保罗对政治理论的热忱，更要与一系列重大的国际事态抗争——这些国际大事将保罗一步步拉向了政治，并促使他萌生了将政治学原理学以致用的想法。沃尔福威茨说，"古巴导弹危机发生时我还是个毛头小子，那时我正读大二。这整个事件还包含其他深层的东西。虽然我擅长的实际是数学和自然科学，但那时我对历史和政治的热情高涨。"[14] 布鲁姆的影响加上冷战的国际局势，一同打乱了沃尔福威茨的父亲对他未来的规划。保罗申请了著名的麻省理工大学生物物理化学专业博士，但他没有告诉父亲，他同时也申请了哈佛大学和芝加哥大学两所高校的政治科学博士。当两所学府都向他敞开大门时，保罗选择了芝加哥大学，这很大程度上是因为与布鲁姆教授相熟的大思想家列奥·施特劳斯就在芝加哥大学任教。沃尔福威茨说，"我和我父亲说要试着读一年政治科学，他觉得我将大好前程弃之不顾。"[15]

施特劳斯是 20 世纪重要的政治哲学家之一。他致力于研究柏拉图和亚里士多德的思想，授课的主要内容也是精读分析这两位哲学家的主要著作。施特劳斯（实际上还有布鲁姆）坚信 20 世纪的哲学被两次谬论毁坏了：即道德相对主义和历史虚无主义。第一位被施特劳斯定义为"现代"并且强烈批判的哲学家是尼克罗·马基雅维利。马基雅维利冷漠无情的处事风格正与道德相对主义相契合。《君主论》一书开了离经叛道、否定传统道德观的先河，施特劳斯所憎恶的一切观念在这本书中都有体现。在批判现代自由主义的缺陷时，施特劳斯对卡尔·波普尔的批判最为尖锐。卡尔·波普尔在 1945 年出版的作品《开放社会及其敌人》中强烈抨击了柏拉图的《理想国》，谴责其充满"极权主义"色彩。而根据历史学家梅丽莎·莱恩的观察研究可以看出，施特劳斯对《理想国》有着独特的见解："《理想国》是一部反极权主义的作品，笔调隐晦，充满讽刺意味，警诫人们提防本书的观点被注释者删减抹杀为乌托邦式的理想主义。"[16] 施特劳斯评论波普 1950 年的讲座：让人"难掩鄙夷之情：波普尔的理论只是最为疲弱、最不具生命力的实证主义在试着给自己撑场面而已，虽然他自称为'理性主义'，但却完全没有能力进行'理性'分析——真是糟糕透顶"。[17] 在施特劳斯看来，柏拉图是一位英雄，他提出了关于正义与规则最基本的问题，困扰他的问题和他所面对的进退两难的窘境时至今日仍具研究价值。波普歪曲了柏拉图的思想以达成自己的目的，完全是自欺欺人。施特劳斯常说，"自由主义的危机……源于自由主义抛弃了其绝对主义基础，试图转变为完全的相对主义。"[18] 同乔治·凯南一样，施特劳斯是个彻头彻尾的保守主义者。

为施特劳斯清晰的世界观和独具魅力的授课风格所吸引，当然也是在布鲁姆的推荐下，沃尔福威茨选修了施特劳斯在芝加哥大学开设的两门课程——关于柏拉图以及孟德斯鸠思想的研究。这两门课培养了保罗的洞察力，通过与施特劳斯的接触，保罗也发现施特劳斯教授完全符合外界对他的赞誉和褒奖。后来，一些学者把施特劳斯教授和保罗·沃尔福威茨步入政坛后推出的外交政策联系起来，沃尔福威茨本人对此不屑一顾："这些全是头脑发热得出的想法……我在研究生阶段确实选修了两门施特劳斯教授的课程。一门是孟德斯鸠的法律精神，这门课帮助我更深入地理解了美国的宪法。另一门是柏拉图的法律。有人竟然觉得这两门课程和我提出的美国外交政策有直接关系，真是可笑透顶。"[19] 施特劳斯教授当然不可能参与美国外交政策的制定——事实上他的授课内容根本不涉及外交层面——但却对未来的外交政策制定人影响颇深。施特劳斯崇拜丘吉尔，推崇如丘吉尔般的强势领导人，并且有着坚定的道德观念，这些都在沃尔福威茨日后的政治生涯中有所体现。然而沃尔福威茨本人表示，他真正意义上的导师，是他的博士导师、芝加哥大学的阿尔伯特·沃尔斯泰特教授。

沃尔斯泰特儒雅、睿智，20 世纪 50 年代一直效力于兰德公司，那时他在核战略方面的建树在世界范围内已经小有名气。[20] 他和保罗·尼采走得很近，两人都注意到美国越来越受到苏联迅速发展的核能力的威胁,并认为艾森豪威尔政府在这一点上盲目乐观。沃尔斯泰特于20世纪60年代转至芝加哥大学担任政治科学教授。自此开始,他便着力于研究预先阻止核扩散的最佳方法,对这一问题的关注也贯穿他职业生涯的始终。20世纪60年代末的以色列之行让沃尔斯泰特忧心忡忡,他担心周边怀有敌意的国家会不择手段地发展核武器威胁以色列安全,为此美国必须对以色列乃至世界负责,采用一切必要的手段遏制类似事态的发生。[21] 在沃尔福威茨的博士学位论文中,他就以色列在与埃及和约旦交界地区附近修建核能海水淡化站的设想作出了分析评论,论文淋漓尽致地表现出了沃尔斯泰特教授对他的影响。

沃尔福威茨承认海水淡化的作用重大,饱受赞誉,但同时他也看到了潜在的威胁,这类核能海水淡化站产出的副产品——放射性元素钚一旦落入别有用心的人手中,就会为以色列招致毁灭性的灾难。海水淡化站可能会带来巨大的风险,同时也揭示了成立一个真正有能力将核技术限制于和平目的内的国际核能监督机构的困难性。虽然沃尔福威茨在伍德罗·威尔逊的理想主义中得到启发,但他发现前任总统在调停的可能性、多边机构的能力以及国际法方面的观点毫无说服力。

沃尔福威茨的理论批判的不仅是建立核能淡水净化站的想法,还有以色列开发核武器、发展核能力的意图:

> 最基本的一点是,以色列的核力量必定会依赖于相对简单的传导系统,而这种传导系统甚至在普通袭击中都不堪一击……以色列对阿拉伯城市的核威胁会将以色列与友善的西方国家阻隔开来,以色列传统的军事地位会因此削弱。并且,即使不采取强制手段,苏联也会在一旁煽风点火,更加积极地作为阿拉伯国家的代言人,频繁插手地区事务……以色列一旦拥有核武器,将极大地刺激周边的阿拉伯国家对核武器的开发研究,并将成为除苏联、中国拥有核武器对其的刺激,以及阿拉伯国家自身发展的要求之外,一个重要的核武器开发诱因。[22]

但沃尔福威茨的中东无核化提议却没有得到国会表决通过。20世纪70年代,美国政府秉承着所谓"对核问题的模糊处理",又称保持缄默的态度,默许了以色列研发核武器的动作,以色列就此拥有了核武器打击能力。[23] 正如沃尔福威茨所预测的那样,中东地区的其他势力因此蠢蠢欲动,如萨达姆·侯赛因统治下的伊拉克,为抗衡以色列的军事优势,制定了核保障政策。无论是否公之于众,以色列拥有核武器的事实必定会招致周边敌对势力的威胁。那时沃尔福威茨还没有意识到这一点,也没有料到中东的核扩散——更广泛来说是"大规模杀伤性武器"的扩散——会在他日后的政治生涯里占据主导位置。我们现在已经无法知晓,如果以色列听取了沃尔福威茨的警告,事态发展会不会有所不同。我们所知道的是，沃尔福威茨立足于多种希伯来语源的资料，通过细致入微又一针见血的分析，完成了一份出色的博士论文。[24]

沃尔福威茨就读于康奈尔大学和芝加哥大学期间塑造出了一副耐人寻味的形象，他在20世纪60年代的动荡时期公民权利基础上的自由主义和鹰派偶像毁坏主义之间摇摆不定。1963年8月，沃尔福威茨搭上了伊萨卡教堂会众的便车，去华盛顿参加一场大型的民权示威游行。正因为这次华盛顿之行，沃尔福威茨来到了华盛顿国家广场，作为在场25万人中的一员，亲眼看到了马丁·路德·金在林肯纪念堂台阶上发表的著名演讲——"我有一个梦想"。这次经历带给沃尔福威茨的不只是一时的激励效果。沃尔福威茨坚定地拥护约翰·肯尼迪和林登·约翰逊，更广义的来讲，他是民权运动的支持者。实际上，在他的政治生涯中，他与共和党在国内事务上的政见常常相左。克里斯托弗·希钦斯常常和沃尔福威茨共进晚餐，希钦斯评价他说："沃尔福威茨最让人惊讶的一点是，他的内心十分柔软。他有着自由民主党人一般的天性，只有在国家安全方面的看法与他们不同。"[25]

然而沃尔福威茨对肯尼迪和约翰逊的外交政策仍然持肯定态度，也正是此时开始，他离开了民权示威游行阵营，主流思想开始向左倾靠拢。比如在康纳尔大学的最后一年，他加入了支持美国介入越南战争的三剑客示威（如果这一示威小组的人数设置可以视作三剑客的话）。作为康纳尔支持美国对越战争委员会的发起人，沃尔福威茨对约翰逊总统激化地区矛盾、加速战争进程的策略心悦诚服。1975年西贡（今胡志明市）陷落时，他没有灰心丧气，他坚信美国军方必定能够大有作为，即使目前的军事目标没有马上完成。沃尔福威茨赞同新加坡总统李光耀和华尔特·罗斯托对于越战的观点，他们都认为，在越南进行的反共战争最终会保护越南周边国家免受社会主义革命的侵扰。[26]

沃尔福威茨所在的时代动荡不安，社会变革迭起，政治上的分歧冲撞异常焦灼，他很显然是那个年代里一名不同寻常的大学生。在当年纷扰的政治局势中，沃尔福威茨还不会树敌。无论是面对与他持相对立意识形态的对手，还是（寥寥无几的）与他政见相同的盟友，他都是一副亲切和善的样子。如乔治·帕克在《刺客之门》中所描写的，沃尔福威茨"一直是个紧握梦想的优秀学生，虽然他接受的完全是世俗教育，但身上却有着传统犹太学校的学生所特有的纯粹"。沃尔福威茨在特柳赖德的同期同学也说他具有"一种热心公益的一本正经的态度。保罗是个合格的好公民"。[27]在父亲的眼中，沃尔福威茨可能选错了专业，但他对政治科学的钻研探索、积极活跃的政治活动所做出的努力，以及他待人接物时平易亲和的态度，无论怎样的父母都会为他感到骄傲。

1969年，沃尔福威茨正在准备芝加哥大学的博士学位论文时，沃尔斯泰特邀请他先暂时搁置博士论文的写作，同他一起去华盛顿特区工作一段时间。工作的委员会是保罗·尼采和国务卿迪安·艾奇逊建立起来的压力集团，旨在说服国会通过发展反弹道导弹系统的计划。沃尔福威茨欣然同意，他暂时搁置论文，开始工作。事实上，他很快就发现自己接触到了真正的政治。保罗·尼采和国务卿艾奇逊都是能够激发人灵感的人物，并且这两人也都对富有理想主义又充满活力的沃尔福威茨颇有好感。最终，保护国家安全的反弹道导弹系统计划以 51 票同意 50 票反对通过了参议院决议（由于双方票数持平，副总统斯皮罗·阿格纽为此次决议投出了额外的决胜性一票）。对沃尔福威茨来说，回到芝加哥大学并继续完成博士论文在某种程度上可谓是大材小用。1970 年他被耶鲁大学聘为终身教授，在很多人眼中，沃尔福威茨获得的职位羡煞旁人，但他本人却更想去华盛顿施展抱负，而不是屈居于此，安于发表期刊论文、培养杰出的博士生、申请上级的拨款。1973 年，他加入了尼克松政府，并一直留在了政界。他见证了尼克松隐退、杰拉尔德·福特入主白宫，直到 1976 年福特在美国大选中败给吉米·卡特。此时的沃尔福威茨面临着一个残酷的选择：是和福特一起离开，还是留下来继续为卡特效力呢？

吉米·卡特在政坛上初露头角是在担任佐治亚州州长后，他的财富来源于自家经营的花生仓库——他的竞选成功要归功于这一发展完善且独立于政治之外的局外人身份，以及与华盛顿特区方面毫无直接联系，单纯的个人收入提供的竞选资金。[28] 卡特是一名基督教徒，但对宗教的笃信并没有影响卡特本人的判断力。毋庸置疑，他的世界观是善恶分明的。卡特狠批了基辛格、尼克松以及福特对美国国家利益的定义过于狭隘，并坚称国家的外交政策应该给予人权更多的关注。卡特还特地和安德烈·萨哈罗夫以非正式的口吻进行书信往来，鼓励全苏联不赞成赫尔辛基条约签订的人站出来，在国务院组建一个人权与人道主义事务局，并按照世界各国国民享受的待遇为国家评级打分。在 1977 年的就职演讲中，卡特总统宣称，"我们对人权的崇奉是无条件的。"[29]

新任总统的誓词和行动让沃尔福威茨心生敬意，决定追随卡特总统。他在卡特政府内担任负责区域项目的国防部部长助理。这一中级职位需要沃尔福威茨对未来的局势进行深入分析并做出预测与判断，沃尔福威茨也很乐于从事这种类型的工作。然而卡特政府里却没有另一位保罗——保罗·尼采的位置，保罗·尼采并不屑于为卡特效力。1976 年夏天，保罗·尼采在和卡特会面时惹恼了未来的总统——在场的人都把那次会面描述为一场"灾难"——他向总统发出了恶毒的警告，强调了苏联的核意图和美国在苏联面前的不堪一击。[30] 卡特称，保罗·尼采是个"典型的无所不知的人，自高自大又不懂变通。他将自己的想法奉为金科玉律，不屑于听取任何人的建议，他总会有跌跟头的时候"。[31] 这两个人没法一拍即合并不让人感到特别意外。在此之前的几个月，保罗·尼采在写给兹比格涅夫·布热津斯基的信中称，卡特对人权的强调是"建立在威尔逊式理想主义之上的想法，这个想法在威尔逊那个年代就没办法付诸实践，同当今时代的要求更是格格不入。我越发质疑美国以国家的名义公开道歉的做法是否有助于解决各类事件。作为一个国家，我们并没有忽视拉丁美洲或是第三世界国家的利益，或是沉迷于军事冒险主义无法自拔。在越南采取的行动的确是我们考虑不周，但我们的初衷并不是为了作恶"。³² 保罗·尼采并非无名小卒，他成了对卡特最猛烈的批判者之一。（不在白宫任职时，保罗·尼采的政治主张更为强硬，更加鹰派。）

  沃尔福威茨在五角大楼的新职位需要他根据当前保守程度上的形势，分析指出世界上关乎美国利益的区域，以及将对美国产生威胁的地区。沃尔福威茨开展研究的地理范围较博士就读期间得到了扩展，他认为波斯湾地区是个极为敏感的地区，并且将活跃在伊拉克的复兴党视为美国未来可能面临的威胁，因为泛阿拉伯复兴党运动的推动力是民族主义和社会主义的一个变体，旨在取得阿拉伯世界的复兴，使本地区不再受大国意愿的支配。波斯湾地区蕴含丰饶的石油资源，而美国国内的石油储备不断缩减，这就使波斯湾地区成了对美国经济而言至关重要的地区，沃尔福威茨怀疑苏联一定会在这里捣鬼。而即使不直接冒险对莫斯科方面的意图进行揣测，坚定自信、充满民族主义气息的伊拉克仍是坚决反对以色列的。在苏联高科技武器的武装之下野心勃勃的伊拉克，显然严重威胁了该地区的稳定。

  沃尔福威茨 1979 年向国防部长哈罗德·布朗提交了他的调查报告——题为《应对波斯湾地区有限偶发事件的能力》，即人们所熟知的"有限偶发事件研究"。这篇调查报告引人入胜，并且准确地预测了未来：

  不断崛起的伊拉克带来的威胁来源于两个层面。一方面，伊拉克在未来很可能会依仗自己的军事实力，同科威特和沙特阿拉伯等国家进行对抗（比如 1961 年科威特危机，后因英国军事介入才得以解决）。另一方面，更加严重的问题是伊拉克"暗含的"实力会让当地温和势力不需公然胁迫就归顺于自己。第二个层面的问题带来的提示是，不应只保护科威特、沙特阿拉伯以及美国自身免受伊拉克的入侵或是武力威胁，更要在伊拉克地区显示美国的实力，兑现平衡伊拉克势力的承诺——这可能会让美国势力的可见性大大增加。³³

  如今看来很有先见之明的想法，在 1979 年都显得十分古怪。当时的军事官员并不赞同将美国部分军事力量分配到波斯湾地区。哈罗德·布朗也担心沃尔福威茨报告中提及的威胁只是他臆想出来的，实际上并不存在。而此时此刻，雄心勃勃的年轻复兴党人萨达姆·侯赛因以智谋压制了政敌，站在伊拉克政坛顶点，将权力牢牢集中在手中。布朗担心沃尔福威茨的调查报告泄露出去，招致萨达姆不必要的敌意和不计后果的敌对行为，下令将这份调查报告封存在五角大楼的档案馆深处。当时伊朗是美国在中东地区的首要盟友,根据尼克松主义的主张,沙阿(伊朗国王的旧称)作为美国在中东的代言人,必须要肩负起保卫地区安全的主要责任。眼见军方的决定忽视了自己的分析结果,沃尔福威茨忍不住带了些许嘲讽的语气评价说:"好吧,我们不用向波斯湾地区投入军力,毕竟伊朗的沙阿正替我们看着波斯湾呢。"[34]

沃尔福威茨为卡特政府工作期间,有了能够专心为未来美国大展雄图大志作分析预判的机会——然而他的想法都被扼杀了。并且就算沃尔福威茨把未来描绘得光辉灿烂,只顾今朝的卡特也只会带给他打击。就任总统后,卡特以人权主义为矛与苏联针锋相对——勃列日涅夫则将卡特所指的人权问题视作对苏联国内事务的挑衅性侵略行为——而卡特正努力同苏联达成另一个可以更为全面地限制核武器的协议:第二次限制战略武器会谈。1978年的10月,卡特否决了价值达370亿美元的军备议案,因为该议案提出拨出20亿美元用以发展核动力航母,而总统却认为没有必要。卡特政府的众多官员都准确地预测出此举将使卡特"在外交事务上在国内公众的态度都转向右倾的时期,显得对国防事务底气不足"。11月8日,卡特总统好战的国家安全事务助兹比格涅夫·布热津斯基也称"在国内不断激化的问题与公众(对外交政策)的看法有关……简单直白地讲,就是外交政策太'软'了"。为了显示总统作为一名坚定的铁血战士应有的诚意,布热津斯基建议总统实行一些"需要特殊的'强硬'品质才能推行的政策"。[35]

卡特的确变得强硬起来了,但那是在美国遭遇了几次外交政策的重大失误后才发生的转变。1978年1月,卡特访问伊朗,对伊朗国王穆罕默德·礼萨·巴列维表达敬意,当时精心安排的在德黑兰集结的群众在向国王表达着普通伊朗民众对国王应有的"尊敬……崇拜和热爱"。历史学家文安立这样记述本次会面,"这可能是总统会晤最糟糕的时刻了。恰逢伊朗国内伊斯兰政变,伊朗国王需要证明他是位以国为重的国家主义者以应对反对势力。"在此之后,整个1978年,反对巴列维的抗议活动逐步激化,影响范围不断扩大——12月德黑兰爆发了总人数达二百万的抗议示威游行。[37]

1979年1月,巴列维离开伊朗,什叶派阿亚拉图(即革命领袖)赛义德·鲁霍拉·霍梅尼结束流亡法国的生活重返伊朗,不多时就建立起了神权政体。这一政体的确立是政治体制的倒退,而非进步。1979年11月4日,伊朗学生冲进美国驻伊朗大使馆,扣留了66名美国人质,其中的52人在接下来的444天内一直作为俘虏被伊朗扣押。1980年4月,卡特发起的直升机解救人质的军事营救计划惨遭失败,总统最后只得到了两架直升机相撞、8名军人丧生的消息。彬彬有礼的国务卿,塞勒斯·万斯也因此辞职,而营救行动获批前,万斯所表达出的不安被忽略掉了。美国自此失去了中东地区最主要的盟友,威望大受打击,并且一直鼓吹的强大军队甚至都救不出自己的国民。借大卫·法布尔在2006年一部记述该事件的作品的副标题来说,这就是"美国首次遭遇激进伊斯兰"的黑暗后果。

伊朗的伊斯兰革命对美国在中东地区的利益造成了毁灭性的打击，足以让民主制度的总统名誉扫地。但伊朗问题仅仅是一连串失误的开始，其他的一些外交失误和伊朗问题一道将卡特推入了无底的深渊。1979年7月，左派激进团体桑地诺民族解放战线推翻了安纳斯塔西奥·索摩查的专制统治——其家族自1936年就开始统治尼加拉瓜，索摩查政府统治严酷，但对美国而言却是可靠的反共盟友。随后，12月25日，苏联入侵阿富汗，孤注一掷地尝试支持为平息伊斯兰暴动而焦头烂额的阿富汗政府。此前政府试图减少伊斯兰教在政治上对阿富汗社会的影响，实行了一系列世俗化措施，由此引发人民不满，引发了暴动。卡特对此的反应十分强烈。他撤回了正在参议院审核决议中的第二次限制战略武器会谈协议，增加军备开支，重新开始征兵，颁布贸易禁令，禁止向苏联出口粮食和科技产品，并宣布抵制1980年莫斯科奥运会。卡特总统还授权中情局开始向阿富汗的反政府运动，即伊斯兰圣战组织，输送武器和补给，虽然此后据布热津斯基所称，美国政府对反政府组织的暗中支持早在1979年7月，即苏联入侵前六个月左右就开始了。[38]

乔治·凯南在卡特总统对所有事件的应对方法上几乎都能挑出毛病。在1980年2月27日参议院外交委员会的证词中，凯南被问及应如何解决伊朗人质危机。凯南的回答很简单也很令人震惊：对伊朗宣战。这样一条振聋发聩的建议充分显示出凯南的思维模式从不是墨守成规或是教条主义的代名词——很显然，他拥有让世人震惊的本事。伊朗人质危机激起了凯南自己在二战期间被俘虏的惨痛回忆，他相信只有政府向伊朗开战才能确保人质危机得以成功解决。被问及苏联入侵阿富汗问题时，凯南却建议对此采取温和派的反应，并指责了卡特总统的好战态度。莫斯科方面向南的军事推进并非是卡特和布热津斯基此前认为的那样，是占领波斯湾棋局的起手一招，反而是苏联弱势而防守性的行动，无疑预示着莫斯科方面存在旷日持久又令其萎靡不振的矛盾。[39]

沃尔福威茨将苏联入侵阿富汗的举动视为基辛格和尼克松时期实行的缓和政策积累至今的恶果，正是缓和政策助长了苏联的政治冒险主义。勃列日涅夫得知卡特从参议院撤回第二次限制战略武器会谈协议时着实吃了一惊。苏共政治局就此可以不受拘束地在"正常化关系"下为所欲为——莫斯科方面认为可以如平常一样入侵其他国家并持续侵占行为。与此同时，伊朗革命证实了沃尔福威茨此前认为波斯湾地区将成为危机和争端频发的主要地区的观点。并且，这些事件再一次揭开了尼克松时期采取的吸纳地区势力服务美国利益做法的荒谬。在卡特1980年国情咨文中，沃尔福威茨在《有限偶发事件研究》中表达的存在争议的观点终于可以重见天日。在火药味十足的演说中，卡特总统告诫说："任何外部势力妄图控制波斯湾地区的一举一动,都将被视作是对美国根本利益的进攻。对于这种进攻，美国将使用包括军事力量在内的任何必要手段，予以击退。"[40]卡特主义是重熔再塑了的沃尔福威茨主义。波斯湾地区如今已是美国的重点关注地区。

1979年年末，不同领域接连传来的三个坏消息让卡特手足无措，此时弗雷德·伊克尔告诉他曾经的幕僚沃尔福威茨，建议他尽快做完手头的事，尽早离开卡特政府。伊克尔目前正辅佐罗纳德·里根竞选总统，他认为里根一定能在选举中取得决定性的胜利。伊克尔警告他说，"保罗，你得赶紧离开那儿，新政府需要你。"[41] 共和党鹰派人士，如杰西·赫尔姆斯曾对保罗·尼采保持警惕，因为尼采为杜鲁门效力过，同时伊克尔担心这些人会把沃尔福威茨看作是卡特的人而不予接纳他。沃尔福威茨对卡特政府的政策一直不甚赞同，一直留任只是因为一种被误导了的忠诚。遵从伊克尔的建议对他来讲显然是个冒险的决定，一旦里根竞选失败，他就是自毁前程，无法继续在自己已经熟悉的卡特政府工作。这其中的危险不需多言。1980年伊始，沃尔福威茨辞去了在卡特政府中的工作，在约翰·霍普金斯大学的保罗·尼采高级国际研究学院担任客座副教授，该学院由保罗·尼采和克里斯蒂安·赫脱于1943年共同创办。沃尔福威茨在此静待时机，衷心希望伊克尔对里根未来竞选成功的信心能够如愿以偿。

虽然对于1980年的选民来说，事态的走向并不像我们今天所看到的那样，卡特在执政期间做出的一些成就给他加分不少。1977年，美国和巴拿马签订条约，应允在20世纪末归还巴拿马运河地区，但巴拿马必须允许美国拥有在运河地区遭受外部势力威胁时单方面出兵的权利。1978年，卡特成功在戴维营组织了以色列总理梅纳赫姆·贝京同埃及总统安瓦尔·萨达特之间的谈判，双方签署了埃及——以色列和平协议，迎来了两国未来的和平——结束了两国间长达30年的战争状态。（沃尔福威茨深深钦佩萨达特的勇敢无畏以及他卓越的演讲，所以他自学了阿拉伯语来"欣赏萨达特演讲原文中表现出的豪迈气概"。[42]）尼克松和基辛格率先与中国外交破冰，但却是卡特在1979年正式实现了中美关系正常化。然而，卡特外交政策所取得的成就很大程度上被他在伊朗、尼加拉瓜和阿富汗的失误所掩盖了。1980年11月，罗纳德·里根以489比49票的压倒性结果赢得了总统大选。（卡特的49票中还有11票来自他的故乡佐治亚州。）

里根是自贝利·高华德以来最为保守派的共和党总统候选人，他的当选暗示出美国政治上的重大调整。乔治·凯南一开始并不清楚里根为何会成功当选。虽然他对不成熟的共和党右翼嗤之以鼻，但是他自己却曾在苏联入侵阿富汗事件时被视作同吉米·卡特一道虚张声势炫耀武力的同党。1980年凯南在书中写道，"第二次世界大战以来，华盛顿的思想和话语从未出现过影响如此深远的军事化倾向。而一名彻头彻尾的陌生人士投身其中，只能说明最后一丝和平、非武力方式解决问题的希望也消失殆尽了。"凯南考虑到，也许里根的执政表现会超出竞选宣言中的预期——因为1980年夏天，里根不会比卡特表现得更为好战。然而凯南的想法很快就被里根的第一次总统新闻发布会打消了。里根在发布会上向记者团表示："在他们看来，唯一能够推动事业向前发展的道德标准，就是有权去犯下罪行：编织谎言、营私舞弊，为达目的不择手段。"⁴³ 凯南就此开始强烈批判里根的道德准则，他认为里根的所谓标准过于简单化，而且潜藏危险。

1976年，保罗·尼采和尤金·罗斯托组建了一个压力集团，名为"当前危险委员会"（CPD）。委员会反对缓和政策，确信苏联在核武器领域正在形成富有威胁性的战略优势。委员会成员包括前财政部长亨利·福勒和查尔斯·沃克，以及国家安全委员会鹰派人士珍妮·柯克帕特里克、诺曼·波德霍雷茨、理查德·派普斯以及保罗·尼采本人。CPD委员会成了卡特任期中的一大祸根。卡特与布热津斯基在1979年6月签署递交第二次限制战略武器会谈（SALT Ⅱ）之后，尼采迅速集结委员会成员阻拦其获得参议院正式批准。一名卡特智囊团中的相关人士向《华盛顿邮报》透露称，"一个保罗·尼采能抵得过100个官僚。"另一位官员戏谑地表示，"对待亨利·基辛格，我们需要轻轻抚摸，但面对保罗·尼采，我们得重拳出击才行。"⁴⁴

机缘巧合，苏联入侵阿富汗事件，就像西班牙斗牛中最后的刺牛一样，给第二次限制战略武器会谈（SALT Ⅱ）致命的一击。尼采早已游刃有余发挥了游说的力量，极大削弱了该议案的说服力。CPD是一个办事效率很高的政治组织，也是在许多方面影响外交政策确立实施的影子内阁，因此里根将许多CPD成员任命为国家安全委员会的官员也就不足为奇。理查德·艾伦担任国家安全顾问，威廉·约瑟夫·卡西担任中情局局长，珍妮·柯克帕特里克就任美国驻联合国大使，理查德·派普斯被任命为美国国家安全委员会高级官员。尼采作为控制武器谈判代表重返政坛高峰。鹰派终于得以安身立命。

但对沃尔福威茨来讲，在里根政府中寻找一席之地却是困难重重。他为卡特政府工作的时间太长了，正如伊克尔此前担心的那样，鹰派中一些人将沃尔福威茨视为罪人。理查德·艾伦再一次领导了候任总统的外交政策咨询团队，但沃尔福威茨的工作经历让他十分头疼。他对沃尔福威茨的评价是，"据我所知，他无可救药了。他刚刚离开五角大楼。他曾效力于卡特。我觉得他是卡特那边的人。"沃尔福威茨的朋友，曾与他一同在尼克松政府工作过的海军部长约翰·雷曼敦促艾伦不要只抓着偶然事件不放，一定要亲自见见沃尔福威茨，再对他作评价。艾伦同意了，他与沃尔福威茨见面后彻底推翻了之前对他的评价，不再对他在外交政策方面的资格抱有任何怀疑。⁴⁵ 他建议沃尔福威茨担任国家政策总规划人，沃尔福威茨欣然同意。

参议院外交关系委员会中，参议院杰西·赫尔姆斯对沃尔福威茨的加入提出了异议，与他此前对保罗·尼采提出的反对意见完全一致：他曾为民主党工作，因此在国家安全方面肯定强硬不起来。然而，赫尔姆斯的同僚最后说服了这位资深参议员，沃尔福威茨走马上任，从美国精英高校中招募选拔年轻新锐，其中就包括康纳尔大学的弗朗西斯·福山以及另一位特莱瑞德协会的学生，来自芝加哥的扎勒米·哈利勒扎德。他同时也向他在耶鲁任教期间的学生伸去了橄榄枝，一位是名叫路易斯·斯库特·李比的保守派律师，另一位也是特莱瑞德协会的学生，非裔的保守主义激进派阿伦·凯斯。沃尔福威茨的团队里也存在温和派，比如丹尼斯·罗斯，他此后还继续留任克林顿政府，以及沃尔福威茨在康纳尔大学的同届同学史蒂芬·塞斯塔诺维奇。毋庸置疑，沃尔福威茨以及他25人团队中的大多数都是鹰派，代表着政治派系中的新威尔逊主义一支。

沃尔福威茨上任的第一年就将这些淋漓尽致地表现了出来。他牵头组织的学术研究挑战了20世纪70年代形成的正统思想：对莫斯科方面实行缓和政策具有的价值、与中国的接触以及解决阿拉伯——以色列冲突的重要意义。因此沃尔福威茨主张，美国不需要和苏联签订任何武器控制协议，并且这些协议的缺失实际上提高了华盛顿方面的战略地位。他在尝试延迟美国国务院与巴勒斯坦解放组织之间深远沟通交互不断增长的态势方面取得了一定的成功。他坚定不移地支持以色列，因此强烈反对向沙特阿拉伯提供新式武器——比如装有空中预警和控制系统的预警机——这样就会削弱以色列在中东地区的军事主导地位。最终，沃尔福威茨否定了基辛格的主张，认为基辛格提出的因为存在世界多极化，因此华盛顿方面有必要与中国建立友好联系完全是错误的。在沃尔福威茨眼中，中华人民共和国是个专制国家，一心只想打乱美国投入大量资源构建起的东亚现有格局。里根总统宣布进行大规模武器扩张，否定了要将中国培养为制衡苏联的力量的假设。即使是在冷战时期最为鹰派的总统班子里，沃尔福威茨在这一问题上的观点也因其好战激进和挑战传统的渴望而独树一帜。

在中国问题上，沃尔福威茨和国务卿亚历山大·海格分歧很大，海格曾是基辛格在国家安全委员会的副手，坚信中国在冷战时期对美国意义重大。1982年春天，沃尔福威茨起草了一份备忘录，其中强烈批评了以海格为首的美国国务院在对台湾销售武器问题上对北京做了不必要的让步。如沃尔福威茨的传记作者路易斯·所罗门所记述的，"随着双方之间的摩擦不断升级，国务卿对沃尔福威茨政策制定团队中其他官员的提议与议案都摆出一副怠慢的姿态，并且试图将他排除出决策圈之外。"[46]沃尔福威茨想要将一切发挥到极致，但这种意愿却给他带来了适得其反的结果——因为他缺乏如基辛格或是保罗·尼采在官场上的圆滑手腕。在斯库特·李比看来，沃尔福威茨将保守派的精英收之麾下，却没有取得任何实际且长久的成果。1982年3月，《纽约时报》报道说，国务卿海格"已通知保罗·沃尔福威茨，告知他将不再继续担任政策规划署署长一职……其副手称海格认为沃尔福威茨过于教条主义"。[47]

《泰晤士报》虽然准确地描述出了海格的基本观点，对整个事态的结论却是言之过早。海格自身与里根总统的关系问题重重——他自恃过高，而且毫不掩饰自己在雾谷（即美国国务院）大行集权的意图——这也成了六月份国务卿海格失势的缘由。里根任命乔治·普拉特·舒尔茨接替海格成为新一任国务卿。相应地，舒尔茨将沃尔福威茨提拔为助理国务卿，负责东亚和太平洋地区的事务。沃尔福威茨的政治生涯全凭运气得以继续。

舒尔茨提醒沃尔福威茨说，"保罗，这份工作是行政类的，不只需要你整日分析思考。这份工作的内容非常广泛。你需要四处走动，需要和许多人打交道。"⁴⁸ 天赐良机，沃尔福威茨得以运筹帷幄，掌控同一个关键地区的关系。新的职位也要求他不断打磨自己的官场手腕和交际技能，以便更好地理解理论与现实之间无法弥合的鸿沟所在。

罗纳德·里根是名杰出的多面手：他曾是一位二流明星，担任过美国影视演员协会主席，是民主党人，高华德的门生，加利福尼亚州州长，供给经济学派和小型政府的忠实拥护者。他还是沟通能力出类拔萃的总统。⁴⁹ 但是同时代两党对他的各种特质的一致认同——毫无疑问，他位列美国十至十五位"伟大"总统之一——可以掩盖他是多么地两极分化，特别是他入主白宫最开始的几年。乔治·凯南评价当年的里根政府时也并没有手下留情，认为里根总统和他的幕僚"幼稚、崇尚原始主义"，只会让美国在世界范围内的地位受损。乔治·凯南在日记中写道，"我的确很欣赏一些古典的价值观和观念，但不是里根政府所奉行的这些。"乔治·凯南意识到苏联并不憎恶鹰派尖刻逼人的话语，他怀疑的是美国政府是否需要跟风，保持缄默也确实是更为优雅更具外交技术的做法。苏联政治局的姿态"仿佛是煮熟了的白菜和荞麦粥一样。但我们自己的政府又怎么样呢，我们又要拿政府在军事上盲目又歇斯底里的状态怎么办？"而且，在凯南眼中，当前的状况比他在艾森豪威尔—杜勒斯当政的悲惨时期所感受到的绝望还要绝望，虽然除他以外，还有很多人在里根的外交政策中找到了严重错误。"我只是美国境内抵制当局愚蠢政策的力量中的一小分子。"凯南在 1982 年春天满怀希望地在日记中写道。⁵⁰

说到底，里根政府为何会招致乔治·凯南如此强烈的反感呢？这都是因为政府全盘否定了凯南提出的遏制策略。弃绝了彬彬有礼与缓和的外交礼节，里根总统在 1983 年全美福音派协会的演讲上批评苏联是"现代世界的邪恶焦点"。更为重要而棘手的是，从凯南的大西洋学派视角来看——里根为广大发展中国家国内致力于推翻左派政府的激进团体提供了军事上的支持，这一提议后被称为里根主义。⁵¹ 里根不再采取以铁幕隔绝"遏制"共产主义的方法，而是借助在尼加拉瓜、阿富汗、安哥拉、柬埔寨、莫桑比克和埃塞俄比亚的暴动，以期将共产主义消灭于欧洲领域之外。⁵²

诸如此类的代理人扶植活动促进了冷战的升级，但与这些代理势力为伍又极大地增加了美国的军备开支。在与时任国务卿卡斯帕·温伯格的合作下，里根签署了首个年度国防预算，总额达 2200 亿美元，创下和平时期国防预算的最高纪录。里根计划每年增加 7% 的国防预算，最终使 1987 年的国防预算增加至天文数字，4565 亿美元。他为 B-1 型隐形轰炸机，F-14 和 F-15 战机以及新一代的 MX 洲际核导弹投入了大量资源。⁵³ 随后，1983 年 3 月，里根宣布制定战略防御计划，建造一个以卫星为基础的激光武装系统，旨在击落未来某一时段向美国飞来的核导弹，这一计划很快被持怀疑态度的批评家们戏称为"星球大战"。沃尔福威茨的朋友兼同僚理查德·珀尔欣然接受了这个绰号。"为什么不接受呢?"他反问道。"星战是部好电影。更何况,最后是正义的一方取得了胜利。"[54]

沃尔福威茨十分赞扬里根迅速的国防建设和道德层面上对苏联猛烈的批判——苏联确确实实是邪恶的,为什么要大惊小怪呢?但里根的外交政策中最合沃尔福威茨心意的是,总统明确表示了将要扩大民主的愿望。在英国下议院的演讲中,里根受到了时任英国首相玛格丽特·撒切尔夫人及其前座成员(即内阁和影子内阁成员)的热烈欢迎,其他议员对他则都保持谨慎态度。里根在演讲中称开展民主推进是美国的主要目标之一,并提出通过合作来在世界范围内"培养民主的基础"。如果要用音乐来形容沃尔福威茨现在的感受,全世界可容纳民主扩张发展的无限前景在他耳中一定像是贝多芬第九交响曲最后一个乐章——欢乐颂一样:

> 这并不是文化霸权主义,而是提供了实现真正的民族自决性和多样性保护的方法。民主已经在文化和历史发展迥异的国家得以蓬勃发展。评判选择专制独裁而非民主的人,可能会带有文化恩赐的色彩,甚至更糟……让我们现在开启这项重大的行动,以确保取得最佳成果——开启一场以自由为名的圣战,将信仰和坚韧传递给下一代。为了和平与正义,让我们共同携手,朝着一个所有人都能自由掌握自己命运的世界前进。[55]

里根采用民主威尔逊式的语言来描述民主推动——与此同时也无一例外地采用了威尔逊式的方法来实施民主推动。根据里根传记的作者路·坎农所述,"里根总统在威斯敏斯特的演讲要比里根任何一次的总统演讲都要更为中肯地表达出了他对于自由民主的力量终将战胜共产主义的信念。"[56] 他的言论引发了一系列事件,其中包括 1983 年 11 月国家民主基金会的创建。基金会是一个致力于支持世界民主机构的国会资助的非政府组织。

如果以阴阳平衡来比照,民主推动为"阴",在一定程度上受现实主义的"阳"制约与平衡。1979 年,珍妮·柯克帕特里克在《评论家》一刊中发表了《专制独裁与双重标准》一文,文章颇具影响力。虽然理想条件下,她更偏向于威尔逊式的扩散模式,传播崇尚道德的民主,但柯克帕特里克警告说,冷战世界并不是那么简单。这篇文章强烈批判了卡特政府推动专制领导人进行政府的自由化民主化改革的节奏过快,比如伊朗的沙阿巴列维,以及尼加拉瓜的安纳斯塔西奥·索摩查等。柯克帕特里克指责卡特所鼓励的影响深远的改变只局限在"受制于在革命游击队压力下的"国家——我们似乎已经(以"多样性"和民族自治为名义)接受了共产主义国家的现状,而忽略了在"右翼"独裁者或白色寡头统治下挣扎的国家。这就是柯克帕特里克标题中所指的双重标准。她建议政治领导人不要去追求光鲜亮丽却自欺欺人的梦想,而是要对支持美国政策的专制政府更有耐心一些。这些政权比起集权体制更容易逐渐向自由民主主义演变。与之相呼应的，柯克帕特里克对枉顾历史一厢情愿的想法嗤之以鼻。威尔逊主义显然是既定的目标：

> 虽然世界上大多数政府，一直以来推行着的都是这样或那样的独裁，在受过教育的美国人心目中，最具影响力的信念莫过于，无论何时、何地、何种条件下，对于政府的民主化改造都可以进行……但人们真正享有（民主政体的）法制和常态却需要几十年或是一个世纪的时间。[57]

柯克帕特里克的文章立即给里根留下了深刻的印象。里根在文章刊发后就立即拜读，并在读完后向柯克帕特里克女士发去了读书笔记，称赞她文章的观点。在就任总统之后，里根任命柯克帕特里克为联合国大使，她也是第一位任此职位的女性。

1983 年，国防部部长卡斯珀·温伯格和中央情报局局长威廉·凯西两人一同敦促里根任命柯克帕特里克为国家安全顾问，柯克帕特里克再次成了第一位担任美国国家安全顾问的女性。然而，据后期观察到的状况，国务卿舒尔茨却建议里根说，"我很尊重她超群的智慧，但她不太适合这份工作。她更长于热情洋溢的宣传。"舒尔茨认为，国家安全顾问这一角色需要"冷静的商人"气质，而柯克帕特里克并不具备。他的判断有可能言之有理。但是话说回来，历史上很少有真正如冷静的商人一般的国家安全顾问，这一形容词显然排除了华尔特·罗斯托、亨利·基辛格以及兹比格涅夫·布热津斯基几任安全顾问。这一反对的声音很有可能源于柯克帕特里克打破了常规，触碰到了所谓的玻璃天花板。然而，即使柯克帕特里克面对着试图阻止她触及政治高位的力量，她提出的可利用的右翼势力与无可救药的左翼专制主义的差别仍在里根政府制定的政策中拥有巨大的影响力，这也让沃尔福威茨大为懊恼。[58]

沃尔福威茨任职国务院期间的主要目标之一是部署美国在东亚的势力，迫使各种专制性政府——特别是菲律宾、韩国和中国台湾地区向民主进程过渡。与所谓的三驾马车——五角大楼的理查德·阿米蒂奇和加斯顿·西古尔以及 NSC 的工作人员的合作中，沃尔福威茨开始考虑民主变化受到影响的方式方法。他们从菲律宾开始着手，费迪南德·马科斯自 1965 年以来一直以独裁的风格领导国家，而其妻子伊梅尔达因其奢侈的品位和消费全球闻名。在他们身上沃尔福威茨一行需要做许多功课。当 1981 年副总统乔治·赫伯特·沃克·布什访问马尼拉时，他对容光焕发的马科斯说："我们欣赏您对民主原则和民主进程的遵循"，这一发言很大程度上轻描淡写了马科斯一旦面对选举上的危机就宣布戒严的倾向。珍妮·柯克帕特里克几年后访问马尼拉时，精明的马科斯在宴会上一字不差地引用了《专政独裁与双重标准》中的话来向她祝酒。他故意十分明显地感谢她为美国持续支持以他为代表的反共产主义政权提供了如此令人信服的理据。[59]

然而，国务卿乔治·舒尔茨却主张将威尔逊主义的繁文缛节抛之脑后，将清除马科斯政权视为华盛顿方面具有重要战略意义的一步。因此，在舒尔茨的协助下，美国对待马科斯政府的政策慢慢地强硬了起来。

1985年1月，沃尔福威茨在助手斯库特·李比的陪同下前往马尼拉，他们在那里与马科斯的主要政治对手见面并表示愿意支持他。国会证词中，阿米蒂奇和沃尔福威茨明确表示他们更倾向于采取对马科斯政权施加压力，以促进菲律宾政治制度自由化的政策。1985年底，反对派领导人科拉松·阿基诺夫人赢得了大选，但马科斯拒绝接受这一结果。华盛顿方面很快得知，阿基诺夫人名正言顺地赢得了选举，马科斯却采取传统的选举舞弊手段继续把持政权。舒尔茨敦促里根向马科斯发出警告，如果马科斯继续拒绝接受民众的判决不下台，就切断对他的军事援助。

里根在听取国务卿的建议并发出最后通牒之前，曾为这一事态焦虑不已，因为一旦采取这一行动，很明显就会与珍妮·柯克帕特里克的理论相悖。美国政府发出的警告不出所料促使费迪南德·马科斯下台，与妻子搭乘美国空军飞机飞离了菲律宾。这就为后续的事态提供了先例。一年后，韩国爆发大规模街头示威活动，要求实行专制的总统全斗焕下台。里根再次敦促大势已去、垂死挣扎的专制政权退下政坛，顺应历史潮流的发展——为朝着自由民主发展的政治趋势让位。[60]

目睹了自己的另一个战略原则遭到否定，亨利·基辛格感到十分痛心。缓和政策被判了死刑，权力制衡的外交原则也被批与时代要求不符、违背美国价值观，而如今"熟悉的魔鬼比不熟悉的魔鬼好"这一原则也被拆解得支离破碎。他反对里根政府的民主推动议程，绝望地发问道："难道就不存在任何高于美国利益的准则吗？"里根政府对马科斯不公正的对待会让美国其他带有专制色彩的盟友（更何况这样的盟友不在少数）做何感想？基辛格在文章中写道，"关于马科斯政权，可以补充评价的是，它对美国的安全做出了重大贡献，近二十年来一直受到美国总统的高度赞扬。"文章的结尾，基辛格对这一威尔逊主义的复兴表示"严重担忧"。[61]

沃尔福威茨对基辛格的观点不屑一顾，因其强调的悖论存在危害："你不能在与苏联对抗的时候利用民主，善用民主，等到苏联和你站在同一边的时候又回过头批判民主是伪善的。"价值观和道德是与苏联对抗中不可或缺的重要组成部分。如果没有意识形态上的斗争，冷战就不成其为冷战。美国必须站在天使的一方。

沃尔福威茨的观点的确值得称赞，但他的想法一直受到他所服务的政府的不合理应用。在智利，里根政府继续向奥古斯托·皮诺切特的野蛮政权提供物质上和政治上的支持。美国对萨尔瓦多、危地马拉、哥斯达黎加、洪都拉斯和尼加拉瓜的政策因反对左派政府的叛乱组织极度侵害人权的行径而大受损伤。这些暴行都被里根政府以更广泛的反共利益的名义忽视了，人们当然也注意到了这一点。[62] 沃尔福威茨认为"对抗共产主义最好的手段是民主"这个说法很引人注目，但却没有全面把握政府的外交政策，但外交政策却往往仍同尼克松 — 基辛格时代所追求的那样，同样冷酷无情，是非不分。[63]

1986年，国务卿舒尔茨任命沃尔福威茨为美国驻印度尼西亚大使。这一职位的申请有沃尔福威茨的个人原因，他的妻子克莱尔是一名人类学家，她对印尼地区很有研究兴趣。但印度尼西亚同时也是国际事务中重要的国家。印度尼西亚拥有世界上最多的穆斯林人口，自1967年苏哈托血腥上台以来，一直是美国坚定的盟友，直到1998年，强硬的反共主义者苏哈托一直执掌印尼政权。苏哈托正是珍妮·柯克帕特里克理论中对美国利益至关重要的领导人。美国如果像对待马科斯一样对苏哈托施加政治压力，并不会造成任何危险——而战略风险却要高得多。尽管如此，沃尔福威茨礼貌地指责了苏哈托未能鼓励实现更高程度的"政治领域的开放"。与此同时，他与印度尼西亚最大的穆斯林政党之一的苏哈托批评家阿卜杜勒拉赫曼·瓦希德建立了友好联系。然而，沃尔福威茨在雅加达任职期间最引人注目的表现之一，就是他对印度尼西亚文化的吸收程度。据历史学家理查德·内德曼书中所述："在接下来的三年中，他学习了印尼语言；他学习了文化；他参观了社区。他甚至赢得了一场烹饪大赛。"[64]

在印度尼西亚任职三年的时间显然是沃尔福威茨丰富自我的时期，但也有一点不足之处——里根总统任期内最后两年发生的重大事件他都因相隔太远未能参与。1985年，米哈伊尔·戈尔巴乔夫成了苏联共产党总书记。他的年轻（时年54岁）与活力同前任领导人，年长的列昂尼德·勃列日涅夫、尤里·安德罗波夫和康斯坦丁·契尔年科的老态龙钟的老人政治形成了鲜明的对比。实际上，里根也曾开玩笑说，"要是苏联领导人一直在我的任期里死去，在苏联问题上我怎么能有所进展啊。"[65] 1986年，戈尔巴乔夫宣布了一项名为"perestroika"的新政策，政策的名字大致可翻译为"重组"，旨在放宽苏维埃经济，补救供需矛盾。1988年戈尔巴乔夫以更为激进的方式继续改革，实行"glasnost"（意为"开放性"，戈尔巴乔夫发起的使政府更公开、新闻传播更自由的政策），或"开放"，政策基于赫尔辛基协议，扩大苏联公民包括言论自由在内的政治自由。

乔治·凯南对戈尔巴乔夫的上任感到十分欣喜，但同时他又感到苦恼，担心里根政府无法把握这次绝佳的机会，就像艾森豪威尔在1953年斯大林去世时没有采取果断行动一样。1986年10月，凯南写了一个日记的引语，想象了他与新的苏共领导人的谈话："双方谈判中所涉及的问题，在任何一点上你都可以向我们让步，在美国官方的圈子里你所能遇到的只有如石头般冷硬的敌意；你的让步将被总统利用，借以证明你是受他威力的压迫而屈从；你所能理解的语言全部是强制的语气。"[66]

凯南在一种意义上是正确的。许多保守派确实认为里根通过大幅增加美国军备开支、启动SDI（战略防御计划）向莫斯科方面施加的压力促使戈尔巴乔夫做出了政策上的转变。

但在另一个意义上讲,凯南是错误的。里根对戈尔巴乔夫的上任做出的反应并非凯南所担忧的那样:必定会显示出"如石头般冷硬的敌意"。[67]

1986年10月,里根和戈尔巴乔夫在冰岛雷克雅未克进行了短暂却极富历史意义的会晤,双方建立起了足够的信任,提出截至2000年消除所有核武器。[68]这一建议很快就泡汤了——里根拒绝搁置SDI计划——这让英国首相玛格丽特·撒切尔夫人以及其政府官员都松了一口气,而戈尔巴乔夫则合情合理地指出,这种做法违背了提议的精神。这样的想法即使曾经历过认真严肃地讨论,仍旧十分引人注目,它为比SALT I(第一次限制战略武器会谈)更为实质的核武器谈判铺平了道路。1987年INF"中程核力量条约"首次针对超级大国进行实际的核武器削减:莫斯科拆除了1836枚核导弹,美国拆除了859枚。不出所料,这导致了保守派的强烈抗议,其中包括理查德·珀尔、威廉·巴克利和杰西·赫尔姆斯。保守主义核心会议组织的霍华德·菲利普斯嘲笑里根是"帮苏联做宣传的白痴"。[69]

更让他们欢欣鼓舞的是,里根1987年6月在柏林勃兰登堡门前激动人心的言辞:"戈尔巴乔夫先生,打开这扇门!戈尔巴乔夫先生,拆掉这堵墙!"国务卿乔治·舒尔兹和国家安全顾问科林·鲍威尔曾向里根请求不要说出这番话,但并没有成功。在他们看来,鉴于戈尔巴乔夫的温和作风,总统的这套言辞是不必要的挑衅。[70]但是,"拆掉这堵墙!"却是越来越少有的意识形态层面的欢呼声。苏联和美国在联合国安理会合作安排两伊战争停火事宜,东西方文化交流激增,莫斯科提高了接收犹太移民的配额上限。1987年12月戈尔巴乔夫访问美国时,吸引了大量的崇拜者,这一现象后来被称为"戈尔巴乔夫热"。1988年5月,里根访问莫斯科,里根向戈尔巴乔夫表示,他从前将苏联定性为"邪恶帝国"的说法是错误的。[71]许多令人惊讶的事情都源自这两人之间热络的私人关系。里根将其定义为"一种化学反应"。[72]阿纳托利·多勃雷宁赞美性的评价捕捉到了事实:"最终,里根在处理苏联方面取得的成就肯定可以与理查德·尼克松和亨利·基辛格等人的正面相比较,甚至超越他们的成就。"[73]里根政治生涯开始于他批判缓和政策是失败主义的表现。他与苏联沟通的成就超越了基辛格对与莫斯科方面的对话可能取得的最积极成果的评估,为自己的政治生涯画上了圆满的句号。

1988年在一片震惊的声音中结束。1988年12月7日,戈尔巴乔夫在联合国发表了一场震惊世人的演讲,引起了国际社会极大的反响。他在演讲开始时不情愿地承认说,莫斯科方面——乃至马克思列宁主义——并没有垄断智慧和真理,这无异于教皇暗示众人说《圣经》是一纸虚言。他接下来表示,自己非常接受意识形态层面上的怀疑,宣称苏联不会借由部署军事力量这一手段来实现其目标,并表示他的目标比前任领导人要温和得多,即实现"合理充分的防御",这实际上意味着苏联将裁军50万。演讲的最后,他承诺说,莫斯科今后将尊重"华沙条约"所有成员国的自决权利:"自由选择权利的原则是法律规定的"，他宣布说。[74] 戈尔巴乔夫极度优雅、高效地结束了冷战，至少就他而言是这样。

那么究竟发生了什么？掌声应该为谁响起？1993年《国家评论》杂志中，沃尔福威茨认为里根的对抗战术催生了戈尔巴乔夫的根本改革政策与苏联军事上的撤退："苏联的崩塌实际上要归功于苏联国内新兴的民主人士，而他们却把最大的功劳让给了里根。"[75] 乔治·凯南认为，这种在里根的鹰派支持者中普遍存在的推断是虚幻的，而且实质上很危险。其中涉及的前因后果，即使存在，也无法确定。正如他向他的朋友，历史学家约翰·卢卡奇所说的那样："任何一个美国总统班底都有对极大的政治局势波动施加决定性影响的力量，但位于地球另一半的另一个大国无论做什么，在本质上都愚蠢而幼稚的。"[76]

在1996年接受里根外交政策的崇拜者约翰·刘易斯·加迪斯的采访时，凯南略微修改了他的意见。加迪斯问及是谁结束了冷战时，不出所料，凯南说是戈尔巴乔夫。"但是后来他又补充了几点，"加迪斯回忆道，"他紧紧地盯着靠近他的采访人，仿佛想看看他会不会从凳子上掉下来：'同样的，政治理论自成一派的罗纳德·里根可能也没有真正意识到他做了什么，他打破了僵局，而这正是旁人所不能做到的。'"[77] 或许事实非常简单，里根有着超乎常人的直觉，擅长发现戈尔巴乔夫与前任苏联领导人的主要差别。[78] 里根总统在第一任期期间发觉到了苏联的弱点，并采取了相应的行动。当他在第二任期内发现了有益事态发展的政策转向时，他也是这样做的。里根在任期内所引起的自由派和保守派的反感无疑表明，存在一种比起凯南、基辛格这类批评的声音更为灵活更注重实用的评判标准。但是，凯南的根本观点是，戈尔巴乔夫是冷战终幕的主要角色——他为冷战的结束提供了最重要的解决方案——这一点还是令人信服的。

1988年的总统大选中，里根的副总统——经验丰富、为人谨慎却缺乏个人魅力的乔治·H·W·布什遭遇了迈克尔·杜卡基斯。杜卡基斯与布什很相似，也是名在与人沟通交往中略显死板生硬的角色。布什指责杜卡基斯是个刻板的马萨诸塞州自由党人士：不擅长犯罪问题的处理和外交政策的制定，经济发展方面也缺乏稳定的政策。当杜卡基斯的竞选团队安排他站在M1主战坦克上面拍照时，杜卡基斯在选民中的印象大打折扣。杜卡基斯在架设的机关枪之间站得笔直，一副紧张的样子。他头上戴着过大的钢盔，前面印着杜卡基斯的名字"MIKE DUKAKIS"，他内里穿着的蓝色衬衣与深红色领带偷偷摸摸地从外面的卡其色军装中间露了出来，这一切无不形成着强烈的对比，创造出了竞选无望的经典形象。杜卡基斯竞选团队所选的这张照片本意是希望与坦克近距离的合照能让杜卡基斯看起来更像一个受人爱戴的总司令，但却并没有让美国民众产生这种感觉——正如接近亨利·基辛格也并没帮助萨拉·佩林在2008年总统大选中赢得副总统的宝座一样。共和党反而把杜卡基斯在坦克上的照片用在抹黑他的竞选广告里，杜卡基斯的笑脸上被打上了"美国无法承担这个风险"几个大字。这次选举的结果好比一场井喷：普选结果显示，布什赢得了 53.4% 的选票，而杜卡基斯的得票率为 45.7%。也就是说，总统选举团的得票结果为 426 对 111。布什赢得了佛蒙特州、新泽西州和康涅狄格州选票的时候就充分暗示了这一结果。

乔治·凯南看到这个局面很高兴，现在的总统班底中没有他所憎恶的面孔。尽管担心政府与戈尔巴乔夫领导的苏联之间原有的和平势头可能会消失，但他表示，看到白宫内外出现了许多"更为睿智的新面孔"，他感到十分欣慰。[79] 沃尔福威茨对里根的卸任十分遗憾，而且比起乔治·凯南，他对布什抱有更为矛盾的心态。新任总统任命沃尔福威茨在福特政府任职时的同事迪克·切尼担任国防部部长。切尼将沃尔福威茨从印度尼西亚召回国，任命其为负责国防政策制定的国防部副部长。在他的回忆录《我的时代》中，切尼回忆说："保罗拥有从过去的问题中发掘出新观点的能力。他有着坚持不懈的品质。不止一次，我否定了他提出的建议或是决策后，将他送出办公室去，但每次过了半小时他又会回来，敲开我办公室的门，继续解释他的意见——而且他的坚持往往是正确的。"[80] 切尼和沃尔福威茨思想相似，关系走得很近，但这两位布什政府中最为鹰派的成员，却因明显的意识形态上的差异同国家安全部门的其他成员格格不入。

布什总统任命布伦特·斯考克罗夫特担任国家安全顾问，斯考克罗夫特曾是亨利·基辛格的助理，看待问题的方法同基辛格十分相似。布什任命了另一位具有现实主义倾向的人物，詹姆斯·艾迪生·贝克三世担任国务卿。鉴于乔治·H·W·布什政府的人员配置，沃尔福威茨在接受切尼提供的这份工作前曾经考虑过一段时间。弗莱德·伊克尔为沃尔福威茨介绍了第一份在美国政府的工作，他回忆说，他的朋友"犹豫了很久。他很难做出决定。他甚至还提到说想要重新回到学术界搞研究"。[81] 或许他想起了在尼克松—福特当政期间自己不愉快的经历，不想和另一个"温和的"共和党人一同重蹈覆辙。沃尔福威茨的朋友和同事不顾一切地说服他，希望他接受这项工作：行政部门需要更多意志坚定的人来对抗基辛格式现实主义的复兴。他的新职位要求沃尔福威茨从印度尼西亚生机勃勃的多元文化环境中脱身，重新将他的智慧和精力集中于 20 世纪 70 年代一直让他劳神的地区和问题上：军备控制，前瞻性未来规划，波斯湾以及更为广泛的中东地区。

在前两个问题上，切尼要求沃尔福威茨根据戈尔巴乔夫 1988 年历史性的举动对国防政策进行评估。沃尔福威茨的报告建议仍要对苏联方面保持谨慎，理由十分简单——现在对苏联内部实际发生的情况下定论为时尚早。1989 年 4 月 4 日，乔治·凯南在参议院外交委员会的证词中对这一警告做出了驳斥。《华盛顿邮报》刊登了一篇题为《凯南——光荣的先驱》的文章，文章热情洋溢，作者玛丽·马格若利勾勒出了一幕非凡的景象：

国会山上的壮丽景象？没错，偶尔我们有幸得见。乔治·F·凯南，世界上最伟大的苏联研究专家，上星期站在了参议院外交委员会面前。他的演说理据清晰，表现出了丰富的学识和运筹帷幄的思维方法，演讲结束后参议员们仍意犹未尽。凯南今年已有85岁高龄，但他的脊背仍像年轻人一般挺得笔直，下颌棱角分明。只有显出混沌的声音泄露出他已不再年轻的秘密。作为演讲者，他表现出了同听众一样的感激之情，正是这一点，他的形象更为突出鲜明。[82]

凯南的感激之情很可能源自他终于有了能够踏上更高规模更为高调的平台来批判现行政策的机会。他在开场白中明确表示对美国的利益而言，苏联已经不足为惧：

我们今天在苏联目睹的是，自1917年以来就实现统一并建立起来的权力体系在大规模乃至全面地分崩离析……如今苏联和美国所拥有的核武器库显然已经变得极为多余，因为制造出这些核武器的目的早已不复存在……总而言之，在我看来，无论苏联过去为什么会被视为美国可能的或是必然的最主要军事敌对势力，那个时代都已经过去了。[83]

所以，当布什政府有官员对戈尔巴乔夫行动的诚意和持久性表示质疑时，凯南并没有这么做。凯南的证词演讲结束时，委员会成员和全体观众都站了起来向他报以热烈的掌声。他们热爱凯南的乐观，信服他演讲中所隐含的信息：美国赢得了冷战，苏联已经筋疲力尽，放弃与美国继续争斗了。一个月后，总统宣布赞同凯南的观点。5月13日在得克萨斯农工大学学位授予典礼的讲话中，布什向凯南和美国遏制政策的其他战略规划师致以了崇高的敬意。总统对凯南参议院证词演讲中的核心观点表示了赞同——也就是驳斥了沃尔福威茨和其他人推崇的提防苏联遏制苏联的主张——布什宣布说，"超越遏制"的时候到了。"我们要引导苏联融入国际社会。" 布什宣称，"我们的最终目标是欢迎苏联重回世界秩序。"[84] 他概述了他制定外交政策的总体观念，并表示对谋划宏伟的战略毫无兴趣。布什在1980年表示："我是一个注重实用的人。我喜欢实实在在的东西。我并不热衷虚无缥缈又抽象的东西。我偏爱行之有效的方法。我不是什么神秘主义者，也不渴望领导一场十字军东征一样的运动。"[85] 多年以来，这是凯南与时任总统之间第一次取得政见上的高度一致。

在后人眼中，布什政府的外交政策危机是海湾战争，这是一场标准的冲动外交决策，是只片面依据某一种观点而错失良机的范例。[86]1990年8月2日，萨达姆·侯赛因下令入侵科威特，伊拉克军队强占了科威特的一块领土以及该地区蕴含的石油储备和入海口——萨达姆认为那块领土在历史上是属于伊拉克的。萨达姆没有预料到美国对此的反应如此强烈，虽然美国做出反应也是可以理解的。伊拉克入侵科威特的八天前，美国驻伊拉克大使艾珀尔·格拉斯比直截了当地对萨达姆说："我们对阿拉伯人之间的争端不表达任何意见，比如贵国和科威特之间的争端……布什总统向我发来了直接指令，要求协助改善美国与伊拉克的关系。我们对贵国因追求更高的原油价格而与科威特发生利益冲突表示非常同情。"[87]

参谋长联席会议主席科林·鲍威尔在入侵后的第二天似乎证实了萨达姆的信心不是无凭无据建立起来的。他对美国中央军区总司令诺曼·施瓦茨科普夫将军说，"我认为美国可能会因沙特阿拉伯问题动武，但我觉得科威特的事件并不足以让美国与别国开战。"鲍威尔的推断是错误的。当他在安理会第一次会议上建议提高警惕，号召讨论美国当前的危机时，切尼出言驳斥了他："科林，你是联席会议的主席。你不是国务卿，你也不是国家安全顾问，你更不是国防部部长。所以请你专心讨论军事问题。"[88]12年后，鲍威尔成了国务卿。他在伊拉克问题上提倡谨慎行事的建议又同样被无视了，处在雾谷（国务院别称）与白宫之间分歧的真空地带，他也渐渐放弃了呼吁。

鲍威尔在1990年夏天对伊拉克入侵科威特事件做出的反应超出了理想主义者和现实主义者的行事标准。他的观点孤掌难鸣。切尼认为，伊拉克之所以吞并科威特，是因为伊拉克意欲成为中东主要的石油产出国，而美国绝不会对这一行为袖手旁观，因为它威胁到了美国的经济利益以及保障着美国诸多利益的中东地区的稳定。布伦特·斯考克罗夫特和詹姆斯·贝克都着眼于前者所提到的"入侵新形成的后冷战时期世界所带来的后果"。[89]苏联不再是对美国的威胁，但对华盛顿方面来讲，绝对不能就此忽视这一危机。美国担保人和维和大使的可靠性将因此受到严重损害，同时可能会让许多美国的二级对手为此蠢蠢欲动。很显然，这是时任英国首相撒切尔夫人的看法，她曾敦促布什总统在美国声誉受到如此明显的威胁时"不要动摇"，这一建议日后成了一句名言。[90]与此同时，沃尔福威茨在卡特领导的时代所作出的预言很明显已经以极富戏剧性的方式得到了证实。如今萨达姆·侯赛因正按照他的第一位未来预测者——沃尔福威茨当年做出的预测，走上了穷兵黩武的道路。鲍威尔是布什政府中唯一对此持有不同意见的人，因此某些形式的军事干预的实施从未受到真正的质疑。布什总统宣布："我们绝不容忍伊拉克对科威特的侵略行为。"[91]察觉到了不妙的气息，乔治·凯南按惯例在12月16日写道：布什先生不停地将我们所有人拉入同波斯湾地区可怕的纠缠之中，而且，插手波斯湾地区不会给美国带来任何好处，不仅看不到，连想象都想象不到……在前面等着我们的只有一场军事政治灾难。"[92]

事实证明，总统和他的顾问们处理冲突的方法要比凯南想象中的更为巧妙。为准备发动战争，布什首先组建了一个庞大的联盟来协助美国除掉科威特境内的伊拉克势力。有一些同盟国，比如日本和德国，没有向伊拉克派军，献出本国士兵的生命，而是贡献出了他们的宝藏。还有一部分盟友，比如苏联，也没有向伊拉克派出军队，但至关重要的是，苏联没有对苏联昔日盟友的兵刃相向表示反对——这就是证明戈尔巴乔夫忠实于其创造和平的承诺最好的证据。在整个中东地区，叙利亚、埃及和沙特阿拉伯都赞成美国的军事行动，而以色列做出了关键性的承诺，宣布在无法避免伊拉克使用飞毛腿导弹（由苏联提供，虽已过时但杀伤力仍十分可观）进行袭击时，不采取军事行动予以应对。为说服以色列对此事态保持耐心，沃尔福威茨多次去往以色列的特拉维夫进行游说，以色列的按兵不动很大程度上归功于他。这样一来，以色列的直接参与、更广大范围内的战争的爆发以及联盟遭到破坏的可能性都大大降低。布什总统聚集了近50个国家参与战争联盟，借以协助发动战争并为战争提供资金支持，同时总统也拿到了联合国安理会对此的授权。他还拒绝了切尼的建议，总统认为国会关于开战的授权并不是不必要的，战争议案在众议院中以250票赞成183票反对得到了多数通过，在参议院以52比47通过。战争筹备阶段的各项准备手续堪称典范。那么战争本身又如何呢？

"沙漠风暴"行动于1991年1月16日启动，一时间，战斧导弹齐发，F-117隐形战斗机投下激光制导炸弹，精准打击了伊拉克的空军基地、电力系统以及通信网络。这次空袭一直持续到2月24日，以美国为首的联盟部队从沙特阿拉伯进入科威特境内，吸引了伊拉克军队的火力。陆上侵入只耗费了一百个小时，伊拉克军队士气低落，丢盔卸甲，面对压倒性的力量让步投降——美国如巨人歌利亚般轻松赢得了这场对决的胜利。海湾战争中，美国的死亡人数一共只有一百多人，而伊拉克却损失了两万到三十五万士兵。这场单方面的战争与1898年美国与西班牙的战争十分相似，二者都以美国的压倒性胜利告终。

在停火之前，成千上万的伊拉克部队通过高速公路逃离科威特，但他们却就此踏上了通往地狱的旅程。科林·鲍威尔曾力劝施瓦茨科普夫，为了荣誉和文明，不要对撤出科威特的伊拉克部队下手，因为那样就显得和萨达姆·侯赛因的统治一样草菅人命、杀人如麻。国务卿詹姆斯·贝克很清楚地记得鲍威尔反对军队继续屠杀伊拉克士兵时的场景："我记得科林·鲍威尔有些激动地说，'我们杀掉了成千上万活生生的人。'"[94]国家安全顾问罗伯特·盖茨回忆说，"柯林·鲍威尔说得十分清楚，这场战争已经变成了一场大屠杀。如果继续下去，就不再符合美国的道德标准，他甚至用了'不仁不义'这个词来形容。"[95]布什总统听从了鲍威尔的意见，命令联合军队停止屠杀。

战争结束得如此迅速，让沃尔福威茨很不满意，他并不像鲍威尔那样有着很深的负罪感——沃尔福威茨缺乏军事经验，可能无法想象盟军低空轰炸从战场撤离的伊拉克部队是一幅怎样的画面。他很显然坚信一个道理，那就是中等规模的屠杀可以阻止更大规模屠杀的发生。沃尔福威茨的副手斯库特·李比说："我们反对停手。不再轰炸伊拉克军队的决议让我哑口无言。我和沃尔福威茨先生都不赞同。"但这两人都不在决策机构内，无法阻止决议的推行。对伊拉克撤出军队停止轰炸几天后，中情局报告称，萨达姆的精英战斗部队，即伊拉克共和国卫队的许多部队已经携大量物资逃离科威特：至少有365架苏联T-72坦克重返伊拉克，而且汉谟拉比装甲师全军撤离，安然无恙。施瓦茨科普夫将军也对伊拉克做出了愚蠢的让步，他允许伊拉克直升机运载着伊拉克官员在科威特和伊拉克之间往返。萨达姆便无情利用了这个漏洞，命令武装直升机对聚集起来准备发动革命的什叶派和库尔德武装部队进行打击镇压。此前布什总统和国务卿贝克曾发言鼓励他们起来反抗，正是他们的话语给了这些军队起义的力量。

沃尔福威茨表示："仅仅推迟停火协议，却不消灭更多的伊拉克部队或摧毁更多武器——美国可能已为反对萨达姆·侯赛因的势力争取了时间来让他们建立起来并与萨达姆进行对抗。"[96] 但是停火协议的推迟这一看似明智的建议实际上只是事后诸葛亮，当时并没有人认真积极地考虑过这个方法。斯考克罗夫特和贝克认为伊拉克内战将产生一些意想不到的负面后果，其中就包括大幅度提高了伊朗在中东地区的地位。借用一条基辛格和凯南都赞同的观点，鲍威尔解释说："我们的实际意图是想放伊拉克一条生路，让他们留有足够的力量，来抗衡对美国仍抱有极强敌意的伊朗政府。"[97]

至于入侵伊拉克和铲除萨达姆·侯赛因，在当时政府认为这些想法于情理不合：在设计和执行上就劳神费时，而且结果还无法预知。布什在他与斯考克罗夫特一同执笔的回忆录中写道："如果我们走了入侵路线，美国可能仍作为占领国深陷于那片充满极度恶意的土地。那样只会带来同现在截然不同的结果——一无所获。"[98] 许多鹰派共和党人，包括布什总统的儿子，都会对这种经典的现实主义解读提出质疑。例如，唐纳德·拉姆斯菲尔德用了一例有力的事例，对布什与斯考克罗夫特的实用主义提出了疑问："对于他来说，萨达姆认为，美国缺乏将自己的高谈阔论付诸现实的责任感。他会认为美国不愿意承担入侵伊拉克所必需的风险。"[99] 但当时美国和世界的公众舆论看到的却是另一番景象——美国和多国部队联盟在海湾战争中打了漂亮的胜仗，取得了巨大的成功。伊拉克跨越既定的国际边界，明目张胆的侵略行为受到了国际社会坚定不移地反对，联合国对伊拉克实行制裁，对伊拉克采取的军事行动得到了莫斯科、开罗和大马士革方面举足轻重的支持。所有人都认为海湾战争取得了举世瞩目的成就，但拉姆斯菲尔德的评估并没有马后炮一般地一味赞扬海湾战争。尽管如此，切尼、拉姆斯菲尔德和沃尔福威茨都吸取到了教训，并将其应用于第二次伊拉克战争上：科林·鲍威尔和与其类似一味规避风险的将领必须要远离决策大权。

1991年8月19日，苏联共产党强硬派对戈尔巴乔夫发动政变，将他软禁在他位于克里米亚的别墅中，并命令坦克和步兵占据莫斯科的重要战略位置。鲍里斯·叶利钦是政变部队的核心人物，他最为家喻户晓的形象就是站在位于苏联政府对面的坦克上，向克里姆林宫方向表示蔑视。面对民众普遍的反感，政变崩溃，戈尔巴乔夫回到了莫斯科，然而这并不意味着戈尔巴乔夫的胜利。8月21日，叶利钦要求戈尔巴乔夫阅读一项声明，其中概述了反对戈尔巴乔夫政变的细节——在这种情况下戈尔巴乔夫很难拒绝这一要求。第二天，戈尔巴乔夫辞去苏联共产党总书记的职务，但他依旧是苏联名义上的总统。在接下来的几个月中，乌克兰、亚美尼亚、格鲁吉亚和摩尔多瓦迅速宣布独立。12月8日，俄罗斯、乌克兰和白俄罗斯的政治领导人在明斯克附近的贝洛维岑森林会晤，组成了独立国家联合体——其他苏联加盟共和国也即将加入这一联合体。12月25日，戈尔巴乔夫辞去苏联总统职务。克里姆林宫上空代表苏联的锤子镰刀旗帜降下，代表俄罗斯联邦的蓝白红三色旗升起。叶利钦担任首任俄罗斯总统。曾经坚不可摧的苏联自此灰飞烟灭。

戈尔巴乔夫离任时曾警告说，美国刚刚遭遇了一件可怕的事，他不再拥有敌人了。美国的"敌人"一栏中确实出现了一块巨大的空白。[100]作为负责制定国防政策的国防部副部长，沃尔福威茨开始着手评估分析，来搞清楚哪一个国家将接替苏联的位置，成为美国面前新的恶势力。在1992年初演讲中，沃尔福威茨立誓要从早期的冲突中吸取教训，而当时华盛顿的军事力量已经以极快的速度压缩了。"我们过去从来没有做对过。"他不满地说。例如，在1945年确认了二战胜利之后，杜鲁门政府错误地削减了国防开支——保罗·尼采的NSC-68很有先见之明，但太晚才得到通过，因此没能迅速地摧毁朝鲜，最后导致了旷日持久的痛苦战争。"短短5年的时间里，我们就从拥有世界上最强的军事装备，无可匹敌的强国，衰退到了在朝鲜半岛和一个新生国家作战都步履维艰的窘境。"[101]沃尔福威茨的评估低估了苏军的实力——实际上苏军足以与华盛顿方面匹敌，致使华盛顿方面放弃了东欧部分——但他想要传达的信息主旨是明确的。历史告诉我们，"和平红利"的兑现总是过早。美国应时刻保持警惕，将里根时代开启的高水平国防开支正常化。

同NSC-68一样，1992年的国防政策指导文件（DPG）是一项重要意向声明。沃尔福威茨是主要负责人，但他将起草文件的任务委派给了扎勒米·哈利勒扎德。哈利勒扎德在起草工作中依次吸纳了理查德·珀尔、阿尔伯特·沃尔斯泰特和斯库特·李比的建议。[102]DPG类似于NSC-68，它是一项集体规划，灵感来自一个人的愿景。它也假设了最坏的情况，强调美国在军事和力量投射能力方面保持无法逾越的领先地位的必要性。五角大楼中有人希望对这一文件进行更为广泛的辩论，就将文件泄露给了报道外交事务的记者帕特里克·泰勒，他1992年3月8日在《纽约时报》发表了文件的摘录部分。泰勒报道称，这份46页的文件指出："美国在后冷战时期的政治和军事重要任务将是确保西欧、亚洲或是苏联的领土范围内不会出现敌对的超级大国。"[103]

DPG对联合国提出的集体主义制度的愿景——"特设大会"是首选的联盟模式这一主张予以了明确的反对。这是沃尔福威茨根本上不赞同伍德罗·威尔逊的最主要的政策领域。前者担心美国的敌对国家会利用联合国这样一个出于善意却又带来危险的机构来遏制美国，让其无法自由行动。威尔逊则更希望各国带有恶意的倾向和利益可以协调一致，向他所珍视的国际联盟注入活力，各国为了同一目标而努力前进。归根结底，他比沃尔福威茨更为乐观，他认为世界可以迎来和平的未来。如乔治·帕克所述，DPG 文件列举出了美国利益的一系列威胁因素："位于欧洲的盟国、阿拉伯的独裁专制、穆斯林恐怖分子、复兴的俄罗斯人、中国和朝鲜的共产党人、武器扩散者"。[104]

关于敌对国家的大规模毁性武器所施加的威胁，DPG 文件详细说明了"先发制人以避免未来受到核武器、化学武器或生物武器袭击"的潜在必要性。该报告冲击了鲍威尔比众人更为乐观的心境——同一时期，他在接受《陆军时报》的采访时戏谑地说道："对抗我的恶魔都跑光了。同我作对的坏蛋不够了，我要用卡斯特罗和金正日凑个数……要是第二个伊拉克出现了我会很惊喜的。"[105]

泰勒的文章激起了美国一众盟友的愤怒，他们对沃尔福威茨及其同事恩赐给他们的附属国地位并不感到欢欣鼓舞。旧共和党和主流民主党人对此的反应也不甚友好。帕特·布坎南是一位倾向于紧缩政策的共和党人，艰难地在美国历史上寻找着"有益的"战争。他指出，DPG 文件是"一份在美国的重要利益没有受到一丁点儿的侵害时，让美国无限度地插手地区冲突、介入各类战争的方案"。他敦促布什否决掉这份文件，而布坎南本人正在向大老党（共和党别称）的总统提名人发起冲击。快速崛起的民主党人，比尔·克林顿麾下极富影响力的顾问乔治·斯蒂芬诺伯罗斯将该草案描述为"找借口获得巨额预算以避免遭遇财政削减的又一次尝试"。布什政府的国家安全顾问布伦特·斯考克罗夫特后来评论 DPG 文件说："那文件根本就是疯言疯语。我读了一份草案。我想，'切尼，这太荒唐了'，这根本就是原地踏步。文件也从未经过正式审查。"[106] 在没有总统批准的情况下，斯考克罗夫特的言论是正确的，但他对该文件是"原地踏步"的评价却是错误的。经历了多种多样草案的修改，DPG 文件最终成了一份非凡的长期战略文件。1992 年 5 月 5 日，沃尔福威茨将定稿送交到迪克·切尼手中，他还补充说道："我们从未有过如此雄心勃勃的国防指导。"[107] 虽然这份文件被部分搁置长达八年，但下一任总统小布什将其复苏了。他的政府将重新引入沃尔福威茨的 DPG 初稿中所缺乏的威尔逊式理想主义的层面，即：强调美国在促进民主化进程中的作用。[108]

1992 年总统大选，在任总统布什遭遇了比尔·克林顿，克林顿曾任阿肯色州州长，极富个人魅力和政治天赋。对于克林顿的主要顾问詹姆斯·卡维尔来说，这次选举只关乎一个问题："那就是经济。"并且他所崇奉的还原主义刚好适应当时的经济形式——克林顿很大程度上是因此赢得了大选，中间偏右派第三方政党候选人罗斯·佩罗也帮助克林顿从布什手中抽走了选票。在此次竞选中，外交政策同样也是至关重要的——距苏联解体仅仅一年，外交政策怎么可能不重要呢？——而且站在政治走廊两侧的威尔逊主义者都发现，克林顿身上有很多可取之处。首先，克林顿在很多方面批评了布什狭隘的现实主义。他批评布什未能认真对待前南斯拉夫迫近的危机，米洛舍维奇领导下的塞尔维亚对区域稳定构成了严重威胁，而且他的军队也将屠刀对准了生活在波斯尼亚的穆斯林人民。克林顿认为，詹姆斯·贝克对巴尔干地区危机的评价冷酷无情——"我们的狗没有掺和这场打斗"——这也就揭露出了布什政府对人权的不尊重。

沃尔福威茨赞同克林顿对布什的全面批评，他对布什政府的评估报告就证明了这一点：

美国取得了举世瞩目的胜利（伊拉克战争），登临了冷战的胜者之巅，由此催生了一种弥漫全国上下的想法，即美国在世界上不会再面临重大的危险，即使有问题出现在我们面前，重新焕发了活力的联合国也可以帮我们解决。政府关于"新世界秩序"的大话空话——或是关于我们在前南斯拉夫的战争中"没有狗"的言论——无一不显示出布什政府的洋洋自得。[109]

但是，他虽然发现布什的外交政策有很大的欠缺，但沃尔福威茨在卡特时代吸取到了惨痛的教训：没有和自己党派划清界限的共和党人很难为民主党总统所用。并且，克林顿在竞选时对布什的胆怯所作出的批评和他自身的想法不谋而合。真正的考验就是克林顿真正当选后会如何为政。沃尔福威茨有充分的理由怀疑，克林顿几乎会和他表现出来的一样鹰派、一样受价值观所驱动。所以他离开了五角大楼，再次回到了约翰·霍普金斯大学，担任高级国际学院院长。保罗·尼采与克里斯蒂安·赫特共同创立的国际政治类学院为沃尔福威茨批判优柔寡断的民主党总统提供了绝佳的场所。他开始用当初克林顿批评布什的那一套理由来批评克林顿的外交政策。

克林顿是 12 年来的第一任民主党总统，他非常清楚，吉米·卡特为何会因地缘政治灾难丢掉了总统职位，政治危机面前，卡特的咨询团队意见四分五裂，无力应付。克林顿的外交政策咨询团队每一名成员对于那段时期都是记忆犹新。国务卿沃伦·克里斯托弗曾在国务院担任塞勒斯·万斯的副手。国家安全顾问托尼·雷克曾在卡特政府中任政策规划主席。克林顿任命的美国驻联合国大使马德琳·奥尔布赖特后来接任沃伦·克里斯托弗成为国务卿，她曾在卡特政府的国家安全委员会担任国会联络员。她的上司正是其哥伦比亚大学博士生导师兹比格涅夫·布热津斯基。克里斯托弗、雷克和奥尔布赖特都明白，克林顿的外交政策需要展现出比卡特时期更为远大的一致性。因此，考虑到这一点，克林顿的外交政策团队开始着手为美国冷战后处理国际事务的方式起个新名字——他们把起名字的过程戏称为"凯南的彩票"。[110] 国务卿克里斯托弗 1994 年曾向凯南征询意见，求教凯南对克林顿政府所追求的目标的看法。凯南回答说，"遏制"政策有多光鲜亮丽，它受误导的程度就有多高。并且，一个国家的外交政策不应该受到过分削减，把外交政策压缩成"保险杠贴纸"的大小显然是不合适的。得知了凯南这番话后，克林顿笑了起来，说道，"这就是为什么说凯南是伟大的外交官、著名学者，却不是政治家。"[111]

但凯南真的就大错特错了吗？他告诫的话语精简凝练，只含有一种理论，也可以当作可靠的政治建议来采纳。但后来证明，克林顿的外交政策是多方面的，无法用一个单词一种概念来涵盖。在没有像苏联这样单一敌人的情况下，外交政策又怎么可能被一言概之呢？一个反复强调的主题就是"扩大民主"的必要性——美国（和北约）应该对东欧和中欧的新兴民主国家承担起安全和政治上的责任。对自由和开放贸易也进行了重点强调。1994年1月1日，克林顿主导了加拿大、美国和墨西哥之间北美自由贸易协定（NAFTA）的设立。至此，一切都充满了威尔逊主义气息。苏联的解体与哈布斯堡帝国的崩塌十分相似。同威尔逊一样，克林顿很乐于看到独立民族国家数量的大幅增加，并鼓励其受到长期压制的民主愿望。

但是美国政府在民主推动和经济自由化运动中的目的性明显，让世人觉得美国政府的所作所为是别有用心的。美国在主权问题上分毫不让，不会出现威尔逊在1918年所设想的出现动摇的情形。克林顿并不将联合国视为实现美国具体目标甚至是维护整体和平可以依靠的渠道——克林顿的想法更接近马汉和沃尔福威茨，而不是威尔逊。克林顿承诺领导美国成为"拥有世界上最强的防御能力的国家，做好了准备并愿意在必要时刻动用军事力量"。[112] 在克林顿第二任期中，国务卿奥尔布赖特表示对"美国的力量投射"十分有信心。她刻意指出，激发她世界观形成的历史相似案例发生于20世纪30年代，而非20世纪60年代："我的思维方式来源于慕尼黑协定，而我们这代人的观念大多来源于越战。我看到了独裁者取得一个国家部分地区的统治权后的严重后果——整个国家就此风雨飘摇。而在美国投身二战的时候，我则看到了战争的对立面。对我来说，美国的的确确是世界上不可或缺的国家。"奥尔布赖特的这番话让沃尔福威茨欣喜万分，并认为她"代表这个政府外交政策上的最优天性"。[113] 事实上，克林顿政府似是采用了1992年那份争议极强的DPG文件中的建议。国防支出水平实际上从里根时代起就几乎没有下降，维持美国在世界上的首要地位仍然是现阶段的主要目标，而且美国保有在需要维护自身利益或惩恶扬善时采取单方面行动的权利。

这些观点在实践中得以证实。例如，1999年，美国让北约作为先锋，空袭米洛舍维奇领导下的塞尔维亚，将科索沃从种族清洗的野蛮暴行中解救出来。由于常任理事国俄罗斯使用了一票否决权，联合国不能授权该军事行动，所以克林顿转而通过北约来执行。塞尔维亚最终停止了对科索沃的攻击，米洛舍维奇臭名昭著的政权也就此倒台。但是，当美国认为有必要采取行动来行使它"世界上不可或缺的国家"的职责时,实际上则是绕开了联合国自行其是。并且美国大多数盟友,如英国首相托尼·布莱尔,都对美国的做法表示认同和赞扬。克林顿的大部分外交政策都证明了1992年一经出版就激起众多反对的DPG文件实际上是具有合理性的。虽然克林顿和沃尔福威茨两人的行事风格完全不同,如果用乐曲风格作比的话,克林顿偏爱轻柔的乐曲,而沃尔福威茨则偏向强音乐章,但是这两人的观念却有着高度的相似性。

然而,沃尔福威茨确信,克林顿政府对其他地区的外交政策存在着严重缺陷,其中首先就是对待伊拉克的战略。伊拉克在萨达姆·侯赛因统治下阴云密布,让人不禁为之愤慨。而克林顿的遏制战略则依赖于时断时续的空袭来划分出禁飞区,以及维持联合国对萨达姆的严格制裁得以执行。沃尔福威茨认为,这些做法加起来也不足以向萨达姆·侯赛因施加足够的压力。1996年《华尔街日报》刊登了一篇沃尔福威茨的文章,引起了广泛讨论。文章以《克林顿的猪猡湾事件》为题,沃尔福威茨在文中指责克林顿忽视了萨达姆日益增长的威胁。1996年8月,伊拉克政府军入侵位于伊拉克北部的库尔德"安全区",美国军方对此的回应显得十分弱势,令人失望:美军只是装模作样地用巡航导弹轰炸了一通,并没有给伊拉克政府军造成任何实质上的损失,这也就印证了沃尔福威茨此前文章中对克林顿的批评。沃尔福威茨狠批克林顿授意下的战斧导弹轰炸萨达姆只如蚊叮,毫无效用,并指责政府的所作所为无异于默许了伊拉克政府军向北袭击这一动荡地区的行径,而且不向其加诸任何惩罚,这是对库尔德人的"背叛"。

这不仅明显影响到了美国作为地区安全担保人的声誉,使其来之不易的世界军事第一强国称号大受挫伤,而且也养肥了萨达姆的胆子。沃尔福威茨认为,伊拉克现在的危险程度已经很高了:"双手沾满鲜血的萨达姆,手里握着一把已经上膛的枪——正直直地瞄准着我们。"这段发言是美国方面首批公开提及萨达姆的化学和细菌武器计划的言论之一,同时,首批提到萨达姆拥有化武的言论还揭露,萨达姆有可能用这些武器对抗美国,或将其出售甚至赠送给恐怖组织。如德里克·查立特和詹姆斯·古德金戈所述,沃尔福威茨敦促克林顿"走出遏制战略的桎梏,彻底地除掉伊拉克独裁者"。[114]

在1996年的大选中,沃尔福威茨担任年事已高的共和党候选人鲍勃·杜尔的顾问。但两名候选人却并未在伊拉克问题上针锋相对。在为杜尔作竞选宣传时,沃尔福威茨对一名记者说:"美国已经彻底弃绝了自己的承诺,任由伊拉克民众在嗜血独裁者的魔爪中受苦受难。"[115]然而杜尔和沃尔福威茨努力许久,却未能在竞选中撼动克林顿的地位。杜尔竞选的理念要比乔治·H·W·布什的执政理念鹰派得多——尤其表现在他对发展导弹防御系统的必要性的提倡和对联合国强烈的敌意上。但是在外交政策领域,克林顿的第一团队并未让政府陷入卡特时期那样的政治灾难。

当然,克林顿政府还是遭遇了一些难挨的日子。1993年10月,在联合国批准的对索马里的干预行动中，两架美国黑鹰直升机被击落，摩加迪沙的街道上发生了激烈的枪战，导致 18 名美国人、数百名乃至千余名索马里人死亡。[116] 这是人类的悲剧，国际关系的灾难——美国人的尸体被人在摩加迪沙街道上拖拽的画面不停地在电视新闻中播出。这一事件极大地影响了克林顿将美国军队部署在被乔治·凯南视为次要地区的意愿。实际上，凯南早在 1992 年 2 月曾就介入索马里的风险告诫过克林顿：

> 我认为此举将是美国外交政策的巨大失误……将美国武装部队派遣到与我们相隔千里的地方去，无异于让我们的军队在别的国家充当警察的角色，而且该地区的问题并不牵涉美国的国防安全——开国元勋们肯定不会料想到美国会有这样的一天，如果他们得知了这个消息，肯定也不会同意这么做的。如果这是所谓的美国传统，那一定是最近才被造出来的所谓传统。[117]

在索马里的一败涂地足以冷却掉克林顿政府潜藏的进行人道主义干预的冲动。

在对卢旺达种族灭绝暴行的态度上，可以清楚地看到索马里事件带给克林顿政府的影响。发生在卢旺达的种族灭绝事件有大量文件可作证明，证据确凿，当时有 50 万至 100 万的卢旺达民众，大部分是卢旺达的少数民族图西族，遭到了多数民族胡图人的大屠杀。但美国政府却移开了目光——因为一旦目光聚焦于此，就意味着要进行干预了。[118] 四年后，克林顿前往卢旺达首都基加利，为当时没有采取行动而道歉。但克林顿并不需要向美国民众道歉。[119] 这些阴暗的事件并没有对 1996 年总统大选的选民产生太多负面的影响。索马里和卢旺达是世界上最贫穷的国家之一，那里的危机显然与美国的经济利益或者其声望和信誉无关。冷战的结束大大减少了战略家们对贫穷国家的关注（例如安哥拉，在亨利·基辛格眼中，安哥拉仅仅是个美国利益的代理人，只是一片富含矿产资源的战场而已）。科技的规模仍处于不断膨胀的阶段，美国经济也因此发展迅猛。克林顿受到中间派选民的欢迎，选民们对杜尔则并没有什么兴趣。克林顿保住了他的总统宝座，安稳地赢来了连任。事实证明，他并不需要比汽车保险杠贴纸更大的战略。

杜尔的败选让沃尔福威茨极度失望，最后的结果证明，正是对次要地区外交事务的关注加快了杜尔的失败。沃尔福威茨发现，由于克林顿政府的外交失误并未发生在与美国有着重大地缘政治利益关系的地区，所以他们很难批判克林顿在国家安全方面不够强硬，更没办法在选举中给克林顿以沉重打击。就库尔德人、卢旺达人、波斯尼亚人或是科索沃人的命运而言，美国大选结果如何于他们并没有什么区别。如果总统竞选是在冷战期间，逃避兵役的克林顿在杜尔这样经历过二战获得了勋章的老兵面前很可能不堪一击。1945 年，德国军队的机关枪扫射将杜尔打成了重伤，他命悬一线，差点命陨沙场。

但时代不同了,共和党外交政策的制定也充分理解了这一点。

这一问题本可能错综复杂。冷战时期世界的两极格局常常会带给领导人摩尼教式(即善恶分明)的敏感性。但后冷战时期却不会这样。戈尔巴乔夫在苏联解体后也曾表示,他做了很不利于美国的事,剥夺了美国拥有势均力敌的对手的权利。种种迹象表明,共和党因此元气大伤。相对平和的国际环境无疑帮助克林顿在总统大选中接连击败了布什和杜尔——乔治·H·W·布什也是一名参加过二战的老兵,就任总统时曾推行过杰出的外交政策。选民们通常选择共和党是为了在国家安全上得到更好的保护。然而冷战的结束却让共和党的这一优势不复存在了。

沃尔福威茨回应新时期挑战的方法就是,把大部分精力集中在伊拉克这一个敌人上,同时扩大了他雄心壮志的范围。1997年,他为《伊拉克的未来》一书撰写了一个章节,详细介绍了三种对抗萨达姆·侯赛因的可行方法:遏制、介入或取代。[120] 沃尔福威茨对最后一种方法推崇备至,虽然他在书中并没有提及这种做法可能带来的后果。此后,他将这个观点延续到了他与长期以来的合作伙伴扎勒米·哈利勒扎德共同撰写的《推翻他》一书中。沃尔福威茨和哈利勒扎德在书中指出,海湾战争中最首要的战略教训是"军事力量不足",而不是老生常谈,赞扬美国对伊拉克广泛而行之有效的外交政策"必须成为总体政治战略的一部分,其目的不仅是遏制萨达姆,还要将伊拉克从暴政中解放出来"。[121] 失去了苏联这个敌人,推翻萨达姆·侯赛因,解放伊拉克成了沃尔福威茨新的执着追求。

同年,沃尔福威茨与其他鹰派共和党人一起宣布要为美国新世纪项目(PNAC)贡献自己的力量。PNAC由威廉·克里斯托和罗伯特·卡根创立,是华盛顿特区的智囊团。它于1997年6月3日发布了其原则声明。该声明向人们展现了自身进行深层次对话的共和党因克林顿两届连任而如坐针毡,正通过自身对话深入探讨未来外交政策的方向:

> 美国的外交和国防政策正处于一种漫无目的的状态。保守派人士已经批评过克林顿政府政策的不连贯。他们也在抵制自己阵营中的孤立主义冲动。但保守派人士并没有信心满满地提出关于美国在世界上作用的战略愿景。他们也没有为美国外交政策制定指导原则……我们似乎已经忘记了里根政府成功的精髓:一支实力强、随时准备好迎接当前和未来挑战的军队;勇敢无畏、坚定向世界推行美国原则的外交政策,以及负担得起美国全球责任的国家领袖。[122]

"原则声明"旨在唤醒共和党人遵循里根第一任期中的执政风格和实质,虽然在政策细节上稍显不足。声明的签字人有艾利亚特·亚伯兰斯、迪克·切尼、艾略特·科恩、弗朗西斯·福山、弗雷德·伊克尔、扎勒米·哈利勒扎德、斯库特·李比、唐纳德·拉姆斯菲尔德和保罗·沃尔福威茨——这些人正是影子外交政策机构的成员。

1998 年 1 月 26 日，具体细节得到了充实，PNAC 向比尔·克林顿发表公开信，敦促其改变美国对萨达姆领导下的伊拉克的外交政策。签署人用简单平实的散文体表达了他们的关切，公开信中写道："当前的政策得以行之有效，都是因为我们有着坚定的盟国，以及由于同萨达姆·侯赛因合作的危险性和不可取性。"克林顿总统需要睁开眼睛看清形势，认清伊拉克正在坚持不懈地发展大规模毁灭性武器的现实，而该地区乃至整个世界都会因此而震颤。公开信的作者们阴郁地说，"几乎不需要补充说明，如果萨达姆确实拥有了发射大规模毁灭性武器的能力，况且现在几乎可以断定他拥有这个能力，如果我们继续实行现有的政策，那么该地区美军的安全，如以色列和温和的阿拉伯国家这样的朋友和盟友，以及世界石油供应的极大一部分都将处于危险之中。"[123] 公开信发表后，包括沃尔福威茨、理查德·珀尔和唐纳德·拉姆斯菲尔德在内的一小部分签名人前往白宫，与克林顿的国家安全顾问桑迪·伯格讨论伊拉克问题。会面后，珀尔表示他"对克林顿政府的软弱感到震惊"。[124]

克林顿的总统生涯正在进入倒计时。1998 年期间，共和党外交政策智囊团就开始进行认真调查以找出（并辅佐）共和党内最有可能在未来大选中击败克林顿副总统艾伯特·戈尔的人选。2000 年总统大选中，戈尔几乎会毫无悬念地拿到他所在党内的提名。1998 年春天，得克萨斯州州长乔治·W·布什访问了斯坦福大学胡佛研究所，与一个杰出的团队讨论外交政策，团队中包括乔治·舒尔茨和斯坦福大学教务长康多莉扎·赖斯。赖斯曾为布什的父亲工作过，并曾和弗吉尼亚大学的菲利普·D·泽利卡共同执笔了有关德国统一的畅销书。[125] 双方的会面十分融洽，布什和赖斯因为共同爱好体育而一见如故。下一次的会面安排在了几个月后，在奥斯汀举行。在七月的热浪中，已经成为拥有超过 5 万名员工的大型油田服务公司哈里伯顿公司总裁的迪克·切尼也加入了布什、赖斯和舒尔茨的行列，与他一同加入竞选团队的还有沃尔福威茨。布什告诉前来参加会面的智囊，自己准备竞选总统，需要他们的帮助。

但共和党内对布什则是褒贬不一。许多人更偏向于选择参议员约翰·麦凯恩，因为他积淀了深厚的外交政策经验，并且一贯愿意为人道主义目的而部署美军。威廉·克里斯托警告他的同事们"和布什搅在一起"是会后悔的。[126] 克里斯托担心小布什会和他父亲一样小心谨慎，一样走中间路线。并且小布什表现出一副对外交事务不甚热衷的样子，他在商业领域也没做出什么成就——更何况他的公司很大程度上都是由他父亲资助的——而且他的政治经历可能都围绕着"体量大"转，毕竟他任州长的得克萨斯州偏僻而人烟稀少，什么东西体量都大。亚利桑那州的麦凯恩截至 2000 年已经在参议院工作 13 年，与布什相比，简直是一个巨人。在几乎每一个方面——无论是智慧、经验，还是勇气，麦凯恩都更像总统候选人的最佳人选。麦凯恩在越南度过了长达五年半的战俘生活。布什在得克萨斯空军国民警卫队服役，但却并没有任何战功。麦凯恩赢得了许多新威尔逊主义共和党人的支持，他支持克林顿总统为保护科索沃而对塞尔维亚实施空袭。他有原则，有经验。威廉·克里斯托的选择很明确："我选麦凯恩，在科索沃问题上我和他的看法一致，他的这一观点让很大一部分的共和党人都为之振奋不已。"[127]

其他一些人则在布什身上发现了更多的潜力，主要是因为他敢于对外宣称自己对外交政策一窍不通，并且能够提出简单却具探索意义的问题。他们在布什身上没有看到专横自大的影子，也没有听过他夸下海口，他在一群有着宏伟政治抱负的人中间显得平淡无奇。理查德·珀尔将布什视做一张讨人喜欢的白纸，认为他"懂的并不多……（但是）却有自信提出问题，即使他的问题会暴露出他知之甚少……他的学习欲望很强……你会觉得一旦他坚信了什么，他一定会顽强地坚持下去"。[128] 沃尔福威茨对小布什还是更加感兴趣。雅各布·赫尔布伦说，"1999年8月，在华盛顿特区的艾利奇餐厅（I Ricchi，意大利语，意为富有）吃午餐的时候，沃尔福威茨兴冲冲地和我说，布什穿透了外交政策专家设下的重重迷雾，脱口问出了十分简单的问题，'请告诉我我应该知道什么？'沃尔福威茨说，布什是'第二个斯库普·杰克逊'。"[129] 因此，珀尔和沃尔福威茨都盛赞布什愿意表现出自己的无知的品质——诚然，这在华盛顿是个十分罕见的特质——并且虚心向他们求教。就这些方面而言，布什所拥有的支持也就不难理解。

沃尔福威茨同赖斯成为同事，他成了布什在总统初选和大选中两个主要的外交顾问之一。然而与布什建立了更紧密关系的并不是沃尔福威茨，而是赖斯。据孟捷慕的记述，布什不太信任纯正的学术精英，自从他在耶鲁大学过上了丰富多彩的研究生生活之时起就是如此（和布什相比，保罗·尼采在哈佛的求学经历简直如同苦行僧一般）。诚然，赖斯也是学术界的精英，但是她可以和布什谈论棒球、足球和篮球。她能够让布什放松下来，这一特质在日后为布什恶补国际关系知识时对她的帮助很大。赖斯与布什的父亲关系也很好，她将现实主义建造者布兰特·斯考克罗夫特视为她最主要的导师。她的外交观念与沃尔福威茨的差异很大，她在布什团队中明显的优势清晰地传达出了这位总统候选人外交政策的核心观念随后会越发审慎，而不是偏向理想主义。在与艾伯特·戈尔的第二次总统竞选辩论中，布什狠批了戈尔的威尔逊主义观念。布什说，"我和副总统在动用军队的问题上意见不一，他坚信动用军队是在塑造国家形象。如果我是国家形象塑造者，我在动用军队这件事上会十分谨慎。我认为军队的作用就是参与战争、取得战争胜利的……我不想总是把我们的军队派到世界各地去。我不想让美国当世界警察。"[130]

不需多言，布什的这番话打击了沃尔福威茨。他所偏爱的决议是，比如布什致力于建设的国家导弹防御计划，以及放弃1972年的反弹道导弹条约的决心——然而这些都淹没在多才多艺的赖斯指挥出的现实主义乐曲中了（如果再次用音乐做比喻的话，这次赖斯不只是名杰出学者，还是位高水平的钢琴家了）。在2000年的大选中，戈尔赢得了一般选票中的多数票，但最终因总统选举团和国家司法制度变幻莫测而竞选失败。在布什对戈尔最终得票的计算中，最高法院由于众多违规投票问题而叫停了在佛罗里达进行的旷日持久的重新计票，并宣布布什以 271 票对 266 票的微弱优势赢得了大选。这也是美国现代政治史上最具争议的事件之一。布什登上了总统宝座，但是他的当选却缺乏合法性，在计票结果上并没有取得明显的胜利。如果把这一问题同布什公开表示将致力于他所形容为"有同情心的保守主义"的决心联系起来，可能有人会预测，第 43 任总统小布什会是第 41 任总统老布什的翻版——但这一任布什总统更为谦逊，也会重新致力于两党合作。

沃尔福威茨在布什政府的仕途开始坎坷起来，他没能如愿当上他一直渴求的国防部部长一职。外界评价沃尔福威茨是一名具有独创性的思想家，但是对行政几乎一窍不通，这种评价一直存在着。沃尔福威茨的一位高层同事说，"保罗是个才华横溢的人，但是如果你走进他的办公室……你可能都看不到保罗，因为他办公室里的文件堆得太高了。"[131] 这样的工作习惯或多或少将他排除在了像五角大楼这样的巨型机构之外。因此沃尔福威茨退而求其次，努力争取他心目中仅次于国防部部长的第二选择，副国务卿。然而这一次，布什于 2000 年 12 月 16 日任命的国务卿科林·鲍威尔站出来挡在了沃尔福威茨面前。鲍威尔在他的回忆录中把切尼和沃尔福威茨都描述为"右翼的疯子"。[132] 很显然，沃尔福威茨成为副国务卿的希望渺茫，虽然鲍威尔此后更为审慎地将他与沃尔福威茨的不和描述成他们两人无法取得"意识形态方面的协调一致"。[133] 所以沃尔福威茨最终被任命为国防部副部长，在唐纳德·拉姆斯菲尔德手下工作——但唐纳德本人却并不为此感到欣喜：

> 我知道沃尔福威茨是个与众不同的精英。但他并不具备成为一名成功的国防部副部长所必须拥有的行业背景或是深厚的管理经验。他是个求知欲强、思维缜密、有着很高政策敏感度的人，我担心他会忍受不了这种管理型的职务，每天处理的众多公务虽然至关重要，却多是枯燥乏味的东西——需要决策上百次，但没有一项同政策有关——而这就是国防副部长的主要工作职责。[134]

拉姆斯菲尔德的不安不难理解。沃尔福威茨是一个雄心勃勃的思想家，他追求威尔逊式的宏大愿景。在他绘制的未来蓝图中，只要以适当的方式，怀揣壮志雄心向世界各地派遣军队，美国将会拥有强大的力量。拉姆斯菲尔德则是一名进攻性选手，在美国应负的世界责任这一概念上，他理解的范围要更窄一些。但是抛开二人的分歧不谈，他们两人成了一个强有力的组合。科林·鲍威尔必然会后悔让他们两人凑在了一起。也许他应该同意沃尔福威茨来国务院做副国务卿,这样他就能把这个意识形态上的敌人放在眼皮底下了。

一场富于启发性的听证会后,参议院批准了对沃尔福威茨的任命。听证会上,沃尔福威茨清晰地列出了他规划中的国防优先事项。在中东地区问题上,他指出,"如果伊拉克的现有政权发生更迭,整个中东地区将更加安全,伊拉克将得到更为长足的发展,而美国国防事业也将因此获益匪浅。"[135] 他很快就敦促美国参谋长联席会议讨论美国协助伊拉克境内的反政府力量推翻萨达姆政权的方法。由于萨达姆·侯赛因已经下令放干伊拉克南部沼泽地的水来摧毁什叶派反对势力的藏身之处,沃尔福威茨询问了一名军方要员,能否通过空袭炸毁附近的水库,让水库中大量的水涌入该地区来重建那片沼泽。五角大楼的法律专家驳回了沃尔福威茨的提议,因为这不符合"战争法则"。沃尔福威茨反驳说,重新恢复萨达姆敌对势力的避难所显然是一个"人道的"选择。[136]

沃尔福威茨任命道格拉斯·费斯做自己的副手,费斯对伊拉克问题的看法与他本人的十分相近。费斯比沃尔福威茨更为不修边幅,而且坚信无论如何都必须除掉萨达姆·侯赛因——这让许多军方人士感到失望。美国中央司令部司令汤米·弗兰克斯将军曾说他是"整个星球上最愚蠢的家伙"。[137] 科林·鲍威尔在用语上比弗兰克斯将军更为委婉,虽然他也不赞同沃尔福威茨和费斯过分纠结于萨达姆·侯赛因政权。在他的参议院任命听证会上,鲍威尔表示,应该加强对伊拉克的制裁,但推翻萨达姆政权并不是不可或缺的一步:"只要我们能够控制住进入伊拉克的主要资金源,我们就能让萨达姆政权步履维艰,而且他们现在已经是这种状况了。萨达姆·侯赛因先生还可以带上军帽,在阅兵时向天空鸣枪,但他的政权实际上已经虚弱不堪、支离破碎了……他唯一的依靠,他能够威胁我们的东西就是那些大规模杀伤性武器,我们必须让他记住这个教训。"[138] 鲍威尔很清楚,这些需要通过加强制裁力度以及联合国武器检查员的归来才能得以实现。国务院和国防部无法达成共识,他们的意见甚至从来都没有统一过。

布什当政的前八个月给沃尔福威茨留下了深刻的印象。布什宣布美国退出1972年的"反弹道导弹条约",并推动了国家导弹防御计划的发展,让里根时代的不受导弹袭击威胁的愿望重见天日。他立即否认了克林顿的参与政策,并公布了针对朝鲜的强硬方针,破坏了首尔方面意图团结平壤以期加深经济交互的所谓阳光政策。个人层面来讲,沃尔福威茨越发佩服布什直截了当的执政风格。在讨论有关经济利益的相关优势——主要着眼于同专制独裁政权交战和有原则的反对专制独裁的哪个更胜一筹(当时他们在讨论中并没有指明具体是哪个专制政权),沃尔福威茨回想道,当时布什突然提出了一个道德观念清晰无比的问题:"我们现在说得好像他们是切维切斯乡村俱乐部的成员似的。他们的真面目是什么样的?……这些人有多残暴?"[139] 布什的一番话让沃尔福威茨想起了里根。

但是，在人权问题上，布什的执行力同里根相比完全是相形见绌。布什拒绝以缺乏人权为理由谴责埃及的穆巴拉克、巴基斯坦的穆沙拉夫。布什对俄罗斯越来越强硬的总统弗拉基米尔·普京的评价很高："我直视他的双眼。我发现他非常直率，很值得信赖……我甚至可以触摸到他的灵魂"——这种评价在近距离审视普京和俄罗斯的观察员看来过于幼稚，令人担忧。[140] 布什还违反了 1992 年 DPG 文件的核心原则之一，他在提高国防开支之前授权减税 1.2 万亿美元。威廉·克里斯托主办的《旗帜周刊》是华盛顿最有影响力的保守派周刊，期刊评论员在刊登的评论文章中表示，拉姆斯菲尔德和沃尔福威茨应该为此辞职。[141] 此事令沃尔福威茨极为痛苦，因为他本人也是坚定支持华盛顿方面做好军事准备的。

还一个非常关键的问题，那就是基地组织带来的日益严重的威胁。基地组织是一个全球性的恐怖主义网络，致力于对抗西方对伊斯兰世界的干涉与侵蚀，并最终建立起一个全世界伊斯兰教的哈里发（caliphate，意为统治者）。克林顿在离任时就已经注意到基地组织的威胁，但这一问题似乎并没有引起布什的兴趣。1993 年，基地组织执行官拉姆齐·尤塞夫在纽约市世界贸易中心塔楼的地下室引爆了一枚卡车炸弹。尤塞夫的计划本是，爆炸使一座塔楼倒下，砸向另一座塔楼，最多可以造成 25 万人死亡。但世界贸易中心吸收了爆炸，此次袭击事件中只有 9 人死亡。1998 年 8 月，"基地"组织声称对同时发生在美国驻肯尼亚内罗毕和驻坦桑尼亚达累斯萨拉姆大使馆的炸弹袭击事件负责，这两次恐怖袭击共造成 223 人死亡，4000 余人受伤。两年后，基地组织武装分子使用一艘载有爆炸物的小型船只对停靠在也门亚丁湾的科尔号导弹驱逐舰进行自杀式袭击。爆炸袭击了船上的厨房，造成 17 人死亡，39 人受伤。2000 年 12 月 19 日，克林顿在白宫面见布什，询问布什，他的竞选宣言中，国家导弹防御和颠覆伊拉克专制政权是不是他外交政策的两个主要优先事项。布什回答说是的，克林顿向布什透露，他现在开始关注更大范围内对美国的挑战了，其中基地组织是头号威胁。[142]

布什没有回复克林顿，他和沃尔福威茨显然无法理解克林顿对无国界的伊斯兰恐怖主义的担忧。在 2001 年 4 月 30 日的副部长会议上，沃尔福威茨强烈反对那些将恐怖主义视为主要威胁的人："我真是不明白为什么我们要开始谈论这个叫本·拉登的人……你们太高看本·拉登了。如果没有哪个国家资助他的话，他不可能次次都做出像 1993 年纽约恐怖袭击一样的事。联邦调查局和中情局没能找到这其中的联系并不意味着它们不存在。"美国安全、基础设施保护和国家安全协调员理查德·克拉克立即被沃尔福威茨只关注民族国家的狭隘观念，以及轻视"基地"组织威胁的盲目自大激怒了。中情局的调查显示伊拉克与 1993 年世界贸易中心的袭击没有联系，但沃尔福威茨一直自说自话，就像这种联系肯定存在，只是中情局没有发现而已。"我真是不敢相信。"克拉克此后回忆说。沃尔福威茨早年的 B 团队经历明显让他对中情局一直抱有成见：他认为在面对重要事件时，中情局绝对不值得信任。沃尔福威茨也有些心烦意乱，外交政策的重点似乎要从美国的主要对手萨达姆·侯赛因统治下的伊拉克上转移走了。

克拉克回应说，"基地"组织意图攻击美国的野心已经清楚地表达出来了，并且攻击意图看起来完全合理。克拉克警告说："'基地'组织计划对美国采取重大的恐怖主义行动。它计划推翻伊斯兰政府，建立激进的多民族哈里发，然后与非伊斯兰国家开战。"为了证明这一点，他用了一个拙劣的类比："他们已经把这些主张都公开发表出来了，而且有时候的所作所为就像希特勒在《我的奋斗》里写的一样。你必须相信，这些人真的会把自己说过的话付诸行动。"如果克拉克没有用希特勒来打比方，而是参考勃列日涅夫的演讲，沃尔福威茨可能还会有所触动。然而现在情况刚好相反，沃尔福威茨暴躁地驳斥说："我痛恨一切把纳粹大屠杀和这个微不足道的阿富汗的恐怖分子相提并论的行为。"[143]

2001年9月11日上午，沃尔福威茨在五角大楼会见了一个国会代表团。他们讨论的问题是国家导弹防御，但议题本身很快就显得不那么重要了。沃尔福威茨的一名同事打断了会议，对他们说，一架客机撞上了世界贸易中心。他们打开电视机，惊恐地看到飞机撞上了第二座塔楼。黑烟笼罩下的曼哈顿下城区变为了一片火海，数千加仑的航空燃料倾泻进塔楼中熊熊燃烧，火舌在塔内肆虐。"短时间内我们并不能帮上什么忙，所以我们就继续开会了……"沃尔福威茨回忆道，"然后整个五角大楼摇晃起来。不得不说，我的第一反应是地震了。我根本没想到这两起事件会有联系。拉姆斯菲尔德则马上就联系起来了。"[144]

沃尔福威茨误认为的地震其实是一架波音757客机撞上五角大楼西侧所带来的震感。客机上的所有人全部丧生，同时造成五角大楼内125人死亡。"基地"组织的恐怖分子劫持了客机，用原始的盒式刀具压制住或杀死了客机飞行员，操纵客机撞上五角大楼。与五角大楼相撞的瞬间，这架飞机的时速接近每小时530英里。发生在五角大楼的袭击事件是四起自杀式袭击之一，恐怖分子劫持的四架客机都已服役多年。[145]沃尔福威茨在电视上看到的世贸中心的袭击也是此次自杀式袭击中的一个部分——拉姆斯菲尔德正是将世贸大厦的袭击和五角大楼的剧烈震感"联系起来"了。第四架遭劫持的客机原本意图飞往华盛顿袭击第二个目标——最有可能是国会大厦或白宫，但这架客机上的33名乘客在从电话中得知了曼哈顿下城区发生的惨剧后，勇敢地做出决定，要做自己命运的主人。乘客们英勇地同劫机者搏斗，最终客机坠毁在宾夕法尼亚州谢克斯维尔附近的田野里。他们的壮举拯救了首都数百人的生命，并防止了另一个地标性建筑毁于一旦。

93号航班乘客对恐怖分子的反击在那个黑暗的日子里鼓舞了美国人民。那一天，2977人被夺去了生命。在世界贸易中心，大多数受害者因火灾引起的两座塔楼倒塌而死亡。世贸中心是全球商业贸易聚集地，受害者中约有12%是外籍人士，死亡总人数为

373 人。仅仅菲茨杰拉德一家公司的死亡人数就达到了 658 人，其办公室位于北塔飞机撞击区上方，公司三分之二的员工，658 人全部丧生。纽约市消防局有 343 名消防员牺牲，"是历史上紧急事件应急救援部门损失最为惨重的一次"。[146] 恐怖袭击的规模之大、死伤人数之多，致使救援及修复工作持续时间极长。那一天的可怕场景在电视上实时直播，灼烧着人们的心灵。这对美国而言是一次严重创伤，是在其本土上发生的损失最为惨重的恐怖袭击事件。

在五角大楼遭受袭击之后，为了确保国防部在连续性致命恐怖袭击后仍能够正常运作，沃尔福威茨与拉姆斯菲尔德分开行动，沃尔福威茨被转移至一处位于首都之外的核掩体中。虽然分隔两地，拉姆斯菲尔德和沃尔福威茨得出了相似的结论。据路易斯·所罗门所述："9 月 11 日下午，拉姆斯菲尔德若有所思地说，我们需要打击的不只是本·拉登，还有萨达姆·侯赛因。他要求他的一位助手，五角大楼的律师，同沃尔福威茨联系，探讨伊拉克与本·拉登之间的联系。"[147] 与此同时沃尔福威茨也在思考这件事：

> 我认为"9·11"事件给我最深的感触就是，这仅仅是个开始，如果这些混蛋接触到了所谓的现代武器，他们会制造出更多这样的袭击，我们决不能继续姑息养奸。因此我们需要打响一场战役，制定一套战略，付出长期的努力，来根除恐怖主义网络，并让恐怖主义背后的政府放弃对其的支持。但这些并不是一朝一夕之间就能完成的。[148]

让恐怖分子背后的政府放弃支持恐怖主义就意味着：举兵入侵伊拉克，推翻萨达姆。然而这一理由是存在问题的，委婉些讲，并没有直接证据证明伊拉克已受到严重削弱的世俗领袖和"9·11"伊斯兰恐怖袭击之间有联系。实际上，也不可能找到任何证据来证明。

但是布什政府却始终坚持这一立场——迪克·切尼犹如金牌销售员一般向大众传播政府的立场——截至 2003 年夏天，已有十分之七的美国民众相信萨达姆·侯赛因同"9·11"袭击事件有关联。[149] 沃尔福威茨在"9·11"事件后敦促推行的颠覆伊拉克政权的决议实际上建立在毫无证据支持的推测之上。但在这种恐怖的情况下，国家已经做好战争准备，所有持异议者都会被冠以不爱国的罪名，公众愿意给予他和布什政府以信任。沃尔特·李普曼和乔治·凯南关于民主与制定温和外交政策的矛盾的激进观念在 2001 年至 2004 年之间盛极一时。由于遭受政治家、报纸杂志及电视媒体的围攻，《纽约时报》随后为其对布什政府在"9·11"事件后推行的外交政策的消极报道而公开道歉——美国的公共领域也极为危险地被误导了。[150]

9 月 12 日，政府内部已经开始就如何回应基地组织的野蛮暴行展开激烈的讨论。在火药味十足的国家安全委员会会议上，唐纳德·拉姆斯菲尔德站在了沃尔福威茨的一边，提议将伊拉克作为首要的目标予以报复性打击。科林·鲍威尔对此提议的理由提出了质疑，他表示美国人民会期望——实际上是要求军方去打击基地组织这一实际的凶手，而不是伊拉克。萨达姆虽然令人生厌，但是他却是反对伊斯兰激进派的。理查德·克拉克为得到了国务卿的支持很是高兴，他在私下同鲍威尔说："现在轰炸伊拉克来回应'9·11'事件，就好比我们在日本人偷袭珍珠港之后，出兵攻打墨西哥一样。"鲍威尔回答说："这事情还远远没有结束。"的确如此。当天晚上，布什总统将克拉克叫到一旁，同他单独谈话。"我知道你现在手头上也有很多事要处理……但是我希望你能以最快的速度评估整个事件，所有相关的东西。看看这是不是萨达姆做的。看看萨达姆与此次事件有没有任何的联系。"克拉克回答说："但是总统先生，这是'基地'组织干的。"布什说："我知道，我知道可是……看看萨达姆是不是牵扯在里面了，再进行调查。"克拉克试着"更尊敬、更热情地"回答布什的问题（但是失败了）："那是自然，我们会调查……再次调查的。但是，您也知道，关于'基地'组织背后的资助国家，我们已经调查过很多次了，一直没发现它和伊拉克有什么实质上的联系。伊朗、巴基斯坦、沙特阿拉伯、也门倒是和'基地'组织有点联系。"布什打断了他的话，对他说："调查伊拉克、萨达姆。"随后转身离开了。克拉克还能回忆起当时他的一名同事丽莎·戈顿·哈格蒂的样子，"她目送布什离开，因为震惊而张开的嘴巴一直没有合上。"这时候，反恐顾问保罗·库尔茨来了，他看到周围人都面如土色，就开口问道："天啊，你们这是怎么了？" "他被沃尔福威茨附身了。"戈顿·哈格蒂说。[151]

9月15日，美国军方在戴维营通过讨论达成了对'9·11'事件进行军事回应的基本要点。在整整一天的会议中，布什的外交政策顾问们对于进行回应的方式明显持不同意见。科林·鲍威尔主张攻击"基地"组织在阿富汗的训练营，这可能就需要同组织他们的塔利班政权进行一场全面战争。国务卿认为这一方法公平合理而且十分恰当。沃尔福威茨认为，进攻阿富汗的方案很危险，而且不确定性很高。在多山地区进行战斗比较困难，而且塔利班在该地区已经根深蒂固。他反驳说，萨达姆的伊拉克是一个更为诱人的目标，萨达姆至少有50%的可能性参与了这次袭击事件。[152] 在茶歇期间，沃尔福威茨直接以其计划的优点游说布什总统，认为"让伊拉克反对派占领伊拉克南部，并用美国空军予以保护简直易如反掌"。伊拉克南部地区包括伊拉克大部分油田，可以帮助为此次军事行动提供资金。[153]

国务卿鲍威尔和副总统切尼对沃尔福威茨和拉姆斯菲尔德的提议毫无兴趣。鲍威尔认为这起袭击事件让世界各地的好意和祝福源源不断地流向了美国——法国《世界报》9月12日的标题是《我们都是美国人》；北约首次援引了北大西洋公约第5条，承诺北约成员国将在此次战役中（即"9·11"恐怖袭击）为美国的国防效力。鲍威尔推断，如果美国政府在打击"基地"组织之前先行打击伊拉克，那么汇聚在美国的善意暖流很快就会烟消云散。先将矛头对准阿富汗绝对是最为合理的选择。"如果我们这么做了",鲍威尔说着向沃尔福威茨和拉姆斯菲尔德点了点头,"我们就必须提高我们的实力来打击伊拉克——如果我们能够证明伊拉克确实参与了'9·11事件了的话。"[154] 切尼赞同鲍威尔的观点,他表示:"如果我们对伊拉克发动战争,我们就不再是正义的一方了。"[155] 中情局局长乔治·特内特也同意鲍威尔和切尼的主张,他说:"不要现在攻打伊拉克。这是个错误。首要的目标必须是'基地'组织才行。"[156] 副总统将沃尔福威茨叫到一边,直接警告他"停止煽动推翻萨达姆"。[157]

9月17日的国家安全委员会会议上,布什总统宣布了决议:"我坚信伊拉克与此次事件有关,但我不会现在对其展开攻击。现在我手上还没有确凿证据。"[158] 总统的决定让沃尔福威茨短暂的沮丧了一阵,但是推翻伊拉克现有政权毋庸置疑已经列在了政府的待办事项单上——而他对此功不可没。正如唐纳德·拉姆斯菲尔德在回忆录中所记述的:"国防部副部长沃尔福威茨将针对恐怖主义的全球战争概念化为不局限于阿富汗一个国家。在戴维营的讨论中,沃尔福威茨提出了伊拉克问题,但布什想把关注点放在阿富汗上。"[159] 然而千真万确,布什总统自己也清楚,对阿富汗采取行动也只是他口中"针对恐怖主义的全球战争"的第一阶段而已。布什在电视讲话中宣布,"此次十字军东征,这场针对恐怖主义的战争,将会持续一段时间,美国人民需要耐心等待结果。"布什总统随后收回了他在讲话中将反恐战争比作十字军东征的不恰当言论——这一言论引发了西方世界和伊斯兰世界之间的文化和宗教冲突,正如哈佛学者塞缪尔·亨廷顿在《文明的冲撞突》一书中所预言的一样——但是这次演讲确确实实显露出了布什的野心。9月26日,沃尔福威茨在布鲁塞尔举行的新闻发布会上解释了总统的一些发言:"正如总统一再强调的,恐怖主义不是一个人或一个组织,而是一个由恐怖组织构成的网络。重要的是一些国家对它们给予支持、庇护和窝藏。而当我们试图尽力把沼泽中的每一条蛇都一网打尽时,战略的本质实际上就是尽力放干沼泽中的水。"[160]

9月13日,在接受福克斯新闻的采访中,沃尔福威茨谈到"消灭资助恐怖主义的国家"时,实际上就已经提到了这一更广泛的战略。在随后被问及他心中的恐怖主义资助国是不是伊拉克时,沃尔福威茨回答说,萨达姆·侯赛因是"国家恐怖主义最为积极的支持者之一"。[161] 沃尔福威茨在恐怖袭击后的一周内表现得敏锐而积极主动,他在制定议程方面的成功随后将越发明朗可见。他的下一个任务就是为美国发动第二场伊拉克战争提供顺理成章的理由,而这一任务的困难在于,需要寻找到一个不包含争议的开战理由。2001年秋天,这个恼人的任务让沃尔福威茨绞尽脑汁,而他效力的部门却要在不同的战场与另一批敌人对抗。

2001年10月7日,"9·11"恐怖袭击不到一个月,美国踏上了寻求正义的复仇之路。

布什总统要求塔利班交出乌萨马·本·拉登并拆除基地组织的训练营，以有效制止其继续作为处于培养阶段的未来恐怖分子的避风港。由于塔利班拒绝满足布什总统的要求，美国在英国及其他盟友的大力支持下发动了阿富汗战争。苦恼的乔治·凯南在他的日记中表示对阿富汗战争的强烈反对："在阿富汗战争上，我发现自己比以往任何时候都更像是孤立主义者，我深思美国应该尽快从这个错综复杂的尴尬处境中脱身出来，集中力量发展国内能源产业，以代替从中东进口的石油，特别是从沙特阿拉伯进口的石油，而不是对这个特殊地区进一步施加影响。"[162] 随着年龄的增长，凯南的观点和查尔斯·比尔德的主张越发一致起来。

第一轮攻击中，巡航导弹和激光制导炸弹，摧毁了包括防空防御系统和雷达装置在内的 31 个军事目标。一枚导弹摧毁了喀布尔中部的塔利班国防部，20 名阿富汗人当场死亡。空战的时间必须要短。此后军方消息称，摧毁每一个既定的塔利班目标只用了两个晚上。[163] 基本的战略是，依靠塔利班在国内的首要敌人北方联盟，在中情局的特别行动部门和美国陆军特种部队的协助下，进行陆上作战，而美军特种部队在必要时刻可以调用空军进行空袭。该战略在推翻塔利班上取得了成功。11 月 9 日，塔利班逃离了马扎里沙里夫市。四天后，北方联盟部队胜利地进入喀布尔。12 月 7 日，塔利班逃离了南部城市坎大哈。自此，冷战时期开始从卡特和里根政府得到了动力、以中世纪规则统治阿富汗多年的塔利班政权就此宣告结束。

沃尔福威茨在接受《纽约时报》采访时满意地表示，塔利班已经被铲除，并没有"造成不必要的大面积影响"，而且"这些先进的武器带来的益处和将它们以新方式融合在一起的能力，我认为在阿富汗战场上得到了非常充分的证明……（而且）几乎是模范的证明"。[164] 在对塔利班的战争方面，这一评价是准确的，但是对于铲除"基地"组织来说却并非如此。11 月下旬，据估计，接近 1500 名与"基地"组织有关的阿拉伯和车臣武装人员藏身于靠近巴基斯坦边界的阿富汗东部山区高处的托拉博拉山洞。当时大多数人认为，本·拉登就在这些人中间。美国空军火力全开，轰炸了托拉博拉，但是包括本·拉登在内的大多数"基地"组织成员并未因此丧生或是被俘，他们沿着一条穿越山区的崎岖小路逃往了巴基斯坦。[165] 在托拉博拉战役中，依靠空袭和代理人的危险暴露了出来。面对着被围困住的敌人，美军却没能充分利用这一优势摧毁与"9·11"事件有实质联系的"基地"组织，这种疏忽大意近乎可耻。记者彼得·卑尔根在其 2009 年的《新共和国》一书中写道："我确信托拉博拉是美国当代史上最大的军事失误之一。"[166] 他坚持认为，这次失败直接源于拉姆斯菲尔德和沃尔福威茨所青睐的小规模无效的军事活动。

在几乎不费吹灰之力就能抓到"9·11"的罪魁祸首之时，布什政府却没有在托拉博拉部署足够的陆战部队——最后造成了这场巨大的失败。此后，随着塔利班发动了对哈米德·卡尔扎伊领导的新政府的叛乱，阿富汗冲突的势头加剧了。这是一场延续了布什整个当政期间的旷日持久的战争，消耗着越来越多美国人的生命和宝贵财富。但是，在布什和他的顾问眼中，这场叛乱与他们的关系不大，他们正将焦点投在其他雄图伟业上。国防部次长（主管会计）达夫·扎克海姆负责在预算问题上为五角大楼提供咨询。在他的《火神派故事》一书中，达夫·扎克海姆感叹阿富汗战争成了被暂时搁置的问题：

> 2003年1月，沃尔福威茨要我和他一起去阿富汗，那是我的第二次阿富汗之旅。我们只在阿富汗待了一天。我们1月14日很晚才抵达阿富汗，第二天深夜就离开了。保罗此行的目的是视察喀布尔和坎大哈之间正在建设的公路，并安抚阿富汗人，表示美国并没有忘记他们——然而那时候我们真的已经忘记他们了。[167]

美国对阿富汗的忽视成了约翰·克里对布什进行强烈批评的一大方面，也是奥巴马对布什和麦凯恩批评的来源。他们的指责并非无凭无据。

当时本·拉登正朝着巴基斯坦进行着一场高海拔逃亡——又为他的追随者提供了一个可供敬仰的伟大神话故事。同时唐纳德·拉姆斯菲尔德则开始为下一个项目准备美国士兵了，而他和沃尔福威茨都认为这一阶段比上一阶段的阿富汗战争更为重要。2001年12月26日，正当美国特种部队垂头丧气地在托拉博拉的碎石中翻翻拣拣时，拉姆斯菲尔德通知喀布尔的部队做好重新部署的准备："你们的工作当然还没有结束。列在支持恐怖分子名单上的国家还有很多。"[168]这份名单包括其他政府羸弱、极度贫穷、法律制度缺失的国家——比如索马里、苏丹和也门。虽然每一个衰败的国家都和"基地"组织有着或多或少的联系，但是在战略家眼中，没有任何一个国家值得美国全面进攻。没有一个国家比萨达姆·侯赛因统治的伊拉克更重要、更诱人。前一月，布什在白宫玫瑰园的新闻发布会上暗示了这一问题。他表示："阿富汗仍然只是一个开始……至于萨达姆·侯赛因，他需要让联合国检查人员进入伊拉克，来告诉我们他并没有在开发大规模毁灭性武器。"一名记者向布什提问如果萨达姆不配合会有什么后果，布什简短地回答说："他会知道的。"[169]

萨达姆·侯赛因的大规模毁灭性武器——萨达姆是否拥有这些武器，他要如何利用这些武器，他将武器藏在何处——这就是美国2002年的外交政策问题。这就是推翻萨达姆·侯赛因的另一个理由，不再建立在其与"基地"组织之间虚幻的联系上——虽然这个角度已经被官员们不顾一切地挖掘过了。而且，至关重要的是，这是非常合理的。萨达姆拥有大规模杀伤性武器，利用这些武器与美国或其盟国对抗的潜在可能性绝不是捕风捉影。1988年，伊拉克曾使用化学武器——无情地将芥子气、神经毒气沙林、塔崩和VX神经毒气混合在一起——造成哈莱卜杰3000至5000库尔德人丧生。[170]90岁高龄的凯南绝望地发现，布什政府认定萨达姆·侯赛因拥有大规模杀伤性武器成了令人信服的入侵伊拉克的理由，"电视上的政治辩论都翘首以待，希望总统很快开始为他可悲可叹的、极其愚蠢的决定做出解释。上帝保佑他千万别这么做"。[171]

在整个20世纪80年代，当与伊朗的战争如火如荼之时，伊拉克已经把稀缺的资源全部投入到发展生物武器中去了。此后在1991年海湾战争中，美国执行了一项任务，销毁了伊拉克储备的所有化学武器，并确保未来没有新的化学武器计划出台。这是通过由联合国安理会第687号决议设立的联合国特殊任务委员会（特委会，UNSCOM）对视察任务的监督来实现的。特委会在1998年解散，取而代之的是由汉斯·布利克斯担任委员长的联合国监测、核查和视察委员会（监核视委，UNMOVIC）。伊拉克随后凭空指控美国存在间谍行为，此后美国对伊拉克发动名为沙漠之狐的军事空袭。萨达姆一再拒绝监核视委进入伊拉克，声称该组织只是美国间谍活动的幌子。从1998年到2002年，联合国没有任何检查人员进入伊拉克，无法拿出令人信服的证据，来证明萨达姆没有开发大规模杀伤性武器。在"9·11"事件后的世界里，这种不确定性是布什政府所不能容忍的。

问题就在于证据。仅仅因为萨达姆拒绝监核视察员进入伊拉克并不一定意味着他正在开发化学和细菌武器。这是中情局的主要观点，然而中情局没有掌握任何可靠的情报来表明萨达姆已经储存或正在开发大规模杀伤性武器。因此，中情局无法将伊拉克定义为美国的直接威胁，或者说，至少出于求真这一层面也不能这样定义。[172]沃尔福威茨担心，中情局2002年对萨达姆的乐观看法与20世纪70年代对苏联的友好评估相当，20世纪他曾作为B团队的成员对中情局对苏联的盲目乐观做出过抨击。他相信萨达姆和基地组织有联系，而伊拉克的大规模杀伤性武器计划使这种关系更具备煽动性。在切尼和拉姆斯菲尔德的支持下，沃尔福威茨在五角大楼成立了一个替代性的情报收集行动——反恐政策评估小组（PCTEG），并邀请费斯担任小组领导。据沃尔福威茨的描述，PCTEG的价值在于它认识到"情报工作中的一种现象，那些一心追求某种假设的人会看到一些别人所看不到的事实，也会无法发现一些别人能够观察到的事实。你寻求事实所透过的镜片会影响你所看到的事实"。[173]PCTEG小组显然和中情局在观察伊拉克问题上用的不是同一款镜片，但它从来没有发现任何"事实"来证明其暗示的正确性。2003年，费斯向国会议员承认，PCTEG本质上是一个宣传活动——其目的是"帮助我在制定国防部反恐战争战略方面提供建议，这是一项政策性的活动，而不是情报活动"。[174]

沃尔福威茨对以使用大规模毁灭性武器作为入侵伊拉克的主要理由并没有表现出特别的热情："事实上，这与美国政府的官僚主义有很大的关系，我们最后要定下来一个所有人都能够同意的理由，也就是现在这个以大规模杀伤性武器为核心的理由。"[175]所以沃尔福威茨心里的真实想法是什么呢？很显然，他认为萨达姆·侯赛因和"基地"组织绝对有关联，只是中情局还没搞懂也没法证明出来他们二者之间的具体关系而已。中情局局长乔治·特尼特表示："沃尔福威茨真的认为伊拉克与'9·11'事件有联系。"[176] 但这个问题存在一定程度上的疑问，甚至他本人也意识到了这一点。更确切地说，沃尔福威茨认为，美国入侵伊拉克可以让世界摆脱一名残酷君主的玷污，并帮助美国在这个石油丰富的关键地区立足，最终建立起一个民主和繁荣的伊拉克，这也将为中东其他国家树立榜样，并使以色列在该地区更加安全。正如安德鲁·巴塞维奇所说，沃尔福威茨还想"制定使用武力的新规范……其目的是消除一切对美国使用军事武装力量的限制"。[177] 还是存在全面"胜利"的潜在可能的。正如路易斯·所罗门恰如其分地指出的那样，沃尔福威茨的伊拉克政权变革计划"代表了美国历史上变革其他地区的最为雄心勃勃的计划之一"。[178] 鲍威尔的参谋长劳伦斯·威尔克森在沃尔福威茨的计划中发现的是更为黯淡的未来："我叫他们乌托邦主义者……我不在乎乌托邦主义者是谁。乌托邦主义者，我一点儿也不喜欢。因为你永远也没法真的实现乌托邦，而且在你追求乌托邦的过程中，你会伤害许许多多的人。"[179]

沃尔福威茨真的像威尔克森所说的那么崇尚乌托邦主义吗？在伊拉克问题上，所有的证据都表明他确实是个乌托邦主义者。鲍威尔领导下的国务院一直在持续不断地拨动沃尔福威茨及和他一样热衷战争的同僚的神经。鲍威尔总是与沃尔福威茨针锋相对，他攻击沃尔福威茨在推动伊拉克和中东地区民主化进程上进行的威尔逊式的宣教，说该地区的状况并不适合移植"杰斐逊式民主"。沃尔福威茨在一次接受《纽约时报》的采访时直接反击了鲍威尔：

你们可能听过有人嘲讽（将伊拉克转变为民主制的目标）说伊拉克没准备好接受杰斐逊式的民主。那么，日本实行的同样也不是杰斐逊式的民主。我认为我们越是努力影响结果，那么就会有越多对伊拉克来说至关重要的机会。而且我觉得，如果这对伊拉克影响深远，那么它将会从叙利亚、伊朗开始，穿过整个阿拉伯世界，投下巨大的影子。我是这样认为的。[180]

然而沃尔福威茨的顶头上司并不赞同他的热情。2002年9月，在向国会委员做证词演讲时，拉姆斯菲尔德被问及萨达姆政权倒台后会发生什么。他回答说："进行下一步，开始探讨民主或是实施看起来像是下一步的计划，但是我做不到。"[181] 拉姆斯菲尔德和沃尔福威茨在入侵伊拉克和铲除萨达姆的必要性上是团结一致的，但是他们对推翻萨达姆之后的计划则是各有各的野心。两人只在基本的一点上达成了共识，即"在任何情况下，联合国都无权限制美国的行动自由。华盛顿保有绝对的自行其是的权利"，但这一共识却恰恰背离了伍德罗·威尔逊最为珍视的目标。

在这一层面上,沃尔福威茨与基辛格都不赞同威尔逊对于合作型世界体系具有潜力的主张。那么,这就可以说他不是威尔逊主义者了吗?很难说。沃尔福威茨和其他所谓的新保守主义者批评威尔逊的多边主义是一厢情愿的空想,但他们却对他在民主传播过程中美国全球作用的主张推崇备至。2004年,后来担任麦凯恩总统竞选顾问的历史学家马克斯·布特对以沃尔福威茨为代表的"硬威尔逊主义者"和吉米·卡特这类的"软威尔逊主义者"(虽然以卡特为例并没有完全的说服力)做出了很好的界定。硬威尔逊主义者"不将信仰放在纸上,而是放在力量上,特别是美国的力量",而软威尔逊主义者则"相信如万国联盟或联合国这类的多边组织应该成为美国推行理念的主要场所,国际法应该是美国主要的政策工具"。硬威尔逊主义者布特写道,"相信美国应该在必要时采取武力来维护其理想捍卫其利益,不仅仅是出于纯粹的人道主义,而且也是因为在不人道的罪行不可避免地让世界变得更加危险的同时,自由民主的扩大却提高了美国的安全性。"这一形象描述于沃尔福威茨真是再合适不过了。[182]

2002年秋天,国会日报《国会山报》的主编阿尔伯特·艾斯勒挖到了一条大新闻。98岁高龄的乔治·凯南同意接受采访,谈论布什政府的外交政策。在乔治敦的老人家中,艾斯勒就与伊拉克开战的莽撞之举询问这位德高望重的外交官的意见。凯南对前景深感不安,他警告说,"美国外交史"表明,"战争有其自身的动力,一旦投身于战争,它将让你偏离你所有处心积虑追求的目标。现在,如果我们按总统所期望的进军伊拉克,你会知道这场战争是从哪里开始的,但你永远也不会知道这场战争会在何处结束。"凯南认为,在这一问题上,头脑简单的共和党总统必须要接受谴责,与此同时,高调的民主党人,特别是那些盯着总统职务准备竞选的民主党人也要受到谴责,因为他们拒不批评布什总统对伊拉克的开战意图。他嘲笑他们对总统伊战提案的赞同是"卑鄙可耻的。我批评这种懦弱胆小的行为是出于对大选中民主党一方的担忧"。采访的最后,他告诫美国不能"对抗世界上存在的所有痛苦和危险……这超出了我们的能力范围"。[183]

这次采访再现了凯南的经典形象:直言不讳、批判尖锐、引经据典,反对自不量力和过分关注意识形态的观念。在距离百岁生日只有短短两年的时候,他对政府的批判依旧富有预见性,这也就充分证明了他依然头脑清醒、才智过人,且精力充沛。然而,一如平素出现的情况一样,凯南的观点又有些受孤立,至少在主流外交政策中是这样。凯南在日记中写道:"至少有一名朋友已经敦促我再写一篇匿名文章,呼吁即使面对萨达姆和他统治下的伊拉克也要有耐心且避免采取暴力……但是在这个年纪,我完全没有任何立场再卷入公共争端之中了。所以那件事就到此为止了。"[184]在伊战问题的论战中,凯南的缺席是一个很大的遗憾。同时,布什伊拉克政策的中间派支持者包括希拉里·克林顿、约翰·克里、亨利·基辛格(偶然认为美国可以成功地将伊拉克"民主化")以及约翰·拜登。当布什总统演讲撰稿人迈克尔·格森询问亨利·基辛格为什么支持对伊拉克开战时，他回答说，"因为一个阿富汗是不够的。"基辛格继续说道，美国在伊斯兰世界的激进敌人想要羞辱美国，"我们需要羞辱他们。"格尔森为布什起草出了数句被誉为最宏大的话语——关于"结束暴政"和"消除邪恶世界"，但他承认对基辛格感到失望，基辛格"纯粹在强权政治背景下看待伊拉克。这不是理想主义。他似乎并没有把这次行动同布什总统促进民主的目标联系起来"。[185]

自由派学者们，比如叶礼庭、安尼·玛丽·斯劳特、彼得·贝纳特以及克里斯托弗·希钦斯也表示赞同此观点。[186]威尔逊主义显然是一种左派和右派所共同敬仰的力量。但是一些坚定的现实主义者却在此时与基辛格意见相悖，他们对此提出了强烈的反对。三名共和党重量级人物加入了凯南反对伊战的行列：他们是劳伦斯·伊格尔伯格、詹姆斯·贝克和布伦特·斯考克罗夫特。在2002年8月15日《华尔街日报》题为《不要攻打萨达姆》的评论文章中，布伦特·斯考克罗夫特表示："萨达姆的目标与威胁我们的恐怖分子几乎没有共同之处。"推翻萨达姆可能是个直截了当的做法，但是"付出的代价也无疑十分惨痛，会对美国乃至全球经济带来严重的后果——也有可能带来流血牺牲。"赖斯因为她的导师反对她所效力的政府提出的主张而深受打击："您为什么不和我讲讲您的想法呢？"她问道。[187]

作为广受尊敬且富有远见卓识的人物，斯考克罗夫特和凯南同一个身心牢牢锁定在伊拉克战争上的政府展开了论战，并或多或少地破坏了可能允许偏离路径的保险机制。在这种情况下即使行政当局内存在与他们持相同意见的盟友，他们也没有成功的可能。比如鲍威尔就严重怀疑进军伊拉克是否具有功效性。他始终认为提议发动伊拉克战争是一种喧宾夺主的行为，让人们的注意力从击败"基地"组织的主要任务上转移开了。但是在2002年的夏天，鲍威尔才开始发现，关于伊战的辩论已经将他排除在外了——因为政府已经基本上作出入侵伊拉克的决定了。一名国务院官员不满地表示，"我们在五角大楼和副总统办公室的敌人太过狂妄自大，就像是他们知道很多我们不知道的事。"[188]

在小布什心中，越发具有吸引力的不仅仅是除掉萨达姆，还有推动伊拉克的民主化和自由化，以及将伊拉克高高立起当作典范的念头。事实上，他开始认为推动民主化可以使该地区的其他地方获益，而且他也已经在沃尔福威茨的鼓励下遵循威尔逊式的本能开始有所行动了。2002年6月24日，在玫瑰园举行的重要讲话中，布什宣布结束与亚西尔·阿拉法特的长期对话。他反而敦促"巴勒斯坦人民选举新的、不向恐怖主义妥协的领导人"，以及"在宽容和自由的基础上建立一套试验性的民主制度"。[189]2006年1月，被西方大多数国家认定为恐怖组织的伊斯兰组织哈马斯在巴勒斯坦议会选举中获得了绝大多数席位。哈马斯自此开始控制了加沙地带，挑起了一系列短暂的流血冲突——巴勒斯坦向以色列特拉维夫发射原始火箭弹，引发了预测之中的以色列军方的不对称回应。因此，面对世界上最具破坏性且旷日持久的领土争端，"民主化"巴勒斯坦显然不是解决这一问题的灵丹妙药。

但是哈马斯在加沙地带的掌权却在一定程度上预示了未来。在2002年理论碰触到现实之前，中东民主化的潜力似乎是无限的。布什政府最重要的政策文件《2002美国国家安全战略》（即NSS 2002）中清晰地表述出了这一点。文件开篇以绝对的信念宣告："国家成功的唯一可持续模式是：自由和民主。"此后，"自由"和"民主"二词不断出现，其重复频率之高可能都会让威尔逊总统为之脸红。沃尔福威茨没有起草该文件，但他绝对可以称得上是这份文件精神上的作者。"我们将通过打击恐怖分子和专制暴君来维护和平……我们将通过鼓励每一块大陆上建立起自由和开放的社会来延续和平。"NSS 2002充实了沃尔福威茨认为在1992年DPG文件中所缺乏的威尔逊主义元素。在伊拉克对美国本土没有直接的、可证实的威胁的前提下，NSS 2002还为入侵伊拉克提供了一条理由：虽然美国将不断努力争取国际社会的支持，但在必要时，我们将毫不犹豫地采取单边行动，行使我们的自卫权，先发制人，对这类恐怖分子予以打击，防止他们危害美国人民和美国的国家安全。[190]

先发制人或预防性防御，是被称为布什主义的两个概念，从此进入了外交政策词典。美国总统始终保有在威胁势力付诸行动之前将其单边消除的权利。约翰·肯尼迪对古巴实行的"隔离"政策大致也可以归为此类。约翰·刘易斯·加迪斯认为，约翰·昆西·亚当斯的学说为布什政府采取的单边和先发制人的外交政策提供了前车之鉴。[191] 然而，在遭受袭击之前，或没有受到威胁时都保有出击的权利——这一说法的直截了当却是前所未有的。比如说，预防性防御早已作为一个步骤出现在NSC-68文件中了。

2003年2月26日，在入侵伊拉克前仅仅几周，布什总统在美国企业研究所发表讲话。美国企业研究所是一个智库，为沃尔福威茨及与其意识形态相同的盟友提供了一个隐蔽的环境，以供他们在克林顿时期对外交政策进行思考和战略制定。在这次重要的讲话中，布什将伊拉克入侵计划合理化，称其是为了让中东地区能够在安全的环境下发展民主而进行的战争。这一思想充满了沃尔福威茨对人类与生俱来的完美（西方蓝图）的深信不疑："曾经有一段时间，许多人说日本和德国的文化无法承载民主价值观。显然，他们错了。有些人如今又这样评价伊拉克。他们同样错了。伊拉克这个国家，拥有可引以为傲的文化遗产、丰富的自然资源和高素质的人民，它完全有能力朝着民主制度和自由生活迈进。"

台下的观众专心致志，又与他志趣相投，布什心花怒放，在整个讲话中多次提及了他的威尔逊主义主题。"世界明显对民主价值观的传播抱有兴趣，因为稳定自由的国度不会滋养出戕害人的意识形态来……伊拉克的新政权会成为一个鼓舞人心的实现自由的典范，为该地区其他国家做出表率。"[192]

但一个重要的问题存留了下来：美国需要投入多少军队才能促成如此重大的改变呢？2月25日，美国陆军参谋长埃里克·新关将军给出了政治家们不想听到的答复。

在参议院军事委员会的证词演讲中,来自密歇根州的民主党人士卡尔·莱文询问新关,在萨达姆倒台后需要多少军队来维持伊拉克的秩序。新关回答说,他不在指挥链中,对相关的讨论毫不知情。但是如果一定要他冒险猜测的话,那么这个数字可能是几十万。"我们现在讨论的是要在一个极为重要的地区进行战后控制的问题,"新关接着说道,"这一地区存在多种多样的民族紧张局势,可能会引发其他问题。因此我们需要大量的驻军。"[193] 国防部部长大发雷霆,并要求沃尔福威茨站出来反驳新关的拙劣猜测。拉姆斯菲尔德热衷于将他认为在推翻塔利班政权的战斗中行之有效的小规模作战模式加以复制。2月27日,沃尔福威茨驳斥新关的推测"完全错误",却对战后可能出现的教派冲突不予重视。沃尔福威茨说:"我有理由相信,他们将会像欢迎解放者那样欢迎我们,因此我们不需要那么多的驻军。"[194] 这番话充分体现了当时五角大楼的狂妄自大,终将回过头来成为不断缠扰沃尔福威茨的噩梦。

五角大楼认为入侵伊拉克以及战后占领完全在他们的掌控之中。然而这却是个特殊情况,想要掌握战后局面,除非国务院官员经验丰富,能力超群。国务院此前曾对推翻萨达姆的理由表示严重怀疑。2002年末,鲍威尔曾委托主管近东事务的助理国务卿威廉·伯恩斯和他的助手雷·克罗克分析入侵伊拉克的风险。他们制作了一个紧凑的八页备忘录,题为《灭顶之灾》。备忘录警告说,伊拉克国内的民族是强行拼凑在一起的,如果没有了将他们拼接在一起的高压政权,那么伊拉克各民族的关系就会被撕裂并激化。他们还警告说,伊朗、叙利亚和沙特阿拉伯都会介入战后的伊拉克,只是程度有所不同,这就会进一步激化逊尼派的分裂。2004年,克罗克指出,"我们预言的所有事情的确都发生了,特别是叛乱。"[195] 但是,拉姆斯菲尔德、切尼和沃尔福威茨驳回了这份报告,认为这是彻头彻尾的错误,完全可以从这样一个风险规避型的自由主义惯例来加以预测。他们的意识形态最终赢过了小心谨慎的观念。鲍威尔领导的国务院是美国外交政策知识经验的主要储备库,却已经被进一步逼到了极限。

在回忆录中,赖斯很遗憾地表示,伊拉克战争的进军和驻军大权都被五角大楼独揽了。2003年3月下旬,国务院提供了一份名单,名单中的八名官员将协助萨达姆倒台后伊拉克的安抚和行政工作。其中许多人是专注中东方面研究的地域专家,有一些甚至会说阿拉伯语。但是白宫却下令让他们在接到五角大楼的下一步指示之前"暂时待命"。赖斯回忆道:"国务院已经准备好派遣官员去往伊拉克了,他们中许多都是阿拉伯文化学者。有一些官员平安无事地派遣成功了,但是有几名官员却被费斯否决掉了,否决的理由只能说是出于意识形态差异。我得知以后就去总统办公室同总统交涉,我说这样做是对科林的侮辱,我们需要专家。但当时完全是国防部的天下,总统根本不愿插手。"[196] 正如史蒂芬·格林在《国务院对国防部》一书中所述:美国前驻埃及和卡塔尔大使肯尼斯·基思将五角大楼的所作所为比喻成一场政变:"不论那是通过一份备忘录还是总统的一通电话，政变确确实实发生了。它是沃尔福威茨和国防部部长领导的权力斗争的一部分，他们说服了总统，将战后的伊拉克交到国防部手中。"[197]

透过一些数字，我们就能够理解布什政府在入侵伊拉克之前的计划是多么的不切实际。为解放科威特，老布什组建了接近100万人的联合军队，其中包含50万美军。而入侵伊拉克、推翻萨达姆、主导伊拉克民主化，小布什组建的联合军队却仅有26.5万人，其中美军只有14.8万人。任何拥有计算能力，能够听取他人建议的人都能预料到，入侵伊拉克之后只会一败涂地。战争所需的经费也被严重低估了。国会听证会上，当沃尔福威茨受邀评估入侵伊拉克所需的大致经费时，他拒绝给出具体数字，但声称这将"大大"低于此前军方建议的950亿美元。而布朗大学最近的一项研究表明，伊拉克战争的成本超过了2.2万亿美元，如果将伊拉克和阿富汗战争的成本加在一起，这一数字会增加到4.4万亿美元，这还不包括未来战争借贷的利息。[198]

诺贝尔奖得主心理学家丹尼尔·卡内曼对布什政府的深入分析将政府闭目塞听，不愿考虑消极影响的弱点暴露在世人眼前。沃尔福威茨的理论十分简单：入侵伊拉克将顺利进行，伊拉克人民会像迎接解放者一样欢迎美国军队的到来，去掉专制镣铐的国家将走向民主与繁荣。但除此之外还有其他的假设状况存在，并且大多数都并不乐观。在《思考，快与慢》一书中，卡内曼讨论了"规划谬误"的现象，即人们"根据妄想的乐观情况直接做出决定，而不是通过理性分析可能性，权衡得失后再做选择"。为了纠正这一谬误，卡内曼提议要严格完成由他的同行心理学家加里·克莱恩提出的"事前验尸法"。这一方法包含邀请某一计划的筹划人或筹划团队"想象穿越时空，来到一年后的未来。那时如今的计划已经实行。其后果是灾难性的。现在请用5到10分钟简述灾难性后果的发生始末"。[199]不能保证这次演练能够改变什么。但谁说得准呢？这场演练说不定能让一些人开始直面偶然性这一概念，又或者并无成效。这场事前验尸可能会被叫停，因为它充满失败主义色彩，且在一定程度上会被归为不爱国的表现。第二次伊拉克战争的规划者大多数都不具备认知的敏捷性。

2003年3月19日，布什总统宣布开始"伊拉克自由行动"。与1991年一样，巡航导弹和空中轰炸极具毁灭性，陆上入侵进展迅速，萨达姆的大部分军队因抵挡不住美国凌厉的攻势而心生绝望，他们选择以自我保护为上，丢盔卸甲而逃。伊拉克没有使用外界称其拥有的大规模毁灭性武器——如果萨达姆拥有这类武器，他是否会使用它们仍是一个有争议的问题——而且伊拉克也没有向以色列发射导弹诱使其卷入战争。4月6日，战争进行中，沃尔福威茨雄心勃勃地谈起了未来："我认为伊拉克可以为伊斯兰世界和阿拉伯世界提供灵感，阿拉伯人和穆斯林可以创造出民主国家……在20世纪后期有许多人已经身先士卒。现在是阿拉伯人行动的时候了。"[200] 5月1日，布什总统穿上飞行制服，登上 S-3 "维京" 反潜机副驾驶位置，降落在 "亚伯拉罕·林肯" 号航母上，随后向全世界宣布伊拉克战争的 "大规模作战行动结束"。布什演讲的背景是一面巨大的横幅，上面写着 "使命已完成"。

几天后，迪克·切尼在家中举行了一个派对来庆祝伊拉克的解放。邀请名单上都是一些威尔逊主义的忠诚信徒，比如保罗·沃尔福威茨和他的副手斯库特·李比。被排除在外的有康多莉扎·赖斯，切尼将她视为能够影响布什的恼人对手，以及科林·鲍威尔，虽然他对布什没有举足轻重的影响，但却因地缘政治上的谨慎而受到批评。虽然切尼和沃尔福威茨在战争原因上的看法相异，但这一刻的两人都是无比喜悦，洋洋自得的。如切尼的顾问，普林斯顿国际关系教授亚伦·弗里德伯格所述，切尼主要感兴趣的是入侵伊拉克后对美国的敌人起到的威慑性 "示范作用"。[201] 切尼副总统的理念与亨利·基辛格相似：展现力量，粉碎敌人，激发恐惧与敬畏，增强美国的可靠性。对于沃尔福威茨来说，开战的理由必然是为了建立自由、繁荣的伊拉克，它将展现出 "示范作用"，激发其周边国家的政治制度民主化和经济自由化。但这些分歧并没有破坏掉切尼家中的和谐氛围。

赖斯后来表示，她很厌恶切尼和沃尔福威茨的洋洋自得："短时期内，那些一直顽固支持推翻萨达姆的人身上都弥漫着一股傲慢自大的气息。在战后时期各部门间合作的需求受到质疑时，正是副总统挑衅说：'五角大楼刚刚解放了伊拉克，而国务院做什么了？'"[202] 切尼的洋洋得意是有理由的，因为伊拉克的解放 "已然" 顺利达成。他们没有预料到的所有问题在攻陷巴格达之后几乎全数爆发了出来。这将重蹈越战的覆辙，成为一场外交政策的灾难。

一个根本的问题就是陆上联军部队不足。史学家菲利普·博比特强烈支持布什政府，他将战后的问题大部分归咎于五角大楼策划中的这一关键缺陷："沃尔福威茨宣称，他难以相信联军在伊拉克原有政权倒台后竟然需要更多的军队——然而事实上，'战后' 却比战争中需要更多的军队。自 2003 年 5 月 1 日至 2007 年 11 月期间，至少有 8 万名伊拉克人丧生——这就是不全面的战争概念化进程带来的直接恶果。"[203] 在伊拉克被征服的时候，伊拉克驻扎的美军部队不足，而且即便是在陆上驻扎的士兵也不确定如何应对由此产生的混乱。4 月 9 日巴格达解放，随后便出现了灾难性的权力崩溃。伊拉克首都的几乎每一栋建筑物都遭到强盗洗劫。由于缺乏明确的指令，美军部队没有采取行动。占领了巴格达的军队却没有能力维持基本的社会秩序，难以估计一时之间有多少伊拉克人选择疏远美军。拉姆斯菲尔德对劫掠事件的轻率反应也大大破坏了人们对稳固的政府和国家统一的希望——"出事了！……一片混乱，自由制度也是一团乱"——这样的话语没有减轻伊拉克人的忧虑，反而让他们认为萨达姆的继任者不负责任且没有能力。[204]

在布什的 "使命已完成" 演讲的几个星期后，人们越来越清楚地发现，美国作为占领国的问题远超出了巴格达发生的劫掠事件。已经取代杰伊·贾纳成为伊拉克联军临时管理机构管理员的保罗·布雷默在五角大楼的要求下，解散了复兴党和伊拉克国民军。这一问题上，不仅拉姆斯菲尔德和沃尔福威茨为伊战贡献了智慧，流亡美国的伊拉克著名人士艾哈迈德·沙拉比也参与其中，并与这两人建立了密切的关系。也正是他坚称美国人在伊拉克会被视作是解放者并给予爱戴。沙拉比有自己的算盘，他计划着摆脱流亡状态回国掌握伊拉克大权，而他所仰慕的沃尔福威茨和拉姆斯菲尔德相信，清除阿拉伯复兴主义的所有迹象将为他铺平道路，帮助他将萨达姆政权残存的死忠分子斩草除根。然而，在解散伊拉克军队时，布什政府也创造出了约 40 万伊拉克失业人员（主要是逊尼派），平息他们心中的怨恨耗费了相当长的时间。这些人开始在街上游行示威，滔滔不绝地发出反联合政府言论，扬言如果不满足他们的要求就会进行报复。5 月和 6 月两个月间，在巴格达街头，大量的美军士兵被当作目标刺杀。拉姆斯菲尔德竭尽全力将这些暴力事件描绘为稀松平常的事件："要知道，如果华盛顿特区和巴格达规模相当，我们一个月也有可能发生 215 起谋杀案。大城市中一定会出现暴力事件。"沃尔福威茨对众议院军事委员会解释说，"这些人是垂死政权的最后余孽"，联军"拥有人民的同情，而不是只面对着复兴党政权的幸存势力"。[205] 沃尔福威茨在自由所伴随的优势上的威尔逊式乐观态度让他看不清眼前的事实。

但愿沃尔福威茨能够清醒。2003 年 8 月 7 日，针对美国为首的占领势力的叛乱正式开始了，约旦驻巴格达大使馆的自杀式卡车爆炸事件造成 17 人死亡。19 日，在巴格达的联合国总部发生了类似的袭击，造成至少 22 人丧生，其中包括联合国驻伊拉克特别代表，一个被广泛尊崇的人道主义拥护者。持续到第二个月的袭击导致联合国从伊拉克撤出，当地局势对于联合国来说过于危险，难以为继。伊拉克爆发的激烈的教派冲突，越发有胆量的什叶派多数反对前复兴党人，外国圣战分子因为希望杀掉美国人和英国人而被吸引来到伊拉克，还有受削弱的逊尼派阿拉伯人等危险因素都混杂在一起。

这些凄惨的后果并不是一开始就注定好的。政治学家托比·道奇拒绝将伊拉克内战的爆发归咎于难以处理的种族分裂——接下来发生的事情并非不可避免。[206] 相反地，他认为，如果不带感情色彩来评述，战争的关键时刻应是伊拉克原政权坍塌的瞬间，然而联军却没有能力马上组建起一个有约束力的值得尊重的政权来取而代之。拉姆斯菲尔德、切尼和布雷默对政权交接的忽视程度简直骇人听闻。但沃尔福威茨没能预测到这一问题更是不可饶恕。这个人真正相信可以建立起生机勃勃、繁荣富庶且富有多元文化的伊拉克，但是他所效力的部门采取的许多行动却挫败了这一已经趋向于乌托邦的志向的实现。

相反，后萨达姆时期的前几个年头，伊拉克是反乌托邦的。2004 至 2005 年间，教派间流血冲突不断发生，导致数万名伊拉克普通民众丧生。最近的估计显示，自 2003 年 3 月以来，至少有 133000 名伊拉克平民遇害，且数量仍在持续上升。2010 年，位于巴格达中部儿科医院的海德尔·马利基博士估计，28%的伊拉克儿童患有创伤后应激障碍。伊拉克依旧是世界上最为动荡最为危险的国家之一。

美国方面，自2003年3月以来，在伊拉克境内有约6800名士兵丧生。2003年5月，布什登上亚伯拉罕·林肯号航母宣布战斗胜利时，死亡人数为128人。还有6780多名美国军事承包商在伊拉克遇害。阿富汗和伊拉克战争的退伍军人已有97万人退役回乡并注册战后伤残索赔。阿富汗和伊拉克的叛乱对与他们战斗的士兵和同他们一起生活的配偶、子女和父母都留下了深刻的心理创伤。最为沉重的话题莫过于人的伤亡。[207]

还有严重的战略后果。伊朗可能是布什政府推行自由政策的最大受益方。在西方，伊朗的主要对手被粉碎，什叶派多数占据了政治统治地位。在东方，满怀敌意且无法预测的塔利班政权也被推翻了。2003年，伊朗仍延续了自革命以来的安全局面。事实上，如果有任何国家领导人为布什政府的反恐战争做出了经济上的贡献，那肯定是马哈茂德·艾哈迈迪·内贾德。内贾德是个可笑的自吹自擂的家伙，否认纳粹大屠杀，但"大魔头"却免费载了他一程。而且伊朗才是真正发展大规模杀伤性武器的国家。伊朗逐渐膨胀的野心必然威胁到了以色列的安全，而这却是布什总统和五角大楼没有预料到的。

那么，最初的开战借口是什么呢？很遗憾，借口并不多。在进行了为期几个月的大规模杀伤性武器清除行动之后，官方报告得出结论，1991年海湾战争之后，伊拉克"基本上摧毁"了其大规模杀伤性武器的库存，其最后一个致力于发展生物武器的设施也在1996年退役。[208]随着拥有大规模杀伤性武器和与"基地"组织有联系的说法都被一一击破，最主要的原因就重新回到了推进民主化上。布什信心满满地认为，历史会给第二次伊拉克战争一个比当前的评价更为公正宽容的评判。

2003年入侵伊拉克推翻萨达姆有着明显的好处。在最明显和直接的意义上，美国及其盟国消除了一个令人厌恶、极度危险且不稳定的专制君主。正如布什在回忆录中所说：

> 由于进军伊拉克，美国最顽固、最危险的敌人永远不能继续威胁我们了。世界上最不稳定的地区失去了最大的暴力和混乱的源头。世界各地的敌对国家都看到了支持恐怖主义和发展大规模毁灭性武器的代价。在9个月的时间里，2500万名伊拉克人从在令人恐惧的独裁统治下的生活走出来，来到了和平、运转良好的未来民主制度面前。[209]

示范作用立竿见影。2003年，卡扎菲同意放弃他的大规模杀伤性武器，并放弃了他数十年来对核能力的追求。这明显是一大胜利。卡扎菲的这一决定直接来源于美国对伊拉克先发制人的攻击。但其他的"流氓"国家则学到了别的东西。剩下的两个"邪恶轴心"，伊朗和朝鲜，则因此推论说，伊拉克是由于缺乏核威慑力量而受到损害，因此必须加紧发展自己的核力量。

伊拉克的民主化显然可以被称为是一场胜利——起码第一眼看过去是这样的。2003到2006年间激烈的内战自2007年开始逐渐冷却。2007年1月，布什宣布了一项新的伊拉克军事战略——"增兵"，向伊拉克增派2万名美军作战部队，并接受大卫·彼得雷乌斯将军统帅的全面镇压叛乱战略。由于所谓的逊尼派觉醒，即武装逊尼派团体崛起，并开始在伊拉克发展"基地"组织，增兵战略有助于降低伊拉克境内暴力事件的伤害等级。地方性流血事件以及逊尼派低水平的参与破坏了2005年的第一次全国大选。到2010年，情况有所改善，因为逊尼派更愿意投票，虽然暴力和选举舞弊依旧没有减少。

情况自那时开始急转直下。截至2014年8月，伊拉克由连任两届的总理努里·马利基领导，政府具有明确的专制倾向。马利基违背了先前与逊尼派政治团体建立团结政府的承诺，破坏了新闻自由，腐败成风。由温德尔·威尔基和埃莉诺·罗斯福创办的美国非政府组织自由之家在2013年做出了可怕的评估："伊拉克不是选举民主。虽然进行了形式严肃的选举，但该国的政治参与和决策仍然受到教派冲突、武装叛乱、广泛腐败以及外国势力干扰的严重损害。"[210]2014年整个夏天，"基地"组织在伊拉克的极端伊斯兰主义继承者，伊拉克和大叙利亚伊斯兰国（又称ISIS）展开了针对什叶派穆斯林和其他少数民族的野蛮恐怖袭击。今日的伊拉克依旧深陷暴力的泥潭。面对审查，伊拉克战争似乎并没有诸多"积极面"。

2013年3月18日，在接受伦敦《星期日泰晤士报》的采访时，沃尔福威茨表示，对伊战的构思和执行方式感到十分懊悔。沃尔福威茨哀叹道，"一开始就应该扶植伊拉克的领导人"，而不是仅仅基于"要像麦克阿瑟进军日本那样进驻伊拉克并为他们编纂宪法——这样的想法"驻军14个月。解散伊拉克军队和奉行严格的清除复兴党政策的决定显然是不周的，沃尔福威茨继续说道，好像过于乐观的艾哈迈德·沙拉比没有"完全对我们坦诚相待"。但沃尔福威茨仍旧坚定地维护着诸多在当时和现在都受到猛烈批评的决议。在新关将军警告军队数量不足以开战的问题上，沃尔福威茨反驳说，"这不是那种以压倒性的蛮力取胜的战争。"关于误导性使用"证据"来证明冲突的合理性，沃尔福威茨表示："即使是总统说出的谎言，其本身还是谎言，比承认我们错了要严重得多。犯错误是一回事，但说谎就是另一回事了。"最后，沃尔福威茨仍旧满怀希望地表示，将伊拉克战争定性为失败还言之过早："我们依然不知道一切将以怎样的方式画上句号。"[211]

前几天在哈泼斯杂志上发表的一封公开信中，历史学家安德鲁·巴塞维奇邀请他在美国企业研究所的前任同事沃尔福威茨对伊拉克发生的事态给予更加严肃的思考：

为什么在枪口下实现的解放所得到的结果与战争拥护者所期望的大相径庭？或者，更明确些讲，由理应是历史上最强大的军队执行的先发制人的战争是如何变为一场灾难的？

……说实话,不论你选择何种说辞,人们都会对你恶语相向,就像罗伯特·麦克纳马拉在长久的沉默后承认自己在越南问题上"犯了错误,大错特错"时人们对他的辱骂一样。但你需要帮助美国从伊拉克战争中吸取教训,让美国从中提取出一些有价值的经验,这样也是对所有因伊战而牺牲的人们的回报。请原谅我这么说,但这是你亏欠国家的。来,开口说吧。[212]

人们应该希望沃尔福威茨回应了巴塞维奇的问题,而不是效仿麦克纳马拉,在战争结束25年后再现身说法。第二次伊拉克战争对美国的外交政策产生了震动性的影响,在这一方面,它令越南战争都黯然失色。但沃尔福威茨的自我谴责我们可能终生也无法得见。因为在2014年6月的一次采访中,沃尔福威茨表示美国实际上在2009年就可以真正地"赢得"第二次伊拉克战争的胜利,但这来之不易的胜利却因奥巴马政府鲁莽的撤军决定而毁于一旦。[213]

第九章

实用主义的革新：贝拉克·奥巴马

在詹姆士和杜威看来，人们需要超乎常识的本能……来看待导弹时代（以及）亚洲、中东和非洲的革命时代。

——沃尔特·罗斯托

2002年秋天，芝加哥大学著名国际关系理论教授约翰·米尔斯海默选择退出在芝加哥联邦广场举行的反战集会，组织者们便邀请了一位年轻的州参议员来代替他。这位年轻人名叫贝拉克·侯赛因·奥巴马，他博学多才，口才极佳，又熟知芝加哥，而且时间充裕。尽管这场事件被宣称为"反战集会"，暗示了鸽派的统一目的，拥有雄心壮志的奥巴马却敏锐地意识到这是个向全国观众展现自己外交政策观点的大好时机。尽管危机四伏，但这也是他初出茅庐的政治生涯中一个潜在的突破性时刻。希拉里·克林顿和约翰·克里这样备受瞩目的民主党人过去一直认可布什政府应对"9·11"恐怖袭击事件所采取的方式，同时也支持总统对伊拉克战争采取的行动。一个有着国家抱负的政治家，与自己党派的主流思想背道而驰，而且反对受欢迎的现任战时总统，这不是最明智的做法。

杰西·杰克逊牧师是著名的非洲裔美国政治家，同时也是民主党左翼分子。继他之后奥巴马发表了演讲，并借此机会来抨击布什的贸然开战，且提出另一种范式，来展现黑人民主党政治家的政治观点。杰西·杰克逊牧师演讲时高超的修辞技巧让奥巴马望尘莫及。杰克逊宣布："这是一场阻止战争发生的集会。"他邀请观众抬头望向天空并从1数到10。待一切结束之后，人们转回了目光，杰克逊解释道："我刚刚只是将你们的注意力转移到集会之外，这就是布什正在做的事。天没有塌，我们也没有受到萨达姆的威胁。"[1]

尽管杰克逊戏剧化地呈现自己的反战观点，但观众却能够提前预测到。在1991年一场重大的"欢迎归家"游行的前夕，杰克逊曾把第一次海湾战争描绘为 "公立学校学生和外国技术"引发的代价高昂的失败，后者是对美国弹药中使用的日本计算机部件的落后保护主义的提法。杰克逊说："热爱军队本身不错，但是，从道德方面讲，应该在军队不再打仗时爱戴军队才是。"[2] 从查尔斯·比尔德的传统观点出发，杰克逊认为战争是分心的产物，是不专注于纠正那些导致美国伤痕累累的严重的社会问题衍生而来的。按杰克逊的推断，美国首当其冲。

奥巴马以不同的眼光看待美国和世界，正如他在演讲中第一句话就明确表示："首先我要说的是，尽管这是反战集会，我此刻站在你们面前，但是我在任何情况下都不是反对所有战争的。" 事实上，奥巴马在接下来的八句话中详细解释了需要一些战争的必要性。奥巴马说："南北战争是历史上最残酷的战争之一，但是只有经历利剑的考验，只有无数人献出自己的生命，我们才能……从我们的土地上彻底根除奴隶制的罪孽。" 奥巴马的外祖父（一位堪萨斯州的白人）"他在珍珠港遭到轰炸后的第二天主动请愿，投身军旅，随巴顿在军队中作战……他为更广泛的自由而战，体现民主战胜邪恶的威力，他参加作战并非无足轻重……经历了'9·11'事件后……"奥巴马继续说道，"我支持政府当局坚持追剿那些以排除异己的名义屠杀无辜者的暴徒，我甚至愿意为防止这一悲剧重演去参军打仗。"

在奥巴马看来，对伊拉克发动战争的提议之所以失之偏颇，是因为它充满激情的"意识形态"的性质以及对这一问题显而易见的事实的无视："萨达姆没有摆出即将或直接恫吓美国的姿态，甚至对他的邻国也没有……而且在与国际社会的一致行动下，萨达姆受到控制，且被打上了卑劣独裁者的身份标签，正在被抛入历史的垃圾箱。"奥巴马认为，这场对抗萨达姆的战争是"一场不明智的战争，一场鲁莽的战争。一场只有冲动没有理性的战争，一场只有政治没有原则的战争……我反对的是，"他说道，"本届政府中诸如理查德·珀尔、保罗·沃尔福威茨以及那些周末聚在一起纸上谈兵者们的种种愤世嫉俗般的企图，他们常常将自己的意识形态强行架到我们的咽喉处，更不考量生命的代价和陷入战后所承受的困境。"[3] 奥巴马的演讲很不错，但观众给予他的掌声远不如给杰克逊的热烈。观众显然更加倾向于杰克逊更富有"激情"的演说。

奥巴马赞扬理性与原则，抨击激情、意识形态和政治，将二者进行对比是很有意思的事。这是一场以理智和证据为基础且经过冷静思考和深思熟虑的演说，这场演讲抨击了不遵循历史先例而遵循纸上谈兵的理论和意识形态的行为。他对保罗·沃尔福威茨点名道姓是有原因的，他憎恶后者及其盟友华而不实的空想乌托邦主义。奥巴马更倾向于测试性和探究性的循序渐进的政策，而不喜欢寻求揭示或验证普遍真理的政策。世界的发展变幻莫测，日新月异。夸张扭曲的威胁感和得寸进尺、遥不可及的野心会引发不必要的冲突，制定短期务实的政策是避免这种不必要的冲突的最佳途径。

这种明智的方法被称为：实用主义，它常常被误解为：为了追求任何既定目标，过分地妥协。威廉·詹姆士在他的经典著作《实用主义》中指出："起初，至少没有任何特别的结果，没有教条，没有教义可以保存这种方法……看待首件事物、原则、'类别'的必要性的态度，以及看待最后事物、成果、结果、事实的态度。"[4]哈佛的历史学家詹姆斯·克洛彭伯格有说服力地指出，奥巴马的世界观和外交手段深受詹姆士实用主义的影响，并钦佩地写道：它是"怀疑论者的哲学，是致力于民主辩论的哲学，是对政治决策结果的批判性评估，并不适用于真正的信徒，后者确信他们在探究和实验之前就知道了正确的行动路线。实用主义代表了思想开放和持续的辩论。"[5]第二次伊拉克战争的结果使得美国为数众多的理想主义者开始空想美国可以让其他国家、地区甚至历史屈服于自己的意志。奥巴马的上台，以及美国地缘政治局势的日益减弱，推动了美国作为对外政策指导对世界哲学做出的重要贡献。

贝拉克·侯赛因·奥巴马，1961年8月4日出生于夏威夷州的檀香山。他的父亲贝拉克·侯赛因·奥巴马一世，是来自肯尼亚的留学生，母亲斯坦利·安·邓纳姆是堪萨斯州白人。虽然种族不同，但他们身上有许多的共同之处，有着对各种知识和地理体验按捺不住的向往。这对夫妇1960年在夏威夷州立大学的一次俄语课上相遇，结婚没几个月便生下了奥巴马。若奥巴马出生在威奇托，这种奇特的跨种族婚姻就会引起轰动。但正如传记作者大卫·马拉尼斯指出，奥巴马出生在夏威夷州檀香山的卡皮欧兰尼妇产科医院，在他出生的一周内，其他一起出生的新生儿有各色名字，如荒川（Arakawa）、卡博特（Caberto）、卡米洛哈（Kamealoha）、春（Chun）、王（Wong）、卡马拉（Camara）、沃克（Walker）、川添（Kawazoe）和辛普森（Simpson）。[6]种族混血或是"Hapa"（夏威夷语用来描述含有亚洲血统的混血儿的通称）在夏威夷屡见不鲜。奥巴马在整个孩提时代对于这种场景已是司空见惯。1964年，奥巴马的父母离婚。随即他的父亲老奥巴马前往哈佛大学读博。母亲安·邓纳姆与来自印度尼西亚的罗罗·苏托洛相识，并于1965年结婚。1967年，他们举家移居印度尼西亚。奥巴马从六岁到十岁一直住在雅加达，并在印尼语学校上学。在这期间他还多了个同母异父的妹妹，玛雅·苏托洛。印度尼西亚，这个世界上人口最为稠密的国家在种族异质性方面与夏威夷相似。直到奥巴马在印度尼西亚和夏威夷完成学业后，在加利福尼亚和纽约的大学深造时，他才真正开始受到种族歧视，受到美国本土上残酷现实的迫害。

母亲安作为人类学家，向往频繁外出的职业生涯，她为了给儿子提供稳定的教育，便让奥巴马就读于夏威夷的一所私立学校——普纳荷学校，这也是全美最优秀的学校之一。奥巴马——或巴里，他当时的名字——尽管当时花费大量的时间在打篮球和吸食大麻上，但最终还是完成了学业。1979 年，奥巴马从普纳荷学校毕业后，移居到加利福尼亚州的帕萨迪纳，并就读于一所非常受欢迎的文理学院——西方学院（简称为"Oxy"）。在那里他发愤图强，放弃组队，很少打篮球。据奥巴马的大学朋友菲尔·伯尔纳回忆，他和巴里讨论的话题经常围绕着以下内容展开：

> ……中央情报局、萨尔瓦多……《洛杉矶时报》的任何新闻、吉米·亨德里克斯、欧洲共产主义、社会主义……马尔库塞的《论解放》、伏尔泰的《老实人》、如何给世界带来改变、右翼对媒体的控制、极权主义、亚历山大·海格、诗歌、詹姆斯·乔伊斯、卡夫卡、启蒙运动、十八世纪的开明专制主义……腓特烈二世、理查德·艾伦、苏联、洛杉矶拥挤的交通、前卫艺术……愈发冷漠的美国社会。[7]

如果伯尔纳的回忆准确，那么奥巴马的谈话品位令人钦佩且极具分量。

奥巴马在这所位于加利福尼亚南部有着特权背景的私立学校待了两年后，他感觉那里在文化和气候上的氛围都与普纳荷学校不同，于是决定转学哥伦比亚大学。驱使他移居纽约的原因众多，其中之一就是能够"有更大的舞台来施展自己的抱负"，[8] 但其他原因远甚于此。西方学院面积狭小，学生在这只是井底之蛙，与世隔绝，是洛杉矶已脱离外界日常生活的一部分。学生总人数达 1600 人，其中只有 75 名非裔美国人。一位同学回忆道："黑人教师两根手指头就数完了，我很忧心这些城市问题。"奥巴马说："我想在大城市里和更多的黑人同胞们待在一起。"[9] 他和朋友菲尔·伯尔纳一起从帕萨迪纳搬到莫宁赛德高地，在西区 142 号第 109 街合租了一间公寓。奥巴马一有时间就会在纽约城闲逛，醉心于各式各样的文化景点：或是在阿比西尼亚浸信会教堂做主日礼拜，被福音合唱团甜美而悲伤的歌声所鼓舞，或是在库伯联盟学院参加一场政治思想会议，或是在布鲁克林参观非洲文化博览会，或是在哈莱姆听一场杰西·杰克逊的演讲。奥巴马在哥伦比亚大学上学时行踪飘忽不定——很少有教授记得他——他切身体会着这世上最伟大的城市的一草一木。

奥巴马的方式让人联想到普林斯顿的凯南。2011 年，他回忆起在哥伦比亚的两年时光，那时他是"深深沉浸在自己的世界里……现在回想起来，我觉得真的很不健康"。1982 年秋天，奥巴马在给他的女友亚历山德拉·麦克奈尔的一封信中，坦白承认自己"妒火中烧"。他嫉妒巴基斯坦的朋友们事业蒸蒸日上，嫉妒夏威夷朋友们正在"迈向主流"。黑人混血，家庭不稳定，经济无保障，这些烦恼给奥巴马施加了无形的压力。他在信中写道："没有阶级、家庭结构或传统来支持我，在某种意义上来说，为我走不同的路做出了选择……缓解我孤独感的唯一方法就是接纳所有的传统（和所有的）阶级。你中有我，我中有你，融为一体。"[10] 奥巴马阅读、散步、观察、倾听、写作。他通过文学抒发感情，也常常纠结自我、身份和"我是谁"的概念。正如他的著作《我父亲的梦想：奥巴马回忆录》中所写："我花了一年时间从曼哈顿的一头走到另一头。就像旅客一般，人们生活中的各种可能性在我眼前上演，我试图透过这些人的生活来勾勒我的未来人生，寻找一些我可以重新进入的开放路口。"[11]

奥巴马的阅读习惯与他寻根究底、寻求身份的性格相吻合。像哥伦比亚大学的所有学生一样，奥巴马要学习人文学科，这是作业量巨大的书籍课程，要求学生每周哲学书籍的阅读量要达到500多页，涉及柏拉图、洛克、休谟、加缪、萨特和马尔库塞等人的哲学著作。一位同学回忆道："他真的参与了讨论……那是一堂相当严肃的哲学讨论课。"奥巴马上过爱德华·萨义德的课，但从未课前预习或课后复习这位教授所教授的文学理论知识。伯纳尔回忆说，他和奥巴马"宁可读莎士比亚的剧本，也不愿看文学批评。萨义德教授对文学理论最感兴趣，而我和奥巴马则对此毫无兴趣"。奥巴马后来在朋友面前打趣萨义德是个"怪老头"。[12] 对此，艾伦·布鲁姆极度赞同。

但是奥巴马也读了布鲁姆文学经典中没有提及的书目：拉尔夫·埃里森的《看不见的人》，理查德·赖特的《土生子》，杜波依斯的《黑人的灵魂》，兰斯顿·休斯的诗歌，马尔科姆·艾克斯的自传。在《我父亲的梦想：奥巴马回忆录》中他曾回想起这些影响：

> 在每一本书的每一页，我都一直在别格·托马斯和看不见的人身上寻找同样的痛苦，同样的怀疑，就此转移我的自卑感。即便是（杜波依斯的）博学，鲍德温的慈爱以及兰斯顿的幽默都最终战胜不了它的不良影响，每个人最后都被迫怀疑艺术的救赎力量……只有马尔科姆·艾克斯的自传似乎与众不同。他自我创造的反复行为给予我警示。他诗歌里直言不讳的措辞，他对于尊重朴实的坚持，都预示了一个焕然一新且毫不妥协的秩序，纪律严明，这都是通过纯粹的意志锻造出来的。[13]

奥巴马在哥伦比亚大学主修政治学，但他在校期间对这门课并不上心。毕业后，在国际商务公司工作了两年，没有什么成就。1985年，他决定效仿马尔科姆·艾克斯，踏上"自我创造"之旅。他移居到芝加哥，在当地贫困的非裔美国人社区担任"社区组织者"，年薪为10000美元。

奥巴马搬到芝加哥的这个社区，曾在一个世纪前唤醒过查尔斯·比尔德的社会良知。有两个原因促使奥巴马搬到这儿：一是奥巴马自身进步的政治信仰，二是哈洛得·华盛顿当选为芝加哥的首位黑人市长——这给在白人与黑人高度隔离的城市所盛行的"机器"政治造成了致命的打击。他曾在该市贫困潦倒的南区工作。在那儿，他帮助制定了一个职业培训的计划，建立了一个帮助贫困儿童上大学的辅导系统，成立了一个致力于保护奥尔特盖尔德花园租户权益的组织，还帮助建立了美国的第一个公共住房项目。

在那儿就意味着要面临不懈的工作、巨大的挑战、不断的失望以及微薄的薪水。但是通过社区组织，奥巴马找到了一个家，找到了一个更加现实的身份，是耶利米·赖特牧师在华盛顿高地的三一联合教会帮助奥巴马完成了这两种转变。然而，1988 年，奥巴马决定进入他职业生涯的下一个阶段，把重点放在法律和政治上，关注那些被创造、被嘲弄和被忽视的地方，比如芝加哥的南侧。奥巴马被哈佛法学院录取，并于秋季迁至剑桥，开始他的学业。但毫无疑问的是，芝加哥已成为他的地盘，是他随之而来的非凡旅程的可靠泰山。

奥巴马在哈佛法学院表现优秀，引起了学校里教授的注意。当然，他学习能力很强，能够理解难懂的概念，参透深奥的法律术语。这使他具有独特的竞争优势，在一群成绩优秀的学生中脱颖而出。但是令他的老师和同学感到意外的是他驾驭不同法律观点的技巧——通常令人印象深刻——在基本上没有离间案件（冲突和争端的）双方的情况下，找到解决棘手问题的方法。在自由派和保守党派的支持下，奥巴马当选为《哈佛法律评论》的主编，成为首位担任该职务的非洲裔美国人。平息激愤，用幽默化解怨恨，寻求共识，不管这些技巧如何微不足道，奥巴马都可以担当这个期刊的一把手。在他担任编辑期内，他的观点在法律和哲学的诸多方面与期刊发表的文章相吻合。这是一个真正的知识多元主义的时代，如理查德·波斯纳一样的保守派和劳伦斯·却伯一样的自由派都受人尊敬。事实上，奥巴马的理性、职业道德和聪明才智深深打动了却伯，却伯聘请他当一个项目的研究助理，这个项目的名称为"律师可以从现代物理学中学到什么"。[14] 像沃尔特·李普曼一样，奥巴马成了哈佛大学响当当的人物。他期待着能一展宏图，当然现实也没有让他失望。

从哈佛大学毕业后，奥巴马回到了风城（芝加哥市的别称），在芝加哥大学法学院任职宪法讲师。芝加哥大学的老师质量可与哈佛大学媲美，奥巴马与理查德·波斯纳、卡斯·桑斯坦和杰弗里·R·斯通成了同事。1993 年，奥巴马成了迈纳、巴恩希尔和加朗律师事务所（Miner Barnhill & Galland）的一名律师，主要处理社区经济发展和民权相关事务。他的工作性质相当于社区组织者。很快他的法律和学术生涯就与政治挂钩。1996 年，奥巴马从芝加哥第十三区南部的海德公园区被选入伊利诺伊州议会。奥巴马的妻子米歇尔来自普通家庭，也是常青藤院校培养出来的一名律师。奥巴马夫妇认为芝加哥大学周围活力四射，文化多元的社区就是他们的家。奥巴马于 1998 年再次当选伊利诺伊州参议员，但是后来他在伊利诺伊州第 1 国会选区与在职的联邦众议员波比·拉什（前黑豹党成员和社区活动家）竞选，在初选中遭惨败，与联邦众议员失之交臂。2004 年，奥巴马从这个耻辱中吸取教训，乘胜追击，赢得了民主党提名，当选为联邦参议员。在康奈尔大学举行的大选中，他以 7∶3 的选票遥遥领先，击败了同期的共和党对手保罗·沃尔福威茨和艾伦·凯斯。

约翰·克里在2004年总统大选中落选，原因是那些在国家安全方面地位不可撼动的共和党战略家用不光明的手段抹黑克里——这个获得过勋章的越南老兵——没有爱国情怀。但是奥巴马是大选的胜者之一。克里曾在4月和奥巴马同台竞选，他对奥巴马的演讲技巧和潜能才智刮目相看。克里的财务总监路易斯·苏斯曼低声对克里说道："这个人今后必成大器。"克里表示同意，不过有些不耐烦地补充道："我们要尽快把他纳入我们的党派之中，而不是多年之后再让他加入。"因此，克里邀请奥巴马在7月的民主党全国代表大会上发表主旨演讲。这对于只有两年资历的初级参议员来说，是莫大的支持。

克里的决定是正确的。奥巴马的演讲在现场和全国各地都受到了一致好评。奥巴马对其家谱陈述简单，却引人入胜。但他的演讲才能尤其让人印象深刻，比激烈的大选更引人注目，让在座的各位对他刮目相看。演讲在颂扬团结的好处时达到了情感的高潮，抨击了消极性和文化战争这种二元论的不良影响：

当我们在这里聚会的时候，也有人正准备分裂我们，那些操纵舆论的人和制作负面宣传的人，他们投身于没有原则和不择手段的政治。今晚，我将告诉他们，美国人没有所谓的自由与保守之分，世间只存在一个美利坚合众国。更没有所谓美国白人与黑人之分，拉丁裔与亚裔之分，有的只是美利坚合众国一国的国民。有所谓的专家喜欢将我们的国家分成红蓝两色，红色代表共和党，蓝色代表民主党。但我想说，即便在民主党中，我们也都信奉万能的主，我们不喜欢联邦的机构在共和党中间对我们的藏书指指点点，我们在民主党中也有人执教少年棒球联盟，在共和党中也有同性恋朋友，有爱国人士支持伊拉克战争，也有爱国人士反对向伊出兵……说到底，这才是本次选举的意义所在：我们应该投入愤世嫉俗的政治还是应该参与满怀希望的政治？[15]

会议大厅响起了一阵雷鸣般的掌声。观众席内有人落泪，有人欢呼，有人跺脚，一瞬间杂乱无章。希拉里·克林顿第二天回顾奥巴马的精彩演讲，对奥巴马的表现叹为观止："我认为那是我迄今为止在所有大会上经历的最激动人心的时刻之一。"[16]四年后，当希拉里·克林顿和奥巴马成了竞争对手，她开始怨恨奥巴马有着不同凡响的人生经历、非凡的演讲才能以及超然的吸引力。奥巴马的身上不仅体现了美国人的品德和承诺，也体现了美国复杂的社会构造和活力，同奥巴马同台竞争会让人感觉是在与命运对抗。

2006年，奥巴马在宣布总统候选人资格的几周前，就外交政策发表了重要讲话，公布了自己的意图。作为总司令，他要遵循"战略不再受意识形态和政治驱动，而要实事求是地评估当前面临的事实以及客观地权衡美国人的利益,自从提出了伊拉克战争,这种现实主义就销声匿迹了,这正是致使我在 2002 年公开反对这场战争的原因。"[17]

希拉里·克林顿是最有可能获得民主党提名的人选,她对奥巴马的前瞻性外交政策有一套主要的攻击性说辞:奥巴马没有经验,因此可能会危害到国家的安全。奥巴马则回以希拉里致命性的一击:"饶有经验的" 希拉里·克林顿曾在参议院投票授权第二次伊拉克战争。进攻再次失败,希拉里·克林顿开始尝试不同的进攻路线,她指责奥巴马对巴基斯坦 — 阿富汗边境的不稳定构成的威胁发表意见,又抨击奥巴马的观点——美国应该保留在有需要时单方面打击基地组织的权利。奥巴马沉着且强硬地回应道:"那些授权并策划了我们这一代人最大的外交政策灾难的人现在却跑来指责我,对我的观点——我们应该确保在对抗恐怖主义战争中,身处正确的战场,而别打错了仗——持批判态度。真是可笑至极!" 2007 年秋天,奥巴马继续扩大了这条反击主线,抨击了"华盛顿小团体思维""外交政策精英"和"华盛顿的老一派思想"。[18] 基于自己 2002 年在芝加哥发表的演讲中所展现的远见卓识,奥巴马足以证明他对于外交政策的判断要比希拉里·克林顿更准确。每次奥巴马一反驳,希拉里的观点就站不住脚了。

奥巴马秉持着早期对伊拉克战争的反对态度,在没有任何小党派的帮助下,凭借一己之力最终击败了克林顿获得提名。在大选中,奥巴马遇到了来自亚利桑那州的连任四届参议员的约翰·麦凯恩。尽管克林顿已经试过利用奥巴马"经验不足"这个弱点进行攻击,并且栽了跟头,但或许麦凯恩还是有足够理由相信,他只要抓住奥巴马的这个弱点,就能赢得大选。因此,当奥巴马宣称:"如果我们有了关于(在巴基斯坦的)恐怖主义目标的可靠的情报,如果穆沙拉夫总统不采取行动,我们会采取行动。"麦凯恩斥责奥巴马这种天真的言论,并声称:这是对巴基斯坦民族自豪感的侮辱和对其主权的非法威胁。[19]

白宫新闻秘书托尼·斯诺也同样清晰地表明,布什总统已经并将继续尊重巴基斯坦边境,奥巴马参议员的这次政治活动十分鲁莽草率。国防部部长唐纳德·拉姆斯菲尔德曾经拒绝一项命令突击队突袭巴基斯坦的拟议,因为这会对伊斯兰堡的稳定造成影响,并且会破坏美国与巴基斯坦的双边关系。《华尔街日报》在报纸的社论板块罕见地称赞"奥巴马是个新保守主义者",并承认"想要在反恐怖主义方面掌控大权的人并不都是坏人"。[20] 麦凯恩注意到了竞选活动的走势,他宣称"将会追随本·拉登进入地狱之门"。然而,奥巴马给出了回应,麦凯恩实际上并不会通过这些门,无论如何,这个地方充满了各种不稳定的因素,随时有地区动荡的危险,而且比人们所了解的要危险更甚。[21]

奥巴马的外交政策观点在整个选举年度都是统一的,尽管这些观点从未转变为"意识形态"。他阅读过由法里德·扎卡利亚和托马斯·弗里德曼撰写的有关外交事务的畅销书，还经常与知名的民主党人士如托尼·莱克和兹比格涅夫·卡济米尔兹·布热津斯基等人会面。吉米·卡特的前国家安全顾问称赞奥巴马："我认为他对21世纪的一切以及美国应如何协调应对等相关的问题有着真正深刻的把握。他对于这些问题的处理方式非常可取。我们脑子里都有个一致的想法，那就是，乔治·布什把美国推向了自杀的绝路。"或许是一致的想法，但是奥巴马的世界观比充斥整个20世纪70年代的反苏联的布热津斯基思想要柔和得多。奥巴马从涵盖政治和意识形态分歧的各种来源中汲取灵感。他在宾夕法尼亚州的竞选活动中表示："事实上，我的外交政策实际是回归到了传统的两党的现实主义政策，这是许多总统如乔治·布什的父亲、约翰·肯尼迪甚至罗纳德·里根都奉行的政策。"[22]

但奥巴马作为一个现实主义者，他的自我认同并不能完全囊括他所有的世界观——正如他对里根的赞赏。新教神学家雷茵霍尔德·尼布尔对奥巴马在对外政策的思想产生了重要的影响。奥巴马认为，能够在《美国历史的反讽》与《光明之子与黑暗之子》这样的作品中表达出复杂的思想结构的人，一定不是目光短浅、见识狭隘的现实主义者。2007年，在《纽约时报》记者大卫·布鲁克斯对奥巴马的一次采访中，奥巴马表示他深受尼布尔的激励："（他）是我最喜欢的哲学家之一。我（从他的作品中）获取了这个深入人心的想法，那就是，这个世上存在着嚣张狰狞的邪恶力量、苦不堪言的困难以及难以忍受的痛苦。我们应该拥有满怀谦逊的信仰，要坚信我们可以消灭这些事物。但我们不应该把这当作愤世嫉俗和无所作为的借口。我也学到了……我们心知肚明，这些事物很难消除，所以我们必须全力以赴。"[23]

尼布尔对现实主义传统表示同情，但是他虔诚的基督教信仰缓和了由纯粹的应用所产生的非道德观念。奥巴马也是一个虔诚的基督教徒，所以他们在看待宗教、道德和战术上会产生共鸣。

安德鲁·普雷斯顿在《灵魂之剑，信仰之盾：美国战争与外交中的宗教》中这样写道："尼布尔认为，没有宗教，现实主义总会导致国家误入歧途，因为它缺乏道德这个指南针，因而缺乏道德目的，但没有现实主义，宗教也可能是有破坏性的，因为它有发展为破坏性的理想主义运动的倾向。"[24] 雷茵霍尔德·尼布尔是个有自己立场的思想家。在芝加哥大学法学院教书的时候，奥巴马就阅读过尼布尔的作品，对尼布尔崇拜有加。尼布尔对杜威的批判——由于未能理解自身利益要比任何其他单一力量更能驱使人类，并且被他有价值的和评论倾向所导，从而忽视了邪恶的存在意味着必须要发动一些战争才能完成胜利的这一事实——引起了奥巴马的共鸣。[25] 现实主义与偶然理想主义的结合体不利于分类，但实用主义是最为接近的范畴。2008年3月，奥巴马的国家安全咨询小组建议把"实用主义意识形态"作为他的外交政策口号。正如乔·贝克尔和斯科特·谢恩在《纽约时报》中所写，"策略只能强化总统的本能。"[26]

在整个 2008 年间，奥巴马提供了关于如何将"实用主义超越意识形态"的理论可能转化为实践的具体细节。在初选中击败希拉里·克林顿之后，奥巴马前往伊拉克会见戴维·彼得雷乌斯上将。这位要求"增兵"的领导者意识到，奥巴马如果当选，将会立即从伊拉克撤军。因此，他向奥巴马索要更多的资源，而美国军队则仍然驻守在原地。奥巴马回答说，"听着上将，如果我处在你的位置，我会向上级要求你现在所要求的一切，甚至更多……但你必须明白，现在我是一名参议员，如果我有幸当选总统，我们身上最终都肩负着不同的责任。"[27] 彼得雷乌斯上将没有被这一回答糊弄过去。在竞选活动中，奥巴马曾明确表示："布什总统拒绝结束伊拉克战争，实际上是在向恐怖分子提供他们真正想要的东西……以不计时间、不计代价和不计后果的方式来占领美国。"[28] 奥巴马提出将在他当选后的 16 个月内撤走所有驻伊部队。但是彼得雷乌斯向一位同事吐露，说他很惊讶奥巴马表现得更像一个中立派，而不是自由主义者。也许这是一个事实的依据，奥巴马曾公开表示他希望派遣更多的部队到阿富汗，他认为布什政府不明智地忽视了阿富汗而只关注伊拉克的"意识形态"战争。这种重新确定优先次序的做法显示了奥巴马在具体情况的基础上制定外交政策的倾向。阿富汗和巴基斯坦的伊斯兰激进分子比伊拉克更危险，政策应该反映这一现实。

奥巴马的实用主义，意味着没有教义和教条。这是一个温和的外交政策构想，适合当前的时代背景。当前美国正受到金融危机的冲击，这场危机可能会像大萧条时期，造成严重的破坏。9 月 1 日，雷曼兄弟申请破产。过度暴露于次级抵押贷款市场以及严重的公司渎职这两个原因，导致这一成立于 1850 年的风光无限的投资银行最终倒闭。道琼斯指数一落千丈——一下跌了 1000 点，达到历史最低——其他股市紧随其后，开始恶化。随着信贷先前繁荣的市场开始萎靡，房价暴跌。在这一关键时刻，大选开始朝着对奥巴马有利的方向急剧转变。从麦凯恩对金融危机问题的回答中可以明显看出，他的强项是外交政策，而非经济学。他的回答（和神态）一开始就不合逻辑，后来又令人费解。奥巴马对于这一问题的回答则更加连贯一致，比大自己 25 岁的长辈更具权威性。经济危机使得奥巴马赢得了大选，当选为总统。但这也确保了他的历史遗产承与雷曼兄弟的资产一样有毒。

然而，这次大选的主题并不全都是围绕着经济危机。对麦凯恩在外交政策上的质疑，同样有助于发挥奥巴马的优势。比如说萨拉·佩林。为了振兴共和党的大本营，麦凯恩选择了阿拉斯加州长萨拉·佩林作为竞选搭档。选择萨拉·佩林有助于巩固两党的基础，并且疏远中间的人。事实证明，佩林对外交政策的把握是不确定的，这是一个重大的问题，因为麦凯恩是有史以来最年长的总统竞选人。为了让佩林更具庄严感，麦凯恩在竞选活动中安排她于 9 月下旬两天内与哥伦比亚总统阿尔瓦罗·乌里韦·贝莱斯、阿富汗总统哈米德·卡尔扎伊、伊拉克总统贾拉勒·塔拉巴尼、格鲁吉亚总统米哈伊尔·萨卡什维利进行会晤。亨利·基辛格还起草了《纽约时报》中对萨拉·佩林的描述："她广泛涉猎国际事务，尤其侧重于俄罗斯、中国和中东地区。"[29]证据表明，首脑会议并不是很成功。几天之后，在与记者凯蒂·库里克的一系列的访谈中，佩林讲述了自己的观点，她认为美国应该着手与伊朗和叙利亚进行直接谈判，而基辛格则认为这一想法过于"天真"。在涉及美俄关系的问题上，佩林声称当局可以近距离观察俄罗斯，"实际上，我们可以从这片土地，也就是阿拉斯加，直接看到俄罗斯。"

这些过分的场景对于一些温和派的共和党人来说显得有些难以接受。科林·鲍威尔可能会不管麦凯恩选择的竞选搭档是谁，都会支持奥巴马。但是萨拉·佩林更容易让鲍威尔给反对自己的政党投上一票：

坦率地说，我们正处在大会的过渡期，之后大会的结果会由此而产生，从中可以看出这两个人在处理经济危机时的反应。这给了我评估他们的机会，他们面临金融危机时决策如何，解决问题的方法如何，以及他们在处理事务中的稳重度如何，这些都是我评判的要点。正是从这一点出发，在我看来，不管怎样，参议员奥巴马的表现很好，他处变不惊，从容不迫，老成持重，有条不紊，他稳扎稳打地解决问题，我认为这正是我们国家所需要的。[30]

并不是只有鲍威尔一人持这种观点，独立人士和温和派的共和党人也同样有此观点。奥巴马成功地从共和党的手中夺得了美国政治的中心地位，这在选举日当天已是一目了然。奥巴马在选举团中以365∶173击败了对手麦凯恩，赢得了传统的摇摆州如弗吉尼亚州、北卡罗来纳州和科罗拉多州的支持。

奥巴马在大选中大获全胜后，接到了来自四面八方的祝福和数不清的建议及意见。耶鲁政治学家伊恩·夏皮罗大胆提议："重回遏制"，在2008年，他把自己的所思所想写进了书中，其中提到美国应该通过更加准确的情报以及更加灵活的外交手段来"遏制"基地组织，而不是任由基地组织合法化。事实上，通过侵略像伊拉克这样的世俗国家，确实使更多的穆斯林变得愈发激进。在被问及奥巴马进驻白宫之前应该阅读哪一本书时，哥伦比亚美国史教授艾伦·布林克利推荐了乔治·凯南的《回忆录》。[31]现实主义者将奥巴马视为自己的传统，预示着从布什时代过度的伪理想主义的急剧转折。

有些有着对外政策的理念和信仰的学者也试图把奥巴马拉入他们的阵营。2004年，约翰·伊肯伯里和安妮-玛丽·斯洛特，这两位政治科学家正式建立了普林斯顿国家安全项目，其中安妮-玛丽·斯洛特在国务院被奥巴马任命为政策规划署署长。这一行动大胆的意图是仿效乔治·凯南，并为 21 世纪草拟了"X 文集"。但这一国家安全项目是借鉴了威尔逊的灵感，而不是乔治·凯南的灵感。最终报告的题目为：依法打造自由世界：美国国家安全新纪元。它强调了自由国际主义的优点，否定了布什政府的单边主义，并建议将联合国和北约等多边机构转变为更有效的决策论坛。多边主义是普林斯顿项目的主线，但同时对理想主义和人道主义目标的追求也推动了这份报告的诞生。其目的是从奥巴马的前任布什手里把名誉已受损的威尔逊主义拯救出来。对于一些参与者来说，最终报告也是一个提交长期工作申请的良机。[32]

总而言之，奥巴马会用时间证明他只属于自己，他不是狭隘的现实主义者，也不是明显的威尔逊派。他的人事决策在一定程度上就反映出了他的这种双重性。任命希拉里·克林顿为国务卿，是奥巴马为了团结民主党使的一招妙计，同时他还允许比尔·克林顿参与自己 2012 年的连任竞选，让一个精力充沛、面面俱到、成熟老练的政客——一个真正重要的人物——身居高位，手握大权。

奥巴马任命詹姆斯·琼斯将军为他的国家安全顾问，这个人同样性格顽固，注重结果，并且没有一成不变的大战略信仰。与此同时，奥巴马在五角大楼让上一任在布什政府任职的罗伯特·盖茨继续担任国防部部长。与琼斯一样，盖茨对大多数问题的看法与总统的观点密切相关。"我不知道他是否会把这认为是一种侮辱或恭维，"奥巴马谈起国防部部长盖茨时说道，"但从广义上来说，实际上我们俩有很多相似之处。"[33]

奥巴马政府当中也有威尔逊派人士。赖斯被任命为美国驻联合国大使；安妮-玛丽·斯洛特继乔治·凯南、保罗·尼采和保罗·沃尔福威茨之后担任政策规划署署长；而《来自地狱的难题：美国与种族灭绝的时代》一书的作者萨曼莎·鲍尔则被任命为白宫的外交政策顾问——如果她没有将希拉里·克林顿称为"魔头"，那么她的职位本可以更高一些。在邪恶势力日益猖獗的情形下，每个人都认为美国需要更加迅速地进行人道主义干预，而且每个人都认为，如果美国的外交政策不遵循威尔逊式的价值观念，那么美国的外交政策就一文不值。但是，当人们对奥巴马的整体顾问团队进行评估时，发现他们所缺乏的是意识形态。

然而，奥巴马一开始就致力于解决世界金融危机带来的不良影响，而不是地缘战略的自我认同。2009 年前三个月，美国经济萎缩了 6.1%，继上一季度急剧下跌了 6.3%。2007 年，道琼斯指数从最高点 14198 暴跌至 7949 点，从 3 月至奥巴马就职之前，道琼斯指数已触底，跌至 6443 点。雷曼兄弟公司的倒闭只是个开端，因为金融危机带来的萎靡影响已从银行业转至大型制造业企业。克莱斯勒汽车公司和通用汽车公司都在奥巴马总统任职不到 100 天内宣布破产。金融家乔治·索罗斯形容这一状况为"经济珍珠港"，[34] 他并没有夸大其词，这实在是再贴切不过。中央情报局前分析师兼总统竞选顾问布鲁斯·里德尔向奥巴马简要汇报了美国面临的主要外部威胁。由于里德尔概述了巴基斯坦核武器被伊斯兰武装组织所控制的严峻局面，总统打断说："事情很严重。在刚才召开的会议上，财政部的人员告诉我，实际上，美国的每个银行都有可能在本月底之前倒闭。如今这种局面真的很吓人。"35

这并不是说相比之下奥巴马的外交政策有多么积极乐观。伊拉克境内有 16.1 万美军，而阿富汗境内有 3.8 万美军。朝鲜已经对核设备进行了测试，伊朗似乎有意发展核武器。中国在世界舞台上扮演的角色愈发重要，而俄罗斯由于其得天独厚的天然气资源在世界上独树一帜，同时它也与美国在诸多问题上发生冲突；美国与欧洲诸多国家的关系变得冰冷；谁也不清楚基地组织及其附属机构在巴基斯坦 — 阿富汗边界地区如今发展得如何。拉登仍然逍遥法外。奥巴马向一位信任的顾问吐露心声："我接管的这个世界岌岌可危，不法分子可以在任何时间，用十几种方式来毁灭它。我会用有力但也有限甚至是毫无把握的工具来阻止一切悲剧的发生。"36

奥巴马前期深入钻研外交政策时，尽力避免他的前任布什所使用的"毫无把握的工具"。1 月 22 日，也就是奥巴马总统第一任期上任的前两天，他签署了一项禁止酷刑的行政命令（或称为"强化审讯"），并下令在一年之内关闭关塔那摩监狱，其中被关押的因犯都迁入美国刑事司法系统。总统要求停止使用"全球反恐战争"一词，并且向民众表明，他认为自己主要扮演的角色是美军总司令——保卫美国的安全——与布什扮演的角色截然不同。

然而，奥巴马并没有完全处理掉他前任留下来的工具包。关塔那摩至今仍然对外开放。把在关塔那摩监狱里的因犯迁至美国的刑事司法系统，或者将他们送回至关塔那摩，这几乎是西西弗斯式的场景（永无休止的任务）。美国中央情报局的引渡方案仍然保持不变，即拘捕并法外引渡嫌疑犯到另一国接受审问。引渡时"非常规"的一面是，移交嫌疑犯的行程快要结束时，不允许再发生嫌疑犯被非自由政权虐待的现象，并已将这一条例写进了签署的行政命令当中。但是，这一条例是否落实到位就不得而知了。司法部总检察长埃里克·欣普顿·霍尔德坚持认为"接收国的保证"——保证嫌疑犯不会遭受酷刑的折磨——不一定是无懈可击的。因为关于这些保证如何核实的详情尚未对外公开。人权观察组织支持霍尔德的观点，认为这是霍尔德朝着正确方向做出的明确举动——该国际组织确凿地证明了"一些反对虐待任何民主国家的最透明的规则"——但对于执行和监督方面的含糊不清表示遗憾。37

奥巴马在就职演说中很少提到外交政策，他以为，"我们有信心再次领导世界""我们认为国家安全与国家理想只能选其一的排他选择是大错特错的"——第一句话指的是布什丧失盟友并疏远中立者，第二句话指的是关塔那摩监狱、阿布格莱布监狱、水刑和非常规引渡。但他在竞选活动中肯定多次提及了外交政策，而且在头几个月里，他很好地兑现了许下的些许承诺。二月中旬，奥巴马总统向阿富汗增派了17万美军，在已有38万兵力的基础上增加了50%。两周后，他宣布所有美军将在2011年12月前从伊拉克境内撤离。奥巴马正在逐步遏制侵略战争，增加必要战争。

由于奥巴马表示愿意与美国的敌人打交道，因此他在竞选期间饱受指责。但是这些批判并没有阻止他放弃竞选总统这个目标。为了迎合诺鲁孜节，即波斯新年，奥巴马于3月份向伊朗发送了一卷录像带信息："我国政府现在正致力于通过外交手段解决我们面临的各方面问题。"为了努力挽救美国在中东受损的形象，且为了赢得巴勒斯坦民族权力机构主席马哈茂德·阿巴斯的信任，奥巴马还坚持要求以色列总理本雅明·内塔尼亚胡立即停止在被占领土上进行的定居点建设。[38] 奥巴马总统曾公开表示，他预期巴勒斯坦的建国大业将在2011年之前实现。他还表示双方都需要作出重大的让步。（奥巴马的自信是不合时宜的）他把成为总统以来的首次接受外媒采访的机会留给了阿拉伯卫视台。奥巴马早期曾访问过伊斯兰世界的主要首都如雅加达、安卡拉、利雅得和开罗，但他拒绝访问耶路撒冷。

奥巴马6月份在开罗大学发表的演讲具有里程碑式的意义，这是他早期制定的与中东国家打交道的战略的决定性时刻。奥巴马政府花了好几个月的时间来起草这篇演讲稿，足以证明它对恢复美国在中东地区形象的重要性。在三千名观众面前，一位中间名叫做"侯赛因"的黑人美国总统用阿萨拉姆·阿列库姆（Abalamu alaykum）这个传统的穆斯林问候语开始发言，这句穆斯林问候语可翻译为"祝你平安"。显而易见的是，奥巴马拥有他的前任布什所无法企及的与非西方世界联系的能力。他提到自己的父系，讲述了他在一个"包括几代穆斯林的肯尼亚家庭"成长的故事，并表达了自己"在黎明和日落时分听到宣礼塔召集朝拜的声音时"油然而生的敬意。[39]

奥巴马宣告自己的世界主义和国家的多元化是一个坦率的表现，这表示布什政府的一元论已终结："我知道近年来在推动民主方面一直存在争议，这场争议大多都与伊拉克战争有关。所以，我需要澄清一下：没有一个政府体制能够或者应该由一个国家强加到另一个国家身上。"

这是演讲中的一个关键时刻，在这一刻，奥巴马的能力和布什的失败与预料之内观众的喝彩形成鲜明的对比。然而出乎意料的是观众们并没有拍手叫好（尽管穆罕默德·胡斯尼·穆巴拉克毫无疑问会在内心欢呼）。人权观察组织的汤姆·马林诺夫斯基私底下为奥巴马提供建议，他准确地指出了问题所在："我认为奥巴马总统意识到了观众一方面鄙视乔治·布什，但另一方面又迫切希望布什能够给他们带来帮助。"[40]

两年后，在《华尔街日报》的一次采访中，保罗·沃尔福威茨认为，当一个国家（和地区）急于摆脱像穆罕默德·胡斯尼·穆巴拉克这样的独裁者时，他们是不会对奥巴马的谦逊稳重和他循序渐进的变革感兴趣的。是"民主"这一词——而不是奥巴马批判他前任的做法——赢得了台下雷鸣般的掌声。沃尔福威茨重新构想了在那一环节接近尾声时，总统当时脑海中的想法："有些地方不太对劲。我正想说这是有争议的……我刚一提到这个话题他们就热烈鼓掌了。"[41] 直到后来事情才变得明朗起来。在演讲完毕后，奥巴马的批评者们的态度立即稍有缓和，不再那么尖锐刻薄。20 世纪 70 年代至 80 年代，弗兰克·加夫尼一直是理查德·珀尔的助手，他认为奥巴马总统"不仅认同穆斯林，而且自己也极有可能是穆斯林。"[42]

在接下来的几个月中，奥巴马很明显不情愿把美国外交政策与不可预知的事物——如民主化——联系在一起。奥巴马在开罗发表演说的一周后，伊朗开始进行民意调查，从两个主要的候选人中投票选出一位总统，两位候选人分别是：主张走强硬路线的现任马哈茂德·艾哈迈迪－内贾德和改革派的米尔－侯赛因·穆萨维。最终内贾德以极高的选票赢得了大选的胜利，他获得了令人难以置信的 63% 的选票。其竞争对手——改革派候选人穆萨维的支持者们聚集在德黑兰街头——在这里穆萨维的声望最高——以抗议内贾德当局在选举中舞弊。成千上万的人聚集在一起呼吁绿色革命——绿色是此次穆萨维竞选的标志，随后所有反对内贾德的人纷纷加入抗议阵营——但是伊朗政府迅速地将这一抗议活动扼杀在了萌芽期。

伊朗这次的示威游行是自 1979 年以来声势最浩大的，然而美国政府不会干涉伊朗的政务。奥巴马谴责伊朗政府对此事件残忍暴力的态度，这场抗议活动中有数十名抗议者遇害。奥巴马表示，"美国和国际社会对过去几天（伊朗）发生的威胁、殴打和监禁事件感到震惊和愤慨。"但是在惩戒方面，总统的干预到此结束。奥巴马接着明确表示，"美国尊重伊朗伊斯兰共和国的主权，美国丝毫没有干涉伊朗的事务。"[43] 他的谨言慎行在当时受到两个环境因素的限制。首先，奥巴马热衷于与伊朗就其核武器计划进行谈判，并且可能会取得有意义的进展，他并不想破坏直接会谈后所能取得的可能成果。其次，历史表明，美国通过干预支持抗议者可能会破坏这一运动的独立性，导致这些米尔－侯赛因·穆萨维的支持者们被马哈茂德·艾哈迈迪－内贾德和他的手下们描绘成没有爱国情怀的美国傀儡。

保罗·沃尔福威茨再次持有强烈异议，反对奥巴马的观点。沃尔福威茨谴责奥巴马的逻辑缺乏价值，确切地说，是缺乏战略价值：

> 关于伊朗，这件事很可怕。我还记得在 1981 年也发生过类似的事件，当时在波兰颁布了戒严令……里根总统认为这是个好时机，可以对波兰实行经济制裁，他和教皇都把握住了这个机会……2009 年 6 月，在伊朗我们又有类似的机会……我们做了什么？我们袖手旁观。为什么？（因为奥巴马）抱有这种希望，认为我们可以与伊朗政权谈判，所以我们不想对付他们，顺便说一下，这甚至不是一种明智的谈判方式。这样急切地表

示渴望谈判,我们就会受制于对方。⁴⁴

沃尔福威茨没有明确指出总统应该做些什么。美国在中东的另一次干预可能会阻挠伊朗的永久性民主革命;或者它可能将美国卷入一场内战,一场如同伊拉克战争一样艰难和棘手的战争;又或者可能会给予伊朗民众更大的期望,然后再将这些期望无情地粉碎——最终导致人心背离。我们所了解的是,奥巴马的按兵不动看起来软弱无力且毫无原则,而沃尔福威茨的批判观点听起来容易而实施起来困难。基辛格大力支持奥巴马:"我认为奥巴马总统已经处理好了这件事。我认为那些使我们完全落后于竞争者——如穆萨维——的事情,其实对于哪个竞争者来说都不是什么好事。我认为,伊朗人民必须做出这一决定,这才是正确的立场。"⁴⁵

1895年,瑞典化学家及军工装备制造商阿尔弗雷德·贝恩哈德·诺贝尔立下遗嘱,设立了诺贝尔和平奖,年度性授予那些"为促进民族团结友好、取消或裁减常备军队以及为和平会议的组织和宣传尽到最大努力或做出最大贡献的人"。有些人认为,诺贝尔为化学、物理学、生理学或医学以及文学带来了和平,作为他的工厂给世界提供了炸药这一事件的补偿。无论他的理由是什么,诺贝尔和平奖都已成为世界事务中最重要的荣誉之一。以往美国的诺贝尔奖获得者包括:1906年的西奥多·罗斯福,1919年的伊莱休·鲁特,1919年的托马斯·伍德罗·威尔逊,1929年的弗兰克·比修斯·凯洛格,1931年的简·亚当斯,1945年的科尔德尔·赫尔,1946年的艾米莉·巴尔奇,1953年的乔治·卡特利特·马歇尔,以及1973年的亨利·阿尔弗雷德·基辛格。挪威诺贝尔奖委员会向各个获奖者颁发奖品,以表彰他们以往的不懈努力和成就——或举世瞩目或真实可鉴,或永垂青史或稍瞬即逝——使世界更加和平。但在2009年,诺贝尔奖委员会决定表彰"承诺",而不再仅仅关注"成绩",于是授予了贝拉克·侯赛因·奥巴马诺贝尔和平奖。诺贝尔奖委员会宣称"奥巴马总统为加强国际间的外交与人民之间的合作做出了非凡的努力",并称"奥巴马总统创建了一个新的国际政治氛围"。⁴⁶

奥巴马的政敌们对于诺贝尔奖委员会公布的奥巴马的获奖理由嗤之以鼻,嘲笑委员会有着不可告人的动机——这显然是对布什的抨击,而不是对奥巴马的奖励——也讽刺了奥巴马总统微乎其微的成就。共和党全国委员会主席迈克尔·斯蒂尔表示怀疑,他说道:"美国人真正想问的问题是,'奥巴马总统究竟有什么成就'。"⁴⁷这可能是奥巴马不劳而获的奖赏。

奥巴马在得知这一消息后说道,"说实话,坦率地说,我认为自己没有资格跻身于获此殊荣的众多变革者之列。"但是他也不可能拒绝这样的荣誉,此外,该奖项帮助他达成了某些目的,尤其是在恢复美国的声誉方面。奥巴马补充说道,"我也知道……纵观整个历史，诺贝尔和平奖不仅是用来表彰特殊的成就，它也被看作是一种推动一系列因素的手段。"[48]准备诺贝尔奖获奖演说本身就为奥巴马总统造势提供了一个绝佳的机会，他可以向全世界的观众阐明他想要取得的成就。

奥巴马在他的诺贝尔奖获奖感言中阐释了他于2002年10月发表的"反战"演讲中的一些主题。在芝加哥，他不得不将他的对手与杰西·杰克逊的对手区分开来。在奥斯陆，他在向马丁·路德·金和甘地致敬的同时，不得不驳斥他们所实行的不适用于公职人员的非暴力行为。奥巴马不得不通过发表那样的言论来淡化人们的热情，他坚持认为和平是人类的终极愿望，以暴力制"邪恶"——这个词他用得很精准——往往是很必要的：

我们必须首先承认这个严峻的现实：我们在有生之年将难以根除暴力冲突。有时，各国会发现——不管是单独行动还是联合行动——不仅使用武力是必须的，而且在道义上也是正确的……面对着这样的一个世界，我不能在美国人民面临威胁时无动于衷。不可辩驳的是：这个世界上确实存在着邪恶。非暴力运动无以阻止希特勒的铁骑，谈判不能让基地组织的头目们放下武器。

奥巴马直接谈到了国内人民之间的紧张关系，"这种紧张关系存在于那些认为自己是现实主义者或是理想主义者的人之间。这表明，现在存在着两种严峻的选择。要么追求狭隘的利益，要么通过进行无休止的斗争来将我们的价值观强加于世界各地。"总统坚称，这一界限并不明显，纯粹适用于现实中的外交政策。"我拒绝这些选择，"奥巴马义正词严地说道。同时他赞扬了那些在近代历史上超越传统教条而致力于追求更大目标的人，他们在追寻的途中与众多的传统支持者渐行渐远：

鉴于"文化大革命"的种种错误，尼克松与毛泽东的会晤似乎不可饶恕——但是，这确实帮助中国走上了另一条道路，千百万中国人摆脱了贫困并与开放社会建立了联系。教皇约翰·保罗与波兰的接触不仅为天主教教会，也为列赫·瓦文萨等工会领袖拓宽了空间。罗纳德·里根为武器控制所做的努力以及对苏联改革的欢迎不仅与苏联改善了关系，也给整个东欧的持不同政见者增添了力量。这里并没有一个简单的公式，但我们必须尽可能在孤立与接触、施压与鼓励之间找到平衡，以使人权和尊严能够与时俱进。[49]

"这里没有什么简单的公式"是奥巴马演讲中最具说服力的一点。它表明，里面没有奥巴马式的教义。

在奥巴马2008年秋季选举胜利后的几个星期后，一位三星上将道格拉斯·卢特向奥巴马就阿富汗过渡团队做了简要汇报。卢特身材高大，面相威严，他将自己所了解的情况毫无保留地汇报给了奥巴马总统。据奥巴马的副国家安全顾问汤姆·多尼隆回忆，第一张幻灯片陈述了一个令人忐忑不安的事实："据幻灯片中显示，针对阿富汗，我们没有一个可以表达或能实施的战略，我们已交战八年，没有人能够解释这个战略。"对于多尼隆和其他人来说，这一事实令人震惊。布什政府六年来究竟一直在做什么？除了铲除基地组织训练营（2002 年已经达成目标）外，美国究竟在阿富汗想要干些什么？正如大卫·桑格在《面对与隐瞒：奥巴马的秘密战争与美国实力的运用》一书中所说的那样，"它还是一个充满法治和尊重人权的民主国家吗？这难道是一个分裂的国家，每个军阀都有自己的地盘？它只是个以鸦片、矿产和外援的收入幸存下来的国家吗？除此之外，它还是什么？"⁵⁰ 布什政府中似乎所有人都不明所以，没有人弄清楚了这点。现在它落到了奥巴马政府的头上，奥巴马政府要么给出一个明确的答案，要么提供一条出路。

政府成员对这些问题的答案各不相同。副总统约瑟夫·罗宾内特·乔·拜登认为，塔利班与腐败的卡尔扎伊政府之间的冲突是不可避免且无法解决的——拜登首先请求美国迅速从阿富汗撤离，从那里开始行动。阿富汗总统哈米德·卡尔扎伊是越南总统吴庭艳一样类型的人——他们缺乏广泛的民众支持，不具有合法性，如果没有美国政府的支持，很快就会垮台。拜登担心阿富汗可能成为奥巴马的"越南"，导致旷日持久的外交政策千疮百孔，失去效用。于是，他提出了"反恐怖主义'+'"的战略，要求美军撤出常规地面部队，增加使用特种部队和巡航导弹的攻击。美国的重点应该仅仅瞄准那些企图伤害国家的人，更可怕的是幻想。拜登十分忧心那些不在乎本国历史的人。苏珊·赖斯认为，越南"不是针对这一问题的每个决定或者任何举动的参照框架，我希望历史上出现过的所有创伤、战争以及 20 世纪 60 年代的精神病不要再次重演"。赖斯观察到的这点是拜登和其他志同道合的同事们共同关心的一个原因。⁵¹ 乔治·桑塔亚纳的观点则与众不同，他认为"那些不铭记历史的人注定要重蹈覆辙"。

希拉里·克林顿否定了与越南的类比，她认为这是误导，因为她的目标是嵌入性收益，而不是削减和运营。她偏爱的政策是"持续的镇压叛乱"，她提倡将彼得雷乌斯将军在伊拉克大幅增加的军队转移至阿富汗。希拉里和彼得雷乌斯将军都认为，美国可以通过保护阿富汗人民来取得他们的信任。通过给卡尔扎伊政府施加压力，敦促他们进行改革，并且展示阿富汗的能力和耐久性来打击塔利班。然而，如果希拉里在心中对时间尺度有所把握的话，那么彼得雷乌斯在私底下讨论中所认为的可能性无疑比两代人的时间更短："你必须承认……我认为你没有打赢这场战争。我认为你一直在战斗。这有点像伊拉克，事实上，这种形式的战斗会一直持续到我们这一代甚至是我们的下一代。"⁵² 她的观点与彼得雷乌斯的观点相似，但也许没有那么相似。希拉里偏爱持续的镇压叛乱，主要原因是她希望取得永久性的进步成果，可以使自共产主义时代以来约 240 万名阿富汗女孩第一次接受教育。

奥巴马总统处于进退两难的境地。军队是该保留还是该撤离，这两者难以抉择。驻阿富汗美军最高指挥官斯坦利·麦克里斯特尔将军在9月份要求美国增加四万名军人，并指出在阿富汗境内不这样做"可能会导致失败"——卡尔扎伊政府倒台以及塔利班取得胜利，这使得问题变得更为棘手。乐观的情况是，麦克里斯特尔认为，虽然"形势严峻，但仍有望取得成功。麦克里斯特尔将军只想得到自己所需的增兵，而且能有充分的时间来支配。"[53] 这与更为年长且更加谨慎的威廉·查尔斯·威斯特摩兰将军在1968年3月的处境十分相似。

但在竞选期间，奥巴马将阿富汗列为当前打击伊斯兰恐怖主义的中心战场。忽视不公正的机会主义而直接拒绝麦克里斯特尔将军的请求几乎是不可能的。此外，奥巴马也非常重视阿富汗。布什对此却不以为然，美国在阿富汗的战争是势在必行。然而，总统不希望因这两个将军敏锐地意识到他们自己的政治力量，而被迫做出决定。科林·卢瑟·鲍威尔在奥巴马第一任任职期间经常与其会面，关于这个话题，他提出了一些中肯的建议：

总统先生，不要受左派的影响而无所作为，也不要被右派影响而无所不为。您花点时间仔细琢磨琢磨……如果您决定或者觉得有必要派遣更多的部队到阿富汗的话，确保您对这些即将派往的军队所要执行的任务了然于胸，并保证这些增加的军队会取得胜利。由于阿富汗的局势太复杂，而且与其相邻的巴基斯坦问题也日益严重，美国能否取得成功还是个未知数。[54]

科林·卢瑟·鲍威尔曾在越南服过兵役，也曾参与策划过第一次伊拉克战争，所以相比大多数人来说，他更有理由哀叹第二次伊拉克战争的起源和进程。他深受奥巴马的尊重。让人更加高兴的是，鲍威尔的忠告使选择呈现出三角化的排序——可以让总统忽视左派和右派的影响，而跟随自己的直觉。也许斯坦利·麦克里斯特尔和乔·拜登之间存在着貌似有理的中间点。

2009年12月1日，奥巴马在西点军校宣布了他对阿富汗的政策决定，并广泛地介绍了美国在世界事务中的作用，奥巴马认为美国必须在其中扮演更加温和的角色。他将向阿富汗派出30000名士兵，但会严格限制时间：这些增兵将于2011年夏天撤离阿富汗。奥巴马明确表示，他不会接受"一个长达十年的国家建设项目"。与此同时，奥巴马否定了由新闻界及其政府成员提出的关于越南战争和伊拉克战争的比较。奥巴马说："越南的类比是对历史的错误解读。与越战不同，我们面临的不是一个受到民众广泛支持的叛乱。与越战相比最重要的区别在于，美国人民受到了来自阿富汗的恶意攻击。"谈到美国在世界上的地位时,奥巴马指出,"从富兰克林·罗斯福时期开始,通过我们的祖父辈及其父辈的奉献与牺牲,我们的国家在全球事务中承担了特殊的重负……我们并非完美无缺,我们也曾经犯过错误,但美利坚合众国在过去的60年内为全球安全所承担的责任超过了任何一个国家。"但是时代正在发生变化,国家不得不将精力放在自我完善上:"因此我们在阿富汗的驻军承诺不能没有限期,因为我最关心的还是我们本国的建设。"[55]

这一比尔德式的蓬勃发展是让他党内的左派欢呼支持的关于演讲的少数几个方面之一。与此同时,党内右派谴责奥巴马设定撤离军队的最后期限——塔利班现在只需静待美军撤离阿富汗——并指责他不提供麦克里斯特尔将军所要求的所有部队。演讲中肯定会有一些内容惹得众人不快,这是奥巴马和基辛格共同的特性。但是,整个演讲的系统性、精确度、约束力以及显而易见的合理性是奥巴马式演讲的典型特性。在同一时间增兵和撤军,是让驻阿富汗美军重返美国之前的最后一搏。

但这足以引起美国盟国的关注。一位欧洲记者说道:"这是我第一次设想美国回归到孤立主义。"[56]推测为什么奥巴马总统对恢复国内状况的平衡的偏好会引起这种反应,是没有任何挑战性的。奥巴马总统在提到美国不景气的现象之前,引用了德怀特·戴维·艾森豪威尔总统离职告别演讲中的一句话:"对每项建议都必须进行更大范围的考量:即必须在每一个国家项目之内及各个项目之间保持平衡。"然后他接着说道,"过去几年来,我们失去了那种平衡。我们没有注重我们的国家安全与经济之间的联系。"总统使出浑身解数,以积极乐观的言辞发表这场演讲,同时他还提到美国的基本道义:"自由""正义""希望""机会"这些理念构成了"美国权威的道义源泉"。[57]但是太多关于战争的核心信息令人厌倦。

2010年,冲突达到极致,有499名美军在阿富汗遇害。斯坦利·麦克里斯特尔将军所要求的增兵并没有达到戴维·彼得雷乌斯将军在伊拉克战争时同样的效果。这怎么可能?因为这次的对手,政治背景以及地形都与上次截然不同。奥巴马开始担心,即使在时间如此有限的情况下,他可能已经使阿富汗战争升级了。2010年夏天在克林顿政府担任副国务卿的斯德特普·塔尔博特警告说:"大家都心照不宣,他这次可能会失去总统的宝座。"[58]《纽约时报》国家安全评论员大卫·桑格表示,奥巴马总统宣布决定向阿富汗增兵后"几乎立刻就后悔了"。[59]

2010年夏天,奥巴马总统以与战争战术毫不相关的理由,被迫撤掉了麦克里斯特尔将军驻阿富汗部队最高指挥官的职位。《滚石》杂志刊出题为《失控的将军》一文,其中援引了麦克里斯特尔及其顾问嘲讽总统奥巴马、副总统乔·拜登的话。

斯坦利·麦克里斯特尔与奥巴马就任总统后首次一对一的会面后,他的一位助手指出,"奥巴马显然对麦克里斯特尔将军一无所知,不知道他是谁。将军将要上战场去打这场该死的战役,但是奥巴马却不够配合,将军对此十分沮丧。"拜登的名字也被拿来开涮——"拜登(Biden)?你说的是'咬我'(Bite Me)?"(注:"拜登"与"咬我"的英文发音类似)——拜登关于镇压叛乱的信条也被他们冷嘲热讽。(奥巴马早些时候就谴责过麦克里斯特尔将军,因为后者扬言拜登主张的阿富汗军事行动收编提案将会导致"阿富汗乱作一团")总体而言,按照麦克里斯特尔的说法,奥巴马总统似乎对战地军官们有些"胆怯":"令人不安、胆小懦弱"。在这篇文章中,相较于那位头脑清醒、手腕强硬的军人领导者麦克里斯特尔,奥巴马总统给人留下的印象是,他是个意志薄弱、软弱无力的人。[60]

很难相信在采访结束后,麦克里斯特尔将军意识不到这篇文章很有可能致使他的军事生涯就此终结。任何一个总统都不会容忍这样桀骜不驯的下属——这一观点得到了两党的广泛支持。在这篇文章刊登之后,奥巴马在白宫举行了一次紧急会议,撤销了麦克里斯特尔的职务。在这之后,总统说道:"我欢迎安全团队进行辩论,但不容许有任何分裂。"他补充道,士兵和军官——无论是什么级别——都应该"严格遵守军事指挥链,尊重文官控制这一指挥链"。[61]奥巴马总统表示,麦克里斯特尔的下台不会改变他在阿富汗的战略重点,他会任命志同道合的戴维·彼得雷乌斯来代替他的位置。其他人对此将信将疑,他们感觉奥巴马总统在西点军校演讲时发起的行动正在逐渐幻灭。针对《滚石》杂志上所刊登的《失控的将军》,布鲁斯·里德尔认为:"这篇文章介绍了我们的指挥官在现场的运作情况,以及他周围的一些人的行为表现,这无疑会削弱对战争的支持。"[62]

到2010年年底,美军在阿富汗有10万士兵,相比于奥巴马就任总统时,驻阿富汗美军人数大大增加了3.8万人。然而,在整个2011年间,奥巴马总统在追求全面撤军的过程中急剧转向战争降级。里德尔的预言是正确的。6月22日,总统回到西点军校,就阿富汗问题发表了另一重要讲话。在演讲的过程中,奥巴马恰恰做了乔治·鲍尔和其他人在1965年和1966年中敦促林登·贝恩斯·约翰逊做的事情。奥巴马宣布了美军获得胜利,并宣布了他要撤军的意图:"当我在西点军校宣布这个增兵决定的时候,我们确定了明确的目标,那就是,重新把焦点锁定在基地组织身上,遏制塔利班的势头,训练阿富汗安全部队来保卫他们自己的国家。我还明确表示,我们的承诺不是没有期限的,我们要在今年7月开始减少驻阿部队。今天晚上,我可以告诉大家,我们正在实现这一承诺。"

奥巴马的讲话也标志着彼得雷乌斯和麦克里斯特尔支持的"反叛乱学说"的明显突破——至少在阿富汗人身上体现了出来——表明阿富汗人民是时候该站起来反抗并掌握自己的命运了。奥巴马总统面对着镜头直截了当地说道:"我们不会试图使阿富汗成为一个完美的地方,我们不会在他们的街道执勤,也不会在他们的山区巡逻。"他重申了自己开始提到过的话题，他18个月前曾在自己的讲话中宣布增兵，这一点让他比较头疼。奥巴马总统最后总结道："过去10年来，我们为战争投入了一万亿美元，同时，我们的债台不断高筑，经济遇到困难。如今，我们必须投资于美国最伟大的资源，那就是我们的人民……现在美国是时候把焦点放在建设自己的国家上了……让我们负责任地结束战争，重拾作为我们故事中心的美国梦。"[63] 在做出决定结束战争的时候，奥巴马直接否定了戴维·彼得雷乌斯的提议。一年后，国防部部长莱昂·帕内塔（他接替了罗伯特·盖茨的职位）宣布，美国在阿富汗的作战使命将在2013年彻底结束。奥巴马终于终结了他的前任在伊拉克和阿富汗挑起的战争。在这件事情的处理上，奥巴马总统展现出了扭转乾坤的非凡能力。他似乎同意约翰·梅纳德·凯恩斯对教条的质疑："当事实发生变化时，我就会改变自己的想法。你会怎么做呢，阁下？"奥巴马的批评者称他是伪君子；鹰派共和党人攻击他没有骨气；而对于奥巴马的崇拜者来说，他超然脱俗，能随机应变。

乔治·沃克·布什在担任总统期间，总共下令进行了40次无人机空袭：由总部设在弗吉尼亚州的兰利的中央情报局"飞行员"在数千英里之外，使用携带地狱火导弹的无人机进行有针对性的高空暗杀。[64] 奥巴马总统目睹了在攻击次数上的阶跃变化——一次编程中可实施400次攻击——该程序能够攻击的地域范围进一步扩大，并且在必要时刻，可以暗杀一些极端激进的美国公民。中央情报局带头制定的无人驾驶计划已经延伸至阿富汗、巴基斯坦和伊拉克地区之外，其目的包括有针对性地猎杀在利比亚、也门和索马里的涉嫌恐怖分子（或志于成为恐怖分子的人）。2011年9月，由中央情报局操控的MQ-9死神无人机在也门击毙了安瓦尔·奥拉基。安瓦尔·奥拉基是美籍也门裔激进派穆斯林教士，同时也是基地组织也门分支的首领。与此同时，这架无人机还"没有具体针对性"地击毙了其他三名美国人。[65]

在没有出动美军地面部队的情况下，能够削弱甚至恐吓到基地组织，奥巴马总统对此项计划高度赞扬。在一次演讲中，他提到："我们近几个月里在消灭基地组织头领方面取得的成绩要远远大于近几年的成果。"[66] 奥巴马从2009年支持反叛乱到两年后的拒绝反叛乱，终其原因就在于无人机空袭。奥巴马的一位外交政策顾问简明扼要地描述了无人机空袭的魅力所在："计算精密，节约成本，保密性强。"[67] 无人机袭击也不会产生任何俘虏，所以美国最需要做的，就是在关塔那摩湾部署更多的无人机。

这些都是使用无人机的优点。但是奥巴马增加发动无人机攻击的倾向也引发了人们对于伦理问题的争议。毕竟这是一项高科技的暗杀政策，实施这个政策会轻视其他国家的主权。布什政府加强了对官方政策地位的预防性防御——打着解除潜在威胁的旗号入侵其他国家。奥巴马表面上拒绝了这项战略，但是显而易见的是，他暗地里自然而然地使用了这种战略方阵。仅凭他们的一面之词，就通过入侵别国来解除对本国的潜在威胁，这听起来像是乔治·奥威尔的小说《1984》或是菲利普·K·迪克的短篇小说《少数派报告》里的情节。由于美国是世界上第一个将无人机武器化的国家，因此奥巴马正在开创世界先例，其他国家终将效仿。大卫·桑格在他的著作《面对与隐瞒：奥巴马的秘密战争与美国实力的运用》中这样问道："以色列在伊朗科学家车上安装的粘弹和美国在也门三万英尺的高空上向汽车发射的地狱火导弹之间在法律和道义上有什么区别？一个是被美国谴责的由以色列实施的'暗杀'，另一个则是美国自身所谓的'反叛乱攻击'，这两者怎么理解？"[68]

尽管无人机的计划并没有正式公之于众——主要因为其本身"保密性强"的优点——奥巴马意识到，他需要一个理智合理、令人信服的答案来回答桑格等人的问题。总统身边当然有一个值得信赖的帮手来执行这项任务。他就是国务院顶级法律顾问哈罗尔德·克欧，他曾在哈里·布莱克门手下当过书记员，而哈里·布莱克门曾主笔罗伊诉韦德案的判决意见，曾任耶鲁法学院院长，在自由民主党人中广受好评，并被许多人奉为未来的最高法院任命者。由哈罗尔德·克欧负责这份工作再适合不过了。很难找出比这更具挑战性或更为重要的法律委员会了。

在 2010 年 3 月的美国国际法学会年会上，克欧发表了讲话。他斟词酌句，小心谨慎地为无人机致命打击行动的合法性辩护（他没有使用"无人机"一词）。

首先，克欧表示，他认为他的职责是充当奥巴马政府的反恐政策的"良知"，以确保美国"遵循普遍标准，而不是双重标准"。不过，克欧指出，他的研究显著表明，"美国的针对性做法，包括使用无人驾驶飞行器进行的合法行动，均遵守所有适用法律，包括战争法。"克欧是如何证明这一论断的？他主要通过宣称"基地"组织"没有放弃攻击美国的意图，而且确实继续攻击我们"。在这些情况下，针对具有这种恶意倾向的个体符合奥巴马政府所界定的"合法的法外处决"——这符合国际法条例下的"国家自卫权"。当美国没有提供足够的证据证明其针对的目标拥有同样的倾向时，就会发生"非法的法外处决"。克欧所作出的解释在诸多方面都合乎逻辑。但是，这也必须完全取决于政府能够不负所望，彻彻底底、公开透明且不偏不倚地做出这些决定。

在侵犯其他国家主权的问题上，克欧提出了一个完整的构想。美国只能在允许它实施这种计划的国家中进行攻击目标行为，例如伊拉克、阿富汗和巴基斯坦（至少到 2011 年 5 月之前是如此）。但在那些"不愿意或不能压制威胁"的有争议的国家——包括索马里和也门这样无政府但多边界的国家，美国保留单方面采取行动的权利。克欧最后还提出了一点，他相信无人驾驶飞机计划的批判者会仔细权衡：所有的战争都会犯下误杀无辜的错误，但无人驾驶飞机——可以在攻击目标上方盘旋数小时——它误杀的概率甚至比最先进的轰炸机更小。一位操作员曾对克欧说过："我以前从飞机上投掷炸弹，在飞机上看不清地面上人的脸……在这种情况下，我愈加了解人们的担忧之处。"[69]

无人机袭击一直是奥巴马总统反恐战略的核心。他们在消灭"基地"组织的头领方面取得了成功,这也是为什么国防部长莱昂·帕内塔在 2011 年夏季能够大胆表示,美国在反伊斯兰恐怖主义的战争的胜利"指日可待"。但这项政策也在全世界引起了极大的反感。无人机袭击是否真的击毙了"基地"组织的重要核心人物?答案当然是肯定的。但是,美国无人机空袭计划使多少人变得更加激进,结果不得而知。这些无形的刺客激起了人们内心的恐惧和忧虑。但是,仅仅依靠这些战略战术不足以使美国免受攻击。奥巴马政府此刻的沉默也于事无补。沉默可以理解为等同于罪恶。

2013 年 5 月,奥巴马在国防大学打破了他的沉默法则。他发表了一次让人交口称赞的演讲,《纽约时报》的社论称赞它为"自 2001 年袭击以来的最重要的反恐怖主义声明,这是'9·11'恐怖袭击事件后美国国内重大的转折点"。演讲传达的基本的信息是:使命即将完成。奥巴马总统说道:"我们瓦解恐怖主义组织的系统性努力必须继续下去。但这场战争与所有战争一样必将结束。这是历史的教诲,这是我们民主制度的要求。"在这次万众瞩目的非凡演讲中,奥巴马总统首次承认他授权击毙一名美国公民安瓦尔·奥拉基,这次致命打击行动也造成其他三名美国人死亡,其中包括安瓦尔·奥拉基 16 岁的儿子。奥巴马总统提供了强有力的证据,来表明安瓦尔·奥拉基正在组织恐怖袭击。总统还表示,他计划将无人机计划从中央情报局移交给国防部,并表示他希望与国会探讨这些"加强监督的其他方案",其中可能包括"成立特别法庭来评估和授权致命打击行动"和"在行政分支内成立一个独立的监督委员会"。奥巴马总统补充道,至关重要的是,他唯一要下令无人机进行致命打击行动的情况就是在"美国人面临持续不断而迫在眉睫的威胁时"——比以往存在的威胁更甚。[70]

奥巴马发表演讲还不到一周,巴基斯坦就宣布美国无人机空袭已击毙巴基斯坦塔利班二号人物瓦利-拉赫曼。这次致命打击行动小规模地阐释了这个无人机计划的优缺点。据称,悬赏拉赫曼的人头的美金已达 500 万。瓦利-拉赫曼精心策划了对驻阿富汗美军的攻击,并于 2009 年协助计划自杀性爆炸事件来袭击驻扎在查普曼军营的中情局特工(之后改编成了电影《刺杀本·拉登》)。作为巴基斯坦塔利班的二号人物,瓦利-拉赫曼帮助组织了多次发生在巴基斯坦的自杀式袭击,数以千计的人遇害。巴基斯坦政府自然不会哀悼他的逝世。[71] 当然,铲除了塔利班这样一个至关重要的头号人物,美国政府也觉得大快人心。

然而,这次致命打击行动也激怒了作为事件旁观者的巴基斯坦政府,巴基斯坦的外交部强烈谴责此次袭击行动,并就应终止美国无人机在巴基斯坦的领土上空活动这一想法达成一致共识。美国政府拒绝承认实施了这次致命打击行动,这无疑削弱了奥巴马关于透明度的主张。事实上,当导弹击中其目标时,人们仍在为奥巴马的卓越演讲而欢呼。在奥巴马总统看来,战术优势要远远比名誉受损更重要。从多方面来讲,奥巴马总统在发表了被誉为进步性的且具有重大意义的演说之后没多久,就下令实施致命打击行动,实在是铤而走险。而且此次袭击行动也使得道德困境暴露无遗,将来所有的总统都能拥有这一无所不知且振奋人心的技术。那些岌岌可危的国家,一旦拥有了这种有效的致命武器,往往会使用它们。

2009年年初,中央情报局向奥巴马总统简要汇报了追踪本·拉登的最新进展。该会议的非正式观察员表示,总统当时对取得的进展毫无表示。他指示即将上任的中央情报局局长莱昂·帕内塔要将追踪本·拉登列为首要任务。2010年夏季,当中央情报局取得重大突破后,随着重新确定任务的优先次序,这项工作取得了额外的进展。他们一直在跟踪一名名叫阿布·艾哈迈德·科威特的"基地"组织信使,这个信使把他们带到了一个戒备森严的大院里,大院位于巴基斯坦的阿伯塔巴德市,其中有一些特征引起了分析者的怀疑。

三层高的主楼建有定制的大型檐篷,以保护其中的居民免受卫星摄影的干扰。院子里的高墙上铁丝网环绕。整栋建筑都没有牵电话线。中央情报局里的许多人都认为这栋主楼就是本·拉登的藏身之处。他们尝试着实施了一项假装预防疫苗接种的计划,以试图获得该大院里居民的DNA,但是无济于事。最终奥巴马总统只能做三选一的选择题:发动空袭,派遣地面部队,或是等待更长时间以便找到确凿的证据。还有最后一个棘手的问题,那就是,是否要与巴基斯坦政府进行磋商,或是拒绝与巴基斯坦分享这些信息,因为他们的情报机构(巴基斯坦三军情报局)容易走漏风声。[72]

奥巴马的顾问们对于如何进行这项工作意见不一。据副总统拜登回忆,"奥巴马总统绕着桌子走来走去,当时在场的还有所有的高层人员,包括参谋长。接着总统说道,'我必须做出决定。你们有什么意见?'"几乎所有人都不想给出明确的建议,他们担心一旦下错了决定,后果会比1993年在索马里的"黑鹰坠落"所产生的后果更糟糕。拜登说道:"房间里的每个人都在闪烁其词,除了莱昂·帕内塔。莱昂说,放手去干。其他所有人都随声附和。"[73] 罗伯特·盖茨举了相似的例子来提醒他们,那就是吉米·卡特不得不面临要不要派遣美军直升机去伊朗营救美国人质的决定。他们把"该死的行动"作为美国企图在巴基斯坦击毙或捕获本·拉登的潜在后果相提并论。[74]

再三权衡这些问题,又仔细斟酌了先前关于本·拉登和巴基斯坦主权问题的言论,奥巴马总统最终做出了一个大胆且合乎逻辑的决定。他拒绝了内阁提议的谨慎行事,并下令实施最危险的选择。2011年5月1日夜晚,两架黑鹰直升机从阿富汗东部的贾拉拉巴德机场出发,到达阿伯塔巴德。除了飞行员外,直升机还运载了23名海豹突击队队员,一名乌尔都语的英文翻译和一只比利时马林诺斯犬,随时追踪任何离开或抵达现场的人。这些海豹突击队队员潜入了大院,杀死了本·拉登,夺取了他的硬盘和文件,并将他们的资金运回阿富汗。除本·拉登以外，海豹突击队还在大院内杀害了三名男子和一名女子，其中包括本·拉登的一个儿子。所有的美国人都安然无恙。本·拉登的尸体被确认无误后被运送到美国的航空母舰卡尔文森号。本·拉登的尸体在那里进行了清洗，然后用白布包裹起来，由牧师按照穆斯林葬礼习俗念了悼词后，尸体就在阿拉伯海北部海葬。5月2日凌晨3时，在"9·11"事件的策划者（本·拉登）被枪杀2小时后，美国参谋长联席会议主席迈克尔·马伦告知他的巴基斯坦同行，美国进行了一次军事行动，本·拉登现已身亡。美国与巴基斯坦两国的关系尚未完全恢复。巴基斯坦政府认为此次袭击公然背叛了双方的信任。

奥巴马陷入两难的境地，他该如何处理发现本·拉登这件事，这次的事件处理方式不再适用于三角化的排序。总统迅速推测出，他只有两个选择，一是出动所有地面部队，用导弹袭击的方式来消除所有的不确定性。二是按兵不动。怎样让巴基斯坦摆脱困境，这显然引起了奥巴马总统的焦虑。他只是按照他在竞选期间所说的话行事，而在竞选期间，克林顿和麦凯恩这两个人就强烈地抨击过他的言论。奥巴马后来采取的果断的决定从逻辑上来说是起源于他先前的言论。

沃尔福威茨对奥巴马的决定记忆犹新。他称赞该决定是一次"大胆的召唤"，并暗示这一决定与总统以前惯有的领导风格截然不同："奥巴马总统刚刚做出了他在总统任职期间最艰难的决定。可以说，要做出这一决定并不简单……他身处高位，若事情发展每况愈下，他必须负起责任。若事情发展一帆风顺，那么我希望他能变得更加果大胆。"[75]

人们对奥巴马总统所做出的决定褒贬不一，但沃尔福威茨却误解了总统的行事风格。消除敌人时，在不需要部署重大军事资源而退出计划又很明显的情况下，奥巴马总统行事果断，绝对不会手下留情。他会将鲍威尔主义应用于以压倒性力量出动的单个敌人身上。而在处理更大的战争以及国家与国家之间的和平问题时，他会谨慎行事。

2010年12月，一位26岁的突尼斯蔬菜小贩穆罕默德·博阿齐齐往自己身上倒满汽油，在位于西迪布吉德的政府门前绝望自焚。西迪布吉德是位于突尼斯的一个小镇，这里地方性腐败极其严重，人民的生活苦不堪言。办理贩卖蔬菜的许可证需行贿，可博阿齐齐无力支付行贿金额。他因烧伤过度，一个月后不幸身亡。博阿齐齐因此成为中东民主改革事业的殉道者和催化剂。所有人都没想到博阿齐齐的绝望行径竟引起了如此大的反响。

就在事情发生的前一个月，维基解密网站上公布了两百多份已分类的美国外交电报。其中的许多份都在发行量大的国际报纸上转载，如《卫报》《法国世界报》《明镜周刊》和《华盛顿邮报》。随着时间的推移，约有25万份国务院的文件已泄露并被公布在公共领域。穆罕默德·博阿齐齐的自焚事件披露了一系列令人尴尬的腐败事件，其中便涉及突尼斯总统宰因·阿比丁·本·阿里掌握的政权。美国驻突尼斯大使罗伯特·戈德兹不经意间透露了本·阿里家族过着极度奢侈的生活,这强有力地证实了本·阿里已脱离群众。戈德兹写道:"正是本·阿里总统家族的奢侈过度激起了突尼斯民众的愤怒。"他指出这些奢侈也包括本·阿里的女儿把一只老虎帕夏当作宠物,以及本·阿里家庭只吃从法国里维埃拉空运过来的酸奶和冰淇淋。这些维基解密揭露的信息由突尼斯的一位社会正义活动家萨米·本·加比亚重新编辑后,放置在了 TuniLeaks 网站上,一时间获得了惊人的点击量。正如国务卿希拉里·克林顿所言:"我不确定这位蔬菜小贩自焚身亡是否足以激起民愤,但是我认为,社交媒体的开放性,以及维基解密对本·阿里家族及其亲朋好友的穷奢极奢细致入微的描述,这两者无疑是使得突尼斯民众心中的文火变怒火的一大瓶汽油。"[76] 这场大火一直燃烧至今。奥巴马政府仍未决定,到底是该推波助澜还是该置之不理。

1月14日,突尼斯的示威活动强度越发高涨,迫使本·阿里携娇生惯养的妻子和孩子逃至外国的避难所——沙特阿拉伯。他成为现代第一位因街头示威起义退位的阿拉伯领导人。奥巴马总统对本·阿里的离任表示支持,他呼吁突尼斯选举要"反映长期受苦的突尼斯人民的真实意愿和愿望"。这是个引人注目的时刻。维基解密、推特、脸书和有线电视已共同发动了一场在整个地区产生巨大力量并引起强烈反响的抗议活动。在本·阿里下台后的一刻,有一条推特被证明尤其富有远见:"今天是宰因·阿比丁·本·阿里下台,明天就该轮到穆罕默德·胡斯尼·穆巴拉克了。"[77]

埃及总统穆罕默德·胡斯尼·穆巴拉克三十年来一直是美国坚定不移的盟友。美国驻埃及大使玛格丽特·索比于2009年对维基解密公布的穆巴拉克给予了细致的评价:"他是一位值得信赖的真正的现实主义者,他内心谨慎且保守,几乎没有什么时间去做不切实际的梦。"她补充道,穆巴拉克不看好奥巴马总统的前任:"穆巴拉克认为布什总统太过天真,受到下属的控制,尤其是在伊朗的地区影响力日益扩大的情形下,布什完全没有想要准备对付萨达姆下台后的伊拉克。"[78] 一位美国的地缘战略弱点分析师一针见血地指出,穆巴拉克也与群众脱节,面临民众暴乱的危险。受突尼斯"茉莉花革命"的启发,成千上万的埃及人开始聚集在全国各地的各个城市和地区——开罗的解放广场是反政府运动的主要场所——以抗议国内存在的诸多问题,如独裁暴政,地方性腐败,经济不景气,缺乏民主问责制。经验丰富的观察家们认为,穆巴拉克显然无法摆脱这场风暴,特别是在军队对他的命运具有矛盾态度的情况下。但他肯定会尽力而为。

乔·拜登代表美国政府对埃及事件做出了初步回应。2011年1月27日,拜登副总统在接受美国公共广播公司的"新闻一小时"节目的采访时,主持人吉姆·莱勒询问,在面临这些声势浩大的全国性的抗议活动时,埃及总统穆巴拉克是否应该辞去总统职务。拜登毫不含糊地回答"不",并补充说,在中东动荡的地区,埃及总统穆巴拉克长期以来都是美国的一个"非常负责任的"盟友。这话确实不假。当穆巴拉克加强了政府回应的暴行——

企图用催泪瓦斯和实弹来遏制和分散聚集的人群，但失败了——希拉里·克林顿几天后改变了策略，并呼吁埃及应进行"有序过渡"，但她没有具体说明她认为穆巴拉克应该下台。到2月1号为止，在开罗解放广场上聚集着成千上万的示威者，迫使美国开始正视这一问题。奥巴马必须做出更加明确的决定：是继续支持长期以来的盟友，还是支持抗议者并承担穆巴拉克下台后的不确定性所带来的后果。还有一个重大问题令人担忧，那就是伊斯兰穆斯林兄弟会可能会在这个新时代扮演重要的角色。

总统认为他最终别无选择。埃及的革命没有掌握在美国的手中，而且其发展态势势不可挡。在第二天，双方总统通过电话进行了一番艰难的谈话。奥巴马建议穆巴拉克立刻辞去总统职务。穆巴拉克断言这些抗议者迟早会自行散去，这只是时间上的问题。但奥巴马总统并不相信穆巴拉克所说的话，他表示："综合各方面的考虑，从各个角度分析，我们认为抗议活动会一直持续下去。"[79] 穆巴拉克还是拒绝听取奥巴马的意见，并声称奥巴马总统不了解埃及的政治现状，如若奥巴马总统不继续支持他就将会破坏埃及地区的和平稳定。奥巴马总统还是异常坚定地回复："总统先生，我一直很尊重像您一样的长辈，您在政坛浸淫已久，定是经验丰富。但是历史上有些时候，事情在过去一直保持未变并不意味着在将来也不会发生改变。"[80]

奥巴马对穆巴拉克不管不顾，使得许多国家和个人都忧心忡忡。沙特阿拉伯对此非常失望，因为这给以后类似的独裁政权创造了一个不好的开端，而且与邻国相比，这大大增强了伊朗的实力。以色列也不知所措，因为穆巴拉克所领导的埃及虽然动荡不安却与以色列交好。特拉维夫对于穆斯林兄弟会可能上台执政这件事诚惶诚恐。随着穆巴拉克的下台，以色列有可能不得不在已经很长的名单里再添一位新敌人。

出于许多相同的原因，亨利·基辛格也对穆巴拉克的离开感到震惊。像穆罕默德·安瓦尔·萨达特一样，穆巴拉克带来了"该地区温和的元素"。接下来若举办庆祝活动还为时过早且极不明智，因为前方有太多的不确定性。基辛格警告说："我们不应该自欺欺人，一时的狂欢庆祝不等同于外交政策，这是自二战结束以来我们所认识的世界发生的根本性的变化。"伊斯兰领导的执政联盟的前景令人不寒而栗且影响重大。尽管如此，基辛格意识到，奥巴马很合理地收拾了这个烂摊子。美国几乎无计可施，拯救不了穆巴拉克，而且也是绝不可能支持埃及政府施行军事镇压。奥巴马总统不会甘冒风险让美国成为历史罪人。基辛格说道："在当前时期，我认为美国政府的表现十分巧妙且恰如人意。"尽管他本来希望埃及人民不要进行革命而应该顺其自然。[81]

保罗·沃尔福威茨在一定程度上为布什政府促进民主议程进行了辩护。当被问及突尼斯和埃及的革命是否——是中东地区广泛的全民改革进程的一部分，被称为阿拉伯之春——可能与布什政府推翻萨达姆政权有关，沃尔福威茨小心翼翼地回答道，"这是一个问题，简单来说，这个问题……"当要求进行进一步详细阐述时，沃尔福威茨适时地表示:"我认为伊拉克花了这么久的时间,经历了这么多的腥风血雨,而且前途未卜,因此很难下论断认为它已经激发了人们的斗志……(但是)他(萨达姆)最不愿意看到的就是民主革命四处都兴起……(因为萨达姆很可能是)强烈支持(他的独裁者同胞们),我们很可能会看不到正在发生的事情……萨达姆的缺席使阿拉伯世界巨大压力骤减。"

对一个不可知的问题,这是一个经过深思熟虑之后万无一失的答案。但沃尔福威茨对奥巴马处理穆巴拉克下台的评价就没有那么细致入微了:"在埃及这件事情的处理上我们完全事与愿违。我的意思是指,我们总是在一件事情发生很久之后才表明立场。"沃尔福威茨指责奥巴马对埃及整个地区掀起的改革浪潮太过小心翼翼。他呼吁总统在致力于民主化事业方面表现出更大的确定性:

当自由的风暴席卷阿拉伯世界,有人愿意冒着生命危险——不是作为人体炸弹去残害无辜的人——去救人或是为了获得自由时,一般来说,美国首先就应该认识到自己支持哪一方……很多种方式都会造成一个坏的结局,但是我认为,这使得我们更有理由要参与其中,我们与其成为阻碍,倒不如寻找以恰当的方式结束这一进程的人,并且给予支持。

沃尔福威茨认为,美国对阿拉伯之春的回应可以归结为一个单一的理论:拥抱"在阿拉伯世界掀起的自由浪潮",确定并支持"希望以正确的方式结束的人们"。[82] 沃尔福威茨认为,制定一项应对阿拉伯之春的战略要比想象中的更简单——正如以前他对待伊拉克一样。

奥巴马在应对利比亚的政策上采取了沃尔福威茨的建议。埃及总统穆巴拉克被迫辞职五天后,利比亚的示威者纷纷涌上街头,并涌至社交媒体的镜头下,要求释放作家兼人权活动家贾马尔·阿尔–哈吉,他呼吁利比亚应给予公民更多权利。而穆罕默德·卡扎菲——里根称之为"中东疯子"——发动了他的安全部队,导致示威者人数激增。不仅仅只有你阿尔–哈吉这样的人渴望自由,每个人都想要推翻卡扎菲的独裁专政。在短短几天之内,随着抗议者的不断增加,起义声潮开始延伸至的黎波里,利比亚陷入了全面的内战。卡扎菲在二月下旬的好战演说中表示,他的安全部队将会挨家挨户地搜捕反叛者。他的儿子赛义夫·伊斯兰·卡扎菲表示,如果起义继续持续下去,将会"血流成河"。他说道:"我们将会拿起武器,我们将会战斗到底,我们将彻底铲除这些煽动性的元素,就算只剩下最后一个男人,最后一个女人,最后一颗子弹,我们也在所不惜。"[83] 卡扎菲选择了一条不同于本·阿里和穆巴拉克的路线,他走的这条道路要更加黑暗。

奥巴马的顾问们在如何处理利比亚这件事情上产生了严重的分歧。即将离任的国防部部长罗伯特·盖茨认为,美国对利比亚进行军事干预——或者除了欧洲和拉丁美洲之外，对任何地区进行军事干预——都是愚蠢至极的。2月25日，在西点军校一次被广泛报道的演讲中，盖茨表示："在我看来，在将来，若是有任何一位国防部部长建议总统再次派遣大规模美国陆战部队进入亚洲、中东或非洲，都应该像道格拉斯·麦克阿瑟将军所说的那样'检查一下自己的脑袋'。"在国会听证会期间，盖茨不由自主地蔑视他的一些同事所提到的关于建立禁飞区的愚蠢想法："让我们实话实说。建立禁飞区，开始袭击利比亚，进而摧毁空中防御。这就是你们建立禁飞区的目的。"[84]乔·拜登同意盖茨的观点。希拉里·克林顿对于如何着手处理这件事还拿不定主意。

萨曼莎·鲍尔是提倡军事干预、协助起义者并驱逐卡扎菲政权的主要倡导者。但奥巴马也面临外部压力，不得不做出一些表率——至少得帮助其他国家做一些事情。英国首相卡梅伦和法国总统萨科齐都强烈支持美国建立禁飞区——若非缺乏资源，法国和英国都想要独自干预。但是那些通常持怀疑观点的人意见并不一致。赖斯说过一段话，这些话与她作为人道主义干预的倡导者的形象相悖，但是与她作为一个坦白地谈话者的身份相吻合。她告知她在联合国的法国同行杰拉德·阿罗德："别想着把我们拖入你们的垃圾战争中。"[85]然而，有一个组织确实有足够的影响力来说服美国加入战争。3月12日，阿拉伯联盟——21个中东和非洲成员国——挺身而出支持建立禁飞区，呼吁联合国向利比亚的起义提供"紧急援助"。[86]

到了适可而止的时候了，在关于如何应对利比亚起义的国家安委会会议上，奥巴马总统态度坚决。他说道："如果我们不采取行动，如果我们对此事犹豫不决，这将会影响到美国的信誉及其领导风范，影响到阿拉伯之春以及整个国际社会。"若一直放任卡扎菲镇压班加西——发生叛乱的起源处之一——发生的叛乱，这"不是我们美国的作风"。但是，奥巴马并没强制建立禁飞区，而是指示苏珊·赖斯从联合国请示了一项决议，规定使用"一切必要措施"，来保护和协助利比亚的叛乱。[87]这比卡梅伦和萨科齐所要求的要更甚，按照罗伯特·盖茨的说法，"实话实说"，要明确指出，在任何情况下，美国及其盟国都不会允许卡扎菲获得胜利。在中国和俄罗斯弃权的情况下，联合国安理会1973号决议很快就通过了。奥巴马总统高兴地表示："国际社会就该这样履行他们的职责，因为更多的国家既承担着执行国际法的责任也承受着执行国际法的代价。"[88]

当时奥巴马没有及时决定是否支持班加西叛军，而且他赞成多边主义，因此受到了大家的批评。英国、法国和阿拉伯联盟都在前线，这无疑尴尬至极。曾在国家安全委员会和乔治·布什政府的国务院任职的科瑞-斯卡克批判道，"畏缩不前，让别人冲锋陷阵，这在美国的外交政策史上当然不是什么英勇无敌、值得吹捧的光彩时刻。"[89]安妮-玛丽·斯劳特在担任政策规划署署长两年后，于2011年2月回到普林斯顿，她对于自己所看到的情况感到不满意。她表示："在是否干预利比亚问题上，我们双方都没有让步，也没有达成共识。在决定是否阻止屠杀事件时，我们不可能既要考虑现实又去考虑

民主。"⁹⁰

像这样的评论往往低估了利比亚局势的复杂程度。很明显情况变得明朗了起来，当奥巴马认为情况有利时，他做出了明确的决定然后开始行动。（他也没有寻求国会的批准，他的行动在当时使得政见不和的政治家们相当不满）整个3月份，美国空军和北约部队摧毁了卡扎菲的防空系统，这是保护利比亚反抗者的关键举措。在3月份结束时，英国和法国在空中战役中占据优势，尽管技术上的缺陷要求他们一再需要支援。在没有美军伤亡、耗资11亿美元的情况下——相对来说是小数目——美国帮助中东消灭了一个残暴的独裁者。这是一项军事行动，而且赢得了阿拉伯联盟和联合国的认可。⁹¹

在当时看来，对利比亚的军事干涉具备第二次伊拉克战争所没有的条件：成功、迅速且合法。但是"胜利"的背后也很有可能需要付出惨痛的代价。2012年9月11日，全副武装的示威者攻击了班加西的美国领事馆，杀死了美国驻利比亚大使克里斯多佛·史蒂文森以及其他三名使馆工作人员。令人尴尬的是，这次袭击是由在新一届利比亚"最友好的"的地区班加西发起的，这使得奥巴马政府起初认为，这一袭击活动是由一部煽动性的反伊斯兰影片激起的即兴行为，而不是经过精心策划的行动。自那以后，利比亚地区更加动荡不安，暴力事件急速升级，因为示威者——包括数百个不同的团体，分裂主义者和伊斯兰教徒——为了控制权而斗争。在写这本书的时候，利比亚境内已毫无法纪可言。

2012年总统大选时，奥巴马与罗姆尼同台竞争。罗姆尼是中间派的共和党人，但不得不表现得像极端保守以争取到党内提名。这位总统候选人很不幸地与现任总统奥巴马成为对手。奥巴马亲眼见证了无人机攻击的频率、胆量以及杀伤力的逐步变化，他拥有令众人信服的资本，他比他的前任布什更有效地发动了对"基地"组织的战争（而且是在较低的人力和财力成本的情况下）。与此同时，追踪并击杀乌萨马·本·拉登这一行为是奥巴马无人能敌的选举优势，是奥巴马反击那些攻击他缺乏刚毅精神的共和党人的有力武器。罗姆尼如何才能向民众传达要对抗美国敌人的更大愿望，而不会听起来像1964年巴里·莫里斯·戈德华特那样的大胆宣言呢？

共和党的候选人米特·罗姆尼在处理伊朗、中国和俄罗斯——"毫无疑问，是我们的头号地缘政治敌人"（这一称谓现在已没有过去那么夸张了）——的问题上远不如奥巴马那样令人信服。⁹²罗姆尼的大胆宣言也不过如此。事实上这两个候选人之间的差异微乎其微。2011年10月，罗姆尼在位于南卡罗来纳州的查尔斯顿的宫殿发表了演讲，这篇演讲因涉及对伊朗的叫战而广受报道。不过，他在演讲中也提出了重要的一点："我们下一任总统将面临诸多很难抉择且性质复杂的外交政策决定。很少有能轻易下论断的。"⁹³奥巴马十分赞同罗姆尼的话。他定期会对这同一主题发表不同的看法。

在外交政策上，候选人之间几乎没有实质性的分歧，这一切都归功于时代的磨炼。乔治·沃克·布什在选举时受人唾弃，他所持有的代价极高又极其冒险的外交政策，在现在已不受大多数美国人的欢迎。2012年夏天，CNN的一项调查显示，54%的美国人不支持布什——与支持吉米·卡特的比例相似。[94] 可以理解的是，罗姆尼不得不解释他与前任共和党总统的不同之处。这意味着他必须努力找到实质性的证据，来证明他与奥巴马拥有不同的处事方法。

以伊朗为例，在最后的总统辩论中，罗姆尼抨击奥巴马允许德黑兰"提前四年"获得核武器。但是，当被迫更准确地陈述他会采取怎样不同的战略时，罗姆尼只是笼统地一概而过，说要加强现有的制裁制度。[95] 他会采取怎样的措施呢？在试图与伊朗接触且没有得到任何建设性的回应之后，奥巴马总统决定实施令人窒息的制裁，并将所有的军事选择都公之于众。大卫·桑格在《纽约时报》上写道："奥巴马对伊朗经济施加的经济制裁比布什总统所做的任何事情都要强硬得多。"[96]

罗姆尼没能提供明确的证据证明他与奥巴马总统有明显的差异，这表明美国的外交政策选择因金融危机的影响而越发受限。他从不含糊地批评奥巴马对叙利亚的态度。罗姆尼在总统大选时曾谈到在中东的军事干预并不是明智之举。外交政策在2012年的总统选举中扮演着次要的角色。除了奥巴马政府宣称对班加西袭击杀害史蒂文森大使的外交事件感到疑惑之外，外交政策在任何问题的交流上都不占优势。奥巴马和罗姆尼之间存在很少的争议点。这种情况对于在任者奥巴马来说是件好事。罗姆尼犯下了各种各样的政治失误——包括在募捐者面前所发表的一系列言论。其中，他把47%的美国人都归为"依靠"政府的施舍而活的穷人，并且表示"我用不着担心这些人"——在罗姆尼犯错的情况下，奥巴马无疑占很大的优势，因此他轻而易举就获得了连任的机会。

奥巴马在美国经济紧缩最困难之际，急剧减少了美国在军事方面的承诺。但是，这不仅仅是美国全球行动的短暂间歇，适度和紧缩就是现在和将来所要采取的战略。2011年12月，奥巴马撤出了驻扎在伊拉克的所有美军。一个月后，他宣布了一项新的意向声明，即《国防战略指导纲要》，明确驳斥了布什政府于2002年推出的第二份《美国国家安全战略报告》中提出的观点，即在民主层面上扩大威尔逊式逻辑。奥巴马总统宣布，常备军将从57万削减到49万。现有的政策——认为国家应该拥有足够的军事资源，以赢得两个不同战区的并发战争——则被遗弃。美国对外宣称的政策是现在能够打赢战争，但仅仅只是在阻止其他地方的潜在攻击。奥巴马在这份文件的序言中宣称，"经历了十年的战争之后，这个国家现在正处于战略性的转折点，因此，我们正在打造一支未来的联合军队，这支军队规模更小，装备精简，但是行动敏捷，表现灵活，随时待命，且技术先进。"这份文件要求五角大楼（美国国防部）"减少'做生意的成本'"。[97]

在该文件出版的前一个月——为美国国防部承受不可避免的痛苦做准备——奥巴马总统邀请了参谋长联席会议和军方最杰出的人物在白宫国宴大厅举行晚宴。从 2001 年到 2011 年，美国国防部的预算实际增长了 67%。其 7000 亿美元的年度预算超过了下面 20 个国家的预算总和。奥巴马告诉参加晚宴的各位政要人士，这种状况是不可持续的，国防预算在未来十年将会紧缩 5000 亿美元。国防部提议留 10 万美军随时待命，以效仿美国在阿富汗和伊拉克从事的持续十年的"稳定行动"。奥巴马表示，支持叛乱和海外建国所要付出昂贵代价的事业已经结束。一位指挥官事后告诉大卫桑格，"这是一个时代的结束，这对当时在宴会大厅的许多人来说都难以接受。"[98] 奥巴马的决定不仅结束了第二届布什政府开创的时代，也否定了保罗·尼采起草的国家安全委员会第 68 号文件（NSC-68）中所提及的危机最大化逻辑。

奥巴马总统在 2012 年 1 月份的国情咨文中回应了马德琳·奥尔布赖特，他强调了美国在世界上举足轻重的地位："美国仍然是世界事务中不可或缺的国家——只要我仍担任总统一职，就将保持已成的盛业。"[99] 他的言论诚心诚意且准确无误。尽管英国和法国曾鼓动干涉利比亚的内政，但若没有美国的参与，他们也无能为力。在叙利亚方面也是如此。尽管美国在削减国防部的开支预算，但在军事领域尚无人能敌。

但解决事情总会有新出路。"机会成本"的理念已成为美国在外交方面的决策的核心。在奥巴马当选总统前，尼古拉斯·伯恩斯曾担任过 30 年的高级外交官。在那个动荡的时代，伯恩斯表示："没有人会停下来问'这要花多少钱？'"如今这是提出的第一个问题。2011 年 5 月，在一次关于阿拉伯剧变的重要演讲中，奥巴马提出可以免除埃及 10 亿债务并将建立一个"中东基金"的项目，另外将斥资 10 亿美元来支持整个中东地区的改革。这是发展方面的微小变化。马歇尔计划的实际费用为 1500 亿美元。但是，奥巴马该怎么向美国人民解释实际花了更多的钱呢？[100]

2013 年和 2014 年，国防预算进一步大幅度削减。2013 年 1 月，奥巴马总统提名查克·哈格尔接替莱昂·帕内塔的职务担任国防部部长。参议院共和党人极力反对总统任命共和党人哈格尔出任国防部部长。作为一名被授予了勋章的越南战争退伍军人，哈格尔曾在参议院外交关系委员会担任总统情报顾问委员会联合主席。然而，在 2006 年，哈格尔在国会中发表了言论，"美国犹太游说集团闹得人心惶惶"，引起了很大争议。哈格尔还公开支持与伊朗就其核能力展开有意义的对话，并对对伊朗设施进行军事打击的效力持怀疑态度。[101]

共和党人林赛·格雷厄姆认为，若哈格尔的话得到了证实，这将是"美国历史上最仇视以色列国的国防部部长"。参议院共和党人千方百计地阻挠对哈格尔国防部部长的提名，而且因为哈格尔在任命听证会上不可靠的表现，他们更加理直气壮地反对这项提名。得克萨斯州的特德·克鲁兹认为，如果哈格尔无法解释清楚他所提到的钱来源何处，那么人们就会想，事实上这些钱就"可能"出自美国的敌人，如朝鲜。俄克拉荷马州的詹姆斯·恩霍夫暗示哈格尔与伊朗的恐怖主义政权"过于亲近"。但事与愿违的是，参议院参与2月26日的终止辩论投票，结果显示哈格尔以58对41票的结果险胜，获得了这项提名。[102]

一年后，在2014年2月，一些共和党人担心哈格尔宣称的优柔寡断似乎变成了现实。五角大楼泄露了其2015年的预算文件，这将使得军队规模从52.2万减少到44万人，这是自第二次世界大战以来的最低水平，比2011年所宣布的提议还要少5万。迪克·切尼毫不掩饰地表示，这一决定表明，奥巴马总统"宁愿花更多的钱在食品券上"，而不愿花钱让国家变得更加强大。麦凯恩谴责拟议中的预算削减是一个"严重的错误"。但与华盛顿的大多数政治纠纷一样，这场意外事故是装模作样产生的恶果。美国仍然拥有11个航空母舰集团，而俄罗斯和中国只有一家，且核心技术还有待提高。美国在国防方面的支出仍然比其他名列前茅的10个国家在国防方面的支出的总和还要多。前景远远超乎了近代史上一些人的最疯狂的期望，他们强烈倡导"军事准备"，这些人包括阿尔弗雷德·塞耶·马汉、瓦尔特·利普曼甚至保罗·亨利·尼采。即使"经济力量的相关性"变得更加分散和复杂，"力量的相关性"仍然备受美国的青睐。相对于后者而言，美国如今在世界上的地位已与十年前截然不同，而对于这一点，奥巴马总统心知肚明。

叙利亚内战是奥巴马政府乃至世界面临的最严重的危机之一。2013年2月，联合国人权事务高级专员纳维·皮莱证实，自从两年前起义以来，叙利亚已有7万人遇害。[103] 一年后，即2014年3月，据英国反阿萨德小组叙利亚人权观察团估计，约有14.6万名叙利亚人死亡。[104] 当务之急是实行人道主义。但推翻阿萨德政权也可能带来许多战略利益。伊朗在该地区的影响力将会被减弱；另一个中东的冷酷无情的独裁者会被推翻；以色列的地位会更加稳定。

中国和俄罗斯——后者是大马士革的长期盟友——下定决心要否决联合国安理会提出的攻击阿萨德实质性军事能力的任何措施，这是唯一可以阻止流血事件的实际行动。但即使俄罗斯和中国都弃权，叙利亚也仍然深陷困境。反对阿萨德政权本身包含重大的极端主义因素。一旦阿萨德政权倒台，一场腥风血雨的宗派清算在所难免。在叙利亚发动一场军事战役非常具有挑战性。令人怀疑的是，就像卡扎菲政权一样，空袭是否足以推翻阿萨德政权。反思利比亚相似的情景，一位国务院官员表示："对于叙利亚人来说，我们不这样做的原因就是它很难实施。"国防部长莱昂·帕内塔的高级顾问告诉大卫·桑格："除了全面战争之外，我们别无他法。"[105]

2013年6月，奥巴马非常不情愿地决定开始给叙利亚的抗议分子提供武器，主要是提供防空武器。美国已经"越过红线"太多。几个月后，奥巴马总统得到了令人不安的情报后，很明确地断定，阿萨德在过去的一年里曾多次"小规模地使用化学武器来镇压反对派"。[106] 自叙利亚开始发生冲突，沃尔福威茨、麦凯恩和安妮－玛丽·斯洛特等人就一直敦促总统给叙利亚反对派提供武器。在奥巴马宣布决定的一个星期前，在与参议员麦凯恩的"谢绝报道式"对话中（之后刊登在《政客》杂志上），比尔·克林顿呼吁美国干涉叙利亚以协助起义。前总统表示，如果奥巴马将信将疑地听从了公众意见，而拒绝介入叙利亚内战，那么他就很有可能被人唾弃为"完全是个懦夫"。比尔·克林顿说："有时候，最好是抱着试一试的心态，只要不做过分的承诺，或者说只要不做出草率的承诺。"他详细阐述了当前情况下美国应该公开干预叙利亚的原因，并把自己在处理波斯尼亚和卢旺达战争时的拖沓作为反面例子，强调要以史为鉴，吸取历史的教训：

> 我认为从历史中吸取教训很有必要，但要掌握好度。应对叙利亚问题不一定非得和应对伊拉克或阿富汗问题时如出一辙，没有人强制要求我们向叙利亚派兵。我认为当前情况更像是80年代时阿富汗正在与苏联作战时的情形……当时是里根总统执政，（并且）通过帮助阿富汗推翻苏联支持的政权，在阿富汗产生了巨大的影响，深受阿富汗人民的感激。但是里根总统后来没有继续往阿富汗派兵，这是个错误。[107]

前总统对于叙利亚与阿富汗的类比令人印象深刻，这暗示了当阿萨德下台时，美国对叙利亚许下的长期承诺代价高昂。对于克林顿无视民意的强硬言论，我们有很好的理由可以解释为什么现任总统——与前任总统意见相反——不允许在外交决策和公众所能承受的范围之间存在巨大的差距，对总统领导的政党来说，事情的结局往往不如人意。

奥巴马总统意识到的这一事件在两个月后得以证实。8月21日，叙利亚首都大马士革郊区东古塔发生火箭弹袭击事件，火箭上载有无色无味的沙林毒气。据无国界医生组织报告显示，至少有3600名叙利亚人在其赞助的医院接受"神经毒性症状"治疗，其中有355人死亡。

美国政府初步评估死亡人数为1429人（包括426名儿童）。美国白宫指出，相关机构已经"胸有成竹"，确定阿萨德政权难辞其咎。一项法国情报评估大胆指出，这次袭击的"始作俑者就是叙利亚政府，只有叙利亚政府有权下令并执行命令。火箭的发射区受叙利亚政府掌控，而被袭击区则由反抗者掌管"。而俄罗斯总统普京则认为美国和法国的评估是"一派胡言"。相反，他赞成阿萨德政权的说法：叛军发动了化学武器攻击，以挑起美国领导的对其政府的军事干预。[108]

英国首相卡梅伦决心全力支持美国对叙利亚的任何攻击。8月29日，他号召议会进行投票决定，若叙利亚政府使用了化学武器这一事实证据确凿的话，英国该不该采取军事行动来反对阿萨德政权。但是计划以285比272的投票结果落空，排除了英国参与美国领导的袭击的可能性，并使得一些凶事预言家宣布这种特殊关系已结束。奥巴马对这一挫折的回应也同样令人惊讶。10月31日，他表示希望对阿萨德发动迅速的报复攻击，但在采取任何行动之前，要求获得国会的正式批准。专家们怀疑奥巴马的动机。国会的态度模棱两可，因为双方对于对叙利亚进行空袭的好处或其他方面还存在争议。"道义上的做法是不要袖手旁观。"奥巴马接着提出了一个问题，"我想问一问这些人，既然事实上你们会为无辜人民惨遭杀害而深感愤怒，那么你们现在又在做什么呢？"[109]

但是奥巴马在国会上的策略表明，对暴行的回应不能简单地用"正确"和"错误"来判别。2011年，奥巴马总统部署了一项宣传人道主义的军事行动以对抗利比亚的卡扎菲政权，但这项行动并未获得国会批准。叙利亚的情况比较特殊，如果让一个激进的伊斯兰团体在阿萨德下台后上台掌权，那么这场军事行动所面临的风险和障碍就更大了。保罗·沃尔福威茨坚决支持对阿萨德政权进行军事打击，他指出："这不是2003年的伊拉克。这是1991年的伊拉克……在1991年，我们本有机会，在不把美国人置于危险境地的情况下，支持什叶派起义，成功推翻萨达姆政权。但是我们没有这么做，我们在一旁袖手旁观，看着萨达姆杀害了数以万计的无辜生命。我们什么都没做，我们本可以帮助这些反抗者轻松获胜。我认为如果我们当时伸出了援助之手，那么我们可以搞定萨达姆·侯赛因，第二次战争也就不会发生了。"[110]但是沃尔福威茨的历史类比存在疑点。单枪匹马的空袭是推翻不了阿萨德政权的，我们还需要进行更深入的军事干预，随之带来的是一系列的不确定性。

在下议院投票后的一个星期左右，事件有了奇怪的转折。同年9月份，在伦敦的一次记者招待会上，一位记者采访美国国务卿约翰·福布斯·克里，阿萨德是否会采取任何行动来阻止美国领导军事行动对他的政权进行打击。克里用满是嘲讽的语气回答道，"当然会，他可以在下个星期把他的一切化学武器都上交给国际社会，毫不拖泥带水地将其全部交给国际社会，并允许国际社会全方面地清算（这些化学武器）……但他不会这样做，也不能这样做。"[111]忽略克里说这些话时的语气，俄罗斯立即抓住了要点，建议应该在联合国的监督下彻底销毁阿萨德的化学武器。这引起了奥巴马总统的兴趣。9月14日，约翰·克里和俄罗斯外交部部长谢尔盖·维克托罗维奇·拉夫罗夫一起同意制定一项行动计划，在联合国的掌控之下，销毁阿萨德的化学武器。

奥巴马这个实用主义者坚持自己的原则，将解决叙利亚危机的主动权交与俄罗斯，而且很快就从这场军事行动中脱身，动作毫不拖泥带水。次周，乔治·斯蒂芬诺普洛斯引用了外交关系委员会主席理查德·哈斯的批判性评估："有一些形容词浮现在脑海中，如'特别的''临时的''不稳定的'。这可能是您任总统期间最散漫的一项外交政策，"斯迪芬诺普洛斯问道，"您是怎么做到的？""好吧，我们大家都知道，华盛顿的民众很喜欢按风格评分，"奥巴马回答说，"所以，我们所推出的政策，便于实施，纪律性强且呈线性，他们会给高分，即使这是一个灾难性的政策。我们都明白，因为他们就是这样评判伊拉克战争的……（但是）相对于政策的风格，我更关心的是政策的正确性。"[112] 皮尤研究中心委托进行的一项调查发现，三分之二的美国人同意奥巴马支持俄罗斯的提案，即便只有四分之一的人相信阿萨德最终将会遵守这一命令。[113]2014年8月，兰德·保罗为《华尔街日报》撰写了一篇专栏文章，指出希拉里·克林顿与奥巴马总统的想法有很大的差异，在看到奥巴马不愿采取更强硬的军事行动来反对阿萨德政权时，希拉里表示很失望。"幸运的是，克林顿夫人没有如愿以偿，奥巴马政府没有致使叙利亚政权更迭。因为一旦更迭政权，新政权很有可能是伊拉克和大叙利亚伊斯兰国（ISIS）。"撇去克林顿不谈，保罗一针见血地指出："我们所谓的外交政策专家正在极力让我们经受失败的痛楚。"[114]

奥巴马总统面临着越来越多厌恶风险的大众，以及一系列不容易解决的危机，更不用说解决方案了。至少，美国一开始时可以在某些战场上（利比亚）果断地权衡利弊，但是在其他地方（叙利亚、伊拉克）却存在更多的不确定性，而且在这两种情况下都有不可预知的影响。在第二次伊拉克战争之后，公众对美国在中东的警务职能的支持率大大下降。伊拉克的溃败表明，精细的计划和实际的结果并不总是相匹配——在中东构造世界几乎是痴人说梦。二十年后，美国的政策制定者很有可能会认为穆巴拉克时代是平安幸福的年代。奥巴马的评论家抨击奥巴马对当时局势的处理太过软弱，这从他对局势的反应时间以及他极不情愿地宣布政策的正式声明可以看出，但是如何在这样一个动荡的时代为中东制定"大战略"呢？阿拉伯之春仅仅是一个激进的伊斯兰教组织取代世俗专制的过程吗？抑或会导致宗派暴力的恶性循环和法治的逐渐消亡？这一民主化浪潮会不会导致多元化、经济现代化，会不会分散整个中东地区的财富和机会？美国是应该积极参与协助还是应该从中阻拦？没有人知道，专家的预测几乎每周都会被新发生的事情所混淆。人们可以理解为什么奥巴马不情愿自觉地径直跨过这片雷区。

但是关于这个地区的消息并不都是坏消息。2013年9月26日，美国与伊朗的关系取得重大突破，当时美国总统奥巴马与伊朗总统鲁哈尼进行了电话会谈。鲁哈尼属温和保守派，在8月3日当选为伊朗总统，接替了奉行强硬路线的内贾德。这是自1979年以来伊朗和美国总统之间的第一次对话。就在双方进行电话会谈的前一天，美国宣布将于10月15号在日内瓦与伊朗就核活动和核能力进行深入谈判。奥巴马称，"我们有责任与伊朗建立外交关系，我们要抓住这次独一无二的机会，争取和德黑兰的新领导层建立良好的外交关系。"[115] 以色列总理本雅明·内塔尼亚胡对于这一外交缺乏热情，这一外交关系的发展速度让他措手不及。

10月份在日内瓦举行的会议没有达成一致，但是仍然大有前景。11月24日，情况有所突破。当时在由欧盟的凯瑟琳·阿什顿主持的会议上,伊朗与六个世界大国达成了初步的六个月的核协议,六个大国分别是:英国、法国、德国、中国、俄罗斯和美国。伊朗同意暂停提炼超出其发电站所需量的浓缩铀。它还中止了铀浓缩新离心机的安装,并同意对现有设备允许生产的浓缩铀设置生产上限。奥巴马总统在华盛顿发表的声明中说道,这些措施使得伊朗实际上不可能在不为人知的情况下制造核武器。作为回报,美国将放宽对伊朗总价约70亿美元的制裁措施。

这笔交易证实了奥巴马总统对伊朗实施的双重政策,美国试图一面与伊朗接触,一面加强对伊朗的制裁,这使得伊朗货币严重贬值,其石油出口减半。一些人把奥巴马总统和伊朗之间关系的突破比作是尼克松总统与中华人民共和国的和解。不出所料,国会共和党人对此关系的突破不以为然,比如得克萨斯州参议员约翰·科宁,他暗示这笔交易是为了转移人们对奥巴马医改法案的注意力。这是一种相当狭隘的想法,但这并不完全出人意料,因为当代的政治辩论氛围不佳。[116] 众议院和参议院的共和党人也强调,伊朗对以色列的真正威胁不会因协议而减轻。为了缓解这些顾虑,克里国务卿将这项交易形容为解决与伊朗危机的"重要步骤",并指出它"会确保我们在该地区的伙伴更加安全。这将使我们的盟友以色列更加安全"。[117]

克里国务卿安抚的话语并没有让以色列总理本雅明·内塔尼亚胡放心。他说道,"昨天晚上在日内瓦达成的协议,不是一个历史性的协议,这是一个历史性的错误……如今,这个世界已经愈发危险了,因为世界上最危险的政权已经朝着拥有世界上最危险的武器迈出了重要的一步。"[118] 以色列经济部长纳夫塔利·班内特甚至说得更为严重:"如果在今后五六年的时间里,在纽约或马德里出现了装有核能的手提箱爆炸事件,那罪魁祸首一定是今天上午签署的协议。"[119] 奥巴马在任期间,美国和以色列的关系一直不温不火,但两国关系在美国与伊朗达成协议之后降到了冰点。临时协议是否可以转化为更持久的协议还不得而知,尽管这肯定依赖于飘忽不定的基础。总统鲁哈尼在伊朗备受指责,因为伊朗对华盛顿做出了太多的让步。至关重要的是,他得到了最高领袖哈梅内伊的重要支持。但是,与伊朗和解的长期前景在很大程度上取决于哈梅内伊的持续批准。从这方面来说,以色列对这笔交易的激烈反应只是为了促进鲁哈尼的事业。

多数支持利库德集团的共和党人是否——在势力强大的美国以色列公共事务委员会的鼓励下——会容忍奥巴马的外交完全是另外一回事。但是种种迹象表明,情况并不乐观。2015年3月9日,共有47位共和党参议员在一封给"伊朗伊斯兰国家领导人"公开信上联合签名。信中指出,奥巴马总统签署的任何条约都必须经过参议院三分之二的人同意才能成为法律,但这是不太可能发生的情况:"我们将会考虑您的任何关于核武器计划的协议,这些协议不是国会批准的,只不过是奥巴马总统和哈梅内伊批准的执行协议。下任总统可以自行撤销这种执行协议,未来的国会可以随时修改协议的条款。"[120]

国会干涉正在进行的外交谈判，这种情况实在罕见。

参议院共和党人对奥巴马政府的伊朗外交表现出的愤怒和蓄意阻挠有很多原因。其中的主要原因是，奥巴马对2014年11月中旬的全面选举的失败做出了回应，共和党以54比46的选票在参议院获胜，并且在众议院也获得多数选票，而奥巴马的回应不够审慎谦虚，而是带着一种崭新的使命感。12月17日，奥巴马发表了他总统任职期间最令人震惊的一次演讲："通过我们50多年来最大的政策改变，我们将结束已经过时而且几十年来未能推进我们利益的做法，并且将开始让两国关系正常化。通过这些改变，我们希望为美国和古巴人民创造更多的机会，并开创美洲国家间的新篇章。"他宣誓要"美国摆脱过去的束缚"，奥巴马下令要全面恢复与古巴的外交关系，并且将重新建立在哈瓦那的大使馆。[121] 总统的政策转变是经过18个月的紧张谈判的结果——其中涉及复杂的交换囚犯的项目——教皇弗朗西斯也参与其中。从2015年1月3日起共和党就将控制众议院和参议院，考虑到这一令人不快的事实，奥巴马总统的这一举动非常大胆。

国会中的大多数共和党人宣布将抵制解除54年的贸易禁运。有些人甚至义愤填膺，谴责奥巴马政府的政策转变。佛罗里达州共和党参议员马可·鲁比奥警告说："今天宣布的这个政策转变整个都是谎言与骗局，这个谎言声称古巴人民因为政治自由而可以获得更多的贸易、金钱和货物。所有的一切其实给了卡斯特罗政权，让他可以控制古巴生活的方方面面，操纵这些变化的机会，让自己的权力永垂不朽。"[122] 然而据民意调查显示，绝大多数美国人都不认同这种苛刻的评估。在这一具有历史意义的宣言公布后不久，美国有线电视新闻网/民意研究公司(CNN/ORC)最新民调显示，五分之三的美国人支持全面恢复美国与古巴的外交关系，三分之二的人希望取消古巴的旅行禁令。[123] 奥巴马在12月19日的记者招待会上表示："和那些持不同政见者以及人权活动家一样，我也同样担忧，卡斯特罗政权仍然是一个独裁专制的政权。"但他也指出，"我们两国关系正常化的一点好处就是，这给了我们更多的机会来影响古巴政府。"[124] 在2015年和2016年间，美国与古巴恢复外交关系以及美国与伊朗的持续的核谈判将会在奥巴马总统和共和党控制的国会之间引发激烈的争议。而奥巴马的对手把他说成是一个懦弱的绥靖主义者——约翰·博尔顿说奥巴马"比亚瑟·内维尔·张伯伦表现得更糟"——奥巴马认为，他在对待德黑兰和哈瓦那所采取的政策将会取得实实在在的成果，使以色列及其地区更加安全，古巴在经济上更加繁荣，政治上则更加开放。[125]

中国的经济迅速崛起，在未来三十年里很有可能会超过美国的国内生产总值。中国正在比其他任何竞争国家更快地推进其军事能力。它是世界上最大的能源消费国和温室气体排放国。它也是世界上最大的外汇储备持有国，包括超过1万亿美元的美国国债。[126] 而基本由美国引起的全球金融危机，已向中国领导人暗示，中国的由中央统一管理的经济模式具有独一无二的稳定性和优点,在 2010 年的达沃斯世界经济论坛上,中国批评了"西方"的经济现象,指责了西方"以低储蓄、高消费为特征的不可持续的发展模式,金融机构过度扩张,盲目追求利润"。[127] 日益强大的中国和简单粗暴的美国两者结合在一起,有可能会给世界其他地方带来巨大的麻烦。奥巴马的一位高级顾问指出:"如果我们误会了中国,那么这是三十年后唯一一件人人都会铭记于心的事。"[128]

奥巴马尝试了用两种方法来经营与中国的关系:第一种是扩大友谊,避免冲突;第二种是采取更狭隘的受利益驱动的方法——当然这种方法不可避免地会受人诟病。2009 年至 2011 年主要采取的是第一种方法,由常务副国务卿詹姆斯·斯坦伯格和国家安全委员会东亚事务的高级主管杰弗里·巴德着手。一些评论家认为,中国感受到了美国的软弱,开始摆出明显的傲慢姿态。2009 年 12 月的哥本哈根峰会要求各国达成国际气候变化协议,中国没有派最高级别代表团赴会。[129]

难怪奥巴马总统的批评者宣称,奥巴马对中国的友好态度换来的只是对方的轻视而已。在《华尔街日报》的一篇评论文章中,威拉德·米特·罗姆尼强烈抨击奥巴马政府:

奥巴马总统上任后,近似乞讨者般恳求中国继续购买美国国债,以资助他在国内挥霍无度的开支……如今,已上任三年,他才做出姗姗来迟的回应,大肆宣扬"重返亚洲"战略……这一假想中的枢轴被过分吹嘘,并且带来了意想不到的后果:它给我们的盟友留下了不好的印象,致使他们担心我们离开了该地区又会卷土重来。[130]

罗姆尼的批评言论是由他的主要外交顾问之一阿伦·弗里德伯格所撰写的,阿伦·弗里德伯格是普林斯顿大学伍德罗·威尔逊公共和国际事务学院的一名教授。2011 年,他在自己的《中美亚洲大博弈》一书发出警告,指出美国"正在丧失"西太平洋上战略竞争的权力和影响力。他责怪奥巴马花太多的精力与中国接触,一旦出现最坏的情况,因任何事而发生武装冲突时,奥巴马没有专注于为应急计划投入足够的资源。

当阿伦·弗里德伯格在写这本书时,他对奥巴马总统的一系列批评都有理有据,但在出版后的几个月里却不足以令众人信服。2011 年 11 月,奥巴马总统宣布,美国将在澳大利亚北部再增加 2500 名士兵,他们的战略目标十分明确,可想而知,中国会感到焦虑。此外,国务卿希拉里·克林顿积极主动地鼓励缅甸朝着真正独立的方向前进。最后,奥巴马政府坚决支持菲律宾就中国南海领域争端问题采取强硬的手段。在马尼拉湾的一艘美国军舰的甲板上——人们不需要用弗洛伊德主义来辨别信息——希拉里国务卿宣布说:"我们正在确保我们的集体防务能力和通信基础设施在行动上和实质上都能够阻止各种国家和非国家行为者的挑衅。"马尼拉"政治与选举改革研究所"主管拉蒙·卡席普指出,"菲律宾人欣赏象征主义。"[131]

有许多原因致使奥巴马政府提出"重返亚太"战略。中国的迅速崛起意味着美国将资源重新调配到太平洋，以更好地保护其利益及其盟友，极具战略意义。许多友好国家都不顾一切地寻求美国的庇护，这点已被证实。但这其中也掺杂了个人原因。奥巴马在夏威夷和印度尼西亚长大。他缺乏前辈们一贯的向东取向。大多数美国总统都持有强烈的大西洋主义观点，他们认为欧洲是世界上发生地缘战略冲突的最重要的大陆。美国的冷战战略是以这一观点为前提的。但欧洲显然不再是军事重地。希拉里在一篇文章中写道，"美国的未来与亚太地区的前途息息相关，"这与她的亚太之行不谋而合。她还写道，"对该地区实施的战略转型符合我们为确保和维持美国的全球领导地位而做出的全面努力。"[132]

"重返亚太"战略被看作是奥巴马政府三十年来主要的一项外交政策遗产。显而易见，美国必须对中国的崛起做出巧妙回应。一旦回应不当，后果不堪设想。哈佛政治学家格雷厄姆·阿利森将竞争中的中国和美国置于历史背景中，发现了一种现象，他概括为"修昔底德陷阱"，后来人们都用这一词条来表示，一个崛起的大国与既有的统治霸主竞争时，双方不可避免地会以战争告终。在《伯罗奔尼撒战争史》中，修昔底德这样评论道："正是雅典的崛起以及由此引发的斯巴达的恐惧导致战争不可避免。"用雅典来解读中国，用斯巴达来解读美国。阿利森这样写道：

在第二次世界大战后的60多年里，美国的"太平洋治下的和平"（Pax Pacifica）为亚洲国家有史以来最快的经济增长提供了安全保障和经济框架。然而，在未来十年中，如果中国能够超越美国成为世界上第一大经济体，那么到时候它要求修改其他国家的既定规则也就不足为奇了。[133]

当然，现在和过去的区别是，中美两国在经济上的投资比公元前431年的斯巴达和雅典更加成功，或者说比在第一次世界大战前夕的德国和英国前景要好。中美两国经济上的相互依存——历史学家尼尔·弗格森和经济学家莫里茨·舒拉里克将这两个庞大的经济混合体称为"中美共同体"——是对抗两个国家之间灾难性战争的最强有力的保证。[134]

中美关系之间广泛和平的前景相对来说是比较光明。但是，2014年发生了人们更为熟悉的冲突，这使人想起第二次世界大战以及雅尔塔会议。当时俄罗斯总统普京下令入侵乌克兰南部地区的克里米亚。普京解释说，伴随着一连串的反对乌克兰亲俄罗斯总统的示威游行，乌克兰总统维克托·亚努科维奇被罢黜，取而代之的是面目可憎的亲欧洲政府，他不得不采取手段来应对这件事。普京声称，迫使亚努科维奇在2月12日从基辅逃到莫斯科的反对派团体都有极右翼或者是法西斯主义的倾向，普京曾干预过克里米亚，以保护俄罗斯人免遭报复。俄罗斯于3月16日举行公民投票，其中97%的克里米亚人支持加入俄罗斯。俄罗斯上议院议长瓦利金娜·马特维延科已经明确表示，俄罗斯已经向公众推广威尔逊的民族自决思想，以满足愤世嫉俗的目的："决定举行（一场）公民投票是克里米亚民选议会的合法主权……人民自决的权利。"[135] 显然，奥巴马政府没有任何实际的军事选择来阻止普京总统。但这并没有堵住那些批评者的口，他们暗示，奥巴马的优柔寡断会招致俄罗斯侵略美国，对于俄罗斯这种公然侵略的行为，奥巴马无论是在口头上还是实际行动上都表现得很软弱。

美国的外交政策评论家提出了一系列的社论，且大多数完全都是老套乏味的。布热津斯基建议，西方应该私下向俄罗斯转达"乌克兰军队可以指望西方迅速且直接的援助，以提高其防御能力"，并建议"北约军队应与组织的应急计划保持一致，随时保持警惕"。[136] 查尔斯·克劳萨默在11天后赞成布热津斯基的做法，但也建议派遣"参谋长联席会议主席到波罗的海诸国安排联合演习"，并提议奥巴马"命令能源部"加速向欧洲出口更多的天然气，使对俄罗斯的严厉制裁更对英国、法国和德国的胃口。[137] 纽约大学俄罗斯历史教授斯蒂芬·科恩批评美国政府未能理解普京的战略眼光，指责美国不必要地加剧了局势的严重性。[138]

亨利·基辛格如今已有90岁高龄，他已从追求权力或是给高位者出谋划策的默认立场中解脱出来。基辛格在3月5日的《华盛顿邮报》上发表看法，他指责俄罗斯没有考虑事情的后果，俄罗斯必须认识到，如果迫使乌克兰成为卫星国，从而再次变动俄罗斯的边界，"莫斯科就必定会重蹈历史的覆辙，陷入与欧洲和美国相互施压的自我实现的循环"。但他也指责"西方世界"的很多人，因为他们不了解"对俄罗斯来说，乌克兰绝对不是简单的另一个国家。俄罗斯历史的开端是所谓的基辅罗斯公国（Kievan-Rus），那里是俄罗斯宗教的发祥地。俄罗斯宗教在那里传播。乌克兰在数百年的时间里是俄罗斯的领土。它们的历史在那之前也紧密交织在一起"。基辛格通晓历史，手腕灵活，且敏锐过人，他对这些误解做了深入的阐述，但他毫不留情地拟制双方：

就美国而言，必须避免把俄罗斯视作需要耐心学习华盛顿确立的行为规则的异类。普京是以俄罗斯历史为前提的重要战略家。理解美国的价值观和心理不是他的强项。同样，理解俄罗斯的历史和心理也不是美国决策者的强项。各方领导人都应重新回过头来检视结果，而不是争相摆出各种姿态。[139]

对于基辛格来说，奥巴马对乌克兰危机的反应几乎无关信誉，只有在真正有争议的领域，反应和信誉才利害攸关。必须承认的是，克里米亚属于俄罗斯的势力范围。美国需要在理解普京的观点的前提下解决这个危机，明确向俄罗斯传达其对克里米亚的兼并将对其世界地位有何不良影响,而不必要通过鲁莽的承诺来激化当今的局势——基辛格也附和凯南的警告,表示乌克兰加入北约不是上策。

奥巴马总统在选择处理普京侵略的最佳办法上似乎与基辛格所提倡的不谋而合。2月19日,奥巴马将乌克兰描述为"俄罗斯的客户国",并警告说,该地区不应该被视为"我们美国与俄罗斯竞争的冷战棋盘"。[140] 3月25日,奥巴马在回答关于莫斯科所造成的严重威胁的问题时,一针见血地指出:"俄罗斯是一个地区性大国,它的大国实力威胁着周边各国。"奥巴马总统心里清楚,即使俄罗斯如今基本上是独行主义,历史的教训表明,它将长期遭受其好战带来的折磨。奥巴马表示:"有简便的方法可以处理克里米亚发生的危机,我认为这是很不诚实的说法。历史不是单纯地以直线方式前进,而是以迂回曲折的方式向前发展。"[141]

在乌克兰以及其他许多问题上,奥巴马总统的批评者指责他太过担心疏远群众,即由于他缺乏一个宏伟的战略,与其说他是领导者不如说他是追随者。瓦利·纳斯尔,2009至2011年曾担任里查德·霍尔布鲁克的国务院高级顾问,如今是美国约翰·霍普金斯大学保罗·尼采高级国际研究院院长。他在2013年对奥巴马总统的外交政策进行了长篇大论的攻击:

> 在我们公开辩论的环节,奥巴马在外交政策上取得了很高的成绩。这是因为他的政策不是为了做出战略性的决定,而是为了满足公众的舆论——他做了大量工作来满足人们的需求,而在可能不受欢迎却又不得不做的事情上少花精力。然而,对我们的盟友来说,我们持续不断的战术演习并不利于我们一致性的战略,对于美国成为全球霸主的愿景也没有帮助。美国渴望领先世界的欲望已不复存在。[142]

纳斯尔将奥巴马刻画为懦弱胆小的形象,他所发起的民意调查也低估了奥巴马实用主义世界观的一致性及其真情实意,更是低估了奥巴马的真实愿望。奥巴马渴望以与时俱进的方式来整合资源,而不是为了削弱美国的世界地位。奥巴马得知这些人对他的抱怨,诸如纳斯尔不公平的批判,他指出他的批评者似乎认为他拥有一支"操纵杆",这样他就可以利用这个"操纵杆"来准确无误地操纵局面,得到自己想要的结果。

一连串的采访接近尾声——这已成为《纽约客》杂志里鲜明形象的基调——大卫·雷姆尼克采访奥巴马是否因为决定不干涉叙利亚而备受"困扰"。奥巴马答复说:"我不会因为决定不参与另一次中东战争而感到困扰。很难想象如果我们真的去干涉叙利亚,结果会变得更好。我们很少有人愿意像对待伊拉克那样以同样的精力全心全意对待叙利亚。"当然,另一个伊拉克式的军事干预实际上是奥巴马和他所服务的公众们异想天开的前景。但奥巴马向雷姆尼克描述了他的决策方法:

像每个总统一样，像每个人一样，我身上有优点也有缺点。我认为性情温和是我的优点之一。我能从容不迫地面对复杂事物，同时在意识到我是原罪的产物时，我能游刃有余地端正我的道德罗盘。每天清晨和夜晚，我都会基于我所拥有的选择和可能性来衡量我所采取的行动。我认识到我会犯错误，我的团队会犯错误，美国也会犯错误；我也认识到我们能做的好事和我们可以预防的坏事都是有限的，而且还是会有悲剧发生。坐在这个办公室里，我偶尔会是悲剧的一部分，但如果我表现得很好，根据我提出的核心价值观和理念所做的决定来判断，我认为自己与大多数美国人的观点相当一致。当一切结束时，事情的发展不会恶化，只会越变越好。[143]

这些话语，夸大了对复杂性的认识和对可实现的事物的限制性的理解，乔治·凯南可能会说出这番话。与瓦里·纳斯尔截然相反，奥巴马相信"热情洋溢"似乎给美国一些外交政策造成了失误，极具破坏性，但这是励志演讲者和体育播音员最好的特质。冷静沉着更符合奥巴马的个人风格。在三十多年的时间里，历史学家将会更准确地定夺谁才是正确的。但是过去15年的时间表明，纳斯尔的"美国旺盛的领导欲望"可能会造成世界不如原本的状态那么稳定。美国塑造世界的能力和倾向日益消减也就不足为奇了。

在2014年夏天与记者的非正式的讨论中，奥巴马总统表示，他的核心战略原则可以简单地概括为"不做蠢事"。在《大西洋月刊》的一次正式采访中，希拉里·克林顿不赞成奥巴马总统的观点，她表示："大国需要组织原则，'不做蠢事'不是组织原则。"[144]然而当采访者请希拉里说出她自己的组织原则时，她回答说："和平，进步，繁荣"，这是自共和国成立以来任何一个美国政治家都可以说出来的压头韵的陈词滥调。希拉里太过了解有序的组织原则的问题。正如她在2014年的回忆录《艰难抉择》中所写："虽然有些人可能很向往奥巴马的教义——一个宏伟的统一理论，为新时代的外交政策提供一张简单而优雅的路线图，比如冷战时期的'遏制'政策——但我们所面对的问题没有一个是简单或者优雅的。"[145]当希拉里成为美国国务卿时，她所说的那些都是真的，并且至今仍然如此。

2014年，奥巴马总统在西点军校毕业典礼上发表重要演讲时，提出了一个典型的模棱两可的观点：

显然，对21世纪的美国而言，孤立主义行不通。我们无法对发生在世界其他地区的事情漠然视之……尽管我们有意在全球倡导和平与自由，但这并不意味着我们要借助军事手段来解决每个问题。二战结束以来，美国所犯的那些严重的错误，皆源自我们倾向于以诉诸武力的方式来解决问题，而对后果考虑不周，缺乏国际立足及法律支持，也应向美国人民交代他们需要做出的牺牲，以让他们心中有数。[146]

怀疑论者通常会抨击奥巴马总统的这次演讲既软弱又毫无原则，如查尔斯·克劳萨默所写：人们只能惊叹它的渺小。[147] 当然，没有人会真的相信，每一场危机都有相应的军事解决方案，从这个意义上来说，总统设立"稻草人严峻的游行"——克劳萨默机智的措辞——这一行为就显得虚伪。但是奥巴马认为，"我们以前犯下的一些大错，究其原因，不是因为自我制约，而是因为我们一意孤行，盲目投身于军事冒险而丝毫不考虑后果"。这句话很有道理。

结论

理查德·科布登是19世纪英国极具影响力的自由贸易与经济相互依存论的倡导者，同时也是伍德罗·威尔逊的启发者之一。伍德罗·威尔逊认为，是理查德·科布登的才学和天赋促使自己成了一个真正具有高尚品格的人。[1] 毋庸置疑，亨利·基辛格的政治偶像是梅特涅亲王。这位偶像亲王长久痴迷于政权本身以及如何操纵政权。1847年夏，威尔逊与基辛格的观念在维也纳相遇。很快，双方大相径庭的治国方略便清晰可辨。梅特涅亲王相信和平最好是通过增强弱方势力来实现，但他不相信强国拥有改变世界秩序的能力。科布登曾表明梅特涅亲王的世界观让自己深受其扰。

（梅特涅亲王）也许是最后一批此类国家政客的代表人物了。这些政客只关注国家的表象，且日日满足于自己提出的肤浅补救措施。而对于藏匿于表象之下的折磨整个社会系统的罪恶之源，他们从未试图将其探查清楚。此类政客会随梅特涅亲王一道消亡。原因在于，政府这间实验室曾允许他们把墨守成规强加在人类身上，但现在这间实验室上方已经倾泻了太多。[2]

科布登的言语中存有一种焦虑与不安，这对本书极为重要。奉行民主或自由的资本主义可以改善已被罪恶之源折磨的整个社会系统，处于国际体系中的美国应该依靠这种治疗举措吗？或者，华盛顿是否应该采取防守型补救措施（例如乔治·凯南的遏制政策）来确保由敌对政权、联盟秩序、意识形态引起的一些威胁影响不会扩散开来？或者，外交是否应该像科学一般，将可以带来持久改变的新发现公之于众？又或者，外交是否应该像艺术一般，对这个无固定模式的世界做出既直观又有创造性的反应？

科布登的"肤浅补救措施"控告直指阿尔弗雷德·塞耶·马汉、沃尔特·李普曼、乔治·凯南、亨利·基辛格以及贝拉克·奥巴马。可想而知，伍德罗·威尔逊、保罗·尼采和保罗·沃尔福威茨一直对此进行了抨击。在这本书中，我们也确实看到了这种冲突。威尔逊和沃尔福威茨在自己的观点中提出了一种行之有效的追求目标。在威尔逊看来，第一次世界大战结束之后，美国应当超越马汉的现实主义理论，建立并引领一种新的世界协同秩序。又或在沃尔福威茨看来，在"9·11"恐怖袭击事件之后，美国应当开展威尔逊式政策，促进整个中东域的民主化进程，从而确保整个国家能够更安全。1943年，保罗·尼采在华盛顿促使建成高级国际研究学院。在此期间，尼采纵览国际事务文献却沮丧地发现"绝大部分都是以历史资料为作证的……（这些书籍和文章）没有任何理论基础"。科学依据的缺失使尼采意识到没有人认真对待这件事，"我向很多人抱怨过……为什么美国学术界在实践外交政策方面如此欠缺系统成熟的见解？"[3]尼采认为，以历史教学为主导的外交政策教育会刺激更多非专业性的产生。

科布登、威尔逊、尼采和沃尔福威茨均持科学主义态度，这在本文中被认为是理论检验、模式检测，以及揭幕新发现等科学方法的核心要素。被揭示的新发现不仅有可能用来模拟辨别客观事实，还有可能会从根本上变革国际事务的结构。科学主义的吸引力不难理解，它主张的是一种肯定的希望，即一个国家是能够知晓并控制世界的波动——这点相当诱人。美国具有非同寻常的引领世界的能力，这一自我形象与以上乐观主义信条产生了共鸣。因此，否认美国具有消除世界弊害能力的人则被视为是失败主义者、非美国人、不道德的人、欧洲人、衰落主义拥护者、梅特涅论者。马汉、凯南、基辛格，当然也包括奥巴马在内都曾面临过这些指控。

这类艺术家（或者说是悲观主义者）由马汉、李普曼、凯南、基辛格以及奥巴马组成。与以上乐观主义信条持有者相反，他们认为"邪恶"是我们人类道德和习性中固有的成分，而任何一位外交政策制定者的最佳决策通常就是"肤浅补救措施"的实施和应用。2007年，贝拉克·奥巴马曾在接见大卫·布鲁克斯时表示，"我从（尼布尔的）作品中获得的理念是，世界是有严重的邪恶弊害的，也是有痛苦和艰难的。我们不应该太自信地认为我们可以消除这些东西。但我们也不应该以此作为愤世嫉俗和无所作为的借口和理由。"[4]这段话后来成了尼布尔的再版《美国历史的反讽》的吹捧性推荐短文。1897年，阿尔弗雷德·塞耶·马汉曾写道，"让我们真正地崇尚和平吧，人类一定有希望实现这个目标。但我们不能幻想获得和平就像一个男孩从树上摘下一个未成熟的果实那般容易。"[5]马汉学者乔恩·哲朗·墨田曾说过，"对于完成马汉的首要任务来说，理论的提出，或者说一套哲学意义上完整解说体系的构建，要么是次要的，要么是不利的。"马汉认为，娴熟的外交家一定要具备一种艺术家气质，这种艺术家气质会使外交家对这个世界必不可少的不可预测性事件做出创造性的回应。[6]

从很多方面看来，马汉和威尔逊提出的差别鲜明的愿景是美国第一次伟大外交政策辩论的代表。国际关系方面的重大冲突在此之前已经发生过很多次了，例如，亚历山大·汉密尔顿与托马斯·杰斐逊之间关于羽翼未丰的共和国是否应该支持法国大革命的争论。但马汉和威尔逊时期，美国已超越大英帝国，成了世界上最强大的国家。[7]这就确保了被揭示的新发现会给全球带来影响。

马汉认为，一些问题已经超出了美国的能力范围，那些旨在改变其他国家或民族的干预政策可能会很糟。这份谨慎促使马汉在1898年反对吞并菲律宾。此事件之后，马汉也对美国参与菲律宾内战表示担忧。20世纪10年代中期，马汉曾说自己是"极端反感的见证者"，而美国正是借助这种极端反感夺取了菲律宾群岛。一年以后，马汉把菲律宾的假定损失比作"一个小手指的损失，也可能是单个指关节的损失。菲律宾于我们而言，与其说是资产，不如说是负担"。[8] 马汉一心把精力集中在能给国家带来利益的政策上面，而对于因策略性撤退引起的声誉受损并不担心。只要商业利益没有受损，只要边界安全，只要海军占据主导地位，只要重要盟友大英帝国自由且没有威胁，那么世界上其他国家和地区的偏好和看法是不会引起美国过多注意的。马汉把重点放在了宏观全局上面，这必然需要了解历史。那些缺乏翔实历史知识的人激起了马汉的愤怒。

在海军规划委员会期间，我不断想到我们的立场在历史上有诸多相似之处。你认为在海军中有多少人了解海军历史？又有多少人会像这样考虑海军作战方式？如果他们读了我这篇文章，又会有多少人不会认为我是一个自负且老朽的笨蛋？在我看来，海军需要停止在机械制造厂内搜寻来搜寻去，他们应该站在一个可以鸟瞰军事真理的制高点上，通过他们之间的关系和比例来透析真理。[9]

马汉提出的最佳辨别这种真理的方法并没有得到伍德罗·威尔逊的赞同。第一次世界大战的爆发说明持久的和平并不能通过政治均势理论维持下去。威尔逊认为，一个需要依靠国际联盟仲裁才能解决纠纷的世界必须尝试改变。最后，威尔逊认为，美国必须让其他国家和民族变得更像美国。一个奉行民主与自由资本主义的统一世界给科学性的持久和平提供了一个最好的前景。

查尔斯·比尔德拒绝接受以下重要假定，即美国的经济命运是建立在出口导向型经济扩张基础之上的。这一假定在马汉和威尔逊的世界观中则显而易见。20世纪30年代期间，美国军工调查特别委员认为是银行家和实业家煽动美国加入了第一次世界大战，而比尔德则认为是紧张的经济形势把美国与最有可能分裂美国的世界联系在了一起。比尔德"美国大陆主义"理论的目的是使美国摆脱困境和束缚。虽然国务卿科德尔·赫尔（又被称为田纳西·科布登）与比尔德处于敌对状态，但比尔德仍希望罗斯福能够对自己提出的大陆主义蓝图产生共鸣——"不同国家国民生活和性格的古老可能性"是"一股活跃的生命力"。[10]

在《国家利益理念》和《家中敞开的大门》这两本书中，比尔德向罗斯福总统兜售了自力更生精神以及回避欧洲理念。在建议美国朝自给自足方面更进一步时，比尔德在政治学上所受的训练使他相信自己的方法是行之有效的。比尔德做过的一套统计分析证实了出口市场的不必要性和转向国内市场的可行性。1908年，比尔德曾说过，"千年的政治生活经历见证了最受欢迎的政治因果关系专著的产生。这一专著是由一位受过科学训练、具有良好品性的学者提出来的。"[11]他的理论源自对于美国可完善能力的美好愿望。比尔德提出了一个强有力的论据——孤立政策带来的短期经济损失（据比尔德计算，外贸仅占美国总经济产出的10%）会带来更大的和平红利。[12]然而，其他国家侵犯美国的孤立自守的能力则是一个变量。比尔德的提议未能达到预期期望值，他的想象力最终还是让他失望了。富兰克林·罗斯福总统英明地驳回了大陆主义理论，并为吸取马汉式的教训做好了准备。

然而，比尔德理论的基础依然继续存在。历史学家迈克·道格尔正确地提出了"大肆吹嘘的孤立主义传统根本不是传统，而是一个肮脏的词汇，是干涉主义者们，特别是珍珠港事件之后的干涉主义者们对任何质疑他们政策的人的辱骂"。[13]近年来，随着发扬威尔逊式民主政策动力的消散殆尽，把美国放在第一位的做法又流行了起来。这也将迈克·道格尔从华盛顿和杰弗逊那里传承下来的长期外交政策传统重新联系了起来。2011年7月，贝拉克·奥巴马宣布了从阿富汗撤军的计划，也借此表达了自己的愿望，即"重拾作为我们故事中心的美国梦……美国是时候把精力集中到本国建设上来了"。[14] 2015年4月7日，肯塔基州的共和党参议员兰德·保罗宣布他将角逐共和党总统候选人提名。各政治派别批评家立即对保罗所谓的"孤立主义政策"展开了批评。两天后，保罗在南卡罗来纳州发表演讲，并对"无聊的战争"进行了谴责："我看到的是一个强大到能够阻止外来侵略且能避免不必要干预的美国。"显然，保罗的共和党对手们轻而易举地就将保罗的世界观与贝拉克·奥巴马的世界观联系到了一起，并谴责对方是衰落论者、孤立主义者。[15]

20世纪10年代至20年代期间，比尔德曾是沃尔特·李普曼的崇拜者。那个时候，作为新闻评论员的李普曼还是"温和阐述社会主义哲学的代言人"。但到了20世纪30年代，李普曼抨击罗斯福新政是非常危险的中央集权论，谴责比尔德对外交政策的极其天真。至此，比尔德改变了对李普曼的看法。1937年，比尔德曾说，"我由衷认同李普曼各种观点之中时时闪现出来的洞察力和正义感。我认为李普曼并不是一个坏人。"然而，从李普曼取悦根深蒂固的精英阶层的行为以及他对军事准备政策的支持中，比尔德发现"病态人文主义的气味就像木兰花那样浓郁，被南方美好往日的辩护者们经由奴隶群体的汗水散播开来"。[16]威尔逊总统在巴黎和会上把过多的希望放在了未经证实的抽象主义概念上，这令李普曼极其失望。从20世纪30年代中期开始，李普曼接受了马汉的现实主义理念，这很可能激起了比尔德极大的愤怒。李普曼认为纳粹对大西洋的控制是不可容忍的。美国对于确保大英帝国的独立性至关重要。

鼓动美国合理加入二战至关重要，李普曼对此进行了巧妙运作。同时，确保罗斯福总统不会像伍德罗·威尔逊一样糟蹋和平也很必要。为了避免此类事件的发生，李普曼建议美国应与其他强大的国家一起合作来确保战后稳定局面，而不是寄希望于成为新国际联盟的接班人。当然，罗斯福总统不应该发表浮夸言辞，也不应该把传播民主与维护和平联系在一起。而且在必要时，罗斯福总统不应该和莫斯科保持一致，而应该时刻关注终极目标——避免另一场世界大战的爆发。与此终极目标相比，其他有争议性且利害关系比较小的问题，例如处于苏联统治下的东欧，则是可以忽略不计的。

马汉和李普曼认为实现和平的最佳方式是展现自身实力，理想主义应从政策制定中剥离开来，纠纷仲裁是不可能实现的，单一民族国家在世界政治中仍是主要参与者。意识形态上的敌意——而不是各自的相关利益导致美苏关系开始恶化，致使李普曼的很多目标都在战后最初几年破灭了，这让他感到很失望。然而，李普曼还是高估了美国和苏联维持可靠战后联盟的能力。结果证明，美苏两国意识形态上的差异极其重要。

李普曼于1943年提出的论点——"外交政策应使国家责任与权力保持一种平衡，使其储备力量处于舒适的盈余状态"——虽是现实主义的经典表达，但其设想却是科学的、系统的。李普曼的学说认为斯大林是一个能够敏锐意识到自己国家优点和缺点的理性主义者。这就意味着，如果冷静的分析表明了这种进程的风险和危害，那么苏联领导人是不大可能会越界部署自己的力量的。李普曼只说对了一部分。冷战前期，斯大林的目标并不像有些人描绘的那样具有扩张性，但意识形态确实在塑造苏联外交政策方面起到了关键性的作用。[17] 马克思主义不仅仅是被打着神圣的名号愚弄人民，给残忍的独裁者提供夸大的言辞，还使苏联行动变得生机勃勃起来。而李普曼的学说则使他忽视了这种可能性。这就造成了美苏两国之间很难达成临时协议。

曾在一系列有影响力的文章被李普曼抨击过的乔治·凯南是一位艺技高超的外交政策艺术家。凯南从未有过把遏制政策当作一个硬性的方案，他随后公开表示了对刚性公式般策略的抵制。凯南洞察到了推动斯大林外交政策的意识形态因素和历史因素，并提出了大量经过斟酌的政策来避免西欧走上马克思主义道路。但凯南未能成功在美国重要利益开始和结束的地方，即欧洲舞台范围之外，清楚地对遏制政策进行界定，李普曼对此进行了正确的斥责。后来，凯南遗憾表示曾"渴望摆脱遏制政策困境"。[18]20世纪60年代末，凯南坦白承认李普曼针对X文章的批评一直有效，"大部分内容读起来就像是警告国会委员会或美国革命女儿会出版发行的用于唤起公民对社会主义阴谋危险警觉性的初级读本。"[19]

凯南是一位既令人敬佩又很有洞察力的外交家，而且他的这份敏锐性在他的整个职业生涯中都是显而易见的。其敏锐的历史观点，非凡的语言能力，娴熟的不同身份转换能力以及从多元时代获得启示的技能，使凯南成了一名脱颖而出的学者和外交家。1946

至 1948 年，凯南及其政治领袖们的观点和见解短暂走向分歧。除此时间段之外，作为美国外交政策塑造者的凯南时常感到沮丧。然而，作为一名美国外交政策与政客缺点的分析者，凯南天赋异常。凯南在许多方面都很有先见之明，因此历史可能会把 20 世纪 50 年代后期的凯南看作是一名公共知识分子。同沃尔特·李普曼一样，凯南对于越南战争的反对既富有一贯的洞察力又具高瞻远瞩性。

1989 年，乔治·凯南在参议院举行的有关结束冷战的听证会上，发表了一个激动人心的言论：他认为威尔逊主义是解决世界上危险问题的唯一手段。

曾经，我对威尔逊的观点持怀疑态度。但从今天开始，我认为威尔逊在国际组织这方面的看法是非常具有远见的。正如我所见，冷战现在已接近尾声，而我预感到，另一严峻的问题（也可以说是两个严峻的问题）正日益浮出水面。一个是要消灭大规模的杀伤性武器，因为这些武器不管在谁手里，都是极其危险的；另一个是要面对地球环境危机，用科学家的话来说，这一危机是由我们自己造成的。要想让我们的后代继续享受文明生活就要解决这一环境问题，而扭转这一危机所用的时间远比我们想象的还要长。现在我期望实现威尔逊的国际合作构想。我认为，想要解决这些问题，除此之外，别无他法。[20]

凯南认为，威尔逊主义是解决诸如气候变化与核扩散等错综复杂问题的唯一可行方法。每个国家都能发挥作用，互相影响，共同解决问题。这也许是科学制定外交政策的唯一情况，也是维护世界稳定的最佳选项。

保罗·尼采是一个矛盾体。像凯南一样，他在否定冲突存在的前提下，制定了一个开创性的外交政策 NSC-68。但与凯南不同的是，他从未对其危言耸听的外交政策或 NSC-68 肆意扩大美国对世界的义务说辞表示遗憾。尼采对于制定美国外交政策的一个重要贡献就是明确表达了制定外交政策的科学模式，我们称之为力量消长 "correlation of forces"。更准确地说，尼采应用科学原理来构建执行特定功能的结构。在尼采整个职业生涯中，主张同苏联进行军备竞赛，强烈地刺激了军费开支的增加，整饬他并不青睐的由艾森豪威尔、尼克松、福特和卡特领导的行政部门；允许苏联的扩张，为未来的冲突留下伏笔。基于这种最糟情况的设想，导致了很多错误的外交政策。

但是尼采在很多问题上的看法很具前瞻性。在力促美国研发氢弹时，他对苏联的反应做出了糟糕的预测，即斯大林将会理性且深入地研发核聚变装置。在里根当政期间，尼采倾向于通过大幅削减超级大国的核军火库，激化曾将他视为意识形态盟友的人的敌意。事实上，并非尼采过于教条，而是 NSC-68、高斯报告和 B 团队衬托了他这一形象。他的理论与实践并未良好地结合在一起，也无法将自己微妙的观点与畅想的蓝图融合在一起，他只是构建了宏大的、令人生畏的，但却寸步难行的巨大框架。

纵使亨利·基辛格拥有政治学博士学位，但他过于沉湎于历史之中。他的论文主要论述的是拿破仑时代，而且他认为美国或许能从维也纳国会学习一些老练的政治手腕。基辛格没有追随威尔逊的主张，把自由理想主义列为意识形态上的头号劲敌。相反，他效仿他的英雄——梅特涅亲王，力主推行权力平衡的外交政策。基辛格试图用历史的经验，而非依靠国际关系法来寻求解决方式。他力主的是：稳定大于公正。

在引经据典的同时，基辛格也遵循着其他的公式，他坚信权力的平衡一如多米诺骨牌。这解释了他对越南战争谨慎支持、承认并认可中国、制定缓和与苏联关系的政策；他倾向于把美国信誉摆在切合意义的冲突之中；他和尼克松对越战支持和反对的残酷态度；推崇信誉是无价的外交商品以及他的非道德性。基辛格有深刻的外交见解和提出解决方案的建议的能力。他看上去并不是一个明显的科学外交实践者，但是他坚定地坚持自己的公理，在处理外交危机时的态度非常强硬。从他的英雄梅特涅王子身上，我们看到了基辛格所缺乏的一种品质：分寸。

在推崇科学主义上，保罗·沃尔福威茨仅次于伍德罗·威尔逊。他的学术方法和外交事业着重于重塑这个世界存在缺陷的方方面面。受威尔逊的影响，沃尔福威茨的世界观存在着这样一个原则：真正的地缘政治稳定取决于民主观念的传播。他展开了对和平世界的想象，并以最终实现乌托邦为落脚。这种不切实际的想法是其重要起点，其主要目标是经常跳跃且前所未有的。

拥有这样的野心固然是好事，但它与沃尔福威茨左派所强烈抨击的自以为是有着相似之处。还有谁能比最了解国际事务的人更加自信满满呢？诺姆·乔姆斯基和保罗·沃尔福威茨有着很多共同特点，比如，他们都过分地夸大了美国在影响世界秩序的实际能力。沃尔福威茨认为，美国入侵阿富汗，可能会极快速地推动整个中东地区的民主化进程。或许是因为其中的因果关系无法轻易被察觉，更可能是因为目前中东地区的动荡已经超出了美国所能理解以及管理的范围。但毫无疑问，正是入侵伊拉克才导致了不堪重负的后果。这个后果压垮了美国的储备防卫："萨达姆死了不是应该更好吗？"人力成本惨淡，财务成本持续高升，综合利益惨遭破坏。战争揭示了美国国力的局限，而非其潜在能力。一如越战，又是一次经验教训，然而也只是如此了。

在本书讨论过的所有人当中，贝拉克·奥巴马是最淡化意识形态的那一个。他从第二次伊拉克战争中得到的见解与奥利弗·温德尔·霍姆士从美国内战中得到的见解相似，即"必然性会导致暴乱的产生。"从路易斯·梅南的《实用主义兴起史》来看，是令人痛苦的冲突致使霍姆士失去了自己的信念——这可能也是奥巴马挑战意识形态的原因，因为奥巴马曾尖锐地形容入侵伊拉克"是一场意识形态战争"。正如梅南所写，"实用主义的目的是使人们更难以在信念的驱使下去实施暴力。霍姆士、詹姆士、皮尔士以及杜威已经看到了隐藏在抽象概念中的暴行，他们希望能够避免这种暴行，所以他们才希望能将思想、原则和信念降到人这一层面上来。"[21] 奥巴马在应对具体事件挑战时回避了通用原则，这无疑是一种务实的做法。

继奥巴马 2012 年大选成功之后，安妮玛丽·斯劳特在《华盛顿邮报》专栏上写了一篇名为《奥巴马第二个任期内是否有宏大战略规划？》的文章。为了帮助奥巴马定位自己的大理念，斯劳特写道，"第一任期是证明你在政治上的影响力，第二任期是要证明你在历史上的影响力。"她还建设性地指明，奥巴马可以从多方面寻找灵感来实现第二个目标（例如她的雇主方——普林斯顿大学威尔逊公共和国际事务学院），"在华盛顿，选举和正式就职之间的这段时间是伟大理念、报告和文章的多产时期。外交政策专家们特别喜欢制定宏大战略规划，或者说，喜欢发表美国应在世界范围内实现其目标的声明。"[22]

奥巴马还没有确定自己的政治学说，这无疑是斯劳特担忧和沮丧的根源。但也有人怀疑奥巴马总统认为这种政治探索没有什么特殊意义，也并不重要。2013 年，奥巴马在与大卫·瑞姆尼克交谈时曾表示"我现在真的不需要乔治·凯南"。对于提出并制定伟大构想的外交家和分析家们来说，这就是一次公开的侮辱。但奥巴马策略中展现出来的谦逊和圆滑很好地顺应了这个"意识形态战争的危险性"已经变得非常明显的时代。

本书中提到的观念已经超越了他们所在的历史范畴，有些甚至更具超前性。无论是积极的教导还是消极的教导，我们都能从本书中讨论到的具有实干精神和抱负心的世界缔造者身上学到一些东西。随着 2016 年总统大选的推进，马汉、威尔逊、比尔德、凯南、基辛格、沃尔福威茨以及其他人留下的思想遗产不管有没有注明出处，都将会陷入外交政策辩论之中。下一任总统将会解答这一目前无解的问题：奥巴马的实用主义策略是代表着一次类似于基辛格时代的短暂偏离还是标志着某种更持久的东西的开始？

占主导地位国家的权力能力和经济需求在任何特定时刻都会决定其策略的制定。当美国人口调查局宣布关闭美国边境，不安分力量转向别处寻找机会时，马汉建议扩充海军力量以促进经济更快增长。在这个时候，与加入一场会使一千七百万人丧生的灾难性全球战争相比，威尔逊更倾向于取缔政治均势理论并通过提升一个国家联盟的地位来取而代之。比尔德的"美国大陆主义"是在经济危机背景下形成的。而且，有越来越多的证据表明，威尔逊为美国加入一战而找的理想主义理由并不是像听起来那般理想。凯南的"长电报"是在沮丧和愤怒之下被提出来的：华盛顿似乎无法巧妙处理斯大林的真实本性，尼采的 NSC-68 则认为冷战是一场零和博弈，苏联的冒险主义在任何地方都必须受到抵制。基辛格认为自己是在清理由这种迟钝思想所造成的巨大混乱。沃尔福威茨则认为，如果美国遵循基辛格的大国常态路线，那么美国将会脱离其特殊性。奥巴马的外交政策不仅阐述了对沃尔福威茨式科学主义及确定性的反感，还认可了有效的资源必须要从新威尔逊式的干涉主义重新回到复兴美国这一更为紧迫的要求上来。

历史告诉我们，一切皆有可能。当然，对于历史学家来说，最好的建议是禁止发表任何令人烦恼不安的预言。1973年，美国从越南撤军后，整个民族开始反感冲突，所以随之而来的是一段反省期。1983年10月，一名伊斯兰自杀式炸弹袭击者在贝鲁特（黎巴嫩的一个港口）美国海军陆战队军营的大厅里引爆了一辆卡车炸弹，致使241名现役军人死亡——这是一场悲剧，也是一次蓄意挑衅。然而，通常被誉为最坚强冷战政客的里根总统则以从该地区撤出全部美军作为回应。事实上，里根在其整个任期期间仅向海外派遣过一次部队：那就是1984年入侵小格林纳达期间的"紧急狂暴行动"。但这次行动并没有带来其行动代号所期望的洗涤和宣泄。当然，无论反共产主义代理人在哪里抗争，里根总统都乐于支持他们，而且总统的反苏言论也很尖锐。从艾森豪威尔到里根，再到奥巴马，一种不可忽略的、连续性的行为方式被牵引了出来。这三位总统都不愿向海外派遣部队，他们都认为美国敌人的目标是通过部署其他的黑暗艺术来实现的，如中情局的秘密行动、反共产主义叛乱分子的财政支持以及致命无人机空袭的增加。

20世纪70年代，美国似乎变成了一个衰落中的国家。美国不仅从万里之外的叛乱中受到了惩罚和羞辱，而且还失去了对日本和西欧的经济环境和基础。然而，谁又能预见到从越战中撤军的美国又会在一代人之后选择参与灾难性的伊拉克战争呢？在此期间，谦逊做派退出历史舞台，这很可能会再次发生。在这个节骨眼上，美国可能再次发动一场与越南和伊拉克战争一样错误的战争，这简直难以想象。但外交政策制定者们常常忘掉国家的创伤，或者把国家的创伤重新设想为挫败的胜利。如果尝试了不同的策略，结果可能会不同。乐观是美国的美德之一，同时也是一股相当强大的力量。但当这种乐观品质以一种不受历史记忆困扰的方式被运用到外交政策中时，可能会造成重大伤害。

把外交政策狭隘地看作是一种艺术或者是一种科学，显然是有问题的。而且我并不认为直觉、创造力以及艺术家特质是唯一的外交美德；同样，我也不认为总统仅仅只是必须做出反应；我更不认为积极主动是一个不可能实现的梦想。从1945年到1949年，美国主导的一系列外交政策创新——联合国的成立、在布雷顿森林建立的基于规则和制度的金融体系、马歇尔计划以及北大西洋公约组织的创立，是一个集体性的成功杰作。但它们也是不同时期不同个体依据不同的动机和目标提出的一系列策略。它们的策划过程是有组织性的，但它们并没有遵循什么总体规划。在传记作家和历史学家的努力引导下，总统任期内的一系列独立的、一次性的计划往往被重新构想为更大更深思熟虑的计划。然而，这个无所不知的叙述者在档案记录中并不总是可辨的。

虽然没有罗塞塔石碑（代指可靠线索），但我还是认为艺术和科学是一对值得考虑的复体。历史的不确定性是科学研究外交政策的最大障碍。在亨利·基辛格的《世界秩序》（2014）一书中，基辛格承认自己在哈佛公开宣告历史的意义是傲慢的行为，但"我现在知道了，历史的意义是要被发现的，而不是被宣布的"。正如凯南在敦促得出一个应对气候变化和核扩散造成的危险的威尔逊式解决方案时所暗示的那样，除非世界上每个国家都因一个共同的目标团结了起来，否则在国际事务中没有任何东西能够保持稳定性能。许多与历史先例截然不同的实验都以失败告终。而且正如本书证明，实验越大胆，失败也就越多。最终，这是通过对历史的研究和对客观性的追求来实现的。重要的是尝试，而成就是不可能获得的。外交决策者们可以研究困境，将威胁置于相关背景中，比较他们的规模与可用的资源，权衡人道主义和声誉需要，并提供适当斟酌过的回应。这也许是任何国家都能做到的最好的状况了。

致谢

在英国学术界,科研成果每五年一个周期被计量并评级。在这种情况下,花费十年的时间来完成一本书的创作并不是一个明智的选择。我得以在持续带薪的情况下继续从事这一项目,这要归功于我在诺丁汉大学和东英吉利亚大学的广大同人们。

我要感谢诺丁汉大学理查德·奥尔德里奇和西门·托梅对我的支持。在美国研究学院,我很荣幸能与杰出的历史学家理查德·金一起讨论能给本书带来生命力的观点。另外,弗里德里克·罗格瓦尔在诺丁汉大学担任客座教授期间,我们曾协作办了一个关于乔治·凯南的讲座,并就写作展开了恳谈,这段经历让我受益颇多(弗里德里克·罗格瓦尔的《战争余火》是近十年来我最喜欢看的历史书籍)。我的朋友兼同事马修·琼斯是一位良师益友,我一直受益于他渊博的历史学识。我还要感谢诺丁汉大学对我研究工作的支持,感谢诺丁汉大学给予我的"早期职业研究员"奖励。

在东英吉利亚大学,我欠约翰·斯卓德一份特别的感谢,尤其要感谢他聘用了我。同诺丁汉大学的理查德·奥尔德里奇一样,约翰是一位体贴、热心的大学负责人。胡森·卡西恩一直孜孜不倦地支持我的研究工作,而且还和萨拉·科诺里给我带来过不少相当难忘的美妙夜晚。此外,我还要真诚感谢西蒙·柯蒂斯、希瑟·萨维尼、瓦伦蒂诺·卡多、克里斯·汉若迪、艾力克斯·布朗、阿德里亚娜·辛克莱、尼克·塞尔比、约翰·特派尼、阿兰·芬利森以及李·马斯登。凯特·密斯瑞、理查德·克罗卡特和大卫·吉尔都读过本书多个章节,我在此对他们给出的一针见血的评论表示特别感谢。

本书始于剑桥大学,所以我要向剑桥大学的同事们表示感谢。我很幸运,同为美国杰出历史学者的乔尔·艾萨克和安德鲁·普雷斯顿恰好是我的好友。不管是在剑桥还是其他别的地方,我们之间的会谈均极大地丰富了本书内容。约翰·汤普森和我就本书内容做了无数次讨论,他对本书各种草本章节的剖析通常都是很深刻的。我还要感谢托尼·拜德格,不仅仅是因为他在约翰缺席期间同意督导我的博士学位,还因为此后他给我的事业提供了多方面的帮助。

我很幸运，在完成此书期间得到了充裕的经费支持。我要感谢英国科学院，艺术与人文研究委员会，吉尔德·莱尔曼美国历史研究学院，耶鲁大学的福克斯国际奖学金项目以及费城的美国哲学学会。诺丁汉大学和东英吉利亚大学准许我请了一个学期的公休假来研究此书，我对此深表感谢。

这样的财政支持使我能够在获得一流援助的各图书馆、档案室开展研究。我要感谢普林斯顿大学斯利马德图书馆的丹·宁柯、珍妮弗·科尔和约翰·德·卢波；国会图书馆的珍妮弗·布鲁斯伍德；美国哲学学会的马蒂·莱维特以及罗伊·古德曼。此外，宾夕法尼亚大学的南希·肖克罗斯给我指出了一些存档档案中的瑰宝，哥伦比亚大学档案馆的桑迪·沙利文给我提供了至关重要的帮助。

其他读了初稿的朋友和同事们也给我提供了有用的反馈。随通常的致谢一起，我要真诚感谢理查德·伊梅尔曼，他给本书前几章提出的评论非常有帮助。同时，我非常感谢贝文·西维尔、约翰·格里芬以及尼克·库克里克阅读并评价了此书。2009年，当本书在费城毫无进展时，布鲁斯·库克里克慷慨地分享了自己对于此项目的看法。我妹妹夏娃·赫本，通读了全部手稿并提出了贯穿全文的、有思想的评论。此外，我还要感谢包括马戈·米尔恩、约翰·格里芬、纳撒尼尔·米勒特、罗伯特·瑞德、奥斯汀·菲多、丹·科罗伟、安德鲁·路德威哥、克里斯汀·路德威哥、克里斯托夫·麦克奈特、尼古拉斯、塞缪尔、温纳姆、迪尔德丽·威廉姆斯、约翰·金贝尔、汉娜·亨特、池沃斯、杰森·池沃斯、马丁·康威、维里蒂·康威、西蒙·杰拉德、贾尔斯·福登、汤姆·艾博怀特、卡罗琳·艾博怀特、萨拉·皮尔索尔、安德鲁·特拉斯克、克里斯汀·卡罗尔、蒂姆·林奇、史提夫·斯卡利特和黛比·斯卡利特在内的其他家人和朋友的陪伴和乐观精神。

自2005年起，我一直在从事本书相关模块的教学工作。在此，我要感谢所有学生带给我的有激励作用的谈话。我还要特别感谢托马斯·汤斯顿、欧科克和查理·雷德曼，现在我非常确定他们开启的会是杰出的学术生涯。如果不是正好有机会从事本书相关教学工作，那我恐怕很难完成本书的科研和创作。因此，我要感谢诺丁汉大学和东英吉利亚大学开设了这门课程，感谢所有在毕业的时候选了这门课程的学生们。

我要特别感谢安德鲁·怀利的鼓励和耐心，以及他作为一名读者和编辑的敏锐性。此外，我还要向维利公司的詹姆斯·普伦和妮娜·伊利斯致以谢意。法勒、施特劳斯和吉鲁出版社的编辑埃里克·钦斯基是一位非常优秀的读者和评论家，在《美国的拉斯普京》的创作和完成过程中他也曾提供过帮助。埃里克在多个阶段对本书手稿的高明评价使本书得到了极大的改善，能成为他的撰稿人之一，我感到很幸运。同时，我也非常感谢出版社的彭·谢波德、盖比瑞拉·杜布、尤金妮娅·茶耐、盖娜·哈姆肖、辛西娅·默尔曼、吉姆·吉达、诺里·麦克·麦考利夫、林恩·罗森以及斯科特·奥尔巴赫等人对我的多方协助。

  我对妻子艾玛亏欠最多。艾玛给予了我爱和支持，对本书的初稿做出了深度评析，在家庭方面也同样付出了很多。于我而言，过去的八年很特殊。我们的儿子本尼迪克特于 2007 年降生，我们的女儿安娜于 2009 年降生，我们的孩子以我从未想象过的方式丰富了我的生活。谨以此书献给我深爱的艾玛、本尼迪克特和安娜。

注 释

Introduction

1. Qusted 8 Morris, Why the West Rules, 534.
2. Mincanaile Geangr F Kennan, 303.
3. Meon andum from George 1 Kennan, January 20, 1950, FRUS: 1950, 1:38. The memo 时 p i heavdly edied form on PP 22–44.
4. 1ud. 43–44 Fo an cucdlent discussion of the debate, see Thompson, The Hawk andthur Dew, 98 108
5. Quited 1n Beisner, Dean Acheon, 119.
6. Nitze, From Hiroshima to Glasnost, 89.
7. Nitze, "The Role of the Learned Man in Government," 277.
8. Nitze, From Hiroshima to Glasnost, 89.
9. On Tllr's life and career, see Goodchild, Edward Teller. On Oppenheimer, see Birdand Sherwin, American Prometheus,
10. Thompson, The Hawk and the Dove, 106.
11. Beisner, Dean Acheson, 233.
12. Herken, "The Great Foreign Policy Fight," 73.
13. Galison and Bernstein, "In Any Light," 311.
14. "Realism is of course a loaded term that contains multiple gradations and types. Ken–nan is often characterized as a "classical realist" in his focus upon the self-interestedverities of human nature– as opposed to, say, "neorealists" or "structural realists" likeKenneth Waltz, Stephen Walt, and John Mearsheimer, who focus on structural con–straints and incentives that shape international relations. See Waltz, Theory of Inter–national Politics.
15. Zubok and Pleshakov, Inside the Kremlin's Cold War, 151.
16. Several fine histories of American foreign policy have adopted an ideational frame. See, for example, Immerman, Empire for Liberty; Kuklick, Blind Oracles; Brands,What America Owes the World; and Hunt, Ideology and U. S. Foreign Policy. Preston'sSword of the Spirit, Shield of Faith traces with great skill the influence of religionon U. S. foreign policy.
17. George F. Kennan, March 12, 1949, KD, 213.
18. Iam grateful to Joel Isaac for his insights on this subject.
19. The analytic philosopher Nelson Goodman used the word "worldmaking" in his Ways.
20. of Worldmaking, an erudite and wide-ranging discussion of art, science, literary criti–cism, and psychology. I use it here in a very different, specifically forcign–policy context. 20. See Kahneman, Thinking, Fast and Slow, 129–36.

21. Ambrosius, Wilsonian Statecraft, 87.
22. Nichols's Promise and Peril is particularly successful in rescuing isolationism from the condescension of history,
23. George F. Kennan, July 30, 1982, KD, 542.
24. On Roosevelt's personal diplomacy, see Costigliola Rooselt's Lost Alinces.
25. Kimball, The Juggler, 7.
26. See Steel, Walter Lippmann, 385, and WLR, 178.
27. www. fas. org/irp/offdocs/nsc–hst/nsc–68. htm.
28. Quoted in Stephen Wertheim, "A Solution from Hell: The United States and the Rise.
of Humanitarian Interventionism, 1991–2003," Journal of Genocide Research 12, no. 3–4 (September–December 2010)
29. Partial audio of the speech (and a full transcript) is available at www. npr. org/player/v2/mediaPlaver. htmi?action=1&t= =l&islist false&id=99591469&m=99603945.
30. Zachary A. Goldfarb, "Obama Says Iran Shouldn't Misinterpret U. S. Response to Syria," The Washineton Post, September 15, 2013.
31. President George w. Bush, second inaugural address, January 202005, www. np. org/templates/story/story. php?storyld=4460172.
32. Stephanson, Kennan and the Art of Foreign Policy, 181.
33. David Remnick, "Goino the Distance," The New Yorker, January 27, 2014, www. newyorker. com/reporting/2014/01/27/140127fa_ fact_ remnick.
34. Quotedin Guyatt, Providence and the Invention of the United States, 319.
35. See, for example, Paul Wolfowitz, "Obama Needs to Change Stance on Iran," The Washington Post, June 19, 2009; Anne–Marie Saughter, "Obama Should Remember Rwanda as He Weighs Action on Syria," The Washington Post, April 26, 2013; and Nasr, Dispensable Nation.
36. Quoted in Hyde, Common as Air, 187.
37. Dallek, Nixon and Kissinger, 346.
38. Jeane J. Kirkpatrick, Legitimacy and Force: Political and Moral Dimensions (NewBrunswick, NJ: Transaction, 1988), 1:461.
39. Iam grateful to Andrew Preston for this comparison. See Preston, The War Council, 246. 40. Quoted in Mistry, The United States, Italy, and the Origins of the Cold War, 207.

1. The Philosopher of Sea Power: Alfred Thayer Mahan

1. Seager, Alfred Thayer Mahan, xi.
2. Schlesinger quoted in I. Simon Rofe, "Europe as the Nexus of Theodore Roosevelt's Inter–national Strategy," in Krabbendam and Thompson, America's Transatlantic Turn, 191.
3. Beard, A Foreign Policy for America, 41.
4. See James R. Holmes and Toshi Yoshihara, Chinese Naval Strategy in the 21st Century:The Turn to Mahan (New York: Routledge, 2008).
5. Zachary Keck, "Alfred Thayer Mahan with Chinese Characteristics," The Diplomat,August 1, 2013, http://thediplomat.com/2013/08/alfred–thayer mahan–with chinesecharacteristics.
6. Beard, A Foreign Policy for America, 39–44.
7. Kennan, American Diplomacy, 11–12. See also Adams, America's Economic Supremacy.
8. Beard, A Foreign Policy for America, 45.
9. Dennis Hart Mahan's most important works include A Complete Treatise on FieldFortifications (New York: Wiley and

Long, 1836), Summary on the Cause of Perma-nent Fortifications and of the Attack and Defense of Permanent Works (Richmond,VA: West and Johnson, 1850), and An Elementary Course of Military Engineering,2 vols. (New York: John Wiley, 1866– 1867).

10. As his biographer Robert Seager notes, '"There is no evidence that Alfred Mahan everread any of D. H, Mahan's books. Nor, in spite of his great respect for his father andhis strong sense of pride in family, did he ever number his father among those men helater identified as having had a major influence on the evolution of his own ideas. "Seager, AIfred Thayer Mahan, 4. This lack of recognition is perhaps unsurprising giventhe manner of his father's death.

11. Ibid, 89.

12. Ibid, xi.

13. Mahan, From Sail to Steam, x.

14. Ibid. , xiv.

15. Ibid.

16. Zimmermann, First Great Triumph, 104.

17. Mahan, From Sail to Steam, xvii.

18. Alfred Thayer Mahan to Elizabeth Lewis, October 16, 1857, ATMLP, 1:3–4.

19. Seager, Afred Thayer Mahan, 14.

20. Mahan, From Sail to Steam, 91, 92.

21. Ibid, 187, 192.

22. Quoted in Seager, Alfred Thayer Mahan, 52.

23. Alfred Thayer Mahan, "A Statement on Behalf of the Church Missionary Society toSeamen in the Port of New York," Aprill 10, 1897 ATMLP, 3:590.

24. Alfred Thayer Mahan, "Woman's Sufrage: A Speech," 1914, ibid,713.

25. Alfred Thayer Mahan to Mary Helena Okill Mahan, May 10, 1867, ibid, 1:102.

26. Ibid,December 29, 1867, and January 2, 1868. 18120.

27 Alfred Thayer Mahan to The Times (London), June 13, 1913. ibid, 3:497–498.

28. Seager, Afred Thayer Mahan, 54.

29. This story is recounted in May, Imperial Democracy. 3.

30. Morgan, America's Road to Empire, 2.

31. Seager, Alfred Thayer Mahan, 38.

32. Widmer, Ark of the Liberties, 145.

33. Robert Kagan's provocative Dangerous Nation argues that aggressive continental and overseas expansion has been central to the American story since the inception of therepublic In this respect the conservative Kagan pursues an argument that is strikingly similar to that proposed by New Left historians such as William ApplemanWilliams and Walter LaFeber throughout the 1960s and 1970s. But even Kagan con-cedes that ollowing the Civil War, "The expansive reactive quality of American for-eign policy, and the vagueness of American foreign policy goals, did determine thecomparatively limited size and pace of the naval buildup (355).

34. Ibid, 359.

35. Alfred Mahan to Samuel Ashe, July 26, 1884, ATMLP, 1:574.

36. Mahan, The Gulf and Inland Waters.

37. Seager, Alfred Thayer Mahan, 135.

38. Alfred Thayer Mahan to Stephen B. Luce, September 4, 1884, ATMLP, 1:577.

39. Alfred Thayer Mahan to Stephen B. Luce, May 16, 1885, ibid. 606– –607.

40. Alfred Thayer Mahan to Stephen B. Luce, September 2, 1885, ibid, 613.

41. Alfred Thayer Mahan to Samuel A. Ashe, February 2, 1886 ibid, 625.
42. For a detailed account of the Mahan Roosevelt relationship, see Turk, The AmbiguousRelationship.
43. "New Publications: Our Navy in 1812," The New York Times, June 5, 1882.
44. In "The Nature of Influence," Peter Karsten argues that Mahan's influence on Roose-velt has been greatly exaggerated, and that TR was an original naval thinker in hisown right, requiring ittle tutoring from the overestimated Mahan He contends thatRoosevelt used Mahan- and his intellectual respectability- -to serve his own expan-sionary ends. Karsten's article makes some fine cautionary points, but he both over-estimates the depth of Roosevelt's historical insight and underplays Mahan's originality. In 1886, Roosevelt, while engaged in writing a shallow, cursory biography of Mis-souri senator Thomas Hart Benton, wrote to his friend Henry Cabot Lodge, "I havepretty nearly finished Benton, mainly evolving him from my inner consciousness;but when he leaves the Senate in 18501 have nothing whatever to go by; and being bynature a timid and, on occasions, by choice a truthful man, I would prefer to have somefoundation of fact, no matter how slender, on which to build the airy and arabesquesuperstructure of my fancy- especially as Iam writing a history. " Zimmermann, FirstGreat Triumph, 172.
45. Zimmermann, First Great Triumph, 92.
46. Alfred Thayer Mahan to Charles Scribner's Sons, September 4, 1888, ATMLP 1:657–58. 47. Alfred Thayer Mahan to Stephen B Luce, September 21, 1889, ibid, 707–708.
48. Mahan, Influence of Sea Power upon History, 26. Walter LaFeber is particularly astute in identifying the commercial imperative driving Mahan's theories. See, "A Note onthe 'Marcantillistic Imperialism' of Alfred Thayer Mahan. "
49. Figures cited in Michael Cox and Doug Stokes, eds. , US Foreign Policy (New York:Oxford University Press, 2008), 301.
50. Mahan, Influence of Sea Power upon History, 33.
51. Ibid, 34.
52. Ibid. , 42.
53. Ibid, 43.
54. Ibid. 45– 46.
55. lbid. 5253.
56. Seager, Alfred Thayer Mahan, 466.
57. Mahan, The Influence of Sea Power upon History, 53–54.
58. Ibid, 56.
59. 1bid, 57.
60. Tbid, 57–58.
61. Ibid, 58–59.
62. lbid,82– 83.
63. See, for example, Johnson, The Sorrows of Empire, Ferguson, Colossus; Bacevich, Limits of Power; Hobsbawm, On Empire; Gaddis, The Cold War; Hofman, American Umpire.
64. Figure cited in Johnson, Nemesis, 5–6.
65. Jonathan Freedland, "A|Black and Disgraceful Site," The New York Review of Books,May 28 –June 10, 2009, 27.
66. Wimmel, Theodore Roosevelt and the Great White Fleet, 48.
67. Morris, Rise of Theodore Roosevelt, 434.
68. Both reviews are quoted in Seager, Alfred Thayer Mahan, 210–11.
69. lbid,213.
70. Wimmel, Theodore Roosevelt and the Great White Fleet, 57.
71. Karsten, "The Nature of 'Influence,'" 590.

72. Seager, Alfred Thayer Mahan, 295.
73. Ibid, 291.
74. Alfred Mahan to Ellen Evans Mahan, July 13, 1893, ATMLP, 2:122.
75. Alfred Mahan to Theodore Roosevelt, June 6, 1894, ibid, 281.
76. John Hay, "John Hay's Years with Roosevelt," Harper's Monthly Magazine 131, no. 784(June 1915):578.
77. Hofstadter, Anti-Intellectualism in American Life, 208.
78. Zimmermann, First Great Triumph, 236.
79. Karsten, "The Nature of 'Influence," 590.
80. For a deft portrait of Lodge, see Nichols, Promise and Peril, 22 –25.
81. Zelizer, Arsenal of Democracy, 13.
82. Seager, Alfred Thayer Mahan, 328.
83. Alfred Mahan to Samuel A. Ashe, November 7, 1896, ATMLP 2:470.
84. Seager, Alfred Thayer Mahan, 338
85. Roosevelt quoted in Kagan, Dangerous Nation, 385.
86. Alfred Thayer Mahan to Theodore Roosevelt, May 6, 1897, ATMLP, 2:507.
87. Alfred Thayer Mahan to Theodore Roosevelt, May I, 1897, ibid. , 506.
88. Alfred Thayer Mahan to Theodore Roosevelt, May 6, 1897, ibid. , 507.
89. Zimmermann, First Great Triumph, 240.
90. Roosevelt quoted in Karsten, "The Nature of'Influence," 590.
91. May, Imperial Democracy, 94.
92. Ibid,73.
93. Ernest May ofers an elegant pen portrait of McKinley ibid, 112–13.
94. Kagan, Dangerous Nation, 387.
95. See Zimmerman, First Great Triumph, 236.
96. Quoted in Foner, The Spanish-Cuban War, 237.
97. Ibid. , 238.
98. Halper and Clarke, The Silence of the Rational Center, 36 –37. See also Thomas, TheWar Lovers.
99. Foner, The Spanish Cuban War, 239.
100. May, Imperial Democracy, 143.
101. Seager, Alfred Thayer Mahan, 361.
102. " The Sinking of the USS Maine," remarks to the New Jersey chapter of the Society ofthe Cincinnati, February 22, 1898, ATMLP, 3:592.
103. On McKinley's reluctance to wage war against Spain, see Offner, An Umwanted War.
104. May, Imperial Democracy, 130, 268.
105. Seager, Alfred Thayer Mahan, 364.
106. Foner, The Spanish– Cuban War, 263.
107. Zimmermann, First Great Triumph, 262.
108. May, Imperial Democracy, 159.
109. Kristin Hoganson believes that a crisis of masculinity –provoked by mass unemploy- ment, which deprived American men of the means to support their families–contributed to a popular mood of bellicosity. See Fighting for American Manhood.
110. On the festive popular mood on the eve of war, see Morgan, America's Road to Em-pire, 65.
111. Quoted in John Braeman, Albert J. Beveridge, 22–25.

112. Seager, Alfred Thayer Mahan, 363.

113. Ibid. , 357: for a discussion of the lopsided miltary balance, see 354–58.

114. Zimmermann, First Great Triumph,271.

115. Seager, Alfred Thayer Mahan, 375.

116. May, Imperial Democracy, 221.

117. Traub, The Freedom Agenda, 13.

118. Seager, Alfred Thayer Mahan, 393.

119 Herring, From Colony to Superpower, 323.

120 Alfred Thayer Mahan to Henry Cabot Lodge, July 27, 1898, ATMLP, 2:569.

121. Alfred Thayer Mahan to Henry Cabot Lodge, February 7, 1899 ibid, 627.

122. Seager, Alfred Thayer Mahan, 409.

123. Alfred Mahan to Samuel Ashe, September 23, 1899, ATMLP, 2:658.

124. Seager, Alfred Thayer Mahan, 410.

125 Ibid,413.

126. lbid, 414.

127. Alfred Thayer Mahan to Theodore Roosevelt, March 12, 1901, ATMLP, 2:706 –707.

128. Morris, Theodore Rex, 3.

129. Cooper, The Warrior and the Priest, 69.

130. Safire, Safire's Political Dictionary, 154.

131. On the building of the canal, see McCullough, The Path Between the Seas.

132. Zimmermann, First Great Triumph, 436.

133. See Hannigan, The New World Power, 19 –24.

134. Baer, One Hundred Years of Sea Power, 41.

135. Wimmel, The Great White Fleet, xiv.

136. See Cooper, The Warrior and the Priest, 65.

137. Figures cited in Jacoby, The Age of Amcrican Unreason.

138. See Darwin, After Tamerlane, 320–21.

139. On Taf's presidency and distinguished wider career, see Anderson, William Howard Taft; Coletta, The Presidency of William Howand Taft; and Burton, William HowardTaft.

140. Theodore Roosevelt, speech in Louisville, April 3, 1912, in Hagedorn, The Works ofTheodore Roosevelt, 17:169.

141. Alfred Thayer Mahan to Henry White, June 28, 1912, ATMLP 3:468.

142. Alfred Thayer Mahan to Bouverie F Clark. October 28 1912, ibid. 484.

2. Kant's Best Hope: Woodrow Wilson

1. On the election, see Gould, Four Hats in the Ring.

2. Quoted in Cooper, The Warrior and the Priest, 154. On the arbitration dispute, seeCampbell, "Taft, Roosevelt, and the Arbitration Treaties of 1911. "

3. Cooper, The Warrior and the Priest, 157.

4. Ibid. 208.

5. Woodrow Wilson to Mary Allen Hulbert Peck. August 25. 1912, PWW. 25:55–56.

6. Cooper, Woodrow Wilson, 168.

7. See Hofstadter, Anti intellectualism in American Life, 207–22.

8. Ibid, 209–10.
9. Thompson, Woodrow Wilson, 16.
10. Nordholt, Woodrow Wilson, 95.
11. Cooper, Woodrow Wilson, 159.
12. Freud and Bullitt, Thomas Woodrow Wilson, 4,
13. See Widmer, The Ark of the Liberties, 169.
14. Brands, Woodrow Wilson, 5.
15. Raymond D. Fosdick, Personal Recollections of Woodrow Wilson, January 30, 1956, Henry Allen Moe Papers, 2.
16. Ibid., 10.
17. Link, Wilson the Diplomatist, 12.
18. Freud and Bullitt, Thomas Woodrow Wilson.
19. Thompson, Woodrow Wilson, 19
20. Samuel G. Blythe, "Mexico: The Record of a Conversation with President Wilson,"Saturday Evening Post, May 23, 1914, 4.
21. Link, Wilson the Diplomatist, 15.
22. Brands, Woodrow Wilson, 15.
23. Woodrow Wilson to Charles A. Talcott, December 31, 1879, PWW, 5:267.
24. Cooper, Woodrow Wilson, 35– –36.
25. Cooper, The Warrior and the Priest, 44.
26. Ibid,53.
27. Brands, Woodrow Wilson, 11.
28. Thompson, Woodrow Wilson, 28.
29. Quoted ibid, 27.
30. Gunnell, The Descent of Political Theory, 82.
31. Wilson, Constitutional Government in the United States, 77–78.
32. Cooper, The Warrior and the Priest, 52.
33. Cooper, Woodrow Wilson, 68.
34. See Cowley and Williams, International and Historical Roots of American HigherEducation, 35.
35. Thompson, Woodrow Wilson, 43.
36. Speech, March 22, 1906, PWW, 16:341.
37. Wilson, Constitutional Govrnment in the United States, 59, 78.
38. Wilson, "The Law and the Facts," 8–11.
39. Thompson, Woodrow Wilson, 49.
40. Ibid., 50.
41. Cooper, The Warrior and the Priest, 221.
42. White, Woodrow Wilson, 264.
43. Cooper, Woodrow Wilson, 182.
44. Walworth, Woodrow Wilson, 265.
45. Wilson quoted in Lim, The Anti Intellectual Presidency 19.
46. Cooper, Woodrow Wilson, 210.
47. Halper and Clarke, The Silence of the Rational Center, 46.
48. See Herring, From Colony to Superpower, 381.
49. Cooper, Woodrow Wilson, 212.

50. Cooper, The Warrior and the Priest, 272.
51. Cooper, Woodrow Wilson, 211.
52. Herring, From Colony to Superpower, 386.
53 Cooper, The Warrior and the Priest, 272.
54. Ibid, 382.
55. Widmer, Ark of the Liberties, 172.
56. Quirk, An Affair of Honor, 77.
57. Woodrow Wilson, remarks at a press conference, November 14, 1914, PWW, 31:351. 58. Herring, From Colony to Superpower, 395.
59. See Katz, "Pancho Villa and the Attack on Columbus, New Mexico."
60. Herring, From Colony to Superpower, 397.
61. Seager, Alfred Thayer Mahan, 59596.
62. Woodrow Wison, Address to Women in Cincinnati, October 26, 1916, PWW, 38:531,

quoted in John A. Thompson, "Wilsonianism; The Dynamics of a Conflicted Con-cept," International Affairs 86, no. 1 (2010);:32.
63. A fine fecent history of the origins of the First World War is Clark, The Sleepwalkers.
64. Russell, "Alfred Thayer Mahan and American Geopolitics," 130.
65. Seager, Alfred Thayer Mahan, 598–99.
66. Woodrow Wilson to Lindley Miller Garrison, August 6. 1914, PWW, 30:352.
67. Alfred Mahan to Josephus Daniels, August 15, 1914 (two letters), ATMLP 3:540– 42.
68. Seager, Alfred Thayer Mahan, 600.
69. Alfred Mahan to the Editor of The New York Times, August 31, 1914, ATMLP3:542.
70. Seager, Afred Thayer Mahan, 602.
71. Cooper, The Warrior and the Priest, 273.
72. See Herring, From Colony to Superpower, 399.
73. Woodrow Wilson, speech to joint session of Congress, December 8, 1914, PWW,31:423.
74. Herbert B. Brougham, Memorandum of Interview with the President, December 14,1914, ibid, 458–59
75. Franklin D. Roosevelt to Eleanor Roosevelt, August 3, 1914, quoted in Widmer, Arkof the Liberties, 197.
76. See Cooper, The Warrior and the Priest, 277.
77. See Herring, From Colony to Superpower, 401.
78. Ibid, 402.
79. Theodore Roosevelt to Hugo Minsterberg, October 3, 1914, in Morison, Letters ofTheodore Roosevelt, 8:824–25.
80. Cooper, The Warrior and the Priest, 303.
81. See Herring. From Colony to Superpower, 403.
82. Figures cited in Geofrey Wheatcroft, "Hello to All That," The New York Review ofBooks, June 23, 2011.
83, Knock, To End All Wars, 107.
84. See, for example, Doyle, Ways of War and Peace.
85. Woodrow Wilson, address to a joint session of Congress, April 2, 1917, PWW,41:524.
86. Woodrow Wllson, Annual Message to Congress on the State of the Union, December7,1915, PWW, 35:297.
87. Herring From Colony to Superpower, 405.
88. Ibid, 405– 406.
89. See Nichols, Promise and Peril.
90. lbid 407.

91 Cooper, Woodrow Wilson, 352.

92. See www. nationalarchives gov. uk/pathways/firstordwat/potlights/blockade htm.

93. Herring, From Colony to Superpower, 407– 408.

94. Mazower, Governing the World, 124.

95. Cooper, The Warrior and the Priest, 315.

96. Ibid, 317.

97. Woodrow Wilson, An Address to a Joint Session of Congress, April 2. 1917, PWW. 41:526–27.

98. Ibid. , 524, 525.

99. Turmulty, Woodrow Wilson as I Know Him, 256.

100. See Thompson, Reformers and War, 185 89.

101. See Zelizer, Arsenal of Democracy, 28.

102. Ibid. , 179–80.

103. Cooper, The Warrior and the Priest, 320.

104. "Quits Columbia; Assails Trustees," The New York Times, October 9, 1917, 1.

105. Zelizer, Arsenal of Democracy, 28, 29.

106. Herring, From Colony to Superpower, 419.

107. Gelfand, The Inquiry 41.

108. Shotwell, At the Paris Peace Conference,6–8.

109. See Steel, Walter Lippmann, xtii.

110. Grose, Continuing the Inquiry, 1.

111. "A Memorandum by Sidney Edward Mezes, David Hunter Miller, and Walter Lipp–mann," undated, PWW, 45:459–74.

112. "From the Diary of Colonel House," January 9, 1918, ibid, 551.

113. Nicolson, Peacemaking, 1919, 28.

114. "The Final Draft of the Fourteen Points Address," January 7, 1918, PWW, 45:519 –31.

115. Kissinger, Diplomacy, 19–20.

116. Preston, Sword of the Spirit, Shield of Faith, 275.

117. Macmillan, Peacemakers, 41.

118. Ikenberry et al, The Crisis of American Foreign Policy, 42.

119. Thompson, Woodrow Wilson, 176.

120. Widmer, Ark of the Liberties, 32.

121. Thompson, Woodrow Wilson, 177.

122. Cooper, The Warrior and the Priest, 334.

123. Edward J, Renehan Jr. , The Lion's Pride; Theodore Roosevelt and His Family in Peaceand War (New York: Oxford University Press, 1998), 222.

124. Thompson, Woodrow Wilson, 178.

125. "Address in the Princess Theater in Cheyenne," September 24, 1919, PWW, 24:469.

126. Herring, From Colomy to Superpower, 418.

127. Zweig, The World of Yesterday, 304.

128. Raymond D. Fosdick, Personal Recollections of Woodrow Wilson, January 30, 1956,Henry Allen Moe Papers, 18.

129. Wells, The Shape of Things to Come, 82.

130. Keynes, Economic Consequences of the Peace, 34–35.

131. Macmillan, Peacemakers, 31, 35.

132. Herring, From Colony to Superpower, 408.
133. Donald Edward Moggridge, Maynard Keynes: An Economist's Biography (London:Routledge, 1995), 328.
134. Keynes, Economic Consequences of the Peace, 39- —40, 44. 45.
135. Drinkwater, Sir Harold Nicolson and International Relations, vii.
136. Kennan, American Diplomacy 61.
137. Ikenberry et al, The Crisis of American Foreign Policy, 43.
138. Ibid, 30.
139. James Scott Brown, ed, Official Statements of War Aims and Peace Proposals December1916 to November 1918 (Washington, D. C Carnegie Endowment for InternationalPeace, 1921), 381.
140. Manela, "Imagining Woodrow Wilson in Asia," 1336. See also Manela, The WilsonianMoment.
141, Cooper, Woodrow Wilson, 477.
142. "The League of Nations, The New Republic, May 24, 1919, 102.
143. See Thompson, Woodrow Wilson, 213.
144. Link, Wilson the Diplomatist, 130.
145. Speech by Woodrow Wilson, July 19, 1919, PWW, 61:436.
146. Cooper, Woodrow Wilson, 509.
147. Macmillan, Peacemakers, 13.
148. Charles T. Thompson, The Peace Conference: Day by Day (New York: Brentano's,1920), 190.
149. Ronald J. Pestritto, "The Perils of Progress," The Claremont Review of Books4, no. 3(Summer 2004).
150 Cooper, The Warrior and the Priest, 335 –36.
151. Herring, From Colony to Superpower, 435.

3. Americans First: Charles Beard

1. Beard, An Economic Interpretation of the Constitution, 324.
2. Thomas Bender, "Charles A. Beard," in John A. Garraty and Mark C. Carnes, eds. ,American National Biography (New York; Oxford University Press, 1999), 403.
3. Nore, Charles A. Beard, 63.
4. Beard, The Making of Charles A. Beard, 22.
5. Nore, Charles A. Beard, 46.
6. Kennedy, Charles A. Beard, 11.
7 Ibid. , 29.
8. Gruber, Mars and Minerva, 88.
9. Kennedy, Charles A. Beard, 29.
10. Nore, Charles A. Beard, 80.
11. Ibid, 73.
12. Ibid.
13. The New York Times, January 23, 1917,2.
14. Nore, Charles A. Beard, 74.
15. See Gruber, Mars and Minerva, 11; and Charles A. Beard, "Political Science in theCrucible," The New Republic, November 17, 1917.
16. Gruber, Mars and Minerva, 157.
17. Charles Beard, "A Call Upon Every Citizen," Harper's Magazine, October 1918, 655 –56.

18. Quoted in Cowley and Williams, International and Historical Roots of AmericanHigher Education, 174.
19. Quoted in Gruber, Mars and Minerva, 199.
20. See Beale, Charles A. Beard, 243.
21. See Nore, Charles A. Beard, 81.
22. Allan Nevins, Oral History, 145
23. The New York Times, October 9, 1917, 1.
24. Ibid, October 10, 1917, 10
25. See Charles A. Beard, "The Supreme Isue," The New Republic, January 25, 1919, 343.
26. See Nore, Charles A. Beard, 83–84.
27. The New York Times, January 25, 1919, 1.
28. Nore, Charles A. Beard, 77.
29. Quoted in Kennedy, Charles A. Beard, 39.
30. See Woodward, "The Age of Reinterpretation," 2–8. For an insightful discussion of Beard' foreign-policy views, see Craig "The Not So Strange Career of CharlesBeard," 253.
31. Quoted in Craig, "Not So Strange Career of Charles Beard," 262.
32. Beard, A Foreign Policy for America, 102.
33. Blower, "From Isolationism to Neutrality."
34. Nore, Charles A. Beard, 1.
35. Kennedy, Charles A. Beard, 3.
36. Ibid, 15. On the important relationship between Beard and Powell, see Wilkins,"Frederick York Powell and Charles A. Beard."
37. Fink, Progressive Intellectuals, 44.
38. Kennedy, Charles A. Beard, 15.
39. See Brands, What America Owes the World, 113.
40. Beard, The Making of Charles A. Beard, 15.
41. Kennedy, Charles A. Beard, 7.
42. Nore, Charles A. Beard, 24.
43. Ibid,24 25.
44. Mark C. Smith, "A Tale ofTwo Charlies: Political Science, History and Civic Reform,"in Addock, Bevir, and Stimson, Modern Political Science, 129.
45, Barrow, More Than a Historian, 1.
46. Nore, Charles A. Beard, 36.
47. See Beale, Charles A. Beard, 233–34.
48. Ibid, 79.
49. William Appleman Williams, "Charles Austin Beard: The Intellectual as Tory Radical,"in Williams, History as a Way of Learning, 229–42.
50. Garraty and Carnes, American National Biography, 402.
51. See Ranke, Theory and Practice of History; and Novick, That Noble Dream, 26–30.
52. See Beard, "That Noble Dream"; and Eric Goldman's veneration of Beard, "Historiansand the Ivory Tower," Social Frontier, 2, no. 9 (1936).
53. Garraty and Carnes, American National Biography, 404.
54. Beale, Charles A. Beard, 139.
55. Beard, The Making of Charles A. Beard, 103.

56. Smith, "A Tale of Two Charlies," 130.
57. Nore, Charles A. Beard, 133–34; Lippmann, The Phantom Public.
58. On America's key role in shaping the economics of the interwar period, see Tooze, The Deluge.
59. Herring, From Colony to Superpower, 439; "French Population Shows Little Gain, The New York Times, February 26, 1922, 30.
60. Westad, The Global Cold War, 19.
61. Herring, From Colony to Superpower, 451.
62. See Zelizer, Arsenal of Democracy, 37.
63. Herring, From Colony to Superpower, 442.
64. Nore, Charles A. Beard, 96.
65. See Kennedy, Charles A. Beard, 47, 49 50, and Beard, Cross–Currents in Europe Today.
66. For a discussion of the Beards' Rise of American Civilization, see Nore, Charles A. Beard, 112–26.
67. Charles A. Beard to Lewis Mumford, May 9, 1927, Papers of Lewis Mumford, folder 347.
68. Herring, From Colony to Superpower, 439.
69. Charles A Beard, "Bigger and Better Armaments," Harper's Magazine, January 1929, 133–43.
70. Nore, Charles A. Beard, 110.
71. Charles A. Beard and William Beard, The American Leviathan, 732–36.
72. Kennedy, Freedom from Fear, 39.
73. Badger, FDR, 6.
74. See Sobel, The Great Bull Market, 7374, and Kennedy, Freedom from Fear, 41.
75. David Burner, Herbert Hoover: A Public Life (New York: Knopf, 1979), 298.
76. Steel, Walter Lippmann, 287–88.
77. Schwartz, The Interregnum of Despair, 6.
78. Badger, The New Deal, 11.
79. Ibid.
80. Sowell, Intellectuals and Society, 130.
81. Hofstadter, The American Political Tradition, 283.
82. See Sowell, Intelletiuals and Society, 130–34.
83. Kennedy, Charles A. Beard, 62.
84. Beard, America Faces the Future, 137.
85. See Kennedy, Charles A. Beard, 57–60.
86. Badger, The New Deal, 6.
87. Rofe, "Under the Influence of Mahan," 732.
88. Roosevelt, My Boy Franklin, 15.
89. Cumings, Dorminion from Sea to Sea, 305.
90. See Frankin D. Roosevelt "Our Foreign Policy: A Democratic View," Foreign Affairs 6, 1928, quoted in Zelizer, Arsenal of Democracy, 37.
91. Cohen, The American Revisionists, 135.
92. Nore, Charles A. Beard, 144.
93. Beard, The Open Door at Home, 135–54. For a discussion of the book, see Nore, Charles A. Beard, 144–47.
94. Nore, Charles A. Beard, 144.
95. See Kennedy, Charles A. Beard, 66–-69.
96. Beard, The Open Door at Home, 273–74.

97. Ibid., 318.
98. See Kennedy, Charles A. Beard, 72.
99. Ibid, 73–74.
100. Ibid, 74–77, Nore, Charles A. Beard, 147.
101. Chang, The Rape of Nanking; Fogel, The Nanjing Massacre in History and Historiog-raphy.
102. Kennedy, Freedom from Fear, 502.
103. Casey, Cautious Crusade, 23.
104. Herring, From Colony to Superpower, 521.
105. See Hull, Memoirs, 1:544–45; and Beale, Charles A. Beard, 176.
106. Burns, The Lion and the Fox, 318.
107. Ibid.
108. Hull, Memoirs, 1:545.
109. Kennedy, Charles A. Beard, 65.
110. Quoted in Beard, A Foreign Policy for America, 113.
111. Brands, What America Owes the World, 124–25.
112. Charles A. Beard, "National Plitis and the War," Scribner's Magazine, February 1935, 65–70.
113. Kennedy, Charles A. Beard, 82.
114. Ibid, 84.
115. Charles A. Beard, "War– If, How, and When?" Events2, August 1937, 81–86.
116. Brands, What America Owes the World, 126.
117. CharlesA. Bea"A Reply to Mr Browder," The New Republic. February2, 1938, 357–59. 118. Kennedy, Charles A. Beard, 88–89.
119. Howe, England Expects Every American to Do His Duty, 86.
120. Charles A. Beard, "We're Blundering into War," The American Mercury, April 1939, quoted in Brands, What America Owes the World, 127.
121. Beard, "Education Under the Nazis," 437–52.
122. H. L. Mencken to Charles A. Beard, May 20, 1939; Charles A. Beard to H. L. Mencken (May 1939?); Charles A. Beard to H. L. Mencken, August 14, 1940; H. L. Mencken toCharles A. Beard, August 15, 1940, Papers of Charles and Mary Beard, folder 27.
123. Brick, "Talcott Parsons's 'Shift Away from Economics," 502.
124. Josephson, Infidel in the Temple, 413–14.
125. Beard, A Foreign Policy for America, 39–47.
126. Ibid, 68.
127. Ibid, 101–103.
128. Ibid, 104.
129. Ibid., 149.
130. Kennedy, Charles A. Beard, 98.
131. See Reinhold Niebuhr, "Review of A Foreign Policy for America," The Nation, May 25, 1940, 656–58.
132. Nore, Charles A. Beard, 182.
133. Mumford, "The Corruption of Liberalism," 618–23. Also see Nore, Charles A. Beard,183.
134. Brands, What America Owes the World, 129.
135. Nore, Charles A. Beard, 185.
136. http://docs.fdrlibrary.marist.edu/odllpc2.html.

137. Brands, What America Owes the World, 137.
138. Kennedy, Charles A. Beard, 102. For a full transcript, see "Statement of Charles A. Beard," To Promote the Defense of the Us. : Hearings Before the Committee on Foreign Rela-tions, U. S. Senate, on Senate [Bill] 275, 77th Cong, 1st sess, February 4, 1941, 307-12.
139. Brands, What America Owes the World, 138.
140. Haufler, Codebreaker's Victory, 127.

4. The Syndicated Oracle: Walter Lippmann

1. Judt, Thinking the Twentieth Century, 275.
2. Dildy, Dunkirk 1940, 89.
3. Steel, Walter Lippmann, 281.
4. Arthur Schlesinger Jr, "Walter Lippmann: The Intellectual v. Politics," in Childs and Reston, Walter Lippmann and His Times, 189.
5. Interview with Professor Allan Nevins, WLR, 175.
6. Steel, Walter Lippmann, 384.
7. Lippmann, "T&T," June 18, 1940.
8. WLR, 196.
9. Steel, Walter Lippmann, 385.
10. WLR, 178.
11. Charles Beard to James I. Frrell, February I (year ilegible due to fire damage, likely 1948), Papers of James T, Farrell, "Charles Beard."
12. Logevall, "First Among Critics," 351.
13. Adam, Walter Lippmann, 17.
14. Steel, Walter Lippmann, 6-8.
15. Wright, Five Public Philosophies of Walter Lippmann, 12.
16. WLR, 27.
17. Steel, Walter Lippmann, 18.
18. WLR, 31.
19. Steel, Walter Lippmann, 28.
20. Fink, Progressive Intellectuals and the Dilemmas of Democratic Commitment, 11.
21. Walter Lippmann to Lincoln Steffens, May 18, 1910, WLP, box 31.
22. Steel, Walter Lippmann, 39.
23. Lippmann, A Preface to Politics, 33, 49, 17, 60.
24. Steel, Walter Lippmiann, xii
25. WLR, 53.
26. Steel, Walter Lippmann, 64-65.
27. Croly, The Promise of American Life, 303.
28. Ibid, 28.
29 WLR, 7.
30. Waler Lippmann to Van Wyck Brooks, February 5, 1914, Papers of Van Wyck Brooks, folder 1662.
31. Steel, Walter Lippmann, 62.
32. Ibid, 52.

33. Ibid, 72.
34 Walter Lippmann to Felix Frankfurter, August 2, 1914, WLP box 10, folder 418.
35. Walter Lippmann, "Force and Ideas," The New Republic, November 7, 1914.
36. Walter Lippmann to Graham Wallas, August 5, 1915, PP, xxiv.
37 Lippmann, The Stakes of Diplomacy, 67, 224.
38. WLR, 89.
39. Steel, Walter Lippmann, 102–103.
40. WLR, 89.
41. Walter Lippmann, "The Case for Wilson," The New Republic, October 14, 1916
42. Steel, Walter Lippmann, 100.
43. WLR, 90.
44. Walter Lippmann, "The Defense of the Atlantic World," The New Republic, Febru- ary 17, 1917. Mary Beard recorded her appreciation of the article in a warm letter toLippmann. She wrote that it "is superb. Better than ever before you have provedyour leadership. I have been liking the New Republic immensely recently. " MaryBeard to Walter Lippmann, February 19, 1917, WLR, box 3, folder 125.
45. WLR, 17.
46. Ikenberry et al, The Crisis of American Foreign Policy, 41.
47. Steel, Walter Lippmann, 158, 161.
48. Walter Lippmann to Bernard Berenson, September 15, 1919, WLP, box 3, folder 128.
49. Hofstadter, Anti intellectualism, 213.
50. Walter Lippmann to Graham Wallas, November 4, 1920, WLP box 33, folder 1246.
51. WLR, 19–20.
52. Steel, Walter Lippmann, 237–38. Also see Walter Lippmann, "The Kellogg Doctrine:Vested Rights and Nationalism in Latin America," Foreign Affairs 4 (1927).
53. Lippmann, Public Opinion, xiv.
54. Fink, Progressive Intellectuals, 31.
55. Steel, Walter Lippmann, 183.
56. Lippmann, The Phantom Public, 20.
57. Walter Lippmann, "Insiders and Outsiders," The New Republic, November 13. 1915.
58. Lippmann, The Phantom Public, 155.
59. Steel, Walter Lippmann, 212.
60. Dewey, The Public and Its Problems, 365. Dewey, Beard, and Lippmann are expertlydiscussed in Bender, New York Intellect.
61, Walter Lippmann to Charles Beard, September 8, 1925; Charles Beard to Walter Lippmann, September 12, 1925; Walter Lippmann to Charles Beard, September 14, 1925;Charles Beard to Walter Lippmann, September 30, 1925; Charles Beard to WalterLippmann, October 3, 1925, WLP, box 3, folder 125.
62. Steel, Walter Lippmann, 25354.
63. Ibid, 255–56.
64. Ibid, 271, 280.
65. Mark Carnes, ed, Invisible Giants: Fifty Americans Who Shaped the Nation butMissed the History Books (New York: Oxford University Press, 2002), 181.
66. Steel, Walter Lippmann, 295– 96.
67. Ibid, 300.

68. Lippmann, "T&T," April 6, 1933.
69. Herring, From Colony to Superpower, 555.
70. Steel, Walter Lippmann, 305–306.
71. Syed, Walter Lippmann's Philosophy of International Politics, 9.
72. Steel, Walter Lippmann, 325.
73. On the intellectual origins of the New Deal from an insider's perspective, see Tugwell, The Brains Trust,
74. Lim, The Anti-Intellectual Presidency. 29.
75. Steel, Walter Lippmann, 320–21.
76. Lippmann, "T&T," May 17, 1934.
77. Ibid, May 12, 1933.
78. Steel, Walter Lippmann, 330.
79. WLR, 172.
80. A powerful recently published account of the conflict is Paul Preston, The Spanish Holocaust: Inquisition and Extermination in Twentieth Century Spain (New York: W. W. Norton, 2012).
81. Lippmann, "T&T," December 24, 1936.
82. Steel, Walter Lippmarn, 339.
83. Charles Beard to Walter Lippmann, June 17, 1937 Papers of Hamiton Fish Arm-strong, box 41.
84. Lippmann, "T&T," December 2, 1937.
85. Ibid, October 16, 1937.
86. Steel, Walter Lippmann, 370.
87. Walter Lippmann to Harold G. Nicolson, December 6, 1938, PP, 374.
88. Louis Johnson to Walter Lippmann, December 22, 1938, WLP box 80, folder 1160.
89. Steel, Walter Lippmann, 376.
90. Ibid,
91. Walter Lippmann to Philip Kerr, September 9 1939, PP 379.
92. David Reynolds, Britannia Overruled: British Policy and World Power in the Twenti-eth Century (New York: Longman, 1991), 142.
93. Walter Lippmann to Ronald C. Hood, November 20, 1939, PP 384.
94. Steel, Walter Lippmann, 381.
95. Zelizer, Arsenal of Democracy, 45.
96. Lippmann, "T&T," Junc 15, 1940.
97. Walter Lippmann to Edmund E. Lincoln, August 6, 1940, PP 384.
98. Lippmann, "T&T, December 19, 1940.
99. WLR, 195.
100. Zelizer, Arsenal of Democracy, 10.
101. Lippmann, "T&T," February 12, 1942. Also see Steel, Waiter Lippman, 394 95.
102. Walter Lippmann to John M. Vorys, February 17, 1941, PP, 404.
103. Walter Lippmann to Wendell Willkie, July 30, 1940, ibid, 395.
104. Zelizer, Arsenal of Democracy, 19.
105. WLR, 204.
106. Walter Lippmann to Henry Cabot Lodge Jr. , July 1. 1943. PP, 442.
107. WLR, 204.
108. Lippmann, U. S. Foreign Policy, 9–10.

109. Ibid, 37.

110. Ibid. , 39.

111. Ibid. , 48.

112. Ibid. , 93.

113. Ibid, 109.

114. Ibid. , 131.

115. Ibid, 149.

116. WLR,215.

117. Steel, Walter Lippmann, 406.

118. Cary, The Influence of War on Walter Lippmann, 161.

119. Nore, Charles Beard, 199.

120. WLR, 215.

121. Lippmann, "T&T," December 14, 1943.

122. Lippmann, U. S. War Aims, 175.

123. Ibid, 182.

124. Ibid, 191, 195.

125. Ibid. ,5–6.

126. Ibid. , 65.

127. Ibid, 121–22.

128. Ibid, 105.

129. Ibid, 132.

130. Stalin, Speeches Delivered at Meetings of Voters, pamphlet collection, 23.

131. Lippmann, U. S. War Aims, 142.

132. Harold L. Ickes to Walter Lippmann, July 14, 1944, WLP, box 79, folder 1116.

133. John Foster Dulles to Walter Lippmann, July 5, 1944, ibid. , box 68, folder 667.

134. Steel, Walter Lippmann, 410.

135. Walter Lippmann to John L. Balderston, July 27, 1944, PP, 452.

136. WLR, 216.

137 Ibid, 217.

138. Walter Lippmann to Ross J. S. Hoffman, March 15, 1945, PP 463.

139. Steel, Walter Lippmann, 411.

140. Walter Lippmann to Grenville Clark, September 19, 1944, PP, 455– –56.

141. Editor's note, ibid, 452.

142. Editor's note and Walter Lippmann to John Foster Dulles, October 25, 1944, ibid, 457.

143. Lippmann, "T&T," October 21, 1944.

144. Miscamble, From Roosevelt to Truman, 17.

145. Lippmann, "T&T," December 21, 1944.

146. Herring, From Colony to Superpower, 585–86.

147. Lippmann, "T&T," February 15, 1945.

148. Steel, Walter Lippmann, 416.

149. Lippmann, "T&T," April7, 1945.

150. Herring, From Colony to Superpower, 538 –39.

151. Zelizer, Arsenal of Democracy, 58.

152. Steel, Walter Lippmann, 419.

153. Ambrosius, Woodrow Wilson and the American Diplomatic Tradition, 292.

154. Nore, Charles A. Beard, 202.

155. Walter Lippmann to James F. Byrnes, May 10, 1945, PP, 465– 66.

156. WLR, 263.

157. Walter Lippmann to John Maynard Keynes, March 23, 1945, PP 463.

158. Quoted in Kissinger, Diplomacy, 97.

159. Walter Lippmann to George Fielding Eliot, June 14, 1945, PP, 468.

160. Steel, Walter Lippmann, 420.

161. Walter Lippmann to James F. Byrnes, August23, 1945, PP, 474.

162. George F. Kennan, diary entry, August 28, 1995, KD, 646.

5. The Artist: George Kennan

1. Gellman, Contending with Kennan, 83.

2. Kennan, Memoirs, 1925– 1950, 276–77.

3. Thompson, The Hawk and the Dove, 52.

4. D'Este, Patton, 736.

5. George F. Kennan to Charles E. Bohlen, January 26, 1945. GFKP, box 28.

6. Ibid.

7. Mayers, George Kennan, 96.

8. Kennan to Bohlen, January 26, 1945.

9. Congdon, George Kennan, 1.

10. Thompson, The Hawk and the Dove, 24.

11. Kuklick, Blind Oracles, 38,

12. Hixson, George E. Kennan, 2.

13. Kennan, Memoirs, 1925– 1950, 16, 9–10.

14. Ibid, 18.

15. George F. Kennan, May 26, 1929, KD, 59.

16. Kennan, Memoirs, 1925–1950, 69.

17. Mayers, George Kennan, 338.

18. Kennan, Memoirs: 1925– 1950, 130.

19. Stephanson, Kemnan and the Art of Foreign Policy, 225; Kennan, Democracy and theStudent Lef, 206.

20. Kennan, diary entry, September 3, 1934, GFKP, box 230.

21. Ibid, May 10, 1935, box 230.

22. See Thompson, The Hawk and the Dove, 134.

23. Kennan quoted in Gaddis, George F Kennan, 122– 23.

24. Kennan, diary entry, March 21, 1940, GFKP box 231.

25. "Comments," February 1945, GFKP, box 23.

26. Kennan, Memoirs, 1925– 1950, 129 Mark Mazower's fascinating and convincing Hit–ler's Empire explains why Nazism failed as an imperial ideology.

27. Kennan, diary entry, March 13, 1940, GFKP, box 230.

28. Ibid. , July 3, 1940.

29. Kennan, Memoirs, 1925 1950, 133–34.
30. Quoted in Lukacs, George Kennan, 50.
31. Kennan, Memoirs, 1925– J950, 139.
32. See Taylor, Stalin's Apologist, and Engerman, Modernization from the Other Shore.
33. Gellman, Contending with Kennan, 45.
34. Kennan, Memoirs, 1925–1950, 178.
35. On the Enlightenment and "inner life," see Rothschild, The Inner Life of Empire.
36. George Kennan to James E. Russell (Teachers College, Columbia University), Octo-ber 11, 1950, GFKP box 29.
37. Urban, "From Containment to . . . Self–Containment. "
38. Ibid.
39. Tilman, Thorstein Veblen and His Critics.
40. Kuklick, Blind Oracles, 41.
41. Gellman, Contending with Kennan, 69.
42. Kennan, Memoirs, 1925 1950, 218.
43. Ibid,211.
44. Kennan, diary entry, August 1, 1944, GFKP, box 231.
45. Kennan, Memoirs, 1925– 1950,211–12.
46. George Kennan to W. Averell Harriman, September 18, 1944, GFKP box 28.
47. Kennan, Memoirs, 1925–1950, 232–33.
48. Ibid, 241–43.
49. Ibid. , 243–45.
50. Beisner, Dean Acheson, 105.
51. Hamiton, American Cacsars, 57.
52. Sowell, Intellectuals and Society, 134.
53. Thompson, The Hawk and the Dove, 47.
54. On Potsdam and the presidential transition, see Miscamble, From Roosevelt to Truman. 55. Kennan, Memoirs, 1925–1950, 259, 256.
56. Maier, The Cold War in Europe, 22.
57. Truman, Year of Decisions, 416.
58. Zhukov, The Memoirs of Marshal Zhukov 674 75.
59. Herring, From Colony to Superpower, 593.
60. Steel, Walter Lippmann, 454.
61. Kuklick, Blind Oracles, 42.
62. Gellman, Contending with Kennan, 112.
63. Kennan, Memoirs, 1925– 1950, 267.
64. Kennan, diary entry, December 19 and 23, 1945, GFKP, box 231.
65. Ibid.
66. Truman, Year of Decisions, 551–52.
67. Kennan, Memoirs, 1925– 1950, 292– 94. The Long Telegram is reprinted in 1946, 6:696–709, and can be accessed at www. gwu. edu/~nsarchiv/coldwar/documents/episode–1/kennan. htm.
68. Lukacs, George Kennan, 74.
69. See, for example, Hixson, George F Kennan.
70. Thompson, The Hawk and the Dove, 60.

71. Henry Norweb to George Kennan, March 25, 1946, GFKP, box 28.

72. Walter Lippmann to Dwight D. Eisenhower, June 4, 1946 PP, 480.

73. Steel, Walter Lippmann, 433.

74. Lukacs, George Kennan, 78.

75. Thompson, The Hawk and the Dove, 63–64.

76. Speech at Naval War College, "Measures Short of War (Diplomatic)," September 16,1946, GFKP, box 16 See also Gellman, Contending with Kennan, 124 –25.

77. See Pedaliu, Britain, Italy and the Origins of the Cold War, 60–69.

78. Thompson, The Hawk and the Dove, 63.

79. Harry S. Truman, Annual Message to the Congress on the State of the Union, January6, 1947 Public Papers of the Presidents of the United States: HarryS. Truman, 1947,p. 12.

80. Hofstadter, Anti-intellectualism, 415

81. Kennan, Memoirs, 1925- 1950,345- 46.

82. George Kennan to Dean Acheson, January 31, 1947, with attachment "The Frame-work of Policy Planning," GFKP box 1.

83. George Kennan to Dean Acheson, February 13, 1947 ibid.

84. Kennan, Memoirs, 1925- 1950, 326.

85. Ibid, 320.

86. Steel, Walter Lippmann, 438–39.

87. Walter Lippmann, "Cassandra Speaking," The Washington Post, April 5, 1947. AlsoSteel, Walter Lippmann, 441.

88. Steel, Walter Lippmann, 441–42.

89. See Hogan, The Marshall Plan. The full text of the speech can be acessed at wwwamericanrhetoric com/speeches/georgecmarshall. html.

90. George Kennan to Hamiton Fish Armstrong, February 4, 1947, and Hamiton FishArmstrong to George Kennan, March 7, 1947 GFKP box 28.

91. Thompson, The Hawk and the Dove, 77–78.

92. X, "The Sources of Soviet Conduct," Foreign Affairs, July 1947, www. foreignaffairs. com/articles/23331/x/the sources- of soviet-conduct.

93. Lippmann, The Cold War, 7.

94. Ibid, 11, 14–16.

95. Ibid, 36.

96. Kennan, Memoirs, 1925–1950, 359–61.

97. Thompson, The Hawk and the Dove, 78.

98. See Isaacson, Henry Kissinger, 60.

99. Kennan, diary entry, January 28, 1948, GFKP box 231.

100. Kennan, Memoirs, 1925- -1950, 400- 401.

101. Ibid, 361–62.

102. Carnes, Invisible Giants, 184.

103. See Stephanson, Kennan and the Art of Foreign Policy, 146.

104. Halper and Clarke, The Silence of the Rational Center, 71.

105. On Forrestal's career, see Hoopes and Brinkley, Driven Patriot.

106. Beisner, Dean Acheson, 88.

107. Halper and Clarke, The Silence of the Rational Center, 71.

108. Beisner, Dean Acheson, 118.

109. Kuklick, Blind Oracles, 42.

110. Acheson, Present at the Creation, 147–48.

111. Stephanson, Kennan and the Art of Foreign Policy, 143–44.

112. George Kennan to Dean Acheson, January 3, 1949, GFKP, box I.

113. Kennan, Memoirs, 1925–1950, 437.

114. Kennan, diary entries, November 19 and 22, 1949, GFKP, box 231.

6. The Scientist: Paul Nitze

1. Nitze, From Hiroshima to Glasnost, 42

2. On the factors underlying the brutality of the Pacific War, see Dower, War WithoutMercy.

3. Nitze, From Hiroshima to Glasnost, 43.

4. Herken, "The Great Foreign Policy Fight," 69.

5. Nitze's Tension Between Opposites explains the connection between theory and practice in foreign policy.

6. Callahan, Dangerous Capabilities, 12

7. Thompson, The Hawk and the Dove, 27.

8. Nitze, From Hiroshima to Glasnost, xi.

9. Thompson, The Hawk and the Dove, 37.

10. Ibid, xiv.

11. Callahan, Dangerous Capabilities, 15

12. Nitze, From Hiroshima to Glasnost, xii.

13. Talbott, Master of the Game, 27.

14. Nitze, From Hiroshima to Glasnost, xvili.

15. Ibid, xx

16. Talbott, Master of the Game, 27.

17. Nitze, From Hiroshima to Glasnost, xxi.

18. Ibid.

19. Kuklick, Blind Oracles, 43–44.

20. Thompson, The Hawk and the Dove, 40.

21. Herken, "The Great Foreign Policy Fight," 68.

22. Nitze, From Hiroshima to Glasnost, 9.

23. Callahan, Dangerous Capabilities, 44.

24. See Mazower, Hitler's Empire.

25. Nitze, From Hiroshima to Glasnost, 84.

26. Thompson, The Hawk and the Dove,72.

27. Interview with Paul Nitze, June 12, 1985, Paul H. Nitze Papers, box 119.

28，Thompson, The Hawk and the Dove, 80.

29. Nitze, From Hiroshima to Glasnost, 68.

30. Thompson, The Hawk and the Dove, 107.

31. Nitze, From Hiroshima to Glasnost, 86.

32. Herken, "The Great Foreign Policy Fight," 73.

33. Thompson, The Hawk and the Dove, 107–108.

34. Abella, Soldiers of Reason, 4.
35. NSC–68, "Terms of Reference" The full text of NSC 68 can be acessed at htp://fas. orgo/irp/offdocs/nsc hst/nsc 68. htm.
36. Beisner, Dean Acheson, 239.
37. NSC–68, part three, "Fundamental Designs of the Kremlin. " http://fas org/irp/offdocs/nsc–hst/nsc 68. htm.
38. Nitze, From Hiroshima to Glasnost, 96.
39. Beisner, Dean Acheson, 238.
40. Kaplan, The Wizards of Armageddon, 140–41.
41. Herken, Counsels of War, 52–53.
42. Kaplan, The Wizards of Armageddon, 140.
43. Intervicw with Paul Nitze, May 7, 1982, Papers of Paul H. Nitze, box 128.
44. Thompson, The Hawk and the Dove, 113.
45. Herring, From Colory to Superpower, 640.
46. On the Korean War, see Lowe, The Origins of the Korean War; Cumings, The KoreanWar; Halberstam, The Coldest Winter; and Stueck, The Korean War.
47. Interview with Paul Nitze, March 30, 1982, Papers of Paul H. Nitze, box 118.
48. Kennan, diary entry, June 26, 1950, GFKP box 232.
49. Ibid, July 3, 1950.
50. Zelizer, Arsenal of Democracy, 100.
51. Beisner, Dean Acheson, 397–98.
52. Nitze, From Hiroshima to Glasnost, 107.
53. Congressional Record 3380 (1951).
54. Duffy and Carpenter, Douglas MacArthur, 48.
55. Kennan diary entry, April 15, 1951, GFKP box 232.
56. Ibid. , April 17, 1951.
57. Ibid. , August4, 1951.
58. Beisner, Dean Acheson, 120.
59. George Kennan to Dean Acheson, September 1, 1951, GFKP, box 1.
60. Weeks, Conversations with Walter Lippmann, 3–4.
61. Intericw with Paul Nitze, April 20, 1982, Papers of Paul H. Nitze, box 18.
62. Kuklick, Blind Oracles, 51.
63. Jacoby, The Age of American Unreason, xii.
64. Troy, Inellctuals and the American Presidency, 10.
65. Scher, The Modern Political Campaign, 22.
66. Gaddis, Strategies of Containment, 122.
67. lbid, 127–28.
68. Kaplan, Wizards of Armageddon, 145.
69. Thompson, The Hawk and the Dove, 74.
70. Nitze, From Hiroshima to Glasnost, 144– 45.
71. Ibid. , 147–48.
72. Ibid, 151.
73. George Kennan to Adlai Stevenson, January 26, 1954, GFKP box 46.
74. Nitze, From Hiroshima to Glasnost, 152.

75. Kennan, diary entry, April 21, 1959, GFKP, box 233.
76. Thompson, The Hawk and the Dove, 136.
77. Nitze, From Hiroshima to Glasnost, 131.
78. Westad, The Global Cold War, 25.
79. George Kennan to Paul Nitze, September 5, 1956, GFKP, box 36.
80. Remarks by George Kennan, Princeton Stevenson for President Committee, April 30,1956, Henry DeWolf Smyth Papers, box 5.
81. George Kennan to Adlai Stevenson, March 28, 1956, GFKP, box 46.
82. Callahan, Dangerous Capabilities, 161–62.
83. John Kenneth Galbraith, A Life in Our Times (Boston: Houghton Miflin, 1981), 359,84. George Kennan to Paul Nitze, February 26, 1960, GFKP box 34.
85. Callahan, Dangerous Capabilities, 168–69.
86. Nitze, From Hiroshima to Glasnost, 168.
87. Kuklick, Blind Oracles, 66.
88. Kaplan, Wizards of Armageddon, 147.
89. Paul Nitze to John Foster Dulles, November 16, 1957, Papers of John Foster Dulles,box 3.
90. Thompson, The Hawk and the Dove, 165.
91. Kennan's Reith Lectures can be found at www. bbc co. uk/radio4/features/the –reith-lectures/transcripts/1948/#y1957.
92. George Kennan to Walter Lippmann, June 14, 1951, GFKP, box 27.
93. Interview with Paul Nitze, June 12, 1985, Papers of Paul Nitze, box 119.
94. Nitze, From Hiroshima to Glasnost, 177.
95. Callahan, Dangerous Capabilities, 186.
96. Paul H. Nitze, Oral History Interview, JFKL, 1.
97. George Kennan to John F. Kennedy, August 17, 1960, GFKP box 26.
98. Nitze, From Hiroshima to Glasnost, 178.
99 For the full text of Kennedy's speech, see Merrill and Paterson, Major Problems inAmerican Foreign Relations, 2:290 91.
100. Nitze, From Hiroshima to Glasnost, 178– –80.
101. Ibid, 181，182.
102. Callahan, Dangerous Capabilities, 194.
103. Frank Costigliola, "U. S. Foreign Policy from Kennedy to Johnson," in Leffler andWestad, Cambridge History of the Cold War, 2:122.
104. For the full textof Eisenhower's speech, see Public Papers of the Presidents: Dwight D. Eisenhower, 1960 1961, 1037– 1040.
105. For the fll exstof Kennedy's peece see Public Papers ofthe Pesidents: John F Kennedy1961,1–3.
106. For a discussion of The Stages of Economic Growth, see Milne, America's Rasputin,60–66.
107. Matusow, The Unraveling of America, 31.
108. Rostow, The Difiusion of Power, 126.
109. Martin, Adlai Stevenson and the World, 634.
110. Halberstam, The Best and the Brightest, xxi.
111. McCormick and LaFeber, Behind the Throne, 210.
112. Dalder and Destler, In the Shadow of the Oval fice, 21.
113. Nitze, From Hiroshima to Glasnost, 184.

114. Herring, America's Longest War, 41.
115. Kahin, Intervention, 187.
116. Walt w. Rostow to President Kennedy, April 21, 1961, President's Ofice File. JFKL,box 193.
117. Maxwell Taylor to Secretary of State Dean Rusk, October 25, 1961, FRUS: Vietnam,1961, 430.
18 "Evaluations and Conclusions," tab C, no date, National Security File (NSF), Coun−tries: Vietnam, Taylor Report, November 3, 1961, JFKL.
119. The Pentagon Papers, 2:92.
120. Interview with Paul Nitze, June 12, 1985, Papers of Paul H. Nitze, box 119
121. Nitze, From Hiroshima to Glasnost, 256.
122. Callahan, Dangerous Capabilities, 289.
123. Interview with Paul Nitze, June 12, 1985.
124. Interview with Paul Nitze, December 10, 1982, Papers of Paul H Nitze, box 120.
125. Thompson, The Hawk and the Dove, 187.
126. Nitze, From Hiroshima to Glasnost, 237.
127. Thompson, The Hawk and the Dove, 198.
128. Gaddis, George Kennan, 577–78.
129 Nitze, From Hiroshima to Glasnost, 261.
130. Interview with Paul Nitze, December 22, 1982, Papers of Paul H. Nitze, box 118.
131. Nitze, From Hiroshima to Glasnost, 261.
132. Gaddis, George Kennan, 590.
133. Memorandum for the Record, November 25, 1963, LBIL, Meeting Notes File, box 1.
134. Schulzinger, A Time for War, 127.
135. Neustadt and May, Thinking in Time, 86.
136. Leffler and Westad, The Cambridge History of the Cold War, 2:126 −27,
137. Packenham, Liberal America and the Third World, 91.
138. Ekbladh, "Mr. TVA."
139. Carnes, Invisible Giants, 186.
140. Walter Lippmann to Allan Nevins, October 14, 1965, PP 614.
141. Walt Rostow to Dean Rusk, January 4, 1966, Confdential File, box 171, L. BJL On theLippmann−LB] falling−out, see Logevall, "First Among Critics."
142. See McMaster, Dereliction of Duty, 215, and Westmoreland, A Soldier Reports, 115.
143. Kennan, diary entry, February 7, 1965, GFKP, box SR. See also Thompson, The Hawkand the Dove, 203.
144. George Kennan, "Our Push Pull Dilemma in Vietnam," The Washington Post,December 12, 1965, EL.
145. Walter Lippmann to George Kennan, December 16, 1965, GFKP box 27.
146. Thompson, The Hawk and the Dove, 203–204.
147. Ibid, 204205.
148. Ibid, 205.
149. Gaddis, George Kennan, 594.
150. Nitze, From Hiroshimd to Glasnost, 258.
151. See ibid, 259, and Callahan, Dangerous Capabilities, 293.
152. Callahan, Dangerous Capabilities, 294– 95.
153. Telephone conversation between Robert S. McNamara and Lyndon B. Johnson, Febru−ary 28, 1966, Presidential Tape Recording Series, tape WH6602. 10.

154. Alfred Kazin, "The Trouble He's Seen," The New York Times, May 5, 1968, wwwnytimes. com/books/97/05/04/reviews/mailer . armies. html
155. Nitze, From Hiroshima to Glasnost, 270.
156. Kennan, Democracy and the Student Lef, 228 –29.
157. Thompson, The Hawk and the Dove, 214.
158. Buzzanco, Masters of War, 342–45.
159. Interview with Paul Nize, December 22, 1982, Papers of Paul H. Nitze, box 118
160. Schulzinger, A Time for War, 264–67.
161. Notes of Meeting, March 4, 1968, Tom Johnson Meeting Notes File, box 2, LBIL.
162. Isaacson and Thomas, The Wise Men, 487.
163. Ibid, 700.
164. Nitze, From Hiroshima to Glasnost, 280.
165. Thompson, The Hawk and the Dove, 224.
166. Callahan, Dangerous Capabilities, 327.
167. George F. Kennan, diary entry, March 10, 1970, KD, 462.

7. Metternich Redux: Henry Kissinger

1. Minutes of Weekly Luncheon, September 12, 1967, Tom Johnson Meeting Notes File, box 2, LBIL,
2. Dallek, Nixon and Kissinger, 59.
3. Robert K. Brigham and George C. Herring, "The Pennsylvania Peace Initiative," in Gardner and Gittinger, The Search for Peace in Vietnam, 68.
4. Interview with Richard V. Allen, May 28, 2002, Ronald Reagan Oral History Project, Millcer Center for Public Affairs Presidential Oral History Program, http://webl. millercenter. org/poh/transcripts/ohp 2002 0528 allen. pdf.
5. Henry Kissinger to Averell Harriman, August 15, 1968, Papers of W. Averell Harri−man, box 481.
6. AverellHarriman to Henry Kissinger, September 8, 1968, ibid.
7. Isaacson, Kissinger, 131.
8. Dallek, Nixon and Kissinger, 73–74. On the Paris negotiations, see Herbert Y. Schandler, "The Pentagon and Peace Negotiations After March 31," in Gardner and Gittinger, TheSearch for Peace in Vietnam, and Milne, "The 1968 Paris Peace Negotiations. "
9. Ambassador Bunker to Dean Rusk, November 2, 1968, Papers of W. Averell Harriman, box 506.
10. Jacoby, The Age of American Unreason, 153.
11. Isaacson, Kissinger, 133.
12. Dallck, Nixon and Kissinger, 81.
13. Isaacson, Kissinger, 132.
14. Suri, Henry Kissinger and the American Century, 28.
15. Isaacson, Kissinger, 23.
16. Ibid. 27.
17. Del Pero, The Eccentric Realist, 73.
18. Dallek, Nixon and Kissinger, 35.
19. Isaacson, Kissinger, 26. Sur's Henry Kissinger and the American Century is highlyeffective in connecting Kissinger's experiences as a Jew in Nazi Germany to the ideashe dispensed while in academia and in government,
20. Isaacson, Kissinger, 38.

21. Suri Henry Kissinger and the American Century,57–58.
22. Dallck, Nixon and Kissinger, 37.
23. Isaacson, Kissinger, 45.
24. Suril, Henry Kissinger and the American Century, 68.
25. Dallek, Nixon and Kissinger, 49.
26. Quoted in Isaacson, Kissinger, 29.
27. Hanhimaki, Flawed Architect, 5.
28. Isaacson, Kissinger, 58.
29. Graubard, Kissinger, 5.
30. Isaacson, Kissinger, 61.
31. Dallck, Nixon and Kissinger, 41.
32. Suri, Henry Kissinger and the American Century, 246, and Isacson, Kissinger, 697.
33 Suri, Henry Kissinger and the American Century, 113.
34. Kuklick, Blind Oracles, 184–88.
35, Suri, Henry Kissinger and the American Century, 124.
36. Isaacson, Kissinger, 76 77. The Ph. D. dissertation was later published as A World Re-stored: Metternich, Castlereagh and the Problems of Peace.
37. Isaacson, Kissinger, 75.
38. Kissinger, A World Restored, 329.
39. Tbid. , 330.
40. Kissinger, White House Years, 13–14.
41. Dallck, Nixon and Kissinger, 47.
42. Kissinger, "Military Policy and Defense of the Gray Areas. '
43. Study Group Reports, "Nuclear Weapons and Foreign Policy," Council on ForeignRelations, May 4, 1955, Henry DeWolf Smyth Papers, Series II box 4.
44. Henry Kissinger to Hamilton Fish Armstrong, August 17, 1957, Papers of HamiltonFish Armstrong, box 39,
45. Hanhimaki, Flawed Architect, 11.
46. Isacson, Kissinger, 89.
47. Interview with PaulH. Nitze, April7. 1982, Papers of Paul H. Nitzc, box 118.
48. Paul Nitze, From Hiroshima to Glasnost, 298.
49. Dallck, Nixon and Kissinger, 48.
50. Hanhimaki, Flawed Architect, 9.
51. Isaacson, Kissinger, 88.
52. Reinhold Niebuhr, "Limited Warfare," Christianity and Crisis 17, November 11, 1957, in Suri, Henry Kissinger and the American Century 156.
53. Isaacson, Kissinger, 88 and Suri, Henry Kissinger and the American Century, 156 –57.
54. Henry A. Kissinger, "The Policymaker and the Intellectual," The Reporter, March 5,1959 GFKP box 26.
55. Dalick, Nixon and Kissinger, 55.
56. Isaacson, Kissinger, 111, 113.
57. Schlesinger, Journals, 1952– 2000, 124.
58 Kissinger, White House Years, 39– 40.
59. Suri, Henry Kissinger and the American Century, 176.
60. Schulzinger, Henry Kissinger, 14.

61. Dallek, Nixon and Kissinger, 56.

62. See Goldberg, Barry Goldwater.

63. Isaacson, Kissinger, 117–19.

64. Dallck, Nixon and Kissinger, 57.

65. 1bid,57–59.

66. Isaacson, Kissinger, 123.

67. Henry Kissinger to Hans Morgenthau, November 13, 1968. Papers of Hans 1. Morgen–thau, box 33.

68. Hanhimaki, Flawed Architect, 15.

69. Isaacson, Kissinger, 137.

70. Kissinger, White House Years, 15.

71. Conversation betwcen Henry Kssinger and Walt Rostow, lanuary 13, 1970, issingerTelcons, reel 3.

72. Interview with Paul H Nitze, April 201982, Papers of Paul H. Nitze, box 118.

73. Dallck, Nixon and Kissinger, 91.

74. Isaacson, Kissinger, 148.

75. Herring, From Colony to Superpower, 764.

76. Haig Inner Circles, 201.

77. Isaacson. Kissinger, 192.

78. Hanhimaki, Flawed Architect, 23.

79. Isaacson, Kissinger, 139

80. Patterson, Grand Expectations, 735.

81. Zelizer, Arsenal of Democracy, 243.

82. Nixon, "Asia After Viet Nam, "121. 123.

83. Zelizer,Arsenal of Democracy, 222.

84. Dominic Sandbrook, "Salesmanship and Substance The Influence of Domestic Poli-
tics and watergate. "in Logevall and Preston. Nixon on the World,88.

85, Suri, Henry Kissinger and the American Century, 161.

86,Zelizer, Arsenal of Democracy, 240.

87. Kissinger, White House Years, 61–62.

88. Kennan, diary entry, May 6, 1966, GFKP, box 236.

89. Gaddis, George F. Kennan,617.

90. Nitze, From Hiroshima to Glasnost, 293, 295.

91. 1bid. ,299

92. Callahan. Dangerous Capabilities, 331.

93. Dobrynin, In Confidence, 199

94. Isaacson, Kissinger, 209

95, Suri, Henry Kissinger and the American Century, 225.

96. Nitze, From Hiroshima to Glasnost, 309. 313.

97. Callahan, Dangerous Capabilities. 357.

98. Transcript of telephone conversation between President Nixon and Kissinger, May 17, 1972,FRUs:1969–1976,14922

99. Hanhimaki, Flawed Architect, 226.

100. Nitze, From Hiroshima to Glasnost, 328–29.

101, Gaddis, George F. Kennan, 621.

102. Zumwalt, On Watch, 490.

103. Callahan, Dangerous Capabilities, 359.
104. Interview with Paul H. Nitze, October 31, 1985, Box 119, Papers of Paul H. Nitze.
105. See Clark, The Chinese Cultural Revolution, and Spence, The Search for Modern China.
106. Gaddis, George F. Kennan, 583.
107. Hanhimaki, Flawed Architect. 55.
108. Suri, Henry Kissinger and the American Century, 183–84.
109. See Griffin, Ping–Pong Diplomacy
110. Kissinger, White House Years, 727.
111. ibid,728.
112. Dallek, Nixon and Kissinger, 292.
113. Memorandum for Henry A. Kissinger "Memcon of Your Conversations with Chou En–lai." July 29, 1971, National Security Archive Electronic Briefing Book no, 66, docu–m ment 34,4, www. gwu. edu/–nsarchiv/NSAEBB/NSAE/ch–34. pdf.
114. ibid. 22.
115. bid. 40.
116. ibid. 41
117. Zelizer, Arsenal of Democracy, 242.
118. For an evocative account of Nixon's visit, see Macmillan, Nixon and Mao.
119. A fine recording of Nixon in China is Marin Alsop conducting the Colorado Sym. phony Orchestra in 2008. Naxos American released this three–CD box set in 2009.
120. See Kissinger, White House Years, 1053–1056.
121. Nixon, RN, 560.
122. For a detailed account of this historic (and occasionally surreal) conversation,see Tyler, A Great Wall. 130–34
123. Keys, "Henry Kissinger: The Emotional Statesman," 600.
124. Kissinger, White House Years, 787.
125. Memorandum from Henry Kissinger to Richard Nixon, "My Asian Trip," February 27,1973. FRUS: 1969– 1976, 18:203 –204.
126. Kissinger, On China, 25.
127. Dallek, Nixon and Kissinger, 295.
128. Zelizer, Arsenal of Democracy, 243.
129. Dallek, Nixon and Kissinger, 370.
130. www. time com/time/specials/packages/article/0,28804,1861543 1861856 1861867,00. html.
131. In Sideshow the journalist William Shawcross makes a strong case that the Ameri– can bombing of Cambodia in 1969 and 1970 helped set the stage for the rise of PolPot. Since 1994, Yale University has been home to a Cambodian Genocide Program,wwwyale. edu/cgp/ (from which my statistics are drawn).
132. www. archives gov/research/military/vietnam–war/casualty– statistics. html#year.
133. A damning critique of Nixon and Kissinger's failure to achieve "peace with honor isBerman, No Peace, No Honor.
134. Schulzinger, A Time for Peace, 75.
135. Kissinger, "The Viet Nam Negotiations," 218–19 234.
136. Kissinger, White House Years, 227–28.
137. Ibid, 110.
138. Henry Kissinger to Hans Morgenthau, November 13, 1968, Papers of Hans J. Morgen–thau, box 33.
139. Dallek, Nixon and Kissinger, 121–24.

140. Isaacson, Kissinger, 177.
141. Hanhimaki, Flawed Architect, 62.
142. Conversation between Henry Kissinger and Walt Rostow, November 11, 1970, KissingerTelcons, reel 6.
143. Dallek, Nixon and Kissinger, 444.
144. George F. Kennan, May 10, 1972, KD, 473.
145. William Broyles, "The Road to Hill 10: A Veteran's Return to Vietnam," The Atlantic, April 1, 1985.
146. Dallek, Nixon and Kissinger, 452.
147. Hanhimaki, Flawed Architect, xiv.
148. Conversation between Henry Kissinger and Richard Nixon, October 17, 1973, Kissinger Telcons, reel 19.
149. Dallek, Nixon and Kissinger, 396.
150. For a firsthand account, see Snepp, Decent Interval.
151. Kennan, The Cloud of Danger, 96.
152. See Hixson, The Myth of American Diplomacy 222, and Dallck, Nixon and Kissinger, 229.
153. Herring, From Colony to Superpower, 787.
154. Kissinger, White House Years, 654.
155. Schulzinger, Doctor of Diplomacy, 132–33.
156. Herring From Colony to Superpower, 787.
157. Schulzinger, Doctor of Diplomacy, 134.
158. Hanhimaki, Flawed Architect, 104.
159. Stern, Remembering Pinochet's Exile, xxi.
160. Dallck, Nixon and Kissinger, 514.
161. On this harrowing episode, see Saikia, Women, War, and the Making of Bangladesh.
162. Bundy, A Tangled Web, 269–70.
163. Dallck, Nixon and Kissinger, 341, 343, 346.
164. Nixon, RN, 527.
165. Bundy, A Tangled Web, 291.
166. For a powerful attack on Nixon and Kissinger's approach to the conflict, see Bass, TheBlood Telegram.
167. Memorandum of Conversation with Mao Zedong. Zhou Enlai, et al, November 12,1973, in Burr, The Kissinger Transcripts, 182.
168. Callahan, Dangerous Capabilities, 363.
169. Kissinger, Years of Upheaval, 1152.
170. "Impeachment Politics May Cost Nitze Pentagon Post," The New York Times, May 22, 1974.
171. Callahan, Dangerous Capabilities, 364: Kissinger, Years of Upheaval, 1152.
172. George F. Kennan, August 8. 1974, KD, 484.
173. Conversation between Henry Kissinger and Richard Nixon, October 24, 1973, Kissinger Telcons, reel 19.
174. Dallek, Nixon and Kissinger, 610.
175. Isaacson, Kissinger, 596.
176. Gaddis, George F Kennan, 622.
177. Zelizer, Arsenal of Democracy, 246.
178. Ibid. , 259.
179. Conversation between Henry Kissinger and I. Willam Fulbright, September 22, 1973, Kissinger Telcons, reel 19
180. Isaacson, Kissinger, 666.
181. Kissinger, Years of Renewal, 107–108.

182. Kissinger, Years of Upheaval, 1212.
183. Isaacson, Kissinger, 603.
184. Conversation between Henry Kissinger and George Kennan, September 14, 1973, Kissinger Telcons, reel 18.
185. Brinkley, Gerald R Ford, 108.
186. "Ford vs. Solzhenitsyn," The New York Times, July 4, 1975, 22.
187. Zelizer, Arsenal of Democracy, 258.
188. Kissinger, Years of Renewal, 65L.
189 Speech by Henry Kssinger, "The Moral Foundation of Foreign Policy," July 15, 1975, Papers of Daniel Patrick Moynihan, box I, 337.
190. John Lewis Gaddis, "Grand Strategies in the Cold War," in Lfler and Westad, The Cambridge History of the Cold War, 2:18 The most important books on the Helsinki process are Thomas, The Helsinki Efect, and Sarah B. Snyder, Human Rights Activism and the End of the Cold War A Transnational History of the Helsinki Network (NewYork: Cambridge University Press, 2011)
191. Isaacson, Kissinger, 662.
192. Gaddis, George E Kennan, 624.
193. Isaacson, Kissinger, 658, 665.
194 Sandbrook Mad as Hell, 97.
195. Kissinger, Ending the Vietnam War, 493.
196. Iaacson, Kssinges 647–48. The fall transcript of the interview is available at www.
197. fordibarymuscum go/brarydocuen/0204/1511947 Sandbrook, Mad as Hell, 97.
198. Zelizer, Arsenal of Democracy, 261.
199, Callahan, Dangerous Capabilities, 377.
200 Sandbrook, Mad as Hell 191.
202. Ibid, 2416–17. 201. Pubic Papersof the Pesidets of the United States GeraldR Ford, 1976 1972409 –10.
203. "Ford Comeback Fally Stledl by 2nd Debate, Plster Says," Dee News November9, 1976, 2.
204. Isaacson, Kissinger, 704.
205. Dallek, Nixon and Kissinger, 617.
206. See www. henryakissinger. com/eulogies/042794. html.

8. The Worldmaker: Paul Wolfowitz

1. On Pipes in particular and Sovietology in general, see Engerman, Know YourEnemy,
2. Immerman, Empire for Liberty, 203.
3. Paul H. Nitze to Zbigniew Brzezinski, March 26, 1976, Papers of Paul H. Nitze, box 70.
4. Anne Hessing Cahn, Killing Detente, 158.
5. Mann, Rise ofthe Vulcans, 74.
6. See Rovner, Fixing the Facts, chap. 6.
7. Mann, Rise of the Vulcans, 75–76.
8. Immerman, Empire for Liberty, 202.
9. Packer, The Assassins' Gate, 25; Immerman, Empire for Liberty, 198–99.
10. Solomon, Paul D. Wolfowitz, 10.
11. Bloom's best known work, The Closing of the American Mind, offers an impassioneddefense of the teaching of philosophy through a "canon" and denigrates the woolly, relativist direction of U. S. higher education.

12. Anne Norton notes that "other students regarded the [Telluride] circle as a Straussian cult," in Leo Strauss and the Politics of American Empire, 59.
13. Paul Wolfowitz interview with Sam Tanenhaus, Vanity Fair, May 9, 2003, www. defense. gov/transcripts/transcript. aspx?transcriptid- 2594.
14. Paul Wolfowitz interview with Nathan Gardels, Los Angeles Times, April 29, 2002,www. defense. gov/transcripts/transcript. aspxitranscriptid=3435.
15. John Cassidy, "The Next Crusade: Paul Wolfowitz at the World Bank," The New Yorker, April 9, 2007, www. newyorker. com/reporting/2007/04/09/070409fa fact_ cassidy.
16. Lane, "Plato, Popper, Strauss and Utopianism," 119.
17. Kim Sorensen, Discourses on Strauss: Revelation and Reason in Leo Strauss and His Crit-ical Study of Machiavelli (Notre Dame, IN: University of Notre Dame Press, 2006), 178.
18. Leo Strauss, "Relativism," in Harry V Jaffa, Crisis of the Strauss Divided, 171.
19. Paul Wolfowitz interview with Sam Tanenhaus, Vanity Fair, May 9, 2003.
20. For a selection of Albert and Roberta Wohlstetter's writings on nuclear strategy, seeZarate and Sokolski, Nuclear Heuristics,
21. Mann, Rise of the Vulcans, 30.
22. Paul D. Wolfowitz, "Nuclear Proliferation in the Middle East: The Politics and Eco- nomics of Proposals for Nuclear Desalting (Ph. D. diss. . University of Chicago, 1972),32 33, quoted in Mann, Rise of the Vulcans, 30– 31.
23. See Cohen, Israel and the Bomb. and Hersh, The Samson Option.
24. See Mann, Rise of the Vulcans, 30 32.
25. Cassidy, "The Next Crusade. "
26. Ibid, 12. Also see Paul Wolfowitz, "Statesmanship in a New Century," in Kagan andKristol, Present Dangers, 315; and Milne, America's Rasputin, 249 54.
27. Packer, The Assassins Gate, 26.
28. On Carter's presidency, see Smith, Morality, Reason and Power; Glad, An Outsider inthe White House; and Kaufman, Plans Unraveled.
29. Zelizer, Arsenal of Democracy, 275.
30. Herken, "The Great Foreign Policy Fight," 77.
31. Talbott, The Master of the Game, 149.
32. Paul Nitze to Zbigniew Brzezinski, March 26, 1976, Papers of Paul H Nitze, box 70.
33. Mann, Rise of the Vulcans, 81.
34 Solomon, Paul D. Wolfowitz, 26.
35. Zelizer, Arsenal of Democracy, 283, 286.
36. Westad, The Global Cold War, 294.
37. Forarecent history ofthe Iranian revolution and its aftermath, see Buchan, Days of God. 38. Hamilton, American Caesars, 329 –30.
39. Gaddis, George F Kennan, 643.
40. Solomon, Paul D. Wolfowitz, 26.
41. Mann, Rise of the Vulcans, 98.
42. Immerman, Empire for Liberty, 204.
43. Thompson, The Hawk and the Dove, 278 –79.
44. Ibid, 273.
45. Mann, Rise of the Vulcans, 109.

46. Solomon, Paul D. Wolfowitz, 46.
47. Frances X Clines and Warren Weaver, "Briceing," The New York Times, March 30, 1982,12. See also Mann, Rise of the Vulcans, 115.
48. Mann, Rise of the Viulcans, 116.
49. See Rodgers, Age of Fracture, chapter 1, for an insightful discussion of the ideationaltaproots of Reagan's rhetoric.
50. Gaddis, George F. Kennan, 651–53.
51. Speech by Ronald Reagan, March 8, 1983, Public Papers of the Presidents of the United States Ronald Reagan, 1983 (Washington, D. C. Government Printing Office, 1983),363–64.
52. See Scott, Deciding to Intervene, and Garthoff, The Great Transition
53. Greg Schneider and Renae Merle, "Reagan's Defense Buildup Bridged Military Eras," The Washington Post, June 9, 2004, www. washingtonpost com/wp–dyn/articles/A26273–2004Jun8. html. Also see Mann, The Rebellion of Ronald Reagan.
54. FitzGerald, Way Out There in the Blue, 39.
55. Public Papers of the Presidents of the United States: Ronald Reagan, 1982,746–48.
56. Cannon, President Reagan, 272.
57. Kirkpatrick, "Dictatorships & Double Standards," Commentary, November 1, 1979,www. commentarymagazine. com/article/dictatorships– double– standards/.
58. Shultz, Turmoil and Triumph, 320.
59. Mann, Rise of the Vulcans, 130, 92.
60. Ibid, 132–34.
61. Henry A. Kissinger, "What Next When U. S. Intervenes?," Los Angeles Times, March9,1986.
62. See LaFeber, Inevitable Revolutions.
63. Mann, Rise of the Vulcans, 136.
64. Immerman, Empire for Liberty, 207.
65. Reagan, An American Life, 611.
66. Gaddis, George F Kennan, 668.
67. See Wilson, The Triumph of Improvisation.
68. See Adelman, Reagan at Reykjavic.
69. Cannon, President Reagan, 779–81.
70. Mann, Rise of the Vulcans, 158.
71. Herring From Colony to Superpower, 898.
72. Cannon, President Reagan, 755,
73. Dobrynin, In Confidence, 612.
74. Herring, From Colony to Superpower, 898 99.
75. Paul Wolfowitz, "How the West Won," National Review, September 6, 1993, 62.
76. Lukacs, George Kennan, 181.
77. Gaddis, George F. Kenman, 671.
78. For a well reasoned recently published history of the end of the Cold War, see Wilson, The Triumph of Improvisation. Sarotte's 1989 is a nuanced account of a pivotal year.
79. Gaddis, George F Kennan, 671.
80. Cheney, In My Time, 162. For a study of the relationship between Cheney and GeorgeW. Bush, see Baker, Days of Fire
81. Mann, Rise of the Vulcans, 170
82. Mary McGrory, "Kennan– A Prophet Honored," The Washington Post, April 9,1989, BL.

83. Kennan's testimony can be viewed in its entirety at www. c-spanvideo. org/program/6952-1.
84. George H. W. Bush, "Commencement Address at Texas A&M University," May 12,1989 http://millercenter org/president/speeches/detail/3421.
85. Jon Margolis, "Bush Carries Labels That Don't Really Fit," Chicago Tribune, March 22. 1988
86. On the conflct and aftermath, see Freedman and Karsh The Gulf Conflict, and Gor-don and Trainor, The Generals' War
87. Immerman, Empire for Liberty, 214.
88. Mann Rise of the Vulcans, 184.
89. Tbid. , 185.
90. Rumsfeld, Known and Unknown. Also see Graham, By His Own Rules
91. Herring. From Colony to Superpower, 909.
92. George F. Kennan, December 16, 1990, KD, 616.
93. Mann, Rise of the Vulcans, 192
94. Baker, Politics and Diplomacy, 194.
95. Robert Gates, "The Gulf War: Oral History," Frontine, PBS, January 9, 1996, wwwpbs. org/wgbh/pages/frontline/gulf/oral/gates/1. html.
96. Mann, Rise of the Vulcans, 192.
97. Ibid, 193.
98. Bush and Scowcroft, A World Transformed, 489.
99. Rumsfeld, Known and Unknown, 414.
100. John Lewis Gaddis, "Grand Strategies in the Cold War," in Lefler and Westad, TheCambridge History of the Cold War, 2:43.
101. Mann, Rise of the Vulcans, 198.
102. Immerman, Empire for Liberty, 217. For the various drafts of the DPG, see the website of the National Security Archive at George Washington University: www. gwu. edu/-nsarchiw/nukevault/ebb245/index. htm.
103. Patrick Tyler, "U. S. Strategy Plan Calls for Insuring No Rivals Develop," The NewYork Times, March 8, 2008.
104. Packer, The Assassins' Gate, 21.
105. Mann, Rise of the Vulcans, 203.
106. Chollet and Goldgeier, America Between the Wars, 45.
107. Memorandum from Paul Wolfowitz to Secretary of Defense Dick Cheney, May 5,1992, www. gwu edu/-nsarchiv/nukevault/ebb245/doc14 pdf.
108. Immerman, Empire for Liberty, 218.
109. Paul Wlowiz, "Shaping the Future: Panning at the Pentagon," in Leflert and Legro,In Uncertain Times, 45-46.
110. Thompson, The Hawk and the Dove, 311.
111. Gaddis, George F Kennan, 680.
112. Mann Rise of the Vulcans, 219.
113. Preble, The Power Problem, 31, 33.
114. Paul Woltowitz, "Clinton's Bay of Pigs," The Wall Street Journal, September 27, 1996,in Chollet and Goldgeier. America Between the Wars, 188.
115. Solomon, Paul D. Wolfowitz, 69.
116. See Bowden, Black Hawk Down,
117. George F. Kennan, December 9, 1992, KD, 630-31.
118. See Dallaire, Shake Hands with the Devil
119. Beinart, The Icarus Syndrome, 274 75.

120. Paul Wolfowitz, "The United States and Iraq" in Calabrese, The Future of Iraq, 111. 121 Zalmay Khalilzad and Paul Wolfowitz, "Overthrow Him," The Weekly Standard, December 1, 1997 14, in Mann, Rise of the Vulcans, 236.
122. https://web. archive org/web/20130112235337/http://www. newamericancentury. org/statementofprinciples. htm.
123. https://web. archive. org/web/2013011220328/tp://www. newamericancentury. org/iraqclintonletter. htm.
24. Mann, Rise of the Vulcans, 24.
125. Condoleezza Rice and Philip D. Zelikow, Germany Reunified and Europe Trans-formed: A Study in Statecraft.
126. Velasco, Neoconservatiwes in U. S. Foreign Policy 156.
127. Mann, Rise of the Vulcans, 259.
128. Velasco, Neoconservatives in US. Forcign Policy, 156.
129. Heilbrunn, They Knew They Were Right, 230.
130. Mann, Rise of the Vulcans, 256.
131. Ibid. . 263.
132. Powell, My American Journey, 526.
133. DeYoung, Soldier, 301.
134. Rumsfeld, Known and Unknown, 292.
135. Immerman, Empire for Liberty, 223.
136. Gordon and Trainor, Cobra II, 14–15.
137. Bacevich, The Limits of Power, 144. For a defense of his service to the Bush adminis-tration, see Feith, War and Decistion,
138. DeYoung, Soldier, 305.
139. Mann, Rise of the Vulcans, 280.
140. "Bush and Putin: Best of Friends," htp://ncws. bbc . co. uk/2/hi/europe/1392791. stm.
141. "No Defense," The Weekly Standard, July 23 2001, 11. See also Mann, Rise of the Vul-cans, 280–90.
142. Gordon and Trainor, Cobra II, 14.
143. Clarke, Against All Enemies, 231– 32.
144. Paul Wolfowitz interview with Sam Tanenhaus of Vanity Fair.
145. The 9/11 Commission Report,8–9.
146. Ibid. 311.
147. Solomon, Paul D. Wolfowitz, 74.
148. Wolfowitz interview with Tanenhaus,
149. htp:/:/usa/ay. usatoda com/news/washington/2003 09 06 pll–iraq x. htm.
150. www. nytimes. com/2004/05/26/international/middeeast26FTE NOTE . html. 151. Clarke, Against All Enemies, 30–32.
152. Woodward, Plan of Attack, 26.
153. Sam Tanenhaus, Bush's Brain Trust," Vanity Fair, July 2003 169
154. Solomon, Pasul D. Wolfowitz, 78.
155. Woodward, Bush at War, 99.
156. Rice, No Higher Honor, 189.
157 Mearsheimer and Walt The Israel Lobby 246.
158. Woodward, Bush at War 99.
159 Rumsfeld, Known and Unknown, 359.
160. Solomon, Paul D. Wolfowitz, 81.
161. Mann, Rise of the Vulcans, 300 –301.

162. George F Kennan, diary entry, November 21, 2001, KD, 677.
163. Rashid, Descent into Chaos, 80.
164. Transcript of Paul Wolfowitz interview with James Dao and Eric Schmitt of The New York Times, January 7, 2002, www. defense. gov/transcripts/transcript. aspx?transcriptid= 2039.
165. Mann, Rise of the Vulcans, 308.
166. Peter Bergen, "The Battle for Tora Bora," The New Republic, December 22, 2009, www. newrepublic . com/article/the battle–tora–bora.
167. Zakheim, A Vulcan's Tale, 263.
168. Mann, Rise of the Vulcans, 308 309.
169. Solomon, Paul D. Wolfowitz, 82–83.
170. See Joost R. Hitermann, A Poisonous Afair: America, Iraq, and the Gassing of Hal–abja (New York: Cambridge University Press, 2007).
171. George F. Kennan, diary entry, July 13, 2002, KD, 679.
172. Colodny and Schactman, The Forty Years War, 388.
173. Solomon, Paul D. Wolfowiz, 23.
174. Pillar, Intelligence and U. S. Foreign Poticy 46.
175. Paul Wolfowitz, interview with Sam Tanenhaus, Vanity Fair, May 9, 2003.
176. Velasco, Neoconservatives in U. S. Foreign Policy 206.
177. Bacevich, The Limits of Power, 117.
178. Solomon, Paul D. Wolfowitz, 7.
179. Heilbrunn, They Knew They Were Right, 24.
180. Bill Keller, "The Sunshine Warrior," The New York Times, September 22, 2002, www . nytimes com/2002/09/22/magazine/the . sunshine warrior. html?pagewanted–all&src–pm.
181. Zakheim, A Vulcan's Tale, 186.
182. Max Boot,' Think Again: Neocons," Foreign Policy, January 1, 2004, www. foreignpolicy. com/articles/2004/01/01/think again neocons.
183. Albert Eisele, "George Kennan Speaks Out About Iraq," The Hill, September 26, 2002, http://hn. us/articles/997. html.
184. George F. Kennan, diary entry, September 15, 2002, KD, 679.
185. Mark Danner, Stripping Bare the Body, 470.
186. See Tony Judt, "Bush's Useful Idiots," London Revicw of Books, September 21, 2006,www. lrb. co. uk/v28/n18/tony-judt/bushs useful–idiots.
187. Mann, Rise of the Vulcans, 337.
188. DeYoung, Soldier, 399.
189. Solomon, Paul D. Wolfowitz, 40.
190. www. state gov/documents/organization/63562. pdf.
191. Gaddis, Surprise, Security and the American Experience.
192. Traub, The Freedom Agenda, 118.
193. Rumsfeld, Known and Unknown, 454.
194. DeYoung, Soldier, 461.
195. Glain, State Vs Defense, 392.
196. Rice, No Higher Honor, 210.
197. Glain, State Vvs. Defense, 392.

198. http://costsofwar. org. For an earlier estimate, see Stiglitz and Bilmes, The Three Tril-lion Dollar War.
199. Kahneman, Thinking. Fast and Slow, 252, 263- -64.
200 Solomon, Paul D Wolfowitz, 122.
201. Gellman, Angler 231.
202. Rice, No Higher Honor, 208.
203. Bobbitt, Terror and Consent, 147- 48.
204. Mann, Rise of the Vulcans, 365.
205. "Rumsfeld Blames Iraq Problems on 'Pockets of Dead Enders," Associated Press, June 18, 2003, in John Ehrenberg. 1. Patrice McSherry, Jose Ramon Sanchez, andCaroleen Marji Sayej, eds. , The Iraq Papers (New York: Oxford University Press,2010) , 189.
206. Dodge, Iraq.
207. http://costsofwar. org.
208. Solomon, Paul D. Wolfowitz, 112.
209. See Bush, Decision Points, 270.
210. www. freedomhouse org/report/freedom world/2013/iraq#vijxsyczzzs.
211. www. realclearpolitics com/articles/2013/03/18/10 years on paul wolfowitz admits_u5_ bungled in iraq 117492. html.
212. Andrew J. Bacevich, "A Letter to Paul Wolfowitz, Occasioned by the Tenth Anniver-sary of the Iraq War," Harper's Magazine, March 2013, harpers org/archive/2013/03/a-letter to-paul wolfowitz/.
213. Wolfowitz: "We Won the Iraq War," The Hill, August 6, 2014, htp:/:/hehill. com/policy/defense/214453 wolfowitz we-won-the-iraq-war

9. Barack Obama and the Pragmatic Renewal

1. Remnick, The Bridge, 346.
2. http://artices baltimoresun com/1991 06 08/news/1991159083 1 persian gulf-gulfwar-troops-home.
3. A partial transcript of Obama's speech against the war (and full audio) is available atwww. npr. org/templates/story. php?storyid-99591469.
4. William James, Pragmatism, edited and introduced by Bruce Kuklick (Indianapolis:Hackett, 1981) , 29.
5. Kloppenberg, Reading Obama, xili.
6. Maraniss, Barack Obama, 165.
7. Ibid, 350.
8. Ibid, 386-87.
9. Remnick, The Bridge, 111.
10. Maraniss, Barack Obama, 452.
11. Obama, Dreams from My Father, 121-22.
12. Maraniss Barack Obama; Remnick, The Bridge, 113.
13. Obama, Dreams from My Father, 86.
14. Kloppenberg. Reading Obamd, 5657.
15. Remnick, The Bridge, 398 99.
16. Ibid, p. 400,
17. Ryan Lzza, "The Consequentalst" The New Yorker, May 2, 2011, www. newyorker. com/reporting/2011/05/02/110502fa fact_ lizza.
8. Mann, Obamians, 87.

19. Indyk, Lieberthal, and O'Hanlon, Bending History, 6.
20. Barack Obama, Ncocon," The Wall Street Journal, August 3, 2007, A8.
21. Ken Gude, John McCain Versus Osama bin Laden," The Guardian, August 1, 2008, www.guardian co. uk/commentisfree/2008/aug/01/johnmccain. usforeignpolicy. 22. Lizza, "The Consequentialist. "
23. David Brooks, "Obama, Gospel and Verse," The New York Times, April 26, 2007, www. nytimes. com/2007/04/26/opinion/26brooks. html.
24. Preston, Sword of the Spirit, Shield of Faith, 611.
25. Kloppenberg, Reading Obama, 121.
26. Jo Becker and Scott Shane, "Secret "Kill List Proves a Test of Obama's Principles and ill" The New York Times, May 29 2012, www nytimes conm/2012/05/9/world/obamas leadership in war on al-qaeda. htmlfpagewanted 28hp.
27. Mann, Obamians, 92.
28. Lindsay, "George w. Bush," 771.
29. Elisabeth Bumiler, "Palin Will Meet with Kissinger andForeign Leaders," The New York ics/22veen htmlTimes, September 21, 2008, www. nytimes com/2008/09/22/us/politics/22
30. "Powell: Support for Obama Doesn't Mean Iraq War Wrong," CNN, www. cnn. com/2008/POLITICS/10/9/powelltranscript/.
31. Gurman, The Dissent Papers, 203 –204. See also Shapiro, Containment.
32. The Princeton Project's website is www. princeton. edu/–ppns/. See also Ikenberry etal,The Crisis ofAmerican Foreign Policy
33. Woodward, Obama's Wars, 290.
34. Indyk, Lieberthal, and O'Hanlon, Bending History, 8.
35. Mann, Obamians, 117.
36. Woodward, Obama's Wars, 3. 11.
37. See press release, "Special Task Force on Interrogation and Transfer Policies Issues ItsRecommendations to the President," www. justice gov/opa/pr/2009/August/09–ag–835. html, and David Johnston, "US. Says Rendition to Continue, but with MoreOversight," The New York Times, August 24, 2009, www nytimes com/2009/08/25/us/politics/25rendition. html.
38. Lindsay, "George W. Bush," 774.
39. Sanger, Confront and Conceal, 277.
40. George Packer, "Rights and Wrongs," The New Yorker, May 17, 2010. www. newyorker. com/talk/comment/2010/05/17/100517taco talk packer.
41. James Taranto, "The bin Laden Raid and the 'Virtues of Boldness," The Wall StreetJournal, May 7, 2011.
42. Mann, Obamians, 147.
43. Ibid. , 161.
44. Taranto, "The bin Laden Raid. "
45. www. politicususa. com/2009/06/18/kissinger obama iran. html.
46. www. nobelprize. org.
47. Steven Erlanger and Sheryl Gay Stolberg, "Surprise Nobel for Obama Stirs Praise and Doubts," The New York Times, October 9, 2009, www. nytimes . com/2009/10/10/world/10nobel. html,
48. Garance Franke Ruta, "Reaction: Obama Wins Nobel Peace Prize," The Washington Post, October 9, 2009, http://voices. washingtonpost. com/44/2009/10/09/reaction_obama wins_ nobel_ peac html.
49. www. whitehouse gov/the –press offce/remarks –president–acceptance nobel peace–prize.
50. Sanger, Confront and Conceal, 16.

51. Mann, Obamians, 132–33.
52. Woodward, Obama's Wars, 102–103, 332–33.
53. Eric Schmitt and Thom Shanker, "General Calls for More U. S. Troops to Avoid Afghan Failure," The New York Times, September 20, 2009 www. nytimes com/2009/09/21/world/asia/2lafghan html
54. Woodward, Obama's Wars, 175.
55. www. whitehouse. gov/the pressoffice/rcmarks–president address –nation way–forward–afghanistan and pakistan
56. Mann, Obamians, 139–40.
57. www. whitchouse gov/the –press ofiefremarkss president address –nation way–forward–afghanistan–and–pakistan.
59. David E. Sanger, "Pursuing Ambitious Global Goals, but Strategy Is More," The New York Times, January 20, 2013. www. nytimes com/2013/01/21/us/politics/obamas–foreign– policy–goals– appear–more–modest. html?hp&pagewanted=print
60. Michael Hastings, "The Runaway General," Rolling Stone, June 22, 2010, www. rollingstone com/politics/news/the-unaway–general–20100622.
61. Helene Cooper and David E. Sanger, "Obama Says Afghan Policy Won't ChangeAfer Dismissal," The New York Times, June 23, 2010, www. nytimes. com/2010/06/24/us/politics/24mcchrystal. html?pagewanted=all.
62. Anne E. Kornblut, "McChrystal Article Rencws Attention to Split with Biden over Af–ghanistan," The Washington Post, June 23, 2010, www. washingtonpost. com/wp–dyn/content/article/2010/06/23/AR2010062301 109. html.
63. www. whitehouse gov/the press office/2011/06/22/remarks–president–way–forward–afghanistan.
64. On drone warfare, see Mazzetti, The Way of the Knife. The negative, unintendedeffects of drone attacks are discussed in Ahmed, The Thistle and the Drone.
65. Mark Mazzetti, Charlie Savage, and Scott Shane, "How a U. S. Citizen Came to Be in America's Cross Hairs," The New York Times, March 9, 2013, www. nytimes. com/2013/03/10/world/middleeast/anwar–al– awlaki–a–us citizen in americas–cross hairs. html?pagewanted=all.
66. Mann, Obamians, 199
67. Sanger, Confront and Conceal, 246.
68. Ibid, 245.
69. Tbid, 255–57.
70. "The End of the Perpetual War," The New York Times, May 23, 2013, www. nytimes. com /2013/05/24/opinion/ obama vows to end–of–the perpetual–war. html?pagewanted–all. For a full transcript of the speech, see http://articles. washingtonpost. com/2013–05 23/politics/39467399 1 war and peace cold–war civil–war
71. Mark Mazzetti and Declan Walsh, "Pakistan Says U. S. Drone Killed Taliban Leader," The New York Times, May 29, 2013, www. nytimes. com/2013/05/30/world/asia/drone–strikc–hits–near–pakistani–afghan–border. html?pagewanted–all.
72. Mann, Obamians, 303, and Mark Mazzetti and Helene Cooper, "Detective Work on Courier Led to Breakthrough on Bin Laden," The New York Times, May 2, 2011, wwwnytimes. com/2011/05/02/world/asia/02reconstruct capture –osama bin–laden. html. 73. Sanger, Confront and Conceal, 94.
74. Mann, Obamians, 307.
75. Taranto, "The bin Laden Raid. "
76. Sanger, Confront and Conceal, 283–86.
77. Mann, Obamians, 259 60.
78. Sanger, Confront and Conceal, 316.
79. Mann, Obamians, 261–62, 263.
80. Sanger, Confront and Conceal, 297.

81. Henry Kissinger interview with Channel 4 News, February 1, 2011, www. channel4. com/news/egypt- the–biggest–change –since–world–war–2.
82. Taranto, "The bin Laden Raid. "
83. Mann, Obamians, 281, 284.
84. Ibid, 288.
85. Dexter Filkinsn, "What Should Obama Do About Syria?" The New Yorker May 13,2013, www. newyorker. com/reporting/2013/05/13/130513fa fact filkins.
86. EthanBronner and David E Sanger, "Arab League Endorses No–Fly Zone over Libya," The New York Times, March 12, 2011, www. nytimes con/011/0/13/world1205/mideeast/3libya html?pagewanted=all r=0
87. Sanger, Confront and Conceal, 345.
88. Indyk, Licberthal, and OHanlon, Bending History, 163.
89. Kori Schake, "The U. S. Sits One Out," ForeignPolicy com, March 18, 2011, htp://shadowforeignpolicy. com/posts/2011/03/18/the_ us sits one out.
90. Lizza, "The Consequentialist. "
91. Indyk, Lieberthal, and O'Hanlon, Bending History, 166.
92. Intervicw with Mitt Romney, CNN, March 26, 2012, http://transcripts cnn. com/TRANSCRIPTS/1203/26/sitroom. 01. html
93. Milne, "Pragmatism or What?," 936.
94. "CNN Poll, George W. Bush Only Livingex President Under 50%," htp://politicalticker . blogs. cnn. com/2012/06/07/cnn–poll–george– w–bush only–living–ex president–under–50/.
95. Transcript of third presidential debate, October 22, 2012, www. debates. org/indexphp?page=october–22–2012–the . third–obama–romney–presidential debate.
96. David E Sanger, "Is There a Romney Doctrine?" The New York Times Sunday Review, wanted=1.
97. "Sustaining U. S. Global Leadership: Priorities for 2lst Century Defense," Department of Defense, January 2012, www. defense gov/news/Defense Strategic Guidance. pdf. 98.
98. Sanger, Confront and Conceal, 417–19.
99. Nasr, The Dispensable Nation, 12.
100. Sanger, Confront and Conceal, 421, 314.
101. "The President's National Security Team: Obama Picks His Soldiers," The Economist,January 12, 2013.
102. "The Defense Secretary's Nomination: Hagelian Dialectic," The Economist, Febru–ary 16, 2013.
103. Michelle Nichols, "Syria Death Toll Likely Near 70,000, Says U. N. Human Rights Chief," Reuters, February 12, 2013, www. reuters. com/article/2013/02/12/us syria–crisis–un–idUSBRE91B19C20130212.
104. Noah Rayman, "Report: More than 146,000 People Killed in Syrian Civil War," Time,March 13, 2014, htp://time com/24077/syria death toll.
105. Sanger, Confront and Conceal, 351, 361.
106. Mark Mazzetti, Michacl R. Gordon, and Mark Landler, "U. S. Is Said to Plan to Arm the Syrian Rebels," The New York Times, June 13, 2013, www. nytimes com/2013/06/14/world/middleeast/syria–chemical–weapons. html?pagewanted–all.
107. Maggie Haberman, "Bill Clinton Splits with President Obama on Syria," Politico,June 12. 2013, www. politico. com/story/2013/06/bill–clinton splits with obama–on–syria–92683. html.
108. "Syria Chemical Attack: What We Know," www. bbc. co. uk/news/world–middle cast–23927399
109. "America and Syria: To Bomb or Not to Bomb," The Economist, September 7, 2013.
110. "Syria's Strange Bedfellows: Paul Wolfowitz's Case for Obama's War," an interview with Eli Lake, Daily Beast,

September 6, 2013, www. thedailybeast. com/articles/2013/09/06/syria- s-strange –bedfellows–paul–wolfowitz-s case for obama-s war. html.

111. Michacl R. Gordon and Steven Lee Myers, "Obama Calls Russia Offer on Syria Possible 'Breakthrough," The New York Times, September 9, 2013, www. nytimes. com/2013/09/10/world/middleeast/kerry- says syria should hand over all–chemical arms. html? r=0.

112. This Week transcript: President Barack Obama, September 15, 2013. http://abcncws . go. com/ThisWeek/week-transcript-president-barack- obama/story?id/20253577&singlePage/true.

113. "America, Russia and Syria: Style and Substance," The Economist, September 21. 2013.

114. Rand Paul, "How U. S. Interventionists Abetted the Rise of ISIS," The Wall Street Jour–nal, August 27, 2014, http:// online. wsj. com/articles/rand-paul-how–u–s–interventionists–abetted–the–rise–of–isis– 1409178958.

115. "Obama's Remarks on Iran and the Budget Debate in Congress," The New York Times, September 27, 2013, www. nytimes. com/2013/09/28/us/politics/obamas-temarks-on-iran and-the budget debate-in-congress. html

116. Ed O'Keefe, "John Cornyn: Iran Deal Designed to "Distract Attention' from Health care," The Washington Post, November 23, 2013, www. washingtonpost. com/blogs/post politics/wp/2013/11/23/john-cornyn-iran-deal-designed-to-distract attention-from-health-carel

117. Anne Gearan and Joby Warrick, "Iran, World Powers Reach Historical NuclearDeal," The Washington Post, November 23, 2013.

118. John Reed, "Israel's Benjamin Netanyahu Calls Iran Deal a Historic Mistake," Financial Times, November 24, 2013.

119. Harriet Sherwood, "Isracl Condemns Iran Nucear Deal as Historic Mistake," The Guardian, November 24, 2013, www. theguardian. com/world/2013/now/24/israel–condemns iran–nuclear deal–binyamin netanyahu.

120. "Letter from Senate Republicans to the Leaders of Iran," The New York Times,March 9, 2015.

121. "Statement by the President on Cuba Policy Changes, https://www. whitehouse . gov/the press– ofice/2014/12/17/statement–president–cuba policy changes–0.

122. Karen Tumulty and Anne Gearan, "Cuba Decision Marks a Bet by Obama That ColdWar Politics Have Turned a Corner," The Washington Post, December 17, 2014.

123. CNN/ORC Poll: Americans Side with Obama on Cuba," December 23, 2014, http://edition. cnn. com/2014/12/23/politics/cuba-poll/.

124. "Remarks by the President in Year–End Press Conference," https://www. whitchousegov/the press office/2014/12/19/remarks president–year–end–press–conference.

125. www. breitbart. com/big government/2015/02/21/ambassador john–bolton–obama–worse– than–neville chamberlain/

126. Kenneth Rapoza, "Is China's Ownership of U. S. Debt a National Security 'Threat?"Forbes, January 23, 2013. www. forbes. com/sites/kenrapoza/2013/01/23/is chinas–ownership–of–u–s– debt–a– national–security threat.

127. Westad, Restlesss Empire, 447.

128. Sanger, Confront and Conceal, xix.

129. Kim Chipman and Nicholas Johnston, "Obama Snubbed by Chinese Premier at Cli–mate Meeting," Bloomberg, December 18, 2009, www. bloomberg. com/apps/news?pid=newsarchive&sid-a5uY22AnevM4.

130. Mitt Romney, "How I'll Respond to China's Rising Power," The Wall Street Journal,February 16, 2012.

131. Quoted in Floyd Whaley, "Clinton Reafirms Military Ties with the Philippines," TheNew York Times, November 16, 2011.

132. Mann, Obamians, 329.

133. Graham Allison, "Thucydides Trap Has Been Sprung in the Pacific," Financial Times,August 21, 2012，ww w. ft. com/cms/s/0/5d695b5a ead3–11el–984b–00144feab49a. htmlraxzz2XnGeFMfK.

134. Niall Ferguson, "What 'Chimerica' Hath Wrought," The American Interest, January–February 2009, www. the

-american-interest. com/article. cfm?piece -533.

135. Brad Simpson, 'Self Determination in the Age of Putin," Foreign Policy, March 21,2014，www. foreignpolicy. com/articles/2014/03/21/self _determination in the_ age. of_putin crimea referendum.
136. Zbigniew Brzezinski, "What Is to Be Done? Putin's Agression in Ukraine Needs aResponse," The Washington Post, March 3, 2014.
137. Charles Krauthammer, "How to Stop- or Slow Putin. " The Washington Post, March14,2014.
138. Stephen F. Cohen, "Distorting Russia: How the American Media Misrepresent Putin,Sochi and Ukraine," The Nation, March 3, 2014, www. thenation. com/article/178344/distorting-russia.
139. Henry A. Kissinger, "How the Ukraine Crisis Ends," March 5, 2014，The Washington Post.
140. "Europe's New Battlefield," The Economist, February 22, 2014, 20.
141. Scott Wilson, "Obama Dismisses Russia as "Regional Power' Acting out of Weakness," The Washington Post, March 25 2014.
142. Nasr, Dispensable Nation, p. 12.
143. Remnick, "Going the Distance. "
144. Jeffrey Goldberg, "Hillary Clinton: Failure to Help Syrian Rebels Led to the Rise of ISIS," The Atlantic, August 2014, www. theatlantic . com/international/archive/2014/08/hillary-clinton failure -to help-syrian rebels-led-to-the rise of isis/375832/.
145. Clinton, Hard Choices, 32.
146. www. whitchouse gov/the-press office/2014/05/28/remarks president-united-states-military- academy-commencement-ceremony.
147. Charles Krauthammer, "Emptiness at West Point," The Washington Post, May 29, 2014.

Conclusion

1. DiNunzio, Woodrow Wilson: Essential Writings and Speeches, 68.
2. Mazower, Governing the World, 40. On Cobden, see Anthony Howe, "Free Trade andGlobal Order," in Bell, Victorian Visions of Global Order.
3. Paul Nitze, "Reflections of a Cold Warrior," Paul H. Nitze School of Advanced Inter-national Study, 1996, www. youtube. com/watch?v=fkjwmjU_ V-U.
4. David Brooks, "Obama, Gospel and Verse," The New York Times, April 26, 2007;Nicbuhr, The Iromy of American History, dust jacket.
5. Mahan, The Interest of America in Sea Power, 267.
6. Sumida, Inventing Grand Strategy and Teaching Command, xv. The preface to Sumi-da's book, titled "Musical Performance, Zen Enlightenment, and Naval Command,"focuses skillfully on the division between art and science in naval strategy. The re-mainder is a penetrating account of Mahan's body of work.
7. See, for example, Ferling, Jefferson and Hamilton.
8. Seager, Alfred Thayer Mahan, 394.
9. Alfred 'Thayer Mahan to Stephen Luce, August 31, 1898, ATMLP, 2:592.
10. Kennedy, Charles A. Beard, 71.
11. Beard quoted in Morgenthau, Scientific Man vs. Power Politics, 29.
12. Kennedy, Charles A. Beard, 71.
13. McDougall, Promised Land, Crusader State, 40.
14. Scott Wilson, "Obama Announces Plan to Bring Home 33,000 Surge Troops from Afghanistan," The Washington Post,

June 22, 2011, www. washingtonpost. com/politics/obama-to- order- home 10000-troops-from-afghanistan officials- say/2011/06/22/AGUuRCgH story. html.

15. Spencer Ackerman, "Rand Paul's Foreign Policy Speech Raises More Questions ThanIt Answers," The Guardian, April 9, 2015, www. theguardian. com/us –news/2015/apr/09/rand paul–foreign policy war south carolina–speech.
16. Charles Beard to Maury Maverick, September 8, 1937, quoted in VanDeMark, "Beardon Lippmann. "
17. Zubok's Failed Empire is particularly eective in tracing the way ideology infuencedStali's ambitions. Roberts's Stalin's Wars lends support to Lippmann's portrayal ofStalin as a pragmatic and rational actor.
18. Quoted in Mistry, The United States, Italy, and the Origins of the Cold War, 198.
19. Richard Rhodes, Dark Sun, 234.
20. George F. Kennan, Testimony before the U. S. Senate Foreign Relations Committee,April 4, 1989, www. c span. org/video/?6952–1/future ussoviet–relations.
21. Menand, The Metaphysical Club, 61, 4, 440.
22. Anne Marie Slaughter, "Does Obama Have a Grand Strategy for His Second Term? IfNot, He Could Try One of These," The Washington Post, January 18, 2013.
23. Remnick, "Going the Distance. "
24. Kissinger, World Order, 374.